法律硕士联考核心法条分析及试题范例

白文桥　主编

中国人民大学出版社
·北京·

图书在版编目（CIP）数据

法律硕士联考核心法条分析及试题范例/白文桥主编. --北京：中国人民大学出版社，2023.6
ISBN 978-7-300-31689-5

Ⅰ.①法… Ⅱ.①白… Ⅲ.①法律—硕士生入学考试—自学参考资料 Ⅳ.①D9

中国国家版本馆 CIP 数据核字（2023）第 094059 号

法律硕士联考核心法条分析及试题范例
白文桥　主编
Falü Shuoshi Liankao Hexin Fatiao Fenxi ji Shiti Fanli

出版发行	中国人民大学出版社		
社　　址	北京中关村大街 31 号	**邮政编码**	100080
电　　话	010－62511242（总编室）		010－62511770（质管部）
	010－82501766（邮购部）		010－62514148（门市部）
	010－62515195（发行公司）		010－62515275（盗版举报）
网　　址	http://www.crup.com.cn		
经　　销	新华书店		
印　　刷	唐山玺诚印务有限公司		
开　　本	787 mm×1092 mm　1/16	**版　　次**	2023 年 6 月第 1 版
印　　张	43.75	**印　　次**	2023 年 6 月第 1 次印刷
字　　数	1 076 000	**定　　价**	99.90 元

◂◂ 前　言 ▸▸

全国法律硕士联考比较注重对法律条文的考查，与法律条文相关的试题一直占有较高比例，因此，对法条的理解与分析运用十分重要。

从考试命题的角度来看，第一，由于法条本身的明确性，考试中直接考查法条内容成为出题的首选，因此考生应当熟练掌握法条，尤其是核心法条。第二，目前法学知识偏重于解释性法学，教材多是对法条的解释与说明，法条与教材是“主仆”关系。只有熟练掌握法条规定的基本精神，才能更好地掌握教材。第三，历年法硕联考中，直接和间接考法条的试题占比很高：在专业基础课试题中，法条分析题直接考查对法条的理解与应用能力，案例分析题也直接或间接考查法条；在专业综合课试题中，中国宪法学简答题有时直接考查对宪法条文的记忆能力，法理学和中国宪法学分析题有时也间接考查对法条的运用能力，如中国宪法学试题中以分析题的形式对《村民委员会组织法》进行考查。因此，熟练应用法律条文对正确答题获取高分极为关键。

近年来，法律硕士联考试题考查内容在广度和深度上都有所拓展，为了适应这一变化，本书将内容确定为“核心法条”、“释解分析”、“法条分析”（专业综合课中国宪法学部分没有此内容）、“试题范例”几部分。本书没有对所有法条进行释解，而是原则上按照考试大纲章节编排顺序所列内容，同时兼顾刑法、民法典和宪法编纂体例，将法律硕士联考中的核心法条列举出来，特别是针对专业基础课直接考查法条分析题的特点，将核心法条中容易考查的核心考点抽取出来，以问答的方式将考点展现，使考生能够迅速掌握法条分析题的出题要点，做到复习有的放矢。鉴于许多客观性试题也直接或间接考查法条，本书在相关核心法条最后列有“试题范例”部分，与核心法条相关的一些知识点，会在“试题范例”部分以单项选择题或者多项选择题的形式展现出来，帮助考生进一步强化对核心法条的理解与运用。

法硕精品课程使用说明

人大社法硕绿皮书已陪伴一届又一届法硕考生走过二十余载，为了不负考生们的信任和厚爱，我们一直坚持提供优质高效的备考复习内容。随着法硕考生人数的增加，考试竞争日趋激烈，为了更好地服务广大考生，我们邀请绿皮书系列的主要作者、法硕辅导名师白文桥主讲法硕备考精品课程。白老师毕业于中国人民大学法学院，深耕法硕联考辅导多年，通贯五科，深谙命题规律和解题方法，培训出众多高分考生。

凡是购买正版书的考生，可凭封面兑换码，兑换免费学习课程。衷心希望人大社法硕绿皮书及精品课程能帮助考生高效复习、快速提分、金榜题名！

课程兑换及使用说明：

关注微信公众号“法硕绿皮书”，点击公众号底栏中的“课程中心”，下拉进入“个人中心”，在“个人中心”中找到“兑换中心”，输入封面课程兑换码，即可兑换。兑换成功后，可在“个人中心”中“我的课程”里进入已兑换的课程进行学习。

注：随书兑换的课程均非销售课程，只能通过购书免费兑换使用。由于平台条件设置，兑换课程须标出价格，标识价格不代表课程为付费课程。

关于课程的详细说明及更多备考干货，可关注微信公众号后获取。

扫码关注“法硕绿皮书”

目　录

刑法学

一、绪论　/ 3
二、犯罪概念　/ 10
三、犯罪构成　/ 11
四、正当化事由　/ 23
五、故意犯罪的停止形态　/ 27
六、共同犯罪　/ 33
七、刑罚概述　/ 40
八、量刑　/ 55
九、刑罚执行制度　/ 76
十、刑罚消灭制度　/ 81
十一、危害国家安全罪　/ 84
十二、危害公共安全罪　/ 88
十三、破坏社会主义市场经济秩序罪　/ 108
十四、侵犯公民人身权利、民主权利罪　/ 152
十五、侵犯财产罪　/ 182
十六、妨害社会管理秩序罪　/ 204
十七、贪污贿赂罪　/ 233
十八、渎职罪　/ 245

民法学

一、绪论　/ 253
二、民事法律关系　/ 259
三、自然人　/ 266
四、法人　/ 280
五、非法人组织　/ 289
六、民事法律行为　/ 290
七、代理　/ 305
八、诉讼时效与期间　/ 314
九、物权通则　/ 320

十、所有权　/ 334
十一、用益物权　/ 356
十二、担保物权　/ 364
十三、占有　/ 384
十四、合同通则　/ 385
十五、典型合同　/ 438
十六、准合同　/ 471
十七、知识产权　/ 476
十八、人格权　/ 484
十九、婚姻家庭　/ 490
二十、继承　/ 508
二十一、侵权责任　/ 517

中国宪法学

一、宪法基本理论　/ 537
二、宪法的制定、解释和修改　/ 543
三、合宪性审查和合法性审查制度　/ 557
四、国家性质和政党制度　/ 566
五、政权组织形式和国家象征　/ 576
六、选举制度　/ 583
七、国家结构形式和行政区划制度　/ 593
八、民族区域自治制度　/ 596
九、特别行政区制度　/ 600
十、基层群众自治制度　/ 611
十一、公民的基本权利和义务　/ 620
十二、中国国家机构组织和活动的主要原则　/ 637
十三、全国人民代表大会和全国人民代表大会常务委员会　/ 640
十四、国家主席、国务院、中央军事委员会　/ 657
十五、监察委员会、人民法院和人民检察院　/ 665
十六、地方各级人民代表大会和地方各级人民政府　/ 681

刑法学

一、绪论

核心法条

《刑法》第 3 条　法律明文规定为犯罪行为的，依照法律定罪处刑；法律没有明文规定为犯罪行为的，不得定罪处刑。

释解分析

本条规定的是罪刑法定原则。罪刑法定原则是指法无明文规定不为罪，法无明文规定不处罚。罪刑法定原则的基本内容有：（1）法定化，即犯罪和刑罚必须事先由法律明文规定。这里的法律，指全国人民代表大会及其常务委员会制定的法律、法令，通常是行为当时有效的法律。（2）反对事后法。事后法是行为实现之后颁布的法律。但是如果事后法有利于被告，还是可以适用的。也就是说，犯罪行为发生之后生效的法律，对其生效前发生的犯罪行为，只有在其处罚轻于犯罪行为发生时生效的法律的场合才能适用于该行为。此即从旧兼从轻原则。（3）反对类推。类推是在刑法无明文规定的情况下，比照最相类似的条文进行推理适用。类推违反罪刑法定原则。类推解释与扩大解释在实践中往往难以区分。（4）禁止绝对不确定的刑罚。虽然不同的犯罪社会危害性不同，但在实践中不可能针对每一罪行确定其刑罚，所以刑罚往往是相对确定的，但既无上限也无下限的刑罚由于不具有确定性，因此违反了罪刑法定原则。（5）明确化，即对于什么行为是犯罪以及犯罪所产生的法律后果，都必须作出具体的规定，并用文字表述清楚。（6）合理化，即罪刑法定原则要求合理确定犯罪的范围和惩罚的程度，防止滥施刑罚，禁止采用过分的、残酷的刑罚。

罪刑法定原则主要体现在：（1）在刑事立法上，刑法总则规定了犯罪的一般定义、共同构成要件、刑罚的种类、刑罚运用的具体制度等；刑法分则明确规定了各种具体犯罪的构成要件及其法定刑，为正确定罪量刑提供明确、完备的法律标准。（2）在刑事司法上，废除了刑事司法类推制度，要求司法机关严格解释和适用刑法，依法定罪处刑。

法条分析

（1）条文中的“法律”应如何理解？

（2）条文中的“明文规定”应如何理解？

（3）“法律明文规定”的要求有哪些？

答案：（1）“法律”指的是全国人大及其常委会制定的法律、法令，而且是行为当时有效的法律，但不包括行政法规、地方性法规、规章等。

（2）“明文规定”是指对于犯罪以及犯罪所产生的法律后果，都用文字清楚表述。

（3）根据法定化和明确化的要求，禁止采用习惯法、类推解释、行为后的重法（对被告不利的法律）、不明确的罪状、不确定的刑罚等。

试题范例

（单项选择题）下列对罪刑法定原则的理解中，不正确的是（　　）。

A. 刑法应以制定法为依据，排斥习惯法

B. 不得作不利于被告的类推解释或类推适用

C. 刑法不得溯及既往

D. 刑法不得有绝对不定期刑

答案：C

核心法条

《刑法》第 5 条　刑罚的轻重，应当与犯罪分子所犯罪行和承担的刑事责任相适应。

释解分析

本条规定的是罪责刑相适应原则。罪责刑相适应原则也称罪刑等价主义或者罪刑相均衡原则，即行为人犯多大的罪，就应当承担多大的刑事责任，法院亦应判处其相应轻重的刑罚，做到重罪重罚、轻罪轻罚，罚当其罪、罪责刑相称。

罪责刑相适应原则有两方面内容：(1）刑罚的轻重与客观的犯罪行为及其危害结果相适应，就是按照犯罪行为对社会造成的实际危害程度决定刑罚轻重。(2）刑罚的轻重与犯罪人主观恶性的深浅、再次犯罪的危险性的大小相适应。

罪责刑相适应原则的具体体现有：(1）刑法分则对每一个罪都根据其性质、情节和社会危害程度规定了相应的法定刑，对重罪适用重刑，对轻罪适用轻刑。(2）刑法总则中规定了量刑的一般原则，即对犯罪分子决定刑罚的时候，应当根据犯罪的事实、犯罪的性质、情节和社会危害程度，依法判处。在裁量刑罚时，应尽量使刑罚与具体犯罪行为的社会危害性相适应，罚当其罪。(3）刑法总则还规定，对累犯从重处罚、不得假释、不得缓刑；对未成年人、又聋又哑的人、限制刑事责任能力人、自首的人、立功的人从宽处理；对中止犯处罚明显轻缓于未遂犯、预备犯；对过失犯处罚明显轻于故意犯等。这体现了刑罚与犯罪人主观恶性、人身危险性相适应。

法条分析

(1）条文中的“刑罚”应如何理解？

(2）条文中的“刑事责任”应如何理解？

答案：(1）刑罚是指刑法中明文规定的由国家审判机关依法对犯罪人所适用的限制或剥夺其某种权益的最严厉的法律制裁方法。

(2）刑事责任是指行为人因其犯罪行为所应承受的、代表国家的司法机关根据刑事法律对该行为所作的否定评价和对行为人进行谴责的责任。

试题范例

（单项选择题）下列关于刑法基本原则的说法中，正确的是（　　）。

A. 罪刑法定原则禁止类推解释和扩大解释，但不禁止有利于被告人的类推解释

B. 罪责刑相适应原则要求刑法不溯及既往

C. 对于因危险驾驶而被判处管制的犯罪分子，法院根据刑法规定禁止其在一定期限内驾驶机动车，法院的做法体现刑法的谦抑性

D. 对于使用残忍的手段杀人和使用比较宽缓的手段杀人适用不同幅度的法定刑，这违反了刑法适用平等原则

答案：C

核心法条

《刑法》第 6 条　凡在中华人民共和国领域内犯罪的，除法律有特别规定的以外，都适用本法。

凡在中华人民共和国船舶或者航空器内犯罪的，也适用本法。

犯罪的行为或者结果有一项发生在中华人民共和国领域内的，就认为是在中华人民共和国领域内犯罪。

释解分析

本条规定的是属地管辖。属地管辖是指对于在本国领域内发生的犯罪，不问犯罪人的国籍，一律适用本国刑法，即一个国家的刑法只管辖发生在本国领域内的犯罪。属地管辖的基本内容是：(1) 凡在中国领域内犯罪的，除法律有特别规定的以外，都适用中国刑法。(2) 凡在中国船舶或者航空器内犯罪的，也适用中国刑法。该规则属于属地原则的补充规定，也称旗国主义。(3) 根据“遍在说”，犯罪的行为或者结果有一项发生在中国领域内的，就认为是在中国领域内犯罪。犯罪地包括行为地和结果地。在未遂犯场合，行为地与行为人希望、放任结果发生之地、可能发生结果之地（危险地），都是犯罪地。上述犯罪地在中国领域，即认定为在中国领域内犯罪。在共同犯罪场合，共同犯罪行为有一部分发生在中国领域内或者共同犯罪结果有一部分发生在中国领域内，就认为是在中国领域内犯罪。

法条分析

(1) 第 1 款中的“法律有特别规定”的情形有哪些（属地管辖的例外情形）？

(2) 条文中的“中华人民共和国领域内”应如何理解？

答案：(1)“法律有特别规定”的情形有：①享有外交特权和豁免权的外国人的刑事责任，通过外交途径解决；②港澳地区发生的犯罪由当地的司法机关适用当地的刑法；③民族自治地方不能全部适用刑法规定的，可以由自治区或者省的人民代表大会根据当地民族的政治、经济、文化的特点和刑法规定的基本原则，制定变通或者补充的规定。

(2)“中华人民共和国领域内”是指中国境内的全部区域，包括领陆、领水和领空。

试题范例

1.（单项选择题）我国《刑法》第 6 条规定：“凡在中华人民共和国领域内犯罪的，除法律有特别规定的以外，都适用本法。”下列选项中，属于“特别规定”情形的是（　　）。

A. 在航行于公海的我国船舶上实施犯罪的

B. 享有外交特权和豁免权的外国人在我国实施犯罪的

C. 犯罪行为发生在我国领域外，而犯罪结果发生在我国领域内的

D. 犯罪行为发生在我国领域内，而犯罪结果发生在我国领域外的

2.（多项选择题）下列犯罪行为中，适用属地管辖原则的是（　　）。

A. 英国人甲乘坐英国民航飞机进入中国领空后实施贩毒行为

B. 中国人乙乘坐美国籍轮船，当船舶行驶于公海上时实施抢劫行为

C. 法国人丙乘坐中国民航客机，飞机进入法国领空后实施劫机行为

D. 中国国家工作人员丁在荷兰实施我国刑法规定的间谍行为

答案： 1. B　2. AC

核心法条

《刑法》第 7 条　中华人民共和国公民在中华人民共和国领域外犯本法规定之罪的，适用本法，但是按本法规定的最高刑为三年以下有期徒刑的，可以不予追究。

中华人民共和国国家工作人员和军人在中华人民共和国领域外犯本法规定之罪的，适用本法。

释解分析

本条规定的是属人管辖。属人管辖是指只要是本国国民，无论在何地犯罪，一律适用本国刑法，即一个国家的刑法只管辖本国公民实施的犯罪。属人管辖的基本内容是：（1）中国公民在中国领域外犯中国刑法规定之罪的，无论按照当地法律是否认为是犯罪，也无论罪行是轻是重以及何种罪行，也不论其所犯罪行侵犯的是哪一国或公民的利益，原则上都可以适用中国刑法，只是按照中国刑法的规定，该中国公民所犯之罪的法定最高刑为 3 年以下有期徒刑的，可以不予追究。（2）中国国家工作人员或者军人在中国领域外犯中国刑法规定之罪的，不论其所犯之罪按照中国刑法的规定，其法定最高刑是否为 3 年以下有期徒刑，中国司法机关都要追究其刑事责任。上述内容是依据犯罪人的国籍来确定刑法适用范围的规范，体现了属人管辖原则。

法条分析

（1）第 1 款中的“最高刑”应如何理解？

（2）第 1 款中的“三年以下有期徒刑”所涉法定刑包括哪些？

答案：（1）“最高刑”是指根据案件的具体情况，应当对具体犯罪行为适用的法定刑幅度的最高刑。

（2）“三年以下有期徒刑”所涉法定刑包括 3 年以下有期徒刑、拘役和罚金。

试题范例

（单项选择题）下列犯罪中，应当依据我国刑法适用属人管辖原则的是（　　）。

A. 外国公民甲乘坐外国轮船在公海上从事贩毒活动

B. 外国轮船在我国某港口短暂停靠时，船上的外国公民乙将外国公民约翰打成重伤

C. 外国邮轮航行至公海时，邮轮上的外国公民丙将中国公民韩某的贵重物品盗走

D. 中国公民丁在欧洲某国劫走该国公民雷诺大量财物

答案：D

核心法条

《刑法》第 8 条　外国人在中华人民共和国领域外对中华人民共和国国家或者公民犯罪，而按本法规定的最低刑为三年以上有期徒刑的，可以适用本法，但是按照犯罪地的法律不受处罚的除外。

释解分析

本条规定的是保护管辖。保护管辖是指对于侵害本国国家以及国民利益的犯罪，不论犯罪人是谁，也不论犯罪发生在何地，一律适用本国刑法。就是说，一个国家的刑法只管辖侵害本国利益的犯罪。保护管辖的基本内容是：外国人在中国领域外对中国国家或者公民犯罪，中国刑法有管辖权，但该管辖权有下列限制：一是这种犯罪按照中国刑法规定的最低刑必须是 3 年以上有期徒刑；二是按照犯罪地的法律也应受到刑罚处罚。依据犯罪侵害到本国国家或者公民的利益确定刑法适用范围的规范，体现了安全原则（对国家而言）或保护管辖原则（对本国公民而言）。

法条分析

（1）条文中的“外国人”应如何理解？

（2）条文中的“最低刑”应如何理解？

（3）条文中的“三年以上有期徒刑”所涉法定刑包括哪些？

（4）适用本条规定的条件有哪些？

答案：（1）“外国人”是指所有不具有中华人民共和国国籍的人，包括具有外国国籍的外国公民和无国籍人。

（2）“最低刑”是指根据案件的具体情况，应当对具体犯罪行为适用的法定刑幅度的最低刑。

（3）“三年以上有期徒刑”所涉法定刑包括 3 年以上有期徒刑、无期徒刑和死刑。

（4）适用本条规定的条件有：①针对中国国家或者公民犯罪；②所犯之罪最低刑为 3 年以上有期徒刑；③双重犯罪原则，即犯罪地的法律也认为是犯罪。

试题范例

（单项选择题）A 国公民甲在 A 国境内组织人员从事多起抢劫、暗杀等犯罪活动，其中一起抢劫案件针对的是我国公民刘某经营的商铺。A 国公民甲针对刘某实施的犯罪，适用我国刑法的依据是（　　）。

A. 属地管辖原则　　B. 保护管辖原则　　C. 属人管辖原则　　D. 普遍管辖原则

答案：B

核心法条

《刑法》第 9 条　对于中华人民共和国缔结或者参加的国际条约所规定的罪行，中华人民共和国在所承担条约义务的范围内行使刑事管辖权的，适用本法。

释解分析

本条规定的是普遍管辖。普遍管辖是指对于某些严重侵害人类共同生活利益、生存状态的犯罪，无论犯罪人是谁，也无论犯罪发生在何处，更不考虑是否侵犯本国国家或者公民的利益，一律适用本国刑法。简言之，就是一个国家的刑法对侵犯人类共同利益的犯罪都要行使管辖权。根据本条规定，凡是中国缔结或者参加的国际条约所规定的罪行，在不能适用属地原则、属人原则、保护原则的情形下，中国司法机关在中国所承担条约义务的范围内行使刑事管辖权，依照中国刑法的有关规定对罪犯予以惩处。可以适用普遍管辖原则加以处理的犯罪的范围，必须受到限制，应当仅限于劫持航空器、跨国贩毒、跨国拐卖人口、海盗、种族灭绝、恐怖活动等。

法条分析

（1）本条规定的是何种法律制度？

（2）适用本条规定的条件有哪些？

（3）本条规定的“适用本法”应如何理解？

答案：（1）本条规定的是普遍管辖原则。

（2）适用本条规定的条件有：①适用对象是危害世界各国共同利益的犯罪；②适用根据是中国缔结或者参加的国际条约；③适用时间是在中国境内发现被指称的罪犯之时；④适用限度是中国承担条约义务的范围内。

（3）“适用本法”即适用中国刑法，而不是适用中国缔结或者参加的国际条约。

试题范例

（单项选择题）甲系 A 国公民，因多次组织在本国实施恐怖活动，被 A 国警事当局通缉。甲从未针对中国进行过任何犯罪活动。甲于 2022 年到中国旅游，被中国警方抓获。中国司法机关对甲采取的下列措施中，正确的是（　　）。

A. 对甲应依据中国缔结或者参加的国际条约定罪量刑

B. 对甲应依据 A 国刑法定罪量刑

C. 对甲应立即批准逮捕

D. 对甲应依据属地原则行使刑事管辖权

答案：C

核心法条

《刑法》第 12 条　中华人民共和国成立以后本法施行以前的行为，如果当时的法律不认为是犯罪的，适用当时的法律；如果当时的法律认为是犯罪的，依照本法总则第四章第八节的规定应当追诉的，按照当时的法律追究刑事责任，但是如果本法不认为是犯罪或者处刑较轻的，适用本法。

本法施行以前，依照当时的法律已经作出的生效判决，继续有效。

释解分析

本条规定的是刑法的溯及力。刑法的溯及力，是指刑法对于生效以前的行为是否适用。我国对刑法溯及力采取从旧兼从轻原则，并按照以下不同情况分别处理：（1）当时的法律不认为是犯罪，但修订后的刑法认为是犯罪的，适用当时的法律，即修订后的刑法没有溯及力。对于这种情况，不能以修订后的刑法规定为犯罪为由追究行为人的刑事责任。（2）当时的法律认为是犯罪，但修订后的刑法不认为是犯罪的，只要这种行为未经审判或者判决尚未确定，就应当适用修订后的刑法，即修订后的刑法具有溯及力。（3）当时的法律和修订后的刑法都认为是犯罪，并且按照修订后的刑法总则第四章第八节的规定应当追诉的，原则上按照当时的法律追究刑事责任，即修订后的刑法不具有溯及力。这就是从旧兼从轻中所指的"从旧"。但是，如果修订后的刑法比当时的法律"处刑较轻"，则应适用修订后的刑法，即修订后的刑法具有溯及力。这便是从轻原则的体现。（4）依据当时的法律已经作出的生效判决，继续有效。只要犯罪已经判决，即使按修订后的刑法的规定，其行为不构成犯罪或者处刑较当时的法律要轻，也不能适用修订后的刑法。

法条分析

（1）条文规定体现的是何种法律制度？该制度的适用对象是什么？

（2）条文中的"当时的法律"应如何理解？

（3）条文中的"处刑较轻"应如何理解？

答案：（1）条文体现的是我国刑法溯及力上的从旧兼从轻原则。刑法溯及力适用于未决犯，而不适用于已决犯，但是，按照审判监督程序重新审判的案件，适用行为时的法律。

（2）当时的法律是指行为当时的法律和行为时的法律之后、裁判时的法律之前施行的法律。

（3）处刑较轻是指刑法对某种犯罪规定的刑罚即法定刑比修订前刑法规定的要轻。

试题范例

（多项选择题）下列情形中，修订后的刑法具有溯及力的是（　　）。

A. 修订前的刑法不认为是犯罪，而修订后的刑法认为是犯罪

B. 修订前的刑法认为是犯罪，而修订后的刑法不认为是犯罪

C. 修订前、后的刑法都认为是犯罪，但修订前的刑法处刑较重

D. 修订前的刑法规定构成甲、乙两罪，而修订后的刑法规定仅构成甲罪

答案：BCD

二、犯罪概念

核心法条

《刑法》第 13 条　一切危害国家主权、领土完整和安全，分裂国家、颠覆人民民主专政的政权和推翻社会主义制度，破坏社会秩序和经济秩序，侵犯国有财产或者劳动群众集体所有的财产，侵犯公民私人所有的财产，侵犯公民的人身权利、民主权利和其他权利，以及其他危害社会的行为，依照法律应当受刑罚处罚的，都是犯罪，但是情节显著轻微危害不大的，不认为是犯罪。

释解分析

本条规定的是犯罪的定义：犯罪是危害社会、依照法律应受刑罚处罚的行为。本条规定的犯罪的定义兼顾犯罪的形式特征和实质特征，是形式与实质相统一的犯罪定义。

刑法规定的犯罪定义不仅从性质上明确了犯罪具有危害性和违法性，而且还设置了定量要求，即“情节显著轻微危害不大的，不认为是犯罪”，这被称为犯罪定义的“但书”。“但书”的意义在于：(1)“但书”表明认定犯罪不仅仅需要正确“定性”，还需要合理确定危害的“程度”或“量”。“但书”的基本理念是通过对犯罪的实质特征提出定量的要求，赋予司法机关酌情排除犯罪的权力，避免过分拘泥于法律形式而刻板教条地作出判决。(2)“但书”是区分“违法行为”与“犯罪行为”的宏观标准。“但书”是适应我国法律结构的需要而产生的。(3)“但书”可以缩小犯罪或刑事处罚的范围，避免给一些轻微的危害行为（或违法行为）打上犯罪的标记，有利于行为人改过自新；还可以合理配置司法资源，集中力量惩罚严重的违法行为——犯罪。(4) 与《刑法》第 13 条规定的犯罪定义的定量要求相呼应，分则条文对有些犯罪规定了程度方面的限制条件。

法条分析

(1) 概括说明本条规定的犯罪的定义。

(2) 条文中的“法律”应如何理解？

(3) 本条关于犯罪定义的规定的意义是什么？

答案：(1) 犯罪是危害社会、依照法律应受刑罚处罚的行为。

(2) 法律指的是全国人大及其常委会制定的法律。

(3) 该定义是对刑法中规定的各种具体犯罪共同特征的高度概括，是形式特征与实质特征相统一的犯罪定义。该定义既含定性要求又含定量要求，对于合理认定犯罪及处罚罪犯具有重要意义。

试题范例

（多项选择题）下列对于我国《刑法》第 13 条中“……但是情节显著轻微危害不大的，

不认为是犯罪”的理解中，正确的有（　　）。

A. 避免轻微的违法行为犯罪化

B. 对已经构成的犯罪行为免予刑事处罚

C. 认定犯罪行为需要正确定性及合理定量

D. 可以缩小犯罪或刑事处罚的范围

答案：ACD

三、犯罪构成

核心法条

《刑法》第 14 条　明知自己的行为会发生危害社会的结果，并且希望或者放任这种结果发生，因而构成犯罪的，是故意犯罪。

故意犯罪，应当负刑事责任。

释解分析

本条规定的是犯罪故意。犯罪故意是指明知自己的行为会发生危害社会的结果，并且希望或者放任这种结果发生的心理态度。犯罪故意包括直接故意和间接故意。成立犯罪故意，必须具备以下两个因素：（1）认识因素：行为人明知自己的行为会发生危害社会的结果。（2）意志因素：行为人希望或者放任这种危害结果发生。

直接故意是指明知自己的行为会发生危害社会的结果，并且希望这种结果发生的心理态度。直接故意包括两种形式：（1）明知自己的行为必然发生危害社会的结果，并且希望这种结果发生的心理态度，用公式表示即为“必然发生＋希望发生”；（2）明知自己的行为可能发生危害社会的结果，并且希望这种结果发生的心理态度，用公式表示即为“可能发生＋希望发生”。

间接故意是指明知自己的行为会发生危害社会的结果，并且放任这种结果发生的心理态度。间接故意包括三种情形：（1）为实现某个犯罪意图或目的，而放任另一犯罪结果发生；（2）为实现某个非犯罪的意图或目的，而放任犯罪结果发生；（3）突发性故意犯罪，不计后果，放任结果发生。

从认识因素看，直接故意和间接故意都是“明知自己的行为会发生危害社会的结果”。从意志因素看，直接故意和间接故意都不排斥危害结果发生。由此说明和决定了二者都具有故意的性质。但是，二者有下列不同：（1）从认识因素看，二者对危害结果发生的认识程度有所不同。在直接故意的情况下，行为人认识到危害结果发生的可能性或者必然性；在间接故意的情况下，行为人认识到危害结果发生的可能性。假如行为人认识到危害结果发生的必然性还执意为之造成该结果，那么合理的认定是行为人对该结果持希望态度，具有直接故意。（2）从意志因素看，二者对危害结果发生的态度明显不同。直接故意是希望这种危害社会结果的发生，对结果是积极追求的态度；间接故意则是放任这种危害社会结果的发生，不是积极追求的态度，而是任凭事态发展。（3）特定的危害结果是否发生对二者具有不同的意义。在直接故意的场合，即使追求的特定危害结果没有实际发生，通常也应当追究犯罪预备、犯罪未遂的罪责；在间接故意的场合，如果没有实际发生特定危害结果，就无所谓犯罪的成立。

法条分析

（1）条文中的“明知”的范围应如何认定？

（2）条文中的“行为”应如何理解？

（3）条文中的“希望或者放任这种结果发生”应如何理解？

（4）条文中的“刑事责任”应如何理解？

（5）甲意图杀死乙，便趁乙当晚值班时放火烧毁值班室，不料将顶替乙值班的丙烧死。甲对丙死亡所持的心理态度是什么？属于何种认识错误？

答案：（1）明知的范围包括对行为、结果以及它们之间的因果关系这样的客观事实的明确认识；对行为及其结果具有社会危害性的认识。

（2）行为即危害行为，是指行为人在意识支配下实施的危害社会并被刑法禁止的身体活动。

（3）希望这种结果发生是指行为人对危害结果的积极追求，把它作为自己行为的目的，并采取积极的行动为达到这个目的而努力；放任这种结果发生是指听其自然，纵容危害结果的发生，对危害结果的发生虽然不积极追求但也不设法避免。

（4）刑事责任是指行为人因其犯罪行为所应承受的、代表国家的司法机关根据刑事法律对该行为所作的否定性评价和对行为人进行谴责的责任。

（5）甲对丙死亡所持的心理态度为直接故意。甲的行为属于事实认识错误中的对象错误。

试题范例

1.（单项选择题）甲为杀死仇人乙，置正在乙旁边玩耍的丙的生死于不顾而开枪射击，结果导致丙死亡。甲对丙死亡所持的心理态度是（　　）。

A. 直接故意　　B. 间接故意

C. 疏忽大意的过失　　D. 过于自信的过失

2.（单项选择题）甲为了掩盖自己贪污大量公款的事实，企图放火烧毁会计室。甲深夜放火时发现乙在会计室睡觉，明知放火可能烧死乙，但仍然放火，也没有采取任何措施防止乙死亡，乙被烧死。甲对乙死亡所持的心理态度是（　　）。

A. 疏忽大意的过失　　B. 过于自信的过失

C. 直接故意　　D. 间接故意

3.（单项选择题）关于故意认识的内容，下列表述中正确的是（　　）。

A. 成立挪用公款罪，要求行为人认识到自己是国家工作人员

B. 成立抢劫罪，要求行为人认识到自己年龄已满 14 周岁

C. 成立贩卖淫秽物品牟利罪，要求行为人认识到自己以牟利为目的

D. 成立传播淫秽物品罪，要求行为人认识到物品具有淫秽性质

4.（多项选择题）下列情形中，属于间接故意的是（　　）。

A. 张三投毒杀害李四，而对可能也会毒死同室的王五一事听之任之，结果也毒死了王五

B. 张三打猎时猎物附近有儿童，张三对可能造成儿童的死亡放任不管，依旧开枪猎杀动物，结果射中儿童致其死亡

C. 丙与丁因琐事产生争执。丁纠集20余人闯入丙的院中无理取闹。丙气极，拿出私藏的手榴弹拧开后盖掖在腰间，手持点燃的爆竹自屋内冲出，想以此吓退对方。不料对方抢夺手榴弹，发生爆炸，造成3人死亡、2人重伤、5人轻伤的后果。丙对该手榴弹爆炸结果所持的心理态度

D. 戊酒后驾车超速行驶，乘客提醒他注意安全，戊不听，仍然高速行驶，结果造成交通事故

答案：1. B　2. D　3. D　4. AB

核心法条

《刑法》第15条　应当预见自己的行为可能发生危害社会的结果，因为疏忽大意而没有预见，或者已经预见而轻信能够避免，以致发生这种结果的，是过失犯罪。

过失犯罪，法律有规定的才负刑事责任。

释解分析

本条规定的是犯罪过失。犯罪过失是指行为人应当预见自己的行为可能发生危害社会的结果，因为疏忽大意而没有预见或者已经预见而轻信能够避免的心理态度。犯罪过失的特征有：(1) 没有犯罪故意。(2) 没有保持必要的小心谨慎的态度。

因为犯罪过失与犯罪故意在主观恶性程度上具有本质的差别，所以刑法规定犯罪过失的罪责与犯罪故意的罪责明显不同。具体表现为：(1) 对过失犯罪，法律有规定的才负刑事责任。这意味着刑法分则各条规定的犯罪，在没有特别说明的情况下，其主观罪过形式当然是故意，并且不能理解为当然包括过失。只有当法律条文明示该条之罪的罪过形式是过失或者包括过失，过失才可能构成犯罪，承担刑事责任。这充分显示刑法以惩罚故意犯罪为主，以惩罚过失犯罪为例外。(2) 对过失行为，只有造成严重后果的才负刑事责任。过失犯罪必须以造成法定的严重后果为构成要件。换言之，刑法规定的过失犯罪只有完成形态并且只处罚完成形态。与此形成鲜明对比的是，刑法不仅处罚故意犯罪完成形态，而且处罚其未完成形态。(3) 过失犯罪的法定刑明显轻于故意犯罪。对于导致同样结果的故意犯罪和过失犯罪，过失犯罪的法定刑要轻于故意犯罪的法定刑。

犯罪过失包括疏忽大意的过失和过于自信的过失。疏忽大意的过失是指行为人应当预见自己的行为可能发生危害社会的结果，由于疏忽大意而没有预见，以致发生危害结果的心理态度。过于自信的过失是指行为人已经预见到自己的行为可能发生危害社会的结果，但轻信能够避免，以致发生危害结果的心理态度。这两种过失的区别是：疏忽大意的过失中行为人事先对危害结果的发生没有预见，所以又称无认识的过失；过于自信的过失中行为人事先对危害结果的发生有所预见，故又称有认识的过失。

过于自信的过失和间接故意都是预见到危害结果可能发生，都不希望危害结果发生。但二者仍有如下不同：(1) 对危害结果发生的认识程度有所不同。过于自信的过失是已经预见自己的行为可能产生危害社会的结果，间接故意是明知自己的行为会产生危害社会的结果。可见，间接故意对危害结果的认识程度较高。(2) 对危害结果所持态度不同。过于自信的过失是行为人对危害结果的发生持否定态度，危害结果的发生，是违背行为人意愿的。因此，行为人为避免危害结果的发生往往采取积极的态度和措施，并且也有避免危害结果的客观根据。间接故意的行为人对危害结果的发生持放任态度，即危害结果发生也罢，不发生也罢，行为人都不在乎，甚至纵容危害结果发生。因此，行为人对避免危害结果的发生往往持消极的态度，并且没有避免危害结果的措施和根据，或者心存侥幸。

疏忽大意的过失与意外事件的相似之处是行为人对危害结果的发生都没有预见。但二者有如下区别：(1) 行为人对危害结果的发生是否应当预见（能否预见）。在意外事件中，行为人对损害结果的发生是不可能预见的；在疏忽大意的过失中，行为人对危害结果的发生是应当预见并且是能够预见的，只是由于疏忽大意而没有预见。(2) 行为人的责任完全不同。意外事件不构成犯罪，疏忽大意的过失构成过失犯罪。

法条分析

(1) 条文中的“因为疏忽大意而没有预见”应如何理解？

(2) 条文中的“轻信能够避免”应如何理解？

(3) 对第 2 款规定应如何理解？

答案：(1) 因为疏忽大意而没有预见是指按照行为人行为时的认识能力和客观条件，他本该预见到，由于马虎大意，缺乏责任心而未能预见，以致造成危害结果的发生。

(2) 轻信能够避免是指一方面行为人希望和相信能够避免危害结果发生；另一方面行为人没有确实可靠的客观根据而轻率相信可以避免。

(3) 只有当法律条文明示该条规定之罪的罪过形式是过失或者包括过失，过失行为才能构成犯罪，承担刑事责任。

试题范例

1. (单项选择题) 患者甲在住院治疗期间，当班药剂师乙发药时只看包装盒，未核对药品名称，错将氯化琥珀胆碱作为乙酰胺发给治疗医生丙，丙以为氯化琥珀胆碱是乙酰胺的别名，没有核查便将药配好给患者甲注射，导致甲死亡。乙、丙对甲死亡所持的心理态度是(　　)。

A. 直接故意　　B. 间接故意

C. 疏忽大意的过失　　D. 过于自信的过失

2. (单项选择题) 章某带着侄子某甲和某乙去打猎。出发前，章某交代二人不要乱动，以免被误伤。三人埋伏在灰熊出没地周围三处等待灰熊的出现，章某叮嘱谁也不准动。等候过程中，某乙沉不住气想看看灰熊到底出现没有，被高度紧张的某甲当作灰熊打死。对于某乙的死亡，某甲的主观心理态度是(　　)。

A. 疏忽大意的过失　　B. 过于自信的过失

C. 直接故意　　D. 间接故意

3.（多项选择题）王某住在山区，当地野狼危害庄稼的情况严重。王某听说邻县使用“智能防盗系统”，效果很好，就买回一台。王某安装好防盗系统，并在野狼可能出没的山上拉上裸电线，距地面40厘米。王某在裸线通过的路口上均设置了警告牌，并告知通电的时间为：晚7点开电，早6点收电。村民李某盗伐林木，于早5点30分触电死亡。王某的行为（　　）。

A. 属于过于自信的过失　　B. 构成过失致人死亡罪

C. 构成过失以危险方法危害公共安全罪　　D. 属于疏忽大意的过失

答案： 1. C　2. A　3. AC

核心法条

《刑法》第16条　行为在客观上虽然造成了损害结果，但是不是出于故意或者过失，而是由于不能抗拒或者不能预见的原因所引起的，不是犯罪。

释解分析

本条规定的是无罪过事件。无罪过事件包括不可抗力和意外事件两种情形。任何罪过都是认识因素和意志因素的统一。意外事件与不可抗力，或者缺乏认识因素，或者缺乏意志因素，从而不具备构成罪过的条件。因此，不管客观上造成了多么严重的损害结果，如果行为人对此没有罪过（故意、过失）的，仍然不能追究其刑事责任。刑法关于无罪过事件的规定表明，我国刑法贯彻了责任主义。除了刑法明文规定的不可抗力和意外事件属于无罪过事件外，理论上承认期待可能性也属于无罪过事件。期待可能性是指在行为人实行犯罪的具体场合，期待其实施适法行为而不实施违法行为的可能性。

法条分析

（1）条文中的“故意”和“过失”应如何理解？

（2）条文中的“不能抗拒”和“不能预见”应如何理解？

答案：（1）“故意”是指明知自己的行为会发生危害社会的结果，并且希望或者放任这种结果发生的心理态度。“过失”是指行为人应当预见自己的行为可能发生危害社会的结果，因为疏忽大意而没有预见或者已经预见而轻信能够避免的心理态度。

（2）“不能抗拒”是指行为人没有能力抗衡或者阻止危害结果的发生。“不能预见”是指行为人未预见，且根据当时的客观情况和行为人的主观认识能力，也不可能预见。

试题范例

（单项选择题）行为人因不能抗拒的原因而引起损害结果的，不是犯罪，这是由于行为人（　　）。

A. 对危害结果的发生没有认识

B. 对危害结果的发生没有预见

C. 对危害结果的发生不存在故意或者过失

D. 不具备犯罪的主体条件

答案： C

核心法条

《刑法》第 17 条　已满十六周岁的人犯罪，应当负刑事责任。

已满十四周岁不满十六周岁的人，犯故意杀人、故意伤害致人重伤或者死亡、强奸、抢劫、贩卖毒品、放火、爆炸、投放危险物质罪的，应当负刑事责任。

已满十二周岁不满十四周岁的人，犯故意杀人、故意伤害罪，致人死亡或者以特别残忍手段致人重伤造成严重残疾，情节恶劣，经最高人民检察院核准追诉的，应当负刑事责任。

对依照前三款规定追究刑事责任的不满十八周岁的人，应当从轻或者减轻处罚。

因不满十六周岁不予刑事处罚的，责令其父母或者其他监护人加以管教；在必要的时候，依法进行专门矫治教育。

第 17 条之一　已满七十五周岁的人故意犯罪的，可以从轻或者减轻处罚；过失犯罪的，应当从轻或者减轻处罚。

释解分析

本条规定的是刑事责任年龄。刑事责任年龄是指法律所规定的行为人对自己的犯罪行为负刑事责任必须达到的年龄。根据本条规定，刑事责任年龄可划分为如下阶段：

（1）完全负刑事责任年龄阶段。已满 16 周岁的人犯罪，应当负刑事责任。

（2）相对负刑事责任年龄阶段。①已满 14 周岁不满 16 周岁的人，犯故意杀人、故意伤害致人重伤或者死亡、强奸、抢劫、贩卖毒品、放火、爆炸、投放危险物质罪的，应当负刑事责任。已满 14 周岁不满 16 周岁的人，仅对上述 8 种犯罪行为负刑事责任，上述 8 种犯罪行为不是指具体罪名，且该 8 种行为限于故意犯罪，不包括过失犯罪。8 种犯罪行为中的“故意杀人”与“故意伤害致人重伤或者死亡”不仅指的是刑法分则规定的故意杀人罪、故意伤害罪，还包括刑法分则所规定的以故意杀人罪、故意伤害罪（伤害指的是重伤，不包括轻伤）论处的情形（包括转化犯）。8 种犯罪行为中的“强奸”，不仅包括强奸罪，还包括拐卖妇女过程中奸淫被拐卖的妇女。8 种犯罪行为中的“抢劫”，不仅包括抢劫罪，还包括特殊类型的抢劫罪和准抢劫罪。需要注意的是，已满 14 周岁不满 16 周岁的人盗窃、诈骗、抢夺他人财物，为窝藏赃物、抗拒抓捕或者毁灭罪证，当场使用暴力，故意伤害致人重伤或者死亡，或者故意杀人的，应当分别以故意伤害罪或者故意杀人罪定罪处罚。毒品犯罪中，已满 14 周岁不满 16 周岁的人只对贩卖毒品罪负刑事责任，对其他毒品犯罪不负刑事责任。②已满 12 周岁不满 14 周岁的人，犯故意杀人、故意伤害罪，致人死亡或者以特别残忍手段致人重伤造成严重残疾，情节恶劣，经最高人民检察院核准追诉的，应当负刑事责任。已满 12 周岁不满 14 周岁的人，仅对上述 2 种犯罪行为负刑事责任，上述 2 种犯罪行为指的是具体的犯罪行为而不是具体罪名。

（3）完全不负刑事责任年龄阶段。不满 12 周岁的人，不负刑事责任。

（4）减轻刑事责任年龄阶段。对依照《刑法》规定追究刑事责任的不满 18 周岁的人，应当从轻或者减轻处罚。已满 75 周岁的人故意犯罪的，可以从轻或者减轻处罚；过失犯罪的，应当从轻或者减轻处罚。

（5）对因不满 16 周岁不予刑事处罚的处理。因不满 16 周岁不予刑事处罚的，责令其父母或者其他监护人加以管教；在必要的时候，依法进行专门矫治教育。

(6) 责任年龄的计算。责任年龄是指实足年龄，刑法特别使用“周岁”一词，旨在限定为实足年龄，而不是指虚岁。周岁按照公历的年、月、日计算，从周岁生日的第 2 天起算。

法条分析

(1) 本条规定的法律制度及其含义是什么？

(2) 已满 14 周岁不满 16 周岁的人抢夺他人财物，为抗拒抓捕将被害人打成重伤的行为，应如何定性？

(3) 已满 12 周岁不满 14 周岁的人应当追究刑事责任的条件有哪些？

(4) 已满 12 周岁不满 14 周岁的人绑架他人并“撕票”，情节恶劣，应当追诉的罪名是什么？

答案：(1) 刑事责任年龄，是指法律所规定的行为人对自己的犯罪行为负刑事责任必须达到的年龄。

(2) 应当认定为故意伤害罪。

(3) 应当追究刑事责任的条件有：①只能适用于犯故意杀人、故意伤害罪，致人死亡或者以特别残忍手段致人重伤造成严重残疾，情节恶劣的情况；②要经最高人民检察院核准追诉。

(4) 应当追诉的罪名是故意杀人罪。

试题范例

1. (单项选择题) 甲 15 周岁，甲实施的下列行为中，应当负刑事责任的是（　　）。

A. 绑架罪　　B. 盗窃罪　　C. 抢夺罪　　D. 贩卖毒品罪

2. (单项选择题) 甲 (15 周岁) 实施的下列行为中，应当承担刑事责任的是（　　）。

A. 甲驾驶汽车撞死撞伤多人后逃逸

B. 甲受王某指使将王某仇人的汽车砸毁

C. 甲帮助乙将其偷来的一辆汽车卖掉

D. 甲帮助乙将债务人丙非法拘禁，在拘禁期间，甲将丙打成重伤

3. (单项选择题) 下列关于未成年人行为的定性中，正确的是（　　）。

A. 甲，15 周岁，在火车站抢夺一女游客金项链，为窝藏赃物而将女游客打成轻伤，甲构成故意伤害罪

B. 乙，14 周岁，在商场盗窃数件金首饰，为抗拒抓捕而当场使用暴力，将售货员打成重伤，乙的行为构成故意伤害罪

C. 丙，15 周岁，将大量毒品走私出境，对丙应以走私毒品罪定罪处罚

D. 丁，14 周岁，抢夺大量国有档案，对丁应以抢劫罪定罪处罚

4. (多项选择题) 王某，15 周岁，对下列行为应当承担刑事责任的有（　　）。

A. 绑架的过程中故意杀害人质以及在非法拘禁的过程中使用暴力将被害人打死

B. 犯抗税罪、妨害公务罪、聚众斗殴罪、寻衅滋事罪过程中使用暴力致被害人重伤、死亡

C. 在拐卖妇女过程中奸淫被害人以及强奸后迫使被害人卖淫的

D. 教唆他人实施故意杀人、故意伤害（致人重伤或者死亡）、强奸、抢劫、贩毒、放

火、爆炸、投放危险物质犯罪行为

答案：1. D 2. D 3. B 4. ABCD

核心法条

《刑法》第 18 条第 1、2、3 款 精神病人在不能辨认或者不能控制自己行为的时候造成危害结果，经法定程序鉴定确认的，不负刑事责任，但是应当责令他的家属或者监护人严加看管和医疗；在必要的时候，由政府强制医疗。

间歇性的精神病人在精神正常的时候犯罪，应当负刑事责任。

尚未完全丧失辨认或者控制自己行为能力的精神病人犯罪的，应当负刑事责任，但是可以从轻或者减轻处罚。

释解分析

本条规定的是精神病人犯罪的刑事责任。通常，达到刑事责任年龄的人就具备了刑法意义上的辨认和控制自己行为的能力，或者说被法律推定为具备这种能力，即具有刑事责任能力。但是有些人由于精神或生理上的缺陷而丧失或减弱辨认或控制自己行为的能力。本条对此作出了如下区分规定：（1）绝对无刑事责任能力。精神病人在不能辨认或者不能控制自己行为的时候造成危害结果，经法定程序鉴定确认的，不负刑事责任，但是应当责令他的家属或者监护人严加看管和医疗；在必要的时候，由政府强制医疗。（2）绝对有刑事责任能力。间歇性的精神病人在精神正常的时候犯罪，应当负刑事责任。此情形不能从宽处罚。（3）限制（减轻）刑事责任能力。尚未完全丧失辨认或者控制自己行为能力的精神病人犯罪的，应当负刑事责任，但是可以从轻或者减轻处罚。

法条分析

（1）判断本条规定的行为人是否具有刑事责任能力的标准是什么？

（2）第 1 款中规定的“危害结果”应如何理解？

（3）第 3 款中的“尚未完全丧失辨认或者控制自己行为能力的精神病人”以及“尚未完全丧失”应如何理解？

答案：（1）判断标准包括生物学（医学）标准和心理学（法学）标准。生物学标准是指以患者是否具有精神障碍作为判断行为人是否具有责任能力的标准。心理学标准是指以是否具有辨别是非、控制自己的行为能力作为判定行为人是否具有责任能力的标准。

（2）危害结果指的是广义的危害结果，即犯罪行为所造成的一切损害事实。

（3）尚未完全丧失辨认或者控制自己行为能力的精神病人是指辨别是非、控制自己行为的能力由于精神障碍而显著降低的限制刑事责任能力的精神病人。“尚未完全丧失”是指：一是行为人还有部分责任能力，因此应当负刑事责任；二是行为人丧失部分责任能力，因此可以从轻或者减轻处罚。

试题范例

1.（单项选择题）关于量刑情节，下列说法中正确的是（ ）。

A. 尚未完全丧失辨认或者控制自己行为能力的精神病人犯罪的，应当负刑事责任，但是可以从轻、减轻或者免除处罚

B. 行贿人在被追诉前主动交代行贿行为的，可以减轻处罚或者免除处罚

C. 有非法吸收公众存款行为，在提起公诉前积极退赃退赔，减少损害结果发生的，可以从轻或者减轻处罚

D. 如果被教唆的人没有犯被教唆的罪，对于教唆犯，可以从轻、减轻或者免除处罚

2.（多项选择题）甲因为琐事与乙发生争执，乙转身离去，甲则从地上捡起一根道木追上，朝乙头部猛击。乙倒地后，甲又朝其连击数下，致乙死亡。之后，甲又到乙的办公室乱砸一气。甲作案后跳矿井自杀未遂。经鉴定，甲为限制刑事责任能力人。下列说法中正确的是（　　）。

A. 甲构成故意杀人罪　　B. 甲构成过失致人死亡罪

C. 对甲可以从轻或者减轻处罚　　D. 甲不负刑事责任

答案：1. C　2. AC

核心法条

《刑法》第 18 条第 4 款　醉酒的人犯罪，应当负刑事责任。

释解分析

本款规定的是醉酒的人犯罪的刑事责任。醉酒的人通常是在某种程度上减弱辨认和控制自己行为的能力，但并非完全丧失这种能力。行为人酗酒壮胆作案，即便犯罪时辨认、控制能力降低，也必须受到惩处。因此，醉酒的人犯罪，应当负刑事责任。也就是说，醉酒的人犯罪，没有从轻或者减轻处罚之规定。

法条分析

（1）本款规定的法理基础是什么？该法理基础的含义是什么？

（2）本款规定的“醉酒”一般指的是何种醉酒形式？

（3）在酒后、吸食毒品后驾驶机动车辆，交通肇事致 1 人以上重伤，负事故的全部或者主要责任的，构成何罪？为什么？能否从轻或者减轻处罚？

答案：（1）法理基础是原因自由行为。原因自由行为是指在预见到自己可能犯罪的情况下，行为人故意或者过失使自己陷入责任能力丧失或者降低的状态，并在该状态下引起犯罪结果的情形。

（2）醉酒一般是指生理醉酒，仅在特殊情况下包括病理醉酒。

（3）构成交通肇事罪，且基于原因自由行为的法理，对行为人不能从轻或者减轻处罚。

试题范例

（单项选择题）甲在家中醉酒后产生幻觉，快递员乙前来甲家中送快递，甲以为乙要杀害自己，遂将乙打成重伤。关于甲的行为，下列说法中正确的是（　　）。

A. 甲的行为构成故意伤害罪，且不得从轻或者减轻处罚

B. 甲产生了幻觉，没有意志自由，缺乏辨认和控制自己行为的能力，不构成犯罪

C. 甲产生了幻觉，但是是其自己醉酒导致的，可以从轻或者减轻处罚

D. 甲虽然有醉酒的故意，但没有伤害的故意，仅成立过失致人重伤罪

答案： A

核心法条

《刑法》第 19 条　又聋又哑的人或者盲人犯罪，可以从轻、减轻或者免除处罚。

释解分析

本条规定的是又聋又哑的人或者盲人犯罪的刑事责任。又聋又哑的人或者盲人不是无责任能力的人，他们犯了罪，理应负刑事责任。但是，因为其生理上有缺陷，在智力、体力等方面与身体健全者存在差异；同时，也是出于人道主义的考虑，所以不宜处罚过重，可以从轻、减轻或者免除处罚。

法条分析

（1）条文中的“又聋又哑”和“盲人”应如何认定？

（2）条文中的“免除处罚”的含义及适用条件如何理解？

答案：（1）又聋又哑指的是既聋且哑；盲人是指双目失明的人。

（2）免除处罚是指对犯罪分子作有罪宣告，但免除其刑罚处罚。适用条件有：①行为人的行为已经构成犯罪；②犯罪情节轻微；③因犯罪情节轻微不需要判处刑罚。

试题范例

（单项选择题）关于刑事责任能力的认定，下列表述中正确的是（　　）。

A. 甲先天双目失明，在大学读书期间因琐事致室友重伤。甲具有限定刑事责任能力

B. 乙是聋哑人，长期组织数名聋哑人在公共场所扒窃。乙属于相对有刑事责任能力人

C. 丙服用安眠药陷入熟睡状态，致同床的婴儿被压迫窒息死亡。丙不具有刑事责任能力

D. 丁大醉后步行回家，嫌他人小汽车挡路，将车砸坏，事后毫无记忆。丁具有完全刑事责任能力

答案： D

核心法条

《刑法》第 30 条　公司、企业、事业单位、机关、团体实施的危害社会的行为，法律规定为单位犯罪的，应当负刑事责任。

释解分析

本条规定的是单位犯罪。单位犯罪是指公司、企业、事业单位、机关、团体实施的依法应当承担刑事责任的危害社会的行为。单位犯罪的要件有：（1）主体条件：单位犯罪

的主体包括公司、企业、事业单位、机关和团体。①个人为进行违法犯罪活动而设立的公司、企业、事业单位实施犯罪的，或者公司、企业、事业单位设立后，以实施犯罪为主要活动的，不以单位犯罪论处，即单位犯罪的前提是该单位是一个合法成立的单位。②盗用、冒用单位名义实施犯罪，违法所得由实施犯罪的个人私分的，或者单位内部成员未经单位决策机构批准、同意或者认可而实施犯罪的，或者单位内部成员实施与其职务活动无关的犯罪行为的，都不属于单位犯罪，应当依照刑法有关自然人犯罪的规定定罪处罚。③以单位的分支机构或者内设机构、部门的名义实施犯罪，违法所得亦归分支机构或者内设机构、部门所有的，应当认定为单位犯罪。不能因为单位的分支机构或者内设机构、部门没有可供执行罚金的财产，就不将其认定为单位犯罪而按照个人犯罪处理。(2) 法律条件：单位犯罪只有法律明文规定的，才负刑事责任。单位犯罪，以刑法分则明文规定为限。凡是法律未指明该罪的主体包括单位的，只有自然人可以构成该罪，单位不能构成该罪。

法条分析

(1) 条文中的“公司、企业、事业单位”应如何认定？

(2) 对于单位实施刑法未规定追究单位刑事责任的严重危害社会的行为的，应如何处理？

答案：(1) 公司、企业、事业单位既包括国有、集体所有的公司、企业、事业单位，也包括依法设立的合资经营、合作经营企业和具有法人资格的独资、私营等公司、企业、事业单位。

(2) 对组织、策划、实施该危害社会行为的人依法追究刑事责任，对单位本身不追究刑事责任。

试题范例

1. (单项选择题) 关于单位犯罪，下列表述中正确的是（　　）。

A. 单位不能成为过失犯罪的主体

B. 单位犯罪是单位中组成人员共同犯罪

C. 对单位犯罪，刑法分则和其他法律未规定追究单位刑事责任的，对组织、策划、实施该危害社会行为的人依法追究刑事责任

D. 对单位犯罪可以判处罚金和没收财产

2. (单项选择题) 关于单位犯罪的主体，下列表述中正确的是（　　）。

A. 不具有法人资格的私营企业具有单位犯罪的主体资格

B. 刑法分则规定的只能由单位构成的犯罪，自然人也可构成该罪

C. 单位的分支机构或者内设机构，不能成为单位犯罪的主体

D. 为进行违法犯罪活动而设立的公司、企业、事业单位，或者公司、企业、事业单位设立后，以实施犯罪为主要活动的，不能成为单位犯罪的主体

3. (多项选择题) 下列情形中，可以成立单位犯罪的有（　　）。

A. 甲设立公司，主要从事为他人虚开增值税专用发票活动以牟利

B. 乙与公司股东商议后，以公司名义走私香烟，所得收益归公司所有

C. 丙为使其公司承建工程，向国有投资公司主管人员支付巨额回扣

D. 丁以公司名义吸收公众存款，并将违法所得用来购买豪华别墅

答案： 1. C 2. D 3. BC

核心法条

《刑法》第 31 条 单位犯罪的，对单位判处罚金，并对其直接负责的主管人员和其他直接责任人员判处刑罚。本法分则和其他法律另有规定的，依照规定。

释解分析

本条规定的是对单位犯罪的处罚。我国刑法对单位犯罪采取以双罚制（两罚制）为原则，以单罚制为例外。判处罚金是单位承担刑事责任的唯一形式，对单位犯罪不能判处没收财产。所谓单罚制，是指不处罚单位，只处罚直接负责的主管人员和其他直接责任人员。采取单罚制的情形比较少，如强迫劳动罪、雇用童工从事危重劳动罪，以及一些责任事故性犯罪。有些单位犯罪只处罚直接责任人员，如工程重大安全事故罪、私分国有资产罪等。

法条分析

（1）条文中的“直接负责的主管人员和其他直接责任人员”应如何认定？

（2）条文中的“本法分则和其他法律另有规定的，依照规定”应如何理解？

（3）直接负责的主管人员和其他直接责任人员代表单位实施共同犯罪，应如何区分主犯和从犯？具体应如何处理？

答案：（1）直接负责的主管人员，是在单位实施的犯罪中起决定、批准、授意、纵容、指挥等作用的人员，一般是单位的主管负责人，包括法定代表人。其他直接责任人员，是在单位犯罪中具体实施犯罪并起较大作用的人员。

（2）对单位犯罪一般采取“两罚制”，但刑法分则和其他法律有特别规定采取“单罚制”的，依照规定。

（3）直接负责的主管人员和其他直接责任人员代表单位实施故意犯罪，可以成立共同犯罪，他们对于单位犯罪所起的作用有主要作用和次要作用之分，可以有主犯、从犯之分。但在个案中，不是当然的主、从犯关系，有的案件，主管人员与直接责任人员在实施犯罪行为的主从关系不明显的，可不分；可以分清，且不分清主、从犯，在同一法定刑档次、幅度内量刑无法做到罪刑相适应的，应当分清主、从犯，依法处罚。

试题范例

（多项选择题）关于单位犯罪，下列说法中正确的是（ ）。

A. 个人为进行违法犯罪活动而设立的公司、企业、事业单位实施犯罪的，不以单位犯罪论处

B. 公司、企业、事业单位设立后，以实施犯罪为主要活动的，不以单位犯罪论处

C. 盗用单位名义实施犯罪，违法所得由实施犯罪的个人私分的，依照刑法有关自然人犯罪的规定定罪处罚

D. 对于单位犯罪，原则上除了处罚单位本身，还要处罚单位直接负责的主管人员和其他直接责任人员，即对单位犯罪一律实行双罚制

答案：ABC

四、正当化事由

核心法条

《刑法》第 20 条　为了使国家、公共利益、本人或者他人的人身、财产和其他权利免受正在进行的不法侵害，而采取的制止不法侵害的行为，对不法侵害人造成损害的，属于正当防卫，不负刑事责任。

正当防卫明显超过必要限度造成重大损害的，应当负刑事责任，但是应当减轻或者免除处罚。

对正在进行行凶、杀人、抢劫、强奸、绑架以及其他严重危及人身安全的暴力犯罪，采取防卫行为，造成不法侵害人伤亡的，不属于防卫过当，不负刑事责任。

释解分析

本条规定的是正当防卫、防卫过当和无过当防卫。正当防卫是指为了使国家、公共利益、本人或者他人的人身、财产和其他权利免受正在进行的不法侵害，而对实施侵害的人所采取的合理的防卫行为。正当防卫是有益、合法的行为，因此而对不法侵害人造成必要损害的（杀死、打伤等），虽然貌似犯罪，而实质没有社会危害性，不构成犯罪，故依法不负刑事责任。正当防卫的成立条件有：（1）起因条件：有不法侵害行为发生。①不法侵害是真实存在的，而不是主观臆测的。如果不存在不法侵害，行为人误以为存在而对误认的“不法侵害人”实施了防卫的，是假想防卫，不能成立正当防卫。对于假想防卫，有过失且刑法有规定的，为过失犯罪；没有过失的，属于意外事件。②只能对不法侵害行为（包括违法和犯罪）进行正当防卫，不能对合法行为进行正当防卫。不法是指人的行为的不法，对于自然灾害、动物侵袭等只能进行紧急避险。③侵害性：对故意和过失的不法侵害，都能进行正当防卫。（2）时间条件：对正在进行的不法侵害进行防卫。正在进行的不法侵害即不法侵害已经开始尚未结束。①不法侵害已经开始。这是指不法侵害已经着手，对法益造成现实又紧迫的危险。一般而言，对预备行为不能进行正当防卫，因为不具有现实的紧迫危险。②不法侵害尚未结束。这是指不法侵害行为尚未停止或不法侵害造成的结果尚未出现，实施防卫行为，能够阻止危害结果的出现或即时即地挽回损失。如果侵害行为已经完成、危害结果已经出现、不法侵害归于失败、不法侵害人已经被制服等，则意味着不法侵害已经结束。不法侵害已经结束的，不能进行正当防卫。③防卫不适时。如果不法侵害尚未开始或者已经结束而实行“防卫”的，是“防卫不适时”，包括事先防卫和事后防卫，不能成立正当防卫。事先防卫是指不法侵害着手前进行防卫。事后防卫是指不法侵害结束后进行防卫。故意防卫不适时，构成故意犯罪；过失防卫不适时，构成过失犯罪；既无故意，也无过失，成立意外事

件。(3) 对象条件：防卫行为必须是针对不法侵害人本人实行。正当防卫只能是通过给不法侵害人造成损害的方法来进行，而不能通过给第三者（包括侵害者的家属、子女在内）造成损害的方法来进行。如果故意针对第三者进行防卫的，按照故意犯罪处理；如果误认为第三者是不法侵害人而进行所谓防卫的，属于假想防卫。此外，对于无责任能力人实施的侵害行为，也可以进行正当防卫，但需要稍加限制。(4) 主观条件：防卫必须是基于保护合法权利免受不法侵害的目的。防卫目的的正当性既是正当防卫成立的首要条件，也是正当防卫不负刑事责任的重要根据。防卫挑拨、双方互殴、为保护非法利益而实施的防卫、偶然防卫等不成立正当防卫。(5) 限度条件：正当防卫不能明显超过必要限度造成重大损害。正当防卫的必要限度，是指足以制止正在进行的不法侵害所必需的限度。防卫行为必须没有明显超过必要限度造成重大损害，否则便是防卫过当。

防卫过当是指防卫行为明显超过了必要限度造成重大损害。防卫过当的基本特征有：(1) 在客观上造成了不应有的损害，具有社会危害性。(2) 在主观上对造成的过分损害存在故意或过失，具有罪过性，属于滥用防卫权对不法侵害人造成过分损害的非法行为，应当负刑事责任。(3) 具有"防卫"性质，即具备了针对不法侵害事实防卫的基本条件，只是因为缺乏正当防卫的合理适度条件造成过分损害而构成犯罪承担刑事责任。防卫过当应当负刑事责任，但是应当减轻或者免除处罚。防卫过当的罪过形式一般是过失，但也不排除在个别情况下的犯罪故意。防卫过当本身不是罪名，不能定防卫过当罪。防卫过当实际上是法定减轻或免除处罚的情节。

"对正在进行行凶、杀人、抢劫、强奸、绑架以及其他严重危及人身安全的暴力犯罪，采取防卫行为，造成不法侵害人伤亡的，不属于防卫过当，不负刑事责任。"这是特别防卫的规定。特别防卫的成立条件有：(1) 具备成立正当防卫的起因、时间、对象、主观四个要件。成立特别防卫首先必须具备成立正当防卫的起因、时间、对象、主观这四个基本要件。(2) 具备特定的对象条件。成立特别防卫必须具备特定的对象条件，即针对正在进行且严重危及人身安全的暴力。具言之：①在时间上须正在进行。②在对象上须严重危及人身安全的暴力犯罪。

法条分析

(1) 第 1 款中的"正在进行的不法侵害"应如何理解？

(2) 第 1 款中的"不法侵害"应如何界定？

(3) 第 2 款中防卫是否"明显超过必要限度"应如何认定？

(4) 第 2 款中的"造成重大损害"应如何认定？

(5) 第 3 款中的"行凶"应如何认定？

(6) 如何准确理解与把握第 3 款中的"杀人、抢劫、强奸、绑架"？

(7) 如何准确理解与把握第 3 款中的"其他严重危及人身安全的暴力犯罪"？

(8) 第 3 款中的"防卫过当"应如何理解？

答案：(1) 正在进行的不法侵害是指不法侵害已经开始尚未结束。不法侵害正在进行，使法益处于紧迫的危险之中，才使防卫行为成为保护法益的必要手段。

(2) 不法侵害一般是指犯罪行为的侵害，还包括一些侵犯人身、财产，破坏社会秩序的违法行为。

(3) 防卫是否明显超过必要限度应当综合不法侵害的性质、手段、强度、危害程度和防卫的时机、手段、强度、损害后果等情节，考虑双方力量对比，立足防卫人防卫时所处情境，结合社会公众的一般认知作出判断。

(4) 造成重大损害是指造成不法侵害人重伤、死亡。造成轻伤及以下损害的，不属于重大损害。

(5) 行凶包括：使用致命性凶器，严重危及他人人身安全的；未使用凶器或者未使用致命性凶器，但是根据不法侵害的人数、打击部位和力度等情况，确已严重危及他人人身安全的。虽然尚未造成实际损害，但已对人身安全造成严重、紧迫危险的，可以认定为行凶。

(6)“杀人、抢劫、强奸、绑架”指的是杀人、抢劫、强奸、绑架的具体犯罪行为而不是具体罪名。在实施不法侵害过程中存在杀人、抢劫、强奸、绑架等严重危及人身安全的暴力犯罪行为的，如以暴力手段抢劫枪支、弹药、爆炸物或者以绑架手段拐卖妇女、儿童的，可以实行特别防卫。

(7) 其他严重危及人身安全的暴力犯罪，应当是与杀人、抢劫、强奸、绑架行为相当，并具有致人重伤或者死亡的紧迫危险和现实可能的暴力犯罪。

(8) 防卫过当是指正当防卫明显超过了必要限度造成重大损害的行为。

试题范例

1. (单项选择题) 甲对正在实施抢劫的乙进行制止时，造成乙重伤。甲的行为属于(　　)。

A. 正当防卫　　B. 防卫过当　　C. 避险过当　　D. 紧急避险

2. (单项选择题) 甲、乙两家有仇。某晚，两拨人在歌厅发生斗殴，甲、乙恰巧在场并各属一方。打斗中乙持刀砍伤甲小臂，甲用木棒击中乙头部，致乙死亡。甲的行为属于(　　)。

A. 正当防卫　　B. 紧急避险　　C. 防卫过当　　D. 故意杀人

3. (单项选择题) 甲看见仇人乙在跑，便开枪将其击毙。而乙此时其实正在持枪追杀丙，但甲并不知道这一情况。甲的行为属于(　　)。

A. 正当防卫　　B. 意外事件

C. 故意杀人　　D. 防卫过当，构成故意杀人罪

4. (单项选择题) 下列选项中，成立正当防卫的是(　　)。

A. 便衣民警甲带领联防人员夜间巡逻，见一卡车停在路旁，车上无人，遂上去查看，恰逢该车司机乙回来，怀疑有人偷车，即手持棍棒喝令甲下车。甲误认为坏人袭击，即开枪将乙打死

B. 甲、乙、丙同在饭馆喝酒，甲、乙因故争吵并扭打起来，两人越打越激烈，最后各抄起一把菜刀要拼命。丙将两人劝开，先在一旁劝说甲，乙突然一刀砍向甲，却砍在丙身上，造成丙重伤

C. 甲的邻居乙是精神病人，一日，甲忽然看见乙持刀追逐其年仅8岁的儿子。为使儿子免遭不测，甲随手操起一根铁棍，把乙打倒。经查，乙左脚被打致粉碎性骨折

D. 甲骑车不慎撞着行人乙，乙上前对甲拳打脚踢，致甲口鼻流血，然后扬长而去

答案：1. A　2. D　3. C　4. C

核心法条

《刑法》第21条　为了使国家、公共利益、本人或者他人的人身、财产和其他权利免受正在发生的危险，不得已采取的紧急避险行为，造成损害的，不负刑事责任。

紧急避险超过必要限度造成不应有的损害的，应当负刑事责任，但是应当减轻或者免除处罚。

第一款中关于避免本人危险的规定，不适用于职务上、业务上负有特定责任的人。

释解分析

本条规定的是紧急避险、避险过当。紧急避险是指为了使国家、公共利益、本人或者他人的人身、财产和其他权利免受正在发生的危险，不得已采取的损害另一较小合法权益的行为。紧急避险的成立条件有：（1）起因条件：必须有危险发生。只有出现了足以使合法权益遭受严重损害的危险情况，才能进行紧急避险。危险的来源主要包括自然的力量、动物的侵袭、非法侵害行为以及人的生理、病理过程等。危险是客观存在的，而不是主观想象、推测的。如果实际上并不存在危险，行为人却由于对事实的认识错误，误认为危险存在，因而实施所谓避险的，属于假想避险。假想避险不是紧急避险，因假想避险造成他人合法权益损害的，不成立故意犯罪，但可成立过失犯罪或者意外事件。（2）时间条件：有实际存在的正在发生的危险。危险是正在发生的，而且十分紧迫。如果行为人在危险尚未出现或者已经结束的情况下实施所谓避险，为避险不适时，其处理原则与防卫不适时的处理原则相同。（3）对象条件：避险行为针对的对象是第三人的合法利益。紧急避险是为了保全一方的较大合法利益而不得不损害另一方较小的合法利益。（4）主观条件：为了使合法利益免受正在发生的危险。这是避险目的正当性的条件。法律不认可为保护非法利益或者规避合法行为而采取避险行为。（5）限制条件：在迫不得已的情况下实施。紧急避险是以牺牲较小利益的方式保全较大利益，只要有其他办法能避免危险，就不必采取牺牲某种利益的方法。（6）限度条件：避险行为不能超过必要限度造成不应有的危害。紧急避险的必要限度，应是避险行为所造成的损害必须小于所保护的权益，而不能等于或大于所保护的权益。（7）特别例外限制：关于避免本人危险的规定，不适用于职务上、业务上负有特定责任的人。

避险过当是指避险行为超过必要限度造成不应有的损害的行为。避险过当的基本特征有：（1）在客观上造成了不应有的损害，即避险行为造成的损害大于或等于所保全利益。（2）在主观上对造成的不应有损害存在过失，应受到责备。但是鉴于行为人是在紧急情况下、在具备避险的前提条件下造成的不适当损害，所以只有在造成较为严重的不应有损害时，才有必要认定为避险过当，追究刑事责任。紧急避险超过必要限度造成不应有损害的，应当负刑事责任，但是应当减轻或者免除处罚。避险过当不是独立的罪名，不能定“避险过当罪”，在追究刑事责任时应当根据具体情况确定触犯的罪名，依法减轻或者免除处罚。

法条分析

（1）条文中的“正在发生的危险”应如何理解？

（2）条文中的“不得已”应如何理解？

（3）条文中的“必要限度”应如何理解？

答案：（1）正在发生的危险是指客观存在的危险正在发生且尚未消除，而且十分紧迫。

（2）不得已是指采取紧急避险是唯一的途径，别无选择。

（3）必要限度是指避险行为所造成的损害必须小于所保护的权益，而不能等于或大于所保护的权益。

试题范例

1.（单项选择题）关于紧急避险，下列表述中正确的是（　　）。

A. 紧急避险的前提条件是出现了不法侵害以外的危险

B. 紧急避险必须在迫不得已的情况下才能实施

C. 紧急避险所造成的损害可以小于或者等于所保护的权益

D. 紧急避险与正当防卫的主体范围一致

2.（单项选择题）甲的邻居乙家中着火，甲便冲入乙家救火。因火势太大，甲无法将位于乙家中的婴儿丙（1 周岁）带出，甲便将丙从二楼窗户上扔了下去。后甲自己从大火中逃出，赶紧将被摔伤的丙送往医院，最终造成丙轻伤。甲的行为（　　）。

A. 属于紧急避险

B. 不属于紧急避险，不构成犯罪

C. 构成故意杀人罪

D. 构成过失致人重伤罪

3.（单项选择题）下列行为中，成立紧急避险的有（　　）。

A. 王某的摩托车被盗数日，某日，在街上正好看到自己的摩托车停放在马路边，立即报警，在警察来之前，眼看李某骑摩托车准备离开，王某为了拦阻李某，一拳打倒李某，将车夺回

B. 甲在路上遇见仇敌乙，于是心生杀机。他拿了一把菜刀尾随其后，在没人的地方挥刀对乙砍去。乙慌忙逃跑，拐弯的时候恰好看见甲的女朋友丙从身边经过，于是冲上去用胳膊勒住丙的脖子，对甲说如果再追就伤害丙，甲见状没再上前。乙一路勒住丙逃到安全地方才放开丙。丙由于被勒住脖子时间过长，轻伤

C. 黄某牵着狗在山坡上闲逛，恰遇平日与己不和的刘某，黄某即唆使其带的狗扑咬刘某。刘某警告黄某，黄某继续唆使狗扑向刘某。刘某边抵挡边冲到黄某面前，拿块石头将黄某头部砸伤，黄某见头上流血，慌忙逃走

D. 甲趁乙不备夺过乙的包逃跑，乙在后面紧追不舍，追上甲后为夺回自己的包对甲实施了暴力

答案：1. B　2. B　3. B

五、故意犯罪的停止形态

核心法条

《刑法》第 22 条　为了犯罪，准备工具、制造条件的，是犯罪预备。

对于预备犯，可以比照既遂犯从轻、减轻处罚或者免除处罚。

释解分析

本条规定的是犯罪预备。犯罪预备是指为了犯罪，准备工具、制造条件的行为。有犯罪预备行为，因意志以外的原因而未能着手实行的，是预备犯。预备犯是犯罪的未完成形态之一。犯罪预备的特征有：(1) 行为人具有为了便利实行、完成某种犯罪的主观意图。成立犯罪预备，要求行为人主观上为了实行犯罪，即为了实施犯罪的实行行为。但为预备行为实施的“准备”行为，不能认定为犯罪预备。(2) 客观上犯罪人进行了准备工具、制造条件等犯罪的预备活动。(3) 犯罪的预备行为由于犯罪分子意志以外的原因被阻止在犯罪准备阶段，未能进展到着手实行犯罪。

犯罪预备不同于犯意表示。犯意表示是指行为人以口头、文字等形式将其直接故意犯罪的意图明确表露出来，没有任何具体的犯罪准备活动。犯意表示停留在思想表露的范畴，而不是任何犯罪行为，对外界不发生现实的影响，故不认为是犯罪。而犯罪预备越过了思想认识阶段，实施了为犯罪准备工具、制造条件的行为，并有进一步发展至犯罪的实行的可能，在重视犯罪预防的背景下，具有一定的可罚性。故刑法将其确立为一种犯罪的未完成形态。

对于预备犯，可以比照既遂犯从轻、减轻处罚或者免除处罚。

法条分析

(1) 条文中的“准备工具”应如何理解？

(2) 条文中的“制造条件”应如何理解？

(3) 本条规定的“预备行为”和实行行为的实质区别是什么？

(4) 条文中的“既遂犯”应如何理解？

(5) 条文规定的“从轻处罚”“减轻处罚”“免除处罚”应如何理解？

答案：(1) 准备工具是指准备为实行犯罪使用的各种物品。

(2) 制造条件是指为实行犯罪制造机会或创造条件。

(3) 实质区别是能否直接侵害犯罪客体。

(4) 犯罪人的行为完整地实现了刑法分则条文所规定的全部构成要件事实的，是既遂犯。

(5) 从轻处罚是指在法定刑幅度内选择判处比没有该情节的类似犯罪相对较轻的刑种或较短的刑期。减轻处罚是指在法定刑以下判处刑罚；刑法规定有数个量刑幅度的，应当在法定量刑幅度的下一个量刑幅度内判处刑罚。免除处罚是对犯罪分子作有罪宣告，但免除其刑罚处罚。

试题范例

1. (单项选择题) 甲预谋前往乙处杀害乙，但到达后，发现乙处有人，感到无法下手，遂返回。张三的行为属于（　　）。

A. 犯罪预备　　B. 犯罪中止　　C. 犯罪未遂　　D. 没有犯罪行为

2. (单项选择题) 甲认为乡公安员乙办事不公，致其“坐班房”丢脸，因而怀恨在心。某日酒后，妻子责骂甲是“班房坯”。甲被激怒，转身操起一把长约 1.2 米的钢叉，声称要把乙和乙的女儿刺死。他携钢叉去乡里寻找乙未果，便沿路来到供销社门市部顺手拿走一瓶乐果农药，夹在腋下，来到乙女儿工作的单位，声称：交出乙的女儿，与其他人无关！该单位的职工说乙的女儿不在。他不相信，到车间里寻找也未找到，被工厂保安控制住。甲的行为构成（　）。

A. 故意杀人罪（未遂）　　B. 故意杀人罪（预备）

C. 故意杀人罪（中止）　　D. 不构成犯罪

3.（单项选择题）下列情形中，属于犯罪预备的是（　）。

A. 甲以出卖为目的，买到一婴儿，但尚未出手即被抓获

B. 乙为炸死仇人而制造了大量炸药

C. 丙为毒死妻子而在水杯中下毒，但念及夫妻情分，又偷偷将毒药倒掉

D. 丁组织多人从事卖淫活动

4.（多项选择题）下列选项中，表述正确的是（　）。

A. 犯罪的未完成形态只存在于直接故意犯罪中

B. 间接故意犯罪不可能有犯罪预备、未遂、中止形态

C. 对过失犯罪而言，只有犯罪成立与否的问题，没有既遂、未遂的问题

D. 在犯罪预备阶段只能出现犯罪预备形态，不可能出现犯罪中止形态

答案： 1. A　2. B　3. B　4. ABC

核心法条

《刑法》第 23 条　已经着手实行犯罪，由于犯罪分子意志以外的原因而未得逞的，是犯罪未遂。

对于未遂犯，可以比照既遂犯从轻或者减轻处罚。

释解分析

本条规定的是犯罪未遂。已经着手实行犯罪，由于犯罪分子意志以外的原因而未得逞的，是犯罪未遂。犯罪未遂的，是未遂犯。未遂犯是犯罪的未完成形态之一。犯罪未遂的特征有：(1) 犯罪分子已着手实行犯罪。已着手实行犯罪是指犯罪分子已经开始实行刑法分则条文所规定的某种犯罪的基本构成要件的行为。只要开始实施符合刑法分则的构成要件的实行行为就是“着手”。是否已“着手”实行犯罪是犯罪未遂与犯罪预备的根本标志。预备犯是“准备实行犯罪”，未遂犯是“已开始实行犯罪”。由此可见，正确区别是“准备实行犯罪”还是“开始实行犯罪”，对正确认识是预备犯还是未遂犯十分关键。(2) 犯罪未得逞。犯罪未得逞是指犯罪行为尚未完整地满足刑法分则规定的全部犯罪构成事实。(3) 犯罪未得逞是由于犯罪分子意志以外的原因。犯罪分子意志以外的原因是指违背犯罪分子本意的原因。犯罪未得逞并不是犯罪分子自愿的，而是由于不可克服的客观障碍造成的。犯罪分子意志以外的原因主要有：第三者的阻力、自然力的阻力、物质的障碍、犯罪人能力不足、犯罪人认识发生错误等。对于未遂犯，可以比照既遂犯从轻或者减轻处罚。

法条分析

(1) 条文中的“已经着手实行犯罪”应如何理解？

(2) 条文中的“犯罪分子意志以外的原因”应如何理解?

(3) 条文中的“未得逞”应如何理解?

答案: (1) 已经着手实行犯罪是指犯罪分子已经开始实行刑法分则条文所规定的某种犯罪的基本构成要件的行为。

(2) 犯罪分子意志以外的原因是指违背犯罪分子本意的原因。

(3) 未得逞是指犯罪行为尚未完整地满足刑法分则规定的全部犯罪构成事实。

试题范例

1. (单项选择题) 甲因为男友乙不忠而生恨意,决定杀乙。某日,甲把乙引到家中将一瓶安眠药 (50 片) 掺入咖啡让乙喝下。乙在甲的床上昏睡,甲离家到附近一座山上打算自杀。甲在山上犹豫徘徊一昼夜,心生悔意急回家,发现乙已经被人送医院抢救,未死。甲大喜过望。对甲 ( )。

A. 按既遂犯处罚

B. 可以比照既遂犯从轻、减轻或者免除处罚

C. 可以比照既遂犯从轻或者减轻处罚

D. 应当免除处罚

2. (单项选择题) 甲欲枪杀仇人乙,但早有防备的乙当天穿着防弹背心,甲的子弹刚好打在防弹背心上,乙毫发无损。甲见状一边逃离,一边说:“我早晚还会收拾你。”甲的行为属于 ( )。

A. 犯罪未遂　　B. 犯罪既遂　　C. 犯罪预备　　D. 犯罪中止

3. (多项选择题) 下列选项中,属于已经着手实行犯罪的有 ( )。

A. 甲在夜间跟踪秦某 (女),找机会实施奸淫

B. 乙追杀仇人宋某,在举刀砍宋某时被警察抓获

C. 丙在路上发现仇人胡某,便举刀走过去杀胡某,但在 10 米外被警察拦住

D. 丁进入银行抢劫,因未能打开保险柜而一无所获

4. (多项选择题) 下列行为中,属于犯罪未遂的有 ( )。

A. 甲试图杀死妻子,便在饭碗中下毒,甲的妻子中毒后被邻居发现送往医院获救

B. 乙为制造火车颠覆事故,在铁轨上安放定时炸弹,但被巡道员发现移走

C. 丙乘夜抢劫乙,但发现乙是熟人,便以开玩笑为由放弃抢劫

D. 丁入室行窃,听到门外有脚步声,误认为有人回家不能盗窃而逃走,实际上是风吹物落的声音

答案: 1. C　2. A　3. BD　4. ABCD

核心法条

《刑法》第 24 条　在犯罪过程中,自动放弃犯罪或者自动有效地防止犯罪结果发生的,是犯罪中止。

对于中止犯,没有造成损害的,应当免除处罚;造成损害的,应当减轻处罚。

释解分析

本条规定的是犯罪中止。在犯罪过程中，自动放弃犯罪或者自动有效地防止犯罪结果发生的，是犯罪中止。行为人犯罪中止的，是中止犯。中止犯也是犯罪的未完成形态之一。犯罪中止的特征有：(1) 时间性：在犯罪过程中。犯罪过程是从犯罪预备开始到犯罪既遂以前的全过程，这是犯罪中止的时间条件。犯罪明显告一段落归于未遂后，有某种补救行为的，不成立中止。(2) 自动性：自动放弃犯罪或者自动有效地防止犯罪结果发生。自动放弃犯罪是指犯罪分子在自认为能够完成犯罪的情况下，由本人自主地决定放弃犯罪。自动有效地防止犯罪结果发生是指在犯罪行为实行终了、犯罪结果尚未发生的特定场合，行为人自动采取积极行动实际有效地阻止了犯罪结果的发生。自动中止犯罪的原因主要有：出于真诚的悔悟，基于对被害人的怜悯，受到别人的规劝，害怕受到刑罚的惩罚等。但不管出于何种原因，只要是犯罪分子认为自己能够把犯罪进行到底而自动停止犯罪行为，或者自动有效地防止犯罪结果发生，都认为具备自动性。还应注意的是，在犯罪实际上不可能进行到底而犯罪人自认为能够把犯罪进行到底的情况下，犯罪人自动停止犯罪，或者自动防止犯罪结果发生的，也可以成立犯罪中止。在犯罪实际上能够进行到底而犯罪人认为遭遇客观障碍不可能进行到底的情况下，犯罪人撤离犯罪，不成立犯罪中止。自动性是犯罪中止的本质特征，也是它与犯罪预备、犯罪未遂区别的标志。自动性即自动放弃犯罪，与此相对，预备犯、未遂犯是遭遇意志以外的原因而“被迫放弃犯罪”。(3) 客观有效性：中止不仅仅是良好的愿望，还应当有客观的放弃犯罪或阻止结果发生的实际行动，并有效地阻止犯罪结果发生。在通常情况下，行为人自动放弃正在预备或实行的犯罪就具备客观有效性；在犯罪实行终了、犯罪结果将要发生的特定场合，行为人采取积极行动实际阻止犯罪结果发生，才能具备客观有效性。

对于中止犯，没有造成损害的，应当免除处罚；造成损害的，应当减轻处罚。这里的“损害”，不得是犯罪既遂结果。如果发生了犯罪既遂的结果，认为犯罪已然完成，不成立犯罪中止。

法条分析

(1) 条文中的“犯罪过程”应如何理解？

(2) 条文中的“自动放弃犯罪”应如何理解？

(3) 条文中的“自动有效地防止犯罪结果发生”应如何理解？

(4) 在犯罪过程中，自动放弃可重复加害行为的，能否成立犯罪中止？

答案：(1) 犯罪过程就是从犯罪预备开始到犯罪既遂以前的全过程。

(2) 自动放弃犯罪是指犯罪分子在自认为能够完成犯罪的情况下，由本人自主地决定放弃犯罪。

(3) 自动有效地防止犯罪结果发生是指在犯罪行为实行终了、犯罪结果尚未发生的特定场合，行为人自动采取积极行动实际有效地阻止了犯罪结果的发生。

(4) 在犯罪过程中，自动放弃可重复加害行为的，可以成立犯罪中止。

试题范例

1. (单项选择题) 下列行为中，属于犯罪中止的是（　　）。

A. 甲在盗窃某单位的枪支时，突然听到一阵电铃声，以为是自己触发了报警系统而逃走

B. 乙为了报复而欲杀丙，误将白糖当作砒霜实施投毒杀人行为

C. 丙在抢劫时发现被害人是其小学老师后逃走

D. 丁在抢劫时被巡逻的民警当场擒获

2. (单项选择题) 关于犯罪中止，下列说法中正确的是（　　）。

A. 甲与乙通奸，二人为达到结婚的目的，共同谋害乙的丈夫丙。甲向乙提供毒药，但乙没有按约定的办法实施毒杀行为，而是将毒药抛弃。甲、乙都是犯罪中止

B. 甲自以为能将犯罪进行到底而自动停止犯罪，其实客观上该犯罪不可能进行到底，甲成立犯罪中止

C. 甲本想砍掉乙的一条腿，一刀下去见乙大腿流血不止而心生怜悯，将乙送到医院。经治疗，乙保住了腿，但经法医鉴定构成轻伤。甲是犯罪中止

D. 甲深夜持刀拦路抢劫时，从妇女乙后面用刀子抵住乙的脖子，低声喝令乙不要出声，然后拿取乙的提包和口袋的财物离开。刚走出有十余米远，忽然听到乙喊其名字，方知乙原来是邻居。甲甚为尴尬，连忙将东西还给乙，并称是开玩笑的。甲成立犯罪中止

3. (单项选择题) 下列情形中，属于犯罪中止的是（　　）。

A. 甲携匕首前往王某家，试图杀其报仇，看见王家门口有很多联防队员巡逻经过，害怕受到法律追究，折返家中，但准备第二天再去杀人，甲的行为属于犯罪中止形态

B. 在共犯的场合，入室盗窃的实行犯甲自己决定中止并放弃犯罪而自行逃走，在室外望风的帮助犯乙也成立犯罪中止

C. 甲为某局局长，业余时间有偷自行车的爱好，某日下班后，甲正在撬一辆自行车（价值 1 000 元以上）的车锁，突见其单位同事乙从对面走过来，甲担心被乙说出去无法在单位立足，转身走开

D. 甲深夜在一偏僻路段劫持一独行妇女乙，欲行强奸，乙急中生智，说："我有艾滋病"，甲虽然意识到乙可能在骗人，但不敢冒此风险，于是放走乙

4. (多项选择题) 甲与乙通奸后共谋毒杀乙的丈夫。为此甲弄来一包砒霜交给乙，由乙伺机下毒。乙因愧疚没有投毒，并到公安机关自首。对此，下列表述中正确的是（　　）。

A. 乙的行为属于预备阶段的犯罪中止

B. 乙的行为属于犯罪未遂

C. 甲的行为属于故意杀人预备

D. 甲的行为属于故意杀人中止

答案： 1. C　2. B　3. D　4. AC

六、共同犯罪

核心法条

《刑法》第 25 条　共同犯罪是指二人以上共同故意犯罪。

二人以上共同过失犯罪，不以共同犯罪论处；应当负刑事责任的，按照他们所犯的罪分别处罚。

释解分析

本条规定的是共同犯罪。共同犯罪是指二人以上共同故意犯罪。共同犯罪具有如下特征：(1) 主体要件：有两个以上的犯罪主体。共同犯罪人中的任何一人，都必须具备责任能力、达到责任年龄。未达到责任年龄的人参与共同犯罪的，不认为是共同犯罪人。“二人以上”包括自然人和单位。(2) 客观要件：必须具有共同犯罪的行为。各共同犯罪人的行为都是指向同一目标，彼此联系、互相配合，结成一个犯罪行为整体。(3) 主观要件：具有共同犯罪的故意。这包含两层意思：一是各共同犯罪人对共同犯罪持性质相同的故意心态；二是各共同犯罪人相互之间有意思联络，对互相协作犯罪亦持故意心态。如果缺乏“性质相同的犯罪故意”，即使共同作案也不成立共犯。

二人以上共同过失犯罪，不以共同犯罪论处；应当负刑事责任的，按照他们所犯的罪分别处罚。但过失不构成共犯有例外规定。最高人民法院《关于审理交通肇事刑事案件具体应用法律若干问题的解释》第 5 条第 2 款规定：“交通肇事后，单位主管人员、机动车辆所有人、承包人或者乘车人指使肇事人逃逸，致使被害人因得不到救助而死亡的，以交通肇事罪的共犯论处。”此为交通肇事罪的“过失共犯”。

法条分析

(1) 第 1 款中的“故意”应如何理解？

(2) 第 2 款中的“过失”应如何理解？

(3) 第 1 款中的“共同犯罪”属于何种犯罪构成形态？

(4) 第 1 款规定的共同犯罪行为的类型是什么？

(5) 第 2 款规定的过失构成共犯的情形是什么？

(6) 不属于本条规定的共同犯罪的主要情形有哪些？

答案：(1) 故意是指明知自己的行为会发生危害社会的结果，并且希望或者放任这种结果发生的心理态度。

(2) 过失是指行为人应当预见自己的行为可能发生危害社会的结果，因为疏忽大意而没有预见或者已经预见而轻信能够避免的心理态度。

(3) 修正犯罪构成形态。

(4) 共同犯罪行为包括：实行行为；帮助行为；组织行为；教唆行为；共谋行为。

(5) 交通肇事后，单位主管人员、机动车辆所有人、承包人或者乘车人指使肇事人逃逸，致使被害人因得不到救助而死亡的，以交通肇事罪的共犯论处，此为“过失共犯”。

(6) 不构成共同犯罪的主要情形有：共同过失犯罪、间接正犯、同时犯、共犯的过限行为、事前无通谋行为、片面共犯。

试题范例

1. (单项选择题) 甲、乙共谋盗窃丙家，甲在外放风，乙入户盗窃。乙盗窃得手后被室主丙发现，乙为抗拒抓捕将丙打死。则（　　）。

A. 甲、乙构成抢劫罪共犯　　B. 甲构成抢劫罪，乙不构成犯罪

C. 甲、乙构成必要共同犯罪形式　　D. 甲、乙成立盗窃罪共犯

2. (单项选择题) 甲明知乙正在追杀丙，由于其与丙有仇，便暗中设置障碍物将丙绊倒，乙乘机追上丙，将丙杀死。甲在角落里目睹了丙被杀的全过程。对于本案，下列表述正确的是（　　）。

A. 甲、乙构成故意杀人罪的共同犯罪　　B. 甲是主犯，乙是帮助犯

C. 乙是实行犯，甲是片面帮助犯　　D. 甲、乙都是实行犯

3. (单项选择题) 甲欲杀乙，故意将装好子弹的枪支交给丙，并骗丙说是空枪，叫丙向乙瞄准恐吓乙，结果乙中弹身亡。对此（　　）。

A. 甲、丙构成共同犯罪

B. 甲、丙成立共同犯罪，但罪名不同

C. 甲、丙以共同过失犯罪论处

D. 甲单独构成犯罪，属于故意杀人罪的间接正犯

4. (多项选择题) 下列情形中，存在共同犯罪的有（　　）。

A. 甲教唆赵某入户抢劫，但赵某接受教唆后实施拦路抢劫

B. 乙为吴某入户盗窃望风，但吴某入户后实施抢劫行为

C. 非国家工作人员丙教唆国家工作人员孙某收受10万元贿赂，孙某接受了该贿赂

D. 丁买凶杀人，并告诉杀手文某不要造成其他损害，文某采用爆炸手段将被害人炸死，同时炸死炸伤多人，财产损失巨大

答案： 1. D　2. C　3. D　4. ABCD

核心法条

《刑法》第26条　组织、领导犯罪集团进行犯罪活动的或者在共同犯罪中起主要作用的，是主犯。

三人以上为共同实施犯罪而组成的较为固定的犯罪组织，是犯罪集团。

对组织、领导犯罪集团的首要分子，按照集团所犯的全部罪行处罚。

对于第三款规定以外的主犯，应当按照其所参与的或者组织、指挥的全部犯罪处罚。

释解分析

本条规定的是主犯。主犯是指组织、领导犯罪集团进行犯罪活动的或者在共同犯罪中起

主要作用的犯罪分子。主犯应包括两种犯罪分子：(1) 组织、领导犯罪集团进行犯罪活动的首要分子。(2) 在犯罪集团或者一般共同犯罪中起主要作用的犯罪分子。

主犯和首要分子不尽相同。首要分子是指在犯罪集团或者聚众犯罪中起组织、策划、指挥作用的犯罪分子。首要分子包括犯罪集团的首要分子和聚众犯罪中的首要分子。犯罪集团的首要分子都是主犯，但是聚众犯罪中的首要分子未必都是主犯。聚众犯罪有三种形态：(1) 全体参与者均构成犯罪的聚众犯罪，如聚众持械劫狱罪、组织越狱罪、暴动越狱罪等。(2) 聚众进行违法活动的首要分子和积极参与者构成犯罪，而一般参与者不构成犯罪的聚众犯罪，如聚众斗殴罪，只处罚首要分子和积极参与者；再如聚众淫乱罪，只处罚首要分子和多次参与者。此外，聚众扰乱社会秩序罪、聚众冲击国家机关罪也属此类。(3) 只有聚众者才构成犯罪，而其他参与者不构成犯罪的聚众犯罪，如聚众扰乱公共场所秩序、交通秩序罪，聚众阻碍解救被收买的妇女、儿童罪。第一种聚众犯罪中的首要分子和积极参与者无疑属于主犯，第二种聚众犯罪中的首要分子也属于主犯，在第三种聚众犯罪中，聚众者是否构成主犯要视情况而定：如果聚众犯罪中的聚众者只有一人，这类聚众型犯罪不是严格意义上的共同犯罪，无所谓主犯；如果聚众者为二人以上，则构成共同犯罪，此时要根据行为人的作用大小认定主犯，当聚众者都起主要作用时，则都是主犯，当聚众者的作用有主次之分时，则起主要作用的是主犯。

对组织、领导犯罪集团的首要分子，按照集团所犯的全部罪行处罚。对于其他主犯，应当按照其所参与的或者组织、指挥的全部犯罪处罚。我国刑法没有规定对主犯从重处罚。

法条分析

(1) 第 1 款中的“组织、领导犯罪集团进行犯罪活动”的主犯指的是什么？

(2) 第 2 款中的“犯罪集团”有哪些特征？

(3) 第 3 款中的“首要分子”应如何理解？

(4) 第 4 款中的“第三款规定以外的主犯”应如何理解？

答案：(1) 组织、领导犯罪集团进行犯罪活动的主犯即犯罪集团的首要分子。

(2) 犯罪集团的特征有：①人数较多（3 人以上），重要成员固定或基本固定；②经常纠集在一起进行一种或数种严重的犯罪行为；③有明显的首要分子；④有预谋地实行犯罪活动；⑤不论作案次数多少，对社会造成的危害或其具有的危险性都很严重。

(3) 首要分子是指在犯罪集团或者聚众犯罪中起组织、策划、指挥作用的犯罪分子。

(4) 第 3 款规定以外的主犯即犯罪集团首要分子之外的其他主犯，包括在集团犯罪、聚众犯罪中起主要作用的犯罪分子和在其他的一般共同犯罪中起主要作用的犯罪分子。

试题范例

1.（单项选择题）下列选项中，构成共同犯罪的有（　　）。

A. 甲从小贩手中购买 100 张淫秽光碟

B. 国家工作人员乙向郑某索取巨额贿赂

C. 丙聚集多人扰乱公共场所秩序和交通秩序，情节严重

D. 丁答应严某，待窃得 5 部手机后，帮助其寻找销路

2.（单项选择题）根据我国刑法规定，下列关于首要分子的表述中正确的是（　　）。

A. 首要分子只能是组织、领导犯罪集团的人

B. 首要分子只能是在聚众犯罪中起组织、策划、指挥作用的犯罪分子

C. 首要分子既可以是主犯，也可以不是主犯

D. 首要分子都是主犯

3. （多项选择题）下列选项中，应当认定甲的行为属于共同犯罪中的主犯的是（　　）。

A. 甲、乙共谋盗窃，甲入室行窃，乙则在外面放风

B. 甲窃得大量钱财后，找到乙请求乙协助销赃

C. 甲意欲盗窃他人汽车，让乙提供了用于盗窃汽车的钥匙，乙第二天将钥匙交给甲

D. 甲、乙共谋杀丙，甲、乙在不同的方向举枪射击丙，甲打中丙的心脏致丙死亡，乙则击中丙的小腿

答案： 1. D　2. C　3. ACD

核心法条

《刑法》第 27 条　在共同犯罪中起次要或者辅助作用的，是从犯。

对于从犯，应当从轻、减轻处罚或者免除处罚。

释解分析

本条规定的是从犯。从犯是指在共同犯罪中起次要或者辅助作用的犯罪分子。从犯分为以下两种：（1）在共同犯罪中起次要作用的实行犯（包括起次要作用的教唆犯）。（2）在共同犯罪中辅助他人实行犯罪的帮助犯。

从犯与主犯的区别在于他们的地位、作用不同。作用的大小是相对而言的，即在同一共同犯罪中，相对起主要作用的是主犯，相对起次要或者辅助作用的是从犯。

对于从犯，应当从轻、减轻处罚或者免除处罚。

法条分析

（1）第 1 款规定的“次要作用”应如何理解？

（2）第 1 款规定的“辅助作用”应如何理解？

（3）应如何认定从犯？

答案：（1）次要作用是指在共同犯罪中所起的作用比主犯小，包括起次要作用的实行犯和教唆犯。

（2）辅助作用是指为共同犯罪的实行行为提供便利条件或者帮助创造方便条件，而不直接参与犯罪实行行为，对犯罪仅起到帮助作用。

（3）认定从犯时，要根据行为人在共同犯罪中所处的地位、对共同故意形成的作用、实际参与的程度、具体行为的样式以及对危害结果的发生所起的作用等进行具体分析判断。

试题范例

1. （单项选择题）关于主犯、从犯的认定，下列说法中正确的是（　　）。

A. 甲、乙、丙在一起闲谈。乙说：“偷东西，哪个都会干，比如趁商店快下班时躲藏在

商店里不要走，然后等到夜深人静时，拿点里面的东西再想办法出来就是了。”丙听了，便于当天如此这般，潜入某商店盗窃了几件衣服。乙教唆丙犯罪，是主犯

B. 首要分子一定是主犯

C. 甲、乙、丙、丁四人组成了一个犯罪集团，共同实施抢劫、盗窃活动，推选甲为头领，对每次活动进行总策划。但每次实施犯罪行为时，甲均未参加，实际指挥是乙。后此集团被司法机关摧毁。该犯罪集团中，甲和乙均是主犯

D. 对于从犯，应当比照主犯从轻、减轻或者免除处罚

2.（多项选择题）周某为抢劫财物，在某昏暗场所将王某打昏。周某的朋友高某正好经过此地，高某得知真相后应周某的要求提供照明，使周某顺利地将王某钱包拿走。关于本案，下列表述中正确的是（　　）。

A. 高某与周某构成抢劫罪的共同犯罪

B. 周某构成抢劫罪，高某构成盗窃罪，属于共同犯罪

C. 周某是共同犯罪中的主犯

D. 高某是共同犯罪中的从犯

答案：1. C　2. ACD

核心法条

《刑法》第 28 条　对于被胁迫参加犯罪的，应当按照他的犯罪情节减轻处罚或者免除处罚。

释解分析

本条规定的是胁从犯。胁从犯是指被胁迫参加犯罪的犯罪分子，即犯罪人是在他人的暴力强制或者精神威逼之下被迫参加犯罪的。犯罪人虽有一定程度的选择余地，但并非自愿。对于被胁迫参加犯罪的，应当按照他的犯罪情节减轻处罚或者免除处罚。

法条分析

（1）条文中的“被胁迫参加犯罪”应如何理解？

（2）条文中的“减轻处罚”应如何理解？

（3）条文中的“免除处罚”应如何理解？

答案：（1）被胁迫参加犯罪是指行为人在他人的暴力强制或者精神威逼之下被迫参加犯罪。

（2）减轻处罚是指在法定刑以下判处刑罚；刑法规定了数个量刑幅度的，应当在法定刑幅度的下一个量刑幅度内判处刑罚。

（3）免除处罚是指对犯罪人作有罪宣告，但不予刑罚处罚。

试题范例

1.（单项选择题）在共同犯罪中，关于主犯、从犯和胁从犯，下列说法中正确的是（　　）。

A. 共犯人可能都是主犯　　B. 共犯人可能都是从犯

C. 共犯人可能都是胁从犯　　D. 主犯只能是一个

2.（单项选择题）关于从犯、胁从犯，下列说法或者对案件的定性中正确的是（　　）。

A. 在共同犯罪案件中，各共犯人既有可能都是主犯，也有可能都是从犯

B. 乙以绑架甲满周岁的幼子相要挟，逼迫国家机关工作人员甲在一周内利用职务之便盗窃单位公款 10 万元，甲无奈，盗窃 10 万元后如数交给乙，自己未留一分钱，甲的行为属于迫不得已，不构成犯罪

C. 甲为乙组织卖淫提供帮助，甲构成组织卖淫罪共犯

D. 甲一开始被犯罪集团胁迫犯罪，但在着手实行后，非常积极，成为主要的实行人之一，在共同犯罪中起主要作用，应认定为主犯

答案： 1. A　2. D

核心法条

《刑法》第 29 条　教唆他人犯罪的，应当按照他在共同犯罪中所起的作用处罚。教唆不满十八周岁的人犯罪的，应当从重处罚。

如果被教唆的人没有犯被教唆的罪，对于教唆犯，可以从轻或者减轻处罚。

释解分析

本条规定的是教唆犯。教唆犯是指教唆他人实行犯罪的人。具体而言，就是指故意引起他人实行犯罪决意的人。教唆犯的特点是，教唆他人实行犯罪而自己并不参加犯罪的实施，是使他人产生犯罪意图的人。

教唆犯的成立条件有：(1) 在主观上具有使他人产生犯罪意图和决心的故意，即所谓唆使他人犯罪的故意。这种故意的内容应是明确的，即他知道自己在教唆什么人犯罪和犯什么罪。没有明确的故意内容，不能成立教唆犯；无意引起他人产生犯罪意图的，更不能成立教唆犯。(2) 在客观上实施了教唆他人犯罪的行为。通常表现为怂恿、诱骗、收买、劝说、强迫、威胁等方式，唆使特定的人实施特定的犯罪。至于教唆行为是否实际引起被教唆人的犯罪意图和决心，被教唆人是否实行了被教唆的犯罪，不影响教唆犯的成立。

教唆犯的刑事责任是：(1) 教唆他人犯罪的，应当按照他在共同犯罪中所起的作用处罚。这是指被教唆的人犯了被教唆的罪的情况。教唆犯如果在共同犯罪中起主要作用的，按照主犯处罚；仅起次要作用的，按照从犯处罚。实际上，教唆犯一般起主要作用，一般按照主犯处罚，但不排除其所起作用确实较小而按照从犯处罚的可能。如从犯的教唆即教唆他人帮助别人犯罪，这种情况就应当作为从犯处理。例如，甲实施贷款诈骗，乙教唆丙为甲实施贷款诈骗提供便利条件，甲在乙、丙的帮助下骗取巨额贷款。本案例中，乙既是教唆犯，也是帮助犯，但由于乙在贷款诈骗罪的共同犯罪中仅起到辅助作用，因而是从犯。(2) 如果被教唆的人没有犯被教唆的罪，教唆犯独自构成犯罪，但可以从轻或者减轻处罚。这种情形通常称为“教唆（本身）未遂”。(3) 教唆不满 18 周岁的人犯罪的，应当从重处罚。(4) 教唆犯虽然具有独立的犯罪性或可罚性，却不是独立的罪名。对于教唆犯，应当按照所教唆的犯罪确定罪名。例如，对于教唆他人杀人的，定故意杀人罪；对于教唆他人盗窃的，定盗窃

罪；在被教唆的人没有犯被教唆的罪时，对教唆犯仍以其所教唆的罪定罪。

法条分析

（1）第 1 款中的"教唆他人犯罪"应如何理解？

（2）第 1 款中的"按照他在共同犯罪中所起的作用处罚"应如何理解？

（3）第 1 款中的"从重处罚"应如何理解？

（4）第 1 款中的"教唆不满十八周岁的人犯罪"包括哪些情形？

（5）第 2 款中的"被教唆的人没有犯被教唆的罪"包括哪些情形？

答案：（1）教唆他人犯罪是指明知他人没有犯罪意思，故意实施引起他人实行犯罪决意的行为。

（2）按照他在共同犯罪中所起的作用处罚，即教唆犯在共同犯罪中起主要作用的，以主犯论处；在共同犯罪中起次要作用的，应以从犯论处。

（3）从重处罚是指在法定刑幅度内选择判处比没有该情节的类似犯罪相对较重的刑种或较长的刑期。

（4）教唆不满 18 周岁的人犯罪包括：①教唆具有刑事责任能力的未成年人犯罪；②教唆没有刑事责任能力的未成年人犯罪。

（5）被教唆的人没有犯被教唆的罪包括：①被教唆者拒绝教唆；②被教唆者接受教唆，但未实施犯罪；③被教唆者实施犯罪，但实施的不是被教唆之罪；④行为人教唆时，被教唆者已有实行被教唆之罪的意思。

试题范例

1.（单项选择题）《刑法》第 29 条第 1 款规定："教唆他人犯罪的，应当按照他在共同犯罪中所起的作用处罚。教唆不满十八周岁的人犯罪的，应当从重处罚。"对于本规定的理解，下列表述中错误的是（　　）。

A. 无论是被教唆的人接受教唆实施了犯罪，还是二人以上共同故意教唆他人犯罪，都能适用该款前段的规定

B. 该款规定意味着教唆犯也可能是从犯

C. 教唆不满 14 周岁的人犯罪因而属于间接正犯的情形时，也应适用该款后段的规定

D. 该款中的"犯罪"并无限定，既包括一般犯罪，也包括特殊身份的犯罪，既包括故意犯罪，也包括过失犯罪

2.（单项选择题）甲教唆乙杀丁，丙为乙提供了凶器，乙杀死了丁。对此，下列表述中正确的有（　　）。

A. 甲是教唆犯，对甲应当从重处罚

B. 甲、乙、丙形成简单共同犯罪形式

C. 丙是帮助犯，对丙应当从轻、减轻处罚或者免除处罚

D. 甲的教唆行为与丁的死亡之间存在因果关系，但丙的帮助行为对丁的死亡不存在因果关系

3.（单项选择题）甲教唆乙敲诈丙的财物，但乙没有实施敲诈勒索行为，而是绑架了丙的儿子并向丙勒索赎金。则（　　）。

A. 甲、乙构成绑架罪共同犯罪　　B. 甲属于教唆未遂
C. 对甲应当从轻或者减轻处罚　　D. 甲是主犯，乙是从犯

4.（多项选择题）甲教唆乙盗窃陈某的奔驰汽车，但乙接受教唆后，由于天黑看不清楚误将江某的奔驰汽车盗走。对此，下列表述中正确的是（　　）。

A. 甲、乙构成盗窃罪共同犯罪　　B. 甲的行为构成教唆未遂
C. 甲、乙的行为属于犯罪既遂　　D. 乙的行为属于客体错误

答案： 1. D　2. C　3. B　4. AC

七、刑罚概述

核心法条

《刑法》第 32 条　刑罚分为主刑和附加刑。

释解分析

本条规定的是刑罚的种类。我国刑法以某种刑罚方法只能单独适用还是可以附加适用为标准，将刑罚分为主刑与附加刑。

法条分析

（1）条文中的“刑罚”应如何理解？

（2）条文中的“主刑”的含义是什么？有哪些特点和种类？

（3）条文中的“附加刑”的含义是什么？有哪些特点和种类？

答案：（1）刑罚是指刑法中明文规定的由国家审判机关依法对犯罪人所适用的限制或剥夺其某种权益的最严厉的法律制裁方法。

（2）主刑是指只能独立适用而不能附加适用的刑罚方法。主刑的特点在于适用上的独立性，对一个犯罪只能适用一个主刑而不能适用两个或两个以上的主刑。主刑包括管制、拘役、有期徒刑、无期徒刑和死刑五种。

（3）附加刑是指既可以附加适用，也可以独立适用的刑罚方法。附加刑在适用上具有双重性，既可以作为某种主刑的附加刑适用，也可以作为一种刑罚方法独立适用，几种附加刑还可以同时并用。附加刑包括罚金、剥夺政治权利和没收财产三种。此外，附加刑还包括驱逐出境。

试题范例

（单项选择题）主刑的特点是（　　）。

A. 对同一犯罪可以适用两个主刑　　B. 只能独立适用，不能附加适用
C. 对同一行为人可以适用两个以上主刑　　D. 可以附加适用

答案： B

核心法条

《刑法》第 35 条　对于犯罪的外国人，可以独立适用或者附加适用驱逐出境。

释解分析

本条规定的是驱逐出境。驱逐出境是指强迫犯罪的外国人离开中国国（边）境的刑罚方法，它是一种专门适用于犯罪的外国人的特殊的附加刑，既可以独立适用，也可以附加适用。驱逐出境的刑罚方法只能适用于犯罪的外国人。对于犯罪的外国人，是“可以”适用驱逐出境，而不是必须适用驱逐出境。单独适用驱逐出境的，从判决生效之日起执行；附加适用驱逐出境的，从主刑执行完毕之日起执行。

法条分析

（1）何为驱逐出境？

（2）驱逐出境的适用对象和适用方法是什么？

（3）何种情况可独立适用驱逐出境和附加适用驱逐出境？

答案：（1）驱逐出境是指强迫犯罪的外国人离开中国国（边）境的刑罚方法。

（2）驱逐出境的刑罚方法只能适用于犯罪的外国人。其既可以独立适用，也可以附加适用。

（3）罪行较轻，不宜判处有期徒刑，而又需要驱逐出境的，可以单独适用驱逐出境；对于罪行严重，应判处有期徒刑的，必要时也可以附加适用驱逐出境。

试题范例

（单项选择题）驱逐出境对于犯罪的外国人（　　）。

A. 只能独立适用　　B. 可以独立适用

C. 只能附加适用　　D. 既可以独立适用亦可以附加适用

答案： D

核心法条

《刑法》第 36 条　由于犯罪行为而使被害人遭受经济损失的，对犯罪分子除依法给予刑事处罚外，并应根据情况判处赔偿经济损失。

承担民事赔偿责任的犯罪分子，同时被判处罚金，其财产不足以全部支付的，或者被判处没收财产的，应当先承担对被害人的民事赔偿责任。

释解分析

本条规定的是判处赔偿经济损失、民事赔偿优先原则。判处赔偿经济损失是指在犯罪分子给被害人造成经济损失的情况下，人民法院判处犯罪分子向被害人赔偿经济损失。判处赔偿经济损失是实现民事赔偿责任的方式。

被人民法院判处承担民事赔偿责任的犯罪分子，同时被判处罚金，其财产不足以全部支付的，或者被判处没收财产的，应当先承担对被害人的民事赔偿责任。也就是说，犯罪分子有剩余财产的，再向法院缴纳罚金或者执行没收财产。

法条分析

（1）判处赔偿经济损失和非刑罚处理方法中的“责令赔偿损失”如何区分？

（2）第 2 款中的“罚金”和“没收财产”的适用方式有哪些？

答案：（1）判处赔偿经济损失，以给予刑罚处罚为前提；“责令赔偿损失”以没有给予刑罚处罚（免除刑罚处罚）为前提。

（2）罚金的适用方式包括选处罚金、单处罚金、并处罚金、并处或者单处罚金。没收财产的适用方式包括并处没收财产、可以并处没收财产、并处罚金或者没收财产。

试题范例

（单项选择题）下列关于判处赔偿经济损失的说法中，正确的是（　　）。

A. 判处赔偿经济损失以免除被告人的刑罚处罚为前提

B. 判处赔偿经济损失是一种非刑罚处理方法

C. 判处赔偿经济损失以被害人提起民事诉讼为前提

D. 判处赔偿经济损失适用于犯罪行为给被害人造成经济损失的情形

答案：D

核心法条

《刑法》第 37 条　对于犯罪情节轻微不需要判处刑罚的，可以免予刑事处罚，但是可以根据案件的不同情况，予以训诫或者责令具结悔过、赔礼道歉、赔偿损失，或者由主管部门予以行政处罚或者行政处分。

释解分析

本条规定的是非刑罚处理方法。非刑罚处理方法是指人民法院对犯罪分子适用的刑罚以外的处理方法，包括判处赔偿经济损失、责令赔偿经济损失、训诫、责令具结悔过、责令赔礼道歉、由主管部门给予行政处罚或者行政处分、从业禁止等。

法条分析

（1）条文中的“免予刑事处罚”的含义和体现的刑事责任解决方式的类型是什么？

（2）条文中的“训诫”应如何理解？

（3）条文中的“责令具结悔过”应如何理解？

（4）条文中的“赔礼道歉”应如何理解？

（5）条文中的“赔偿损失”应如何理解？

（6）条文中作为非刑罚处理方法的“行政处分（罚）”应如何理解？

答案：（1）免予刑事处罚是指对犯罪情节轻微不需要判处刑罚的行为作有罪宣告，但对行为人不给予刑罚处罚，其体现的刑事责任解决方式是定罪免刑方式。

（2）训诫是指人民法院对犯罪人当庭予以批评或谴责，并责令其改正的方法。

（3）责令具结悔过是指人民法院责令犯罪人用书面方式保证悔改，不再犯罪。

（4）赔礼道歉是指人民法院责令犯罪人向被害人当面承认罪错，并表示歉意。

（5）赔偿损失是指人民法院在作出定罪免刑判决的同时，责令被告人给予被害人一定数额的赔偿的非刑罚处理方法。

（6）行政处分（政务处分）、行政处罚是指人民法院向犯罪人的主管部门提出司法建议，建议予以犯罪人一定的行政处罚或者行政处分，具体的处理方法由主管部门确定。

试题范例

（多项选择题）关于非刑罚处理方法，下列说法中正确的是（　　）。

A. 非刑罚处理方法是以行为人不构成犯罪为前提

B. 训诫、责令具结悔过、责令赔礼道歉、判处赔偿经济损失都是非刑罚处理方法

C. 非刑罚处理方法的实质是保安处分

D. 对本应判处刑罚的，不能仅适用非刑罚处理方法

答案：BD

核心法条

《刑法》第 37 条之一　因利用职业便利实施犯罪，或者实施违背职业要求的特定义务的犯罪被判处刑罚的，人民法院可以根据犯罪情况和预防再犯罪的需要，禁止其自刑罚执行完毕之日或者假释之日起从事相关职业，期限为三年至五年。

被禁止从事相关职业的人违反人民法院依照前款规定作出的决定的，由公安机关依法给予处罚；情节严重的，依照本法第三百一十三条的规定定罪处罚。

其他法律、行政法规对其从事相关职业另有禁止或者限制性规定的，从其规定。

释解分析

本条规定的是从业禁止。从业禁止是指人民法院对因利用职业便利实施犯罪，或者实施违背职业要求的特定义务的犯罪被判处刑罚的人，根据其犯罪情况和预防犯罪的需要，禁止其在一定时期内从事相关职业。从业禁止的目的是防止犯罪分子利用职业的便利再次实施相关的犯罪，是从预防犯罪的角度赋权人民法院对相关犯罪分子采取的一种预防性措施。从业禁止不是独立的刑种。

法条分析

（1）本条规定的“从业禁止”应如何理解？

（2）从业禁止的适用条件有哪些？

（3）从业禁止的决定机关和执行机关是什么？

（4）违反从业禁止规定的法律后果是什么？

答案：（1）从业禁止是指人民法院对因利用职业便利实施犯罪，或者实施违背职业要求的特定义务的犯罪被判处刑罚的人，根据其犯罪情况和预防犯罪的需要，禁止其在一定时期

内从事相关职业。

(2) 适用条件有：①行为人利用职业便利实施了犯罪，或者实施了违背职业要求的特定义务的犯罪；②行为人被判处了刑罚；③根据犯罪情况和预防犯罪的需要，有必要禁止行为人从事相关职业。

(3) 从业禁止的决定机关是人民法院，执行机关是公安机关。

(4) 若被判处从业禁止的人违反该禁止决定的，由公安机关依法给予处罚；情节严重的，构成拒不执行判决、裁定罪。

试题范例

(多项选择题) 关于从业禁止，下列表述中正确的是（　　）。

A. 从业禁止的决定机关是公安机关

B. 对犯罪分子实施从业禁止的，应当同时宣布禁止令

C. 从业禁止的期限为 3 年到 5 年

D. 从业禁止的期限从刑罚执行完毕或者假释之日起计算

答案：CD

核心法条

《刑法》第 38 条　管制的期限，为三个月以上二年以下。

判处管制，可以根据犯罪情况，同时禁止犯罪分子在执行期间从事特定活动，进入特定区域、场所，接触特定的人。

对判处管制的犯罪分子，依法实行社区矫正。

违反第二款规定的禁止令的，由公安机关依照《中华人民共和国治安管理处罚法》的规定处罚。

释解分析

本条规定的是管制。管制是对罪犯不予关押，但限制其一定人身自由、依法实行社区矫正的刑罚方法。管制是我国主刑中最轻的一种刑罚方法，属于限制自由刑。管制的特征有：(1) 对犯罪分子不予关押，即不将其羁押于一定的设施或者场所之内。(2) 限制罪犯一定的人身自由，即罪犯必须遵守《刑法》第 39 条的各项规定，人民法院在判处管制时，可以根据犯罪情况，同时禁止犯罪分子在执行期间从事特定活动，进入特定区域、场所，接触特定的人。(3) 具有一定的期限，即管制的期限为 3 个月以上 2 年以下，数罪并罚时，最高不能超过 3 年。管制的刑期，从判决执行之日起计算；判决执行以前先行羁押的，羁押 1 日折抵刑期 2 日。(4) 被判处管制的犯罪分子享有被限制之外的各项权利，未附加剥夺政治权利的仍享有政治权利，在劳动中应当同工同酬等。

被判处管制的犯罪分子，依法实行社区矫正。被判处管制的犯罪分子，在执行期间，应当遵守下列规定：(1) 遵守法律、行政法规，服从监督；(2) 未经执行机关批准，不得行使言论、出版、集会、结社、游行、示威自由的权利；(3) 按照执行机关规定报告自己的活动情况；(4) 遵守执行机关关于会客的规定；(5) 离开所居住的市、县或者迁居，应当报经执

行机关批准。

判处管制，可以根据犯罪情况，同时禁止犯罪分子在执行期间从事特定活动，进入特定区域、场所，接触特定的人。(1) 禁止判处管制、宣告缓刑的犯罪分子在管制执行期间、缓刑考验期限内从事的活动有：①个人为进行违法犯罪活动而设立公司、企业、事业单位或者在设立公司、企业、事业单位后以实施犯罪为主要活动的，禁止设立公司、企业、事业单位。②实施证券犯罪、贷款犯罪、票据犯罪、信用卡犯罪等金融犯罪的，禁止从事证券交易、申领贷款、使用票据或者申领、使用信用卡等金融活动。③利用从事特定生产经营活动实施犯罪的，禁止从事相关生产经营活动。④附带民事赔偿义务未履行完毕，违法所得未追缴、退赔到位，或者罚金尚未足额缴纳的，禁止从事高消费活动。⑤其他确有必要禁止从事的活动。例如，对于利用从事特定生产经营活动实施犯罪的，禁止其从事相关生产经营活动；对于危险驾驶的犯罪人，可以禁止其驾驶机动车。(2) 禁止判处管制、宣告缓刑的犯罪分子在管制执行期间、缓刑考验期限内进入的区域、场所有：①禁止进入夜总会、酒吧、迪厅、网吧等娱乐场所。②未经执行机关批准，禁止进入举办大型群众性活动的场所。③禁止进入中小学校区、幼儿园园区及周边地区，确因本人就学、居住等原因，经执行机关批准的除外。④其他确有必要禁止进入的区域、场所。例如，对于寻衅滋事扰乱公共场所秩序的犯罪人，可以禁止其进入夜总会、酒吧、迪厅等娱乐场所，以及举行大型群众活动的场所。(3) 禁止判处管制、宣告缓刑的犯罪分子在管制执行期间、缓刑考验期限内接触的人员有：①未经对方同意，禁止接触被害人及其法定代理人、近亲属。②未经对方同意，禁止接触证人及其法定代理人、近亲属。③未经对方同意，禁止接触控告人、批评人、举报人及其法定代理人、近亲属。④禁止接触同案犯。⑤禁止接触其他可能遭受其侵害、滋扰的人或者可能诱发其再次危害社会的人。例如，对于侵犯儿童（如拐卖、猥亵儿童）的罪犯，可以禁止其接触儿童。禁止令应具有针对性。例如，甲在某学校附近利用“地沟油”生产“食用油”，被举报。甲被判处刑罚的同时对甲宣告禁止令，禁止甲接触举报人，也可以禁止甲从事食用油的生产经营活动。由于禁止令的针对性，对甲不能适用有关禁止进入学校、迪厅、酒吧等与甲的犯罪行为无关的禁止令。

法条分析

(1) 条文中的“管制”应如何理解？

(2) 第 3 款中的“社区矫正”应如何理解？

(3) 第 4 款中的“禁止令”应如何理解？

(4) 人民法院对犯罪分子宣告禁止令应考虑的因素有哪些？

(5) 第 4 款规定的禁止令的执行机构是什么？如何认定执行期限？

(6) 如何计算管制的刑期？

答案：(1) 管制是对罪犯不予关押，但限制其一定人身自由、依法实行社区矫正的刑罚方法。

(2) 社区矫正是将罪犯置于社区内，由社区矫正机构矫正其犯罪心理和行为恶习的一种非监禁的刑罚执行方法。

(3) 禁止令是人民法院对犯罪分子宣判管制、宣告缓刑的同时，判令禁止其从事特定活动，进入特定区域、场所，接触特定的人的命令。

（4）人民法院宣告禁止令，应当根据犯罪分子的犯罪原因、犯罪性质、犯罪手段、犯罪后的悔罪表现、个人一贯表现等情况，充分考虑与犯罪分子所犯罪行的关联程度，有针对性地禁止其在管制执行期间、缓刑考验期限内“从事特定活动，进入特定区域、场所，接触特定的人”的一项或者几项内容。

（5）禁止令由司法行政机关指导管理的社区矫正机构负责执行。禁止令的期限，既可以与管制执行、缓刑考验的期限相同，也可以短于管制执行、缓刑考验的期限，但判处管制的，禁止令的期限不得少于3个月，宣告缓刑的，禁止令的期限不得少于2个月。判处管制的犯罪分子在判决执行以前先行羁押以致管制的执行期限少于3个月的，禁止令的期限不受上述规定的最短期限的限制。

（6）管制的刑期，从判决执行之日起计算；判决执行以前先行羁押的，羁押1日折抵刑期2日。

试题范例

1.（单项选择题）关于管制，下列说法中不正确的是（　　）。

A. 对被判处管制刑的犯罪分子不予关押

B. 管制最高刑期为1年有期徒刑

C. 对被判处管制刑的犯罪分子依法实行社区矫正

D. 对被判处管制刑的犯罪分子可以适用禁止令

2.（单项选择题）李某是一长途客运司机，一次出车与一女乘客发生口角，后使用暴力将其打伤，被人民法院判处某刑罚，交由当地的社区矫正机构执行。在执行过程中，李某被告知应遵守“未经执行机关批准，不得行使言论、出版、集会、游行、示威自由的权利”的规定。李某被判处的刑罚（或适用的相应制度）是（　　）。

A. 被宣告缓刑　　B. 被适用假释　　C. 被判处管制　　D. 被宣告死缓

答案： 1. B　2. C

核心法条

《刑法》第42条　拘役的期限，为一个月以上六个月以下。

释解分析

本条规定的是拘役。拘役是短期剥夺犯罪分子的自由，就近执行并实行劳动改造的刑罚方法。拘役的特征有：（1）剥夺罪犯的自由，即将罪犯羁押于特定的设施或者场所之中，剥夺其人身自由。（2）期限较短，为1个月以上6个月以下，数罪并罚时，最高不能超过1年。拘役的刑期，从判决执行之日起计算，判决执行以前先行羁押的，羁押1日折抵刑期1日。（3）被判处拘役的犯罪分子，在执行期间具有某些优于有期徒刑的待遇。

被判处拘役的犯罪分子，由公安机关就近执行。在执行期间，被判处拘役的犯罪分子每月可以回家1天至2天；参加劳动的，可以酌量发给报酬。

法条分析

（1）条文中的“拘役”应如何理解？

（2）如何确定数罪并罚执行拘役的最高期限？

（3）条文中的“以上”“以下”是否包括本数？

（4）如何计算拘役的刑期？

答案：（1）拘役是短期剥夺犯罪分子的自由，就近执行并实行劳动改造的刑罚方法。

（2）数罪并罚时，拘役刑期最高不能超过1年。

（3）“以上”“以下”包括本数。

（4）拘役的刑期，从判决执行之日起计算；判决执行以前先行羁押的，羁押1日折抵刑期1日。

试题范例

（单项选择题）关于拘役，下列说法中正确的是（　　）。

A. 对被判处拘役的犯罪分子，依法实行社区矫正

B. 对被判处拘役的犯罪分子可同时对其宣告禁止令

C. 拘役的期限为3个月以上2年以下

D. 在执行期间，被判处拘役的犯罪分子参加劳动的，可以酌量发给报酬

答案：D

核心法条

《刑法》第46条　被判处有期徒刑、无期徒刑的犯罪分子，在监狱或者其他执行场所执行；凡有劳动能力的，都应当参加劳动，接受教育和改造。

释解分析

本条规定的是有期徒刑、无期徒刑的执行。被判处有期徒刑的犯罪分子，在监狱或者其他执行场所执行。被判处有期徒刑的犯罪分子，在被交付执行刑罚前，剩余刑期在3个月以下的，由看守所代为执行。对于被判处有期徒刑在监内服刑的犯罪分子，符合刑事诉讼法规定的监外执行的条件的，可以暂予监外执行。

被判处无期徒刑的犯罪分子，在监狱或者其他执行场所执行。被判处无期徒刑在监内服刑的犯罪分子，符合刑事诉讼法规定的监外执行的条件的，可以暂予监外执行。

法条分析

（1）如何理解有期徒刑的期限？

（2）如何计算有期徒刑的刑期？

（3）如何理解无期徒刑的适用对象？如何对未成年犯适用无期徒刑？

（4）终身监禁是否属于无期徒刑的范畴？是否属于独立的刑种？其适用对象和适用方式如何？

答案：（1）有期徒刑的刑期为6个月以上15年以下；数罪并罚时，有期徒刑总和刑期不满35年的，最高不能超过20年，总和刑期在35年以上的，最高不能超过25年；“死缓”犯在死刑缓期执行期间，如果确有重大立功表现，2年期满以后，减为25年有期徒刑。

（2）有期徒刑的刑期，从判决执行之日起计算；判决执行以前先行羁押的，羁押 1 日折抵刑期 1 日。

（3）仅在刑法分则规定了无期徒刑，且对犯罪分子适用死刑或者适用有期徒刑均不符合罪刑相适应原则时，才能对犯罪分子适用无期徒刑。未成年人犯罪只有罪行极其严重的，才可以适用无期徒刑，对已满 14 周岁不满 16 周岁的人犯罪一般不判处无期徒刑。

（4）终身监禁不属于无期徒刑，也不是独立的刑种，而是刑罚执行方式。其适用范围是，有限地对贪污罪、受贿罪的“死缓”犯可以终身监禁，不得减刑、假释。

试题范例

（多项选择题）关于刑罚的种类，下列说法中正确的是（　　）。

A. 管制是限制自由刑，通常适用于较轻的犯罪，是最轻的一种主刑

B. 有期徒刑是我国适用面最广的一种刑罚

C. 被判处无期徒刑的罪犯必将在监狱中度过终生

D. 死缓是一种重要的刑种

答案： AB

核心法条

《刑法》第 48 条　死刑只适用于罪行极其严重的犯罪分子。对于应当判处死刑的犯罪分子，如果不是必须立即执行的，可以判处死刑同时宣告缓期二年执行。

死刑除依法由最高人民法院判决的以外，都应当报请最高人民法院核准。死刑缓期执行的，可以由高级人民法院判决或者核准。

释解分析

本条规定的是死刑的适用条件、死缓、死刑的核准。死刑是剥夺犯罪分子生命的刑罚方法。我国目前虽然没有废除死刑，但历来采取少杀、慎杀政策，通过刑法总则规定与刑法分则规定相结合的方式来控制死刑数量，限制死刑适用。其中，刑法总则关于适用死刑的限制性规定主要表现在：（1）限制死刑适用条件。死刑只适用于罪行极其严重的犯罪分子。（2）限制死刑适用对象。犯罪的时候不满 18 周岁的人和审判的时候怀孕的妇女，不适用死刑。另外，审判的时候已满 75 周岁的人，除非以特别残忍手段致人死亡，一般不适用死刑。（3）限制死刑适用程序。判处死刑立即执行的，除依法由最高人民法院判决的以外，都应当报请最高人民法院核准。（4）限制死刑执行制度。对于应当判处死刑的犯罪分子，如果不是必须立即执行的，可以判处死刑同时宣告缓期 2 年执行。

死刑的执行方法包括判处死刑立即执行和判处死刑缓期 2 年执行。死刑除依法由最高人民法院判决的以外，都应当报请最高人民法院核准。死刑缓期执行的，可以由高级人民法院判决或者核准。判处死刑立即执行的，采用枪决或者注射等方法执行；判处死刑缓期执行的，在死刑缓期执行期间，如果没有故意犯罪，2 年期满以后，减为无期徒刑；如果确有重大立功表现，2 年期满以后，减为 25 年有期徒刑；如果故意犯罪，情节恶劣的，报请最高人民法院核准后执行死刑。对于故意犯罪未执行死刑的，死刑缓期执行的期间重新计算，并

报最高人民法院备案。

法条分析

（1）第 1 款中的“罪行极其严重”应如何理解？

（2）第 1 款中的“判处死刑同时宣告缓期二年执行”的适用条件有哪些？

（3）如何认定死缓的适用结局？

（4）人民法院根据犯罪情节等情况可以同时决定对死缓犯限制减刑，死缓限制减刑适用对象有哪些？

答案：（1）罪行极其严重是指犯罪的性质极其严重、犯罪的情节极其恶劣和犯罪分子的人身危险性极其严重。罪行极其严重的犯罪分子所实施的犯罪行为对国家和人民利益危害特别巨大，社会危害性也极为巨大。

（2）死缓的适用条件有：①应当判处死刑。②不是必须立即执行。

（3）死缓的适用结局有：①判处死刑缓期执行的，在死刑缓期执行期间，如果没有故意犯罪，2 年期满以后，减为无期徒刑；②如果确有重大立功表现，2 年期满以后，减为 25 年有期徒刑；③如果故意犯罪，情节恶劣的，报请最高人民法院核准后执行死刑。

（4）适用对象有：对被判处死刑缓期执行的累犯以及因故意杀人、强奸、抢劫、绑架、放火、爆炸、投放危险物质或者有组织的暴力性犯罪被判处死刑缓期执行的犯罪分子，人民法院根据犯罪情节等情况可以同时决定对其限制减刑。

试题范例

（单项选择题）关于死刑和死缓，下列判断中正确的是（　　）。

A. 对于罪行极其严重的犯罪分子适用死刑立即执行，对于罪行不极其严重的犯罪分子适用死刑缓期执行

B. 在死刑缓期执行期间，如果故意犯罪，由最高人民法院核准，执行死刑

C. 妇女甲因涉嫌贩毒被羁押期间自然流产后，尚未被审判的甲被人检举 3 年前故意杀人，对于甲的故意杀人罪，可以适用死刑

D. 死刑缓期执行的期间，从判决确定之日起计算。死刑缓期执行减为有期徒刑的刑期，从死刑缓期执行期满之日起计算

答案：D

核心法条

《刑法》第 49 条　犯罪的时候不满十八周岁的人和审判的时候怀孕的妇女，不适用死刑。

审判的时候已满七十五周岁的人，不适用死刑，但以特别残忍手段致人死亡的除外。

释解分析

本条规定的是死刑的适用对象。我国刑法严格限制死刑的适用对象。一是不得对犯罪的时候不满 18 周岁的人和审判的时候怀孕的妇女适用死刑；二是不得对审判的时候已满 75 周

岁且不是以特别残忍手段致人死亡的人适用死刑。

法条分析

（1）第 1 款中的“犯罪的时候”“审判的时候”应如何理解？

（2）条文中的“不适用死刑”的外延应如何理解？

（3）第 1 款中的“审判的时候怀孕的妇女”的外延应如何理解？

（4）如何理解第 2 款中的“以特别残忍手段致人死亡”的外延？

答案：（1）犯罪的时候是指实行犯罪的时候。审判的时候是指从羁押到执行的整个诉讼过程。

（2）不适用死刑，既包括不适用死刑立即执行，也包括不适用死刑缓期 2 年执行。

（3）“审判的时候怀孕的妇女”的外延为：案件起诉到法院以前，被告人在羁押期间做人工流产的，以及怀孕妇女因涉嫌犯罪在羁押期间自然流产后，又因同一事实被起诉、交付审判的，应当视为“审判的时候怀孕的妇女”。怀孕的妇女在羁押期间流产的，仍应视为怀孕的妇女。

（4）“以特别残忍手段致人死亡”，并不限于以特别残忍手段故意杀人，还包括以特别残忍手段实施其他暴力犯罪致人死亡。如果手段特别残忍，但没有致人死亡的，仍然不得适用死刑。

试题范例

1.（单项选择题）罗某，2002 年 4 月 3 日出生。2020 年 4 月 3 日晚，罗某与朋友一起喝酒，结果喝醉，并大撒酒疯。罗某先是将饭店的服务员朱某强行拖到卫生间内奸淫，之后又将其残忍杀害。警察王某对罗某进行制止时，罗某趁王某不备一把抢过其佩带的手枪，并向周围的人群射击，致使 2 人死亡，4 人重伤。后罗某被公安机关逮捕。2022 年 3 月 4 日，该案件被起诉到法院，审判长认为罗某的行为罪大恶极，已经造成极其严重的后果。对此，下列说法中正确的是（　　）。

A. 可以对罗某判处死刑，因为审判时罗某已满 18 周岁

B. 可以对罗某判处死刑，因为犯罪时罗某已满 18 周岁

C. 不可以对罗某判处死刑，因为他在醉酒的状态下实施犯罪

D. 不可以对罗某判处死刑，因为犯罪时罗某尚未满 18 周岁

2.（单项选择题）犯罪时怀孕的妇女，罪行极其严重的，最高可以判处（　　）。

A. 死刑立即执行　　B. 死刑缓期二年执行

C. 无期徒刑　　D. 有期徒刑 15 年

3.（单项选择题）古某（女）因贩卖毒品罪被判处死刑，但死刑执行书因故迟迟未下达。待到死刑执行之时，法医发现其在等候执行期间与看守她的狱警夏某通奸，现已有身孕。则对古某（　　）。

A. 不能执行死刑，因刑法规定死刑不适用于已怀孕的妇女

B. 可以执行死刑，刑法规定死刑不适用于审判时怀孕的妇女，古某怀孕是在审判后

C. 可以执行死刑，只是要等到古某生产之后一定时间

D. 可以执行死刑，因其是与狱警通奸而怀孕，其行为带有规避刑罚的性质

答案：1. D　2. A　3. A

核心法条

《刑法》第 50 条　判处死刑缓期执行的，在死刑缓期执行期间，如果没有故意犯罪，二年期满以后，减为无期徒刑；如果确有重大立功表现，二年期满以后，减为二十五年有期徒刑；如果故意犯罪，情节恶劣的，报请最高人民法院核准后执行死刑；对于故意犯罪未执行死刑的，死刑缓期执行的期间重新计算，并报最高人民法院备案。

对被判处死刑缓期执行的累犯以及因故意杀人、强奸、抢劫、绑架、放火、爆炸、投放危险物质或者有组织的暴力性犯罪被判处死刑缓期执行的犯罪分子，人民法院根据犯罪情节等情况可以同时决定对其限制减刑。

释解分析

本条规定的是死刑缓期执行。对于应判处死刑的犯罪分子，如果不是必须立即执行的，可以判处死刑同时宣告缓期 2 年执行。

死刑缓期执行制度，简称为死缓。死缓不是独立的刑种，而是死刑执行制度。死缓是我国刑事立法的独创。被判处死缓的犯罪分子，在缓期执行期间，如果没有故意犯罪，2 年期满以后，减为无期徒刑；如果确有重大立功表现，2 年期满以后，减为 25 年有期徒刑；如果故意犯罪，情节恶劣的，报请最高人民法院核准后执行死刑；在死缓执行期间故意犯罪，但情节不恶劣的，死刑缓期执行期间重新计算，并报最高人民法院备案。死刑缓期执行的期间，从判决确定之日起计算。死刑缓期执行减为有期徒刑的刑期，从死刑缓期执行期满之日起计算。

对被判处死刑缓期执行的累犯以及因故意杀人、强奸、抢劫、绑架、放火、爆炸、投放危险物质或者有组织的暴力性犯罪被判处死刑缓期执行的犯罪分子，人民法院根据犯罪情节等情况可以同时决定对其限制减刑。

法条分析

（1）第 1 款中的“重大立功”的情形有哪些？

（2）第 1 款中的“情节恶劣”应如何认定？

（3）在死缓期间，死缓犯在劳改期间引发重大责任事故，死缓期满后应如何处理？

（4）第 2 款中的“累犯”应如何理解？

（5）死缓期间应如何起算？

答案：（1）重大立功的情形有：①阻止他人重大犯罪活动的；②检举监狱内外重大犯罪活动，经查证属实的；③有发明创造或者重大技术革新的；④在日常生产、生活中舍己救人的；⑤在抗御自然灾害或者排除重大事故中，有突出表现的；⑥对国家和社会有其他重大贡献的。

（2）情节恶劣是指故意犯罪的性质严重、手段残忍或者动机特别卑劣。

（3）死缓期满后，将死缓犯减为无期徒刑。

（4）累犯是指因犯罪而受过一定的刑罚处罚，在刑罚执行完毕或者赦免以后，于法定期限内又犯一定之罪的罪犯。

(5) 死刑缓期执行的期间，从判决确定之日起计算。死刑缓期执行减为有期徒刑的刑期，从死刑缓期执行期满之日起计算。

试题范例

1.（单项选择题）赵某因故意杀人罪被判处死刑，缓期 2 年执行。在死刑缓期执行期间，赵某因严重违反规章制度发生重大责任事故，造成直接经济损失 150 万元。关于对赵某的处理，下列表述中正确的是（　　）。

A. 2 年期满后减为无期徒刑　　B. 2 年期满后减为 25 年有期徒刑

C. 由最高人民法院核准，执行死刑　　D. 2 年期满后减为 20 年有期徒刑

2.（单项选择题）甲因故意杀人被判处死刑缓期 2 年执行，在死刑缓期执行期间有重大立功表现。则对甲的正确处理是（　　）。

A. 2 年期满后减为无期徒刑　　B. 报请最高人民法院予以减刑

C. 2 年期满后减为 25 年有期徒刑　　D. 2 年期满后决定限制其减刑

答案： 1. A　2. C

核心法条

《刑法》第 52 条　判处罚金，应当根据犯罪情节决定罚金数额。

释解分析

本条规定的是罚金数额的确定。罚金是人民法院判处犯罪分子或者犯罪的单位向国家缴纳一定金钱的刑罚方法。罚金主要适用于破坏社会主义市场经济秩序罪、侵犯财产罪、妨害社会管理秩序罪、贪污贿赂罪。根据罪刑法定原则，仅在根据刑法分则条文明文规定了罚金时，才可以对犯罪分子判处罚金。判处罚金，应当根据犯罪情节决定罚金数额。非法获利的数额较大、情节严重的，罚金数额应当多些；反之，则应当少些。当然，也要考虑犯罪分子的实际经济负担能力。

法条分析

(1) 本条中的“根据犯罪情节决定罚金数额”应如何理解？

(2) 刑法分则规定的判处罚金方式有哪些？

(3) 罚金的执行方式有哪些？

(4) 延期、酌情减免缴纳罚金的条件有哪些？

(5) 对“承担民事赔偿责任的犯罪分子，同时被判处罚金，其财产不足以全部支付”的，应如何处理？

答案：(1) 根据犯罪情节决定罚金数额，一般来说，非法获利的数额较大、情节严重的，罚金数额应当多些；反之，则应当少些。还要考虑犯罪分子的实际经济负担能力。

(2) 刑法分则规定的判处罚金方式有选处罚金、单处罚金、并处罚金、并处或者单处罚金。

(3) 罚金的执行方式有一次缴纳、分期缴纳、强制缴纳、随时追缴和延期缴纳、酌情减免缴纳。

(4) 延期、酌情减免缴纳罚金的条件有：①遭遇不能抗拒的灾祸等原因；②缴纳确实有困难；③经人民法院裁定。

(5) 应当先承担对被害人的民事赔偿责任。

试题范例

1. (单项选择题) 甲犯故意毁坏财物罪，因有悔罪表现，法院只判处其罚金 5 000 元。在本判决中（ ）。

A. 罚金上升为主刑　　B. 罚金用于赔偿被害人的损失

C. 罚金是行政处罚　　D. 罚金仍是附加刑，但单独适用

2. (单项选择题) 关于罚金刑的适用，下列说法中正确的是（ ）。

A. 刑法没有明确规定罚金数额标准的，罚金的最低数额不能少于 1 000 元

B. 对未成年人犯罪应当从轻或者减轻判处罚金，但罚金的最低数额不能少于 800 元

C. 一人犯数罪依法同时并处罚金和没收财产的，只执行没收财产刑

D. 犯罪情节较轻，适用单处罚金不致再危害社会并有立功表现的，应当依法单处罚金

3. (多项选择题) 下列犯罪在判处主刑的同时，必须附加并处财产刑的是（ ）。

A. 盗窃罪　　B. 抢劫罪　　C. 诈骗罪　　D. 抢夺罪

答案： 1. D　2. A　3. ABCD

核心法条

《刑法》第 59 条　没收财产是没收犯罪分子个人所有财产的一部或者全部。没收全部财产的，应当对犯罪分子个人及其扶养的家属保留必需的生活费用。

在判处没收财产的时候，不得没收属于犯罪分子家属所有或者应有的财产。

释解分析

本条规定的是没收财产、没收财产的范围。没收财产是指将犯罪分子个人所有财产的部分或全部强制无偿收归国有的刑罚方法。没收财产不同于追缴、责令退赔、没收等。没收的对象是犯罪分子的个人合法财产。而对于犯罪分子违法所得的一切财物，应当予以追缴或者责令退赔；对被害人的合法财产，应当及时返还；违禁品和供犯罪所用的本人财物，应当予以没收。没收的财物和罚金，一律上缴国库，不得挪用和自行处理。

由罪刑法定原则所决定，没收财产只能适用于刑法分则明文规定可以判处没收财产的那些犯罪。从刑法分则的规定来看，没收财产主要适用于危害国家安全罪、破坏社会主义市场经济秩序罪、侵犯财产罪、贪污贿赂罪。没收财产包括没收部分财产与没收全部财产。没收全部财产的，应当对犯罪分子个人及其扶养的家属保留必需的生活费用。

没收财产的对象只能是犯罪分子本人的财产，在判处没收财产的时候，不得没收属于犯罪分子家属所有或者应有的财产。

法条分析

（1）如何认定没收财产的范围？

（2）没收财产的适用方式有哪些？

（3）没收财产的执行机关是什么？

（4）以没收的财产偿还债务的条件有哪些？

（5）数罪分别被判处罚金与没收全部财产时，应如何执行？

答案：（1）没收财产是没收犯罪分子个人所有财产的一部或者全部；没收全部财产的，应当对犯罪分子个人及其扶养的家属保留必需的生活费用；在判处没收财产的时候，不得没收属于犯罪分子家属所有或者应有的财产。

（2）没收财产的适用方式有：并处没收财产；可以并处没收财产；并处罚金或者没收财产。

（3）没收财产由人民法院执行；在必要的时候，可以会同公安机关执行。

（4）条件有：①须为没收财产以前犯罪分子所欠债务；②须为正当的债务；③须经债权人请求。

（5）数罪分别被判处罚金与没收全部财产时，应分别执行。

试题范例

1.（单项选择题）下列情形中，属于适用没收财产刑的是（　　）。

A. 甲贩卖毒品100克被当场查获，对其100克毒品予以没收

B. 甲用自己的汽车进行盗窃犯罪活动，被法院予以没收

C. 甲犯走私毒品罪获得非法利益500万元，法院予以没收

D. 甲犯贪污罪，法院没收属于其个人所有的全部财产

2.（单项选择题）关于没收财产，下列表述中正确的是（　　）。

A. 甲贪污100万元，巨额财产来源不明200万元，甲被判处死刑并处没收财产。甲被没收财产的总额至少应为300万元

B. 甲抢劫他人摩托车被判处死刑并处没收财产。该车应上缴国库

C. 甲因走私罪被判处无期徒刑并处没收财产。此前所负赌债，经债权人请求应予偿还

D. 甲因受贿罪被判处有期徒刑10年并处没收财产10万元，因骗取贷款罪被判处有期徒刑3年并处罚金5万元。没收财产和罚金应当分别执行

3.（多项选择题）关于没收财产的适用，下列表述中错误的有（　　）。

A. 甲受贿100万元，巨额财产来源不明200万元，甲被判处死刑并处没收财产。甲被没收财产的总额至少应为300万元

B. 甲抢劫他人汽车被判处死刑并处没收财产。该汽车应上缴国库

C. 甲因走私罪被判处无期徒刑并处没收财产。此前所负赌债，经债权人请求应予偿还

D. 甲为治病向李某借款5万元，一年后甲因犯罪被判处没收财产。无论李某是否提出请求，一旦法院发现该债务存在，就应当判决以没收的财产偿还

答案： 1. D　2. D　3. ABCD

八、量刑

核心法条

《刑法》第 62 条　犯罪分子具有本法规定的从重处罚、从轻处罚情节的，应当在法定刑的限度以内判处刑罚。

释解分析

本条规定的是从重处罚、从轻处罚。从重处罚是指在法定刑幅度内选择判处比没有该情节的类似犯罪相对较重的刑种或较长的刑期。从轻处罚是指在法定刑幅度内选择判处比没有该情节的类似犯罪相对较轻的刑种或较短的刑期。首先，从重处罚与从轻处罚，都必须是在法定刑限度内判处刑罚，而不能高于法定刑或者低于法定刑判处刑罚。其次，从重处罚并不意味着在法定刑的“中间线”以上判处刑罚，从轻处罚也不意味着在法定刑的“中间线”以下判处刑罚。再次，一般来说，从重处罚是相对于既没有从重处罚情节又没有从轻处罚情节的一般情况下所应判处的刑罚而言，即比没有上述情节时所应判处的刑罚相对重一些；从轻处罚也是相对于既没有从轻处罚情节也没有从重处罚情节的一般情况下所应判处的刑罚而言，即比没有上述情节时所应判处的刑罚相对轻一些。因此，从重处罚不是一律判处法定最高刑，从轻处罚也不是一律判处法定最低刑。

法条分析

（1）本条中的“从重处罚”应如何理解？
（2）本条中的“从轻处罚”应如何理解？
（3）本条中的“法定刑的限度以内”应如何理解？
（4）本条中的“以内”是否包括本数？

答案：（1）从重处罚是指在法定刑幅度内选择判处比没有该情节的类似犯罪相对较重的刑种或较长的刑期。

（2）从轻处罚是指在法定刑幅度内选择判处比没有该情节的类似犯罪相对较轻的刑种或较短的刑期。

（3）“法定刑的限度以内”是指与特定具体犯罪相适应的法定刑限度之内的具体的量刑幅度。

（4）包括本数。

试题范例

（多项选择题）关于从重处罚，下列说法中正确的是（　　）。

A. 从重处罚必须是在法定刑限度内判处刑罚
B. 从重处罚是在法定刑的“中间线”以上判处刑罚

C. 对主犯应当从重处罚

D. 对累犯应当从重处罚

答案：AD

核心法条

《刑法》第 63 条　犯罪分子具有本法规定的减轻处罚情节的，应当在法定刑以下判处刑罚；本法规定有数个量刑幅度的，应当在法定量刑幅度的下一个量刑幅度内判处刑罚。

犯罪分子虽然不具有本法规定的减轻处罚情节，但是根据案件的特殊情况，经最高人民法院核准，也可以在法定刑以下判处刑罚。

释解分析

本条规定的是减轻处罚。减轻处罚是指在法定刑以下判处刑罚。减轻处罚有法定减轻处罚和酌定减轻处罚之分。法定减轻处罚是指刑法条文中明确规定的减轻处罚。酌定减轻处罚是指不具有刑法明文规定的减轻处罚情节，但是由于案件的特殊情况，经最高人民法院核准而予以减轻处罚。

法条分析

（1）条文中的“减轻处罚”应如何理解？

（2）本条中的“以下”是否包括本数？理由是什么？

（3）条文中的“法定刑以下”应如何理解？

（4）第 2 款规定的酌定减轻处罚在适用上须符合哪些条件？

答案：（1）减轻处罚是指在法定刑以下判处刑罚；刑法规定了数个量刑幅度的，应当在法定量刑幅度的下一个量刑幅度内判处刑罚。

（2）以下不包括本数，因为减轻处罚不能判处法定最低刑，只能在法定最低刑之下判处刑罚。

（3）法定刑以下即法定最低刑以下，也就是减轻处罚“应低于法定刑幅度中的最低刑”。

（4）酌定减轻处罚在适用上须符合下列条件：①犯罪分子不具有法定减轻处罚情节；②案件具有特殊情况；③须经最高人民法院核准。

试题范例

（单项选择题）关于减轻处罚，下列说法中正确的是（　　）。

A. 减轻处罚须经最高人民法院核准

B. 减轻处罚就是减刑

C. 缺乏期待可能性的应当减轻处罚

D. 减轻处罚可以减轻至其他刑种

答案：D

核心法条

《刑法》第 65 条　被判处有期徒刑以上刑罚的犯罪分子，刑罚执行完毕或者赦免以后，在五年以内再犯应当判处有期徒刑以上刑罚之罪的，是累犯，应当从重处罚，但是过失犯罪和不满十八周岁的人犯罪的除外。

前款规定的期限，对于被假释的犯罪分子，从假释期满之日起计算。

释解分析

本条规定的是一般累犯。一般累犯是指被判处有期徒刑以上刑罚并在刑罚执行完毕或者赦免以后，在5年以内再犯应当判处有期徒刑以上刑罚之罪的犯罪分子。一般累犯的构成要件有：(1) 主体条件：犯罪发生时，犯罪人已满18周岁。构成累犯者应当是前罪和后罪发生时犯罪人均已满18周岁。如果犯罪人前罪发生时不满18周岁，后罪发生时已满18周岁，不能认定为累犯。(2) 主观条件：前罪和后罪都是故意犯罪。如果前罪和后罪都是过失犯罪，或者前罪和后罪之一是过失犯罪，都不构成累犯。(3) 刑度条件：前后两罪都应当判处有期徒刑以上刑罚。需要注意的是，前罪因为数罪并罚而被宣告有期徒刑以上刑罚的，只要其中的故意犯罪被判处有期徒刑以上刑罚，也符合"前罪"条件。例如，甲因盗窃罪被判处6个月有期徒刑，因过失致人死亡被判处2年有期徒刑，数罪并罚决定执行2年有期徒刑；甲刑罚执行完毕后第4年又犯抢劫罪，应当认定为累犯。但是，倘若其中的盗窃仅被判处6个月拘役，即使数罪并罚决定执行2年有期徒刑，也不能认定为累犯。(4) 时间条件：后罪发生在前罪刑罚执行完毕或者赦免以后5年以内。该5年的期限，从刑罚执行完毕或者赦免之日起计算；对于被假释的犯罪人，应从假释期满之日起计算。需要注意的是，由于累犯的成立以前罪"刑罚执行完毕或者赦免以后"5年以内再犯罪为条件，故被假释的犯罪人在假释考验期限内犯新罪的，被判处缓刑的犯罪人在缓刑考验期限内犯新罪的，以及被判处缓刑的犯罪人在缓刑考验期满后犯新罪的，都不成立累犯。但对于被假释的犯罪分子，假释考验期满后5年以内再犯应当判处有期徒刑以上刑罚之罪的，构成累犯。

法条分析

(1) 第1款中的"刑罚执行完毕"应如何理解？

(2) 第1款中的"赦免"应如何理解？

(3) 第2款中的"假释"应如何理解？

(4) 被宣告缓刑的犯罪分子，缓刑考验期限内或者考验期满后犯新罪，是否构成累犯？理由是什么？

答案： (1) 刑罚执行完毕是指主刑执行完毕，不包括附加刑在内。主刑执行完毕后5年以内又犯罪，即使附加刑未执行完毕，仍构成累犯。

(2) 赦免即国家对于犯罪分子宣告免予追诉或者免除执行刑罚的全部或者部分的法律制度。

(3) 假释是对被判处有期徒刑、无期徒刑的犯罪分子，在执行一定刑期之后，因其认真遵守监规，接受教育改造，确有悔改表现，没有再犯罪的危险，而附条件地将其予以提前释放的制度。

(4) 缓刑考验期限内或者考验期满后犯新罪的，都不构成累犯。因为缓刑是有条件地不执行所判处的刑罚，缓刑考验并非刑罚执行，缓刑考验期限内或者考验期满后犯新罪，不符合累犯成立的条件。

试题范例

1. （单项选择题）下列选项中，成立累犯的是（　　）。

A. 甲因犯盗窃罪被判处有期徒刑 5 年，刑满释放后 5 年内又犯故意杀人罪

B. 乙因犯妨害传染病防治罪被判处有期徒刑 3 年，刑满释放后 5 年内又犯组织出卖人体器官罪

C. 丙因犯侵占罪被判处拘役，刑满释放后 5 年内又犯侵犯商业秘密罪被判处有期徒刑 3 年

D. 丁在 17 周岁时因奸淫幼女被判处 5 年有期徒刑，刑满释放后又犯故意伤害罪被判处 3 年有期徒刑

2. （单项选择题）下列情形中，成立累犯的是（　　）。

A. 甲犯故意伤害罪被判处有期徒刑 3 年，缓刑 3 年，缓刑期满后的第 4 年又犯盗窃罪，被判处有期徒刑 2 年

B. 乙犯故意伤害罪被判处有期徒刑 5 年，刑罚执行完毕后第 4 年又犯侮辱罪，被判处拘役 6 个月

C. 丙犯强奸罪被判处 3 年有期徒刑，刑罚执行完毕后出狱回家途中又犯抢夺罪被判处 3 年有期徒刑

D. 丁因犯寻衅滋事罪被判处拘役 6 个月，在执行完毕后第 6 年又犯为境外非法提供国家秘密罪

答案： 1. A　2. C

核心法条

《刑法》第 66 条　危害国家安全犯罪、恐怖活动犯罪、黑社会性质的组织犯罪的犯罪分子，在刑罚执行完毕或者赦免以后，在任何时候再犯上述任一类罪的，都以累犯论处。

释解分析

本条规定的是特别累犯。特别累犯是指因犯危害国家安全犯罪、恐怖活动犯罪、黑社会性质的组织犯罪的犯罪分子受过刑罚处罚，刑罚执行完毕或者赦免以后，在任何时候再犯上述任一类罪的犯罪分子。特别累犯的成立条件有：（1）前罪与后罪为危害国家安全犯罪、恐怖活动犯罪、黑社会性质的组织犯罪的任一类犯罪。如果行为人实施的前后两罪都不是危害国家安全犯罪、恐怖活动犯罪、黑社会性质的组织犯罪的任一类犯罪，或者其中之一不是危害国家安全犯罪、恐怖活动犯罪、黑社会性质的组织犯罪的任一类犯罪，就不能构成特别累犯，但如果符合一般累犯条件的，可以成立一般累犯。（2）前罪被判处的刑罚和后罪应判处的刑罚的种类及其轻重不受限制。即使前后两罪或者其中之一被判处或者应当判处管制、拘役或者单处某种附加刑，也不影响特别累犯的成立。（3）因危害国家安全犯罪、恐怖活动犯罪、黑社会性质的组织犯罪的任一类犯罪被判处刑罚，在刑罚执行完毕或者赦免以后的任何时候，再犯危害国家安全犯罪、恐怖活动犯罪、黑社会性质的组织犯罪的任一类犯罪，就构成特别累犯，不受前后两罪相距时间长短的限制。

法条分析

(1) 依据本条规定，前罪是危害国家安全犯罪，后罪是恐怖活动犯罪的，是否成立特别累犯?

(2) 根据本条规定，在所犯前后两罪中，如果前罪免予刑罚处罚，是否成立特别累犯?

(3) 特别累犯的刑罚处遇后果有哪些?

答案: (1) 成立特别累犯。

(2) 不成立特别累犯。

(3) 对于特别累犯，应当从重处罚，不得缓刑，不得假释。

试题范例

(多项选择题) 下列情形中，成立累犯的是（　　）。

A. 张某犯故意伤害罪被判处有期徒刑 3 年，缓刑 3 年，缓刑期满后的第 3 年又犯盗窃罪，被判处有期徒刑 10 年

B. 李某犯强奸罪被判处有期徒刑 5 年，刑满释放后的第 4 年又犯妨害公务罪，被判处有期徒刑 6 个月

C. 王某犯抢夺罪被判处有期徒刑 4 年，执行 3 年后被假释，于假释期满后的第 5 年又犯故意杀人罪被判处无期徒刑

D. 田某犯叛逃罪被判处有期徒刑 2 年，刑满释放后的第 6 年又犯为境外刺探国家秘密罪，被判处拘役 6 个月

答案: BCD

核心法条

《刑法》第 67 条　犯罪以后自动投案，如实供述自己的罪行的，是自首。对于自首的犯罪分子，可以从轻或者减轻处罚。其中，犯罪较轻的，可以免除处罚。

被采取强制措施的犯罪嫌疑人、被告人和正在服刑的罪犯，如实供述司法机关还未掌握的本人其他罪行的，以自首论。

犯罪嫌疑人虽不具有前两款规定的自首情节，但是如实供述自己罪行的，可以从轻处罚；因其如实供述自己罪行，避免特别严重后果发生的，可以减轻处罚。

释解分析

本条规定的是自首、坦白。自首是指犯罪分子犯罪以后自动投案，如实供述自己的罪行的行为，或者被采取强制措施的犯罪嫌疑人、被告人和正在服刑的罪犯，如实供述司法机关还未掌握的本人其他罪行的行为。自首分为一般自首和特别自首（余罪自首、准自首）两种。

一般自首是指犯罪分子犯罪以后自动投案，如实供述自己罪行的行为。一般自首的成立条件有：(1) 自动投案。自动投案，即在犯罪事实或者犯罪嫌疑人未被司法机关发觉，或者虽然被发觉，但犯罪嫌疑人尚未受到讯问、未被采取强制措施时，主动、直接向公安机关、

人民检察院或者人民法院投案。下列情形也属于自动投案：①犯罪嫌疑人向公安、检察、审判机关等司法机关投案，才是自动投案，但犯罪嫌疑人向其所在单位、城乡基层组织或者其他有关负责人员投案的，也应视为自动投案。自动投案，一般应是犯罪人直接向上述机关投案，但犯罪人因病、因伤或者为了减轻犯罪后果，委托他人先代为投案，或者先以信电投案的，也应视为自动投案。②犯罪人犯罪后潜逃到异地，其罪行尚未被异地司法机关发觉，仅形迹可疑，被司法机关盘问、教育后，主动交代自己罪行的，视为自动投案。③犯罪后主动报案，虽未表明自己是作案人，但没有逃离现场，在司法机关询问时交代自己罪行的，视为自动投案。例如，行为人在交通肇事后并没有逃离现场，在交警盘问时交代自己就是肇事司机的。④明知他人报案而在现场等待，抓捕时无拒捕行为，供认犯罪事实的，视为自动投案。例如，行为人将人打成重伤后，明知路人在打电话报警，仍在现场等待，抓捕时也没有拒捕行为，而且对伤人事实供认不讳。⑤在司法机关未确定犯罪嫌疑人，尚在一般性排查询问时主动交代自己罪行的，视为自动投案。⑥因特定违法行为被采取行政拘留、司法拘留、强制隔离戒毒等行政、司法强制措施期间，主动向执行机关交代尚未被掌握的犯罪行为的，视为自动投案。例如，在强制隔离戒毒期间，主动向戒毒所或者司法机关交代走私、贩卖毒品的事实的。⑦交通肇事后保护现场、抢救伤者，并向公安机关报告的，以及交通肇事逃逸后又自动投案的，应认定为自动投案。⑧犯罪嫌疑人先投案交代罪行，后又潜逃的，不能认为是自动投案，但潜逃后又投案并不再潜逃的，应仍认定为自动投案；以不署名或化名将非法所得寄给司法机关或报刊、杂志社的，也不是自动投案，但犯罪嫌疑人后来向司法机关投案，并如实供述所犯罪行的，不影响自首的成立。⑨自动投案要求投案须具有“自动性”，但并非出于犯罪嫌疑人主动，而是经亲友规劝、陪同投案的，应视为自动投案；公安、检察机关通知犯罪嫌疑人的亲友，或者亲友主动报案后，将犯罪嫌疑人送去投案的，同样视为自动投案。但是，犯罪嫌疑人亲友采用捆绑等手段送到司法机关，或者在亲友带领侦查人员前来抓捕时无拒捕行为，并如实供认犯罪事实的，不能认定为自动投案。需要注意的是，自动投案应当是在“尚未归案之前投案”。下列情形属于尚未归案之前投案，应当认定为自动投案：①在犯罪事实未被发觉时投案；②在犯罪事实虽被发觉，但没查清犯罪嫌疑人的时候投案；③犯罪事实和犯罪嫌疑人都被发觉，但犯罪嫌疑人未受到讯问、未被采取强制措施、未被群众扭送时投案；④犯罪后逃跑，在通缉、追捕的过程中投案；⑤经查实犯罪人确已准备投案，或者正在投案途中，被司法机关捕获的，也应视为投案。（2）如实供述自己的罪行。如实供述自己的罪行是指犯罪嫌疑人自动投案后，如实供述自己实施并应由本人承担刑事责任的罪行。①如实供述自己的罪行，“除供述自己的主要犯罪事实外，还应包括姓名、年龄、职业、住址、前科等情况。犯罪嫌疑人供述的身份与真实情况虽有差别，但不影响定罪量刑的，应当认定为如实供述自己的罪行。犯罪嫌疑人自动投案后隐瞒自己的真实身份等情况，影响对其定罪量刑的，不能认定为如实供述自己的罪行”。②投案人所供述的犯罪，既可以是投案人单独实施的，也可以是与他人共同实施的；既可以是一罪，也可以是数罪。③如果犯罪人在供述犯罪的过程中推诿责任，保全自己，意图逃避制裁；大包大揽，庇护同伙，意图包揽罪责；歪曲罪质，隐瞒情节，企图蒙混过关；掩盖真相，避重就轻，试图减轻罪责，等等，均属于不如实供述自己的犯罪事实，不能成立自首。④犯罪嫌疑人自动投案并如实供述自己的罪行后又翻供的，不能认定为自首，但在一审判决前又能如实供述的，应当认定为自首。犯罪人自动投案如实供述自己的罪行后，为自己辩护，提出上诉，或者更正、补充某些事实的，应当允许，不能将这些行为视为没有如实供述自己的罪行。⑤犯罪嫌疑人自动投案后如实供述自己的罪行，但不退还赃物的，原则上不影响自首的成立。⑥犯罪嫌疑人自动投案时虽然没有交代自己的主要犯罪事实，但在司法机关掌握其主要犯罪事实之前主动交代的，应认定为如实供述自己的罪行。⑦犯罪人在如实供述之后又翻供的，不能认定为自首。但是，犯罪人翻供以后在一审判决前又能如实供述的，应当认定为自首。⑧被告人对行为性质的辩解不影响自首的成立。⑨贪污贿赂、渎职等职务犯罪的犯罪分子，如果没有自动投案，在办案机关调查谈话、讯问、采取调查措施或者强制措施期间，如实交代办案机关掌握的线索所针对的事实的，不能认定为自首。但是，上述人员虽然没有自动投案，但具有以下情形之一的，应当认定为自首：一是犯罪分子如实交代办案机关未掌握的罪行，与办案机关已掌握的罪行属不同种罪行的；二是办案机关所掌握线索针对的犯罪事实不成立，在此范围外犯罪分子交代同种罪行的。

特别自首是指被采取强制措施的犯罪嫌疑人、被告人和正在服刑的罪犯，如实供述司法机关还未掌握的本人其他罪行的行为。特别自首的成立条件有：(1) 主体条件。成立特别自首的主体必须是被采取强制措施的犯罪嫌疑人、被告人和正在服刑的罪犯。(2) 实质条件。成立特别自首的实质条件是必须如实供述司法机关还未掌握的本人其他罪行。需要注意的是，一是被采取强制措施的犯罪嫌疑人、被告人和已宣判的罪犯，如实供述司法机关尚未掌握的罪行，与司法机关已掌握的或者判决确定的罪行属于不同种罪行的，以自首论。二是犯罪嫌疑人、被告人在被采取强制措施期间如实供述本人的其他罪行，该罪行与司法机关已掌握的罪行属同种罪行还是不同种罪行，一般应以罪名区分（是否属于同一犯罪构成）。虽然如实供述的其他罪行的罪名与司法机关已掌握的罪名不同，但如实供述的其他犯罪与司法机关已掌握的罪名属于选择性罪名，例如，非法制造、买卖、运输、邮寄、储存枪支、弹药、爆炸物罪或者窝藏、包庇罪；以及以非法占有为目的伪造信用卡并使用的，或者使用作废的信用卡而构成信用卡诈骗罪的，或者在法律、事实上密切关联，如因受贿被采取强制措施后，又交代因受贿为他人谋取利益行为，构成滥用职权罪的，应认定为同种罪行（此时不能成立特别自首，但可以成立坦白）。如实供述司法机关尚未掌握的罪行，与司法机关已掌握的或者判决确定的罪行属同种罪行的，可以酌情从轻处罚。

共同犯罪自首的认定。各共犯人自首时所要供述的自己的罪行的范围，与其在共同犯罪中所起的作用和具体分工是相适应的。(1) 就主犯而言，当其为首要分子时，必须供述的罪行，包括其组织、策划、指挥作用所及或支配下的全部罪行；当其为其他主犯时，必须供述的罪行，包括其在首要分子的组织、策划、指挥作用的支配下单独实施的共同犯罪行为，以及与其他共同犯罪人共同实施的犯罪行为。(2) 就从犯而言，当其为次要的实行犯时，所应供述的罪行，包括犯罪分子自己实施的犯罪，以及与自己共同实施犯罪的主犯和胁从犯的犯罪行为；当其为帮助犯时，所应供述的罪行，包括自己实施的犯罪帮助行为，以及自己所帮助的实行犯的行为。(3) 就胁从犯而言，所应供述的罪行的范围，包括自己在被胁迫情况下实施的犯罪，以及所知道的胁迫自己犯罪的胁迫人所实施的犯罪行为。(4) 就教唆犯而言，所应供述的罪行的范围，包括自己的教唆行为，以及所了解的被教唆人产生犯罪意图之后实施的犯罪行为。

数罪自首的认定。(1) 一般自首中数罪自首的认定。就一般自首而言，对于犯罪嫌疑人自动投案后如实供述所犯全部数罪的，应认定为全案均成立自首。犯罪嫌疑人自动投案后仅如实供述所犯全部数罪的一部分，而未供述另一部分犯罪的，应分别下面两种情况予以处理：①若行为所犯数罪为异种数罪的，其所供述的犯罪成立自首，其未交代的犯罪不成立自首，即自首的效力仅及于如实供述之罪。②若行为所犯数罪为同种数罪，则应根据犯罪嫌疑人供述犯罪的程度，决定自首成立的范围。其一，犯罪嫌疑人所供述的犯罪与未供述的犯罪在性质、情节、社会危害程度等方面大致相当的，只应认定所供述之罪成立自首，未供述之罪不成立自首，即自首的效力仅及于如实供述之罪。其二，犯罪嫌疑人确实由于主客观方面的原因，只如实供述了所犯数罪中的主要或基本罪行，应认定为全案成立自首，即自首的效力及于所犯全部罪行。(2) 特别自首中数罪自首的认定。被司法机关依法采取强制措施的犯罪嫌疑人、被告人和正在服刑的罪犯，如实供述司法机关还未掌握的本人不同种罪行的，以自首论。如实供述司法机关还未掌握的本人同种罪行的，不成立特别自首（可以成立坦白），但可以酌情或者一般应当从轻处罚。

坦白是指犯罪分子被动归案之后，如实供述自己的罪行，并接受国家司法机关审查和裁判的行为。例如，归案后的绑架犯如实供述人质的所在地点，使人质获救的；归案后的爆炸犯如实供述爆炸物的安放地，避免了爆炸事故的，成立坦白。自首和坦白的相同点有：(1) 二者都以自己实施的犯罪行为为前提。(2) 在犯罪人归案之后都是如实交代自己的犯罪事实。(3) 犯罪人都有接受国家司法机关审查和裁判的行为。(4) 都是从宽处罚的情节。但是，自首和坦白是有区别的：(1) 自首是犯罪人自动投案之后，主动如实供述自己犯罪事实的行为，或者被动归案之后，如实供述司法机关还未掌握的本人其他罪行的行为；而坦白则是犯罪人被动归案之后，如实交代自己被指控的犯罪事实的行为。(2) 自首与坦白所反映的犯罪人的人身危险性程度不同，自首犯的人身危险性相对较轻，坦白者的人身危险性相对较重。在一般情况下，自首比坦白的从宽处罚幅度要大。

单位犯罪自首的认定。单位犯罪自首是指单位在犯罪以后，自动投案，如实交代自己的罪行的行为。(1) 单位集体决定或者单位负责人决定而自动投案，如实交代单位犯罪事实的，或者单位直接负责的主管人员自动投案，如实交代单位犯罪事实的，应当认定为单位自首。(2) 单位自首的，直接负责的主管人员和直接责任人员未自动投案，但如实交代自己知道的犯罪事实的，可以视为自首；拒不交代自己知道的犯罪事实或者逃避法律追究的，不应当认定为自首。(3) 单位没有自首，直接责任人员自动投案并如实交代自己知道的犯罪事实的，对该直接责任人员应当认定为自首。

对于自首的犯罪分子，可以从轻或者减轻处罚。其中，犯罪较轻的，可以免除处罚。如实供述自己罪行成立坦白的，可以从轻处罚；因其如实供述自己罪行，避免特别严重后果发生的，可以减轻处罚。

法条分析

(1) 第 1 款中的“自动投案”应如何理解？

(2) 如何认定自动投案的时间？

(3) 第 1 款中的“如实供述自己的罪行”应如何理解？

(4) 第 2 款中的“被采取强制措施”应如何理解？

(5) 第 2 款中的“正在服刑的罪犯”应如何理解？

(6) 第 2 款中的“司法机关还未掌握的本人其他罪行”应如何理解？

(7) 第3款规定的是何种法律制度?

(8) 第3款规定的法律制度和第1、2款规定的法律制度的关键区别是什么?

答案:(1) 自动投案是指在犯罪事实或者犯罪嫌疑人未被司法机关发觉，或者虽被发觉，但犯罪嫌疑人尚未受到讯问、未被采取强制措施时，主动、直接向公安机关、人民检察院或者人民法院投案。

(2) 自动投案应当是在"归案之前投案"，即自动投案的投案时间是在犯罪之后被动归案之前。

(3) 如实供述自己的罪行是指如实供述自己实施并应由本人承担刑事责任的罪行。

(4) 被采取强制措施是指根据刑事诉讼法的规定，被采取拘传、拘留、取保候审、监视居住与逮捕，还包括被行政拘留、司法拘留、强制隔离戒毒等剥夺人身自由的行政强制措施。

(5) 正在服刑的罪犯是指已经人民法院判决、正在执行所判刑罚的罪犯。

(6) 司法机关还未掌握的本人其他罪行是指与司法机关已掌握的或者判决确定的罪行属不同种罪行。

(7) 坦白。

(8) 坦白与一般自首的关键区别在于，坦白是被动归案，一般自首是自动投案；坦白与特别自首的关键区别在于，坦白交代的是已经被司法机关掌握的罪行，特别自首交代的是司法机关还未掌握的其他罪行。

试题范例

1. (单项选择题) 根据我国刑法规定，对于自首犯的处罚原则是(　　)。

A. 应当从轻或者减轻处罚。其中，犯罪较轻的，应当免除处罚

B. 可以从轻处罚。其中，犯罪较轻的，可以减轻或者免除处罚

C. 可以从轻或者减轻处罚。其中，犯罪较轻的，可以免除处罚

D. 可以从轻处罚。其中，犯罪较轻的，可以减轻处罚

2. (单项选择题) 根据我国刑法规定，对于坦白的处罚原则是(　　)。

A. 可以从轻处罚。其中，犯罪较轻的，可以减轻或者免除处罚

B. 应当从轻处罚。其中，犯罪较轻的，应当减轻或者免除处罚

C. 可以从轻处罚；因其如实供述自己罪行，避免特别严重后果发生的，应当从轻处罚

D. 可以从轻处罚；因其如实供述自己罪行，避免特别严重后果发生的，可以减轻处罚

3. (单项选择题) 甲因犯盗窃罪被逮捕，脱逃后在外地抢劫了一家银行，后向司法机关投案，如实供述抢劫事实。关于本案，下列表述中正确的是(　　)。

A. 甲仅就盗窃罪成立自动投案

B. 甲仅就抢劫罪成立自动投案

C. 甲可就抢劫罪和盗窃罪成立自动投案

D. 甲就抢劫罪和盗窃罪都不成立自动投案

4. (单项选择题) 下列选项中，应当认定为"如实供述自己的罪行"，构成自首的是(　　)。

A. 甲自动投案并如实供述自己的罪行后又翻供

B. 乙（受委托经营管理国有财产的人员）因涉嫌贪污而自动投案后，隐瞒了自己的真实身份

C. 丙（国家工作人员）并没有自动投案，但在办案机关对其挪用公款案采取调查措施时，如实交代了办案机关尚未掌握的受贿罪行

D. 丁在供述犯罪的过程中歪曲罪质，隐瞒情节，企图蒙混过关

5.（单项选择题）杨某因犯破坏生产经营罪被公安机关抓获，在审讯中，杨某又交代了曾实施过拐卖妇女、儿童的行为，杨某的行为是（　　）。

A. 一般自首　　B. 立功　　C. 坦白　　D. 特别自首

6.（单项选择题）甲因犯诈骗罪被采取刑事强制措施，在被采取强制措施期间，甲如实交代了三年前强奸罪的犯罪事实。甲的行为成立（　　）。

A. 一般自首　　B. 特别自首　　C. 坦白　　D. 立功

7.（多项选择题）根据我国刑法规定，下列情形中属于自首的是（　　）。

A. 甲犯罪后被公安机关通缉，在通缉期间自动投案，如实供述自己的犯罪事实

B. 乙犯盗窃罪后被公安机关抓获，被讯问过程中，又自动交代自己强奸犯罪事实，针对所交代的强奸罪

C. 丙犯罪后在投案途中被警察抓获，如实供述自己的犯罪事实

D. 丁犯罪后被抓获，协助警察抓获其他同案犯

8.（多项选择题）下列情形中，成立自首的是（　　）。

A. 刘某犯罪后自动投案，如实交代了主要犯罪事实，但没有交代自己的真实姓名、年龄、职业、住址、前科等情况

B. 蔡某曾贪污两次：第一次贪污 4 万元，第二次贪污 10 万元。在廉政教育活动中，他主动向检察机关交代了第一次贪污的犯罪事实，而没有交代第二次

C. 王某抢劫他人汽车后趁受害人还没来得及报警驾车狂奔。在一交通关卡，巡逻民警发现其行动异常，于是就将其拦截下来进行询问，王某如实交代了自己所犯罪行

D. 梅某酒后驾车，将一人撞死、另一人撞成重伤。梅某虽然没有主动报案，但在被害人报案时没有制止，并自愿跟办案人员到公安机关如实交代了全部犯罪事实

答案：1. C　2. D　3. B　4. C　5. D　6. B　7. ABC　8. CD

核心法条

《刑法》第 68 条　犯罪分子有揭发他人犯罪行为，查证属实的，或者提供重要线索，从而得以侦破其他案件等立功表现的，可以从轻或者减轻处罚；有重大立功表现的，可以减轻或者免除处罚。

释解分析

本条规定的是立功。立功是指犯罪分子有揭发他人犯罪行为，查证属实，或者提供重要线索，从而得以侦破其他案件等行为。立功分为一般立功和重大立功。立功是犯罪分子本人的行为，犯罪分子的亲友为使犯罪分子“立功”，向司法机关提供他人犯罪线索、协助抓捕犯罪嫌疑人的，不能认定为犯罪分子有立功表现。犯罪分子将本人以往查办犯罪职务活动中

掌握的，或者从负有查办犯罪、监管职责的国家工作人员处获取的他人犯罪线索予以检举揭发的，不能认定为有立功表现。

立功不同于自首：（1）自首是如实供述自己罪行的行为，而立功是揭发他人罪行的行为。立功针对的对象只能是他人的犯罪行为。（2）自首仅及于本罪，而立功及于全罪，即自首的从宽处罚效果仅及于自首之罪，而立功的从宽处罚效果及于行为人所有的未被判决之罪。

一般立功的表现形式有：（1）共同犯罪案件中的犯罪分子揭发同案犯共同犯罪以外的其他犯罪（如果属于如实供述同案犯的共同犯罪事实的，则应属于自首，而不是立功），经查证属实。（2）提供侦破其他案件的重要线索，经查证属实。该线索须是合法取得的线索，若通过贿买、暴力、胁迫等非法手段获取他人线索，并“检举揭发”的，不构成立功。（3）阻止他人犯罪活动。（4）协助司法机关抓捕其他犯罪人（包括同案犯；此处规定仅限于“协助抓捕”，倘若是如实供述共同犯罪中同案犯的犯罪事实的，应当属于自首，而不是立功）。其他犯罪人须被抓获才能认定为立功。“协助司法机关抓捕其他犯罪嫌疑人”，包括下列情形：①按照司法机关的安排，以打电话、发信息等方式将其他犯罪嫌疑人（包括同案犯）约至指定地点的；②按照司法机关的安排，当场指认、辨认其他犯罪嫌疑人（包括同案犯）的；③带领侦查人员抓获其他犯罪嫌疑人（包括同案犯）的；④提供司法机关尚未掌握的其他案件犯罪嫌疑人的联络方式、藏匿地址等信息的。犯罪分子提供同案犯姓名、住址、体貌特征等基本情况，或者提供犯罪前、犯罪中掌握、使用的同案犯联络方式、藏匿地址，司法机关据此抓捕同案犯的，不能认定为协助司法机关抓捕同案犯。（5）具有其他有利于国家和社会的突出表现的，应当认定为有立功表现。例如，犯罪分子有发明创造或者重大技术革新，在抗御自然灾害或者排除重大事故中有突出表现等。

重大立功的表现形式有：（1）犯罪分子有检举、揭发他人重大犯罪行为，经查证属实。（2）提供侦破其他重大案件的重要线索，经查证属实。（3）阻止他人重大犯罪活动。（4）协助司法机关抓捕其他重大犯罪嫌疑人（包括同案犯）。（5）对国家和社会有其他重大贡献等表现的行为。

犯罪分子有一般立功表现的，可以从轻或者减轻处罚；有重大立功表现的，可以减轻或者免除处罚。

法条分析

（1）一般立功的含义是什么？表现有哪些？

（2）重大立功的含义是什么？表现有哪些？

（3）条文中的“线索”的法律要求是什么？

（4）对于被判处死缓的犯罪分子，如果确有重大立功表现，2 年期满以后，应如何处理？

（5）在职务犯罪的立功认定中，因为线索、来源不合法，而不能认定为立功的情形有哪些？

答案：（1）一般立功是指犯罪分子到案后有检举、揭发他人犯罪行为，包括共同犯罪案件中的犯罪分子揭发同案犯共同犯罪以外的其他犯罪，经查证属实；提供侦破其他案件的重要线索，经查证属实；阻止他人犯罪活动；协助司法机关抓捕其他犯罪嫌疑人（包括同案犯)；具有其他有利于国家和社会的突出表现的行为。

(2) 重大立功是指犯罪分子有检举、揭发他人重大犯罪行为，经查证属实；提供侦破其他重大案件的重要线索，经查证属实；阻止他人重大犯罪活动；协助司法机关抓捕其他重大犯罪嫌疑人（包括同案犯)；对国家和社会有其他重大贡献等表现的行为。

(3) 线索的来源具有合法性。

(4) 对于被判处死缓的犯罪分子，如果确有重大立功表现，2 年期满以后，减为 25 年有期徒刑。

(5) 因为线索、来源不合法，而不能成立立功的情形包括：①犯罪分子通过非法手段或者非法途径获取线索、材料的。②犯罪分子因原担任的查禁犯罪等职务获取线索、材料的。③监管人员或其他人违反监管规定，向犯罪分子提供线索、材料的。

试题范例

1. (单项选择题) 甲因犯盗窃罪被逮捕，在侦查人员对其审讯期间，他又交代了李某诈骗 4 万元的犯罪事实，经查证属实，甲并提供了李某可能隐匿的地点，根据这一线索，侦查机关顺利将李某追捕归案。对甲盗窃罪的处罚，下列表述中正确的是（　　）。

A. 应当减轻或者免除处罚　　B. 应当从轻或者减轻处罚

C. 可以从轻或者减轻处罚　　D. 可以减轻或者免除处罚

2. (单项选择题) 甲和乙共同入户抢劫并致人死亡后分头逃跑，后甲因犯强奸罪被抓获归案。在羁押期间，甲向公安人员供述了自己和乙共同所犯的抢劫罪行，并提供了乙因犯故意伤害罪被关押在另一城市的看守所的有关情况，使乙所犯的抢劫罪受到刑事追究。对于本案，下列表述中正确的是（　　）。

A. 甲的行为属于坦白，但不成立特别自首

B. 甲的行为成立特别自首，但不成立立功

C. 甲的行为成立特别自首和立功，但不成立重大立功

D. 甲的行为成立特别自首和重大立功

3. (多项选择题) 下列情形中，应认定为“协助司法机关抓捕其他犯罪嫌疑人”的是（　　）。

A. 犯罪分子甲向司法机关提供了同案犯的姓名和住址

B. 犯罪分子乙按照司法机关的安排，通过发短信的方式将同案犯约至指定地点

C. 犯罪分子丙提供同案犯的藏匿地址的

D. 犯罪分子丁向司法机关透露司法机关尚未掌握的另一案件的犯罪嫌疑人藏匿地址的

答案： 1. C　2. D　3. BD

核心法条

《刑法》第 69 条　判决宣告以前一人犯数罪的，除判处死刑和无期徒刑的以外，应当在总和刑期以下、数刑中最高刑期以上，酌情决定执行的刑期，但是管制最高不能超过三年，拘役最高不能超过一年，有期徒刑总和刑期不满三十五年的，最高不能超过二十年，总和刑期在三十五年以上的，最高不能超过二十五年。

数罪中有判处有期徒刑和拘役的，执行有期徒刑。数罪中有判处有期徒刑和管制，或者拘役和管制的，有期徒刑、拘役执行完毕后，管制仍须执行。

数罪中有判处附加刑的，附加刑仍须执行，其中附加刑种类相同的，合并执行，种类不同的，分别执行。

释解分析

本条规定的是判决宣告前一人犯数罪的并罚。数罪并罚是指对一行为人所犯数罪合并处罚的制度。我国刑法中的数罪并罚，是指人民法院对一行为人在法定时间界限内所犯数罪分别定罪量刑后，按照法定的并罚原则及刑期计算方法决定其应执行的刑罚的制度。适用数罪并罚有三种情况：(1) 判决宣告前一人犯数罪的并罚（本条）。(2) 判决宣告后发现漏罪的并罚（《刑法》第 70 条）。(3) 判决宣告后又犯新罪的并罚（《刑法》第 71 条）。

本条规定从总体上确立了限制加重原则，同时兼顾并科原则和吸收原则。具体来说：(1) 限制加重原则的运用。对判决宣告的数个主刑为有期徒刑、拘役或管制的，采取限制加重原则。有期徒刑、拘役和管制本身都有一定的期限，因此，在数刑的总和刑期以下、数刑中最高刑期以上决定执行的刑期是比较恰当的。但是，如果总和刑期过高，决定执行的刑罚就可能过长，因而我国刑法对最高刑期加以限制，即数罪并罚后管制最高不能超过 3 年，拘役最高不能超过 1 年，有期徒刑总和刑期不满 35 年的，最高不能超过 20 年，总和刑期在 35 年以上的，最高不能超过 25 年。例如，甲先后犯有抢劫、故意伤害、集资诈骗等罪行，分别被判处 15 年、12 年、10 年有期徒刑，三个罪的总和刑期为 37 年，数刑中最高刑期为 15 年，本来可以在 15 年以上、37 年以下的范围内决定执行的刑期，但因有期徒刑总和刑期在 35 年以上，数罪并罚时最高不得超过 25 年，所以，只能在 15 年以上、25 年以下的幅度内酌情决定执行的刑期。(2) 吸收原则的运用。①对数罪分别判处死刑或无期徒刑的，以及判处有期徒刑和拘役的，采取吸收原则。数罪中宣告几个死刑或最重刑为死刑的，仅决定执行一个死刑，而不得决定执行两个或两个以上的死刑或其他主刑。数罪中宣告几个无期徒刑或最重刑为无期徒刑的，执行一个无期徒刑，不执行其他刑罚。同时，根据数罪并罚的原则，也不允许将两个无期徒刑合并升格为死刑。②数罪中有判处有期徒刑和拘役的，仅执行有期徒刑。(3) 并科原则的运用。一方面，对判处附加刑的，一般采取并科原则，附加刑仍须执行。数罪中主刑不论为死刑、无期徒刑、有期徒刑、拘役还是管制，如有判处附加刑的，附加刑仍须执行。另一方面，本条第 2 款中规定，数罪中有判处有期徒刑和管制，或者拘役和管制的，有期徒刑、拘役执行完毕后，管制仍须执行。

法条分析

(1) 我国刑法确立的数罪并罚的原则是什么？

(2) 本条规定的数罪并罚的原则有哪些？

(3) 本条规定体现并科原则的情形有哪些？

(4) 本条规定的“判决宣告以前一人犯数罪”中的“数罪”应如何理解？

(5) 判决宣告前所犯数罪为同种数罪的，是否适用数罪并罚？

答案：(1) 我国刑法确立了以限制加重原则为主、以吸收原则和并科原则为补充的折中原则。

(2) 本条规定的数罪并罚的原则有：吸收原则、并科原则和限制加重原则。

(3) 情形有：①对判处附加刑的，一般采取并科原则，附加刑仍须执行。②数罪中有判处有期徒刑和管制，或者拘役和管制的，有期徒刑、拘役执行完毕后，管制仍须执行。

(4) 这里的"数罪"是指实质上的数罪或独立的数罪。

(5) 判决宣告前所犯数罪为同种数罪的，原则上不并罚。

试题范例

1. (单项选择题) 甲因走私武器被判处 15 年有期徒刑，剥夺政治权利 5 年；因组织他人偷越国境被判处 14 年有期徒刑，并处没收财产 5 万元，剥夺政治权利 3 年；因骗取出口退税被判处 10 年有期徒刑，并处罚金 20 万元。关于数罪并罚，下列说法中正确的是 (　　)。

A. 决定判处甲有期徒刑 35 年，没收财产 25 万元，剥夺政治权利 8 年

B. 决定判处甲有期徒刑 20 年，罚金 25 万元，剥夺政治权利 8 年

C. 决定判处甲有期徒刑 25 年，没收财产 5 万元，罚金 20 万元，剥夺政治权利 6 年

D. 决定判处甲有期徒刑 23 年，没收财产 5 万元，罚金 20 万元，剥夺政治权利 8 年

2. (单项选择题) 甲犯盗窃罪和诈骗罪，所判处的刑罚分别为 10 年和 8 年有期徒刑，总和刑期为 18 年。对于这两个罪的并罚，下列表述中正确的是 (　　)。

A. 对甲应在 10 年以上、18 年以下决定执行的刑罚

B. 对甲应在 8 年以上、10 年以下决定执行的刑罚

C. 对甲应在 8 年以上、18 年以下决定执行的刑罚

D. 对甲应当合并执行 18 年有期徒刑

3. (多项选择题) 李某犯两罪，一罪被判处有期徒刑 14 年，并处罚金 6 万元；另一罪被判处有期徒刑 7 年，附加剥夺政治权利 3 年。关于李某最终的刑罚执行，下列表述中正确的是 (　　)。

A. 执行主刑 21 年

B. 执行附加罚金 9 万元

C. 执行主刑 14 年以上、20 年以下有期徒刑

D. 执行附加罚金 6 万元、剥夺政治权利 3 年

答案：1. D　2. A　3. CD

核心法条

《刑法》第 70 条　判决宣告以后，刑罚执行完毕以前，发现被判刑的犯罪分子在判决宣告以前还有其他罪没有判决的，应当对新发现的罪作出判决，把前后两个判决所判处的刑罚，依照本法第六十九条的规定，决定执行的刑罚。已经执行的刑期，应当计算在新判决决定的刑期以内。

释解分析

本条规定的是判决宣告后发现漏罪的并罚——对漏罪的"先并后减"。判决宣告后发现

漏罪的并罚具有如下特点：（1）必须在判决宣告以后、刑罚执行完毕以前发现漏罪。如果漏罪被发现的时间不是在判决宣告以后至刑罚执行完毕以前的期限内，而是在刑罚执行完毕之后，或者所发现的漏罪不是在判决宣告之前实施的，而是在刑罚执行期间实施的，则不得适用本条规则。（2）对于新发现的漏罪，不论与前罪的性质是否相同，亦即无论是同种数罪还是异种数罪，都应当单独作出判决。（3）应当把前后两个判决所判处的刑罚，即前罪所判处的刑罚与漏罪所判处的刑罚，按照相应的数罪并罚原则，决定执行的刑罚。（4）在计算刑期时，应当将已经执行的刑期，计算在新判决决定的刑期之内。也就是说，前一判决已经执行的刑期，应当从前后两个判决所判处的刑罚合并而决定执行的刑期中扣除。这种刑期计算方法，被称为“先并后减”。例如，甲犯贪污罪，判处有期徒刑 12 年，在刑罚执行 5 年以后，发现他在判决宣告以前还犯有受贿罪没有处理，这时应当对新发现的受贿罪作出判决，如果应判处有期徒刑 7 年，则应在 12 年以上、19 年以下决定执行的刑期。假设决定执行的刑期为 16 年，则应将已经执行的 5 年计算在 16 年之内。也就是说，甲只须再执行 11 年刑期就届满。

法条分析

（1）本条规定的适用数罪并罚的情况是什么？

（2）本条中的“判决宣告以后”应如何理解？

（3）在刑罚执行中，依法对罪犯减刑后，又发现罪犯还有其他犯罪未判决的，应如何计算刑期？

答案：（1）本条规定的是发现漏罪的并罚即“先并后减”。

（2）“判决宣告以后”是指判决已经宣告并发生法律效力之后。

（3）先将原判刑期与后罪所判刑期按照限制加重原则并罚，然后减去已经执行的刑期和减刑刑期，从而确定罪犯还须服刑的刑期。

试题范例

（单项选择题）甲某因为犯强奸罪被判处 8 年有期徒刑，在执行到第 6 年时主动交代曾经利用职务之便侵占公司 12 万元的事实，被以职务侵占罪判处 12 年有期徒刑。对甲某应当（　　）。

A. 在 20 年以下、12 年以上决定执行的刑期

B. 在 12 年以下、6 年以上决定执行的刑期

C. 在 18 年以下、6 年以上决定执行的刑期

D. 将 12 年与 6 年相加，直接决定执行 18 年

答案：A

核心法条

《刑法》第 71 条　判决宣告以后，刑罚执行完毕以前，被判刑的犯罪分子又犯罪的，应当对新犯的罪作出判决，把前罪没有执行的刑罚和后罪所判处的刑罚，依照本法第六十九条的规定，决定执行的刑罚。

释解分析

本条规定的是判决宣告后又犯新罪的并罚——对新罪的“先减后并”。判决宣告后又犯新罪的并罚具有如下特点：(1) 必须在判决宣告以后、刑罚执行完毕以前，被判刑的犯罪分子又犯新罪，即在刑罚执行期间犯罪分子又实施了新的犯罪。(2) 对于罪犯所实施的新罪，不论与前罪的性质是否相同，也即无论是同种数罪还是异种数罪，都应当单独作出判决。(3) 应当把前罪没有执行的刑罚和后罪所判处的刑罚，依照刑法规定的相应并罚原则，决定执行的刑罚。此种计算刑期的方法被称为“先减后并”。例如，甲犯抢劫罪被判处有期徒刑12年，在服刑5年后，又犯强奸罪，应被判处有期徒刑8年。裁量刑罚时要将甲抢劫罪没有执行的刑罚7年有期徒刑同强奸罪所判处的刑罚8年有期徒刑合并，总和刑期是15年，并罚时应在8年以上、15年以下决定应执行的刑期。假设决定执行有期徒刑12年，由于前罪刑罚已执行有期徒刑5年不计算在新判决决定的刑期内，所以该罪犯实际上可能会被执行有期徒刑17年。

法条分析

(1) 本条规定的适用数罪并罚的情况是什么？

(2) 本条中的“判决宣告以后”应如何理解？

(3) 刑罚执行期间既发现漏罪又犯新罪时，如何并罚？

答案： (1) 本条规定的是发现新罪的并罚即“先减后并”。

(2)“判决宣告以后”具体是指判决已经宣告并发生法律效力之后。

(3) 应先对新发现的漏罪作出判决，与原判刑罚按照限制加重原则，确定应执行的刑罚，再减去已经执行的刑期（“先并后减”）；然后对新犯之罪作出判决，再与前两个判决所确定的刑罚中尚未执行的刑罚并罚，决定应执行的刑罚（“先减后并”）。

试题范例

1. (单项选择题) 关于数罪并罚，下列表述中不正确的有（　　）。

A. 甲在刑罚执行完毕以前发现漏罪的，应当按照“先并后减”的原则实行数罪并罚

B. 乙在刑罚执行完毕以前又犯新罪的，应当按照“先减后并”的原则实行数罪并罚

C. 丙在刑罚执行完毕以前又犯新罪，同时还发现漏罪的，应当先将漏罪与原判决的罪实行“先并后减”；再对新罪与前一并罚后尚未执行的刑期实行“先减后并”

D.“先减后并”在一般情况下使犯罪人受到的实际处罚比“先并后减”轻

2. (单项选择题) 关于数罪并罚，下列表述中正确的是（　　）。

A. 甲犯A、B罪，分别被判处有期徒刑14年和7年，法院决定合并执行18年；甲执行8年后，又犯C罪，被判处有期徒刑5年。对此，法院应在14年以上、20年以下有期徒刑的范围内决定合并执行的刑期，然后，减去已经执行的8年刑期

B. 乙犯A、B罪，分别被判处有期徒刑14年和7年，法院决定合并执行20年；在执行2年后，法院发现乙在判决宣告以前还有没有判决的C罪，并就C罪判处有期徒刑5年。这样，乙实际执行的有期徒刑必然超过20年

C. 丙犯A、B罪，分别被法院判处有期徒刑14年和11年，法院决定合并执行20年；

在执行 2 年后，丙又犯 C 罪，法院就 C 罪判处有期徒刑 5 年。由于数罪并罚时有期徒刑不得超过 20 年，故丙实际上不可能执行 C 罪的刑罚

D. 丁在判决宣告以前犯有 A、B、C、D 四罪，但法院只判决 A 罪 8 年有期徒刑、B 罪 12 年有期徒刑，决定合并执行 18 年有期徒刑；执行 5 年后发现 C 罪与 D 罪，法院判处 C 罪 5 年有期徒刑、D 罪 7 年有期徒刑。此次并罚的“数刑中的最高刑期”应是 18 年，而不是 12 年

答案：1. D　2. D

核心法条

《刑法》第 72 条　对于被判处拘役、三年以下有期徒刑的犯罪分子，同时符合下列条件的，可以宣告缓刑，对其中不满十八周岁的人、怀孕的妇女和已满七十五周岁的人，应当宣告缓刑：

（一）犯罪情节较轻；

（二）有悔罪表现；

（三）没有再犯罪的危险；

（四）宣告缓刑对所居住社区没有重大不良影响。

宣告缓刑，可以根据犯罪情况，同时禁止犯罪分子在缓刑考验期限内从事特定活动，进入特定区域、场所，接触特定的人。

被宣告缓刑的犯罪分子，如果被判处附加刑，附加刑仍须执行。

释解分析

本条规定的是缓刑的适用条件。缓刑即对原判刑罚附条件不执行的一种刑罚制度。它是指人民法院对于被判处拘役、3 年以下有期徒刑的犯罪分子，根据其犯罪情节和悔罪表现，认为暂缓执行原判刑罚，没有再犯罪的危险，且宣告缓刑不会对所居住社区产生重大的不良影响的，规定一定的考验期，暂缓其刑罚的执行，若犯罪分子在考验期限内没有发生法定撤销缓刑的情形，原判刑罚就不再执行的制度。

缓刑的适用条件有：(1) 对象条件。缓刑的适用对象是被判处拘役或者 3 年以下有期徒刑的犯罪分子。被宣告缓刑的犯罪分子，可以适用附加刑，但对被判处管制或者单处（独立适用）附加刑的，不能适用缓刑。例如，甲因叛逃罪而被判处剥夺政治权利（独立适用），由于对甲独立适用剥夺政治权利，因此不能对甲同时适用缓刑。反之，甲因叛逃罪被判处 1 年有期徒刑，倘若甲符合缓刑的适用条件，则可以在宣告缓刑的同时附加剥夺政治权利。可见，在独立适用附加刑时，不能同时适用缓刑，但在宣告缓刑时可同时适用附加刑。如果一人判决前犯数罪，实行数罪并罚后，决定执行的刑罚为 3 年以下有期徒刑的，也可以适用缓刑。(2) 实质条件。适用缓刑的实质条件有，犯罪分子的犯罪情节较轻，有悔罪表现，没有再犯罪的危险，且宣告缓刑不会对所居住社区产生重大的不良影响。(3) 限制条件。缓刑的限制条件是犯罪分子不是累犯或者犯罪集团的首要分子。

犯罪人满足上述条件，可以宣告缓刑。犯罪主体具有上述条件，而且是不满 18 周岁的人、怀孕的妇女或者已满 75 周岁的人，就应当宣告缓刑。需要注意的是，适用缓刑与犯罪

性质无关，对于危害国家安全的犯罪分子、犯数罪的犯罪分子以及暴力性的犯罪分子，只要符合缓刑的适用条件，都可以适用缓刑。

法条分析

（1）第 1 款中的“以下”是否包括本数？

（2）第 1 款中的“犯罪情节”应如何理解？

（3）第 1 款中的“悔罪表现”应如何理解？

（4）如何判断宣告缓刑对所居住社区“没有重大不良影响”？

（5）如何确定缓刑考验期限？

（6）缓刑犯在考察期间应当遵守哪些行为规范？

答案：（1）包括本数。

（2）犯罪情节是指犯罪过程中的各种主客观事实情况，包括犯罪动机、犯罪目的、犯罪手段等。

（3）悔罪表现是指犯罪分子在犯罪后的真诚的悔悟表现，包括自首、立功、积极退赃、积极赔偿被害人损失等。

（4）是否具有重大不良影响，需要根据社区环境，联系犯罪人所犯之罪与社区环境的关系，进行客观判断，只要适合在所居住社区实行社区矫正的，就应认定为宣告缓刑对所居住社区没有重大影响。

（5）拘役的缓刑考验期限为原判刑期以上 1 年以下，但是不能少于 2 个月。有期徒刑的缓刑考验期限为原判刑期以上 5 年以下，但是不能少于 1 年。

（6）缓刑犯在考察期间应当遵守以下行为规范：①遵守法律、行政法规，服从监督；②按照考察机关的规定报告自己的活动情况；③遵守考察机关关于会客的规定；④离开所居住的市、县或者迁居，应当报经考察机关批准；⑤遵守人民法院判决中的禁止令。

试题范例

1.（单项选择题）对原判刑罚附条件地不予执行的制度在刑法上称为（　　）。

A. 缓刑　　B. 减刑　　C. 假释　　D. 赦免

2.（单项选择题）甲因盗窃被判处有期徒刑 6 个月，因怀孕被法院判处适用缓刑，其缓刑考验期最少是（　　）。

A. 6 个月　　B. 1 年　　C. 2 年　　D. 2 个月

3.（单项选择题）对下列行为人，可以适用缓刑的是（　　）。

A. 甲因犯数罪被判处 3 年有期徒刑

B. 乙因犯罪被判处拘役，但拒不认罪

C. 丙所实施的行为，情节显著轻微危害不大

D. 丁（17 周岁）犯盗窃罪被判处 5 年有期徒刑

4.（单项选择题）关于缓刑的适用，下列表述中正确的是（　　）。

A. 甲犯抢劫罪，所适用的是“三年以上十年以下有期徒刑”的法定刑，缓刑只适用于被判处拘役或者 3 年以下有期徒刑的罪犯，故对甲不得判处缓刑

B. 乙犯故意伤害罪与代替考试罪，分别被判处 6 个月拘役与 1 年管制。由于管制不适

用缓刑，对乙所判处的拘役也不得适用缓刑

C. 丙犯为境外非法提供情报罪，被单处剥夺政治权利，执行完毕后又犯非法持有宣扬恐怖主义、极端主义物品罪，被判处拘役6个月。对丙不得宣告缓刑

D. 丁17周岁时犯抢劫罪被判处有期徒刑5年，刑满释放后的第4年又犯盗窃罪，应当判处有期徒刑2年。对丁不得适用缓刑

5.（多项选择题）关于缓刑，下列说法中正确的是（　　）。

A. 对于累犯不适用缓刑

B. 对于危害国家安全的犯罪分子，不适用缓刑

C. 对于数罪并罚但宣告刑为3年以下有期徒刑的犯罪分子，可以适用缓刑

D. 虽然故意杀人罪的法定最低刑为3年有期徒刑，但只要符合缓刑条件，仍然可以适用缓刑

6.（多项选择题）下列关于缓刑的说法中，正确的是（　　）。

A. 宣告缓刑，可以根据犯罪情况，同时禁止犯罪分子在缓刑考验期限内从事特定活动，进入特定区域、场所，接触特定的人

B. 对于犯罪集团的首要分子，可以适用缓刑

C. 对宣告缓刑的犯罪分子，在缓刑考验期限内，依法实行社区矫正

D. 对于不满18周岁的人、怀孕的妇女和已满75周岁的人，符合缓刑条件的，必须宣告缓刑

答案： 1. A　2. B　3. A　4. C　5. ACD　6. ACD

核心法条

《刑法》第76条　对宣告缓刑的犯罪分子，在缓刑考验期限内，依法实行社区矫正，如果没有本法第七十七条规定的情形，缓刑考验期满，原判的刑罚就不再执行，并公开予以宣告。

释解分析

本条规定的是缓刑的考察和积极法律后果。被宣告缓刑的犯罪分子，在缓刑考验期限内依法实行社区矫正。社区矫正机关是缓刑的考察主体。通过社区矫正，既能将缓刑考察真正落到实处，起到惩罚和教育犯罪人的作用，又能保证缓刑制度的积极功能得以充分发挥。

缓刑的积极法律后果体现在，缓刑犯在缓刑考验期限内，没有再犯新罪，没有发现判决宣告以前还有其他罪没有判决，没有严重违反有关缓刑的监督管理规定，没有严重违反禁止令，并且经过了考验期限，原判刑罚就不再执行，并公开予以宣告。

法条分析

（1）条文中的“缓刑”应如何理解？

（2）缓刑的考察机关是什么？

（3）如何理解本条中的“原判的刑罚就不再执行”？

（4）缓刑考验期满，有哪些情形使缓刑犯的原判刑罚不再执行？

答案：（1）缓刑即对原判刑罚附条件不执行的一种刑罚制度。它是指人民法院对于被判处拘役、3年以下有期徒刑的犯罪分子，根据其犯罪情节和悔罪表现，认为暂缓执行原判刑罚，没有再犯罪的危险，且宣告缓刑不会对所居住社区产生重大的不良影响的，规定一定的考验期，暂缓其刑罚的执行，若犯罪分子在考验期限内没有发生法定撤销缓刑的情形，原判刑罚就不再执行的制度。

（2）缓刑的考察机关是社区矫正机关。

（3）“原判的刑罚就不再执行”是指原判决的有罪宣告仍然有效，原判的刑罚也没有错误，但由于犯罪人在考验期限内符合法定条件，原判决所宣告的刑罚不再执行。

（4）缓刑犯在考察期限内遵守各项缓刑考察事项，既没有犯新罪，又没有被发现漏罪，也没有违反缓刑监督管理规定，没有严重违反人民法院判决中的禁止令，缓刑考验期满，原判刑罚不再执行。

试题范例

（单项选择题）关于缓刑，下列说法中正确的是（　　）。

A. 对累犯以及杀人、伤害等暴力性犯罪，不得宣告缓刑

B. 被宣告缓刑的犯罪分子，在缓刑考验期限内，只要没有再犯新罪的，缓刑考验期满，原判刑罚就不再执行

C. 缓刑考验期限，从判决确定之日起计算

D. 被宣告缓刑的犯罪分子，在缓刑考验期限内犯新罪的，应当撤销缓刑，将前罪和后罪所判处的刑罚，依照先减后并的方法决定应当执行的刑罚

答案：C

核心法条

《刑法》第77条　被宣告缓刑的犯罪分子，在缓刑考验期限内犯新罪或者发现判决宣告以前还有其他罪没有判决的，应当撤销缓刑，对新犯的罪或者新发现的罪作出判决，把前罪和后罪所判处的刑罚，依照本法第六十九条的规定，决定执行的刑罚。

被宣告缓刑的犯罪分子，在缓刑考验期限内，违反法律、行政法规或者国务院有关部门关于缓刑的监督管理规定，或者违反人民法院判决中的禁止令，情节严重的，应当撤销缓刑，执行原判刑罚。

释解分析

本条规定的是缓刑的撤销。缓刑的撤销，是指由于犯罪分子在缓刑考验期限内，没有遵守法定条件，或者犯新罪、发现漏罪，而将原判决宣告的缓刑予以撤销，对犯罪分子执行原判刑罚甚至实行数罪并罚。缓刑的撤销包括四种情况：（1）被宣告缓刑的犯罪分子，在缓刑考验期限内犯新罪的，应当撤销缓刑，对新犯的罪作出判决，将前罪和后罪所判处的刑罚，依照《刑罚》第69条的规定，决定执行的刑罚。（2）被宣告缓刑的犯罪分子，在缓刑考验期限内发现判决宣告以前还有其他罪没有判决的，应当撤销缓刑，对新发现的罪作出判决，把前罪和后罪所判处的刑罚，依照《刑法》第69条的规定，决定执行的刑罚。（3）被宣告

缓刑的犯罪分子，在缓刑考验期限内，违反法律、行政法规或者国务院有关部门关于缓刑的监督管理规定，情节严重的，应当撤销缓刑，执行原判刑罚。（4）被宣告缓刑的犯罪分子，在缓刑考验期限内，违反人民法院判决中的禁止令，情节严重的，应当撤销缓刑，执行原判刑罚。

法条分析

（1）缓刑考验期限内犯新罪，该新罪超过了追诉时效，应如何处理？

（2）在缓刑考验期满后才发现判决宣告以前还有其他罪没有判决的，是否撤销缓刑？应如何处理？

（3）第 2 款规定中的禁止令的适用对象有哪些？

（4）缓刑考验期满后再犯新罪，是否构成累犯？为什么？

答案：（1）缓刑考验期限内犯新罪，即使该新罪超过了追诉时效，也应撤销缓刑，执行原判刑罚，但新罪不再追诉。

（2）不撤销缓刑，因为只有在缓刑考验期限内发现判决宣告以前还有其他罪没有判决，才能撤销缓刑；既然在缓刑考验期限内没有发现判决宣告以前还有其他罪没有判决，就不能撤销缓刑。应作如下处理：对新发现的罪作出判决并执行。

（3）禁止令适用于被判处管制、宣告缓刑的犯罪分子。

（4）不构成累犯。因为缓刑是有条件地不执行所判决的刑罚，即犯罪分子在缓刑考验期限内没有发生法定撤销缓刑的情况，原所判决的刑罚就不再实际交付执行。缓刑考验并非刑罚执行。由于累犯的成立以前罪“刑罚执行完毕或者赦免以后”5 年以内再犯罪为条件，故被宣告缓刑的犯罪分子在缓刑考验期满后再犯新罪的，不成立累犯。

试题范例

1.（单项选择题）下列关于缓刑的说法中，正确的是（　　）。

A. 累犯以及实施杀人等暴力性犯罪的人，不得宣告缓刑

B. 有期徒刑的缓刑考验期限为原判刑期以上 5 年以下，但是不能少于 1 年

C. 被宣告缓刑的犯罪分子，在缓刑考验期限内，遵守有关缓刑的规定，只要没有再犯新罪的，缓刑考验期满，原判刑罚就不再执行

D. 被宣告缓刑的犯罪分子，在缓刑考验期限内犯新罪的，应当撤销缓刑，将前罪和后罪所判处的刑罚，依照先减后并的方法决定应当执行的刑罚

2.（多项选择题）关于缓刑的适用，下列表述中正确的是（　　）。

A. 被宣告缓刑的犯罪分子，在缓刑考验期限内再犯罪的，应当数罪并罚，且不得再次宣告缓刑

B. 对于被宣告缓刑的犯罪分子，可以同时禁止其从事特定活动，进入特定区域、场所，接触特定的人

C. 对于黑社会性质组织的首要分子，不得适用缓刑

D. 被宣告缓刑的犯罪分子，在缓刑考验期限内由公安机关考察，所在单位和基层组织予以配合

答案： 1. B　2. ABC

核心法条

《刑法》第449条　在战时，对被判处三年以下有期徒刑没有现实危险宣告缓刑的犯罪军人，允许其戴罪立功，确有立功表现时，可以撤销原判刑罚，不以犯罪论处。

释解分析

本条规定的是战时缓刑。战时缓刑是指在战时对军人适用的一种特殊缓刑制度。适用战时缓刑应当遵守以下条件：(1) 适用时间必须是在战时。(2) 适用的对象只能是被判处3年以下有期徒刑（含拘役）的犯罪军人。(3) 适用战时缓刑的基本依据，是在战争条件下宣告缓刑没有现实危险。这是战时缓刑最关键的适用条件。战时缓刑的法律后果是，被宣告缓刑的犯罪军人，允许其戴罪立功，确有立功表现时，可以撤销原判刑罚，不以犯罪论处。

法条分析

(1) 本条中的“战时”应如何理解？
(2) 适用战时缓刑的基本依据（关键条件）是什么？
(3) 对于被判处拘役的犯罪军人是否适用战时缓刑？
(4) 对于构成累犯的犯罪军人是否适用战时缓刑？

答案：(1) 战时，是指国家宣布进入战争状态，部队受领作战任务或者遭敌突然袭击时。部队执行戒严任务或者处置突发性暴力事件时，以战时论。

(2) 适用战时缓刑的基本依据是在战争条件下宣告缓刑没有现实危险。

(3) 适用。

(4) 不适用。

试题范例

（多项选择题）关于战时缓刑，下列说法中正确的是（　　）。

A. 战时缓刑只能在战时适用
B. 战时缓刑适用的对象是被判处有期徒刑和拘役的犯罪军人
C. 对犯罪军人适用战时缓刑须没有现实危险
D. 犯罪军人在战时缓刑期间确有立功表现的，免予刑事处罚

答案：AC

九、刑罚执行制度

核心法条

《刑法》第78条　被判处管制、拘役、有期徒刑、无期徒刑的犯罪分子，在执行期间，如果认真遵守监规，接受教育改造，确有悔改表现的，或者有立功表现的，可以减

刑；有下列重大立功表现之一的，应当减刑：

（一）阻止他人重大犯罪活动的；

（二）检举监狱内外重大犯罪活动，经查证属实的；

（三）有发明创造或者重大技术革新的；

（四）在日常生产、生活中舍己救人的；

（五）在抗御自然灾害或者排除重大事故中，有突出表现的；

（六）对国家和社会有其他重大贡献的。

减刑以后实际执行的刑期不能少于下列期限：

（一）判处管制、拘役、有期徒刑的，不能少于原判刑期的二分之一；

（二）判处无期徒刑的，不能少于十三年；

（三）人民法院依照本法第五十条第二款规定限制减刑的死刑缓期执行的犯罪分子，缓期执行期满后依法减为无期徒刑的，不能少于二十五年，缓期执行期满后依法减为二十五年有期徒刑的，不能少于二十年。

释解分析

本条规定的是减刑。减刑是指对被判处管制、拘役、有期徒刑或者无期徒刑的犯罪分子，因其在刑罚执行期间认真遵守监规，接受教育改造，确有悔改表现或者有立功表现，而适当减轻其原判刑罚的制度。减刑的条件有：（1）对象条件。减刑只适用于被判处管制、拘役、有期徒刑、无期徒刑的犯罪分子。减刑的范围仅受刑种的限制，而不受刑期长短和犯罪性质轻重的限制。无论故意犯罪、过失犯罪、恐怖活动犯罪、黑社会性质组织犯罪，只要符合减刑条件，就可以减刑。（2）实质条件。可以减刑的实质条件是，犯罪分子在刑罚执行期间认真遵守监规，接受教育改造，确有悔改表现，或者有立功表现。应当减刑的实质条件是，犯罪分子在刑罚执行期间有重大立功表现。对于有重大立功表现的，应当减刑，且不以具有悔改表现为前提。（3）限度条件。减刑的限度，是指犯罪分子经过减刑以后，应当实际执行的最短刑期。减刑以后实际执行的刑期，判处管制、拘役、有期徒刑的，不能少于原判刑期的1/2；判处无期徒刑的，不能少于13年；对于被判处死刑缓期2年执行的限制减刑的犯罪分子，缓期执行期满后依法减为无期徒刑的，不能少于25年，缓期执行期满后依法减为25年有期徒刑的，不能少于20年。

法条分析

（1）本条中的“确有悔改表现”应如何理解？

（2）应当认定为有立功表现的情形有哪些？

（3）第2款中的“实际执行的刑期”应如何理解？

（4）对罪犯前后两次减刑的时间间隔可以不受限制的情形是什么？

（5）人民法院根据犯罪情节等情况可以同时决定限制减刑的对象有哪些？

（6）对于被判处缓刑的犯罪分子减刑的条件是什么？如何减刑？

答案：（1）确有悔改表现是指同时具备以下四个方面情形：认罪悔罪；认真遵守法律法规及监规，接受教育改造；积极参加思想、文化、职业技术教育；积极参加劳动，努力完成劳动任务。但是，对职务犯罪、破坏金融管理秩序和金融诈骗犯罪、组织（领导、参加、包庇、纵容）黑社会性质组织犯罪等罪犯，不积极退赃、协助追缴赃款赃物、赔偿损失，或者服刑期间利用个人影响力和社会关系等不正当手段意图获得减刑、假释的，不认定其“确有悔改表现”。不过，如果罪犯有立功表现，即使没有悔改表现，也可以减刑。

（2）应当认定为立功的情形有：①阻止他人实施犯罪活动的；②检举、揭发监狱内外犯罪活动，或者提供重要的破案线索，经查证属实的；③协助司法机关抓捕其他犯罪嫌疑人（包括同案犯）的；④在生产、科研中进行技术革新，成绩突出的；⑤在抢险救灾或者排除重大事故中表现突出的；⑥对国家和社会有其他贡献的。

（3）实际执行的刑期是指判决后犯罪分子实际服刑的时间。

（4）罪犯有重大立功表现。

（5）对被判处死刑缓期执行的累犯以及因故意杀人、强奸、抢劫、绑架、放火、爆炸、投放危险物质或者有组织的暴力性犯罪被判处死刑缓期执行的犯罪分子，人民法院根据犯罪情节等情况可以同时决定对其限制减刑。

（6）对于被判处缓刑的犯罪分子，一般不适用减刑。缓刑犯在缓刑考验期限内有重大立功表现的，可以减刑，同时应当依法缩减其缓刑考验期。缩减后，拘役的缓刑考验期限不得少于 2 个月，有期徒刑的缓刑考验期限不得少于 1 年。这是因对有期徒刑减刑，而相应缩短缓刑考验期，并非直接对缓刑减刑。

试题范例

1. （单项选择题）被判处无期徒刑的犯罪分子，减刑后实际执行的刑期是（　　）。

A. 不得少于 20 年　　B. 不得少于 13 年

C. 不得少于原判刑期的 1/2　　D. 不得少于 15 年

2. （单项选择题）甲因为犯诈骗罪被判处有期徒刑 10 年，判决执行以前先行羁押 1 年，服刑 3 年时，因有重大立功表现，被减为 8 年有期徒刑，则甲还需要服刑（　　）。

A. 7 年　　B. 6 年　　C. 5 年　　D. 4 年

3. （多项选择题）关于减刑，下列说法中正确的是（　　）。

A. 被判处管制、拘役、有期徒刑的犯罪分子，减刑以后实际执行的刑期不能少于原判刑期的 1/2

B. 被判处无期徒刑的犯罪分子，减刑以后实际执行的刑期不能少于 10 年

C. 被判处死缓且被限制减刑的累犯，缓刑执行期满之后依法减为无期徒刑的，实际执行的刑期不能少于 25 年

D. 被限制减刑的死刑缓期执行的犯罪分子，缓期执行期满后依法减为 25 年有期徒刑的，实际执行的刑期不能少于 20 年

答案：1. B　2. D　3. ACD

核心法条

《刑法》第 81 条　被判处有期徒刑的犯罪分子，执行原判刑期二分之一以上，被判处

无期徒刑的犯罪分子，实际执行十三年以上，如果认真遵守监规，接受教育改造，确有悔改表现，没有再犯罪的危险的，可以假释。如果有特殊情况，经最高人民法院核准，可以不受上述执行刑期的限制。

对累犯以及因故意杀人、强奸、抢劫、绑架、放火、爆炸、投放危险物质或者有组织的暴力性犯罪被判处十年以上有期徒刑、无期徒刑的犯罪分子，不得假释。

对犯罪分子决定假释时，应当考虑其假释后对所居住社区的影响。

释解分析

本条规定的是假释。假释是指对被判处有期徒刑、无期徒刑的犯罪分子，在执行一定刑期之后，因其认真遵守监规，接受教育改造，确有悔改表现，没有再犯罪的危险，而附条件地将其予以提前释放的制度。假释的条件有：(1) 对象条件。假释的对象条件是被判处有期徒刑、无期徒刑的犯罪分子。被判处死刑立即执行、死缓、拘役、管制的犯罪分子，不得假释。对死缓犯减为无期徒刑或者有期徒刑后，可以假释。(2) 实质条件。假释的实质条件，就是适用假释的犯罪分子，必须认真遵守监规，接受教育改造，确有悔改表现，没有再犯罪的危险。(3) 限制条件。①积极条件。被判处有期徒刑的犯罪分子，执行原判刑期 1/2 以上，被判处无期徒刑的犯罪分子，实际执行 13 年以上，才可以适用假释。原判刑罚为有期徒刑的，执行原判刑期 1/2 以上，可以适用假释。执行原判刑期 1/2 的时间，从判决执行之日起计算，判决执行以前先行羁押的，羁押 1 日折抵刑期 1 日。原判刑罚为无期徒刑的，实际执行 13 年以上，可以适用假释。实际执行的刑期从判决确定之日起计算，判决前先行羁押的日期不能折抵已经执行的刑期。如果有特殊情况，经最高人民法院核准，可以不受上述执行刑期的限制。②消极条件。对累犯以及因故意杀人、强奸、抢劫、绑架、放火、爆炸、投放危险物质或者有组织的暴力性犯罪被判处 10 年以上有期徒刑、无期徒刑的犯罪分子，不得假释。因前述情形和犯罪被判处死刑缓期执行的罪犯，被减为无期徒刑、有期徒刑后，也不得假释。有组织的暴力性犯罪，如武装叛乱、暴乱罪，劫持航空器罪等。对于被判处 10 年以上有期徒刑、无期徒刑以及死缓的暴力性犯罪人，即使减刑后其刑期低于 10 年有期徒刑，也不得假释。对犯罪分子决定假释时，应当考虑其假释后对所居住社区的影响。

法条分析

(1) 第 1 款中的“确有悔改表现”应如何理解？

(2) 第 1 款中的“没有再犯罪的危险”应如何理解？

(3) 第 1 款中的“特殊情况”应如何理解？

(4) 死缓犯被减为无期徒刑、有期徒刑后，能否假释？

(5) 对于以麻醉方法抢劫被判处 12 年有期徒刑的犯罪分子，可否假释？

(6) 除本条第 2 款规定的情形外，不得假释的情形有哪些？

答案： (1) 确有悔改表现是指同时具备以下四个方面情形：①认罪悔罪；②遵守法律法规及监规，接受教育改造；③积极参加思想、文化、职业技术教育；④积极参加劳动，努力完成劳动任务。

(2) 除本条规定的情形外，没有再犯罪的危险，还应根据犯罪的具体情节、原判刑罚情况，在刑罚执行中的一贯表现，罪犯的年龄、身体状况、性格特征，假释后生活来源以及监管条件等因素综合考虑。

(3) 特殊情况，是指与国家、社会利益有重要关系的情况，包括国家政治、国防、外交等。

(4) 不能假释。

(5) 可以假释。

(6) 若犯罪分子因犯贪污罪、受贿罪被判处死缓，法院在判决时可以宣告死缓考验期满被减为无期徒刑以后，不得再予假释。

试题范例

1.（单项选择题）下列罪犯中，可以假释的是（　　）。

A. 甲因犯以危险方法危害公共安全罪被判处死刑缓期 2 年执行

B. 乙因犯强奸罪被判处 8 年有期徒刑

C. 丙因犯妨害信用卡管理罪被判处拘役 6 个月

D. 丁因犯绑架罪被判处 12 年有期徒刑

2.（单项选择题）假释只适用于已经执行一部分刑罚的犯罪人。对于被判处无期徒刑的犯罪分子，可以假释的执行刑期条件是（　　）。

A. 执行原判刑期 1/2 以上　　B. 实际执行 13 年以上

C. 实际执行 10 年以上　　D. 实际执行 15 年以上

3.（单项选择题）下列情形中，可以适用假释的是（　　）。

A. 累犯

B. 因犯强奸罪被判处无期徒刑的

C. 因犯盗窃罪被判处 10 年以上有期徒刑的

D. 因犯抢劫罪被判处 10 年以上有期徒刑的

4.（多项选择题）关于假释制度，下列说法中正确的是（　　）。

A. 假释适用于被判处拘役、有期徒刑、无期徒刑的犯罪分子

B. 对累犯以及因故意杀人、强奸、抢劫、绑架、放火、爆炸、投放危险物质或者有组织的暴力性犯罪被判处 10 年以上有期徒刑、无期徒刑的犯罪分子，不得假释

C. 被判处有期徒刑的犯罪分子获得假释，必须已经执行原判刑罚 1/2 以上

D. 被假释的犯罪分子，在假释考验期限内，如果没有犯新罪或者发现漏罪或者违反有关法律、法规或者关于假释的监督管理规定，假释考验期满，就认为原判刑罚已经执行完毕

答案： 1. B　2. B　3. C　4. BCD

十、刑罚消灭制度

核心法条

《刑法》第87条　犯罪经过下列期限不再追诉：

（一）法定最高刑为不满五年有期徒刑的，经过五年；

（二）法定最高刑为五年以上不满十年有期徒刑的，经过十年；

（三）法定最高刑为十年以上有期徒刑的，经过十五年；

（四）法定最高刑为无期徒刑、死刑的，经过二十年。如果二十年以后认为必须追诉的，须报请最高人民检察院核准。

释解分析

本条规定的是追诉时效的期限。追诉时效是指依法对犯罪分子追究刑事责任的有效期限。在法定的期限内，司法机关有权追究犯罪分子的刑事责任；超过这个期限，除法定最高刑为无期徒刑、死刑的，经最高人民检察院特别核准必须追诉的以外，都不得再追究犯罪分子的刑事责任；已经追究的，应当撤销案件，或者不起诉，或者终止审理。根据本条规定，犯罪经过下列期限不再追诉：（1）法定最高刑为不满5年有期徒刑的，经过5年；（2）法定最高刑为5年以上不满10年有期徒刑的，经过10年；（3）法定最高刑为10年以上有期徒刑的，经过15年；（4）法定最高刑为无期徒刑、死刑的，经过20年。如果20年以后认为必须追诉的，须报请最高人民检察院核准。

理解本条规定的追诉时效的期限，应当注意以下问题：（1）确定追诉期限的标准是刑罚的轻重。我国将有期徒刑的刑期长短作为确立追诉时效的标准，同时专门规定了无期徒刑和死刑的追诉时效期限。（2）确定追诉时效期限的刑罚是法定最高刑，而不是实际应当判处的宣告刑。（3）法定最高刑是具体适用的法定刑幅度中的最高刑。（4）法定最高刑为死刑、无期徒刑，在经过20年以后认为必须追诉的，应当经过最高人民检察院核准。此为追诉期限的特殊规定。

法条分析

（1）条文规定的作为确定追诉期限的“法定最高刑”应如何理解？

（2）法定最高刑为15年有期徒刑的，如何确定追诉期限？超过该追诉期限的，最高人民法院是否有权继续核准追诉？为什么？

（3）条文中的“以上”“不满”是否包括本数？

（4）犯诈骗罪数额巨大，法定刑为3年以上10年以下有期徒刑。若甲犯诈骗罪，依据该条款被判处5年有期徒刑，如何确定其追诉期限？

（5）代替考试罪的法定刑为“处拘役或者管制，并处或者单处罚金”，若甲因犯代替考试罪被判处拘役，则如何确定其追诉期限？

(6) 对于报请核准追诉的案件，应当同时符合哪些条件?

答案: (1) 与犯罪情节相对应的具体量刑幅度的最高刑，而不是实际判处的刑罚。作为确定追诉期限的法定最高刑，是指应当对犯罪分子适用的具体某个法定刑幅度中的最高刑。

(2) 追诉期限为15年。超过该追诉期限的，最高人民法院无权继续核准追诉，因为只有法定最高刑为无期徒刑、死刑的，20年以后认为必须追诉的，经过最高人民检察院核准，才能追诉。

(3) "以上"包括本数，"不满"不包括本数。

(4) 追诉期限为15年（而不是10年，因为"10年以上"有期徒刑的追诉期限为15年）。

(5) 追诉期限为5年（法定最高刑不满5年有期徒刑的，包括不满5年有期徒刑、拘役、管制和单处附加刑）。

(6) 应当同时符合下列条件：①有证据证明存在犯罪事实，且犯罪事实是犯罪嫌疑人实施的；②涉嫌犯罪的行为应当适用的法定刑幅度的最高刑为无期徒刑；③涉嫌犯罪的性质、情节和后果特别严重，虽然已过20年追诉期限，但社会危害性和影响依然存在，不追诉会严重影响社会稳定或者产生其他严重后果，而必须追诉的；④犯罪嫌疑人能够及时到案接受追诉的。

试题范例

1.（单项选择题）下列选项中，依法须报经最高人民检察院核准的是（　　）。

A. 罪犯无法定减轻处罚情节，但可以在法定刑以下判处刑罚的案件

B. 因特殊情况可以不受实际执行刑期的限制决定假释的案件

C. 追诉时效已过20年，但仍然有必要追诉的案件

D. 判处死刑立即执行的死刑复核案件

2.（单项选择题）甲某犯A罪，法定最高刑为10年有期徒刑，则根据我国《刑法》规定，对该罪的追诉期限为（　　）。

A. 10年　　B. 15年　　C. 18年　　D. 20年

答案: 1. C　2. B

核心法条

《刑法》第89条　追诉期限从犯罪之日起计算；犯罪行为有连续或者继续状态的，从犯罪行为终了之日起计算。

在追诉期限以内又犯罪的，前罪追诉的期限从犯后罪之日起计算。

释解分析

本条规定的是追诉期限的计算、追诉时效的中断。一般犯罪的追诉期限，从犯罪之日起计算。一般犯罪之外的连续犯和继续犯的追诉期限，从犯罪行为终了之日起计算。

时效中断是指在追诉期限内，因发生法定事由而使已经过了的时效期间归于无效，法定

事由消失后重新计算追诉期限的制度。关于时效中断，本条第2款规定，在追诉期限以内又犯罪的，前罪追诉的期限从犯后罪之日起计算。即只要犯罪分子在追诉期限内又犯罪，不论新罪的性质和刑罚轻重如何，前罪所经过的时效期间均归于无效，前罪的追诉期限从犯新罪之日起重新计算。例如，甲于2005年1月1日犯一般情节的抢劫罪，法定最高刑为10年有期徒刑，但甲在2013年1月1日又犯一般情节的强奸罪。这时，抢劫罪的时效就中断，即先前的抢劫罪的追诉期限从2013年1月1日起重新开始计算，再经过15年，才不追诉。在本案中，先前的抢劫罪，实际上要经过23年（8+15）才不追诉。

法条分析

（1）第1款中的“犯罪之日”对于不同的罪数形态，应如何确定起算时间？

（2）第2款规定的法律制度及其含义是什么？

（3）共同犯罪人追诉期限的中断应如何认定？

（4）在追诉时效的中断与追诉时效的延长竞合时，二者如何适用？

答案：（1）犯罪之日是指犯罪成立之日。具体而言，对于行为犯，应从犯罪行为完成之日起计算；对于举动犯，应从犯罪行为实施之日起计算；对于结果犯，应从犯罪结果发生之日起计算；对于结果加重犯，应从加重结果发生之日起计算；对于预备犯、未遂犯、中止犯，应分别从犯罪预备、犯罪未遂、犯罪中止成立之日起计算。犯罪行为有连续或者继续状态的，是指连续犯和继续犯，其追诉期限从犯罪行为终了之日起计算。

（2）第2款规定的是时效的中断。其含义为：在追诉期限内，因发生法定事由而使已经过了的时效期间归于无效，法定事由消失后重新计算追诉期限的制度。

（3）在共同犯罪中，在追诉期限以内又犯罪的共犯人，其前罪追诉的期限从犯后罪之日起计算；在追诉期限内没有再犯罪的共犯人，其犯罪的追诉期限并不中断。

（4）在追诉时效的中断与追诉时效的延长竞合时，应当适用追诉时效延长的规定。

试题范例

1.（单项选择题）在追诉期限内又犯罪的前罪的追诉期限从犯后罪之日起计算，这在刑法理论上称为（　　）。

A. 追诉时效中断　　B. 追诉时效继续　　C. 追诉时效延长　　D. 追诉时效阻断

2.（单项选择题）关于刑法的时效，下列说法中正确的是（　　）。

A. 董某于2008年拾到一支手枪，藏在家中一直未敢使用，2020年有人向公安机关举报。董某的犯罪已过追诉时效

B. 甲2021年6月与乙合谋共同诈骗李某3万元，甲、乙各得1.5万元。在审查本案期间，甲主动交代曾在2016年3月诈骗张某4 000元的犯罪事实。在处罚甲的诈骗罪时，对其犯罪金额应认定为3万元

C. 赵某于2009年2月采用冒充被害人男朋友的方式强奸妇女一名，2019年1月，赵某盗窃他人手提电脑一部，价值5 000元。赵某强奸罪追诉时效结束的时间是2029年1月

D. 财政局建设科科长李某采用私刻公章等方法贪污救灾款9 850万元，一直未被发现。退休后，李某移居加拿大，去向不明。李某的贪污罪不受追诉时效的限制

答案： 1. A　2. B

十一、危害国家安全罪

核心法条

《刑法》第 103 条　组织、策划、实施分裂国家、破坏国家统一的，对首要分子或者罪行重大的，处无期徒刑或者十年以上有期徒刑；对积极参加的，处三年以上十年以下有期徒刑；对其他参加的，处三年以下有期徒刑、拘役、管制或者剥夺政治权利。

煽动分裂国家、破坏国家统一的，处五年以下有期徒刑、拘役、管制或者剥夺政治权利；首要分子或者罪行重大的，处五年以上有期徒刑。

释解分析

本条规定的是分裂国家罪、煽动分裂国家罪。分裂国家罪是指组织、策划、实施分裂国家、破坏国家统一的行为。其构成要件有：(1) 本罪客体是国家的统一。(2) 客观方面表现为组织、策划、实施分裂国家、破坏国家统一的行为。(3) 犯罪主体是一般主体即自然人。(4) 主观方面表现为故意。

煽动分裂国家罪是指煽动分裂国家、破坏国家统一的行为。其构成要件有：(1) 本罪客体是国家的统一。(2) 客观方面表现为煽动分裂国家、破坏国家统一的行为。(3) 犯罪主体是一般主体即自然人。(4) 主观方面表现为故意。

法条分析

(1) 第 1 款中的“首要分子”应如何理解？

(2) 对第 1 款规定的“其他参加者”适用剥夺政治权利的期限应如何确定？

(3) 如何认定第 1 款规定之罪的既遂形态？

(4) 如何认定第 2 款规定之罪的既遂形态？

(5) 第 2 款中的“煽动”应如何理解？

(6) 第 2 款中的“首要分子”犯第 2 款规定之罪的，如何认定其追诉期限？

答案： (1) 首要分子是指在犯罪集团或者聚众犯罪中起组织、策划、指挥作用的犯罪分子。

(2) 独立适用剥夺政治权利或者主刑是有期徒刑、拘役附加剥夺政治权利的，期限为 1 年以上 5 年以下；判处管制剥夺政治权利的，期限与管制的期限相等。

(3) 分裂国家罪是行为犯，只要有组织、策划、实施分裂国家、破坏国家统一的行为，就构成既遂，不要求客观上发生了分裂国家的结果。

(4) 煽动分裂国家罪属于行为犯，只要实施煽动分裂国家、破坏国家统一的行为，就构成既遂，不要求被煽动人客观上接受煽动，更不要求客观上发生分裂国家的结果。

(5) 煽动是指以语言、文字、图画等方式对他人进行怂恿、引诱、鼓动和激励的行为。

(6) 15 年。

试题范例

(单项选择题) 关于煽动分裂国家罪，下列说法中正确的是（　　）。

A. 煽动分裂国家罪的客体是国家的统一

B. 煽动分裂国家罪的主体是特殊主体

C. 煽动分裂国家罪主观方面表现为过失

D. 煽动分裂国家罪主观目的是改变政权性质

答案：A

核心法条

《刑法》第 109 条　国家机关工作人员在履行公务期间，擅离岗位，叛逃境外或者在境外叛逃的，处五年以下有期徒刑、拘役、管制或者剥夺政治权利；情节严重的，处五年以上十年以下有期徒刑。

掌握国家秘密的国家工作人员叛逃境外或者在境外叛逃的，依照前款的规定从重处罚。

释解分析

本条规定的是叛逃罪。叛逃罪是指国家机关工作人员在履行公务期间，擅离岗位，叛逃境外或者在境外叛逃的行为。其构成要件有：(1) 本罪客体是国家安全。(2) 客观方面表现为在履行公务期间，擅离岗位，叛逃境外或者在境外叛逃。(3) 犯罪主体是特殊主体，即国家机关工作人员或者掌握国家秘密的国家工作人员。对于叛逃的掌握国家秘密的国家工作人员，构成本罪不要求在履行公务期间。(4) 主观方面表现为故意。

叛逃罪的罪数：先叛逃境外，又为境外非法提供国家秘密、情报的，应以叛逃罪与为境外非法提供国家秘密、情报罪，实行数罪并罚。

法条分析

(1) 第 1 款中的“履行公务期间”应如何理解？

(2) 第 1 款中的“擅离岗位”应如何理解？

(3) 条文中的“叛逃”应如何理解？

(4) 如何认定本罪的既遂形态？

(5) 第 2 款中的“从重处罚”应如何理解？

答案：(1) 履行公务期间是指依照法律规定或授权担任职务，并按照权限行使职务、行政管理职能的期间。

(2) 擅离岗位是指未向有权批准的机关或人员报告，或者虽已报告却未得到批准，或者未得到有关机关或人员的决定、命令，而私自脱离所在工作岗位的行为。

(3) 叛逃是指背叛国家、逃奔国外或境外的行为。

(4) 叛逃罪是行为犯，叛逃境外或者在境外叛逃的行为实施完毕，即构成本罪的既遂。

（5）从重处罚是指在法定刑幅度内选择判处比没有该情节的类似犯罪相对较重的刑种或较长的刑期。

试题范例

（多项选择题）关于叛逃罪，下列说法中正确的是（　　）。

A. 叛逃罪的主体属于特殊主体，限于国家机关工作人员

B. 叛逃罪的客观方面包括叛逃境外或者在境外叛逃的情形

C. 行为人在履行公务期间叛逃的，才有可能构成本罪

D. 如果行为人叛逃境外并加入境外敌方营垒的，属于牵连犯，择一重罪处罚，以投敌叛变罪定罪处罚

答案：BCD

核心法条

《刑法》第 110 条　有下列间谍行为之一，危害国家安全的，处十年以上有期徒刑或者无期徒刑；情节较轻的，处三年以上十年以下有期徒刑：

（一）参加间谍组织或者接受间谍组织及其代理人的任务的；

（二）为敌人指示轰击目标的。

释解分析

本条规定的是间谍罪。间谍罪是指参加间谍组织或者接受间谍组织及其代理人的任务，或者为敌人指示轰击目标，危害国家安全的行为。其构成要件有：（1）本罪客体是国家安全。（2）客观方面表现为参加间谍组织或者接受间谍组织及其代理人的任务，或者为敌人指示轰击目标，危害国家安全的行为。（3）犯罪主体是一般主体即自然人。（4）主观方面表现为故意。

间谍罪的罪数：国家机关工作人员及掌握国家秘密的国家工作人员有叛逃行为，叛逃后参加间谍组织或者接受间谍组织及其代理人的任务的，应以间谍罪与叛逃罪实行数罪并罚。仅有叛逃行为而没有实行间谍行为的，只成立叛逃罪。国家机关工作人员及掌握国家秘密的国家工作人员实行间谍行为，而不具有叛逃性质的，只成立间谍罪。

法条分析

（1）本条中的“国家安全”应如何理解？

（2）本条中的“间谍组织”应如何理解？

（3）本条中的“接受间谍组织及其代理人的任务”应如何理解？

（4）如何理解间谍罪的犯罪形态？

答案：（1）国家安全是指国家政权、主权、统一和领土完整、人民福祉、经济社会可持续发展和国家其他重大利益相对处于没有危险和不受内外威胁的状态，以及保障持续安全状态的能力。

（2）间谍组织是指由外国政府或者境外敌对势力建立的旨在收集其他国家情报，对他国

进行颠覆破坏活动，破坏他国国家安全的组织。

(3) 接受间谍组织及其代理人的任务是指虽然尚未加入间谍组织，但是接受间谍组织及其代理人的指令，完成其交付的收集情报等任务。

(4) 间谍罪是行为犯，只要参加间谍组织，接受间谍组织及其代理人的任务或者为敌人指示轰击目标，就构成既遂。

试题范例

(单项选择题) 我国某核基地高级工程师谢某，在国外进修期间接受境外间谍机构任务，回国后多次秘密非法侵入某核基地计算机信息系统窃取国家核技术秘密送往国外，后被我国安全机关查获。谢某的行为构成（ ）。

A. 非法侵入计算机信息系统罪　　B. 间谍罪

C. 故意泄露国家秘密罪　　D. 为境外刺探国家秘密罪

答案：B

核心法条

《刑法》第 111 条　为境外的机构、组织、人员窃取、刺探、收买、非法提供国家秘密或者情报的，处五年以上十年以下有期徒刑；情节特别严重的，处十年以上有期徒刑或者无期徒刑；情节较轻的，处五年以下有期徒刑、拘役、管制或者剥夺政治权利。

释解分析

本条规定的是为境外窃取、刺探、收买、非法提供国家秘密、情报罪。为境外窃取、刺探、收买、非法提供国家秘密、情报罪是指为境外的机构、组织、人员窃取、刺探、收买、非法提供国家秘密或者情报的行为。其构成要件有：(1) 侵犯客体是国家的安全与利益。(2) 客观方面表现为为境外的机构、组织、人员窃取、刺探、收买、非法提供国家秘密或者情报的行为。(3) 犯罪主体是一般主体即自然人。(4) 主观方面表现为故意。

法条分析

(1) 如何认定本罪的既遂？

(2) 条文中的“窃取”“刺探”“收买”“非法提供”应如何理解？

(3) 条文中的“国家秘密”和“情报”应如何理解？

(4) 行为人将国家秘密通过互联网发布，情节严重的，应如何定罪？

答案：(1) 窃取、刺探、收买国家秘密或者情报的，以实际获得国家秘密或者情报为既遂标准；非法提供国家秘密或者情报的，以将国家秘密或者情报提供给境外机构、组织、人员为既遂标准。

(2) 窃取是指用盗窃手段获取国家秘密文件、资料的行为。刺探是指采取探听、侦察等方式获取国家秘密或者情报。收买是指利用色情引诱、金钱腐蚀向有关个人渗透等方式获取国家秘密或者情报。非法提供是指掌握或因职务行为知晓国家秘密、情报者违反法律规定，未经有关部门批准，擅自向境外机构、组织、人员提供国家秘密、情报。

(3) 国家秘密是指关系国家的安全和利益，依照法定程序确定，在一定时间内只限一定范围的人员知悉的事项。情报是指除国家秘密以外，关系国家安全和利益，尚未公开或者不应公开，对境外机构、组织、人员有利用价值并可能对我国国家安全造成重大危害的信息、情况与资料等。

(4) 构成故意泄露国家秘密罪。

试题范例

(单项选择题) 甲是我国某通讯社的高级编辑，应国外某报社记者之请，设法为其获取有关对台政策的一份机密文件。按规定该文件只下发到社长一级，通讯社只有社长那里有一份。甲到社长办公室时发现该文件就放在桌上，乘社长不注意将文件拿出复制一份，然后通过电子邮件发给国外某报社记者。该记者为了表示感谢，给甲 2 万美元。甲的行为构成(　　)。

A. 非法获取国家秘密罪和为境外窃取、刺探、收买、非法提供国家秘密、情报罪，应当实行数罪并罚

B. 为境外窃取、刺探、收买、非法提供国家秘密、情报罪和受贿罪，应当实行数罪并罚

C. 为境外窃取、刺探、收买、非法提供国家秘密、情报罪

D. 故意泄露国家秘密罪

答案： C

十二、危害公共安全罪

核心法条

《刑法》第 114 条　放火、决水、爆炸以及投放毒害性、放射性、传染病病原体等物质或者以其他危险方法危害公共安全，尚未造成严重后果的，处三年以上十年以下有期徒刑。

《刑法》第 115 条　放火、决水、爆炸以及投放毒害性、放射性、传染病病原体等物质或者以其他危险方法致人重伤、死亡或者使公私财产遭受重大损失的，处十年以上有期徒刑、无期徒刑或者死刑。

过失犯前款罪的，处三年以上七年以下有期徒刑；情节较轻的，处三年以下有期徒刑或者拘役。

释解分析

这两条规定的是放火罪、决水罪、爆炸罪、投放危险物质罪、以危险方法危害公共安全罪；失火罪、过失决水罪、过失爆炸罪、过失投放危险物质罪、过失以危险方法危害公共安全罪。决水罪和过失决水罪不属于考试大纲要求掌握的罪名。

1. 放火罪

放火罪是指故意放火焚烧公私财物，危害公共安全的行为。其构成要件有：(1) 侵犯客体是社会公共安全，即不特定的多数人的生命、健康或者公私财产的安全。(2) 客观方面表现为行为人实施了放火焚烧公私财物，危害公共安全的行为。(3) 犯罪主体是一般主体，即已满 14 周岁并具有刑事责任能力的自然人。(4) 主观方面表现为故意。

区分放火罪的既遂与未遂，应采取“独立燃烧说”，即只要放火行为将目的物点燃后，已经达到脱离引燃媒介也能够独立燃烧的程度，即使没有造成实际的危害结果，也应视为放火罪既遂。反之，则为未遂。如放火行为尚未实行完毕（如正要点火时被抓获），或者虽然当时已经点燃，但随后即熄灭的情形，则应视为放火罪未遂。行为人点燃对象物并有可能危及公共安全，其自动使其没有达到独立燃烧程度的，属于放火罪的中止。

放火罪与故意毁坏财物罪的区别在于，如果以放火方法故意毁损公私财物，没有危及公共安全的，以故意毁坏财物罪论处；已经危及或者足以危及公共安全的，以放火罪论处。

放火罪与破坏交通工具罪等罪的区别在于，如果以纵火焚烧的方法破坏交通工具、交通设施、电力设备、易燃易爆设备、电视电信设施，其行为具有放火罪和破坏交通工具罪等罪的特征并危害公共安全的，此时应当以破坏交通工具罪、破坏交通设施罪、破坏电力设备罪、破坏易燃易爆设备罪等罪定罪处罚，而不再定放火罪；如果没有危及公共安全的，一般按故意毁坏财物罪定罪处罚。

放火罪与故意杀人罪、故意伤害罪等罪的区别在于，行为人企图以放火的方法烧死或者烧伤特定的个人，如果其放火行为不足以危及公共安全的，则应当以故意杀人罪或者故意伤害罪论处；如果其放火行为足以危及公共安全的，则应当按照放火罪定罪处罚。在故意杀人或实施其他犯罪之后，为湮灭罪迹而故意放火的，应当数罪并罚。以放火为手段杀害他人，并试图骗取保险金的，应以放火罪和保险诈骗罪实行数罪并罚。以放火的意思进入他人住宅并放火的，构成放火罪和非法侵入住宅罪的想象竞合犯，应从一重罪处断。

2. 爆炸罪

爆炸罪是指故意针对不特定的多数人或者重大公私财产实施爆炸行为，危害公共安全的行为。其构成要件有：(1) 侵犯客体是社会公共安全，即不特定的多数人的生命、健康或者公私财产的安全。(2) 客观方面表现为实施了用爆炸的方法杀伤不特定的多数人、毁坏重大公私财产，危害公共安全的行为。(3) 犯罪主体是一般主体，即已满 14 周岁并具有刑事责任能力的自然人。(4) 主观方面表现为故意。

爆炸罪的认定：(1) 以爆炸手段杀伤特定个人，而结果只是损害了特定的个人生命、健康，应分别按故意杀人罪、故意伤害罪论处；利用爆炸手段，其目的虽是杀伤特定的个人，但除杀伤特定个人外，又危害不特定的多数人的生命、健康或者公私财产安全的，构成故意杀人（伤害）罪和爆炸罪的想象竞合犯。(2) 用爆炸手段故意毁坏特定的公私财物，未同时侵犯公民人身权利或者其他重大公私财产的，应按故意毁坏财物罪论处；行为不仅侵犯特定的公私财产，而且侵犯他人的人身权利或者其他重大公私财产，危害公共安全的，则应以爆炸罪论处，而不再构成故意毁坏财物罪。(3) 刑法将火车、汽车、船只、航空器等交通工具，轨道、桥梁、机场、航道等交通设施，以及供电设备、变电设备、输电线路、煤气管道等装备作为特殊保护对象，专条规定了罪名，以爆炸方法破坏这些特定对象的，属于法条竞合的情形，按特别法条优于普通法条的原则，应按破坏交通工具罪、破坏交通设施罪、破坏电力设备罪、破坏易燃易爆设备罪等罪定罪处罚，而不再定爆炸罪。

3. 投放危险物质罪

投放危险物质罪是指故意针对不特定的多数人或者重大公私财产投放毒害性、放射性、传染病病原体等物质，危害公共安全的行为。其构成要件有：(1) 侵犯客体是社会公共安全，即不特定的多数人的生命、健康或者重大公私财产的安全。(2) 客观方面表现为行为人实施了投放毒害性、放射性、传染病病原体等物质，危害公共安全的行为。(3) 犯罪主体是一般主体，即已满 14 周岁并具有刑事责任能力的自然人。(4) 主观方面表现为故意。

投放危险物质罪和以投放危险物质方式杀人、毁坏财物等行为区分的关键在于行为人实施的投放危险物质的行为是否足以危及公共安全。如果行为人用投放危险物质的方法杀害特定的人或者故意毁坏财物，不危及公共安全的，就构成故意杀人罪或者故意毁坏财物罪；如果行为人投放危险物质的行为虽然针对特定的个人或财物，但已经危及公共安全的，构成投放危险物质罪。

4. 以危险方法危害公共安全罪

以危险方法危害公共安全罪是指使用与放火、决水、爆炸、投放危险物质方法的危险性相当的其他危险方法，危害公共安全的行为。其构成要件有：(1) 侵犯客体是社会公共安全，即不特定的多数人的生命、健康或者重大公私财产的安全。(2) 客观方面表现为使用与放火、决水、爆炸、投放危险物质方法的危险性相当的其他危险方法，危害公共安全的行为。(3) 犯罪主体是一般主体即自然人。(4) 主观方面表现为故意。

以危险方法危害公共安全罪的认定：(1) 行为人使用与放火、决水、爆炸、投放危险物质方法的危险性相当的其他危险方法，凡是危及公共安全的，都应以以危险方法危害公共安全罪论处。但若行为人的行为符合破坏交通工具罪、破坏交通设施罪、破坏电力设备罪、破坏易燃易爆设备罪、破坏公用电信设施罪的犯罪构成的，应分别以破坏交通工具罪、破坏交通设施罪、破坏电力设备罪、破坏易燃易爆设备罪、破坏公用电信设施罪定罪处罚。(2) 行为人使用的危险方法没有危及公共安全，但符合故意杀人罪、故意伤害罪、故意毁坏财物罪等罪的犯罪构成的，应以故意杀人罪、故意伤害罪、故意毁坏财物罪等罪定罪处罚。如果行为符合放火罪、爆炸罪等罪的犯罪构成，应以放火罪、爆炸罪等罪论处。

法条分析

(1) 这两条规定的罪名有哪些？

(2) 第 114 条规定之罪的犯罪形态是什么？如何认定各罪的既遂？

(3) 第 115 条规定之罪的犯罪形态是什么？

(4) 条文中的“其他危险方法”应如何理解？

答案：(1) 放火罪、决水罪、爆炸罪、投放危险物质罪、以危险方法危害公共安全罪；失火罪、过失决水罪、过失爆炸罪、过失投放危险物质罪、过失以危险方法危害公共安全罪。

(2) 第 114 条规定的犯罪形态是危险犯，只要有危害公共安全的危险，就构成各罪的既遂。

(3) 第 115 条规定的犯罪形态是实害犯，只有造成严重后果才构成各罪的既遂。

(4) 其他危险方法是指与放火、决水、爆炸、投放危险物质方法的危险性相当的方法。

试题范例

1.（单项选择题）某甲因屡次违反单位规章制度而被领导按规定处以扣减奖金，为报复领导，于一日夜晚带着汽油、火柴等作案工具潜入单位仓库准备放火烧毁单位生产设备，从而使生产不能正常进行，但在其倒洒汽油后准备点燃火柴时，被及时赶到的单位保卫人员抓获。甲的行为成立（　　）。

A. 放火罪的犯罪预备　　B. 放火罪的犯罪未遂

C. 放火罪的犯罪既遂　　D. 故意毁坏财物罪

2.（单项选择题）甲购买“毒鼠强”投放在竞争对手销售的食品中，因“毒鼠强”是假货，没有造成伤亡结果。甲的行为构成（　　）。

A. 投放危险物质罪　　B. 以危险方法危害公共安全罪

C. 故意杀人罪　　D. 投放虚假危险物质罪

3.（单项选择题）甲对拆迁补偿安置方案不满，在高速公路中间车道用树枝点燃一个焰高约 20 厘米的火堆，将其分成两堆后离开。火堆很快就被通行车辆轧灭。对此，下列表述中正确的是（　　）。

A. 甲的行为成立放火罪

B. 甲的行为成立以危险方法危害公共安全罪

C. 如认为甲的行为不成立放火罪，那么其行为也不可能成立以危险方法危害公共安全罪

D. 甲的行为危害公共安全，但不构成放火、决水、爆炸等犯罪，应以以危险方法危害公共安全罪论处

答案：1. B　2. A　3. C

核心法条

《刑法》第 116 条　破坏火车、汽车、电车、船只、航空器，足以使火车、汽车、电车、船只、航空器发生倾覆、毁坏危险，尚未造成严重后果的，处三年以上十年以下有期徒刑。

释解分析

本条规定的是破坏交通工具罪。破坏交通工具罪是指破坏火车、汽车、电车、船只、航空器，足以使火车、汽车、电车、船只、航空器发生倾覆、毁坏危险，尚未造成严重后果或者已经造成严重后果的行为。其构成要件有：(1) 侵犯客体是交通运输安全。(2) 客观方面表现为破坏火车、汽车、电车、船只、航空器，足以使火车、汽车、电车、船只、航空器发生倾覆、毁坏危险，尚未造成严重后果或者已经造成严重后果的行为。行为对象必须是“正在使用”中的交通工具。破坏行为通常是指对上述交通工具的整体或者重要部件的破坏。如果行为人虽然实施了破坏交通工具的行为，但不足以使交通工具发生倾覆、毁坏危险的，例如，行为人仅仅是拆除、毁坏车辆、船只的门窗、座椅或其他辅助设施，或者盗窃车辆轮胎致使车辆无法运行的，对公共安全都不构成威胁，因而不能以本罪论处。行为人窃取交通工

具的部件数额较大或者多次窃取，但不可能发生危害公共安全的危险的，仅成立盗窃罪。(3) 犯罪主体是一般主体即自然人。(4) 主观方面表现为故意。

破坏交通工具罪的既遂、未遂的认定：破坏交通工具罪以行为造成交通工具倾覆、毁坏的实际危险状态作为既遂的标志，通常行为实行终了才会产生这种实际危险状态；如果行为人虽已着手对交通工具进行破坏，但尚不足以造成交通工具倾覆、毁坏的实际危险状态，就构成本罪的未遂。

破坏交通工具罪与盗窃罪、故意毁坏财物罪的区别在于，使用盗窃的方法或者毁坏财物的方法破坏交通工具的，要看所盗窃或者所毁坏的是否正在使用中的交通工具的重要部件或者设施，如果是，应当按照破坏交通工具罪定罪处罚；如果不是，则应当按照盗窃罪或者故意毁坏财物罪定罪处罚。

法条分析

(1) 本条规定之罪的犯罪形态是什么？

(2) 本条规定之罪的既遂如何认定？

答案：(1) 危险犯。

(2) 足以使交通工具发生倾覆、毁坏危险的，构成本罪的既遂。

试题范例

(单项选择题) 下列说法中，正确的是 (　　)。

A. 甲和乙有仇，就在乙的汽车刹车踏板后面偷偷粘了一块小木块，乙将车开出去后，在需要紧急刹车时，由于刹车无法刹到底而撞伤他人。甲构成破坏交通工具罪

B. 丙和丁素有嫌隙。他看到丁的汽车停在广场上，就偷偷将丁的汽车的挡风玻璃全部敲碎。丙构成破坏交通工具罪

C. 戊盗窃输油管道的原油，数额巨大，同时导致油气设备严重毁损，险些发生大火。戊构成故意毁坏财物罪

D. 己驾车撞倒一名路人，见夜色已晚，悄悄把奄奄一息的路人拉到草丛中，后路人因失血过多而身亡，己构成交通肇事罪

答案：A

核心法条

《刑法》第 117 条　破坏轨道、桥梁、隧道、公路、机场、航道、灯塔、标志或者进行其他破坏活动，足以使火车、汽车、电车、船只、航空器发生倾覆、毁坏危险，尚未造成严重后果的，处三年以上十年以下有期徒刑。

释解分析

本条规定的是破坏交通设施罪。破坏交通设施罪是指故意破坏轨道、桥梁、隧道、公路、机场、航道、灯塔、标志或者进行其他破坏活动，足以使火车、汽车、电车、船只、航空器发生倾覆、毁坏危险，尚未造成严重后果或者已经造成严重后果的行为。其构成要件

有：(1) 侵犯客体是交通运输安全。(2) 客观方面表现为破坏交通设施，足以使火车、汽车、电车、船只、航空器发生倾覆、毁坏危险，尚未造成严重后果或者已经造成严重后果的行为。(3) 犯罪主体是一般主体即自然人。(4) 主观方面表现为故意。

破坏交通设施罪与破坏交通工具罪区分的关键在于指向不同。如果破坏行为直接指向的是正在使用中的交通设施，对交通设施的破坏间接造成了交通工具倾覆、毁坏的后果的，则应当以破坏交通设施罪论处；如果破坏行为直接指向的是正在使用中的交通工具，交通工具的倾覆、毁坏间接造成了交通设施毁坏的后果的，则应当以破坏交通工具罪论处。

破坏交通设施罪和故意毁坏财物罪区分的关键在于，如果行为人故意毁坏正在使用中的交通设施，足以使交通工具发生倾覆、毁坏危险，因而危害交通运输安全的，应当以破坏交通设施罪论处；如果行为人故意毁坏交通设施但没有危害公共安全的，不构成破坏交通设施罪，但情节严重的，构成故意毁坏财物罪。

法条分析

(1) 本条规定之罪的犯罪形态是什么？其既遂如何认定？

(2) 交通设施成为本罪的行为对象，须满足哪些前提条件？

(3) 根据《刑法》第 119 条的规定，破坏交通设施，造成严重后果的，处 10 年以上有期徒刑、无期徒刑或者死刑。该规定属于破坏交通设施罪的何种犯罪形态？其既遂如何认定？

(4) 盗窃未投入使用或已经废弃不用的交通设施的，是否构成破坏交通设施罪？为什么？

答案：(1) 危险犯。足以使交通设施发生倾覆、毁坏危险的，构成既遂。

(2) 须满足两个前提条件：一是交通设施正在使用；二是交通设施关系到公共安全。

(3) 实害犯。造成严重后果才构成既遂。

(4) 不构成破坏交通设施罪。因为未投入使用或已经废弃不用的交通设施并非正在使用中的交通设施，且不影响公共安全，故应构成盗窃罪。

试题范例

1. (单项选择题) 甲盗窃正在使用中的公路上的井盖，甲构成（　　）。

A. 盗窃罪　　B. 破坏交通设施罪

C. 破坏交通工具罪　　D. 以危险方法危害公共安全罪

2. (单项选择题) 甲盗割正在使用中的铁路专用电话线，在构成犯罪的情况下，甲（　　）。

A. 构成破坏公用电信设施罪

B. 构成破坏交通设施罪

C. 构成盗窃罪与破坏交通设施罪，择一重罪处罚

D. 构成盗窃罪与破坏公用电信设施罪，择一重罪处罚

答案：1. B　2. C

核心法条

《刑法》第 118 条　破坏电力、燃气或者其他易燃易爆设备，危害公共安全，尚未造成严重后果的，处三年以上十年以下有期徒刑。

释解分析

本条规定的是破坏电力设备罪、破坏易燃易爆设备罪。破坏易燃易爆设备罪不属于考试大纲要求掌握的罪名。

破坏电力设备罪是指故意破坏电力设备，危害公共安全的行为。其构成要件有：(1) 本罪的客体为公共供电安全。(2) 客观方面表现为破坏电力设备，危害公共安全的行为。本罪的行为对象是电力设备（正在使用、已交付使用）。(3) 犯罪主体是一般主体即自然人。(4) 主观方面表现为故意。

破坏电力设备罪的认定及与盗窃罪的界限：盗窃电力设备，危害公共安全，但不构成盗窃罪的，以破坏电力设备罪定罪处罚；同时构成盗窃罪和破坏电力设备罪的，依照刑法处罚较重的规定定罪处罚。盗窃电力设备，没有危及公共安全，但应当追究刑事责任的，可以根据案件的不同情况，按照盗窃罪、故意毁坏财物罪、破坏生产经营罪等犯罪处理。具体而言：(1) 尚未安装完毕或者已经安装完毕但尚未交付使用的电力设备。即使行为人盗走或者破坏其中架设好的部分电线，也不致对公共安全造成危害，对其行为应依据具体情况以盗窃罪、故意毁坏财物罪或者破坏生产经营罪定性。(2) 已经通电使用，只是由于枯水季节或电力不足等原因而暂停使用的电力设备，属于本罪的对象。行为人盗窃、毁坏这类电力设备构成犯罪的，应以破坏电力设备罪论处。(3) 已经交付使用但尚未通电的电力设备，也是本罪的对象。对于偷割、毁坏已经安装完毕但还未供电的电力线路的行为，应分别不同情况处理。如果偷割、毁坏的是未正式交付电力部门使用的线路，应按盗窃、故意毁坏财物、破坏生产经营等案件处理。如果行为人明知线路已交付电力部门使用而偷割、毁坏电线的，应认定为破坏电力设备罪。(4) 对拆盗某些排灌站、加工厂等生产单位正在使用中的电机设备等，没有危及社会公共安全，但构成犯罪的，可以根据案件不同情况，按盗窃罪、破坏生产经营罪或者故意毁坏财物罪处理。(5) 在同一行为同时触犯数个罪名的情况下，应按想象竞合犯从一重罪处罚。

法条分析

(1) 本条规定之罪的犯罪形态和既遂形态如何认定？

(2) 根据《刑法》第 119 条第 1 款的规定，破坏电力设备，造成严重后果的，处 10 年以上有期徒刑、无期徒刑或者死刑。该规定属于破坏电力设备罪的何种犯罪形态和既遂形态？

(3) 本条规定的“电力设备”应如何理解？

(4) 盗窃正在使用中的电力设备的行为属于何种罪数形态？应如何处断？

答案：(1) 本条规定之罪的犯罪形态是危险犯，以足以危害公共安全作为各罪的既遂。

(2) 第 119 条第 1 款规定之罪的犯罪形态是实害犯，只有造成严重后果才构成各罪的既遂。

(3) 电力设备是指：处于运行、应急等使用中的电力设备；已经通电使用，只是由于枯水季节或电力不足等原因暂停使用的电力设备；已经交付使用但尚未通电的电力设备。不包括尚未安装完毕，或者已经安装完毕但尚未交付使用的电力设备。

(4) 盗窃正在使用中的电力设备的行为属于盗窃罪和破坏电力设备罪的想象竞合犯，应从一重罪处断，即以破坏电力设备罪处断。

试题范例

(单项选择题) 某甲发现自己所在村庄边上正在安装电力线路，于是想偷盗一些拿去卖钱。某甲于一晚带着工具偷剪电缆，并销赃得款数千元，导致安装工程进度严重受阻。某甲的行为构成（　　）。

A. 破坏电力设备罪　　B. 过失破坏电力设备罪

C. 盗窃罪　　D. 故意毁坏财物罪

答案： C

核心法条

《刑法》第 120 条　组织、领导恐怖活动组织的，处十年以上有期徒刑或者无期徒刑，并处没收财产；积极参加的，处三年以上十年以下有期徒刑，并处罚金；其他参加的，处三年以下有期徒刑、拘役、管制或者剥夺政治权利，可以并处罚金。

犯前款罪并实施杀人、爆炸、绑架等犯罪的，依照数罪并罚的规定处罚。

释解分析

本条规定的是组织、领导、参加恐怖组织罪。组织、领导、参加恐怖组织罪是指为首策划组织、领导或者积极参加恐怖活动组织的行为。其构成要件有：(1) 侵犯客体是社会公共安全，即不特定的多数人的生命、健康或者重大公私财产的安全。(2) 客观方面表现为组织、领导、积极参加或者参加恐怖活动组织的行为。(3) 犯罪主体是一般主体即自然人。(4) 主观方面表现为故意。

组织、领导、参加恐怖组织罪的罪数：犯组织、领导、参加恐怖组织罪，并实施杀人、爆炸、绑架等犯罪的，依照数罪并罚的规定处罚。

法条分析

(1) 条文中的"恐怖活动组织"应如何理解？

(2) 恐怖活动组织有哪些特征？

(3) 本条规定之罪的犯罪形态是什么？其既遂和未遂如何认定？

(4) 条文规定之罪的共犯形态是什么？

(5) 对于"其他参加者"构成犯罪的，如何认定其追诉期限？

(6) 第 2 款规定体现的刑法基本原则是什么？

答案： (1) 恐怖活动组织是指 3 人以上为专门实施暗杀、绑架、放火、爆炸、劫持人质和交通工具等恐怖活动而组成的具有明显政治目的的犯罪集团。

（2）恐怖活动组织的特征有：①恐怖活动组织首先必须是3人以上为共同实施犯罪而组成的较为固定的犯罪组织。②恐怖活动组织一般具有意图制造社会恐慌、危害公共安全的目的，并在此目的指导下，专门或者主要从事杀人、伤害、绑架、爆炸、放火、劫持、恐吓、投放危险物质等严重暴力犯罪行为。

（3）本罪为行为犯，只要有组织、领导、参加恐怖活动组织的行为，就构成本罪的既遂。如果恐怖活动组织没有组建，属于本罪的未遂。

（4）必要共同犯罪、特殊共同犯罪（犯罪集团）。

（5）对于其他参加者的追诉期限为5年。

（6）罪责刑相适应原则。

试题范例

（多项选择题）王某经人介绍加入代号为“老鹰”的恐怖活动组织，为获取经费，王某参与绑架某富商索取高额赎金，同时，为增加恐怖活动组织的影响力，王某在某人群聚集处安放并引爆了炸弹，造成五人死亡、数十人不同程度受伤的伤亡事故，引起了人们的巨大恐慌。对此，下列说法中正确的是（　　）。

A. 王某构成参加恐怖组织罪、绑架罪、故意杀人罪、故意伤害罪，应实行数罪并罚

B. 王某构成参加恐怖组织罪、绑架罪、爆炸罪，应实行数罪并罚

C. 如果王某以前曾因危害国家安全罪受过刑罚处罚，则无论与参加恐怖活动组织的行为间隔多久，对其后行为不得适用假释

D. 对王某可能判处死刑

答案：BCD

核心法条

《刑法》第120条之六　明知是宣扬恐怖主义、极端主义的图书、音频视频资料或者其他物品而非法持有，情节严重的，处三年以下有期徒刑、拘役或者管制，并处或者单处罚金。

释解分析

本条规定的是非法持有宣扬恐怖主义、极端主义物品罪。非法持有宣扬恐怖主义、极端主义物品罪是指明知是宣扬恐怖主义、极端主义的图书、音频视频资料或者其他物品而非法持有，情节严重的行为。其构成要件有：（1）本罪的客体为公共安全。（2）客观方面表现为非法持有宣扬恐怖主义、极端主义的图书、音频视频资料或者其他物品，情节严重的行为。（3）犯罪主体为一般主体即自然人。（4）主观方面表现为故意。

非法持有宣扬恐怖主义、极端主义物品罪和其他恐怖犯罪的界限：对于行为人持有宣扬恐怖主义、极端主义物品，如果有证据证明其已经实施了其他恐怖犯罪行为的，原则上就应当以相应的其他恐怖犯罪罪名定罪处罚，而不再认定为非法持有宣扬恐怖主义、极端主义物品罪。但是，如果没有证据证明犯罪分子实施了其他恐怖犯罪行为的，则以非法持有宣扬恐

怖主义、极端主义物品罪定罪处罚。

法条分析

（1）条文中的“恐怖主义”应如何理解？

（2）条文中的“极端主义”应如何理解？

答案：（1）恐怖主义是指通过暴力、破坏、恐吓等手段，制造社会恐慌、危害公共安全、侵犯人身财产，或者胁迫国家机关、国际组织，以实现其政治、意识形态等目的的主张和行为。

（2）极端主义，是指歪曲宗教教义和宣扬宗教极端，以及其他崇尚暴力、仇视社会、反对人类等极端的思想、言论和行为。

试题范例

（单项选择题）关于非法持有宣扬恐怖主义、极端主义物品罪，下列说法中正确的是（　　）。

A. 非法持有宣扬恐怖主义、极端主义物品罪的犯罪主体是特殊主体

B. 非法持有宣扬恐怖主义、极端主义物品罪主观方面表现为过失

C. 犯有组织恐怖组织罪又非法持有宣扬恐怖主义、极端主义物品的，数罪并罚

D. 非法持有宣扬恐怖主义、极端主义物品罪是作为犯罪

答案：D

核心法条

《刑法》第121条　以暴力、胁迫或者其他方法劫持航空器的，处十年以上有期徒刑或者无期徒刑；致人重伤、死亡或者使航空器遭受严重破坏的，处死刑。

释解分析

本条规定的是劫持航空器罪。劫持航空器罪是指以暴力、胁迫或者其他方法劫持航空器的行为。其构成要件有：（1）侵犯客体是航空运输安全，即不特定的多数旅客、机组人员的生命健康以及航空器及其运载物品的安全。（2）客观方面表现为以暴力、胁迫或者其他方法劫持航空器的行为。（3）犯罪主体是一般主体即自然人。（4）主观方面表现为故意。

劫持航空器罪的罪数：如果行为人是以杀人、伤害或者故意损坏航空器等方法劫持航空器的，其犯罪的暴力方法中已经包含了这些内容，应当以劫持航空器罪定罪处罚；如果在劫持并控制航空器以后，又实施滥杀无辜或者强奸妇女等其他犯罪行为的，应当以劫持航空器罪与所实施的其他犯罪数罪并罚。

法条分析

（1）本罪的行为对象应如何认定？

（2）本罪的犯罪形态应如何理解？本罪的着手、既遂和未遂如何认定？

（3）对本条规定的“致人重伤、死亡或者使航空器遭受严重破坏的”的犯罪形态、主观

罪过形态和法定刑类型应如何理解？

答案：（1）本罪的行为对象是航空器，航空器仅限于可载人的航空器，包括民用航空器和国家航空器，且航空器属于正在使用中的航空器。

（2）本罪属于行为犯。行为人开始实施劫持行为是本罪的着手。本罪行为的完成或实施达到一定的程度，即实施劫持行为达到控制航空器的程度构成本罪的既遂。由于意志以外的原因使劫持行为未得逞的，是本罪的未遂。

（3）犯本条规定之罪，致人重伤、死亡或者使航空器遭受严重破坏的，构成本罪的结果加重犯。主观罪过形态既包括故意，也包括过失。根据刑罚幅度的确定程度，其所规定的法定刑属于绝对确定的法定刑。

试题范例

（多项选择题）甲为了逃往境外，用暴力劫持了一架国内航班。在此过程中，机组人员和乘客乘隙与其搏斗，将其制服，但一名乘客因被甲用匕首刺中要害不治而亡。对此，下列表述中正确的是（　　）。

A. 对甲应以劫持航空器罪（结果加重犯）定罪处罚

B. 对甲应以劫持航空器罪和故意杀人罪实行数罪并罚

C. 对甲应判处死刑

D. 对甲应以暴力危及飞行安全罪（结果加重犯）定罪处罚

答案：AC

核心法条

《刑法》第 122 条　以暴力、胁迫或者其他方法劫持船只、汽车的，处五年以上十年以下有期徒刑；造成严重后果的，处十年以上有期徒刑或者无期徒刑。

释解分析

本条规定的是劫持船只、汽车罪。劫持船只、汽车罪是指以暴力、胁迫或者其他方法劫持船只、汽车的行为。其构成要件有：（1）本罪的客体是公共安全，具体为船只、汽车的航行、行驶安全。（2）客观方面表现为以暴力、胁迫或者其他方法劫持船只、汽车的行为。行为对象是正在使用中的船只、汽车。本罪属于行为犯。（3）犯罪主体是一般主体即自然人。（4）主观方面表现为故意。

劫持船只、汽车罪的罪数：行为人犯组织、领导、参加恐怖组织罪并实施劫持船只、汽车行为的，数罪并罚。行为人逼使出租车司机横冲直撞，或者劫夺后直接驾驶出租车横冲直撞，认定为劫持汽车罪。如果行为人劫持船只、汽车的行为同时触犯抢劫罪的，属于想象竞合犯，从一重罪处断。但如果劫持船只、汽车后，又抢劫乘客等人财物的，应以劫持船只、汽车罪和抢劫罪数罪并罚。

法条分析

（1）本罪的犯罪形态是什么？其既遂如何认定？

（2）本条中的“造成严重后果”应如何理解？

（3）为绑架船只、汽车的驾驶人员或者其他个别乘客而劫持船只、汽车的，或者为劫持船只、汽车，强令驾驶人员将其行驶到特定场所的，应如何论罪？

答案：（1）本罪的犯罪形态是行为犯。对正在驾驶、操作船只、汽车的人员实施暴力、胁迫等实际控制船只、汽车，或者使船只、汽车按自己指示的方向开始行驶，构成本罪的既遂。

（2）造成严重后果，主要是指造成人员伤亡和重大财产损失，是劫持船只、汽车罪的结果加重犯，但“造成严重后果”不包括故意重伤、故意杀人。

（3）为绑架船只、汽车的驾驶人员或者其他个别乘客而劫持船只、汽车的，属于想象竞合犯，择一重罪处断即按绑架罪论处。为劫持船只、汽车，强令驾驶人员将其行驶到特定场所的，择一重罪论处即按抢劫罪论处。

试题范例

（单项选择题）甲佯装乘坐出租车去市郊，在市郊偏僻处将出租车司机打伤并推下车，将出租车开走。甲的行为构成（　　）。

A. 抢劫罪　　B. 劫持汽车罪　　C. 故意伤害罪　　D. 诈骗罪

答案：A

核心法条

《刑法》第 125 条第 1 款　非法制造、买卖、运输、邮寄、储存枪支、弹药、爆炸物的，处三年以上十年以下有期徒刑；情节严重的，处十年以上有期徒刑、无期徒刑或者死刑。

释解分析

本款规定的是非法制造、买卖、运输、邮寄、储存枪支、弹药、爆炸物罪。非法制造、买卖、运输、邮寄、储存枪支、弹药、爆炸物罪是指违反国家有关枪支、弹药、爆炸物管理的法律规定，非法制造、买卖、运输、邮寄、储存枪支、弹药、爆炸物的行为。其构成要件有：（1）侵犯客体是社会公共安全，即不特定的多数人的生命、健康或者重大公私财产的安全，以及国家对枪支、弹药、爆炸物的管理秩序。（2）客观方面表现为违反国家有关枪支、弹药、爆炸物管理的法律规定，非法制造、买卖、运输、邮寄、储存枪支、弹药、爆炸物的行为。（3）犯罪主体是一般主体即自然人，单位也可以成为本罪的主体。（4）主观方面表现为故意。

法条分析

（1）本款规定的“非法制造”“非法买卖”“非法运输”“非法邮寄”“非法储存”应如何理解？

（2）本罪的犯罪形态和既遂形态应如何认定？

答案：（1）非法制造是指未经国家许可擅自制造（包括改装、配装）枪支、弹药、爆炸物。

非法买卖是指违反有关法规，购买或者出售枪支、弹药、爆炸物。

非法运输是指违反有关法规，将枪支、弹药、爆炸物从一地运至另一地的行为。

非法邮寄是指违反有关法规，通过邮政部门寄递枪支、弹药、爆炸物。

非法储存是指明知是他人非法制造、买卖、运输、邮寄的枪支、弹药而为其存放的行为，或者非法存放爆炸物的行为。

（2）本罪属于行为犯。只要实施非法制造、买卖、运输、邮寄、储存枪支、弹药、爆炸物的行为之一，就构成本罪的既遂。

核心法条

《刑法》第 128 条第 1 款　违反枪支管理规定，非法持有、私藏枪支、弹药的，处三年以下有期徒刑、拘役或者管制；情节严重的，处三年以上七年以下有期徒刑。

释解分析

本款规定的是非法持有、私藏枪支、弹药罪。非法持有、私藏枪支、弹药罪是指违反国家有关枪支、弹药的管理规定，非法持有、私藏枪支、弹药的行为。其构成要件有：（1）侵犯客体是国家对枪支、弹药的管理制度。（2）客观方面表现为违反国家有关枪支、弹药的管理规定，非法持有、私藏枪支、弹药的行为。（3）犯罪主体是一般主体即自然人。（4）主观方面表现为故意。

法条分析

（1）条文中的“非法持有”应如何理解？

（2）条文中的“私藏”应如何理解？

（3）本罪的犯罪形态和既遂形态应如何理解？

（4）持有本人非法制造的枪支、弹药的，应如何处理？为什么？

答案：（1）非法持有是指不符合配备枪支、弹药条件的人员，违反枪支管理法律、法规的规定，擅自持有枪支、弹药的行为。

（2）私藏是指依法配备、配置枪支、弹药的人员，在配备、配置枪支、弹药的条件消除后，违反枪支管理法律、法规的规定，私自藏匿所配备、配置的枪支、弹药且拒不交出的行为。

（3）本罪属于行为犯。只要非法持有、私藏枪支、弹药，就构成本罪的既遂。

（4）持有本人非法制造的枪支、弹药的，持有行为被制造行为吸收，不单独定罪，应以非法制造枪支、弹药罪定罪处罚。

试题范例

（单项选择题）张某在火车站候车室窃得某人一提包，到僻静处打开一看，里面没有钱财，却有手枪一支，子弹若干发，张某便将枪支、子弹放回包内，然后藏于家中。张某的行为构成（　　）。

A. 非法持有枪支、弹药罪　　B. 盗窃枪支、弹药罪

C. 非法储存枪支、弹药罪　　D. 非法私藏枪支、弹药罪

答案：A

核心法条

《刑法》第 133 条　违反交通运输管理法规，因而发生重大事故，致人重伤、死亡或者使公私财产遭受重大损失的，处三年以下有期徒刑或者拘役；交通运输肇事后逃逸或者有其他特别恶劣情节的，处三年以上七年以下有期徒刑；因逃逸致人死亡的，处七年以上有期徒刑。

释解分析

本条规定的是交通肇事罪。交通肇事罪是指违反交通运输管理法规，在公共交通管理范围内发生重大事故，致人重伤、死亡或者使公私财产遭受重大损失的行为。其构成要件有：(1) 侵犯客体是交通运输安全，即交通运输中不特定的多数人的人身或者重大公私财产的安全。这里的“交通运输”，为“公共交通管理范围内”的交通运输。公共交通管理范围内是指允许社会机动车辆进出的场合。如果发生在公共交通管理范围外，不构成交通肇事罪。(2) 客观方面表现为违反交通运输管理法规，因而发生重大事故，致人重伤、死亡或者使公私财产遭受重大损失的行为。(3) 犯罪主体是一般主体即自然人。犯罪主体包括从事交通运输人员或者非交通运输人员，只要是公共交通的参与者都可以成为本罪的主体。此外，单位主管人员、机动车辆所有人或者机动车辆承包人指使、强令他人违章驾驶造成重大交通事故，以交通肇事罪定罪处罚。(4) 主观方面表现为过失。

交通肇事具有下列情形之一的，以交通肇事罪论处：(1) 死亡 1 人或者重伤 3 人以上，负事故全部或者主要责任的；(2) 死亡 3 人以上，负事故同等责任的；(3) 造成公共财产或者他人财产直接损失，负事故全部或者主要责任，无能力赔偿数额在 30 万元以上的。

交通肇事致 1 人以上重伤，负事故全部或者主要责任，并具有下列情形之一的，以交通肇事罪定罪处罚：(1) 酒后、吸食毒品后驾驶机动车辆的；(2) 无驾驶资格驾驶机动车辆的；(3) 明知是安全装置不全或者安全机件失灵的机动车辆而驾驶的；(4) 明知是无牌证或者已报废的机动车辆而驾驶的；(5) 严重超载驾驶的；(6) 为逃避法律追究逃离事故现场的。未达到上述标准的，不能以交通肇事罪追究刑事责任。

交通肇事罪的罪数：(1) 行为人利用交通工具故意杀害或者伤害他人，应当认定为故意杀人罪、故意伤害罪。如果行为人利用驾驶的交通工具，在公路上或者其他公共场所冲撞人群，危害公共安全的，应当认定为以危险方法危害公共安全罪。(2) 在盗窃他人机动车过程中或者盗窃后，违反交通运输管理法规，造成交通事故，构成犯罪的，应以交通肇事罪与盗窃罪实行并罚。(3) 行为人在交通肇事后为逃避法律追究，将被害人带离事故现场后隐藏或者遗弃，致使被害人无法得到救助而死亡或者严重残疾的，应当分别以故意杀人罪或者故意伤害罪定罪处罚。

交通肇事罪的处罚：(1)“交通运输肇事后逃逸”，是指行为人在发生了构成交通肇事罪的交通事故后，为逃避法律追究而逃跑的行为。(2) 交通肇事具有下列情形之一的，属于“有其他特别恶劣情节”：①死亡 2 人以上或者重伤 5 人以上，负事故全部或者主要责任的；②死亡 6 人以上，负事故同等责任的；③造成公共财产或者他人财产直接损失，负事故全部或者主要责任，无能力赔偿数额在60万元以上的。(3)“因逃逸致人死亡”，是指行为人在交通肇事后为逃避法律追究而逃跑，致使被害人因得不到救助而死亡的情形。“因逃逸致人死亡”属于交通肇事罪的结果加重犯。(4)交通肇事后，单位主管人员、机动车辆所有人、承包人或者乘车人指使肇事人逃逸，致使被害人因得不到救助而死亡的，以交通肇事罪的共犯论处。此为“过失共犯”之规定。

法条分析

(1)本条中的“交通运输肇事后逃逸”应如何理解？

(2)本条中的“因逃逸致人死亡”及其属于交通肇事罪的犯罪形态，应如何理解？

(3)交通肇事构成过失共犯的情形是什么？

(4)在交通肇事后为逃避法律追究，将被害人带离事故现场后隐藏或者遗弃，致使被害人无法得到救助而死亡或者严重残疾的，应如何处理？

(5)交通肇事后保护现场、抢救伤者，并向公安机关报告的，是否构成自首？请说明理由。

答案：(1)“交通运输肇事后逃逸”，是指行为人在发生了构成交通肇事罪的交通事故后，为逃避法律追究而逃跑的行为。

(2)“因逃逸致人死亡”，是指行为人在交通肇事后为逃避法律追究而逃跑，致使被害人因得不到救助而死亡的情形。“因逃逸致人死亡”属于交通肇事罪的结果加重犯。

(3)交通肇事后，单位主管人员、机动车辆所有人、承包人或者乘车人指使肇事人逃逸，致使被害人因得不到救助而死亡的，以交通肇事罪的共犯论处。

(4)应以故意杀人罪或者故意伤害罪定罪处罚。

(5)交通肇事后保护现场、抢救伤者，并向公安机关报告的，属于自动投案交代罪行的行为，因此应当认定为自首。

试题范例

1.(单项选择题)赵某因开车速度过快，将过马路的蔡某撞伤，造成蔡某手臂骨折。赵某送蔡某到医院治疗，由于护士的疏忽导致蔡某因药物过敏而死。赵某的行为构成(　　)。

A. 交通肇事罪　　B. 一般的交通肇事行为

C. 意外事件　　D. 过失致人死亡罪

2.(单项选择题)交通肇事并具有下列情形，应追究刑事责任的是(　　)。

A. 致3人死亡，负事故次要责任的

B. 致2人死亡，负事故同等责任的

C. 致1人死亡．负事故主要责任的

D. 造成财产损失无能力赔偿数额在20万元以上不满30万元，负事故全部责任的

3.(单项选择题)甲是某轮渡公司的经理，为了单位的创收和利润，明知渡船常常超载，对公司员工多次提出不要超载，否则会有危险的劝告置之不理，强令渡船驾驶员超载运输旅客。终有一日，渡船因超载而倾覆江中，造成多人死亡。甲的行为构成(　　)。

A. 交通肇事罪　　B. 重大责任事故罪

C. 重大劳动安全事故罪　　D. 工程重大安全事故罪

4.（多项选择题）车主甲雇用乙为其开车自山西往北京运煤。途中，乙因为已经驾驶了10多个小时，感到非常疲惫。甲仍要求其继续赶路，结果乙由于过度疲劳，打瞌睡时所驾驶车辆与其他车辆相撞，造成重大交通事故，死亡二人，重伤三人。对此，下列表述中正确的是（　　）。

A. 乙构成交通肇事罪

B. 甲构成交通肇事罪

C. 甲、乙二人构成交通肇事罪的共同犯罪

D. 乙构成交通肇事罪，甲构成过失致人死亡罪

答案：1. B　2. C　3. A　4. AB

核心法条

《刑法》第133条之一　在道路上驾驶机动车，有下列情形之一的，处拘役，并处罚金：

（一）追逐竞驶，情节恶劣的；

（二）醉酒驾驶机动车的；

（三）从事校车业务或者旅客运输，严重超过额定乘员载客，或者严重超过规定时速行驶的；

（四）违反危险化学品安全管理规定运输危险化学品，危及公共安全的。

机动车所有人、管理人对前款第三项、第四项行为负有直接责任的，依照前款的规定处罚。

有前两款行为，同时构成其他犯罪的，依照处罚较重的规定定罪处罚。

释解分析

本条规定的是危险驾驶罪。危险驾驶罪是指违反道路交通安全管理法规，在道路上危险驾驶机动车的行为。其构成要件有：(1) 侵犯客体是交通运输的正常秩序和道路交通安全。(2) 客观方面表现为违反道路交通安全管理法规，在道路上驾驶机动车实施刑法规定的危险驾驶行为。危险驾驶行为具体参见本条规定。(3) 犯罪主体是一般主体即自然人。(4) 主观方面表现为故意。

危险驾驶罪与交通肇事罪的区别有：(1) 构成交通肇事罪，必须具有“致人重伤、死亡或者使公私财产遭受重大损失”的结果，而构成危险驾驶罪，只要达到对人身安全和重大财产安全形成高度危险的程度，而不需要发生具体的损害结果。(2) 交通肇事罪主观方面表现为过失，而危险驾驶罪主观方面表现为故意。对于醉酒驾驶，追逐竞驶情节恶劣，或在公路上从事客运业务严重超载、超速，没有造成损失，或者只造成轻伤结果的，构成危险驾驶罪；造成重伤、死亡等重大损失的，构成交通肇事罪。

危险驾驶罪和以危险方法危害公共安全罪的区别在于，危险驾驶罪是抽象危险犯，而以危险方法危害公共安全罪是具体危险犯，但危险驾驶行为具有与放火、爆炸等相当的、具体的公共危险，行为人对该具体的公共危险具有故意的，应当认定为以危险方法危害公共安全罪。

危险驾驶罪的罪数：醉酒驾驶机动车，以暴力、威胁方法阻碍公安机关依法检查，又构成妨害公务罪、袭警罪等其他犯罪的，依照数罪并罚的规定处罚。

法条分析

（1）本条第1款中的“机动车”和“道路”应如何理解？

（2）本条第1款中的“追逐竞驶”和“醉酒驾驶”应如何理解？

（3）本条第1款中的“严重超过额定乘员载客，或者严重超过规定时速行驶”应如何理解？

（4）行为人醉酒驾车刚起步就将行人撞死的，应如何理解其犯罪形态和定罪处罚？

（5）行为人明知危险驾驶会危害公共安全，驾车横冲直撞，特别是肇事后继续驾车冲撞，造成重大伤亡事故的，应如何处理？为什么？

（6）危险驾驶罪的犯罪形态是什么？

答案：（1）机动车是指以动力装置驱动或者牵引，上道路行驶的供人员乘用或者用于运送物品以及进行工程专项作业的轮式车辆。道路是指公路、城市道路和虽在单位管辖范围内但允许社会机动车通行的地方，包括广场、公共停车场等用于公众通行的场所。

（2）追逐竞驶是指汽车驾驶者之间相互追逐、竞相超越的行为。醉酒驾驶是指车辆驾驶人员每100毫升血液中的酒精含量，大于或者等于80毫克而驾驶车辆的行为。

（3）超员、超速行驶是指从事校车业务或者旅客运输，严重超过额定乘员载客，或者严重超过规定时速行驶的行为。严重超载应为超载20%以上，严重超速应为超速50%以上。

（4）行为人醉酒驾车刚起步就将行人撞死的，构成危险驾驶罪和交通肇事罪，其犯罪形态为想象竞合犯，应当依照处罚较重的规定定罪处罚。

（5）行为人明知危险驾驶会危害公共安全，却驾车横冲直撞，造成重大伤亡事故的，应认定为以危险方法危害公共安全罪。因为行为人明知危险驾驶会危害公共安全，却驾车横冲直撞，特别是在肇事后继续驾车冲撞，说明行为人主观上对持续发生的危害结果持放任态度，具有危害公共安全的故意，对此应以以危险方法危害公共安全罪定罪处罚。

（6）四项危险驾驶行为，前三项为行为犯或抽象危险犯；后一项为具体危险犯。

试题范例

（单项选择题）下列行为中，应以危险驾驶罪论处的是（　　）。

A. 甲醉酒驾驶机动车，误将红灯看成绿灯，撞死2名行人

B. 乙吸毒后驾驶机动车，未造成人员伤亡，但危及交通安全

C. 丙在驾驶汽车前吃了大量荔枝，被交警以呼气式酒精检测仪测试到酒精含量达到醉酒程度

D. 丁将汽车误停在大型商场地下固定卸货车位，后在醉酒时将汽车从地下三层开到地下一层的停车位

答案：D

核心法条

《刑法》第 133 条之二　对行驶中的公共交通工具的驾驶人员使用暴力或者抢控驾驶操纵装置，干扰公共交通工具正常行驶，危及公共安全的，处一年以下有期徒刑、拘役或者管制，并处或者单处罚金。

前款规定的驾驶人员在行驶的公共交通工具上擅离职守，与他人互殴或者殴打他人，危及公共安全的，依照前款的规定处罚。

有前两款行为，同时构成其他犯罪的，依照处罚较重的规定定罪处罚。

释解分析

本条规定的是妨害安全驾驶罪。妨害安全驾驶罪是指对行驶中的公共交通工具的驾驶人员使用暴力或者抢控驾驶操纵装置，干扰公共交通工具正常行驶，或者行驶中的公共交通工具的驾驶人员在行驶的公共交通工具上擅离职守，与他人互殴或者殴打他人，危及公共安全的行为。其构成要件有：(1) 侵犯的客体是公共交通安全。(2) 客观方面表现为对行驶中的公共交通工具的驾驶人员使用暴力或者抢控驾驶操纵装置，干扰公共交通工具正常行驶，或者行驶中的公共交通工具的驾驶人员在行驶的公共交通工具上擅离职守，与他人互殴或者殴打他人，危及公共安全的行为。妨害安全驾驶行为必须发生在交通工具行驶过程中。(3) 犯罪主体为特殊主体，即正在行驶中的公共交通工具的乘载人员和驾驶人员。(4) 主观方面表现为故意。

法条分析

(1) 本条第 1 款中的“并处或者单处罚金”应如何理解？

(2) 如何认定本罪的犯罪形态和既遂形态？

(3) 实施妨害安全驾驶行为，足以危害公共安全的，应如何处理？

答案：(1) 并处或者单处罚金，即罚金既可以附加主刑适用，也可以作为一种与主刑并列的刑种供选择适用。

(2) 本罪属于行为犯，只要实施了妨害安全驾驶的行为，就构成本罪的既遂。

(3) 成立妨害安全驾驶罪和以危险方法危害公共安全罪的想象竞合犯，择一重罪处断即定以危险方法危害公共安全罪。

试题范例

(多项选择题) 在公交车行驶过程中发生下列行为，构成妨害安全驾驶罪的有 (　　)。

A. 乘客甲对公交车司机乙使用暴力，干扰公共交通工具正常行驶

B. 乘客甲抢控公交车方向盘，干扰公共交通工具正常行驶

C. 司机甲不顾公交车正在行驶，离开驾驶座位与乘客乙互殴

D. 司机甲将公交车停在路边，殴打乘客乙

答案：ABC

核心法条

《刑法》第 134 条　在生产、作业中违反有关安全管理的规定，因而发生重大伤亡事故或者造成其他严重后果的，处三年以下有期徒刑或者拘役；情节特别恶劣的，处三年以上七年以下有期徒刑。

强令他人违章冒险作业，或者明知存在重大事故隐患而不排除，仍冒险组织作业，因而发生重大伤亡事故或者造成其他严重后果的，处五年以下有期徒刑或者拘役；情节特别恶劣的，处五年以上有期徒刑。

释解分析

本条规定的是重大责任事故罪和强令、组织他人违章冒险作业罪。重大责任事故罪是指在生产、作业中违反有关安全管理的规定，因而发生重大伤亡事故或者造成其他严重后果的行为。其构成要件有：(1) 侵犯客体是生产、作业安全。(2) 客观方面表现为在生产、作业中违反有关安全管理的规定，因而发生重大伤亡事故或者造成其他严重后果的行为。(3) 犯罪主体是一般主体即自然人。(4) 主观方面表现为过失。

重大责任事故罪与过失致人死亡罪等其他过失犯罪的关键区别在于发生的场合不同：重大责任事故罪发生于生产、作业过程中，其他过失犯罪一般发生于日常社会生活中。重大责任事故罪和过失致人重伤罪、过失致人死亡罪之间属于特别法条和一般法条的竞合关系。

重大责任事故罪的罪数：(1) 以行贿方式逃避安全生产监督管理，或者非法、违法生产作业，导致发生重大安全事故，构成数罪的，应以行贿罪和重大责任事故罪数罪并罚。(2) 在安全事故发生后，直接负责的主管人员和其他直接责任人员故意阻挠开展抢救，导致人员死亡或者重伤，或者为了逃避法律追究，对被害人进行隐藏、遗弃，致使被害人因无法得到救助而死亡或者重度残疾的，分别以故意杀人罪或者故意伤害罪定罪处罚。

强令、组织他人违章冒险作业罪是指强令他人违章冒险作业，或者明知存在重大事故隐患而不排除，仍冒险组织作业，因而发生重大伤亡事故或者造成其他严重后果的行为。其构成要件有：(1) 侵犯客体是生产、作业安全。(2) 客观方面表现为强令他人违章冒险作业，或者明知存在重大事故隐患而不排除，仍冒险组织作业，因而发生重大伤亡事故或者造成其他严重后果的行为。(3) 犯罪主体是一般主体即自然人。(4) 主观方面表现为过失。

强令、组织他人违章冒险作业罪与过失致人死亡罪等其他过失犯罪的区别体现在，强令、组织他人违章冒险作业过程中，会发生致人死亡等后果，但只要发生在生产、作业过程中，并强令、组织他人违章冒险作业，就以强令、组织他人违章冒险作业罪论处，不另定过失致人死亡罪等罪，如果不是发生在生产、作业的特定场合，才以过失致人死亡罪等罪论处。

法条分析

(1) 对于厂（矿）区内机动车作业期间发生的伤亡事故案件，应如何处理？

(2) 本条中的“强令他人违章冒险作业”和“明知存在重大事故隐患而不排除”应如何

理解？

（3）在安全事故发生后，为了逃避法律追究，将被害人遗弃，致使被害人因得不到救助而死亡或者重度残疾的，应如何处理？

（4）如何认定第1款规定之罪和第2款规定之罪在主体范围上的差异？

答案：（1）对于在厂（矿）区内机动车作业期间发生的伤亡事故案件，应根据不同情况，区别对待。在公共交通管理范围内，因违反交通运输管理法规，造成重大事故的，应认定为交通肇事罪；在公共交通管理范围外发生重大事故的，应认定为重大责任事故罪。

（2）强令他人违章冒险作业是指生产、施工、作业等工作的管理人员，明知自己的决定违反安全生产、作业的规章制度，可能会发生事故，却心存侥幸，自认为不会发生事故，而强行命令他人违章作业的行为。明知存在重大事故隐患而不排除是指企业对其存在的重大事故隐患和安全问题知情，或者在接到有关部门的整改通知后，在未消除安全隐患、未有效整改的情况下，继续冒险组织作业，以致发生重大伤亡事故或者造成其他严重后果。

（3）在安全事故发生后，为了逃避法律追究，将被害人遗弃，致使被害人因得不到救助而死亡或者重度残疾的，以故意杀人罪或者故意伤害罪定罪处罚。

（4）重大责任事故罪的主体通常是生产、作业第一线工作人员；强令、组织他人违章冒险作业罪的主体一般不是生产、作业第一线工作人员，而是管理者、经营者。

试题范例

1.（单项选择题）甲、乙、丙在承建一个加油站工程中，为赶工期在未按要求设计、制作支架的情况下，指挥工人违章进行浇灌加油站屋面混凝土作业。安全员发现问题后向甲、乙、丙提出按规定加固支架的意见，但甲、乙、丙置若罔闻，继续违章指挥施工。由于原支架超负重压，屋面模板突然倒塌，造成5人死亡。甲、乙、丙的行为构成（　　）。

A. 重大责任事故罪　　B. 工程重大安全事故罪

C. 重大劳动安全事故罪　　D. 过失致人死亡罪

2.（单项选择题）甲是某建筑队的电焊工，在一次建筑物装修的施工中，没有按照规定清除电焊作业下方堆放的大量木板和棉织物，就进行电焊作业。结果炙热的电焊渣掉落到下方的物品上，引起火灾，造成大楼被烧毁，直接经济损失1 000万元，同时还导致20人被大火烧死。甲的行为构成（　　）。

A. 失火罪和过失致人死亡罪　　B. 失火罪

C. 重大责任事故罪和过失致人死亡罪　　D. 重大责任事故罪

答案：1. A　2. D

核心法条

《刑法》第134条之一　在生产、作业中违反有关安全管理的规定，有下列情形之一，具有发生重大伤亡事故或者其他严重后果的现实危险的，处一年以下有期徒刑、拘役或者管制：

（一）关闭、破坏直接关系生产安全的监控、报警、防护、救生设备、设施，或者篡改、隐瞒、销毁其相关数据、信息的；

（二）因存在重大事故隐患被依法责令停产停业、停止施工、停止使用有关设备、设施、场所或者立即采取排除危险的整改措施，而拒不执行的；

（三）涉及安全生产的事项未经依法批准或者许可，擅自从事矿山开采、金属冶炼、建筑施工，以及危险物品生产、经营、储存等高度危险的生产作业活动的。

释解分析

本条规定的是危险作业罪。危险作业罪是指在生产、作业中违反有关安全管理的规定，实施具有发生重大伤亡事故或者其他严重后果的现实危险的特定行为。其构成要件有：（1）侵犯的客体是生产、作业安全。（2）客观方面表现为在生产、作业中违反有关安全管理的规定，实施具有发生重大伤亡事故或者其他严重后果的现实危险的特定行为。危险作业罪有三种法定行为方式（详见本条规定）。（3）犯罪主体是一般主体即自然人。（4）主观方面表现为故意。

法条分析

（1）条文规定之罪的犯罪形态是什么？

（2）条文中的“现实危险”应如何理解？

答案：（1）危险犯。

（2）“现实危险”是作为结果的危险，即危险作业的行为造成人员重大伤亡或者其他严重后果的危险状态。

试题范例

（多项选择题）下列选项中，属于危险犯的有（　　）。

A. 危险驾驶罪　　B. 危险作业罪

C. 妨害安全驾驶罪　　D. 投放危险物质罪

答案：BD

十三、破坏社会主义市场经济秩序罪

核心法条

《刑法》第 140 条　生产者、销售者在产品中掺杂、掺假，以假充真，以次充好或者以不合格产品冒充合格产品，销售金额五万元以上不满二十万元的，处二年以下有期徒刑或者拘役，并处或者单处销售金额百分之五十以上二倍以下罚金；销售金额二十万元以上不满五十万元的，处二年以上七年以下有期徒刑，并处销售金额百分之五十以上二倍以下罚金；销售金额五十万元以上不满二百万元的，处七年以上有期徒刑，并处销售金额百分之五十以上二倍以下罚金；销售金额二百万元以上的，处十五年有期徒刑或者无期徒刑，并处销售金额百分之五十以上二倍以下罚金或者没收财产。

释解分析

本条规定的是生产、销售伪劣产品罪。生产、销售伪劣产品罪是指生产者、销售者在产品中掺杂、掺假，以假充真，以次充好或者以不合格产品冒充合格产品，销售金额达5万元以上的行为。其构成要件有：(1) 侵犯客体是国家对普通产品质量的管理制度，以及消费者的合法权益。(2) 客观方面表现为生产者、销售者违反国家的产品质量管理法律、法规，生产、销售伪劣产品的行为。生产、销售伪劣产品的行为方式具体包括四种情况：在产品中掺杂、掺假；以假充真；以次充好；以不合格产品冒充合格产品。此外，生产、销售不符合食品安全标准的食品添加剂，用于食品的包装材料、容器、洗涤剂、消毒剂，或者用于食品生产经营的工具、设备等，构成犯罪的，以生产、销售伪劣产品罪定罪处罚。(3) 犯罪主体是一般主体，包括自然人和单位，即生产者、销售者。(4) 主观方面表现为故意，一般具有非法牟利的目的。

构成本罪要求销售金额在5万元以上。生产、销售伪劣产品的数额已经达到5万元的，即构成生产、销售伪劣产品罪既遂，未达到5万元这一数额的，属于一般违法行为。下列情形构成生产、销售伪劣产品罪未遂：(1) 伪劣产品尚未销售，货值金额达到《刑法》第140条规定的销售金额3倍（15万元）以上的；(2) 伪劣产品销售金额不满5万元，但将已销售金额乘以3倍后，与尚未销售的伪劣产品货值金额合计15万元以上的。

《刑法》第140～148条规定了9个罪名，第140条是一般法条，其余8个罪名是特殊法条。一般法条和特殊法条之间的适用规则为：(1) 补充关系。《刑法》第149条第1款规定，生产、销售8个具体罪名的产品，不构成各具体犯罪，但是销售金额在5万元以上的，构成生产、销售伪劣产品罪。此时，《刑法》第140条是其他法条的补充。(2) 从重关系。《刑法》第149条第2款规定，生产、销售8个具体罪名的产品，构成各该具体犯罪，销售金额又在5万元以上的，从一重罪处罚。这又可以称为“优先适用重法条”，这应当视为特别法条优先于普通法条适用的例外规定（法条竞合的例外情形）。

生产、销售伪劣产品（包括生产、销售假药、劣药，不符合安全标准的食品，有毒、有害食品等），同时构成侵犯知识产权罪、诈骗罪、合同诈骗罪、非法经营罪等罪的，属于想象竞合犯，依照处罚较重的规定定罪处罚。犯生产、销售伪劣产品罪，又以暴力、威胁方法抗拒查处，构成妨害公务罪等罪的，依照数罪并罚的规定处罚。

法条分析

(1) 条文中的“掺杂、掺假”“以假充真”“以次充好”“以不合格产品冒充合格产品”应如何理解？

(2) 本条中的“销售金额”应如何理解？

(3) 如何从销售金额的角度认定本条规定之罪的既遂、未遂形态？

(4) 如何认定特定伪劣商品犯罪和本条规定之罪的关系？

(5) 产品的生产者、销售者以虚拟的交易骗取他人财物的，是否构成本罪？请说明理由。

答案：(1)“掺杂、掺假”，是指在产品中掺入杂质或异物，致使产品质量不符合国家法律、法规或者产品明示质量标准规定的质量要求，降低、失去应有的使用性能的行为。

“以假充真”，是指以不具有某种使用性能的产品冒充具有该种使用性能的产品的行为。

“以次充好”，是指以低等级、低档次产品冒充高等级、高档次产品，或者以残次、废旧零配件组合、拼装后冒充正品或者新产品的行为。

“以不合格产品冒充合格产品”，是指以不符合产品质量标准的产品冒充符合产品质量标准的产品。

(2)销售金额是指生产者、销售者出售伪劣产品后所得和应得的全部违法收入。

(3)销售金额在5万元以上的，构成本罪的既遂。下列情形构成本罪的未遂：①伪劣产品尚未销售，货值金额达到销售金额3倍(15万元)以上的；②伪劣产品销售金额不满5万元，但将已销售金额乘以3倍后，与尚未销售的伪劣产品货值金额合计15万元以上的。

(4)生产、销售伪劣产品罪的规定和特定伪劣商品犯罪的规定之间存在法条竞合关系，此时应当依据特别法优先于一般法适用原则的规定处理，即按照特定伪劣商品犯罪定罪处罚；同时，构成生产、销售伪劣产品罪，又构成特定伪劣商品犯罪的，依照处罚较重的规定处罚(优先适用重法条，此为法律有特别规定的情形下依照法律规定的情形)。

(5)产品的生产者、销售者以虚拟的交易骗取他人财物的，构成诈骗罪，因为没有商品交易或者不存在真实交易，不能构成生产、销售伪劣产品罪。如果在生产、销售伪劣产品过程中，使用欺骗方法掩饰掺杂、掺假、产品质量低劣等事实骗取财物等，欺骗行为包含于生产、销售之中，只定生产、销售伪劣产品罪，不定诈骗罪。

试题范例

(单项选择题)甲生产假冒治疗糖尿病的注射药品，其成分是盐水和少量氢氧化钠的混合注射液，货值金额达20多万元，尚未销售即被查获。下列关于甲的行为的定性中，最恰当的是(　　)。

A. 甲不构成犯罪

B. 对甲以生产、销售伪劣产品罪(未遂)定罪处罚

C. 对甲以生产、销售伪劣产品罪(既遂)定罪处罚

D. 触犯生产假药罪与生产、销售伪劣产品罪(未遂)，依照处罚较重的规定定罪处罚

答案：D

核心法条

《刑法》第141条　生产、销售假药的，处三年以下有期徒刑或者拘役，并处罚金；对人体健康造成严重危害或者有其他严重情节的，处三年以上十年以下有期徒刑，并处罚金；致人死亡或者有其他特别严重情节的，处十年以上有期徒刑、无期徒刑或者死刑，并处罚金或者没收财产。

药品使用单位的人员明知是假药而提供给他人使用的，依照前款的规定处罚。

释解分析

本条规定的是生产、销售、提供假药罪。生产、销售、提供假药罪是指生产者、销售者违反国家药品管理法规，生产、销售假药或者药品使用单位的人员明知是假药而提供给他人使用的行为。其构成要件有：(1) 侵犯客体是国家对药品的管理制度和不特定的多数人的生命、健康权利。(2) 客观方面表现为违反国家药品管理法规，生产、销售假药或者药品使用单位的人员明知是假药而提供给他人使用的行为。医疗机构、医疗机构工作人员明知是假药而有偿提供给他人使用，或者为出售而购买、储存的，应认定为“销售”，以销售假药罪定罪处罚。(3) 犯罪主体是一般主体，包括自然人和单位。(4) 主观方面表现为故意，且一般出于营利的目的，但是否营利不影响本罪的构成。

实施生产、销售、提供假药犯罪，同时构成生产、销售伪劣产品、侵犯知识产权、非法经营、非法行医等犯罪的，依照处罚较重的规定定罪处罚。犯生产、销售、提供假药罪，又以暴力、威胁方法抗拒查处，构成其他犯罪的，依照数罪并罚的规定处罚。

法条分析

(1) 本条中的“假药”应如何理解？哪些情形属于假药？

(2) 本条规定的“生产假药”“销售假药”“提供假药”应如何理解？

(3) 如何理解本罪的犯罪形态？生产、销售、提供假药并对人体健康造成严重危害的，应如何认定其犯罪形态？

(4) 本条中的“并处罚金或者没收财产”应如何理解？

答案：(1) 假药是指药品成分虚假，完全无法发挥其应有功效的药品。有下列情形之一的，为假药：①药品所含成分与国家药品标准规定的成分不符；②以非药品冒充药品或者以他种药品冒充此种药品；③变质的药品；④药品所标明的适应症或者功能主治超出规定范围。

(2) 生产假药，是指非法制造、加工假药的行为。销售假药，是指将自己生产或他人生产的假药非法出售（批发或零售）的行为。提供假药，是指药品使用单位的人员明知是假药而提供给他人使用的行为。

(3) 生产、销售、提供假药罪属于行为犯，不要求有致人死伤的实害后果发生，也不要求足以危害人体健康。生产、销售、提供假药并对人体健康造成严重危害的，属于生产、销售、提供假药罪的结果加重犯。

(4) 并处罚金或者没收财产即没收财产和罚金可以择一判处，而无论选择罚金还是没收财产，都只能附加适用，并且必须适用。

试题范例

1.（单项选择题）甲将面粉和某些制毒的辅料混合加工，冒充云南白药出售，获利达20万元，造成数十人器官组织损伤导致一般功能障碍。甲的行为构成（　）。

A. 生产、销售、提供假药罪　　B. 生产、销售、提供劣药罪

C. 诈骗罪　　D. 故意伤害罪

2.（单项选择题）甲为谋取非法利益，用皮炎平软膏冒充用于治疗白癜风的他克莫司软

膏，获利 50 余万元。对甲的行为（　　）。

A. 应以生产、销售、提供假药罪定罪

B. 应以生产、销售伪劣产品罪定罪

C. 应以生产、销售、提供假药罪和生产、销售伪劣产品罪择一重罪处断

D. 应以生产、销售、提供假药罪和诈骗罪择一重罪处断

答案： 1. A　2. C

核心法条

《刑法》第 142 条　生产、销售劣药，对人体健康造成严重危害的，处三年以上十年以下有期徒刑，并处罚金；后果特别严重的，处十年以上有期徒刑或者无期徒刑，并处罚金或者没收财产。

药品使用单位的人员明知是劣药而提供给他人使用的，依照前款的规定处罚。

释解分析

本条规定的是生产、销售、提供劣药罪。生产、销售、提供劣药罪是指生产者、销售者违反国家药品管理制度，生产、销售劣药，或者药品使用单位的人员明知是劣药而提供给他人使用，对人体健康造成严重危害的行为。其构成要件有：（1）侵犯的客体是国家对药品的生产、销售管理秩序和不特定的多数人的生命、健康权利。（2）客观方面表现为生产者、销售者违反国家药品管理制度，生产、销售劣药，或者药品使用单位的人员明知是劣药而提供给他人使用，对人体健康造成严重危害的行为。（3）犯罪主体是一般主体，包括自然人和单位。（4）主观方面表现为故意。

生产、销售、提供劣药罪与生产、销售、提供假药罪的区别有：（1）犯罪对象不同。一个是假药，一个是劣药。（2）犯罪形态不同。生产、销售、提供假药罪是行为犯或者抽象危险犯，生产、销售、提供劣药罪是实害犯，即对人体健康造成严重危害的才能构成犯罪。

法条分析

（1）本条中的“劣药”应如何理解？哪些情形属于劣药？

（2）如何理解本罪的犯罪形态和既遂形态？生产、销售、提供劣药后果特别严重的，应如何认定其犯罪形态？

（3）生产、销售、提供劣药致人死亡的，应如何认定其犯罪形态？

（4）对于具有药品经营资质的企业通过非法渠道从私人手中购进劣药后销售，尚未达到销售劣药罪的入罪标准，但销售金额达到 5 万元以上的，应如何处理？

答案：（1）劣药是指药品成分属于劣质，无法发挥其应有功能的药品。有下列情形之一的，为劣药：①药品成分的含量不符合国家药品标准；②被污染的药品；③未标明或者更改有效期的药品；④未注明或者更改产品批号的药品；⑤超过有效期的药品；⑥擅自添加防腐剂、辅料的药品；⑦其他不符合药品标准的药品。

（2）生产、销售、提供劣药罪属于实害犯，只有对人体健康造成了严重危害，才构成既遂。生产、销售、提供劣药后果特别严重的，属于生产、销售、提供劣药罪的结果加重犯。

(3) 犯罪形态为结果加重犯。

(4) 应以销售伪劣产品罪定罪处罚。

试题范例

(单项选择题) 甲厂生产、销售感冒胶囊，感冒胶囊的成分含量不符合国家药品标准，多名患者服用感冒胶囊后导致一般功能障碍。甲厂构成（　　）。

A. 生产、销售假药罪

B. 生产、销售劣药罪

C. 生产、销售伪劣产品罪

D. 生产、销售假药罪和诈骗罪，从一重罪处罚

答案：B

核心法条

《刑法》第 142 条之一　违反药品管理法规，有下列情形之一，足以严重危害人体健康的，处三年以下有期徒刑或者拘役，并处或者单处罚金；对人体健康造成严重危害或者有其他严重情节的，处三年以上七年以下有期徒刑，并处罚金：

（一）生产、销售国务院药品监督管理部门禁止使用的药品的；

（二）未取得药品相关批准证明文件生产、进口药品或者明知是上述药品而销售的；

（三）药品申请注册中提供虚假的证明、数据、资料、样品或者采取其他欺骗手段的；

（四）编造生产、检验记录的。

有前款行为，同时又构成本法第一百四十一条、第一百四十二条规定之罪或者其他犯罪的，依照处罚较重的规定定罪处罚。

释解分析

本条规定的是妨害药品管理罪。妨害药品管理罪是指违反药品管理法规，实施足以严重危害人体健康的法定行为。其构成要件有：(1) 侵犯的客体是药品管理秩序。(2) 客观方面表现为违反药品管理法规，实施足以严重危害人体健康的法定行为。本罪有四种法定行为(详见本条之规定)。(3) 犯罪主体是一般主体，包括自然人和单位。(4) 主观方面表现为故意。

妨害药品管理罪的罪数：有妨害药品管理的行为，同时又构成生产、销售假药罪，生产、销售劣药罪或者其他犯罪的，依照处罚较重的规定定罪处罚。

法条分析

(1) 本罪的犯罪形态和既遂形态应如何理解？

(2) 未取得药品相关批准证明文件，将境外的“仿制药”擅自进口并予以销售，是否构成本罪？请说明理由。

答案：(1) 本罪属于危险犯，只有足以严重危害人体健康，才能构成本罪的既遂。

(2) 如果该仿制药确有疗效，其行为不足以严重危害人体健康的，不构成本罪；足以严

重危害人体健康的，构成本罪。

试题范例

（单项选择题）甲厂通过编造生产、检验记录，生产、销售大量国务院药品监督管理部门禁止使用的处方药，并将生产的处方药提供给诸多患者服用，该处方药足以严重危害人体健康。甲厂构成（　　）。

A. 生产、销售、提供假药罪　　B. 生产、销售、提供劣药罪

C. 生产、销售伪劣产品罪　　D. 妨害药品管理罪

答案：D

核心法条

《刑法》第 143 条　生产、销售不符合食品安全标准的食品，足以造成严重食物中毒事故或者其他严重食源性疾病的，处三年以下有期徒刑或者拘役，并处罚金；对人体健康造成严重危害或者有其他严重情节的，处三年以上七年以下有期徒刑，并处罚金；后果特别严重的，处七年以上有期徒刑或者无期徒刑，并处罚金或者没收财产。

释解分析

本条规定的是生产、销售不符合安全标准的食品罪。生产、销售不符合安全标准的食品罪是指违反国家食品安全管理法规，生产、销售不符合食品安全标准的食品，足以造成严重食物中毒事故或者其他严重食源性疾病的行为。其构成要件有：（1）侵犯的客体为国家对食品安全的监督管理秩序和食品安全。（2）客观方面表现为违反国家食品安全管理法规，生产、销售不符合食品安全标准的食品，足以造成严重食物中毒事故或者其他严重食源性疾病的行为。（3）犯罪主体为一般主体，包括自然人和单位。（4）主观方面表现为故意。

以下两种情形以生产、销售不符合安全标准的食品罪定罪处罚：（1）在食品生产、销售、运输、贮存等过程中，违反食品安全标准，超限量或者超范围滥用食品添加剂，足以造成严重食物中毒事故或者其他严重食源性疾病的。（2）在食用农产品种植、养殖、销售、运输、贮存等过程中，违反食品安全标准，超限量或者超范围滥用添加剂、农药、兽药等，足以造成严重食物中毒事故或者其他严重食源性疾病的。

生产、销售不符合安全标准的食品罪的认定及罪数：（1）在食品生产、销售、运输、贮存等过程中，使用不符合食品安全标准的食品包装材料、容器、洗涤剂、消毒剂，或者用于食品生产经营的工具、设备等，造成食品被污染，符合《刑法》第 143 条、第 144 条规定的，以生产、销售不符合安全标准的食品罪或者生产、销售有毒、有害食品罪定罪处罚。（2）生产、销售不符合食品安全标准的食品，有毒、有害食品，符合《刑法》第 143 条、第 144 条规定的，以生产、销售不符合安全标准的食品罪或者生产、销售有毒、有害食品罪定罪处罚。同时构成其他犯罪的，依照处罚较重的规定定罪处罚。生产、销售不符合食品安全标准的食品，无证据证明足以造成严重食物中毒事故或者其他严重食源性疾病，不构成生产、销售不符合安全标准的食品罪，但构成生产、销售伪劣产品罪，妨害动植物防疫、检疫罪等其他犯罪的，依照该其他犯罪定罪处罚。（3）生产、销售不符合食品安全标准的食品添

加剂，用于食品的包装材料、容器、洗涤剂、消毒剂，或者用于食品生产经营的工具、设备等，符合《刑法》第140条规定的，以生产、销售伪劣产品罪定罪处罚。生产、销售用超过保质期的食品原料、超过保质期的食品、回收食品作为原料的食品，或者以更改生产日期、保质期、改换包装等方式销售超过保质期的食品、回收食品，符合《刑法》第140条规定的，以生产、销售伪劣产品罪定罪处罚。实施上述行为，同时构成生产、销售不符合安全标准的食品罪，生产、销售不符合安全标准的产品罪等其他犯罪的，依照处罚较重的规定定罪处罚。(4) 以提供给他人生产、销售食品为目的，违反国家规定，生产、销售国家禁止用于食品生产、销售的非食品原料，情节严重的，以非法经营罪定罪处罚。以提供给他人生产、销售食用农产品为目的，违反国家规定，生产、销售国家禁用农药、食品动物中禁止使用的药品及其他化合物等有毒、有害的非食品原料，或者生产、销售添加上述有毒、有害的非食品原料的农药、兽药、饲料、饲料添加剂、饲料原料，情节严重的，以非法经营罪定罪处罚。(5) 违反国家规定，私设生猪屠宰厂（场），从事生猪屠宰、销售等经营活动，情节严重的，以非法经营罪定罪处罚。在畜禽屠宰相关环节，对畜禽使用食品动物中禁止使用的药品及其他化合物等有毒、有害的非食品原料，以生产、销售有毒、有害食品罪定罪处罚；对畜禽注水或者注入其他物质，足以造成严重食物中毒事故或者其他严重食源性疾病的，以生产、销售不符合安全标准的食品罪定罪处罚；虽不足以造成严重食物中毒事故或者其他严重食源性疾病，但符合《刑法》第140条规定的，以生产、销售伪劣产品罪定罪处罚。(6) 实施有关伪劣商品的非法经营行为，同时构成生产、销售伪劣产品罪，生产、销售不符合安全标准的食品罪，生产、销售有毒、有害食品罪，生产、销售伪劣农药、兽药罪等其他犯罪的，依照处罚较重的规定定罪处罚。(7) 违反国家规定，利用广告对保健食品或者其他食品作虚假宣传，符合《刑法》第222条规定的，以虚假广告罪定罪处罚；以非法占有为目的，利用销售保健食品或者其他食品诈骗财物，符合《刑法》第266条规定的，以诈骗罪定罪处罚。同时构成生产、销售伪劣产品罪等其他犯罪的，依照处罚较重的规定定罪处罚。(8) 负有食品安全监督管理职责的国家机关工作人员，滥用职权或者玩忽职守，构成食品监管渎职罪，同时构成徇私舞弊不移交刑事案件罪、商检徇私舞弊罪、动植物检疫徇私舞弊罪、放纵制售伪劣商品犯罪行为罪等其他渎职犯罪的，依照处罚较重的规定定罪处罚。负有食品安全监督管理职责的国家机关工作人员滥用职权或者玩忽职守，不构成食品监管渎职罪，但构成上述其他渎职犯罪的，依照该其他犯罪定罪处罚。负有食品安全监督管理职责的国家机关工作人员与他人共谋，利用其职务行为帮助他人实施危害食品安全犯罪行为，同时构成渎职犯罪和危害食品安全犯罪共犯的，依照处罚较重的规定定罪从重处罚。

法条分析

(1) 本条中的“食源性疾病”应如何理解？

(2) 属于“足以造成严重食物中毒事故或者其他严重食源性疾病”的情形有哪些？

(3) 本罪的犯罪形态和既遂形态应如何理解？生产、销售不符合食品安全标准的食品致人死亡或者重度残疾的，如何认定其犯罪形态？

(4) 生产、销售不符合食品安全标准的食品致人死亡的，其追诉期限应如何确定？

答案：(1) 食源性疾病是指食品中致病因素进入人体引起的感染性、中毒性等疾病。

（2）情形有：①含有严重超出标准限量的致病性微生物、农药残留、兽药残留、生物毒素、重金属等污染物质以及其他严重危害人体健康的物质的；②属于病死、死因不明或者检验检疫不合格的畜、禽、兽、水产动物肉类及其制品的；③属于国家为防控疾病等特殊需要明令禁止生产、销售的；④特殊医学用途配方食品、专供婴幼儿的主辅食品营养成分严重不符合食品安全标准的；⑤其他足以造成严重食物中毒事故或者严重食源性疾病的情形。

（3）本罪的犯罪形态是危险犯，只要足以造成严重食物中毒事故或者其他严重食源性疾病的，就构成本罪的既遂。生产、销售不符合食品安全标准的食品致人死亡或者重度残疾的，属于本罪的结果加重犯。

（4）15 年。

试题范例

（单项选择题）甲将数百吨对人体有严重危害的霉烂变质大米，经过漂白、抛光，冒充优质大米，投放粮食市场销售，金额达 300 余万元。甲的行为构成（　　）。

A. 生产、销售伪劣产品罪

B. 生产、销售不符合安全标准的食品罪

C. 生产、销售伪劣产品罪与生产、销售不符合安全标准的食品罪，依照处罚较重之罪定罪处罚

D. 生产、销售有毒、有害食品罪

答案：C

核心法条

《刑法》第 144 条　在生产、销售的食品中掺入有毒、有害的非食品原料的，或者销售明知掺有有毒、有害的非食品原料的食品的，处五年以下有期徒刑，并处罚金；对人体健康造成严重危害或者有其他严重情节的，处五年以上十年以下有期徒刑，并处罚金；致人死亡或者有其他特别严重情节的，依照本法第一百四十一条的规定处罚。

释解分析

本条规定的是生产、销售有毒、有害食品罪。生产、销售有毒、有害食品罪是指违反国家食品安全管理法规，在生产、销售的食品中掺入有毒、有害的非食品原料的，或者销售明知掺有有毒、有害的非食品原料的食品的行为。其构成要件有：（1）侵犯客体是国家食品安全监督管理秩序和不特定的多数人的生命、健康权利。（2）客观方面表现为违反国家食品安全管理法规，在生产、销售的食品中掺入有毒、有害的非食品原料的，或者销售明知掺有有毒、有害的非食品原料的行为。（3）犯罪主体是一般主体，包括自然人和单位。（4）主观方面表现为故意。

下列情形成立生产、销售有毒、有害食品罪：（1）对于利用“地沟油”生产“食用油”的，以及明知是利用“地沟油”生产的“食用油”而予以销售的，以本罪论处。明知对方是食用油经销者，仍将用餐厨废弃油（即“地沟油”）加工而成的劣质油脂销售给对方，导致劣质油脂流入食用油市场供人食用的，构成本罪。（2）在食品生产、销售、运输、贮存等过

程中，掺入有毒、有害的非食品原料，或者使用有毒、有害的非食品原料生产食品的，依照本罪定罪处罚。在食用农产品种植、养殖、销售、运输、贮存等过程中，使用禁用农药、食品动物中禁止使用的药品及其他化合物等有毒、有害的非食品原料的，依照本罪定罪处罚。在保健食品或者其他食品中非法添加国家禁用药物等有毒、有害的非食品原料的，以本罪定罪处罚。

生产、销售不符合安全标准的食品罪与生产、销售有毒、有害食品罪的区别有：(1) 客观表现不同。生产、销售不符合安全标准的食品罪是指违反国家食品安全管理法规，生产、销售不符合食品安全标准的食品，足以造成严重食物中毒事故或者其他严重食源性疾病的行为；生产、销售有毒、有害食品罪是指违反国家食品安全管理法规，在生产、销售的食品中掺入有毒、有害的非食品原料的，或者销售明知掺有有毒、有害的非食品原料的食品的行为。(2) 食品性质不同。生产、销售有毒、有害食品罪造成危害的是“有毒、有害的非食品原料”；生产、销售不符合安全标准的食品罪，则通常是食品的物质，因为变质而产生毒害。(3) 行为性质不同。生产、销售有毒、有害食品罪是行为犯，行为人实施了生产、销售有毒、有害食品的行为，就构成生产、销售有毒、有害食品罪；生产、销售不符合安全标准的食品罪是危险犯，除了实施生产、销售不符合食品安全标准的食品外，还要足以造成严重食物中毒事故或者其他严重食源性疾病，才能构成犯罪。

生产、销售有毒、有害食品罪与投放危险物质罪的区别有：(1) 客观方面不同。前罪在客观方面表现为在生产、销售的食品中掺入有毒、有害的非食品原料的行为；后罪除了在食品中投放危险物质，还可能在其他场合。(2) 主观方面不完全相同。虽然二者都是故意犯罪，但前罪往往为了使食品产量增加、降低成本、增大利润而实施其行为；后罪往往是出于追求其他目的而投放危险物质。(3) 主体不同。前罪的主体的刑事责任年龄是已满 16 周岁，并且可以是单位犯罪；后罪的主体的刑事责任年龄是已满 14 周岁，而且不包括单位。尽管有上述区别，但也不能将二者完全对立，生产、销售有毒、有害食品的行为，同时触犯投放危险物质罪的，属于想象竞合犯，应当择一重罪论处。

生产、销售有毒、有害食品罪的罪数：(1) 违反国家规定，私设生猪屠宰厂（场），从事生猪屠宰、销售等经营活动，情节严重的，依照非法经营罪定罪处罚。实施前述行为，同时又构成生产、销售不符合安全标准的食品罪，生产、销售有毒、有害食品罪等其他犯罪的，依照处罚较重的规定定罪处罚。(2) 生产、销售有毒、有害食品，符合生产、销售有毒、有害食品罪规定的，以生产、销售有毒、有害食品罪定罪处罚。同时构成其他犯罪的，依照处罚较重的规定定罪处罚。(3) 负有食品安全监督管理职责的国家机关工作人员与他人共谋，利用其职务行为帮助他人实施危害食品安全犯罪行为，同时构成渎职犯罪（如食品、药品监管渎职罪，放纵制售伪劣商品犯罪行为罪等）和危害食品安全犯罪共犯的，依照处罚较重的规定定罪从重处罚。

法条分析

(1) 如何理解本条规定之罪的罪名和罪状类型？

(2) 本条中的“有毒、有害的非食品原料”应如何理解？

(3) 如何理解本罪的犯罪形态？构成本罪并对人体健康造成严重危害的，应如何理解其犯罪形态？

（4）生产、销售由于污染、变质或者过量而产生毒性的食品，是否构成本罪？请说明理由。

（5）本条中的“致人死亡或者有其他特别严重情节的，依照本法第一百四十一条的规定处罚”，应如何理解其法定刑的具体规定方式？

答案：（1）本条规定的是生产、销售有毒、有害食品罪，罪状类型为叙明罪状。

（2）有毒、有害的非食品原料是指含有毒性元素或者对人体有害的成分而不能作为食品配料或者食品添加剂的物质。

（3）本罪属于行为犯，只要在生产、销售的食品中掺入有毒、有害的非食品原料，或者明知掺有有毒、有害的非食品原料的食品而销售，就构成本罪。构成本罪并对人体健康造成严重危害的，属于本罪的结果加重犯。

（4）不构成本罪，因为构成本罪，食品中必须掺有不能用于食用的非食品原料，且该原料必然产生毒素的，才构成本罪，只是由于污染、变质或者过量而产生毒性的食品，不构成本罪，而可构成生产、销售不符合安全标准的食品罪。

（5）其法定刑的具体规定方式为援引法定刑。

试题范例

（单项选择题）关于生产、销售伪劣商品罪，下列定性中正确的是（　　）。

A. 甲未经批准进口一批药品销售给医院。虽该药品质量合格，甲的行为仍构成销售假药罪

B. 甲大量使用禁用农药种植大豆。甲的行为属于“在生产的食品中掺入有毒、有害的非食品原料”，构成生产有毒、有害食品罪

C. 甲将纯净水掺入工业酒精中，冒充白酒销售。甲的行为不属于“在生产、销售的食品中掺入有毒、有害的非食品原料”，不成立生产、销售有毒、有害食品罪

D. 甲利用“地沟油”大量生产“食用油”后销售。因不能查明“地沟油”的具体毒害成分，对甲的行为不能以生产、销售有毒、有害食品罪论处

答案：B

核心法条

《刑法》第153条　走私本法第一百五十一条、第一百五十二条、第三百四十七条规定以外的货物、物品的，根据情节轻重，分别依照下列规定处罚：

（一）走私货物、物品偷逃应缴税额较大或者一年内曾因走私被给予二次行政处罚后又走私的，处三年以下有期徒刑或者拘役，并处偷逃应缴税额一倍以上五倍以下罚金。

（二）走私货物、物品偷逃应缴税额巨大或者有其他严重情节的，处三年以上十年以下有期徒刑，并处偷逃应缴税额一倍以上五倍以下罚金。

（三）走私货物、物品偷逃应缴税额特别巨大或者有其他特别严重情节的，处十年以上有期徒刑或者无期徒刑，并处偷逃应缴税额一倍以上五倍以下罚金或者没收财产。

单位犯前款罪的，对单位判处罚金，并对其直接负责的主管人员和其他直接责任人员，处三年以下有期徒刑或者拘役；情节严重的，处三年以上十年以下有期徒刑；情节特

别严重的，处十年以上有期徒刑。

对多次走私未经处理的，按照累计走私货物、物品的偷逃应缴税额处罚。

释解分析

本条规定的是走私普通货物、物品罪。走私普通货物、物品罪是指违反海关法规，逃避海关监管，非法运输、携带、邮寄国家禁止进出口的武器、弹药、核材料、假币、珍贵动物及其制品、珍稀植物及其制品、淫秽物品以及国家禁止出口的文物、金银和其他贵重金属以外的其他货物、物品进出境，偷逃应缴纳关税数额较大或者1年内曾因走私被给予2次行政处罚后又走私的行为。其构成要件有：(1) 侵犯客体是国家对普通货物、物品进出口的监督管理制度和关税征管制度。(2) 客观方面表现为行为人违反海关法规，逃避海关监管，走私普通货物、物品，偷逃数额较大关税或者虽未达到数额较大但1年内因走私受到2次行政处罚后又走私的行为。(3) 犯罪主体是一般主体，包括自然人和单位。(4) 主观方面表现为故意，并且具有偷逃关税的目的。

走私普通货物、物品罪的认定：(1) 加工贸易登记手册、特定减免税批文等涉税单证是海关根据国家法律法规以及有关政策性规定，给予特定企业用于保税货物经营管理和减免税优惠待遇的凭证。利用购买的加工贸易登记手册、特定减免税批文等涉税单证进口货物，实质是将一般贸易货物伪报为加工贸易保税货物或者特定减免税货物进口，以达到偷逃应缴税款的目的，应当以走私普通货物、物品罪定罪处罚。如果行为人与走私分子通谋出售上述涉税单证，或者在出卖批文后又以提供印章、向海关伪报保税货物、特定减免税货物等方式帮助买方办理进口通关手续的，对卖方以走私罪的共犯论处。(2) 在加工贸易经营活动中，以假出口、假结转或者利用虚假单证等方式骗取海关核销，致使保税货物、物品脱离海关监管，造成国家税款流失，构成犯罪的，以走私普通货物、物品罪追究刑事责任。但有证据证明因不可抗力原因导致保税货物脱离海关监管、经营人无法办理正常手续而骗取海关核销的，不认定为走私罪。(3) 经许可进口国家限制进口的可用作原料的废物时，偷逃应缴税额，构成犯罪的，以走私普通货物、物品罪论处。但是，该情形限于"进口国家限制进口的可用作原料的废物"，如果以原料利用为名，进口不能用作原料的固体废物、液态废物和气态废物的，以走私废物罪论处。既未经许可，又偷逃应缴税额，同时构成走私废物罪和走私普通货物、物品罪的，应当按照处罚较重的规定定罪处罚。虽经许可，但超过许可数量进口国家限制进口的可用作原料的废物，超过部分以未经许可论。(4) 取得许可，但超过许可数量进出口国家限制进出口的货物、物品的，以走私普通货物、物品罪定罪处罚。未经许可进出口国家限制进出口的货物、物品，同时偷逃应缴税额又构成走私普通货物、物品罪的，依照处罚较重的规定定罪处罚。

走私普通货物、物品罪的罪数：(1) 在走私的货物、物品中藏匿《刑法》第151条（武器、弹药，核材料，假币，文物，贵重金属，珍贵动物、珍贵动物制品，国家禁止进出口的货物、物品）、第152条（淫秽物品、废物）、第347条（毒品）、第350条（制毒物品）规定的货物、物品（以明知为前提），构成犯罪的，以实际走私的货物、物品定罪处罚；构成数罪的，实行数罪并罚。在一次走私活动中，在普通的货物、物品中掺入走私的货物、物品的，应具体情况具体分析。(2) 以暴力、威胁方法抗拒缉私的，以走私普通货物、物品罪和妨害公务罪实行数罪并罚。

法条分析

（1）本条中的“走私”应如何理解？

（2）第1款中的“应缴税额”应如何理解？

（3）如何认定第3款中的“多次走私未经处理”？

（4）刑法规定的走私方式有哪些？

（5）刑法规定的变相走私方式有哪些？

（6）刑法规定的间接走私方式有哪些？

（7）如何认定本罪的既遂？

答案：（1）走私是指违反海关法规，偷逃应缴税额或者逃避海关监管的行为。

（2）应缴税额是指进出口货物、物品应当缴纳的进出口关税和进口环节海关代征税的税额。

（3）多次走私未经处理是指多次走私未经行政处理和刑事处理。

（4）走私方式有：①绕关，即不经过海关，携带货物进出境。②瞒关，即经过海关，但不如实申报，携带货物进出境。

（5）变相走私方式有：①未经海关许可并且未补缴应缴税额，擅自将批准进口的来料加工、来件装配、补偿贸易的原材料、零件、制成品、设备等保税货物，在境内销售牟利的；②未经海关许可并且未补缴应缴税额，擅自将特定减税、免税进口的货物、物品，在境内销售牟利的。

（6）间接走私方式有：①直接向走私人非法收购国家禁止进口物品的，或者直接向走私人非法收购走私进口的其他货物、物品，数额较大的；②在内海、领海、界河、界湖运输、收购、贩卖国家禁止进出口物品的，或者运输、收购、贩卖国家限制进出口货物、物品，数额较大，没有合法证明的。

（7）下列情形构成本罪的既遂：①在海关监管现场被查获的；②以虚假申报方式走私，申报行为实施完毕的；③以保税货物或者特定减税、免税进口的货物、物品为对象走私，在境内销售的，或者申请核销行为实施完毕的。

试题范例

1.（单项选择题）下列关于走私犯罪行为的认定中，正确的是（　　）。

A. 甲在内海收购、贩卖国家禁止进出口的珍贵动物及其制品时，以武力抗拒缉私，属于牵连犯，应择一重罪处断

B. 乙走私禁止进出口的大量货物、物品，但具体走私对象并不明确，对乙应以走私普通货物、物品罪定罪处罚

C. 丙走私大量象牙，并在象牙中混入200克海洛因。丙的行为属于想象竞合犯，应择一重罪处断

D. 丁经批准后进口废物进境，偷逃关税达50万元，构成走私普通货物、物品罪

2.（多项选择题）甲误将淫秽录像带当作普通录像带走私入境，但并未按照普通货物缴纳关税，偷逃关税数额较大。下列对甲的行为的定性中，正确的是（　　）。

A. 甲的行为属于对象错误　　　　　　　　B. 甲的行为构成走私淫秽物品罪

C. 甲的行为构成走私普通货物、物品罪　　D. 甲的行为属于客体错误

3.（多项选择题）下列行为中（不考虑数量），应以走私普通货物、物品罪论处的是（　）。

A. 将白银从境外走私进入中国境内

B. 走私国家禁止进出口的旧机动车

C. 走私淫秽物品，有传播目的但无牟利目的

D. 走私无法组装并使用（不属于废物）的弹头、弹壳

答案：1. D　2. CD　3. AD

核心法条

《刑法》第 163 条　公司、企业或者其他单位的工作人员，利用职务上的便利，索取他人财物或者非法收受他人财物，为他人谋取利益，数额较大的，处三年以下有期徒刑或者拘役，并处罚金；数额巨大或者有其他严重情节的，处三年以上十年以下有期徒刑，并处罚金；数额特别巨大或者有其他特别严重情节的，处十年以上有期徒刑或者无期徒刑，并处罚金。

公司、企业或者其他单位的工作人员在经济往来中，利用职务上的便利，违反国家规定，收受各种名义的回扣、手续费，归个人所有的，依照前款的规定处罚。

国有公司、企业或者其他国有单位中从事公务的人员和国有公司、企业或者其他国有单位委派到非国有公司、企业以及其他单位从事公务的人员有前两款行为的，依照本法第三百八十五条、第三百八十六条的规定定罪处罚。

释解分析

本条规定的是非国家工作人员受贿罪。非国家工作人员受贿罪是指公司、企业或者其他单位的工作人员，利用职务上的便利，索取他人财物或者非法收受他人财物，为他人谋取利益，数额较大的行为。其构成要件有：(1) 侵犯客体是国家对公司、企业以及非国有事业单位、其他组织的工作人员职务活动的管理制度。(2) 客观方面表现为行为人利用职务上的便利，索取他人财物或者非法收受他人财物，为他人谋取利益，数额较大的行为。公司、企业或者其他单位的工作人员在经济往来中，利用职务上的便利，违反国家规定，收受各种名义的回扣、手续费，归个人所有的，构成非国家工作人员受贿罪。(3) 犯罪主体是特殊主体，即非国家工作人员。(4) 主观方面表现为故意。

非国家工作人员受贿罪与受贿罪的区别有：(1) 犯罪主体不同。非国家工作人员受贿罪的主体是公司、企业或者其他单位的工作人员，即非国家工作人员；受贿罪的主体是国家工作人员以及以国家工作人员论的在国有公司、企业、事业单位中从事公务的人员和国有公司、企业、事业单位等委派到非国有公司、企业或者其他单位中从事公务的人员。(2) 职务便利的本质不同。非国家工作人员受贿罪的职务便利，是与单位管理有关的职权形成的便利条件，不涉及公共事务（私权利），如果国家工作人员利用私权利收受或者索取他人财物，也可能构成非国家工作人员受贿罪；受贿罪的职务便利，是与公共事务有关的职权形成的便

利条件（公权力）。

非国家工作人员受贿罪的共犯及其与受贿罪共犯的认定。非国家工作人员与国家工作人员通谋，共同收受他人财物，构成共同犯罪的，根据双方利用职务便利的具体情形分别定罪追究刑事责任：(1) 利用国家工作人员的职务便利为他人谋取利益的，以受贿罪追究刑事责任。(2) 利用非国家工作人员的职务便利为他人谋取利益的，以非国家工作人员受贿罪追究刑事责任。(3) 分别利用各自的职务便利为他人谋取利益的，按照主犯的犯罪性质追究刑事责任，不能分清主从犯的，可以受贿罪追究刑事责任。

非国家工作人员受贿罪和受贿罪的具体认定：(1) 银行或者其他金融机构的工作人员在金融业务活动中索取他人财物或者非法收受他人财物，为他人谋取利益的，或者违反国家规定，收受各种名义的回扣、手续费，归个人所有的，依照非国家工作人员受贿罪定罪处罚。国有金融机构工作人员和国有金融机构委派到非国有金融机构从事公务的人员有前述行为的，依照受贿罪定罪处罚。(2) 医疗机构中的国家工作人员，在药品、医疗器械、医用卫生材料等医药产品采购活动中，利用职务上的便利，索取销售方财物，或者非法收受销售方财物，为销售方谋取利益，构成犯罪的，以受贿罪定罪处罚。医疗机构中的非国家工作人员，有前述行为，数额较大的，以非国家工作人员受贿罪定罪处罚。(3) 公立医院医生作为医疗机构中的医务人员，原则上应当认定为“非国家工作人员”，因此，医院医生“开单提成”的行为，按照非国家工作人员受贿罪定罪处罚。医疗机构中的医务人员，利用开处方的职务便利，以各种名义非法收受药品、医疗器械、医用卫生材料等医药产品销售方财物，为医药产品销售方谋取利益，数额较大的，以非国家工作人员受贿罪定罪处罚。(4) 学校及其他教育机构中的国家工作人员，在教材、教具、校服或者其他物品的采购等活动中，利用职务上的便利，索取销售方财物，或者非法收受销售方财物，为销售方谋取利益，构成犯罪的，以受贿罪定罪处罚。学校及其他教育机构中的非国家工作人员，有前述行为，数额较大的，以非国家工作人员受贿罪定罪处罚。(5) 学校及其他教育机构中的教师，利用教学活动的职务便利，以各种名义非法收受教材、教具、校服或者其他物品销售方财物，为教材、教具、校服或者其他物品销售方谋取利益，数额较大的，以非国家工作人员受贿罪定罪处罚。(6) 依法组建的评标委员会、竞争性谈判采购中谈判小组、询价采购中询价小组的组成人员，在招标、政府采购等事项的评标或者采购活动中，索取他人财物或者非法收受他人财物，为他人谋取利益，数额较大的，以非国家工作人员受贿罪定罪处罚。依法组建的评标委员会、竞争性谈判采购中谈判小组、询价采购中询价小组中国家机关或者其他国有单位的代表有前述行为的，以受贿罪定罪处罚。

法条分析

(1) 本条中的“其他单位”“公司、企业或者其他单位的工作人员”应如何理解？

(2) 本条中的“利用职务上的便利”应如何理解？

(3) 本条中的“财物”的范围应如何理解？

(4) 本条中的“索取他人财物或者非法收受他人财物”应如何理解？

答案：(1)“其他单位”，既包括事业单位、社会团体、村民委员会、居民委员会、村民小组等常设性的组织，也包括为组织体育赛事、文艺演出或者其他正常活动而成立的组委会、筹委会、工程承包队等非常设性的组织。“公司、企业或者其他单位的工作人员”，包括国有公司、企业以及其他国有单位中的非国家工作人员。

(2) 利用职务上的便利是指直接利用本人组织、监督、管理（主管、负责）某项工作的便利条件。

(3) 财物不仅包括金钱和实物，而且包括可以用金钱计算的财产性利益。

(4) 索取他人财物或者非法收受他人财物是指非国家工作人员利用职务上的便利，在请托人要求其通过执行或不执行公司、企业职务而为他人谋取利益之机，主动向他人索要、要求提供财物的行为，或者被动地非法接受他人给付的财物的行为。

试题范例

（多项选择题）甲、乙是夫妻。甲系某市立医院的院长。乙收受药品供应商A价值5万元的钻戒之后，让甲在医院药品采购时关照A，甲利用职务上的便利使医院高价采购A百万元的药品。一年后，A送给乙一辆价值10万元的轿车，乙让甲在药品采购中关照A。甲颇为不悦，说不能总是给A帮忙。乙赶忙说，这回不是白忙乎，A给了一辆轿车。甲说，这还差不多，遂使医院以规定的价格采购200万元的药品。另外，甲还利用开处方的职务便利，收受药品供应商B的医药器材回扣款8万元。对于甲、乙行为的定性，下列表述中正确的是（　　）。

A. 乙构成利用影响力受贿罪，金额5万元

B. 甲构成受贿罪，乙构成甲受贿罪的共犯，该受贿罪共犯的金额为10万元

C. 甲构成非国家工作人员受贿罪，金额为8万元

D. 乙不成立受贿罪共犯

答案：ABC

核心法条

《刑法》第170条　伪造货币的，处三年以上十年以下有期徒刑，并处罚金；有下列情形之一的，处十年以上有期徒刑或者无期徒刑，并处罚金或者没收财产：

（一）伪造货币集团的首要分子；

（二）伪造货币数额特别巨大的；

（三）有其他特别严重情节的。

释解分析

本条规定的是伪造货币罪。伪造货币罪是指违反国家货币管理法规，仿照真货币的形状、色彩、图案等特征，使用各种方法非法制造出外观上足以乱真的假货币，破坏货币的公共信用，扰乱金融管理秩序的行为。其构成要件有：(1) 侵犯客体是国家对货币的管理制度，具体指破坏货币的公共信用和侵害货币的发行权。(2) 客观方面表现为伪造货币的行为。“伪造”是指制造外观上足以使一般人误认为是真货币的假货币的行为。仿照真货币的图案、形状、色彩等特征非法制造假币，冒充真币的行为，应当认定为“伪造货币”。行为人制造货币版样或者与他人事前通谋，为他人伪造货币提供版样的，以伪造货币罪定罪处罚。采用伪造或者变造手段，制造真伪拼凑的货币，以伪造货币罪定罪处罚。(3) 犯罪主体

是一般主体即自然人，单位不能成为本罪的主体。(4) 主观方面表现为故意。伪造货币罪并非目的犯，不要求行为人主观上具有谋取非法利益的目的。

伪造货币罪的既遂和未遂的认定：行为人已经伪造出足以使一般人误认为是真货币的假货币的，构成本罪的既遂。如果行为人已经着手实行伪造货币的行为，但由于行为人意志以外的原因，未能伪造出货币，或者虽然将伪造货币行为实施完毕，但伪造出的货币明显不足以使一般人误认为是真货币的，均应认定为本罪的未遂。

伪造货币罪的罪数：(1) 行为人伪造货币并出售或者运输伪造的货币的，以伪造货币罪从重处罚，不另成立出售、运输假币罪。这种情况下，出售、运输假币的行为可以被看作是伪造货币行为的必然延伸或当然结果，属于吸收犯，从一重罪论处。但这仅限于行为人出售、运输自己伪造的假币的情形。如果行为人既伪造货币，又出售或运输他人伪造的货币，即伪造的假币与出售、运输的假币不具有同一性时，则应以伪造货币罪和出售或运输假币罪实行数罪并罚。(2) 根据现有证据不能认定行为人是在伪造货币后而持有的，以持有假币罪定罪处罚；如果有证据证明其持有、使用的假币是其伪造的货币，则只定伪造货币罪，而持有、使用的行为被吸收，不再单独定罪。(3) 以使用为目的，伪造停止流通的货币，或者使用伪造的停止流通的货币的，以诈骗罪论处。此外，伪造的货币没有对应的真币并使用该伪造的货币的，构成诈骗罪。

法条分析

(1) 本条中的“伪造”应如何理解？

(2) 伪造货币又持有、运输、出售自己伪造的货币应当如何处理？为什么？

(3) 如何认定本罪的既遂和未遂？

(4) 伪造美元、欧元构成犯罪的，应如何定罪？

(5) 伪造古钱币冒充真钱币骗取他人财物构成犯罪的，应如何定罪？

答案：(1)“伪造”是指制造外观上足以使一般人误认为是真货币的假货币的行为。

(2) 行为人伪造货币又持有、运输、出售自己伪造的货币，属于吸收犯，应当按照吸收之罪一罪论处，即只定伪造货币罪一罪。

(3) 伪造出足以使一般人误认为是真货币的假货币的，构成伪造货币罪的既遂；如果已经着手实行伪造货币的行为，但由于意志以外的原因，未能伪造出货币，或者虽然将伪造货币行为实施完毕，但伪造出的货币明显不足以使一般人误认为是真货币的，均构成伪造货币罪的未遂。

(4) 构成伪造货币罪。

(5) 伪造古钱币冒充真钱币骗取数额较大财物的，应当认定为诈骗罪。

试题范例

(单项选择题) 根据下列案情，回答第 1—4 题：

甲、乙预谋修车后以假币骗付。某日，甲、乙在某汽修厂修车后应付款 4 850 元，按照预谋甲将 4 900 元假币递给乙清点后交给修理厂职工丙，乙说：“修得不错，零钱不用找了”，甲、乙随即上车。丙发现货币有假大叫“别走”，甲迅即启动车辆驶向厂门，丙扑向车前风挡，抓住雨刮器。乙对甲说：“太危险，快停车”，甲仍然加速，致丙摔成重伤。

1. 甲、乙用假币支付修车费被识破后开车逃跑的行为应定的罪名是（　　）。

A. 持有、使用假币罪　　B. 诈骗罪

C. 抢夺罪　　D. 抢劫罪

2. 对于丙的重伤，甲的罪过形式是（　　）。

A. 故意　　B. 有目的的故意　　C. 过失　　D. 无认识的过失

3. 关于致丙重伤的行为，下列表述中正确的是（　　）。

A. 乙明确叫甲停车，可以成立犯罪中止

B. 甲、乙构成故意伤害的共同犯罪

C. 甲的行为超出了共同犯罪故意，对于丙的重伤后果，乙不应当负责

D. 乙构成交通肇事罪

4. 甲的行为构成（　　）。

A. 抢夺罪、故意伤害罪　　B. 诈骗罪、以危险方法危害公共安全罪

C. 持有、使用假币罪，交通肇事罪　　D. 持有、使用假币罪，故意伤害罪

答案：1. A　2. A　3. C　4. D

核心法条

《刑法》第 175 条之一　以欺骗手段取得银行或者其他金融机构贷款、票据承兑、信用证、保函等，给银行或者其他金融机构造成重大损失的，处三年以下有期徒刑或者拘役，并处或者单处罚金；给银行或者其他金融机构造成特别重大损失或者有其他特别严重情节的，处三年以上七年以下有期徒刑，并处罚金。

单位犯前款罪的，对单位判处罚金，并对其直接负责的主管人员和其他直接责任人员，依照前款的规定处罚。

释解分析

本条规定的是骗取贷款、票据承兑、金融票证罪。骗取贷款、票据承兑、金融票证罪是指以欺骗手段取得银行或者其他金融机构贷款、票据承兑、信用证、保函等，给银行或者其他金融机构造成重大损失的行为。其构成要件有：(1) 侵犯客体是金融管理秩序与金融机构的信用安全。(2) 客观方面表现为行为人以欺骗手段取得银行或者其他金融机构贷款、票据承兑、信用证、保函等，给银行或者其他金融机构造成重大损失的行为。(3) 犯罪主体是一般主体，包括自然人和单位。(4) 主观方面表现为故意，但不具有非法占有目的。

法条分析

(1) 如何理解本罪的罪状形式？

(2) 如何理解本条中的“并处或者单处罚金”？

(3) 骗取贷款罪和贷款诈骗罪的关键区别是什么？

答案：(1) 叙明罪状。

(2)“并处或者单处罚金”，即：既可以附加于主刑适用罚金，也可以独立适用罚金。

(3) 骗取贷款罪要求行为人不具有非法占有目的，而贷款诈骗罪以非法占有为目的，这

是两罪的关键区别。

试题范例

（单项选择题）关于骗取贷款、票据承兑、金融票证罪，下列说法中正确的是（　　）。

A. 本罪的主体只能是自然人

B. 骗取贷款的主观方面须以非法占有贷款为目的

C. 冒用他人信用卡数额较大的，成立本罪

D. 以欺骗手段取得银行或者其他金融机构贷款，给银行或者其他金融机构造成重大损失的，成立本罪

答案：D

核心法条

《刑法》第 176 条　非法吸收公众存款或者变相吸收公众存款，扰乱金融秩序的，处三年以下有期徒刑或者拘役，并处或者单处罚金；数额巨大或者有其他严重情节的，处三年以上十年以下有期徒刑，并处罚金；数额特别巨大或者有其他特别严重情节的，处十年以上有期徒刑，并处罚金。

单位犯前款罪的，对单位判处罚金，并对其直接负责的主管人员和其他直接责任人员，依照前款的规定处罚。

有前两款行为，在提起公诉前积极退赃退赔，减少损害结果发生的，可以从轻或者减轻处罚。

释解分析

本条规定的是非法吸收公众存款罪。非法吸收公众存款罪是指违反国家金融管理法规，非法吸收公众存款或者变相吸收公众存款，扰乱金融秩序的行为。其构成要件有：（1）侵犯客体是国家对吸收公众存款的金融管理秩序。（2）客观方面表现为行为人非法吸收公众存款或者变相吸收公众存款，扰乱金融秩序的行为。（3）犯罪主体是一般主体，包括自然人和单位。（4）主观方面表现为故意，且没有非法占有公众存款的目的。

法条分析

请分析：

（1）本条中的“非法吸收”应如何理解？

（2）本条中的“变相吸收”应如何理解？

（3）属于“非法吸收公众存款或者变相吸收公众存款”，须同时符合哪些条件？

答案：（1）非法吸收是指未经中国人民银行批准，向社会不特定对象吸收资金，出具凭证，承诺在一定期限内还本付息的活动。

（2）变相吸收是指未经中国人民银行批准，不以吸收公众存款的名义，向社会不特定对象吸收资金，但承诺履行的义务与吸收公众存款性质相同的活动。

（3）非法吸收公众存款或者变相吸收公众存款须同时符合以下条件：①未经有关部门依

法许可或者借用合法经营的形式吸收资金；②通过网络、媒体、推介会、传单、手机信息等途径向社会公开宣传；③承诺在一定期限内以货币、实物、股权等方式还本付息或者给付回报；④向社会公众即社会不特定对象吸收资金。未向社会公开宣传，在亲友或者单位内部针对特定对象吸收资金的，不属于非法吸收公众存款或者变相吸收公众存款。

试题范例

1.（单项选择题）张某为筹集资金购买生产原料，向社会公开招聘公司职员，并向新入职的职员宣称可以投资入股。后有20名人员入股，共吸收300万元资金。张某的行为构成（　　）。

A. 非法吸收公众存款罪　　B. 集资诈骗罪

C. 诈骗罪　　D. 非法经营罪

2.（单项选择题）下列选项中，构成非法吸收公众存款罪的是（　　）。

A. 甲在其单位内部同事间拉资金入伙，欲图合伙炒房，募集20人共资金1 500万元

B. 乙以转让林权并代为管护为名，向社会募集资金1 000万元，实被其用于炒股，案发之前归还了大部分集资款

C. 丙未经批准以办厂为名，向该县数千名群众集资5 000余万元，被其用于购买高档轿车、旅游、吃喝，致使集资款不能返还

D. 丁以工程建设急需资金为由，承诺高额利息，在县里募集资金，在募集3 000万元资金后携带集资款逃匿

答案： 1. A　2. B

核心法条

《刑法》第177条之一　有下列情形之一，妨害信用卡管理的，处三年以下有期徒刑或者拘役，并处或者单处一万元以上十万元以下罚金；数量巨大或者有其他严重情节的，处三年以上十年以下有期徒刑，并处二万元以上二十万元以下罚金：

（一）明知是伪造的信用卡而持有、运输的，或者明知是伪造的空白信用卡而持有、运输，数量较大的；

（二）非法持有他人信用卡，数量较大的；

（三）使用虚假的身份证明骗领信用卡的；

（四）出售、购买、为他人提供伪造的信用卡或者以虚假的身份证明骗领的信用卡的。

窃取、收买或者非法提供他人信用卡信息资料的，依照前款规定处罚。

银行或者其他金融机构的工作人员利用职务上的便利，犯第二款罪的，从重处罚。

释解分析

本条规定的是妨害信用卡管理罪，窃取、收买、非法提供信用卡信息罪。妨害信用卡管理罪是指违反信用卡管理法律、法规的规定，妨害信用卡管理的行为。其构成要件有：（1）侵犯客体是国家的信用卡管理秩序。（2）客观方面表现为妨害信用卡管理的行为。妨害信用卡管理罪的法定行为方式包括四种（具体见本条规定）。（3）犯罪主体是一般主体即自

然人，单位不能成为本罪的主体。(4) 主观方面表现为故意。

妨害信用卡管理罪的认定：(1) 使用虚假的身份证明骗领信用卡，同时触犯使用虚假身份证件罪、盗用身份证件罪的，属于想象竞合犯，从一重罪处断。(2) 购买伪造的信用卡或者以虚假的身份证明骗领的信用卡后使用，又构成信用卡诈骗罪或者其他犯罪的，属于牵连犯，择一重罪处断。

窃取、收买、非法提供信用卡信息罪是指违反信用卡管理法律、法规，窃取、收买、非法提供他人信用卡信息资料的行为。其构成要件有：(1) 侵犯客体是信用卡管理秩序。(2) 客观方面表现为行为人窃取、收买或者非法提供他人信用卡信息资料的行为。(3) 犯罪主体是一般主体即自然人。(4) 主观方面表现为故意。

法条分析

(1) 本条第 1 款和第 2 款规定的是罪名是什么？

(2) 第 2 款中的"信用卡信息资料"应如何理解？

(3) 使用以虚假的身份证明骗领的信用卡的，是否构成第 1 款规定之罪？请说明理由。

(4) 第 2 款规定之罪的法定刑类型应如何理解？

答案： (1) 第 1 款规定的是妨害信用卡管理罪；第 2 款规定的是窃取、收买、非法提供信用卡信息罪。

(2) 信用卡信息资料是指信用卡磁条信息所载内容，包括发卡行代码、持卡人账户、账号、密码等电子数据。

(3) 使用以虚假的身份证明骗领的信用卡的，不构成第 1 款规定之罪。因为妨害信用卡管理的行为不具有非法占有目的，若使用以虚假的身份证明骗领的信用卡，则具有非法占有目的，构成信用卡诈骗罪。

(4) 第 2 款规定之罪的法定刑类型为援引法定刑。

试题范例

(单项选择题) 甲于某日在路上拾得身份证一张，到银行谎称该身份证是自己亲属的，并用该身份证办理了信用卡，不久案发。甲的行为构成（　　）。

A. 妨害信用卡管理罪　　B. 信用卡诈骗罪

C. 伪造金融票证罪　　D. 提供虚假证明文件罪

答案： A

核心法条

《刑法》第 180 条　证券、期货交易内幕信息的知情人员或者非法获取证券、期货交易内幕信息的人员，在涉及证券的发行，证券、期货交易或者其他对证券、期货交易价格有重大影响的信息尚未公开前，买入或者卖出该证券，或者从事与该内幕信息有关的期货交易，或者泄露该信息，或者明示、暗示他人从事上述交易活动，情节严重的，处五年以下有期徒刑或者拘役，并处或者单处违法所得一倍以上五倍以下罚金；情节特别严重的，处五年以上十年以下有期徒刑，并处违法所得一倍以上五倍以下罚金。

单位犯前款罪的，对单位判处罚金，并对其直接负责的主管人员和其他直接责任人员，处五年以下有期徒刑或者拘役。

内幕信息、知情人员的范围，依照法律、行政法规的规定确定。

证券交易所、期货交易所、证券公司、期货经纪公司、基金管理公司、商业银行、保险公司等金融机构的从业人员以及有关监管部门或者行业协会的工作人员，利用因职务便利获取的内幕信息以外的其他未公开的信息，违反规定，从事与该信息相关的证券、期货交易活动，或者明示、暗示他人从事相关交易活动，情节严重的，依照第一款的规定处罚。

释解分析

本条规定的是内幕交易、泄露内幕信息罪，利用未公开信息交易罪。内幕交易、泄露内幕信息罪是指证券、期货交易内幕信息的知情人员或者非法获取证券、期货内幕信息的人员，在涉及证券的发行，证券、期货交易或者其他对证券、期货交易价格有重大影响的信息尚未公开前，买入或者卖出该证券，或者从事与该内幕信息有关的期货交易，或者泄露该信息，或者明示、暗示他人从事上述交易活动，情节严重的行为。其构成要件有：(1) 侵犯客体是国家对证券、期货市场的管理秩序和证券、期货投资者的合法权益。(2) 客观方面表现为行为人实行内幕交易，或者泄露内幕信息，或者明示、暗示他人从事内幕交易活动，情节严重的行为。(3) 犯罪主体为特殊主体，即内幕人员，包括证券、期货交易内幕信息的知情人员和非法获取证券、期货交易内幕信息的人员，单位也可以成为本罪的主体。(4) 主观方面表现为故意。

利用未公开信息交易罪是指证券交易所、期货交易所、证券公司、期货经纪公司、基金管理公司、商业银行、保险公司等金融机构的从业人员以及有关监管部门或者行业协会的工作人员，利用因职务便利获取的内幕信息以外的其他未公开信息，违反规定，从事与该信息相关的证券、期货交易活动，或者明示、暗示他人从事相关交易活动，情节严重的行为。其构成要件有：(1) 侵犯客体是证券市场的金融管理秩序和投资者的合法权益。(2) 客观方面表现为行为人实施了利用因职务便利获取的内幕信息以外的其他未公开的信息，违反规定，从事与该信息相关的证券、期货交易活动，或者明示、暗示他人从事相关交易活动，情节严重的行为。(3) 犯罪主体是特殊主体，单位不能构成本罪。(4) 主观方面表现为故意，建“老鼠仓”是为了非法获利。

法条分析

(1) 本条中的“内幕信息”应如何理解？

(2) 本条中的“知情人员”的范围应如何理解？

(3) 本条中的“明示、暗示他人从事上述交易活动”应如何理解？

(4) 本条规定之罪的罪状类型应如何理解？

(5) 本条中的“其他未公开的信息”及其范围应如何理解？

(6) 对本条规定之罪的处罚应如何理解其法定刑的具体规定方式？

答案：（1）内幕信息是指为内幕人员所知悉的、尚未公开的并对证券的发行，证券、期货交易或者价格有重大影响的信息。

（2）知情人员是指由于持有发行人的证券，或者在相关公司中担任董事、监事、高级管理人员，或者由于其会员地位、管理地位、监管地位或者职业地位，或者作为雇员、专业顾问履行职务，能够接触或者获得内幕信息的人员。

（3）明示、暗示他人从事上述交易活动是指虽未直接从事交易，也没有将内幕信息直接告诉他人，但对交易行为本身进行提示（明示或暗示）的情形。

（4）叙明罪状。

（5）其他未公开的信息是指内幕信息以外的与证券交易活动有关的，涉及公司的经营、财务或者对该公司证券的市场供求有重大影响的信息。包括：证券、期货的投资决策、交易执行信息；证券持仓数量及变化、资金数量及变化、交易动向信息；其他可能影响证券、期货交易活动的信息。

（6）其法定刑的具体规定方式为援引法定刑。

试题范例

（单项选择题）资产管理机构的从业人员甲利用职务便利获取有关证券的决策信息后，在用客户资金买入该证券及其衍生品前，自己先行买入，获利达 1 000 万元。甲的行为构成（　　）。

A. 内幕交易罪　　　　B. 利用未公开信息交易罪

C. 泄露内幕信息罪　　D. 违法运用资金罪

答案：B

核心法条

《刑法》第 191 条　为掩饰、隐瞒毒品犯罪、黑社会性质的组织犯罪、恐怖活动犯罪、走私犯罪、贪污贿赂犯罪、破坏金融管理秩序犯罪、金融诈骗犯罪的所得及其产生的收益的来源和性质，有下列行为之一的，没收实施以上犯罪的所得及其产生的收益，处五年以下有期徒刑或者拘役，并处或者单处罚金；情节严重的，处五年以上十年以下有期徒刑，并处罚金：

（一）提供资金账户的；

（二）将财产转换为现金、金融票据、有价证券的；

（三）通过转账或者其他支付结算方式转移资金的；

（四）跨境转移资产的；

（五）以其他方法掩饰、隐瞒犯罪所得及其收益的来源和性质的。

单位犯前款罪的，对单位判处罚金，并对其直接负责的主管人员和其他直接责任人员，依照前款的规定处罚。

释解分析

本条规定的是洗钱罪。洗钱罪是指为掩饰、隐瞒毒品犯罪、黑社会性质的组织犯罪、恐怖活动犯罪、走私犯罪、贪污贿赂犯罪、破坏金融管理秩序犯罪、金融诈骗犯罪的所得及其产生的收益的来源和性质，所实施的法定行为。其构成要件有：(1) 侵犯客体是国家关于金融活动的管理制度和司法机关的正常活动。(2) 客观方面表现为掩饰、隐瞒毒品犯罪、黑社会性质的组织犯罪、恐怖活动犯罪、走私犯罪、贪污贿赂犯罪、破坏金融管理秩序犯罪、金融诈骗犯罪的所得及其产生的收益的来源和性质的行为。洗钱行为既包括他人协助上游犯罪的犯罪人从事洗钱行为，也包括犯罪人自行洗钱的行为。洗钱罪的行为对象是上游犯罪的所得及其产生的收益。洗钱罪的上游犯罪包括毒品犯罪、黑社会性质的组织犯罪、恐怖活动犯罪、走私犯罪、贪污贿赂犯罪、破坏金融管理秩序犯罪、金融诈骗犯罪这七类犯罪。洗钱罪的行为方式为掩饰、隐瞒，具体包括以下 5 种行为：①提供资金账户的；②将财产转换为现金、金融票据、有价证券的；③通过转账或者其他支付结算方式转移资金的；④跨境转移资产的；⑤以其他方法掩饰、隐瞒犯罪所得及其收益的来源和性质的。具有下列情形之一的，可以认定为“以其他方法掩饰、隐瞒犯罪所得及其收益的来源和性质”：通过典当、租赁、买卖、投资等方式，转移、转换犯罪所得及其收益的；通过与商场、饭店、娱乐场所等现金密集型场所的经营收入相混合的方式，转移、转换犯罪所得及其收益的；通过虚构交易、虚设债权债务、虚假担保、虚报收入等方式，将犯罪所得及其收益转换为“合法”财物的；通过买卖彩票、奖券等方式，转换犯罪所得及其收益的；通过赌博方式，将犯罪所得及其收益转换为赌博收益的；将犯罪所得及其收益携带、运输或者邮寄入境的；通过其他方式转移、转换犯罪所得及其收益的。(3) 犯罪主体是一般主体，包括自然人和单位。(4) 主观方面表现为故意。

洗钱罪共犯的认定：如果行为人事先与上述七类上游犯罪的有关犯罪分子通谋实施上游犯罪，并对犯罪所得及其产生的收益进行清洗使之“合法化”的，则通谋者与上述有关犯罪分子构成有关罪的共犯，应以其实施的上游犯罪和洗钱罪实行数罪并罚。如果行为人事后才明知属于上述七类上游犯罪的所得及其产生的收益而予以清洗使之“合法化”的，则行为人只构成洗钱罪。

洗钱罪与窝藏、包庇罪的关键区别在于，洗钱罪的对象是《刑法》第 191 条规定的七类上游犯罪的所得及其产生的收益；而窝藏、包庇罪中窝藏的对象是犯罪的人，包庇则是指作假证明包庇，窝藏、包庇的对象并非犯罪所得及其收益。

洗钱罪与掩饰、隐瞒犯罪所得、犯罪所得收益罪的关键区别有：(1) 犯罪对象不同。洗钱罪的对象仅限于《刑法》第 191 条规定的七类上游犯罪的所得及其产生的收益，如果不属于这七类上游犯罪的所得及其产生的收益的，不成立洗钱罪，但可以成立《刑法》第 312 条规定的掩饰、隐瞒犯罪所得、犯罪所得收益罪。可以说，《刑法》第 191 条规定的是狭义的洗钱，而《刑法》第 312 条规定的是广义的洗钱。所以，对于犯罪所得及其产生的收益予以掩饰、隐瞒，构成洗钱罪，同时又构成掩饰、隐瞒犯罪所得、犯罪所得收益罪的，依照处罚较重的规定定罪处罚。(2) 犯罪主体不同。构成洗钱罪的主体不仅包括本犯，还包括本犯之外的协助洗钱的行为人；而掩饰、隐瞒犯罪所得、犯罪所得收益罪的犯罪主体不包括本犯，本犯对犯罪所得及其产生的收益予以掩饰、隐瞒的，属于事后不可罚行为，不以掩饰、隐瞒犯罪所得、犯罪所得收益罪论处。

洗钱罪的罪数：行为人实施毒品犯罪、黑社会性质的组织犯罪、恐怖活动犯罪、走私犯罪、贪污贿赂犯罪、破坏金融管理秩序犯罪、金融诈骗犯罪后，又对上述犯罪所得及其产生的收益的来源和性质予以掩饰、隐瞒的，即在“自洗钱”的场合，应当以其所实施的上游犯罪和洗钱罪实行数罪并罚。

法条分析

（1）何为“洗钱”？

（2）本条中的“提供资金账户”“将财产转换为现金、金融票据、有价证券”“通过转账或者其他支付结算方式转移资金”“跨境转移资产”应如何理解？

（3）本条中的“犯罪的所得及其产生的收益”应如何理解？

（4）本人犯本条规定之上游犯罪后又自洗钱的，应如何处理？

（5）如果行为人同时构成洗钱罪和掩饰、隐瞒犯罪所得、犯罪所得收益罪，应如何处理？

答案：（1）洗钱是指由犯罪者本人或者经由他人，通过金融或非金融体系的运作，阻断犯罪的黑色收入与当初犯罪行为的联系，逃避法律追查，使黑色收入表面合法化的过程（“洗黑钱”）。

（2）提供资金账户是指给本犯开设银行账户，或者将现有的资金账户提供给本犯使用，或者在共犯场合，共犯人之一将资金账户提供给其他共犯人使用，以掩饰、隐瞒违法所得及其收益的来源和性质的行为。

将财产转换为现金、金融票据、有价证券是指将实物转换为现金或金融票据，将现金和金融票据互换，将此种现金和彼种现金、此种金融票据和彼种金融票据互换的行为。

通过转账或者其他支付结算方式转移资金是指将犯罪的违法所得及其收益混入合法收入，通过银行等金融机构转账，或通过承兑、委托付款等方式，掩饰、隐瞒非法财物的来源和性质，将资金转换为合法收入的行为。

跨境转移资产是指将犯罪所得的资产通过携带、运输、邮寄或交给地下钱庄汇往境外的国家或地区，或者将犯罪所得及其产生的收益从境外转移到境内的行为。

（3）犯罪的所得及其产生的收益是指犯罪分子实施上游犯罪所获取的非法利益，以及利用犯罪所得的非法利益所产生的孳息。

（4）在自洗钱的场合，本犯除构成其所实施的毒品犯罪、黑社会性质的组织犯罪、恐怖活动犯罪、走私犯罪、贪污贿赂犯罪、破坏金融管理秩序犯罪、金融诈骗犯罪之外，还应当以所实施的上游犯罪和洗钱罪实行数罪并罚。

（5）此情形属于法条竞合犯，按照重法优于轻法的原则处理，即依照处罚较重的规定定罪处罚。

试题范例

（单项选择题）甲公司走私汽车获利人民币 4 000 万元后，欲通过乙公司（非国有）的账户将这笔资金换成外汇转移至香港，并说明可按资金数额的 10%支付“手续费”。乙公司得知该笔资金为甲公司走私犯罪所得，仍同意为该资金转账提供账户，并在收取“手续费”400 万元后，将该资金折换成 438 万美元，以预付货款为名汇往甲公司在香港的账户。乙公司的行为构成（　　）。

A. 走私罪（共犯）　　B. 洗钱罪

C. 非法经营罪　　D. 掩饰、隐瞒犯罪所得、犯罪所得收益罪

答案：B

核心法条

《刑法》第 192 条　以非法占有为目的，使用诈骗方法非法集资，数额较大的，处三年以上七年以下有期徒刑，并处罚金；数额巨大或者有其他严重情节的，处七年以上有期徒刑或者无期徒刑，并处罚金或者没收财产。

单位犯前款罪的，对单位判处罚金，并对其直接负责的主管人员和其他直接责任人员，依照前款的规定处罚。

释解分析

本条规定的是集资诈骗罪。集资诈骗罪是指以非法占有为目的，使用诈骗方法非法集资，数额较大的行为。其构成要件有：(1) 侵犯客体是国家对金融活动的管理秩序和出资人的财产所有权。(2) 客观方面表现为行为人使用诈骗方法非法集资，数额较大的行为。(3) 犯罪主体是一般主体，包括自然人和单位。(4) 主观方面表现为故意，并且具有非法占有出资人财产的目的。以下情况可以认定为本罪的“以非法占有为目的”：①集资后不用于生产经营活动或者用于生产经营活动与筹集资金规模明显不成比例，致使集资款不能返还的；②肆意挥霍集资款，致使集资款不能返还的；③携带集资款逃匿的；④将集资款用于违法犯罪活动的；⑤抽逃、转移资金、隐匿财产，逃避返还资金的；⑥隐匿、销毁账目，或者搞假破产、假倒闭，逃避返还资金的；⑦拒不交代资金去向，逃避返还资金的；⑧其他可以认定非法占有目的的情形。

集资诈骗罪与非法吸收公众存款罪的区别有：(1) 侵犯的客体不同。集资诈骗罪侵犯的客体是国家的金融管理秩序和公私财产的所有权，非法吸收公众存款罪侵犯的客体是国家的金融管理秩序。(2) 犯罪客观方面不同。集资诈骗罪以使用诈骗方法为构成犯罪的必要条件，非法吸收公众存款罪不以使用诈骗方法为构成犯罪的必要条件。(3) 犯罪主观方面不同。集资诈骗罪要求行为人必须具有非法占有的目的，而非法吸收公众存款罪不要求行为人以非法占有为目的。非法吸收公众存款意图非法占有社会不特定公众的资金，是集资诈骗罪。行为人只是临时占用投资人的资金，承诺还本付息的，是非法吸收公众存款罪。因此，是否具有非法占有的目的，是集资诈骗罪和非法吸收公众存款罪的关键区别。

法条分析

(1) 如何理解本条中的“诈骗方法”？

(2) 如何理解本条中的“非法集资”？

答案：(1) 诈骗方法就是虚构或隐瞒资金用途，以虚假的证明文件和高回报率为诱饵，或者其他骗取集资款的手段。

(2) 非法集资是指个人或单位违反法律、法规，未经有关机关批准，向社会公众募集资金的行为。

试题范例

（单项选择题）许某为扩大生产线，以虚假转让股权的方式向社会公开吸收资金，并承诺还本付息，筹集资金 500 万元。许某将其中的 10 万元用于扩大生产线，490 万元用于购买股票，由于股票亏损，产品销量也不好，500 万元未能返还。许某的行为（　　）。

A. 构成非法吸收公众存款罪　　B. 构成诈骗罪

C. 构成集资诈骗罪　　D. 不构成犯罪

答案：C

核心法条

《刑法》第 193 条　有下列情形之一，以非法占有为目的，诈骗银行或者其他金融机构的贷款，数额较大的，处五年以下有期徒刑或者拘役，并处二万元以上二十万元以下罚金；数额巨大或者有其他严重情节的，处五年以上十年以下有期徒刑，并处五万元以上五十万元以下罚金；数额特别巨大或者有其他特别严重情节的，处十年以上有期徒刑或者无期徒刑，并处五万元以上五十万元以下罚金或者没收财产：

（一）编造引进资金、项目等虚假理由的；

（二）使用虚假的经济合同的；

（三）使用虚假的证明文件的；

（四）使用虚假的产权证明作担保或者超出抵押物价值重复担保的；

（五）以其他方法诈骗贷款的。

释解分析

本条规定的是贷款诈骗罪。贷款诈骗罪是指以非法占有为目的，使用法定方法诈骗银行或者其他金融机构的贷款，数额较大的行为。其构成要件有：（1）侵犯客体是国家对金融机构贷款的管理制度和金融机构的财产所有权。（2）客观方面表现为行为人用虚构事实或者隐瞒真相的方法，使用法定方法骗取银行或者其他金融机构的贷款，数额较大的行为。贷款诈骗罪的行为方式包括五种（具体参见本条规定）。（3）犯罪主体是一般主体即自然人，单位不能成为本罪的主体。对于单位实施的贷款诈骗行为，不能以贷款诈骗罪定罪处罚。公司、企业、事业单位、机关、团体等单位实施刑法规定的危害社会的行为，刑法分则和其他法律未规定追究单位的刑事责任的，对组织、策划、实施该危害社会行为的人依法追究刑事责任。（4）主观方面表现为故意，并且须具有非法占有银行或者其他金融机构贷款的目的。具有下列情形之一的，应认定为具有非法占有目的：①假冒他人名义贷款的；②贷款后携款潜逃的；③未将贷款按贷款用途使用，而是用于挥霍致使贷款无法偿还的；④改变贷款用途，将贷款用于高风险的经济活动造成重大经济损失，导致无法偿还贷款的；⑤为谋取不正当利益，改变贷款用途，造成重大经济损失，致使无法偿还贷款的；⑥使用贷款进行违法犯罪活动的；⑦隐匿贷款去向，贷款到期后拒不偿还的；等等。

贷款诈骗罪与骗取贷款罪的区别有：（1）犯罪主体不同。骗取贷款罪的犯罪主体包括个人和单位；贷款诈骗罪的犯罪主体只能是自然人。（2）主观内容不同。骗取贷款罪主观上不具有非法占有贷款的目的，打算日后归还，其目的只是骗取贷款；贷款诈骗罪以非法占有为目的，且并不打算日后归还贷款。(3) 犯罪客体不同。骗取贷款罪侵犯的客体是金融管理秩序与金融机构的信用安全；贷款诈骗罪侵犯的客体是国家对贷款的管理制度以及财产所有权。

法条分析

(1) 本条中的“使用虚假的证明文件”“使用虚假的产权证明作担保”“超出抵押物价值重复担保”应如何理解？

(2) 银行或者其他金融机构的工作人员，虚拟人名贷款或者冒用他人之名贷款的，应如何处理？

(3) 单位实施贷款诈骗行为的，应如何处理？

答案：(1) 使用虚假的证明文件是指使用伪造或者无效的存款证明、公司或者金融机构的担保函、划款证明等向银行或者其他金融机构申请贷款所需的证明文件。

使用虚假的产权证明作担保是指行为人对房屋、土地等不动产或者汽车、货币、可即时兑付的票据等动产并不享有所有权，但是却向金融机构提供其有所有权的证明文件。

超出抵押物价值重复担保是指抵押物本身已经担保，又超出其价值再次担保，以骗取金融机构贷款。

(2) 应区分是否利用职务便利而作不同处理：银行或者其他金融机构的工作人员利用职务之便，虚拟人名贷款或者冒用他人之名贷款的，构成挪用公款罪或者挪用资金罪；但是，不是利用职务之便，而只是利用熟悉银行的内部情况或人员的方便条件，冒用他人名义骗取银行贷款的，构成贷款诈骗罪。

(3) 贷款诈骗罪的犯罪主体是自然人，单位不能构成贷款诈骗罪。单位实施贷款诈骗行为的，应当对组织、策划、实施该危害社会行为的人依法追究刑事责任，但不以单位犯罪论处。

试题范例

1. (单项选择题) 关于诈骗犯罪，在不考虑数额的情况下，下列表述中正确的是（　　）。

A. 盗窃信用卡并使用的，构成盗窃罪和信用卡诈骗罪，实行数罪并罚

B. 单位以非法占有目的骗取银行贷款的，不能以贷款诈骗罪追究单位的刑事责任，但可以该罪追究策划人员的刑事责任

C. 购买意外伤害保险，制造自己意外受重伤假象，骗取保险公司巨额保险金的，仅构成保险诈骗罪，不构成合同诈骗罪

D. 签订合同时并无非法占有目的，履行合同过程中才产生非法占有目的，后收受被害人货款逃匿的，不构成合同诈骗罪

2. (多项选择题) 以非法占有为目的，诈骗银行或者其他金融机构的贷款，数额较大，构成贷款诈骗罪的情形有（　　）。

A. 编造引进资金、项目等虚假理由的

B. 使用虚假的经济合同的

C. 使用虚假的产权证明作担保或者超出抵押物价值重复担保的

D. 使用虚假的证明文件的

答案： 1. B　2. ABCD

核心法条

《刑法》第 196 条　有下列情形之一，进行信用卡诈骗活动，数额较大的，处五年以下有期徒刑或者拘役，并处二万元以上二十万元以下罚金；数额巨大或者有其他严重情节的，处五年以上十年以下有期徒刑，并处五万元以上五十万元以下罚金；数额特别巨大或者有其他特别严重情节的，处十年以上有期徒刑或者无期徒刑，并处五万元以上五十万元以下罚金或者没收财产：

（一）使用伪造的信用卡，或者使用以虚假的身份证明骗领的信用卡的；

（二）使用作废的信用卡的；

（三）冒用他人信用卡的；

（四）恶意透支的。

前款所称恶意透支，是指持卡人以非法占有为目的，超过规定限额或者规定期限透支，并且经发卡银行催收后仍不归还的行为。

盗窃信用卡并使用的，依照本法第二百六十四条的规定定罪处罚。

释解分析

本条规定的是信用卡诈骗罪。信用卡诈骗罪是指以非法占有为目的，使用法定方法进行信用卡诈骗活动，数额较大的行为。其构成要件有：(1) 侵犯客体是国家的金融管理制度和公私财产的所有权。(2) 客观方面表现为行为人违反信用卡管理法规，以非法占有为目的，使用法定方法进行信用卡诈骗活动，数额较大的行为。信用卡诈骗罪的法定行为方式包括四种（具体见本条规定）。(3) 犯罪主体是一般主体即自然人，单位不能成为本罪的主体。(4) 主观方面表现为故意，并且具有非法占有他人财物的目的。对于法定行为方式的前三种信用卡诈骗行为，较为容易判断行为人是否以非法占有为目的，较难区分的是恶意透支的情形。善意透支和恶意透支的区别在于行为人是否"以非法占有为目的"。恶意透支具有以下情形之一的，应当认定为"以非法占有为目的"，但有证据证明持卡人确实不具有非法占有目的的除外：①明知没有还款能力而大量透支，无法归还的；②使用虚假资信证明申领信用卡后透支，无法归还的；③透支后通过逃匿、改变联系方式等手段，逃避银行催收的；④抽逃、转移资金，隐匿财产，逃避还款的；⑤使用透支的资金进行犯罪活动的；⑥其他非法占有资金，拒不归还的情形。

信用卡诈骗罪的认定：(1) 违反国家规定，使用销售点终端机具（POS 机）等方法，以虚构交易、虚开价格、现金退货等方式向信用卡持卡人直接支付现金，情节严重的，以非法经营罪定罪处罚。持卡人以非法占有为目的，采用上述方式恶意透支，应当追究刑事责任的，以信用卡诈骗罪定罪处罚。(2) 先伪造信用卡又使用的，构成伪造金融票证罪和信用卡诈骗罪的牵连犯，择一重罪处罚，定信用卡诈骗罪。(3) 如果先以虚假的身份证明骗领信用卡，又使用骗领的信用卡的，构成妨害信用卡管理罪与信用卡诈骗罪的牵连犯，择一重罪处断，定信用卡诈骗罪。(4) 通过窃取他人信用卡信息资料的方式使用他人信用卡的，构成窃取信用卡信息罪和信用卡诈骗罪的牵连犯，择一重罪处断，定信用卡诈骗罪。

法条分析

(1) 本条中的“信用卡”应如何理解?

(2) 冒用他人信用卡的情形有哪些?

(3) 如何认定恶意透支的催收次数和期限?

(4) 如何认定恶意透支的数额范围?

(5) 盗窃信用卡并使用的，应当如何定罪?

答案: (1) 刑法规定的“信用卡”，是指由商业银行或者其他金融机构发行的具有消费支付、信用贷款、转账结算、存取现金等全部功能或者部分功能的电子支付卡。

(2)“冒用他人信用卡”包括以下情形:①拾得他人信用卡并使用的。②骗取他人信用卡并使用的。③窃取、收买、骗取或者以其他非法方式获取他人信用卡信息资料，并通过互联网、通讯终端等使用的。④其他冒用他人信用卡的情形。拾得他人信用卡并在自动柜员机(ATM 机)上使用的行为，属于“冒用他人信用卡”的行为。

(3) 经发卡银行 2 次有效催收后(2 次有效催收至少间隔 30 日)超过 3 个月仍不归还的，应当认定为“恶意透支”。

(4) 恶意透支的数额，是指公安机关刑事立案时尚未归还的实际透支的本金数额，不包括利息、复利、滞纳金、手续费等发卡银行收取的费用。归还或者支付的数额，应当认定为归还实际透支的本金。

(5) 盗窃信用卡并使用的，以盗窃罪定罪处罚。

试题范例

1. (单项选择题) 下列行为中，涉嫌信用卡诈骗罪的是(　　)。

A. 拾得他人信用卡并使用的　　B. 抢劫他人信用卡并使用的

C. 非法持有他人信用卡的　　D. 盗窃他人信用卡并使用的

2. (单项选择题) 甲用自己的身份证在银行办理了一张信用卡，在某商场超过规定限额透支刷卡消费 3 万元，后经发卡银行两次有效催收，超过半年仍不归还。甲的行为(　　)。

A. 构成盗窃罪　　B. 构成侵占罪

C. 构成信用卡诈骗罪　　D. 不构成犯罪

3. (多项选择题) 甲实施的下列犯罪行为中，构成信用卡诈骗罪的是(　　)。

A. 甲明知乙在伪造信用卡，而窃取乙伪造的信用卡并使用

B. 甲在商场窃得一张没有设置密码的信用卡并使用

C. 甲通过在 ATM 机旁安装摄像头，获取他人信用卡卡号及密码，然后通过网络支付方式消费数万元

D. 甲从朋友处骗来一张信用卡并使用

答案: 1. A　2. C　3. ACD

核心法条

《刑法》第 198 条　有下列情形之一，进行保险诈骗活动，数额较大的，处五年以下

有期徒刑或者拘役，并处一万元以上十万元以下罚金；数额巨大或者有其他严重情节的，处五年以上十年以下有期徒刑，并处二万元以上二十万元以下罚金；数额特别巨大或者有其他特别严重情节的，处十年以上有期徒刑，并处二万元以上二十万元以下罚金或者没收财产：

（一）投保人故意虚构保险标的，骗取保险金的；

（二）投保人、被保险人或者受益人对发生的保险事故编造虚假的原因或者夸大损失的程度，骗取保险金的；

（三）投保人、被保险人或者受益人编造未曾发生的保险事故，骗取保险金的；

（四）投保人、被保险人故意造成财产损失的保险事故，骗取保险金的；

（五）投保人、受益人故意造成被保险人死亡、伤残或者疾病，骗取保险金的。

有前款第四项、第五项所列行为，同时构成其他犯罪的，依照数罪并罚的规定处罚。

单位犯第一款罪的，对单位判处罚金，并对其直接负责的主管人员和其他直接责任人员，处五年以下有期徒刑或者拘役；数额巨大或者有其他严重情节的，处五年以上十年以下有期徒刑；数额特别巨大或者有其他特别严重情节的，处十年以上有期徒刑。

保险事故的鉴定人、证明人、财产评估人故意提供虚假的证明文件，为他人诈骗提供条件的，以保险诈骗的共犯论处。

释解分析

本条规定的是保险诈骗罪。保险诈骗罪是指违反保险法规，以非法占有为目的，进行保险诈骗活动，数额较大的行为。其构成要件有：（1）侵犯客体是国家的保险制度和保险人的财产所有权。（2）客观方面表现为行为人违反保险法规，采取虚构保险标的、保险事故或者制造保险事故等方法，骗取较大数额保险金的行为。保险诈骗罪的法定行为方式有五种（具体见本条规定）。（3）犯罪主体为特殊主体，包括自然人和单位，具体指投保人、被保险人、受益人。（4）主观方面表现为故意，并且具有非法占有保险金的目的。

保险诈骗罪的着手和既遂的认定：行为人开始向保险机构提出保险理赔为保险诈骗罪的“着手”，通过欺骗使保险机构陷入错误认识而取得其支付的保险理赔金为既遂。行为人在着手前，虚构保险标的或恶意制造保险事故的行为，是保险诈骗的预备行为。该预备行为触犯其他罪如故意杀人罪、放火罪等的，构成故意杀人罪、放火罪和保险诈骗罪（预备行为）的牵连犯，如果没有向保险人索赔，只处罚制造保险事故的犯罪。如果在恶意制造保险事故后，提出保险理赔的，实行数罪并罚。

保险诈骗罪与贪污罪、职务侵占罪的区别：保险公司的工作人员利用职务上的便利，故意编造未曾发生的保险事故进行虚假理赔，骗取保险金归自己所有的，不构成保险诈骗罪，因为保险诈骗罪的犯罪主体是投保人、被保险人和受益人，而保险公司的工作人员不能成为保险诈骗罪的犯罪主体，上述行为应当以职务侵占罪论处。国有保险公司工作人员和国有保险公司委派到非国有保险公司从事公务的人员有前述行为的，依照贪污罪的规定定罪处罚。

保险诈骗罪的罪数：实施保险诈骗活动，故意以纵火、杀人、伤害、传播传染病、虐待、遗弃等行为方式制造财产损失、被保险人死亡、伤残、疾病的结果，骗取保险金的，依照数罪并罚的规定处罚。

法条分析

（1）如何认定本罪的预备、着手、未遂和既遂？

（2）有本款第 4 项、第 5 项所列行为，同时构成其他犯罪的，应如何处理？

（3）如何认定本款规定之罪的最长追诉时效期限？

（4）保险公司的工作人员利用职务上的便利，故意编造未曾发生的保险事故进行虚假理赔，骗取保险金归自己所有的，应如何定罪？

（5）国有保险公司工作人员和国有保险公司委派到非国有保险公司从事公务的人员利用职务上的便利，故意编造未曾发生的保险事故进行虚假理赔，骗取保险金归自己所有的，应如何定罪？

答案：（1）行为人虚构保险标的、开始制造保险事故是本罪的预备；行为人到保险机构理赔或者提出支付保险金的请求是本罪的着手；已经向保险机构提出要求，但未能使保险机构陷入错误认识而对被保险人或者受益人进行理赔的，是本罪的未遂；保险机构基于认识错误处分财物，行为人取得保险金的，是本罪的既遂。

（2）有本款第 4 项、第 5 项所列行为，同时构成其他犯罪的，应依照数罪并罚的规定处罚。

（3）保险诈骗罪的最高法定刑为 15 年，其最长追诉时效为 15 年。

（4）应以职务侵占罪定罪处罚。

（5）应以贪污罪定罪处罚。

试题范例

（单项选择题）甲公司长期租赁乙公司的邻近大十字街的房屋，经过装潢后开设桑拿浴室，对外经营，并为桑拿浴室投了 50 万元保险。后因甲公司长期无力支付租金，乙公司屡次派人上门索要，恶语相加，声称再不给钱就将封锁桑拿浴室。甲公司召集领导班子开会讨论应对策略，经全体一致同意，决定放火烧毁桑拿浴室，一来解对乙公司之恨，二来可以从保险公司获取保险赔偿。甲公司在放火后为稳妥起见，又买通保险公司评估人员丙，出具了对甲公司有利的评估意见，最终如愿以偿。对此，下列说法中正确的是（　　）。

A. 甲公司只构成保险诈骗罪，丙和甲公司构成保险诈骗罪的共犯

B. 甲公司构成放火罪和保险诈骗罪，应数罪并罚，丙和甲公司构成保险诈骗罪的共犯

C. 甲公司只构成保险诈骗罪，丙单独构成提供虚假证明文件罪

D. 甲公司构成放火罪和保险诈骗罪，应数罪并罚，丙单独构成提供虚假证明文件罪

答案：A

核心法条

《刑法》第 201 条　纳税人采取欺骗、隐瞒手段进行虚假纳税申报或者不申报，逃避缴纳税款数额较大并且占应纳税额百分之十以上的，处三年以下有期徒刑或者拘役，并处罚金；数额巨大并且占应纳税额百分之三十以上的，处三年以上七年以下有期徒刑，并处罚金。

扣缴义务人采取前款所列手段，不缴或者少缴已扣、已收税款，数额较大的，依照前款的规定处罚。

对多次实施前两款行为，未经处理的，按照累计数额计算。

有第一款行为，经税务机关依法下达追缴通知后，补缴应纳税款，缴纳滞纳金，已受行政处罚的，不予追究刑事责任；但是，五年内因逃避缴纳税款受过刑事处罚或者被税务机关给予二次以上行政处罚的除外。

释解分析

本条规定的是逃税罪。逃税罪是指纳税人采取欺骗、隐瞒手段进行虚假纳税申报或者不申报，逃避缴纳税款数额较大并且占应纳税额10%以上，或者扣缴义务人采取欺骗、隐瞒手段，不缴或者少缴已扣、已收税款，数额较大，或者因逃税受到二次行政处罚又逃税的行为。其构成要件有：(1) 侵犯客体是国家的税收征管制度。(2) 客观方面表现为纳税人采取欺骗、隐瞒手段进行虚假纳税申报或者不申报，逃避缴纳税款数额较大并且占应纳税额10%以上或者扣缴义务人采用上述手段不缴或者少缴已扣、已收税款，数额较大，或者因逃税受到二次行政处罚又逃税的行为。逃税罪的行为方式包括虚假纳税申报和不申报。(3) 犯罪主体是特殊主体，即纳税人和扣缴义务人。单位也可成为本罪的主体。①纳税人构成逃税罪，须满足两项条件：逃避缴纳税款数额较大（5万元以上）；占应纳税额10%以上。②扣缴义务人构成逃税罪，只要求不缴或者少缴已扣、已收税款数额较大（5万元以上），但并不要求占应纳税额10%以上。(4) 主观方面表现为故意，并且具有逃避履行纳税义务、谋取非法利益的目的。

逃税罪与骗取出口退税罪的区别在于，纳税人是否已经缴纳了税款。如果行为人根本没有纳税，骗取出口退税的，成立骗取出口退税罪；如果行为人缴纳税款后，又采取假报出口等欺骗手段骗回所缴纳的税款的，成立逃税罪。对于骗取税款超出所缴纳的税款部分，成立骗取出口退税罪，与逃税罪实行数罪并罚（本属于想象竞合犯）。

逃税罪与走私普通货物、物品罪的界限：走私普通货物、物品罪也会逃避缴纳海关关税，这是一种特殊的逃税方式，如果既触犯走私普通货物、物品罪又触犯逃税罪，应当以走私普通货物、物品罪处罚，不再定逃税罪。

逃税罪的处罚：任何逃税案件，首先必须经过税务机关的处理。税务机关没有处理或者不处理的，司法机关不得直接追究行为人的刑事责任。一般来说，只有经税务机关依法下达追缴通知后，行为人补缴应纳税款，缴纳滞纳金，已受行政处罚的，才不追究刑事责任。概言之，只要行为人接受了税务机关的处理，就不应追究其刑事责任。但是，对于5年内因逃避缴纳税款受过刑事处罚或者被税务机关给予2次以上行政处罚又逃税的，不免除刑事责任。

法条分析

(1) 本条中的“纳税人”和“扣缴义务人”应如何理解？

(2) 本条中的“虚假纳税申报”和“不申报”应如何理解？

(3) 逃避缴纳税款应追究逃税罪的刑事责任的情形有哪些？

（4）本条中的“未经处理”应如何理解？

答案：（1）纳税人是指纳税义务人，即按照法律、行政法规的规定，有义务向国家纳税的单位和个人。

扣缴义务人是指法律、行政法规规定负有代扣代缴、代收代缴义务的单位和个人。

（2）虚假纳税申报是指纳税人制造虚假材料进行纳税申报。

不申报是指应依法办理纳税申报的纳税人采取欺骗、隐瞒手段，不履行法律、行政法规规定的义务办理纳税申报的行为。

（3）逃避缴纳税款，有下列情形之一的，应追究行为人逃税罪的刑事责任：①纳税人采取欺骗、隐瞒手段进行虚假纳税申报或者不申报，逃避缴纳税款，数额在5万元以上并且占各税种应纳税总额10%以上，经税务机关依法下达追缴通知后，不补缴应纳税款、不缴纳滞纳金或者不接受行政处罚的。②纳税人5年内因逃避缴纳税款受过刑事处罚或者被税务机关给予2次以上行政处罚，又逃避缴纳税款，数额在5万元以上并且占各税种应纳税总额10%以上的。③扣缴义务人采取欺骗、隐瞒手段，不缴或者少缴已扣、已收税款，数额在5万元以上的。

（4）未经处理是指纳税人或者扣缴义务人在5年内多次实施逃税行为，但每次逃税数额均未达到构成逃税罪的数额标准，且未受行政处罚的情形。

试题范例

（单项选择题）甲进出口公司缴纳了50万元的税款后，采取虚报出口的手段，骗得税务机关退税90万元，后被查获。下列对甲公司行为的认定中，正确的是（ ）。

A. 构成逃税罪

B. 构成骗取出口退税罪

C. 50万元构成逃税罪，剩余40万元构成骗取出口退税罪

D. 50万元构成骗取出口退税罪，剩余40万元构成逃税罪

答案：C

核心法条

《刑法》第205条　虚开增值税专用发票或者虚开用于骗取出口退税、抵扣税款的其他发票的，处三年以下有期徒刑或者拘役，并处二万元以上二十万元以下罚金；虚开的税款数额较大或者有其他严重情节的，处三年以上十年以下有期徒刑，并处五万元以上五十万元以下罚金；虚开的税款数额巨大或者有其他特别严重情节的，处十年以上有期徒刑或者无期徒刑，并处五万元以上五十万元以下罚金或者没收财产。

单位犯本条规定之罪的，对单位判处罚金，并对其直接负责的主管人员和其他直接责任人员，处三年以下有期徒刑或者拘役；虚开的税款数额较大或者有其他严重情节的，处三年以上十年以下有期徒刑；虚开的税款数额巨大或者有其他特别严重情节的，处十年以上有期徒刑或者无期徒刑。

虚开增值税专用发票或者虚开用于骗取出口退税、抵扣税款的其他发票，是指有为他人虚开、为自己虚开、让他人为自己虚开、介绍他人虚开行为之一的。

释解分析

本条规定的是虚开增值税专用发票、用于骗取出口退税、抵扣税款发票罪。虚开增值税专用发票、用于骗取出口退税、抵扣税款发票罪是指违反国家发票管理、增值税征管的法规，实施虚开增值税专用发票或者虚开用于骗取出口退税、抵扣税款的其他发票的行为。其构成要件有：(1) 侵犯客体是国家关于增值税专用发票和其他专用发票的管理制度。(2) 客观方面表现为行为人虚开增值税专用发票或者虚开用于骗取出口退税、抵扣税款的其他发票的行为。(3) 犯罪主体是一般主体，包括自然人和单位。(4) 主观方面表现为故意。

虚开增值税专用发票、用于骗取出口退税、抵扣税款发票罪与逃税罪的区别：如果行为人为了达到逃税的目的而虚开增值税专用发票的，属于牵连犯，择一重罪论处。

虚开增值税专用发票、用于骗取出口退税、抵扣税款发票罪与骗取出口退税罪的区别：在虚开增值税专用发票、用于骗取出口退税、抵扣税款的其他发票的行为中，只限于虚开上述发票的行为，不包含骗取出口退税的行为。如果行为人为骗取出口退税而虚开用于骗取出口退税、抵扣税款发票，构成本罪与骗取出口退税罪的，应当按照牵连犯的处断原则，择一重罪论处。

法条分析

(1) 条文中的“虚开”应如何理解？虚开方式有哪些？

(2) 本条中的“出口退税、抵扣税款的其他发票”应如何理解？

(3) 行为人为了达到逃税或者骗取出口退税的目的，而虚开增值税专用发票或者虚开用于骗取出口退税、抵扣税款的其他发票的，应如何处理？为什么？

答案：(1)“虚开”即没有货物销售或者没有提供应税劳务而虚开发票的行为，也就是开具没有真实交易活动的发票，包括虚开增值税专用发票或者虚开用于骗取出口退税、抵扣税款的其他发票的行为。虚开方式包括为他人虚开、为自己虚开、让他人为自己虚开、介绍他人虚开四种。

(2)“出口退税、抵扣税款的其他发票”，是指除增值税专用发票以外的，具有出口退税、抵扣税款功能的收付款凭证或者完税凭证。

(3) 牵连犯，即虚开增值税专用发票或者虚开用于骗取出口退税、抵扣税款的其他发票的行为是手段行为，而逃税或者骗取出口退税的行为是目的行为，二者之间存在手段行为和目的行为的牵连，应当从一重罪处断。

试题范例

(单项选择题) 甲公司为一般纳税人，其分支机构乙单位是独立核算没有法人资格的小规模纳税人。乙单位从甲公司分三批购进价值 300 万元的货物，并在 2022 年 2 月 28 日前完成销售。2022 年 2 月 28 日后，乙单位成为一般纳税人。甲公司为了让乙单位多抵扣税金，少纳税，就该 300 万元的 3 笔交易填开了 30 份总价款 300 万元的增值税专用发票，乙单位用该发票抵扣了 51 万元税款。甲公司和乙单位构成（　　）。

A. 虚开增值税专用发票罪　　B. 逃税罪

C. 诈骗罪　　D. 骗取出口退税罪

答案： B

核心法条

《刑法》第213条　未经注册商标所有人许可，在同一种商品、服务上使用与其注册商标相同的商标，情节严重的，处三年以下有期徒刑，并处或者单处罚金；情节特别严重的，处三年以上十年以下有期徒刑，并处罚金。

释解分析

本条规定的是假冒注册商标罪。假冒注册商标罪是指违反国家商标管理法规，未经注册商标所有人许可，在同一种商品、服务上使用与其注册商标相同的商标，情节严重的行为。其构成要件有：(1) 侵犯客体是国家的商标管理制度和他人的注册商标专用权。(2) 客观方面表现为行为人违反国家商标管理法规，未经注册商标所有人许可，在同一种商品、服务上使用与其注册商标相同的商标，情节严重的行为。(3) 犯罪主体是一般主体，包括自然人和单位。(4) 主观方面表现为故意。

假冒注册商标罪的罪数：(1) 实施假冒注册商标犯罪，又销售该假冒注册商标的商品，构成犯罪的，应当以假冒注册商标罪定罪处罚。实施假冒注册商标犯罪，又销售明知是他人的假冒注册商标的商品，构成犯罪的，应当实行数罪并罚。(2) 行为人实施侵犯知识产权犯罪，同时构成生产、销售伪劣商品犯罪的，属于想象竞合犯，依照侵犯知识产权犯罪与生产、销售伪劣商品犯罪中处罚较重的规定定罪处罚。(3) 假冒注册商标用于其制售的伪劣商品的，属于牵连犯，应当择一重罪处断。

法条分析

(1) 条文中的“同一种商品”应如何理解？

(2) 如何理解本条中的“相同的商标”？

(3) 哪些情形应认定为“与其注册商标相同的商标”？

(4) 条文规定的“未经许可”应如何理解？

(5) 销售的商品既属于假冒注册商标的商品，同时又是伪劣商品的，应如何论罪？

(6) 行为人实施侵权行为，将他人已注册但用于运输业的服务商标，改用于五星级酒店经营的，是否构成本罪？请说明理由。

答案： (1) 同一种商品是指同一品种的商品或者完全相同的商品。

(2) 相同的商标是指与被假冒的注册商标完全相同，或者与被假冒的注册商标在视觉上基本无差别、足以对公众产生误导的商标。

(3) 具有下列情形之一的，可以认定为“与其注册商标相同的商标”：①改变注册商标的字体、字母大小写或者文字横竖排列，与注册商标之间基本无差别的；②改变注册商标的文字、字母、数字等之间的间距，与注册商标之间基本无差别的；③改变注册商标颜色，不影响体现注册商标显著特征的；④在注册商标上仅增加商品通用名称、型号等缺乏显著特征要素，不影响体现注册商标显著特征的；⑤与立体注册商标的三维标志及平面要素基本无差别的；⑥其他与注册商标基本无差别、足以对公众产生误导的商标。

（4）未经许可是指行为人使用他人注册商标，未取得注册商标所有人的同意。

（5）销售的商品既属于假冒注册商标的商品，同时又是伪劣商品的，构成本罪和销售伪劣商品罪的想象竞合犯，应从一重罪处断。

（6）不构成本罪。因为构成本罪，限于在相同商品、服务上使用与注册商标相同的商品，运输业和服务业并非相同领域，因而不构成本罪。

试题范例

（单项选择题）甲、乙两公司是生产同一种食品的企业，甲公司为了增加收益，在未经乙公司许可的情况下，在自己生产的食品上使用与乙公司的注册商标相同的商标，非法经营数额达到100万元。则甲公司（　　）。

A. 不构成犯罪　　B. 构成假冒注册商标罪

C. 构成销售假冒注册商标的商品罪　　D. 构成诈骗罪

答案：B

核心法条

《刑法》第217条　以营利为目的，有下列侵犯著作权或者与著作权有关的权利的情形之一，违法所得数额较大或者有其他严重情节的，处三年以下有期徒刑，并处或者单处罚金；违法所得数额巨大或者有其他特别严重情节的，处三年以上十年以下有期徒刑，并处罚金：

（一）未经著作权人许可，复制发行、通过信息网络向公众传播其文字作品、音乐、美术、视听作品、计算机软件及法律、行政法规规定的其他作品的；

（二）出版他人享有专有出版权的图书的；

（三）未经录音录像制作者许可，复制发行、通过信息网络向公众传播其制作的录音录像的；

（四）未经表演者许可，复制发行录有其表演的录音录像制品，或者通过信息网络向公众传播其表演的；

（五）制作、出售假冒他人署名的美术作品的；

（六）未经著作权人或者与著作权有关的权利人许可，故意避开或者破坏权利人为其作品、录音录像制品等采取的保护著作权或者与著作权有关的权利的技术措施的。

释解分析

本条规定的是侵犯著作权罪。侵犯著作权罪是指以营利为目的，侵犯著作权或者与著作权有关的权利，违法所得数额较大或者有其他严重情节的行为。其构成要件有：（1）侵犯客体是国家关于著作权的管理制度和著作权人的著作权。（2）客观方面表现为行为人侵犯他人著作权或者与著作权有关的权利，违法所得数额较大或者有其他严重情节的行为。本罪的法定行为方式有六种（具体见本条规定）。（3）犯罪主体是一般主体，包括自然人和单位。（4）主观方面表现为故意，且具有营利目的。本罪属于典型的目的犯，必须“以营利为目的”。以刊登收费广告等方式直接或者间接收取费用的情形，属于“以营利为目的”。除销售外，具有下列情形之一的，可以认定为“以营利为目的”：①以在他人作品中刊登收费广告、捆绑第三方作品等方式直接或者间接收取费用的；②通过信息网络传播他人作品，或者利用他人上传的侵权作品，在网站或者网页上提供刊登收费广告服务，直接或者间接收取费用的；③以会员制方式通过信息网络传播他人作品，收取会员注册费或者其他费用的；④其他利用他人作品牟利的情形。

法条分析

(1) 本条第1项中的“未经著作权人许可”应如何理解？

(2) 本条第6项中的“技术措施”应如何理解？

答案：(1) 未经著作权人许可是指没有得到著作权人授权或者伪造、涂改著作权人授权许可文件或者超出授权许可范围的情形。

(2) 技术措施是指用于限制他人未经权利人许可浏览、欣赏作品、表演、录音录像制品，或者通过信息网络向公众提供作品、表演、录音录像制品的有效技术、装置或者部件。

试题范例

(单项选择题) 李某为了牟利，未经著作权人许可，私自复制了若干部影视作品的VCD，并以批零兼营等方式销售，销售金额为11万元，其中，纯获利润6万元。对李某(　　)。

A. 以销售侵权复制品罪论处

B. 以侵犯著作权罪论处

C. 以非法经营罪论处

D. 以销售侵权复制品罪和侵犯著作权罪数罪并罚

答案：B

核心法条

《刑法》第218条　以营利为目的，销售明知是本法第二百一十七条规定的侵权复制品，违法所得数额巨大或者有其他严重情节的，处五年以下有期徒刑，并处或者单处罚金。

释解分析

本条规定的是销售侵权复制品罪。销售侵权复制品罪是指以营利为目的，违反著作权管理法规，明知是侵权复制品而故意销售，违法所得数额巨大或者有其他严重情节的行为。其构成要件有：(1) 侵犯客体是著作权管理制度和著作权人的著作权。(2) 客观方面表现为销售侵权复制的文字作品、音乐、美术、视听作品、计算机软件及其他作品，他人享有专有出版权的图书、录音录像制品、美术作品等，违法所得数额巨大或者有其他严重情节的行为。(3) 犯罪主体是一般主体，包括自然人和单位。(4) 主观方面表现为故意，并具有营利的目的。

法条分析

（1）本条中的"侵权复制品"的范围应如何理解？

（2）如何认定本条规定之罪的最长追诉时效期限？

（3）明知侵权复制品是没有使用价值的伪劣商品予以销售，构成犯罪的，应如何处理？

（4）实施侵犯著作权的犯罪行为，又销售该侵权复制品违法所得数额巨大的，应如何处理？

答案：（1）侵权复制品包括侵权复制的文字作品、音乐、视听作品、计算机软件及其他作品、他人享有专有出版权的图书、录音录像制品、美术作品等。

（2）本条规定之罪的最高法定刑为5年，其最长追诉时效为10年。

（3）明知侵权复制品是没有使用价值的伪劣商品予以销售，构成犯罪的，同时触犯销售侵权复制品罪和销售伪劣商品罪，应从一重罪处断。

（4）实施侵犯著作权的犯罪行为，又销售该侵权复制品违法所得数额巨大的，销售侵权复制品的行为被侵犯著作权的行为吸收，只构成侵犯著作权罪一罪。

试题范例

（单项选择题）甲想通过广告、征订等方式推销其侵犯著作权人乙的著作权编写的考研教材，甲还指使事前与甲通谋的经销商丙帮助销售考研教材的复制品，获利达60万元。则（　　）。

A. 甲、丙构成侵犯著作权罪共同犯罪

B. 甲构成侵犯著作权罪，丙构成销售侵权复制品罪

C. 甲、丙构成侵犯著作权罪和销售侵权复制品罪共同犯罪，实行数罪并罚

D. 甲、丙构成销售侵权复制品罪共同犯罪

答案：A

核心法条

《刑法》第219条　有下列侵犯商业秘密行为之一，情节严重的，处三年以下有期徒刑，并处或者单处罚金；情节特别严重的，处三年以上十年以下有期徒刑，并处罚金：

（一）以盗窃、贿赂、欺诈、胁迫、电子侵入或者其他不正当手段获取权利人的商业秘密的；

（二）披露、使用或者允许他人使用以前项手段获取的权利人的商业秘密的；

（三）违反保密义务或者违反权利人有关保守商业秘密的要求，披露、使用或者允许他人使用其所掌握的商业秘密的。

明知前款所列行为，获取、披露、使用或者允许他人使用该商业秘密的，以侵犯商业秘密论。

本条所称权利人，是指商业秘密的所有人和经商业秘密所有人许可的商业秘密使用人。

释解分析

本条规定的是侵犯商业秘密罪。侵犯商业秘密罪是指违反反不正当竞争法等规范商业秘密的法律规定，侵犯商业秘密，情节严重的行为。其构成要件有：（1）侵犯客体是国家对商业秘密的管理制度和商业秘密的权利人对商业秘密的专有权。（2）客观方面表现为违反反不正当竞争法等规范商业秘密的法律规定，侵犯商业秘密，情节严重的行为。（3）犯罪主体是一般主体，包括自然人和单位。（4）主观方面表现为故意。

法条分析

（1）条文中的“商业秘密”应如何理解？

（2）条文中的“权利人”应如何理解？

（3）第 1 款第 1 项中的“电子侵入”应如何理解？

（4）明知有本条第 1 款规定的侵犯商业秘密的行为，获取、披露、使用或者允许他人使用该商业秘密的，应如何处理？

（5）区分本罪与非罪的关键标准是什么？

答案：（1）商业秘密是指不为公众所知悉、具有商业价值并经权利人采取相应保密措施的技术信息、经营信息等商业信息。

（2）权利人是指商业秘密的所有人和经商业秘密所有人许可的商业秘密使用人。

（3）电子侵入是指通过非法侵入他人计算机信息系统等方式获取商业秘密。

（4）明知有本条第 1 款规定的侵犯商业秘密的行为，获取、披露、使用或者允许他人使用该商业秘密的，视为侵犯商业秘密，以侵犯商业秘密罪定罪处罚。

（5）侵犯商业秘密罪为情节犯，因此，侵犯商业秘密行为，只有情节严重的才构成侵犯商业秘密罪。

试题范例

（单项选择题）甲公司拥有某项独家技术，每年为公司带来 100 万元利润，故对该技术严加保密。乙公司经理丙为获得该技术，带人在路上强行拦截甲公司技术员丁并将其推入丙的汽车，丙对丁说如果他提供该技术资料就给他 2 万元，如果不提供就将他嫖娼之事公之于众。丁同意配合。次日，丁向丙提供了该技术资料，并获得 2 万元报酬。丙的行为构成（　）。

A. 强迫交易罪　　B. 敲诈勒索罪　　C. 绑架罪　　D. 侵犯商业秘密罪

答案：D

核心法条

《刑法》第 224 条之一　组织、领导以推销商品、提供服务等经营活动为名，要求参加者以缴纳费用或者购买商品、服务等方式获得加入资格，并按照一定顺序组成层级，直接或者间接以发展人员的数量作为计酬或者返利依据，引诱、胁迫参加者继续发展他人参加，骗取财物，扰乱经济社会秩序的传销活动的，处五年以下有期徒刑或者拘役，并处罚金；情节严重的，处五年以上有期徒刑，并处罚金。

释解分析

本条规定的是组织、领导传销活动罪。组织、领导传销活动罪是指组织、领导以推销商品、提供服务等经营活动为名，要求参加者以缴纳费用或者购买商品、服务等方式获得加入资格，并按照一定顺序组成层级，直接或者间接以发展人员的数量作为计酬或者返利依据，引诱、胁迫参加者继续发展他人参加，骗取财物，扰乱社会经济秩序的传销活动的行为。其构成要件有：(1) 侵犯客体是正常的经济社会秩序。(2) 客观方面表现为组织、领导传销活动的行为，即组织、领导以推销商品、提供服务等经营活动为名，要求参加者以缴纳费用或者购买商品、服务等方式获得加入资格，并按照一定顺序组成层级，直接或者间接以发展人员的数量作为计酬或者返利依据，引诱、胁迫参加者继续发展他人参加，骗取财物，扰乱经济社会秩序的传销活动的行为。(3) 犯罪主体是特殊主体，即传销活动的组织者、领导者，不包括一般参加者。(4) 主观方面表现为故意。

组织、领导传销活动罪的罪数：以非法占有为目的，组织、领导传销活动，同时构成组织、领导传销活动罪和集资诈骗罪的，依照处罚较重的规定定罪处罚。犯组织、领导传销活动罪，并实施故意伤害、非法拘禁、敲诈勒索、妨害公务、聚众扰乱社会秩序、聚众冲击国家机关、聚众扰乱公共场所秩序与交通秩序等行为，构成犯罪的，依照数罪并罚的规定处罚。

法条分析

(1) 本条中的“传销”应如何理解？

(2) 刑法对本罪的处罚对象如何限定？

(3) 本条中的“骗取财物”应如何理解？

(4) 组织、领导传销活动构成犯罪，同时触犯集资诈骗罪的，应如何处理？

答案：(1) 传销是指以销售商品的数量作为计酬或返利的依据，但并没有真实的商品销售或服务的行为。

(2) 刑法仅将“拉人头”、收取入门费，进而骗取他人财物的“诈骗型传销”作为本罪的处罚对象。

(3) 骗取财物是指传销活动的组织者、领导者采取变造、歪曲国家政策，虚构、夸大经营、投资、服务项目及盈利前景，掩饰计酬、返利真实来源或者其他欺诈手段，实施组织、领导传销活动的行为，从参与传销活动人员缴纳的费用或者购买商品、服务的费用中非法获利。

(4) 属于想象竞合犯，从一重罪处断。

试题范例

(多项选择题) 下列情形中，实行数罪并罚的是（　　）。

A. 投保人甲，为了骗取保险金杀害被保险人

B. 15 周岁的甲，盗窃时拒捕致被害人重伤

C. 甲在组织、领导传销活动过程中将骗入传销组织的数人拘禁

D. 运送他人偷越边境的甲，遇到检查将被运送人杀死

答案：ACD

核心法条

《刑法》第 225 条　违反国家规定，有下列非法经营行为之一，扰乱市场秩序，情节严重的，处五年以下有期徒刑或者拘役，并处或者单处违法所得一倍以上五倍以下罚金；情节特别严重的，处五年以上有期徒刑，并处违法所得一倍以上五倍以下罚金或者没收财产：

（一）未经许可经营法律、行政法规规定的专营、专卖物品或者其他限制买卖的物品的；

（二）买卖进出口许可证、进出口原产地证明以及其他法律、行政法规规定的经营许可证或者批准文件的；

（三）未经国家有关主管部门批准非法经营证券、期货、保险业务的，或者非法从事资金支付结算业务的；

（四）其他严重扰乱市场秩序的非法经营行为。

释解分析

本条规定的是非法经营罪。非法经营罪是指违反国家规定，非法经营，扰乱市场秩序，情节严重的行为。其构成要件有：(1) 侵犯客体是国家依法管理的市场秩序。(2) 客观方面表现为违反国家规定，从事非法经营活动，扰乱市场秩序，情节严重的行为。本罪的法定行为方式有四种（具体见本条规定）。(3) 犯罪主体是一般主体，包括自然人和单位。(4) 主观方面表现为故意，一般具有谋取非法经济利益的目的。

违反国家规定，下列情节严重的犯罪行为，构成非法经营罪：(1) 在国家规定的交易场所以外非法买卖外汇，以及实施倒卖外汇或者变相买卖外汇等非法买卖外汇行为的，构成非法经营罪。(2) 出版、印刷、复制、发行非法出版物，或者非法从事出版物的出版、印刷、复制、发行业务的，构成非法经营罪。(3) 采取租用国际专线、私设转接设备或者其他方法，擅自经营国际电信业务或者涉港澳台电信业务进行营利活动的，构成非法经营罪。获得国际电信业务经营许可的经营者明知他人非法从事国际电信业务，仍采取出租、合作、授权等手段，为他人提供经营和技术条件，利用现有设备从中营利的，构成非法经营罪。(4) 非法生产、销售盐酸克伦特罗（瘦肉精）的，构成非法经营罪。在生产、销售的饲料中添加盐酸克伦特罗，或者销售明知是添加盐酸克伦特罗的饲料的，构成非法经营罪。但是，使用盐酸克伦特罗或者含有盐酸克伦特罗的饲料养殖的供人食用的动物的，以生产、销售有毒、有害食品罪论处。明知是使用盐酸克伦特罗或者含有盐酸克伦特罗的饲料养殖的供人食用的动物，而提供屠宰等加工服务，或者销售其制品的，构成生产、销售有毒、有害食品罪。(5) 在预防、控制突发传染病疫情期间哄抬物价，牟取暴利的，构成非法经营罪。(6) 擅自设立互联网上网服务营业场所，或者擅自从事互联网上网服务经营活动的，构成非法经营罪。(7) 擅自发行、销售彩票的，构成非法经营罪。(8) 中介机构非法代理买卖非上市公司股票的，构成非法经营罪。(9) 使用销售点终端机具（POS 机）等方法，以虚构交易、虚开价格、现金退货等方式向信用卡持卡人直接支付现金的，构成非法经营罪。但是，持卡人以非法占有为目的，使用上述方式恶意透支的，构成信用卡诈骗罪。（10）未经烟草专卖行政主管部门许可，无烟草专卖许可证非法经营烟草专卖品的，构成非法经营罪。（11）擅自发行基金份额募集基金的，构成非法经营罪。（12）以提供给他人生产、销售食品为目的，生产、销售禁止用于食品生产、销售的非食品原料的，构成非法经营罪。私设生猪屠宰厂（场），从事生猪屠宰、销售等经营活动的，构成非法经营罪。同时构成生产、销售不符合安全标准的食品罪，生产、销售有毒、有害食品罪等其他犯罪的，属于想象竞合犯，依照处罚较重的规定定罪处罚。以提供给他人生产、销售食用农产品为目的，生产、销售国家禁用农药、食品动物中禁止使用的药品及其他化合物等有毒、有害的非食品原料，或者生产、销售添加上述有毒、有害的非食品原料的农药、兽药、饲料、饲料添加剂、饲料原料的，构成非法经营罪。（13）采挖、销售、收购麻黄草，没有证据证明构成走私、贩卖、制造毒品犯罪的，构成非法经营罪。（14）以营利为目的，通过信息网络有偿提供删除信息服务，或者明知是虚假信息，通过信息网络有偿提供发布信息等服务的，构成非法经营罪。（15）非法生产、销售“伪基站”设备的，构成非法经营罪。（16）以提供给他人开设赌场为目的，非法生产、销售具有退币、退分、退钢珠等赌博功能的电子游戏设施设备或者其专用软件的，构成非法经营罪。（17）未取得或者使用伪造、变造的药品经营许可证，非法经营药品的，构成非法经营罪。但是，以提供给他人生产、销售、提供药品为目的，生产、销售不符合药用要求的原料、辅料，构成生产、销售伪劣产品罪，不再认定为非法经营罪；若同时构成其他犯罪的，依照处罚较重的规定定罪处罚。（18）行为人出于医疗目的，非法贩卖麻醉药品或者精神药品的，构成非法经营罪。但是，如果行为人并不是出于医疗目的，向走私、贩卖毒品的犯罪分子或者吸食、注射毒品的人员贩卖国家规定管制的能够使人形成瘾癖的麻醉药品或者精神药品的，构成贩卖毒品罪。（19）超越经营范围，以营利为目的，经常性地向社会不特定对象发放贷款的，构成非法经营罪。（20）在疫情防控期间，囤积居奇，哄抬疫情防控急需的口罩、护目镜、防护服、消毒液等防护用品、药品或者其他涉及民生的物品价格，牟取暴利的，构成非法经营罪。非法经营非国家重点保护野生动物及其制品（包括开办交易场所、进行网络销售、加工食品出售等）的，构成非法经营罪。

法条分析

（1）非法买卖进出口许可证等经营许可证明，同时构成买卖国家机关公文、证件罪的，应如何论处？

（2）从事生猪屠宰、销售等经营活动构成犯罪，同时生产、销售不符合安全标准的食品构成犯罪的，构成哪些罪？属于何种罪数形态？如何处断？

（3）违反国家规定，超越经营范围，以营利为目的，经常性地向不特定对象发放贷款，构成犯罪的，构成何罪？

答案：（1）属于牵连犯，依照处罚较重的规定定罪处罚。

（2）构成非法经营罪和生产、销售不符合安全标准的食品罪，属于想象竞合犯，依照处罚较重的规定定罪处罚。

（3）非法经营罪。

试题范例

1.（单项选择题）章某因房地产开发急需资金，以高息向丁借款500万元，且按期归还本息。丁尝到甜头后，向个人和单位发放高利贷二十多次，非法获利数百万元。丁的行为（　）。

A. 构成非法经营罪　B. 构成洗钱罪　C. 构成高利转贷罪　D. 不构成犯罪

2.（多项选择题）下列情形中，构成非法经营罪的是（　）。

A. 违反国家规定，以营利为目的，通过信息网络有偿提供删除信息服务，或者明知是虚假信息，通过信息网络有偿提供发布信息等服务，扰乱市场秩序，情节严重的

B. 以提供给他人生产、销售食品为目的，违反国家规定，生产、销售国家禁止用于食品生产、销售的非食品原料，情节严重的

C. 违反国家规定，使用销售点终端机具（POS机）等方法，以虚构交易、虚开价格、现金退货等方式向信用卡持卡人直接支付现金，情节严重的

D. 违反国家规定，非法经营非国家重点保护野生动物及其制品，扰乱市场秩序，情节严重的

答案： 1. A　2. ABCD

核心法条

《刑法》第226条　以暴力、威胁手段，实施下列行为之一，情节严重的，处三年以下有期徒刑或者拘役，并处或者单处罚金；情节特别严重的，处三年以上七年以下有期徒刑，并处罚金：

（一）强买强卖商品的；

（二）强迫他人提供或者接受服务的；

（三）强迫他人参与或者退出投标、拍卖的；

（四）强迫他人转让或者收购公司、企业的股份、债券或者其他资产的；

（五）强迫他人参与或者退出特定的经营活动的。

释解分析

本条规定的是强迫交易罪。强迫交易罪是指以暴力、威胁手段，迫使他人进行交易，情节严重的行为。其构成要件有：(1) 侵犯的客体是公平自由的市场交易秩序和公民的合法权益。(2) 客观方面表现为以暴力、威胁手段强迫交易，情节严重的行为。强迫交易罪的法定行为方式有五种（具体见本条规定）。此外，利用信息网络威胁他人，强迫交易，情节严重的，也以强迫交易罪定罪处罚。(3) 犯罪主体是一般主体，包括自然人和单位。(4) 主观方面表现为故意。

强迫交易罪的认定：(1) 从事正常商品买卖、交易或者劳动服务的人，以暴力、胁迫手段迫使他人交出与合理价钱、费用相差不大钱物，情节严重的，以强迫交易罪定罪处罚；但以非法占有为目的，以买卖、交易、服务为幌子采用暴力、胁迫手段迫使他人交出与合理价钱、费用相差悬殊的钱物的，以抢劫罪定罪处刑。(2) 以暴力、胁迫手段强迫他人借贷，属

于“强迫他人提供或者接受服务”，情节严重的，以强迫交易罪追究刑事责任；同时构成故意伤害罪等其他犯罪的，依照处罚较重的规定定罪处罚。以非法占有为目的，以借贷为名采用暴力、胁迫手段获取他人财物，符合《刑法》第263条或者第274条规定的，以抢劫罪或者敲诈勒索罪追究刑事责任。

法条分析

（1）本条规定之罪的罪名和罪状类型是什么？

（2）以杀害、重伤等方式强买、强卖商品的，可以构成何罪？

（3）本条中的“并处或者单处罚金”应如何理解？

答案：（1）强迫交易罪；叙明罪状。

（2）构成故意杀人罪、故意伤害罪或者抢劫罪。

（3）并处或者单处罚金，即既可以附加于主刑适用罚金，也可以独立适用罚金。

试题范例

（单项选择题）甲到乙开设的调味品店批发2万元的调味品，甲见乙态度不好表示不买了，乙便对甲拳打脚踢，并说“多给1 000元，不付款别想走”，甲无奈付款2.1万元买下调味品。乙的行为构成（　　）。

A. 抢劫罪　　B. 强迫交易罪　　C. 寻衅滋事罪　　D. 敲诈勒索罪

答案：B

十四、侵犯公民人身权利、民主权利罪

核心法条

《刑法》第232条　故意杀人的，处死刑、无期徒刑或者十年以上有期徒刑；情节较轻的，处三年以上十年以下有期徒刑。

释解分析

本条规定的是故意杀人罪。故意杀人罪是指故意非法剥夺他人生命的行为。其构成要件有：（1）侵犯客体是他人的生命权利。（2）客观方面表现为非法剥夺他人生命的行为。（3）犯罪主体为一般主体，年满12周岁并具有刑事责任能力的自然人可以成为本罪的主体。其中，对于已满12周岁未满14周岁的自然人犯故意杀人罪致人死亡，情节恶劣，经最高人民检察院核准追诉的，应当负刑事责任。（4）主观方面表现为故意。

法定的以故意杀人罪、故意伤害罪论处的主要情形：非法拘禁过程中，使用暴力致人伤残、死亡的；刑讯逼供、暴力取证过程中，致人伤残、死亡的；虐待被监管人过程中，致人伤残、死亡的；聚众斗殴，致人重伤、死亡的；聚众“打砸抢”，致人伤残、死亡的。

故意杀人罪与有关暴力性犯罪的关系：（1）某些暴力性犯罪中的致人死亡并不包括故意

杀人内容。如果行为人实施此种犯罪过程中故意将被害人杀害的，则应按照想象竞合犯的原则处理，即从一重罪处断。但是，如果行为人在实施完毕某种故意犯罪之后又实施了故意杀人行为的，应当以所犯之罪与故意杀人罪实行数罪并罚。(2) 某些暴力性犯罪的构成要件或者处罚情节中已经包括故意杀人内容的，行为人实施该犯罪并杀害被害人的，杀人行为不再被评价，应直接按照该种犯罪定罪处罚。例如，以杀人的手段抢劫的，或者在抢劫财物的过程中为压制被害人的反抗而故意杀人的（注意：此情形不同于在抢劫过程中致人重伤、死亡的情形，该情形属于抢劫罪的结果加重犯，而非吸收犯）；杀害被绑架人的（吸收犯）；强奸致人死亡的（结果加重犯）；拐卖妇女、儿童致人死亡的（结果加重犯）；等等，都不再单独处罚其杀人的行为。但是，如果行为人在实施了上述暴力性犯罪之后，为了灭口、逃避侦查等原因杀害被害人的，其故意杀人行为与有关暴力性犯罪是两个行为，因不存在吸收犯或者结果加重犯等情形，应按照故意杀人罪和有关暴力性犯罪实行数罪并罚。

法条分析

(1)“自杀”和“安乐死”是否构成犯罪？

(2) 如何理解故意杀人罪的着手、未遂和既遂？

答案：(1) 自杀不构成犯罪。安乐死构成故意杀人罪。

(2) 行为人开始实施杀人行为为故意杀人罪着手；因行为人意志以外的原因致使被害人死亡结果没有发生的，为故意杀人罪未遂；杀人行为导致死亡结果发生的（杀人行为与死亡结果之间存在因果关系），为故意杀人罪既遂。

试题范例

1. (单项选择题) 下列行为中，构成故意杀人罪一罪的有（　　）。

A. 甲抢劫乙后，为了灭口，杀害乙

B. 乙强奸甲，引起甲自杀

C. 丙男约某女一起自杀，某女自杀身亡后，丙男被人救起

D. 某患者久病不愈，痛苦不堪，医生丁经不住患者请求，为其注射药物致使其死亡

2. (单项选择题) 下列犯罪行为中，以故意杀人罪一罪定罪处罚的是（　　）。

A. 甲为勒索赎金而将富翁年幼的儿子绑架，因富翁报警而撕票

B. 乙乘夜用木棍将路人杨某击昏，劫得 1 万元钱后，为了灭口而将杨某杀死

C. 丙组织多人出卖人体器官，造成 2 人死亡

D. 丁为了杀死仇人楚某，用自制的土炸弹将楚某炸死

3. (多项选择题) 下列情形中，成立故意杀人罪（既遂）的是（　　）。

A. 甲意图杀害乙，于是用车将乙撞倒。甲以为乙已经死亡，将乙背到一悬崖边抛弃。2 小时后乙醒来失足掉下悬崖摔死

B. 甲为了使乙溺死而将其推入井中，但井中没有水，乙跌在乱石上摔死

C. 甲原计划先用木棒将仇人乙打昏，然后用刀杀死对方，但甲用劲过大，一棒打在乙的头上，致其当场死亡

D. 甲准备好毒药放在自己的书架上，打算在乙到访时给乙喝。在乙到访前，甲的女儿误将毒药当饮料喝了中毒身亡

答案：1. D　2. D　3. BCD

核心法条

《刑法》第233条　过失致人死亡的，处三年以上七年以下有期徒刑；情节较轻的，处三年以下有期徒刑。本法另有规定的，依照规定。

释解分析

本条规定的是过失致人死亡罪。过失致人死亡罪是指过失致人死亡的行为。其构成要件有：（1）侵犯客体是他人的生命权利。（2）客观方面表现为过失致使他人死亡的行为。（3）犯罪主体是一般主体即自然人。（4）主观方面表现为过失。

过失致人死亡罪与故意杀人罪区分的关键是犯罪的主观方面不同。故意杀人罪对于死亡结果是积极追求或者放任的态度；过失致人死亡罪对于死亡结果是避免或者排斥的态度。

下列过失行为成立基本犯的结果加重犯：故意伤害过失致人死亡；强奸过失致人死亡；非法拘禁过失致人死亡；虐待过失致人死亡；抢劫过失致人死亡；暴力干涉婚姻自由过失致人死亡。上述犯罪的构成要件或者处罚情节中已经包括过失致人死亡内容，不再单独认定为过失致人死亡罪。

法条分析

（1）本条中的“过失”应如何理解？

（2）本条中的“致人死亡”应如何理解？

（3）疏忽大意致人死亡与意外事件的区别应如何理解？

（4）本条中的“本法另有规定的，依照规定”应如何理解？

答案：（1）过失是指行为人应当预见自己的行为可能发生危害社会的结果，因为疏忽大意而没有预见或者已经预见而轻信能够避免的心理态度。

（2）致人死亡是指行为人的过失行为与被害人的死亡之间存在因果关系。

（3）疏忽大意致人死亡与意外事件的区别是行为人对死亡结果的发生是否应当预见。在意外事件中，行为人对死亡结果的发生是不可预见的；在疏忽大意致人死亡中，行为人对死亡结果的发生是应当预见并且是能够预见的，只是由于疏忽大意而没有预见。

（4）这是指刑法规定以他人死亡作为法定犯罪构成要件或者要件之一的其他过失犯罪的情形。例如失火罪、爆炸罪、过失投放危险物质罪、交通肇事罪、重大责任事故罪等过失犯罪中存在致人死亡的情形。此时应依据法条竞合处理原则，即特别法优先于普通法适用的原则，分别依照有关规定处罚，不再定过失致人死亡罪。

试题范例

（单项选择题）下列情形中，构成过失致人死亡罪的是（　　）。

A. 甲驾车闯红灯致1死2伤

B. 乙在一开放的、用于社会车辆和行人通行的居民小区不慎将一小孩撞死

C. 丙驾驶拖拉机在自家耕地不慎将人撞死

D. 丁在公共停车场倒车时不慎将一妇女撞死

答案：C

核心法条

《刑法》第234条　故意伤害他人身体的，处三年以下有期徒刑、拘役或者管制。

犯前款罪，致人重伤的，处三年以上十年以下有期徒刑；致人死亡或者以特别残忍手段致人重伤造成严重残疾的，处十年以上有期徒刑、无期徒刑或者死刑。本法另有规定的，依照规定。

释解分析

本条规定的是故意伤害罪。故意伤害罪是指故意非法损害他人身体健康的行为。其构成要件有：（1）侵犯客体是他人身体健康权利。（2）客观方面表现为非法损害他人身体健康的行为。构成故意伤害罪必须有伤害行为。伤害行为即具有导致轻伤程度的通常可能性，如果仅造成轻微伤的，不构成故意伤害罪。（3）犯罪主体为一般主体，年满12周岁并具有刑事责任能力的自然人可以成为本罪的主体。其中，对于已满12周岁未满14周岁的自然人犯故意伤害罪致人死亡，或者以特别残忍手段致人重伤造成严重残疾，情节恶劣，经最高人民检察院核准追诉的，应当负刑事责任。已满14周岁不满16周岁并具有刑事责任能力的自然人应对故意伤害致人重伤或者死亡的犯罪负刑事责任，但是对故意伤害导致的轻伤不负刑事责任。（4）主观方面表现为故意。

向故意伤害罪的转化：对于非法拘禁使用暴力致人伤残的，刑讯逼供或暴力取证致人伤残的，虐待被监管人致人伤残的，聚众“打砸抢”致人伤残的，聚众斗殴致人重伤的，属于转化犯，以故意伤害罪定罪处罚。

下列犯罪的构成要件或者处罚情节中已经包括故意伤害致人重伤的内容，不再单独评价故意伤害行为：（1）抢劫过程中致人重伤的，构成抢劫致人重伤的结果加重犯；（2）绑架过程中伤害被绑架人致人重伤的，构成绑架罪，适用加重的法定刑；（3）强奸致人重伤的，构成强奸罪的结果加重犯；（4）拐卖妇女、儿童致人重伤的，构成拐卖妇女、儿童罪的结果加重犯。

想象竞合犯：妨害公务致人伤害、强迫交易致人伤害，都应以想象竞合犯论处，择一重罪处断。即：（1）妨害公务、强迫交易造成轻伤的，应当认定为妨害公务罪、强迫交易罪；（2）妨害公务、强迫交易造成重伤的，应当认定为故意伤害罪。

数罪并罚：组织他人偷越国（边）境罪，组织、领导、参加黑社会性质组织罪，组织、领导、参加恐怖组织罪，保险诈骗罪以及其他犯罪中实施故意伤害的，数罪并罚。

法条分析

（1）本条中的“伤害”的程度应如何理解？

（2）故意伤害“致人死亡”与故意杀人罪（既遂）、过失致人死亡罪的区别是什么？

（3）第2款中的“本法另有规定的，依照规定”应如何理解？举例说明。

答案：（1）伤害在程度上是指轻伤害。

(2) 与故意杀人罪（既遂）不同，行为人对死亡结果是出于过失；与过失致人死亡罪不同，行为人具有伤害他人身体的故意。

(3) 这是指行为人虽然故意伤害他人，但按照其他犯罪定罪处罚的情形。例如，抢劫、强奸、绑架等犯罪中故意伤害他人而不以故意伤害罪定罪处罚的情形。

试题范例

（单项选择题）下列犯罪行为中，以故意伤害罪一罪定罪处罚的是（　　）。

A. 甲非法拘禁吴某，大力反扭吴某胳膊，致使胳膊被拧折

B. 乙为拦路抢劫江某而将其打成重伤

C. 丙在组织他人偷越国境时，将检查人员打成重伤

D. 丁强奸妇女陈某致陈某重伤

答案：A

核心法条

《刑法》第 234 条之一　组织他人出卖人体器官的，处五年以下有期徒刑，并处罚金；情节严重的，处五年以上有期徒刑，并处罚金或者没收财产。

未经本人同意摘取其器官，或者摘取不满十八周岁的人的器官，或者强迫、欺骗他人捐献器官的，依照本法第二百三十四条、第二百三十二条的规定定罪处罚。

违背本人生前意愿摘取其尸体器官，或者本人生前未表示同意，违反国家规定，违背其近亲属意愿摘取其尸体器官的，依照本法第三百零二条的规定定罪处罚。

释解分析

本条规定的是组织出卖人体器官罪。组织出卖人体器官罪是指违反国家有关规定，组织他人出卖人体器官的行为。其构成要件有：(1) 侵犯客体是他人的生命、身体健康权利和国家对人体器官捐献的管理秩序和人体器官移植规范的正常秩序。(2) 客观方面表现为违反国家有关规定，组织他人出卖人体器官的行为。(3) 犯罪主体是一般主体即自然人。(4) 主观方面表现为故意，是否出于营利目的不影响本罪的成立。

组织出卖人体器官罪中的被组织的他人必须是同意出卖器官的，如果被组织的他人不同意或者强迫、欺骗他人捐献器官的，或者摘取不满 18 周岁的人的器官的，依照故意伤害罪、故意杀人罪定罪处罚。

法条分析

(1) 本条中的“组织”“出卖”“人体器官”应如何理解？

(2) 本条中的“组织他人出卖人体器官”应如何理解？

答案：(1) 组织是指对自愿出卖自己人体器官的人，实施的指挥、策划、控制的行为。
出卖是指将人体器官有偿出售的行为。
人体器官指的是活体器官。

(2) 组织他人出卖人体器官，是指以经营人体器官的出卖或者以招募、雇用、介绍、引

诱等手段使他人出卖人体器官的行为。

试题范例

（单项选择题）甲劝说乙无偿捐献肾脏，乙表示同意，但甲事实上将其肾脏出卖给他人。甲构成（　）。

A. 组织出卖人体器官罪　　B. 故意伤害罪

C. 诈骗罪　　D. 过失致人重伤罪

答案：B

核心法条

《刑法》第236条　以暴力、胁迫或者其他手段强奸妇女的，处三年以上十年以下有期徒刑。

奸淫不满十四周岁的幼女的，以强奸论，从重处罚。

强奸妇女、奸淫幼女，有下列情形之一的，处十年以上有期徒刑、无期徒刑或者死刑：

（一）强奸妇女、奸淫幼女情节恶劣的；

（二）强奸妇女、奸淫幼女多人的；

（三）在公共场所当众强奸妇女、奸淫幼女的；

（四）二人以上轮奸的；

（五）奸淫不满十周岁的幼女或者造成幼女伤害的；

（六）致使被害人重伤、死亡或者造成其他严重后果的。

释解分析

本条规定的是强奸罪。强奸罪是指违背妇女意志，以暴力、胁迫或者其他手段，强行与其发生性交或者奸淫不满14周岁的幼女的行为。其构成要件有：(1) 侵犯客体是妇女性的不可侵犯的权利或者幼女的身心健康。(2) 客观方面表现为违背妇女意志，以暴力、胁迫或者其他手段强奸妇女的行为。违背妇女意志强行与妇女性交是强奸罪的本质属性（但奸淫幼女不以此为必要）。但如果不违背妇女意志与妇女性交的行为，不构成强奸罪。强奸罪的具体手段行为包括暴力、胁迫和其他手段。暴力手段是指直接对被害妇女采取殴打、捆绑、堵嘴、卡脖子、按倒等危害人身安全或人身自由，使妇女不能反抗的手段。胁迫手段是指为了使被害妇女产生恐惧心理，使妇女不敢反抗的手段，包括暴力威胁，揭发隐私，毁坏名誉，利用教养关系、从属关系、职务权利等。其他手段是指采用其他使被害妇女不知抗拒、不敢反抗或者不能抗拒的手段，如用酒灌醉、用药物麻醉等。利用妇女熟睡、醉酒、吸毒、患重病而没有意识能力，或冒充妇女的丈夫或情人，组织和利用会道门、邪教组织或者利用迷信欺骗奸淫妇女的，都构成强奸罪。(3) 犯罪主体是一般主体，年满14周岁并具有刑事责任能力的自然人可以成为本罪的主体。妇女不能成为直接、单独正犯，但可能与男子共同实施强奸行为，可以成为强奸罪的共犯。(4) 主观方面表现为故意。

强奸罪的认定：(1) 半推半就。对所谓“半推半就”案件，不能一概视为通奸或者强奸，如果行为人强制手段不明显，亦即，行为人并未使用暴力、胁迫或者与之相当的手段，而且也并不违背妇女意志的，应当认定为通奸。只有确实查明与妇女发生性交的行为是违背妇女意志的，才宜认定为强奸。(2) 婚内强奸。我国否认婚内强奸，但下列情形构成强奸罪：①丈夫教唆、帮助他人强奸妻子；②在婚姻关系非正常存续期间，丈夫强奸妻子，可能构成强奸罪。(3) 求奸未成与强奸未遂的区别。求奸未成，是指行为人以不正当的请求欲与女方发生性行为，而未获得女方同意的情形。虽然求奸者主观上意图与女方发生性行为，客观上往往也有拉衣扯裤、拥抱猥亵等行为，但求奸者主观上无强行奸淫的故意，客观上无强行性交的行为，一旦妇女坚决拒绝，便即停手，不能以强奸罪论处。而强奸未遂则是指行为人已经着手实施强奸行为，但由于意志以外的原因，强行性交的行为没有完成。(4) 罪数。①在拐卖妇女的过程中，奸淫被拐卖的妇女的，构成拐卖妇女罪，不另定强奸罪。②收买被拐卖的妇女，强行与其发生性关系的，应以强奸罪和收买被拐卖的妇女罪实行数罪并罚。③在组织、强迫卖淫的过程中，强奸被害人的，以组织卖淫罪或强迫卖淫罪和强奸罪实行数罪并罚。④组织他人偷越国（边）境、运送他人偷越国（边）境中强奸妇女的，实行数罪并罚。⑤在绑架、非法拘禁过程中强奸被害人的，均实行数罪并罚。

强奸罪具有如下六种加重处罚情节：(1) 强奸妇女、奸淫幼女情节恶劣的。(2) 强奸妇女、奸淫幼女多人的。这里的“多人”，是指强奸妇女、奸淫幼女总数达到 3 人以上。(3) 在公共场所当众强奸妇女、奸淫幼女的。这里的“公共场所”，一般是指有不特定人进出可能性的场所。在公共场所实施强奸的，只要有其他多人在场，不论在场人员是否实际看到，都应认定为在公共场所“当众强奸”。当众不包括共犯人。(4) 二人以上轮奸的。(5) 奸淫不满 10 周岁的幼女或者造成幼女伤害的。(6) 致使被害人重伤、死亡或者造成其他严重后果的。①“致使被害人重伤、死亡”是指因强奸导致被害人性器官严重损伤或者造成其他严重伤害，甚至当场死亡或者经治疗无效死亡的（不包括被害人事后自杀身亡）。但对出于报复、灭口等动机，在实施强奸过程中杀死或者伤害被害人的，应当认定为故意杀人罪或故意伤害罪，与强奸罪实行数罪并罚。②先杀害被害妇女后“奸尸”的，构成故意杀人罪和侮辱尸体罪，实行数罪并罚。③致使被害人重伤、死亡指的是过失致使被害人重伤、死亡，不包括故意伤害、杀害，这属于结果加重犯，要求强奸行为与死亡结果之间具有直接的因果关系，至于加重结果是暴力、胁迫行为所致，还是性交行为所致，都不影响结果加重犯的成立。④“造成其他严重后果”，是指因强奸引起被害人自杀（无因果关系）、精神失常以及其他严重后果。

法条分析

(1) 强奸罪的本质特征应如何理解？

(2) 本条中的“暴力、胁迫或者其他手段”应如何理解？

(3) 如何认定强奸罪的着手、未遂、既遂？

(4) 对于奸淫幼女而构成强奸罪的，应当如何判断其主观方面？

(5) 本条第 3 款第 4 项中的“轮奸”应如何理解？

(6) 本条第 3 款第 6 项中的“致使被害人重伤、死亡”应如何理解？

答案：(1)“违背妇女意志”是强奸罪的本质特征。

(2) 暴力、胁迫和其他手段是强奸罪的手段行为。暴力手段即行为人使用暴力，对被害女性直接施以身体上的强制，使被害妇女不能反抗；胁迫手段即行为人对被害女性施以威胁、恫吓，进行精神上的强制，使被害女性不敢反抗；其他手段即行为人使用暴力、胁迫以外的手段，使被害女性不知反抗或无法反抗。

(3) 行为人开始实施暴力、胁迫行为时，就是强奸罪的着手。由于意志以外的原因导致强奸未得逞的，是未遂。构成既遂应当采取不同的标准：如果被害女性已满14周岁，以行为人的生殖器插入女性生殖器作为标准；如果被害女性不满14周岁，以双方的生殖器接触作为标准。

(4) 强奸罪主观方面表现为故意，如果行为人所发生性行为的对象是幼女的，一般还应当明知对方是幼女，特别要求行为人主观上应当对幼女的年龄具有明知：知道或者应当知道对方是不满14周岁的幼女，而实施奸淫的，应当认定行为人"明知"对方是幼女；对于不满12周岁的被害人实施奸淫行为的，应当认定行为人"明知"对方是幼女；对于已满12周岁不满14周岁的被害人，从其身体发育状况、言谈举止、衣着特征、生活作息规律等观察可能是幼女，而实施奸淫行为的，应当认定行为人"明知"对方是幼女。

(5) 轮奸是指两个以上的行为人基于共同强奸犯罪的故意，在同一时间内对同一女性实施强奸的行为。

(6) 致使被害人重伤、死亡属于强奸罪的结果加重犯，致使被害人重伤、死亡是指因强奸导致被害人性器官严重损伤或者造成其他严重伤害，甚至当场死亡或者经治疗无效死亡。

试题范例

1. (单项选择题) 某中学女生甲（13周岁）欲购买最新款iPhone手机，在网上发帖称自己13周岁，欲出卖初夜。个体老板乙（40周岁）按照甲所留联系方式找到甲，在查看甲的身份证后，乙以5 000元价格与甲发生了性关系。乙的行为构成（　　）。

A. 强制猥亵罪　　B. 嫖娼的违法行为
C. 猥亵儿童罪　　D. 强奸罪

2. (多项选择题) 下列情形中，应当认定为强奸罪的有（　　）。

A. 甲某多次与幼女乙某、丙某、丁某发生两性关系，并导致丁某怀孕
B. 甲某强奸乙某之后，乙某因为害怕张扬出去影响自己的声誉，没有告发。甲某则以将此事告诉其男友相要挟，多次逼迫乙某发生性关系。乙某忍无可忍，向司法机关告发
C. 甲某（男）在假期遇到同厂职工乙某（女），邀其到家中坐坐，然后提出跳舞。甲某以为乙某对其有意，乘势把乙某推到床上，意欲发生性关系。乙某意识到甲某的意图之后，将甲某从身上推开，斥责甲某下流。甲某立即跪地道歉，并求乙某不要告诉他人
D. 甲、乙、丙、丁四人在公园中看到戊（女），甲对乙、丙、丁说，信不信我能把她搞到手（指发生性关系），乙、丙、丁说不信。甲即上前和戊搭话，结果遭到斥责。甲恼羞成怒，打了戊一个耳光，并上前撕扯戊的衣服，在戊的胸部乱摸。戊叫喊，甲因害怕触犯众怒，慌忙逃走

答案： 1. D　2. AB

核心法条

《刑法》第236条之一　对已满十四周岁不满十六周岁的未成年女性负有监护、收养、看护、教育、医疗等特殊职责的人员，与该未成年女性发生性关系的，处三年以下有期徒刑；情节恶劣的，处三年以上十年以下有期徒刑。

有前款行为，同时又构成本法第二百三十六条规定之罪的，依照处罚较重的规定定罪处罚。

释解分析

本条规定的是负有照护职责人员性侵罪。负有照护职责人员性侵罪是指对已满14周岁不满16周岁的未成年女性负有监护、收养、看护、教育、医疗等特殊职责的人员，与该未成年女性发生性关系的行为。其构成要件有：(1) 侵犯的客体是已满14周岁不满16周岁的未成年女性的性自主决定权和未成年女性的身心健康。(2) 客观方面表现为对已满14周岁不满16周岁的未成年女性负有监护、收养、看护、教育、医疗等特殊职责的人员，与该未成年女性发生性关系的行为。(3) 犯罪主体是特殊主体，即对已满14周岁未满16周岁的未成年女性负有监护、收养、看护、教育、医疗等特殊职责的人员。(4) 主观方面表现为故意。

负有照护职责人员性侵罪的罪数：对已满14周岁不满16周岁的未成年女性负有照顾职责的人员，与该女性发生性关系时使用暴力、胁迫或者其他手段的，例如利用优势地位或者被害人孤立无援的境地，迫使未成年被害人就范，而与其发生性关系的，以强奸罪定罪处罚。负有照护职责人员有性侵行为，同时构成强奸罪的，择一重罪处罚。

法条分析

(1) 本条规定之罪的罪名、罪状类型是什么?

(2) 15周岁的甲女在某武术学校习武期间，武术教练经甲同意与其发生性关系的，是否构成本罪?

(3) 14周岁的乙女的继父迫使乙女就范，强行与乙女发生性关系的，应如何定罪?

答案：(1) 本条规定的是负有照护职责人员性侵罪，罪状类型为叙明罪状。

(2) 15周岁的甲女在某武术学校习武期间，武术教练经甲同意与其发生性关系的，构成负有照护职责人员性侵罪。

(3) 14周岁的乙女的继父迫使乙女就范，强行与乙女发生性关系的，同时构成负有照护职责人员性侵罪和强奸罪，应当依照处罚较重的规定即强奸罪定罪处罚。

试题范例

(单项选择题) 医生甲非法开设一家妇科诊所，甲在对未成年人乙（女，15周岁）诊疗过程中与乙发生性关系。甲构成（　　）。

A. 强制猥亵罪　　B. 强奸罪

C. 负有照护职责人员性侵罪　　D. 猥亵儿童罪

答案：C

核心法条

《刑法》第237条　以暴力、胁迫或者其他方法强制猥亵他人或者侮辱妇女的，处五年以下有期徒刑或者拘役。

聚众或者在公共场所当众犯前款罪的，或者有其他恶劣情节的，处五年以上有期徒刑。

猥亵儿童的，处五年以下有期徒刑；有下列情形之一的，处五年以上有期徒刑：

（一）猥亵儿童多人或者多次的；

（二）聚众猥亵儿童的，或者在公共场所当众猥亵儿童，情节恶劣的；

（三）造成儿童伤害或者其他严重后果的；

（四）猥亵手段恶劣或者有其他恶劣情节的。

释解分析

本条规定的是强制猥亵、侮辱罪，猥亵儿童罪。强制猥亵、侮辱罪是指以暴力、胁迫或者其他方法强制猥亵他人或者侮辱妇女的行为。其构成要件有：（1）侵犯客体是他人的性羞耻心。（2）客观方面表现为行为人以暴力、胁迫或者其他方法强制猥亵他人或者侮辱妇女的行为。（3）犯罪主体是一般主体即自然人。（4）主观方面表现为故意，其中对妇女不具有奸淫的目的。

猥亵儿童罪是指猥亵儿童的行为。其构成要件有：（1）侵犯客体是儿童的身心健康权利。（2）客观方面表现为对不满14周岁的儿童实施猥亵行为。（3）犯罪主体是一般主体即自然人。（4）主观方面表现为故意。

猥亵儿童罪的罪数：实施猥亵儿童犯罪，造成儿童轻伤以上后果，同时构成故意伤害罪、故意杀人罪的，依照处罚较重的规定定罪处罚。

法条分析

（1）条文规定的罪名有哪些？

（2）条文规定的“强制猥亵”应如何理解？

（3）条文规定的“强制侮辱”应如何理解？

（4）如何认定第2款中在公共场所“当众”强制猥亵妇女或者猥亵儿童的行为？

（5）行为人强奸未遂的情况下，对被害妇女或者幼女有猥亵或者侮辱行为的，应当如何处理？

（6）第3款中的“儿童”应如何理解？

答案：（1）第1、2款规定的是强制猥亵、侮辱罪；第3款规定的是猥亵儿童罪。

（2）强制猥亵是指为寻求性刺激而对他人强制实行的除性交以外的淫秽性的行为。

（3）强制侮辱是指以各种淫秽下流、伤风败俗的动作、语言损害妇女的人格尊严，侵害妇女羞耻心的行为。

（4）在公共场所实施猥亵犯罪，只要有其他多人在场，不论在场人员是否实际看到，均可以认定为在公共场所“当众”强制猥亵、侮辱妇女或者猥亵儿童。

（5）在强奸未遂的场合下，行为人对被害妇女或者幼女有猥亵、侮辱行为的，不以强制猥亵、侮辱罪定罪处罚，而仍以强奸罪（未遂）定罪处罚。

（6）儿童指的是不满 14 周岁的儿童。

试题范例

（单项选择题）下列关于强奸及猥亵案件的定性中，正确的是（　　）。

A. 甲利用黑夜作掩护，闯入赵某（女）家中冒充其丈夫与其发生性关系，甲构成强奸罪

B. 教师乙女利用给 12 周岁男童补习功课之际，勾引男童并与男童发生性关系，乙女构成强制猥亵、侮辱罪

C. 丙男十分痛恨韩某（女）。某日，丙男将脏水泼在韩某的身上，并公然宣称韩某是“卖淫女”。丙男的行为构成强制猥亵、侮辱罪

D. 丁乘女下属魏某有求于己之机接近魏某，魏某在半推半就的情况下与丁发生性关系，丁的行为构成强奸罪

答案：A

核心法条

《刑法》第 238 条　非法拘禁他人或者以其他方法非法剥夺他人人身自由的，处三年以下有期徒刑、拘役、管制或者剥夺政治权利。具有殴打、侮辱情节的，从重处罚。

犯前款罪，致人重伤的，处三年以上十年以下有期徒刑；致人死亡的，处十年以上有期徒刑。使用暴力致人伤残、死亡的，依照本法第二百三十四条、第二百三十二条的规定定罪处罚。

为索取债务非法扣押、拘禁他人的，依照前两款的规定处罚。

国家机关工作人员利用职权犯前三款罪的，依照前三款的规定从重处罚。

释解分析

本条规定的是非法拘禁罪。非法拘禁罪是指非法拘禁他人或者以其他方法非法剥夺他人人身自由的行为。其构成要件有：（1）侵犯客体是他人的人身自由。（2）客观方面表现为非法对被害人的身体进行强制，使被害人失去人身行动自由的行为。（3）犯罪主体是一般主体即自然人。（4）主观方面表现为故意。

非法拘禁罪的罪数：（1）非法拘禁致人重伤、死亡的，仍以非法拘禁罪论处。非法拘禁致人重伤、死亡，是指拘禁行为本身致被害人重伤、死亡的情形，因重伤、死亡结果与非法拘禁行为之间存在因果关系，此时构成非法拘禁罪的结果加重犯。但非法拘禁致被害人自杀、自残、自身过失等造成死亡、伤害结果的，虽然仍认定为非法拘禁罪，但因不具有直接因果关系而不宜认定为结果加重犯。（2）非法拘禁他人，使用暴力致人伤残、死亡的，应以故意伤害罪、故意杀人罪论处。（3）为索取债务（包括赌债、高利贷等不合法债务）非法扣押、拘禁他人的，以非法拘禁罪论处，不定绑架罪。为索取债务非法扣押、拘禁他人，致人重伤、死亡的，成立非法拘禁罪的结果加重犯；为索取债务使用暴力非法拘禁他人，致人伤

残、死亡的，系转化犯，以故意伤害罪、故意杀人罪论处。(4) 除非法拘禁罪外，还有其他一些犯罪可以非法剥夺他人人身自由的方法实施，如强奸罪，绑架罪，拐卖妇女、儿童罪，拐骗儿童罪，刑讯逼供罪，暴力干涉婚姻自由罪，妨害公务罪等，在此情形下，应分别具体情况，按照想象竞合犯或者牵连犯的处罚原则定罪处罚。(5) 非法拘禁罪为继续犯，在继续状态中又另起犯意犯其他罪的，如行为人先非法拘禁他人，在拘禁过程中又临时起意实施绑架、抢劫、拐卖、强奸等犯罪，应当实行数罪并罚。

法条分析

(1) 本条规定之罪的罪数形态应如何理解？

(2) 第 2 款中的“致人重伤”“致人死亡”“使用暴力致人伤残、死亡”应如何认定（含罪数形态）？

(3) 第 3 款中的“债务”的范围应如何理解？

(4) 第 4 款规定属于何种身份犯？

(5) 第 4 款中的“从重处罚”应如何理解？

答案：(1) 非法拘禁罪在罪数形态上属于继续犯。

(2) 致人重伤、致人死亡属于非法拘禁罪的结果加重犯，仍应认定为非法拘禁罪。使用暴力致人伤残、死亡属于转化犯，应以故意伤害罪或者故意杀人罪定罪处罚。

(3) 债务既包括合法债务，也包括赌债、高利贷等不合法债务，但债务关系是真实存在的，而不是凭空捏造或者虚构的债务。

(4) 属于不真正身份犯。

(5) 从重处罚是指在法定刑幅度内选择判处比没有该情节的类似犯罪相对较重的刑种或刑期。

试题范例

1. (单项选择题) 因刘某欠赌债不还，钱某邀集朋友林某、涂某一起将刘某骗到一空房内捆绑起来吊在房梁上，用竹板抽打，逼其还钱。2 天后，刘某被闻讯赶来的公安人员解救。经法医鉴定，刘某为轻伤。钱某等三人的行为构成（　）。

A. 非法拘禁罪　　B. 故意伤害罪

C. 绑架罪　　D. 非法拘禁罪和故意伤害罪

2. (单项选择题) 乙参与赌博，欠甲 5 万元赌债不还。甲遂持刀拦住乙，让乙还债。乙拒绝，甲强行搜身，从乙身上搜出 5 000 余元。甲接着将乙捆绑到一间空房内，打电话让乙的妻子归还剩余赌债，否则不放人。其间，乙因被捆绑太紧而窒息死亡。甲的行为构成（　）。

A. 绑架罪　　B. 非法拘禁罪　　C. 故意杀人罪　　D. 过失致人死亡罪

3. (多项选择题) 下列选项中，不应数罪并罚的有（　）。

A. 非法拘禁他人故意使用暴力殴打致被拘禁人重伤、死亡的

B. 刑讯逼供致人伤残、死亡的

C. 聚众斗殴致人伤残、死亡的

D. 入户盗窃的

答案：1. A　2. B　3. ABCD

核心法条

《刑法》第239条　以勒索财物为目的绑架他人的，或者绑架他人作为人质的，处十年以上有期徒刑或者无期徒刑，并处罚金或者没收财产；情节较轻的，处五年以上十年以下有期徒刑，并处罚金。

犯前款罪，杀害被绑架人的，或者故意伤害被绑架人，致人重伤、死亡的，处无期徒刑或者死刑，并处没收财产。

以勒索财物为目的偷盗婴幼儿的，依照前两款的规定处罚。

释解分析

本条规定的是绑架罪。绑架罪是指以勒索财物为目的绑架他人，或者绑架他人作为人质，或者以勒索财物为目的偷盗婴幼儿的行为。其构成要件有：(1) 侵犯客体是他人的人身权利。(2) 客观方面表现为绑架他人作为人质或者偷盗婴幼儿的行为。绑架罪客观方面要求行为人须以实力控制人质的身体自由，即以暴力、胁迫、麻醉或者其他方法控制他人。但以勒索财物为目的偷盗婴幼儿的，也成立绑架罪，这旨在对没有认知及反抗能力的婴幼儿实行特别保护。提出不法要求的对象可以是亲属或者朋友，也可以是其他人。(3) 犯罪主体是一般主体即自然人。(4) 主观方面表现为故意，并以勒索财物或者劫持他人作为人质为目的。本罪属于目的犯，以行为人勒索财物或劫持他人作为人质的目的作为必要构成要素。如果行为人主观上不具有将被害人作为人质的目的，而是为了直接实施某种犯罪而剥夺他人的行动自由，则不能以绑架罪论处。比如，为索取债务非法扣押、拘禁他人的，以非法拘禁罪论处，不以绑架罪论处。绑架他人作为人质，须要求有索取财物和其他不法目的。

绑架罪犯罪形态的认定：(1) 行为人开始对人质实施控制行为是绑架罪的着手。(2) 行为人实际控制了人质是绑架罪的既遂。行为人是否实际提出勒索财物或者其他要求，以及其要求是否被满足，对既遂没有影响。(3) 行为人着手实施扣押人质的暴力行为，但由于被害人反抗而未得逞的，成立绑架罪未遂。(4) 绑架行为实施后也存在犯罪中止形态。

绑架罪的罪数：(1) 行为人犯绑架罪，杀害或者故意伤害被绑架人的，不另定故意杀人罪或者故意伤害罪，只定绑架罪一罪，也不实行数罪并罚。行为人在实施绑架过程中过失致使人质重伤、死亡的，构成绑架罪与过失致人重伤罪、过失致人死亡罪的想象竞合犯，直接以绑架罪定罪处罚。(2) 行为人在实施绑架过程中或者绑架既遂以后，故意将被害人杀死（撕票），理论上独立地构成故意杀人罪，但是根据《刑法》第239条的规定，应以绑架罪定罪处罚，不再定故意杀人罪。但对于已满12周岁不满16周岁的人绑架他人又撕票的，不构成绑架罪，应以故意杀人罪追究行为人的刑事责任。(3) 行为人没有实施绑架行为，直接杀害被害人（或犯其他罪致被害人死亡）后，向被害人家属勒索财物的，分别构成故意杀人罪（或其他犯罪）和敲诈勒索罪，实行数罪并罚。(4) 行为人实施了绑架行为，因未勒索到财物或者出于其他原因杀害被害人后，再次掩盖事实勒索赎金的，分别成立绑架罪和敲诈勒索罪，实行数罪并罚。(5) 行为人绑架妇女、儿童后对妇女、儿童实施奸淫、猥亵或者其他犯罪的，应以绑架罪和强奸罪、猥亵类犯罪或者其他犯罪实行数罪并罚。(6) 行为人将被害人绑架至车上后因为发生车祸导致被绑架人死亡的，应以绑架罪和交通肇事罪（或其他过失类犯罪）实行数罪并罚。（7）在绑架过程中又当场劫取被害人财物的，同时触犯绑架罪和抢劫罪，择一重罪定罪处罚。

法条分析

（1）本条中的“绑架”应如何理解？

（2）本条中的“作为人质”应如何理解？

（3）本条中的“偷盗婴幼儿”的行为应如何理解和认定？

（4）如何认定绑架罪的着手和既遂？

（5）拐骗、抢劫婴幼儿并勒索财物的，应当如何处理？

（6）行为人先勒索财物未果而又绑架他人继续勒索财物构成犯罪的，应如何处理？

（7）行为人与“被绑架人”通谋，得到其承诺而将其移置在自己控制之下，再向“被绑架人”亲属提出勒索要求，使其基于对“被害人”的担忧而被迫交付财物的，对行为人应如何定罪？

（8）已满 14 周岁不满 16 周岁的行为人绑架并杀害被绑架人的，应如何处理？

（9）第 2 款中的“杀害被绑架人”应如何理解和定罪处罚？

（10）第 2 款中的“故意伤害被绑架人，致人重伤、死亡”应如何理解和定罪处罚？

（11）因过失致被绑架人死亡的，应如何处理？

答案：（1）绑架是指以暴力、胁迫、麻醉或者其他方法，强行拘禁被害人的行为。

（2）作为人质是指行为人以扣押的被害人作为交换条件，向他人提出要求，满足其所提要求时，释放被害人；不满足其要求时，继续加害被害人。

（3）“偷盗婴幼儿”是指乘婴幼儿熟睡将其抱走，或者对婴幼儿采取欺骗、利诱等手段，使其脱离监护人或者看护人的行为。婴儿是指不满 1 周岁的未成年人；幼儿是指 1 周岁以上不满 6 周岁的未成年人。对于以勒索财物为目的偷盗婴幼儿的，应以绑架罪定罪处罚。

（4）行为人开始对人质实施控制行为是绑架罪的着手。行为人实力控制了人质是绑架罪的既遂。

（5）都以绑架罪论处。

（6）对行为人应以敲诈勒索罪和绑架罪实行数罪并罚。

（7）构成敲诈勒索罪。

（8）以故意杀人罪追究行为人的刑事责任。

（9）“杀害被绑架人”指的是绑架后故意杀人，仍定绑架罪，故意杀人行为被绑架行为所吸收，故意杀人行为不再单独评价。

（10）“故意伤害被绑架人，致人重伤、死亡”，是指行为人在绑架的过程中对被绑架人故意实施伤害行为，并造成了重伤或者死亡。对于“故意伤害被绑架人，致人重伤、死亡”，仍以绑架罪定罪处罚，不定故意伤害罪、故意杀人罪。

（11）因过失致被绑架人死亡的，构成绑架罪和过失致人死亡罪的想象竞合犯，从一重罪处断。

试题范例

1.（单项选择题）甲因为欠人 5 万元赌债而萌生“绑票”的念头。某日将独自在附近玩耍的邻居 4 岁的女孩乙诱骗到家中，藏匿在阁楼内。后见乙叫喊且乙的家人寻找，遂将乙杀害，把尸体埋到山上。此后，甲多次向乙的家人索要 5 万元“赎金”。甲的行为构成（　　）。

A. 绑架罪　　B. 敲诈勒索罪　　C. 故意杀人罪　　D. 非法拘禁罪

2.（单项选择题）甲为其邻居乙打工，认为工资太少，遂产生勒索乙钱财之念。甲准备了一桶汽油，于某日凌晨 1 时许，将汽油倒在乙家门前草堆上，点燃后暂时躲回家中，乘乙全家人出动救火之机，翻墙进入乙家院内，撬开门锁，将在屋内睡觉的乙仅 18 个月大的儿子丙盗回家中。乙回家发现丙不见了，即向公安机关报案，公安人员及时赶至现场，当即组织全村村民在各路口设卡追堵。甲见无法将丙带走，而丙在其家中又哭闹不止，怕被人发现，即将丙抱还乙的家人，并谎称丙是其从小偷手中追回，后装晕倒地。甲的行为（　　）。

A. 构成绑架罪的中止和放火罪未遂　　B. 构成绑架罪的未遂和放火罪既遂

C. 构成绑架罪的既遂和放火罪未遂　　D. 构成绑架罪既遂和放火罪既遂

3.（多项选择题）甲承租一大酒店，某日对酒店服务员乙谎称丙欠债不还，令其从学校绑架丙之子作为人质，讨还债务。乙遵命绑来丙之子。后甲又指使丁打电话向丙勒索 50 万元。丁打出勒索电话。当甲再次要丁打勒索电话时，丁拒绝。人质（7 周岁）被扣押 63 小时，双手腕软组织挫伤，轻度脱水。对于本案，下列说法中正确的是（　　）。

A. 甲、丁构成绑架罪，乙构成非法拘禁罪

B. 甲、乙、丁构成绑架罪

C. 甲、乙、丁均犯罪既遂

D. 甲、乙犯罪未遂，丁犯罪中止

答案： 1. A　2. D　3. AC

核心法条

《刑法》第 240 条　拐卖妇女、儿童的，处五年以上十年以下有期徒刑，并处罚金；有下列情形之一的，处十年以上有期徒刑或者无期徒刑，并处罚金或者没收财产；情节特别严重的，处死刑，并处没收财产：

（一）拐卖妇女、儿童集团的首要分子；

（二）拐卖妇女、儿童三人以上的；

（三）奸淫被拐卖的妇女的；

（四）诱骗、强迫被拐卖的妇女卖淫或者将被拐卖的妇女卖给他人迫使其卖淫的；

（五）以出卖为目的，使用暴力、胁迫或者麻醉方法绑架妇女、儿童的；

（六）以出卖为目的，偷盗婴幼儿的；

（七）造成被拐卖的妇女、儿童或者其亲属重伤、死亡或者其他严重后果的；

（八）将妇女、儿童卖往境外的。

拐卖妇女、儿童是指以出卖为目的，有拐骗、绑架、收买、贩卖、接送、中转妇女、儿童的行为之一的。

⚖ 释解分析

本条规定的是拐卖妇女、儿童罪。拐卖妇女、儿童罪是指以出卖为目的，拐骗、绑架、收买、贩卖、接送、中转妇女、儿童的行为。其构成要件有：(1) 侵犯客体是妇女、儿童的人身自由和人格尊严。(2) 客观方面表现为拐卖妇女、儿童的行为，即以出卖为目的，拐骗、绑架、收买、贩卖、接送、中转年满 14 周岁的妇女或者未满 14 周岁的儿童的行为。①本罪的行为对象是妇女和儿童。已满 14 周岁的男子不能成为本罪的行为对象，符合非法拘禁罪、强迫劳动罪等罪的犯罪构成的，应当认定为非法拘禁罪、强迫劳动罪等罪。②本罪的行为方式包括拐骗、绑架、收买、贩卖、接送、中转妇女、儿童。此外，以出卖为目的偷盗婴幼儿的，也构成本罪。(3) 犯罪主体是一般主体即自然人。(4) 主观方面表现为故意，并以出卖为目的。

对拐卖妇女、儿童犯罪的惩治：(1) 以非法获利为目的，出卖亲生子女的，应当以拐卖妇女、儿童罪论处。(2) 要严格区分借送养之名出卖亲生子女与民间送养行为的区别。区分的关键在于行为人是否具有非法获利的目的。具有下列情形之一的，可以认定属于出卖亲生子女，应当以拐卖妇女、儿童罪论处：①将生育作为非法获利手段，生育后即出卖子女的；②明知对方不具有抚养目的，或者根本不考虑对方是否具有抚养目的，为收取钱财将子女“送”给他人的；③为收取明显不属于“营养费”“感谢费”的巨额钱财将子女“送”给他人的；④其他足以反映行为人具有非法获利目的的“送养”行为的。不是出于非法获利目的，而是迫于生活困难，或者受重男轻女思想影响，私自将没有独立生活能力的子女送给他人抚养，包括收取少量“营养费”“感谢费”的，属于民间送养行为，不能以拐卖妇女、儿童罪论处。对私自送养导致子女身心健康受到严重损害，或者具有其他恶劣情节，符合遗弃罪特征的，可以遗弃罪论处；情节显著轻微危害不大的，可由公安机关依法予以行政处罚。(3) 将妇女拐卖给有关场所，致使被拐卖的妇女被迫卖淫或者从事其他色情服务的，以拐卖妇女罪论处。有关场所的经营管理人员事前与拐卖妇女的犯罪人通谋的，对该经营管理人员以拐卖妇女罪的共犯论处；同时构成拐卖妇女罪和组织卖淫罪的，择一重罪论处。(4) 医疗机构、社会福利机构等单位的工作人员以非法获利为目的，将所诊疗、护理、抚养的儿童贩卖给他人的，以拐卖儿童罪论处。(5) 明知他人拐卖妇女、儿童，仍然向其提供被拐卖妇女、儿童的健康证明、出生证明或者其他帮助的，以拐卖妇女、儿童罪的共犯论处。明知他人系拐卖儿童的“人贩子”，仍然利用从事诊疗、福利救助等工作的便利或者了解被拐卖方情况的条件，居间介绍的，以拐卖儿童罪的共犯论处。

拐卖妇女、儿童罪的犯罪形态：行为人开始实行拐卖行为是本罪的着手，实力控制被害人是本罪的既遂。因此，本罪既遂不以被拐卖的妇女、儿童最终被“卖出”作为标准。行为人对妇女、儿童的事实支配关系没有得逞的，乃是犯罪的未遂。行为人在拐卖妇女、儿童过程中放弃犯罪的，成立犯罪中止。对于丈夫出卖妻子，父母出卖子女，出卖捡拾儿童，收买妇女、儿童后又产生出卖的目的，上述四种情形不需要先控制被害人，然后再卖出，因此，与买家商讨价格就是本罪的着手；实际将妇女、儿童卖出是本罪既遂的标准。

拐卖妇女、儿童罪的罪数：(1) 拐卖妇女、儿童，又对被拐卖的妇女、儿童实施故意杀害、伤害、猥亵、侮辱等行为，构成其他犯罪的，依照数罪并罚的规定处罚。(2) 拐卖妇女、儿童或者收买被拐卖的妇女、儿童，又组织、教唆被拐卖、收买的妇女、儿童进行犯罪的，以拐卖妇女、儿童罪或者收买被拐卖的妇女、儿童罪与其所组织、教唆的罪数罪并罚。

拐卖妇女、儿童罪的处罚。有下列情形之一的，法定刑升格：(1) 拐卖妇女、儿童集团的首要分子。(2) 拐卖妇女、儿童 3 人以上的。(3) 奸淫被拐卖的妇女的。(4) 诱骗、强迫被拐卖的妇女卖淫或者将被拐卖的妇女卖给他人迫使其卖淫的。(5) 以出卖为目的，使用暴力、胁迫或者麻醉方法绑架妇女、儿童的。该情形只应认定为拐卖妇女、儿童罪，不另定绑架罪。当然，该情形要求行为人必须以出卖为目的，如果行为人是以勒索财物为目的，仍定绑架罪。(6) 以出卖为目的，偷盗婴幼儿的。该情形要求行为人必须以出卖为目的，如果是以勒索财物为目的偷盗婴幼儿的，以绑架罪论处。(7) 造成被拐卖的妇女、儿童或者其亲属重伤、死亡或者其他严重后果的。此情形属于拐卖妇女、儿童罪的结果加重犯（要求拐卖行为与加重结果之间存在因果关系），因此对于致被害人重伤、死亡的情形，不能认定为故意伤害罪、故意杀人罪。还要注意，这里的造成被拐卖的妇女、儿童或者其亲属重伤、死亡，是指在拐卖妇女、儿童的过程中造成的伤害或死亡，而非单独的故意伤害、杀害行为，如果属于单独的故意重伤、杀害的，应将故意伤害罪、故意杀人罪与拐卖妇女、儿童罪实行数罪并罚。(8) 将妇女、儿童卖往境外的。

法条分析

(1) 本条规定之罪的行为方式应如何理解？

(2) 在拐卖妇女过程中奸淫被拐卖的妇女的，应如何处理？

(3) 本条第 1 款中的“造成被拐卖的妇女、儿童或者其亲属重伤、死亡或者其他严重后果的”应如何理解？

(4) 拐卖妇女、儿童，又对被拐卖的妇女、儿童实施故意杀害、伤害、猥亵、侮辱等行为的，应如何处理？

(5) 行为人开始基于勒索钱财目的将被害妇女或婴幼儿绑架，在绑架后又将被害人出卖的，应如何处理？

(6) 如何认定本罪的着手、既遂和未遂？

(7) 区分借送养之名出卖亲生子女与民间送养行为的关键是什么？

(8) 有关卖淫场所的经营管理人员事前与拐卖妇女的犯罪人通谋，将被害妇女拐卖至卖淫场所从事卖淫活动的，应如何处理？

答案：(1) 拐卖妇女、儿童罪的行为方式有拐骗、绑架、收买、贩卖、接送、中转。拐骗是指以欺骗、利诱等方式将妇女、儿童拐走。绑架是指使用暴力、胁迫或者麻醉方法劫持、控制妇女、儿童。收买是指以金钱或者其他财物买取妇女、儿童。贩卖是指出卖妇女、儿童。接送是指为拐卖妇女、儿童的罪犯接收、运送妇女、儿童。中转是指为拐卖妇女、儿童的罪犯提供中途场所或者机会。

(2) 在拐卖妇女过程中奸淫被拐卖的妇女的，属于拐卖妇女情节严重，以拐卖妇女罪定罪处罚，不再单独定强奸罪。

(3) 在拐卖妇女、儿童过程中造成被拐卖的妇女、儿童或者其亲属重伤、死亡或者其他严重后果的，是指由于拐卖妇女、儿童的行为，造成被拐卖的妇女、儿童或者其亲属重伤、死亡或者其他严重后果。但是，如果对被害人进行故意杀害、伤害，则应以故意杀人罪、故意伤害罪与拐卖妇女、儿童罪实行并罚。

(4) 拐卖妇女、儿童，又对被拐卖的妇女、儿童实施故意杀害、伤害、猥亵、侮辱等行为的，实行数罪并罚。

(5) 行为人开始基于勒索钱财目的将被害妇女或婴幼儿绑架，在绑架后又将被害人出卖的，应当以绑架罪和拐卖妇女、儿童罪实行数罪并罚。

(6) 行为人开始实施拐卖行为是本罪的着手。行为人实力控制了被害人是本罪的既遂。行为人对妇女、儿童的事实支配关系没有得逞的，乃是犯罪的未遂。

(7) 区分借送养之名出卖亲生子女与民间送养行为的关键是，行为人是否具有非法获利的目的。

(8) 有关卖淫场所的经营管理人员事前与拐卖妇女的犯罪人通谋，将被害妇女拐卖至卖淫场所从事卖淫活动的，对拐卖妇女的犯罪人以拐卖妇女罪定罪处罚；对卖淫场所的经营管理人员以拐卖妇女罪的共犯论处，同时构成拐卖妇女罪和组织卖淫罪的，择一重罪处罚。

试题范例

1. (单项选择题) 下列行为中，构成拐卖妇女、儿童罪的是（　　）。

A. 偷盗婴儿卖掉

B. 夫妻合谋，假装将妻子卖给他人，得款后，夫妻二人逃走

C. 拐骗儿童供自己奴役

D. 拐骗儿童送给他人收养

2. (单项选择题) 某甲从A省拐骗18周岁少女李某，欲卖至B省。在拐卖途中，某甲几次强行奸淫该女，并强迫其卖淫。某甲的行为应当认定为（　　）。

A. 构成拐卖妇女罪、强奸罪、强迫卖淫罪，应实行数罪并罚

B. 构成拐卖妇女罪与强迫卖淫罪，此两罪应实行数罪并罚，其强奸行为不宜单独定罪而应作为强迫卖淫罪中“强奸后迫使卖淫的”这一加重处罚的条件

C. 只构成强奸罪、强迫卖淫罪，因为其拐卖行为尚未完全实现

D. 只构成拐卖妇女罪，其强奸行为、强迫卖淫行为只作为法定的加重处罚条件而不单独定罪

3. (多项选择题) 关于拐卖妇女、儿童犯罪，下列说法中正确的是（　　）。

A. 收买、强抢、捡拾儿童，以抚养为目的偷盗婴幼儿或者拐骗儿童，之后将儿童予以出卖的，都以拐卖儿童罪论处

B. 甲以出卖为目的，收买了张某与王某。乙听说甲控制着两个女子，就找到甲，伙同甲对张某、王某实施了强奸，并强迫她们卖淫。甲成立拐卖妇女罪，乙成立强迫卖淫罪

C. 甲系一光棍汉，无妻无子。一日，甲进城，在汽车站发现一名女童在独自玩耍，便在附近摊点买了一个布娃娃，以帮找父母为由将女童带上了返回的汽车，将女童予以收养。两年后，甲发现该女童身体不好，经常不明原因地叫头痛。甲遂将其强奸，然后以女童父亲的名义将其转卖给邻县一农民，得款3万元。甲构成拐卖儿童罪

D. 甲花2万元从人贩子手中买来乙作妻子。当晚，甲将乙手脚捆住，强行与其同房，发生性关系，事后为防止其逃跑将其锁在屋内。后经乙苦苦哀求，甲将乙放了。对甲应当以收买被拐卖的妇女罪、强奸罪和非法拘禁罪实行数罪并罚

答案： 1. A　2. D　3. ACD

核心法条

《刑法》第 241 条　收买被拐卖的妇女、儿童的，处三年以下有期徒刑、拘役或者管制。

收买被拐卖的妇女，强行与其发生性关系的，依照本法第二百三十六条的规定定罪处罚。

收买被拐卖的妇女、儿童，非法剥夺、限制其人身自由或者有伤害、侮辱等犯罪行为的，依照本法的有关规定定罪处罚。

收买被拐卖的妇女、儿童，并有第二款、第三款规定的犯罪行为的，依照数罪并罚的规定处罚。

收买被拐卖的妇女、儿童又出卖的，依照本法第二百四十条的规定定罪处罚。

收买被拐卖的妇女、儿童，对被买儿童没有虐待行为，不阻碍对其进行解救的，可以从轻处罚；按照被买妇女的意愿，不阻碍其返回原居住地的，可以从轻或者减轻处罚。

释解分析

本条规定的是收买被拐卖的妇女、儿童罪。收买被拐卖的妇女、儿童罪是指不以出卖为目的，收买被拐卖的妇女、儿童的行为。其构成要件有：(1) 侵犯客体是被拐卖妇女、儿童的人身自由和人格尊严。(2) 客观方面表现为收买被拐卖的妇女、儿童的行为，即以金钱或者金钱以外的有经济价值的物品为报酬，从第三者手中换取妇女、儿童的行为。(3) 犯罪主体是一般主体即自然人。(4) 主观方面表现为故意，且不具有再出卖的目的。如果以出卖为目的收买被拐卖的妇女、儿童的，或者收买被拐卖的妇女、儿童后，又出卖的，只定拐卖妇女、儿童罪。

收买被拐卖的妇女、儿童罪的罪数：(1) 行为人收买被拐卖的妇女、儿童后，常常对被害人实施其他犯罪行为，例如，有的采取暴力、胁迫或者其他方法，强行与被害妇女性交；有的对收买的妇女、儿童进行伤害、非法剥夺人身自由；有的对被害人实行侮辱、虐待；等等，由于这些行为都是收买后的行为，分别符合强奸罪、故意伤害罪、非法拘禁罪、侮辱罪等罪的犯罪构成，且不包含在收买行为之中，故应将这些犯罪与收买被拐卖的妇女、儿童罪实行数罪并罚。例如，甲收买被拐卖的妇女乙后，试图让乙女给自己做老婆，便强行与乙女发生了性关系，甲构成收买被拐卖的妇女罪与强奸罪，实行数罪并罚。(2) 行为人收买被拐卖的妇女、儿童后，对其实施了强奸、非法拘禁等行为，后来又将其出卖的，仅认定为拐卖妇女、儿童罪即可。但是，如果行为人在收买被拐卖的妇女、儿童后实施了拐卖妇女、儿童罪不能包含的其他犯罪行为，如侮辱，虐待，妨害公务，聚众阻碍解救被收买的妇女、儿童等行为，应以拐卖妇女、儿童罪和侮辱罪，虐待罪，妨害公务罪，聚众阻碍解救被收买的妇女、儿童罪等罪实行数罪并罚。

法条分析

(1) 如何认定本条规定之罪的着手、既遂和未遂？

(2) 收买被拐卖的妇女后又出卖的，应如何处理？

答案：(1) 行为人与拐卖者商讨价格是本罪的着手，行为人接收到被拐卖的妇女、儿童是本罪的既遂。已交付价款，但在接收被拐卖的妇女、儿童以前，拐卖者隐瞒妇女、儿童已被出卖的事实，将其出卖给其他人的，第一次收买者构成本罪的未遂。

（2）收买被拐卖的妇女后又出卖的，以拐卖妇女罪定罪处罚。

试题范例

（单项选择题）关于拐卖妇女、儿童罪与收买被拐卖的妇女、儿童罪，下列说法中正确的是（　　）。

A. 甲与乙合谋，将乙"卖给"丙为妻，取得财物后甲、乙先后逃走。甲构成拐卖妇女罪和诈骗罪的想象竞合犯，乙构成诈骗罪，丙成立收买被拐卖的妇女罪

B. 甲拐卖儿童十余人，后发现一儿童组织其他儿童逃跑，甲为了防止再次出现逃跑事件，索性杀死了该儿童。甲构成拐卖儿童罪（加重处罚情节）

C. 甲想到自己的表弟丙没有妻子，便对乙说："你弄几个女娃子来卖，很挣钱的，弄到人后我给你联系卖。"后乙拐卖妇女，将拐骗的妇女带到甲家，甲与其表弟丙将该女买下后给丙做妻。甲的行为构成收买被拐卖的妇女罪与拐卖妇女罪的共犯，属于牵连犯，择一重罪处断

D. 甲收买被拐卖的妇女后，由于该妇女一直反抗，甲产生了将其出卖的意思，于是甲到处联系买家。由于甲已经实际控制了该妇女，所以甲构成拐卖妇女罪（既遂）

答案：D

核心法条

《刑法》第243条　捏造事实诬告陷害他人，意图使他人受刑事追究，情节严重的，处三年以下有期徒刑、拘役或者管制；造成严重后果的，处三年以上十年以下有期徒刑。

国家机关工作人员犯前款罪的，从重处罚。

不是有意诬陷，而是错告，或者检举失实的，不适用前两款的规定。

释解分析

本条规定的是诬告陷害罪。诬告陷害罪是指捏造事实诬告陷害他人，意图使他人受刑事追究，情节严重的行为。其构成要件有：（1）侵犯客体是公民的人身权利和国家司法机关的正常活动。（2）客观方面表现为捏造他人犯罪的事实，并向国家机关或者有关单位与人员告发，或者采取其他足以引起司法机关追究活动的行为。（3）犯罪主体是一般主体即自然人。（4）主观方面表现为故意，并具有使他人受刑事追究的目的。

法条分析

（1）本条中的"捏造事实"应如何理解？

（2）诬告陷害罪是否属于身份犯？为什么？

（3）如何认定本罪的预备、着手和既遂？

（4）诬告与错告、检举失实的区别是什么？

答案：（1）捏造事实即捏造根本不存在的犯罪事实，也就是违背客观事实，无中生有。

（2）诬告陷害罪的犯罪主体是一般主体，因而不是身份犯，但可以是不真正身份犯，即国家机关工作人员犯诬告陷害罪的，从重处罚（量刑身份）。

（3）行为人仅将告发材料转送、邮寄司法机关等单位，相关人员并未实际处理该材料时，是本罪的预备。行为人将诬告陷害的材料送达司法机关或有关单位，后者因此而准备启动相应追究程序的，为本罪的着手。有关机关根据告发材料启动追诉程序并限制了被害人的人身自由的，是本罪的既遂。

（4）诬告陷害罪主观方面为故意，且有使他人受刑事追究的目的；错告、检举失实没有诬告陷害的故意，也没有使他人受刑事追究的目的。

试题范例

（单项选择题）关于诬告陷害罪，下列说法中正确的是（　　）。

A. 甲明知自己的诬告陷害行为会导致乙被判处死刑，但仍然实施诬告行为，导致乙被司法机关判处死刑。甲只构成诬告陷害罪

B. 乙明知他人私下散布的是虚假的犯罪事实，但故意向司法机关告发。由于甲没有捏造犯罪事实，所以不构成诬告陷害罪

C. 丙捏造同事贾某受贿10万元的事实，并写成500份传单在县城的大街小巷张贴。丙不构成诬告陷害罪

D. 丁为了陷害李某，捏造犯罪事实，并打印李某的相关"犯罪"资料，但被人举报案发。由于丁已经开始实施捏造犯罪事实的行为，所以丁的行为构成诬告陷害罪

答案：C

核心法条

《刑法》第246条　以暴力或者其他方法公然侮辱他人或者捏造事实诽谤他人，情节严重的，处三年以下有期徒刑、拘役、管制或者剥夺政治权利。

前款罪，告诉的才处理，但是严重危害社会秩序和国家利益的除外。

通过信息网络实施第一款规定的行为，被害人向人民法院告诉，但提供证据确有困难的，人民法院可以要求公安机关提供协助。

释解分析

本条规定的是侮辱罪、诽谤罪。侮辱罪是指使用暴力或者其他方法，公然贬低他人人格，败坏他人名誉，情节严重的行为。其构成要件有：（1）侵犯客体是他人的名誉权和人格尊严。（2）客观方面表现为以暴力或者其他方法公然侮辱他人，损害他人人格和名誉的行为。（3）犯罪主体是一般主体即自然人。（4）主观方面表现为故意，并具有损害他人人格、名誉的目的。

侮辱罪的罪数：行为人使用暴力方法侮辱他人，过失致人重伤、死亡的，属于想象竞合犯，应择一重罪处罚。如行为人故意伤害他人的，则应以故意伤害罪定罪处罚。

诽谤罪是指捏造并公开散布某种虚构的事实，损害他人人格与名誉，情节严重的行为。其构成要件有：（1）侵犯客体是他人的名誉权和人格尊严。（2）客观方面表现为捏造并散布

某种虚构的事实，损害他人人格与名誉的行为。(3) 犯罪主体是一般主体即自然人。(4) 主观方面表现为故意，并以损害他人人格、名誉为目的。

诽谤罪与侮辱罪的区别有：(1) 行为手段不同。诽谤罪的行为手段只能是口头或者文字图画的形式，而不可能是暴力的形式；侮辱罪的行为手段可以是口头、文字图画的形式，也可以是暴力的形式。(2) 行为方式不同。诽谤罪必须捏造事实，并以公然散布这一事实为必要；侮辱罪可以不用具体事实，也可以用具体事实的被害人的隐私来损害被害人的人格和名誉，但不可能使用捏造并散布事实的方法。与侮辱罪相比，诽谤罪对被害人的名誉侵害是通过编造虚假的事实来完成的，而侮辱罪则是直接对被害人的名誉实施攻击。

法条分析

(1) 本条第 1 款中的“公然侮辱他人”应如何理解？

(2) 本条第 1 款中的“捏造事实诽谤他人”应如何理解？

(3) 本条规定的剥夺政治权利的适用方式和期限应如何理解？

(4) 本条中的“告诉的才处理”应如何理解？刑法规定的“告诉的才处理”的犯罪有哪些？

答案：(1) 公然侮辱他人是指当着不特定的多数人的面，或者采用能够使不特定人的多数人感知的方式贬低、损害他人的人格、名誉。

(2) 捏造事实诽谤他人是指无中生有、凭空制造虚假事实并加以散布，以败坏他人名誉。

(3) 剥夺政治权利的适用方式为独立适用剥夺政治权利，期限为 1 年以上 5 年以下。

(4) 告诉的才处理是指被害人告诉才处理。如果被害人因受强制、威吓无法告诉的，人民检察院和被害人的近亲属也可以告诉。刑法规定的告诉的才处理的犯罪有：侮辱罪、诽谤罪、虐待罪、暴力干涉婚姻自由罪和侵占罪。

试题范例

(单项选择题) 甲与邻村女青年丙按传统仪式订了婚，但未领取结婚证。后丙退婚，另与他人订婚。甲极度不满，便与乙商议，让丙“出出丑”“搞臭她的名声”。某日，丙到县城逛庙会，甲、乙二人尾随其后。至人多繁华处，二人谩骂丙“破鞋”“狐狸精”“不要脸”等等，引来了多人围观。甲还对丙无中生有地编造下流之词进行攻击。乙还将稀泥抹在丙的脸上，并欲撕破丙的衣服，被别人制止。二人对丙肆意侮辱达半小时，围观者数百人，致使丙羞愤难当，回家后即服用农药自尽。甲、乙的行为构成（　　）。

A. 诽谤罪　　B. 侮辱罪

C. 强制猥亵、侮辱罪　　D. 寻衅滋事罪

答案：B

核心法条

《刑法》第 247 条　司法工作人员对犯罪嫌疑人、被告人实行刑讯逼供或者使用暴力逼取证人证言的，处三年以下有期徒刑或者拘役。致人伤残、死亡的，依照本法第二百三十四条、第二百三十二条的规定定罪从重处罚。

释解分析

本条规定的是刑讯逼供罪、暴力取证罪。暴力取证罪并非考试大纲要求掌握的罪名。刑讯逼供罪是指司法工作人员对犯罪嫌疑人、被告人实行刑讯逼供的行为。其构成要件有：（1）侵犯客体是公民的人身权利和司法机关的正常活动。（2）客观方面表现为对犯罪嫌疑人、被告人使用肉刑或者变相使用肉刑，逼取口供的行为。（3）犯罪主体是特殊主体，即司法工作人员。（4）主观方面表现为故意，目的在于逼取口供。本罪属于目的犯，没有逼取口供的目的，不构成本罪。

刑讯逼供罪和非法拘禁罪的关系：行为人的行为同时触犯刑讯逼供罪和非法拘禁罪的，从一重罪论处。司法工作人员非法对犯罪嫌疑人与被告人以外的人予以拘禁，逼取陈述的；非法对犯罪嫌疑人与被告人予以拘禁，而不逼供的；一般公民将他人非法拘禁后进行“审问”的，均只成立非法拘禁罪。

刑讯逼供罪和故意杀人罪、故意伤害罪的关系：刑讯逼供致人轻伤的，形成刑讯逼供罪与故意伤害罪的想象竞合犯，从一重罪处断，即定刑讯逼供罪。司法工作人员对犯罪嫌疑人、被告人实行刑讯逼供，致人伤残、死亡的，依照故意伤害罪、故意杀人罪定罪从重处罚，这属于转化犯。如果刑讯逼供导致犯罪嫌疑人、被告人自杀、自残的，不能以转化犯论处，此情形只能认定为刑讯逼供罪情节严重。

法条分析

（1）本条中的“刑讯逼供”应如何理解？

（2）本罪是否属于身份犯？条文中的“司法工作人员”应如何理解？

答案：（1）刑讯逼供是指使用肉刑或者变相使用肉刑逼迫犯罪嫌疑人、被告人作某种供述。

（2）本罪属于真正的身份犯。司法工作人员是指有侦查、检察、审判、监管职责的工作人员。

试题范例

（单项选择题）司法工作人员甲急于破案，将犯罪嫌疑人吴某铐在水泥杆上暴晒，迫使吴某作了虚假的有罪供述。甲的行为构成（　　）。

A. 虐待罪　　B. 刑讯逼供罪　　C. 非法拘禁罪　　D. 故意伤害罪

答案：B

核心法条

《刑法》第 253 条之一　违反国家有关规定，向他人出售或者提供公民个人信息，情节严重的，处三年以下有期徒刑或者拘役，并处或者单处罚金；情节特别严重的，处三年以上七年以下有期徒刑，并处罚金。

违反国家有关规定，将在履行职责或者提供服务过程中获得的公民个人信息，出售或者提供给他人的，依照前款的规定从重处罚。

窃取或者以其他方法非法获取公民个人信息的，依照第一款的规定处罚。

单位犯前三款罪的，对单位判处罚金，并对其直接负责的主管人员和其他直接责任人员，依照各该款的规定处罚。

释解分析

本条规定的是侵犯公民个人信息罪。侵犯公民个人信息罪是指违反国家有关规定，向他人出售或者提供公民个人信息，或者将在履行职责或者提供服务过程中获得的公民个人信息，出售或者提供给他人，以及窃取或者以其他方法非法获取公民个人信息，情节严重的行为。其构成要件有：(1) 侵犯的客体是公民个人的信息自由和安全。(2) 客观方面表现为行为人向他人出售或者非法提供公民个人信息，或者将在履行职责或者提供服务过程中获得的公民个人信息，出售或者提供给他人，以及窃取或者以其他方法非法获取公民个人信息，情节严重的行为。(3) 犯罪主体是一般主体，包括自然人和单位。(4) 主观方面表现为故意。

法条分析

(1) 本条中的“违反国家有关规定”应如何理解?

(2) 本条中的“个人信息”应如何理解?

(3) 如何具体认定“提供公民个人信息”的行为?

(4) 本条第3款中的“以其他方法非法获取公民个人信息”应如何认定?

答案：(1) 违反国家有关规定是指违反全国人大及其常委会制定的法律和决定，国务院制定的行政法规、规定的行政措施，发布的决定和命令。

(2) 个人信息是以电子或者其他方式记录的能够单独或者与其他信息结合识别特定自然人的各种信息，包括自然人的姓名、出生日期、身份证件号码、生物识别信息、住址、电话号码、电子邮箱、健康信息、行踪信息等。

(3) 提供公民个人信息是指将公民个人信息无偿提供给他人的行为。向特定人提供公民个人信息，以及通过信息网络或者其他途径发布公民个人信息的，属于“提供公民个人信息”；未经被收集者同意，将合法收集的公民个人信息向他人提供的，属于“提供公民个人信息”，但是经过处理无法识别特定个人且不能复原的除外。

(4) 违反国家有关规定，通过购买、收受、交换等方式获取公民个人信息，或者在履行职责、提供服务过程中收集公民个人信息的，属于“以其他方法非法获取公民个人信息”。

试题范例

(多项选择题) 下列选项中，属于我国刑法保护的公民个人信息的是(　　)。

A. 生物识别信息　B. 电子邮箱　C. 健康信息　D. 身份证件号码

答案：ABCD

核心法条

《刑法》第 254 条　国家机关工作人员滥用职权、假公济私，对控告人、申诉人、批评人、举报人实行报复陷害的，处二年以下有期徒刑或者拘役；情节严重的，处二年以上七年以下有期徒刑。

释解分析

本条规定的是报复陷害罪。报复陷害罪是指国家机关工作人员滥用职权、假公济私，对控告人、申诉人、批评人、举报人实行报复陷害的行为。其构成要件有：（1）侵犯客体是公民的民主权利即控告权、申诉权、批评监督权和国家机关的正常活动。（2）客观方面表现为滥用职权、假公济私，对控告人、申诉人、批评人、举报人实行报复陷害的行为。（3）犯罪主体是特殊主体，即国家机关工作人员。（4）主观方面表现为故意。

法条分析

请分析：

（1）条文中的“滥用职权”应如何理解？

（2）条文中的“假公济私”应如何理解？

答案：（1）滥用职权即国家机关工作人员在自己职权范围内非法行使权力，以及超越自己的职务权限的越权行为。

（2）假公济私即假借国家机关名义和权力来实施，以合法形式掩盖非法目的。

试题范例

（单项选择题）甲与乙系国家机关工作的同事，平时有隙。为报复乙，甲向公安机关作虚假匿名举报，诬告乙曾在一歌厅嫖娼，有“陪侍女”丙为证。公安机关调查时，丙对此作了虚假指证，乙因而受到了公安机关的处分。在公安机关查处乙的过程中，甲在公开场合多次渲染乙嫖娼的“事实”。甲的行为（　　）。

A. 构成诬告陷害罪　　B. 构成报复陷害罪

C. 构成诽谤罪　　D. 不构成犯罪

答案：C

核心法条

《刑法》第 256 条　在选举各级人民代表大会代表和国家机关领导人员时，以暴力、威胁、欺骗、贿赂、伪造选举文件、虚报选举票数等手段破坏选举或者妨害选民和代表自由行使选举权和被选举权，情节严重的，处三年以下有期徒刑、拘役或者剥夺政治权利。

释解分析

本条规定的是破坏选举罪。破坏选举罪是指在选举各级人民代表大会代表和国家机关领导人员时，以暴力、威胁、欺骗、贿赂、伪造选举文件、虚报选举票数等手段破坏选举或者妨害选民和代表自由行使选举权和被选举权，情节严重的行为。其构成要件有：(1) 侵犯客体是公民的民主权利即选举权与被选举权和国家的选举制度。(2) 客观方面表现为在选举各级人民代表大会代表和国家机关领导人员时，以暴力、威胁、欺骗、贿赂、伪造选举文件、虚报选举票数等手段破坏选举或者妨害选民和代表自由行使选举权和被选举权，情节严重的行为。这里的"选举"，指的是选举各级人民代表大会代表和国家机关领导人员的选举，破坏居委会、村委会、公司领导等的选举工作的，不构成本罪。(3) 犯罪主体是一般主体即自然人。(4) 主观方面表现为故意，并具有破坏选举的目的。

法条分析

(1) 本条中的"伪造选举文件""虚报选举票数"应如何理解？

(2) 在进行村委会选举时，采取威胁、贿赂手段破坏选举的，是否构成本罪？为什么？

(3) 以伪造公文、证件等选举文件为手段破坏选举活动的行为构成犯罪的，应如何处理？

(4) 以暴力手段破坏选举，致人轻伤、重伤或者死亡的，应如何处理？

答案：(1) 伪造选举文件是指伪造选民证、选票、选民名单、候选人名单、代表资格报告等选举文件。

虚报选举票数是指选举工作人员对于统计出来的选票数、赞成和反对票数等进行虚假报告。

(2) 在进行村委会选举时，采取威胁、贿赂手段破坏选举的，不构成破坏选举罪。因为破坏选举罪只能发生在各级国家权力机构——人民代表大会的代表以及各级国家机关的领导人员的选举过程中，在村委会选举过程中的破坏选举行为，不构成破坏选举罪。

(3) 以伪造公文、证件等选举文件为手段破坏选举活动的行为，构成破坏选举罪和伪造国家机关公文、证件、印章罪的，属于牵连犯，应当择一重罪处罚。

(4) 以暴力手段破坏选举，致人轻伤的，仍以破坏选举罪论处；致人重伤、死亡的，应以故意伤害罪、故意杀人罪论处。

试题范例

(单项选择题) 关于侵犯人身权利犯罪，下列认定中正确的是（　　）。

A. 甲使用欺骗手段摘取多人身体器官并出卖，甲构成组织出卖人体器官罪

B. 砖窑主乙长期非法雇用多名不满 16 周岁的未成年人从事超强度体力劳动，并严重忽视生产作业安全，致使一名未成年人因堆砌的成品砖倒塌而被砸死。对乙的行为应以雇用童工从事危重劳动罪从重处罚

C. 丙以暴力手段破坏县级人大代表的选举，导致两名候选人受轻伤，对丙应以故意伤害罪和破坏选举罪实行数罪并罚

D. 丁不断捏造并散布其女同事有婚外性行为的事实，造成被害妇女长期精神恍惚。丁构成诽谤罪

答案：D

核心法条

《刑法》第 257 条　以暴力干涉他人婚姻自由的，处二年以下有期徒刑或者拘役。

犯前款罪，致使被害人死亡的，处二年以上七年以下有期徒刑。

第一款罪，告诉的才处理。

释解分析

本条规定的是暴力干涉婚姻自由罪。暴力干涉婚姻自由罪是指以暴力干涉他人婚姻自由的行为。其构成要件有：（1）侵犯客体是他人的婚姻自由。（2）客观方面表现为以暴力干涉他人婚姻自由的行为。（3）犯罪主体是一般主体即自然人。（4）主观方面表现为故意。

暴力干涉婚姻自由罪的罪数：（1）以故意杀人、故意伤害（重伤）、非法拘禁等方法干涉他人婚姻自由的，属于想象竞合犯，从一重罪处断。（2）长期以暴力干涉他人婚姻自由，只要有一次是杀害或伤害行为，就应以暴力干涉婚姻自由罪与故意杀人罪、故意伤害罪实行数罪并罚。

法条分析

（1）如何界定本条中的“暴力”行为？

（2）条文中的“干涉”他人婚姻自由的方式有哪些？

（3）如何理解第 1 款中的“婚姻自由”的内涵？

（4）如何理解第 2 款中的“致使被害人死亡”的内涵和犯罪形态？

答案：（1）暴力是指对他人的人身实施捆绑、殴打、禁闭、强抢等打击和强制的行为。暴力的程度没有限制，但不包括极为轻微的暴力，也不包括故意杀人、故意伤害、强奸在内的暴力。以暴力相威胁干涉他人婚姻自由的，不构成本罪。

（2）干涉他人婚姻自由有两种方式：强制他人与某人结婚或离婚；禁止他人与某人结婚或离婚。

（3）婚姻自由包括结婚自由和离婚自由，但不包括恋爱和分手自由。

（4）致使被害人死亡是指在暴力干涉他人婚姻自由过程中因过失致使被害人死亡或者引起被害人自杀，其犯罪形态是结果加重犯。（注意：结果加重犯原则上不包括自杀，但本罪和虐待罪是例外。）

试题范例

（多项选择题）下列选项中，不构成结果加重犯的是（　　）。

A. 李某在儿子童年时，替儿子在邻村订了一门娃娃亲，儿子成年后对这门亲事不满意，但李某强迫儿子娶这个媳妇，并将儿子暴打一顿后关在房屋里让其反省，儿子当晚跳楼，摔成重伤

B. 张某遗弃患有重病又没有独立生活能力的妻子，导致其死亡

C. 赵某在大街上公然强制猥亵、侮辱一名少女，少女备感屈辱，自杀身亡

D. 王某对其丈夫前妻所生的 8 周岁孩子进行虐待，下雪天将其关在鸡圈里，第二天孩

子的鼻子完全被冻掉

答案：ABC

核心法条

《刑法》第260条 虐待家庭成员，情节恶劣的，处二年以下有期徒刑、拘役或者管制。

犯前款罪，致使被害人重伤、死亡的，处二年以上七年以下有期徒刑。

第一款罪，告诉的才处理，但被害人没有能力告诉，或者因受到强制、威吓无法告诉的除外。

释解分析

本条规定的是虐待罪。虐待罪是指虐待家庭成员，情节恶劣的行为。其构成要件有：(1)侵犯客体是共同生活的家庭成员在家庭生活中的平等权利与被害人的人身权利。(2)客观方面表现为虐待家庭成员，情节恶劣的行为。(3)犯罪主体是特殊主体，即共同生活的家庭成员。(4)主观方面表现为故意。

虐待致死、致伤与故意杀人、故意伤害致死、致伤的区别：对于被告人主观上不具有侵害被害人健康或者剥夺被害人生命的故意，而是出于追求被害人肉体和精神上的痛苦，长期或多次实施虐待行为，逐渐造成被害人身体损害，过失导致被害人重伤或者死亡的，或者因虐待致使被害人不堪忍受而自残、自杀，导致重伤或者死亡的，属于虐待“致使被害人重伤、死亡”，应当以虐待罪定罪处罚，此情形属于虐待罪的结果加重犯。对于被告人虽然实施家庭暴力呈现出经常性、持续性、反复性的特点，但其主观上具有希望或者放任被害人重伤或者死亡的故意，持凶器实施暴力，暴力手段残忍，暴力程度较强，直接或者立即造成被害人重伤或者死亡的，应当以故意伤害罪或者故意杀人罪定罪处罚。

法条分析

(1)本条中的“虐待”应如何理解?“虐待”有哪些特点?

(2)本条中的“家庭成员”应如何界定?

(3)本条中的“致使被害人重伤、死亡”应如何理解?

答案：(1)虐待是指从肉体上进行摧残迫害或者精神上进行折磨，情节恶劣的行为。虐待具有经常性、一贯性的特点。

(2)家庭成员是指基于婚姻、血缘、收养等关系生活在一个家庭中的人，他们相互之间存在着父母(包括继父母、养父母)、子女(包括继子女、养子女)、兄弟姐妹亲属关系或者扶养关系。

(3)致使被害人重伤、死亡是指过失致使被害人重伤或者死亡，即犯罪人主观上不具有侵害被害人健康或者剥夺被害人生命的故意，而是出于追求被害人肉体和精神上的痛苦，长期或者多次实施虐待行为，逐渐造成被害人身体损害，过失导致被害人重伤或者死亡的，或者因虐待致使不害人不堪忍受而自残、自杀，导致重伤或者死亡。

试题范例

（单项选择题）继父唐某虐待其继女孙某，将孙某折磨得痛苦不堪。一日唐某又无故殴打孙某，孙某有所反抗，唐某即拿起一根筷子向孙某刺去，致其失明。唐某的行为构成（　　）。

A. 虐待罪　　　　B. 过失致人重伤罪

C. 虐待被监护人罪　　　　D. 故意伤害罪

答案：D

核心法条

《刑法》第 261 条　对于年老、年幼、患病或者其他没有独立生活能力的人，负有扶养义务而拒绝扶养，情节恶劣的，处五年以下有期徒刑、拘役或者管制。

释解分析

本条规定的是遗弃罪。遗弃罪是指对于年老、年幼、患病或者其他没有独立生活能力的人，负有扶养义务而拒绝扶养，情节恶劣的行为。其构成要件有：（1）侵犯客体是被遗弃人接受扶养的权利。（2）客观方面表现为对于年老、年幼、患病或者其他没有独立生活能力的人，负有扶养义务而拒绝扶养，情节恶劣的行为。（3）犯罪主体是特殊主体，即对被遗弃人负有法律上的扶养义务而且有扶养能力的人。（4）主观方面表现为故意。

遗弃罪和故意杀人罪的关系：在行为人对他人的生命具有救助义务的前提下，拒不救助的行为，既可能成立不作为的故意杀人罪，也可能成立遗弃罪。在这种情况下，应重点考察生命所面临的危险是否紧迫，生命对作为义务的依赖程度，行为人履行义务的难易程度，行为是否会立即导致他人死亡等因素，决定是以遗弃罪还是以故意杀人罪论处。就故意的内容而言，成立遗弃罪并不要求行为人希望或者放任被害人死亡，但要求行为人对被害人生命、身体的危险持有希望或者放任态度；成立故意杀人罪，要求行为人希望或者放任被害人死亡。

法条分析

（1）本条规定之罪属于何种类型的不作为犯罪？其作为义务的来源应如何认定？

（2）遗弃行为致使被遗弃人死亡的，应如何认定其罪数形态？

答案：（1）遗弃罪为纯正不作为犯，其作为义务的来源有法律的明文规定、因合同产生的义务和因职业产生的义务。

（2）遗弃行为致使被遗弃人死亡的，构成遗弃罪和过失致人死亡罪的想象竞合犯，从一重罪处罚。（注意：不要回答为“结果加重犯”，因为刑法并没有将遗弃致人死亡规定为遗弃罪的结果加重犯。）

试题范例

（多项选择题）关于侵犯公民人身权利的犯罪，下列表述中错误的是（　　）。

A. 甲将负有扶养义务的家庭成员带至人迹罕至的场所扔弃，致使被害人因难以得到救助而死亡，对甲应以遗弃罪追究刑事责任

B. 乙闯入银行营业厅挟持客户王某，以杀害王某相要挟，迫使银行职员交给自己 20 万元。乙不构成抢劫罪，仅成立绑架罪

C. 丙为报复周某，花 5 000 元路费将周某 12 周岁的孩子带至外地，以 2 000 元的价格卖给他人。丙虽无获利目的，也构成拐卖儿童罪

D. 丁以欺骗手段将被害人的肾脏摘除并组织出卖，丁构成组织出卖人体器官罪

答案：ABD

核心法条

《刑法》第 262 条　拐骗不满十四周岁的未成年人，脱离家庭或者监护人的，处五年以下有期徒刑或者拘役。

释解分析

本条规定的是拐骗儿童罪。拐骗儿童罪是指拐骗不满 14 周岁的未成年人，脱离家庭或者监护人的行为。其构成要件有：(1) 侵犯客体为他人的家庭关系和儿童的合法权益。(2) 客观方面表现为拐骗不满 14 周岁的未成年人，脱离家庭或者监护人的行为。(3) 犯罪主体是一般主体即自然人。(4) 主观方面表现为故意。

拐骗儿童罪的罪数：以出卖为目的拐骗儿童的，成立拐卖儿童罪。以勒索财物或者满足其他不法要求为目的，以暴力、胁迫等手段控制儿童作为人质的，成立绑架罪。基于索取债务等其他目的拐骗儿童的，则应构成非法拘禁罪。拐骗行为本身导致儿童伤亡的，按照想象竞合犯处理。先拐骗儿童，又有其他犯罪的，应当数罪并罚。

法条分析

(1) 本条规定之罪的罪名是什么？

(2) 拐骗儿童后又出卖的，应如何定罪？

(3) 本罪的追诉期限如何确定？

答案：(1) 拐骗儿童罪。

(2) 构成拐卖儿童罪。

(3) 10 年。

试题范例

(多项选择题) 根据我国刑法规定，偷盗婴幼儿的行为可因主观目的的不同而构成的犯罪有（　　）。

A. 猥亵儿童罪　　B. 绑架罪　　C. 拐卖儿童罪　　D. 拐骗儿童罪

答案：BCD

十五、侵犯财产罪

核心法条

《刑法》第 263 条　以暴力、胁迫或者其他方法抢劫公私财物的，处三年以上十年以下有期徒刑，并处罚金；有下列情形之一的，处十年以上有期徒刑、无期徒刑或者死刑，并处罚金或者没收财产：

（一）入户抢劫的；

（二）在公共交通工具上抢劫的；

（三）抢劫银行或者其他金融机构的；

（四）多次抢劫或者抢劫数额巨大的；

（五）抢劫致人重伤、死亡的；

（六）冒充军警人员抢劫的；

（七）持枪抢劫的；

（八）抢劫军用物资或者抢险、救灾、救济物资的。

释解分析

本条规定的是抢劫罪。抢劫罪是指以非法占有为目的，当场使用暴力、威胁或者其他方法，强行劫取公私财物的行为。其构成要件有：（1）侵犯客体为公私财产所有权和他人的人身权利。（2）客观方面表现为行为人对公私财物的所有人、保管人、看护人或者持有人当场使用暴力、威胁或者其他方法，迫使其立即交出财物或者将财物劫走的行为。1）犯罪对象是财物。①以毒品、假币、淫秽物品等违禁品为对象，实施抢劫的，以抢劫罪定罪；抢劫的违禁品数量作为量刑情节予以考虑。抢劫违禁品后又以违禁品实施其他犯罪的，应以抢劫罪与具体实施的其他犯罪实行数罪并罚。②抢劫赌资、犯罪所得的赃款赃物的，以抢劫罪定罪，但行为人仅以其所输赌资或所赢赌债为抢劫对象，一般不以抢劫罪定罪处罚。构成其他犯罪的，依照刑法的相关规定处罚。③为个人使用，以暴力、胁迫等手段取得家庭成员或近亲属财产的，一般不以抢劫罪定罪处罚，构成其他犯罪的，依照刑法的相关规定处理；教唆或者伙同他人采取暴力、胁迫等手段劫取家庭成员或近亲属财产的，可以抢劫罪定罪处罚。④财物包括财产性利益。相关司法解释规定，被告人以暴力、胁迫手段强行夺回欠款凭证，并让债权人在被告人已写好的收条上签字，以消灭其债务的行为，符合抢劫罪的特征，应以抢劫罪定罪处罚。2）行为手段包括暴力、胁迫和其他方法。①暴力。抢劫罪中实施暴力的目的限于当场劫财，具有“当场性”，即当着被害人的面将财物劫走，如果取得财物不具有当场性，则不构成抢劫罪。②胁迫。胁迫必须是当面向被害人发出。如果不是面对被害人实行，比如写信或者发短信威胁被害人并要求其交出财物，不构成抢劫罪。胁迫的内容必须是以立即实施暴力相威胁。③其他方法。比较典型的如用药物麻醉、用酒灌醉、使用催眠术或用蒙汗药毒昏等，使被害人处于不知反抗或不能反抗的状态。行为人采取的方法能够压制被害人的反抗的，也属于“其他方法”。成立抢劫罪必须使用暴力、胁迫或者其他方法，只是单纯利用被害人不能反抗的状态取走财物的，仅成立盗窃罪。要注意区分下列情况：行为人实施伤害、强奸等犯罪行为，在被害人未失去知觉，利用被害人不能反抗、不敢反抗的处境，临时起意劫取他人财物的，应以此前所实施的具体犯罪与抢劫罪实行数罪并罚；在被害人失去知觉或者没有发觉的情形下，以及实施故意杀人犯罪行为之后，临时起意拿走他人财物的，应以此前所实施的具体犯罪与盗窃罪实行数罪并罚。(3) 犯罪主体是一般主体，已年满 14 周岁并具有刑事责任能力的自然人可以成为本罪的主体。(4) 主观方面表现为故意，并且具有非法占有公私财物的目的。抢劫罪主观方面表现为故意，并且具有非法占有的目的，如果不具有非法占有目的，不能成立抢劫罪。

抢劫罪的犯罪形态：行为人开始实施暴力、胁迫等强制方法或者开始劫取财物时，是本罪的着手。抢劫罪侵犯的是复杂客体，既侵犯财产权利又侵犯人身权利，具备劫取财物或者造成他人轻伤以上后果两者之一的，均属抢劫既遂；既未劫取财物，又未造成他人人身伤害后果的，属抢劫未遂。《刑法》第 263 条规定的八种处罚情节中除“抢劫致人重伤、死亡的”这一结果加重情节之外，其余七种处罚情节同样存在既遂、未遂问题，其中属抢劫未遂的，应当根据刑法关于加重情节的法定刑规定，结合未遂犯的处理原则量刑。

聚众“打砸抢”。根据《刑法》第 289 条的规定，对聚众“打砸抢”，毁坏或者抢走公私财物的，除判令退赔外，对首要分子，依照抢劫罪的规定定罪处罚。此种情形下的抢劫罪必须具备三个条件：(1) 聚众“打砸抢”，即由首要分子故意发动、纠集特定或者不特定的多数人，在一定时间聚集于同一地点“打砸抢”。这里的“聚众”至少是 3 人以上。(2) 抢走公私财物。(3) 只对首要分子依照抢劫罪定罪处罚。聚众“打砸抢”的首要分子，是指对聚众“打砸抢”起组织、策划、指挥作用的人，对首要分子以外的积极参加者或者其他参加人员不能以抢劫罪定罪量刑。

携带凶器抢夺。《刑法》第 267 条第 2 款规定，携带凶器抢夺的，依照抢劫罪定罪处罚。这里的“凶器”是指能够使人产生畏惧心理并有一定杀伤力的器具。凶器包括性质上的凶器和用法上的凶器。性质上的凶器如枪支、爆炸物、管制刀具等国家禁止携带的器械。携带此类凶器抢夺的，依照《刑法》第 267 条第 2 款的规定，认定为抢劫罪。用法上的凶器是指为了实施犯罪而携带的其他具有杀伤力的器械。行为人携带这类器械抢夺，但有证据证明该器械确实不是为了实施犯罪准备的，不构成抢劫罪。这里的“携带”，是指行为人只是携带但没有使用凶器，如果不仅携带而且使用凶器就是典型的抢劫罪。

冒充正在执行公务的人民警察、联防队员（联防队是为维护当地治安工作而协助警方组建的群众性组织，联防队员不具有国家工作人员身份），以抓卖淫嫖娼、赌博等违法行为为名非法占有财物的行为定性。行为人冒充正在执行公务的人民警察“抓赌”“抓嫖”，没收赌资或者罚款的行为，构成犯罪的，以招摇撞骗罪从重处罚；在实施上述行为中使用暴力或者暴力威胁的，以抢劫罪定罪处罚。行为人冒充治安联防队员“抓赌”“抓嫖”，没收赌资或者罚款的行为，构成犯罪的，以敲诈勒索罪定罪处罚；在实施上述行为中使用暴力或者暴力威胁的，以抢劫罪定罪处罚。

抢劫罪与绑架罪的区别有：(1) 主观方面不尽相同。抢劫罪中，行为人一般出于非法占有他人财物的故意实施抢劫行为；绑架罪中，行为人既可能为勒索他人财物而实施绑架行为，也可能出于其他非经济目的实施绑架行为。（2）行为手段不尽相同。抢劫罪表现为行为人劫取财物一般应在同一时间、同一地点，具有“当场性”；绑架罪表现为行为人以杀害、伤害等方式向被绑架人的亲属或其他人或单位发出威胁，索取赎金或提出其他非法要求，劫取财物一般不具有“当场性”。绑架过程中又当场劫取被害人随身携带财物的，同时触犯绑架罪和抢劫罪两罪名，应择一重罪定罪处罚。

抢劫罪与故意伤害罪、故意杀人罪的区别：在行为人实施抢劫行为的过程中，如果使用暴力方法造成被害人重伤或者死亡的，仍然认定为抢劫罪。行为人为劫取财物而预谋故意杀人的，或者在劫取财物的过程中，为制服被害人反抗而故意杀人的，以抢劫罪定罪处罚。如果出于报复或者其他目的伤害或者杀死被害人，然后顺手牵羊拿走财物的，应当以故意伤害罪、故意杀人罪定罪处罚。但是，如果行为人在抢劫行为实施完毕以后，为了灭口或者其他目的又杀死被害人的，应当以抢劫罪和故意杀人罪并罚。此外，行为人为索取债务，使用暴力、暴力威胁等手段的，一般不以抢劫罪定罪处罚。构成故意伤害等其他犯罪的，依照故意伤害罪等规定处罚。

抢劫罪的加重处罚情节：（1）入户抢劫。①“入户抢劫”是指为实施抢劫行为而进入他人生活的与外界相对隔离的住所，包括封闭的院落、牧民的帐篷、渔民作为家庭生活场所的渔船、为生活租用的房屋等进行抢劫的行为。“户”是指他人日常生活使用的与外界相对隔离的住所，包括封闭的院落、牧民的帐篷、渔民作为家庭生活场所的渔船、为生活租用的房屋。而机关、企业事业单位的办公室、仓库以及公共娱乐场所，不能认定为户。对于部分时间从事经营、部分时间用于生活起居的场所，行为人在非营业时间强行入内抢劫或者以购物等为名骗开房门入内抢劫的，应认定为“入户抢劫”。对于部分用于经营、部分用于生活且之间有明确隔离的场所，行为人进入生活场所实施抢劫的，应认定为“入户抢劫”；如场所之间没有明确隔离，行为人在营业时间入内实施抢劫的，不认定为“入户抢劫”，但在非营业时间入内实施抢劫的，应认定为“入户抢劫”。对于入户盗窃，因被发现而当场使用暴力或者以暴力相威胁的行为，应当认定为入户抢劫。对在户外为入户抢劫的正犯望风的共犯，也应适用入户抢劫的法定刑，同时适用刑法总则关于共犯的处罚规定。②进入他人住所须以实施抢劫等犯罪为目的。抢劫行为虽然发生在户内，但行为人不以实施抢劫等犯罪为目的进入他人住所，而是在户内临时起意实施抢劫的，不属于“入户抢劫”。认定“入户抢劫”，要注重审查行为人“入户”的目的，将“入户抢劫”与“在户内抢劫”区别开来。以侵害户内人员的人身、财产为目的，入户后实施抢劫，包括入户实施盗窃、诈骗等犯罪而转化为抢劫的，应认定为“入户抢劫”。因访友办事等原因经户内人员允许入户后，临时起意实施抢劫，或者临时起意实施盗窃、诈骗等犯罪而转化为抢劫的，不应认定为“入户抢劫”；或者盗窃、诈骗、抢夺行为发生后，使用暴力或暴力相威胁的手段在户外，即脱离了户的范围，也不能认定为“入户抢劫”，即便转化，也应当按照一般的转化型抢劫罪认定；将被害人从户内骗出，进而实施抢劫的，也不能认定为“入户抢劫”。即通过暴力、胁迫等手段实施的抢劫必须发生在户内，才能认定为“入户抢劫”。需要注意的是，“入户抢劫”与“入户后抢劫”不是一个概念。（2）在公共交通工具上抢劫。“公共交通工具”，包括从事旅客运输的各种公共汽车，大、中型出租车，火车，地铁，轻轨，轮船，飞机等，不含小型出租车。对于虽不具有商业营运执照，但实际从事旅客运输的大、中型交通工具，可认定为“公共交通工具”。接送职工的单位班车、接送师生的校车等大、中型交通工具，视为“公共交通工具”。“在公共交通工具上抢劫”，既包括在处于运营状态的公共交通工具上对旅客及司售、乘务人员实施抢劫，也包括拦截运营途中的公共交通工具对旅客及司售、乘务人员实施抢劫，但不包括在未运营的公共交通工具上针对司售、乘务人员实施抢劫。以暴力、胁迫或者麻醉等手段对公共交通工具上的特定人员实施抢劫的，一般应认定为“在公共交通工具上抢劫”。在公共交通工具上盗窃、诈骗、抢夺后，为了窝藏赃物、抗拒抓捕或者毁灭罪证，在公共交通工具上当场使用暴力或者以暴力相威胁的，属于在公共交通工具上抢劫；但在公共交通工具上盗窃、诈骗、抢夺，下车后转化为事后抢劫的，不属于在公共交通工具上抢劫。(3) 抢劫银行或者其他金融机构。“抢劫银行或者其他金融机构”是指抢劫银行或者其他金融机构的经营资金、有价证券和客户的资金等。抢劫正在使用中的银行或者其他金融机构的运钞车的，视为“抢劫银行或者其他金融机构”，但不是运钞车，而是其他物资或物品，或者抢劫的对象并非经营资金、有价证券和客户的资金，而是运钞车本身的，都不能算抢劫银行或者其他金融机构。(4) 多次抢劫或者抢劫数额巨大。“多次抢劫”是指抢劫3次以上。认定“抢劫数额巨大”，参照各地认定盗窃罪数额巨大的标准执行。抢劫数额以实际抢劫到的财物数额为依据。抢劫信用卡后使用、消费的，以行为人实际使用、消费的数额为抢劫数额。通过银行转账或者电子支付、手机银行等支付平台获取抢劫财物的，以行为人实际获取的财物为抢劫数额。(5) 抢劫致人重伤、死亡。抢劫致人重伤、死亡首先包括过失的结果加重犯，因此此情形不另定过失致人重伤罪、过失致人死亡罪，只定一个抢劫罪。由于这种情形属于典型的结果加重犯，故必须符合结果加重犯的成立条件。特别要求抢劫行为与重伤、死亡之间具备直接性要件，且行为人对重伤、死亡具有预见的可能性。但是，对抢劫行为引起被害人自杀的，追赶抢劫犯的被害人自己摔倒而身负重伤或身亡的，抢劫犯离开现场后被害人不小心从阳台摔下身亡的，都不应认定为抢劫致人重伤、死亡。(6) 冒充军警人员抢劫。认定“冒充军警人员抢劫”，要注重对行为人是否穿着军警制服、携带枪支、是否出示军警证件等情节进行综合审查，判断是否足以使他人误以为是军警人员。对于行为人仅穿着类似军警的服装或仅以言语宣称系军警人员但未携带枪支、也未出示军警证件而实施抢劫的，要结合抢劫地点、时间、暴力或威胁的具体情形，依照常人判断标准，确定是否认定为“冒充军警人员抢劫”。军警人员利用自身的真实身份实施抢劫的，不认定为“冒充军警人员抢劫”，应依法从重处罚。(7) 持枪抢劫。“持枪抢劫”是指使用枪支或者向被害人显示持有、佩带的枪支进行抢劫的行为。此情形中表述的“枪”必须是真枪，如果是持假枪抢劫的，按照一般抢劫罪论处。(8) 抢劫军用物资或者抢险、救灾、救济物资。抢险、救灾、救济物资是指已确定用于或者正在用于抢险、救灾、救济的物资。但如果本是军用物资，或者抢险、救灾、救济物资，但行为人误以为是普通财物的，只能认定为普通的抢劫罪。

法条分析

(1) 条文中的“暴力”“胁迫”“其他方法”应如何理解?

(2) 如何理解本条中的“财物”的范围?

(3) 本条中的“户”和“入户抢劫”应如何理解?

(4) 本条中的“公共交通工具”的范围和“在公共交通工具上抢劫”应如何理解?

(5) 本条中的“抢劫银行或者其他金融机构”应如何理解?

(6) 本条中的“多次抢劫”应如何理解?

（7）条文中的“抢劫致人重伤、死亡”应如何理解？

（8）条文中的“冒充军警人员抢劫”应如何认定？

（9）条文中的“持枪抢劫”应如何理解？

（10）条文中的“抢险、救灾、救济物资”应如何理解？

答案：（1）暴力是指行为人对被害人的身体实行打击、强制手段。

胁迫是指行为人对被害人以立即实施暴力相威胁，实行精神强制，使被害人因恐惧而不敢反抗，被迫当场交出财物或者任由财物被劫走。

其他方法是指行为人实施暴力、胁迫以外的与“暴力、胁迫”方式具有相当性的方法，使被害人处于不知反抗或不能反抗的状态。

（2）财物既包括有形物，也包括无形物；既包括普通财物，也包括违禁品。本条规定的财物不包括枪支、弹药、印章、国有档案等特殊抢劫对象的物品。

（3）户是指他人日常生活使用的与外界相对隔离的住所，包括封闭的院落、牧民的帐篷、渔民作为家庭生活场所的渔船、为生活租用的房屋。入户抢劫是指为实施抢劫行为而进入他人生活的与外界相对隔离的住所，包括封闭的院落、牧民的帐篷、渔民作为家庭生活场所的渔船、为生活租用的房屋等进行抢劫的行为。

（4）公共交通工具包括从事旅客运输的各种公共汽车，大、中型出租车，火车，地铁，轻轨，轮船，飞机等，不含小型出租车。在公共交通工具上抢劫，既包括在处于运营状态的公共交通工具上对旅客及司售、乘务人员实施抢劫，也包括拦截运营途中的公共交通工具对旅客及司售、乘务人员实施抢劫，但不包括在未运营的公共交通工具上针对司售、乘务人员实施抢劫。以暴力、胁迫或者麻醉等手段对公共交通工具上的特定人员实施抢劫的，一般应认定为在公共交通工具上抢劫。

（5）抢劫银行或者其他金融机构是指抢劫银行或者其他金融机构的经营资金、有价证券和客户的资金等。抢劫正在使用中的银行或者其他金融机构的运钞车的，视为抢劫银行或者其他金融机构。

（6）多次抢劫是指抢劫 3 次以上。

（7）抢劫致人重伤、死亡中的重伤或死亡的结果，须与抢劫行为具有刑法上的因果关系。就罪过而言，包括抢劫过程中故意伤害、故意杀人的情形，也包括抢劫过程中过失致人重伤或过失致人死亡的情形。

（8）认定“冒充军警人员抢劫”，要注重对行为人是否穿着军警制服、携带枪支、是否出示军警证件等情节进行综合审查，判断是否足以使他人误以为是军警人员。对于行为人仅穿着类似军警的服装或仅以言语宣称系军警人员但未携带枪支、也未出示军警证件而实施抢劫的，要结合抢劫地点、时间、暴力或威胁的具体情形，依照常人判断标准，确定是否认定为“冒充军警人员抢劫”。

（9）持枪抢劫是指使用枪支或者向被害人显示持有、佩带的枪支进行抢劫的行为。此情形中表述的“枪”必须是真枪，如果是持假枪抢劫的，按照一般抢劫罪论处。

（10）抢险、救灾、救济物资是指已确定用于或者正在用于抢险、救灾、救济的物资。

试题范例

1.（单项选择题）任某在抢劫于某的过程中见于某拼命反抗，猛刺了于某一刀，于某大声呼救，任某怕罪行暴露，遂弃刀逃跑，于某被刺成重伤。任某的行为构成（　　）。

A. 故意伤害罪既遂　B. 故意杀人罪未遂　C. 抢劫罪未遂　D. 抢劫罪既遂

2.（单项选择题）甲、乙、丙三人共谋从黄某身上弄点钱花，三人先约黄某到酒店吃饭，甲借机将安眠药放入黄某酒中，趁黄某沉沉睡去之机，三人将黄某的钱包掏空后离去。甲、乙、丙三人的行为构成（　　）。

A. 赌博罪　B. 抢劫罪　C. 盗窃罪　D. 诈骗罪

3.（单项选择题）余某在森林的小路上实施抢劫，李某从小路上经过，余某喝令李某拿出财物，李某随手掏出钱包扔给余某，并说："就这么多钱，其他随你的便。"余某拿着钱包悻悻而去，里面只有5角钱。余某的行为（　　）。

A. 构成抢劫罪未遂　B. 属于对象不能犯

C. 构成敲诈勒索罪既遂　D. 构成抢劫罪既遂

4.（多项选择题）甲、乙、丙共谋犯罪。某日，三人拦截了丁，对丁使用暴力，然后强行抢走丁的钱包，但钱包内只有少量现金，并有一张银行借记卡。于是甲将丁的借记卡抢走，乙、丙逼迫丁说出密码。丁说出密码后，三人带着丁去附近的自动取款机上取钱。取钱时发现密码不对，三人又对丁进行殴打，丁为避免遭受更严重的伤害，说出了正确的密码，三人取出现金5 000元。对甲、乙、丙行为的定性，下列表述中错误的是（　　）。

A. 抢劫罪（未遂）与信用卡诈骗罪　B. 抢劫罪（未遂）与盗窃罪

C. 抢劫罪（未遂）与敲诈勒索罪　D. 抢劫罪（既遂）与盗窃罪

5.（多项选择题）下列情形中，属于"入户抢劫"的是（　　）。

A. 甲为劫取王某财物，向其毛遂自荐做家政清洁工，经王某同意后进入其卧室将其打昏，并在劫取财物后逃离

B. 乙受雇于私营企业主胡某，平时居住于胡某家中。后因不满胡某克扣工资，乙闯入胡某卧室并将刀架在胡某脖子上，以将其杀死相威胁向其索取钱款

C. 丙因赌博欠了很多钱，故趁同学午睡时闯入学生宿舍盗取钱款，在被同学刘某发现后用匕首将其刺伤

D. 丁趁夜晚闯入私人家庭旅馆老板顾某兼作办公、值班之用的房间，将顾某捆绑，逼其喝下事先准备好的安眠药后，劫取钱款

答案： 1. D　2. B　3. D　4. ABCD　5. ACD

核心法条

《刑法》第269条　犯盗窃、诈骗、抢夺罪，为窝藏赃物、抗拒抓捕或者毁灭罪证而当场使用暴力或者以暴力相威胁的，依照本法第二百六十三条的规定定罪处罚。

释解分析

本条规定的是转化型抢劫罪。其应当具备的条件：（1）行为人必须实施了盗窃、诈骗、抢夺任何一种犯罪行为，这是适用转化型抢劫罪的前提。（2）行为人的目的是窝藏赃物、抗拒抓捕或者毁灭罪证。（3）行为人必须是"当场"使用暴力或者以暴力相威胁。如果不是"当场"，而是在盗窃、诈骗、抢夺犯罪完成以后隔了一段时间，在其他地方被发现，当对其

抓捕时，犯罪分子行凶抗拒的，不适用转化型抢劫罪。其暴力行为构成犯罪的，应实行数罪并罚。(4) 必须使用暴力或者以暴力相威胁。如果使用暴力或者暴力相威胁的情节不严重、危害不大或者没有伤害意图，只是为了挣脱抓捕而冲撞他人的，可以不认为是使用暴力的情况，而仍然以原来的犯罪论处。

转化型抢劫罪的认定：(1) 行为人实施盗窃、诈骗、抢夺行为，未达到“数额较大”，为窝藏赃物、抗拒抓捕或者毁灭罪证当场使用暴力或者以暴力相威胁，情节较轻、危害不大的，一般不以犯罪论处；但具有下列情节之一的，可以抢劫罪定罪处罚：①盗窃、诈骗、抢夺接近“数额较大”标准的；②入户或在公共交通工具上盗窃、诈骗、抢夺后在户外或交通工具外实施上述行为的；③使用暴力致人轻微伤以上后果的；④使用凶器或以凶器相威胁的；⑤具有其他严重情节的。(2) 入户或者在公共交通工具上盗窃、诈骗、抢夺后，为了窝藏赃物、抗拒抓捕或者毁灭罪证，在户内或者公共交通工具上当场使用暴力或者以暴力相威胁的，构成“入户抢劫”或者“在公共交通工具上抢劫”。(3) 两人以上共同实施盗窃、诈骗、抢夺犯罪，其中部分行为人为窝藏赃物、抗拒抓捕或者毁灭罪证而当场使用暴力或者以暴力相威胁的，对于其余行为人是否以抢劫罪共犯论处，主要看其对实施暴力或者以暴力相威胁的行为人是否形成共同犯意、提供帮助。基于一定意思联络，对实施暴力或者以暴力相威胁的行为人提供帮助或实际成为帮凶的，可以抢劫共犯论处。(4) 行为人实施的盗窃、诈骗、抢夺行为为其他类型的盗窃、诈骗、抢夺行为，如盗窃枪支、金融诈骗、抢夺弹药等，符合转化型抢劫罪条件的，也可以转化为抢劫罪。如果有抢劫罪特别法条规定的，依据特别法条的规定转化，如转化为抢劫枪支罪。(5) 已满 14 周岁不满 16 周岁的人盗窃、诈骗、抢夺他人财物，为窝藏赃物、抗拒抓捕或者毁灭罪证，当场使用暴力，故意伤害致人重伤或者死亡，或者故意杀人的，应当分别以故意伤害罪或者故意杀人罪定罪处罚。

法条分析

(1) 本条中的“窝藏赃物”“抗拒抓捕”“毁灭罪证”应如何理解？

(2) 本条中的“当场”应如何理解？

(3) 本条中的“使用暴力或者以暴力相威胁”应如何理解？

(4) 行为人实施盗窃、诈骗、抢夺后又出于报复、灭口等动机伤害、杀害被害人的，应如何处理？

答案：(1) 窝藏赃物是指为了保护已经到手的赃物不被追回；抗拒抓捕是指抗拒公安机关的逮捕或者任何公民的扭送；毁灭罪证是指消灭自己遗留在作案现场的痕迹、物品和其他证据。

(2) 当场是指犯罪分子实施盗窃、诈骗、抢夺罪的现场，或者虽然离开了现场，但还处于被追捕的过程中。

(3) 使用暴力或者以暴力相威胁是指犯罪分子对抓捕者或者阻止其窝藏赃物、毁灭罪证的人使用暴力或者以暴力相威胁，并应达到足以压制他人反抗的程度，但不要求事实上已经压制他人的反抗。

(4) 行为人实施盗窃、诈骗、抢夺后又出于报复、灭口等动机伤害、杀害被害人的，应对伤害、杀人行为单独以故意伤害罪或者故意杀人罪定罪量刑，然后与盗窃罪、诈骗罪或者抢夺罪实行数罪并罚。

试题范例

1.（单项选择题）甲盗窃乙的财物后，被乙发现，为抗拒抓捕，甲将乙打成重伤。甲的行为构成（　）。

A. 盗窃罪　　B. 抢劫罪　　C. 抢夺罪　　D. 故意伤害罪

2.（单项选择题）甲某潜入商店偷窃，被店主发觉并紧紧抓住其右脚。甲某逃跑不成，即从地上摸到一砖块朝店主头部猛砸数下，在砖块碎成数块后仍继续击打店主，当场致其死亡。之后，甲某偷走店内抽屉内的 2 300 元钱。甲的行为构成（　）。

A. 抢劫罪　　B. 盗窃罪

C. 故意杀人罪　　D. 抢劫罪和故意杀人罪

3.（多项选择题）甲、乙二人共谋盗窃，双方约定由甲入室行窃，乙在室外望风。甲在室内搜寻了半天，只在茶几上找到手表一块，刚要离开时，不小心将茶几上的一个玻璃花瓶碰翻在地。隔壁卧室熟睡的女主人被惊醒后走出客厅大声喝问，并伸手抓住了甲的一只手腕。甲顿感害怕，遂腾出另一只手，抄起茶几上的一个烟灰缸向女主人头上砸去，当场致其死亡。之后，甲越墙而出，告诉乙没什么值钱的东西可偷，只找到了这块表。后乙将此手表卖掉，得赃款 4 000 元，甲、乙二人各分得 2 000 元。下列表述中，正确的是（　）。

A. 甲、乙二人在盗窃罪的范围内构成共同犯罪

B. 对甲应以抢劫罪定罪处罚

C. 对乙应以盗窃罪，掩饰、隐瞒犯罪所得、犯罪所得收益罪数罪并罚

D. 对乙应当从轻、减轻处罚或者免除处罚

答案：1. B　2. A　3. ABD

核心法条

《刑法》第 264 条　盗窃公私财物，数额较大的，或者多次盗窃、入户盗窃、携带凶器盗窃、扒窃的，处三年以下有期徒刑、拘役或者管制，并处或者单处罚金；数额巨大或者有其他严重情节的，处三年以上十年以下有期徒刑，并处罚金；数额特别巨大或者有其他特别严重情节的，处十年以上有期徒刑或者无期徒刑，并处罚金或者没收财产。

释解分析

本条规定的是盗窃罪。盗窃罪是指以非法占有为目的，盗窃公私财物数额较大的，或者多次盗窃、入户盗窃、携带凶器盗窃、扒窃的行为。其构成要件有：(1) 侵犯客体是公私财产所有权。(2) 客观方面表现为秘密窃取数额较大的公私财物或者多次盗窃、入户盗窃、携带凶器盗窃、扒窃的行为。1) 行为对象是财物。①盗窃罪的对象必须是他人占有的财物。自己的财物不能成为盗窃罪的犯罪对象。偷拿家庭成员或者近亲属的财物，获得谅解的，一般可不认为是犯罪；追究刑事责任的，应当酌情从宽。②财物包括有形（体）物和无形（体）物。下列情形都以盗窃罪定罪处罚：盗窃信用卡并使用的；盗窃增值税专用发票或者盗窃可以用于骗取出口退税、抵扣税款的其他发票的；以牟利为目的，盗接他人通信线路、

复制他人电信码号或者明知是盗接、复制的电信设备、设施而使用的；对犯罪所得及其产生的收益盗窃的；将电信卡非法充值后使用，造成电信资费损失数额较大的；盗用他人公共信息网络上网账号、密码上网，造成他人电信资费损失数额较大的；明知是非法制作的IC电话卡而使用或者购买并使用，造成电信资费损失数额较大的；邮政工作人员私自开拆或者隐匿、毁弃邮件、电报而从中窃取财物的。无论是有形物还是无形物，都不包括某些特殊类型的盗窃犯罪对象的物品，这类物品包括枪支、弹药、爆炸物、武器装备、军用物资、国家秘密、商业秘密、军事秘密等。③财物包括普通财物和违禁品。2）行为方式是秘密窃取他人占有的财物。秘密窃取属于盗窃罪的本质属性。①"秘密"是指取得财物为暗中进行。②"秘密"是相对财物的所有人、保管人而言的。所以，即使窃取财物时已经被他人发现或者暗中注视，不影响盗窃罪的成立。③"秘密"是指行为人自认为没有被所有人、保管人发觉。窃取的手段多种多样，甚至窃取与欺诈并用。④"秘密窃取"的取财方式意味着盗窃不能采取暴力手段，而只能采取较为平和的手段取得财物。3）多次盗窃、入户盗窃、携带凶器盗窃、扒窃的，成立盗窃罪。多次盗窃、入户盗窃、携带凶器盗窃、扒窃属于特殊的盗窃方式，这几类特殊行为方式没有数额要求。行为人的盗窃行为只要符合上述任何一种行为表现，一般即可认定为盗窃罪。（3）犯罪主体是一般主体即自然人。（4）主观方面表现为故意，并且具有非法占有公私财物的目的。

盗窃罪的犯罪形态：行为人开始实施盗窃行为，使他人的财物面临紧迫危险时，是盗窃罪的着手。盗窃罪的既遂有两项标准：（1）失控说。这是指财物的所有人、持有人失去对财物的控制，行为人实现对财物的控制时，就构成盗窃罪的既遂。在认定盗窃罪的既遂与未遂时，必须根据财物的性质、形状、体积大小、被害人对财物的占有状态、行为人的窃取样态等进行判断。（2）控制说。这是指盗窃无形财产，行为人实际控制财物时，就构成盗窃罪既遂。

盗窃罪与使用盗窃方法构成危害公共安全的其他犯罪的区别：行为人盗窃交通工具、交通设施、电力设备、易燃易爆设备、通信设备等或者上述设备的重要零部件，足以危及公共安全或者已经造成刑法所规定的危害公共安全的损害结果的，属于想象竞合犯，应从一重罪处罚。

盗窃罪与盗窃枪支、弹药、爆炸物罪区分的关键在于：盗窃行为指向的对象不同。盗窃罪指向的对象是一般的公私财物，而盗窃枪支、弹药、爆炸物罪指向的对象是特定的，在二者存在法条竞合时，应当按照特别法优于一般法的原则处理。

盗窃罪与因毒鱼、炸鱼而构成的其他犯罪的区别：使用毒鱼或者炸鱼的方法，属于使用禁用的方法捕捞水产品，情节严重的，应当以非法捕捞水产品罪定罪处罚；如果毒鱼、炸鱼是出于非法占有的目的，且达到了数额较大的程度，应当以盗窃罪定罪处罚；如果在水库、鱼塘中使用毒药、炸药，已经危及公共安全的，应当以投放危险物质罪、爆炸罪定罪处罚。

盗窃罪与偷开机动车辆而构成其他犯罪的区别。偷开他人机动车的，按照下列规定处理：（1）偷开机动车，导致车辆丢失的，以盗窃罪定罪处罚。（2）为盗窃其他财物，偷开机动车作为犯罪工具使用后非法占有车辆，或者将车辆遗弃导致丢失的，被盗车辆的价值计入盗窃数额。（3）为实施其他犯罪，偷开机动车作为犯罪工具使用后非法占有车辆，或者将车辆遗弃导致丢失的，以盗窃罪和其他犯罪数罪并罚；将车辆送回未造成丢失的，按照其所实施的其他犯罪从重处罚。

盗窃罪和故意毁坏财物罪的区别。盗窃公私财物并造成财物损毁的，按照下列规定处理：(1) 采用破坏性手段盗窃公私财物，造成其他财物损毁的，以盗窃罪从重处罚；同时构成盗窃罪和其他犯罪的，择一重罪从重处罚。(2) 实施盗窃犯罪后，为掩盖罪行或者报复等，故意毁坏其他财物构成犯罪的，以盗窃罪和构成的其他犯罪数罪并罚。(3) 盗窃行为未构成犯罪，但损毁财物构成其他犯罪的，以其他犯罪定罪处罚。

盗窃油气和油气设备的定性。对于盗窃油气和油气设备的，应当作如下认定：(1) 盗窃油气，数额巨大但尚未运离现场的，以盗窃罪未遂定罪处罚。(2) 为他人盗窃油气而偷开油气井、油气管道等油气设备阀门排放油气或者提供其他帮助的，以盗窃罪的共犯定罪处罚。(3) 盗窃油气同时构成盗窃罪和破坏易燃易爆设备罪的，依照处罚较重的规定定罪处罚。(4) 明知是盗窃犯罪所得的油气或者油气设备，而予以窝藏、转移、收购、加工、代为销售或者以其他方法掩饰、隐瞒的，依照掩饰、隐瞒犯罪所得、犯罪所得收益罪定罪处罚。

法条分析

(1) 本条中的“多次盗窃”应如何理解？

(2) 本条中的“入户盗窃”应如何理解？

(3) 本条中的“携带凶器盗窃”应如何理解？

(4) 本条中的“扒窃”应如何理解？

(5) 如何认定盗窃罪的着手和既遂？

(6) 单位组织、指使盗窃构成犯罪的，应当如何处理？

答案：(1) 多次盗窃是指 2 年内盗窃 3 次以上。

(2) 入户盗窃是指非法进入供他人家庭生活，与外界相对隔离的住所盗窃。

(3) 携带凶器盗窃是指携带枪支、爆炸物、管制刀具等国家禁止个人携带的器械盗窃，或者为了实施违法犯罪携带其他足以危害他人人身安全的器械盗窃。

(4) 扒窃是指在公共场所或者公共交通工具上盗窃他人随身携带的财物。

(5) 行为人开始实施盗窃行为，使他人的财物面临紧迫危险时，是盗窃罪的着手。盗窃罪的既遂有两项标准：①失控说。这是指财物的所有人、持有人失去对财物的控制，行为人实现对财物的控制时，就构成盗窃罪的既遂。②控制说。这是指盗窃无形财产，行为人实际控制财物时，就构成盗窃罪既遂。

(6) 单位组织、指使盗窃的，以盗窃罪追究组织者、指使者、直接实施者的刑事责任。

试题范例

1. (单项选择题) 下列情形中，构成盗窃罪的是 (　　)。

A. 邮政工作人员私拆邮件窃取财物的

B. 拾得他人信用卡并使用的

C. 公司人员利用职务便利窃取本单位财物的

D. 使用欺骗手段骗取增值税专用发票的

2. (单项选择题) 甲在公共汽车上盗得乙、丙的手机 (共价值 4 000 余元)，乙未发觉，丙后来觉察并揪住了甲的衣领。无奈甲趁到站停车之机迅速挣脱并下车逃走，丙追逐不及使甲逃脱。甲的行为 (　　)。

A. 构成盗窃罪　　B. 构成抢夺罪

C. 以盗窃罪和抢夺罪进行并罚　　D. 构成抢劫罪

3.（多项选择题）黄某（19 周岁）和赵某（17 周岁）合伙盗窃邻村王某家的耕牛。黄某在门外望风，赵某进牛棚牵牛。由于赵某不小心弄出响声，被王某发现。黄某听到王某的吆喝声，顾不得等赵某即逃走。王某手持木棍紧追赵某，赵某为了逃避王某的抓捕，掏出随身携带的水果刀朝王某身上捅了一刀后逃走。黄某逃到村头刚好遇见巡逻的民警。民警见黄某形迹可疑即将其带回问话，黄某如实将其和赵某合谋盗窃的情况向民警作了交代。关于本案，下列说法中正确的是（　　）。

A. 黄某的行为构成盗窃罪　　B. 对黄某应当认定为自首

C. 赵某的行为构成抢劫罪　　D. 对赵某应当从轻或者减轻处罚

4.（多项选择题）甲唆使乙盗窃丙的财物，乙为抗拒抓捕而当场使用暴力致使丙死亡。对此，下列说法中正确的是（　　）。

A. 甲、乙构成抢劫罪的共犯　　B. 甲构成盗窃罪

C. 乙构成抢劫罪　　D. 对甲而言，被教唆人没有犯被教唆罪

答案： 1. A　2. A　3. ABCD　4. BC

核心法条

《刑法》第 266 条　诈骗公私财物，数额较大的，处三年以下有期徒刑、拘役或者管制，并处或者单处罚金；数额巨大或者有其他严重情节的，处三年以上十年以下有期徒刑，并处罚金；数额特别巨大或者有其他特别严重情节的，处十年以上有期徒刑或者无期徒刑，并处罚金或者没收财产。本法另有规定的，依照规定。

释解分析

本条规定的是诈骗罪。诈骗罪是指以非法占有为目的，用虚构事实或者隐瞒真相的方法，骗取数额较大的公私财物的行为。其构成要件有：（1）侵犯客体是公私财产所有权。（2）客观方面表现为使用虚构事实或者隐瞒真相的方法，骗取数额较大的公私财物的行为。①行为对象是公私财物。诈骗罪的行为对象为公私财物，而不包括其他非财产性利益。②行为人实施了欺骗行为。这是指行为人通过虚构事实或者隐瞒真相的方法，使对方陷入财产错误认识的行为。行为人既可以用事实进行欺骗，也可以就价值进行欺骗。行为人既可以明示的方式欺骗，也可以默示的方式欺骗；既可以作为的方式欺骗，也可以不作为的方式欺骗。欺骗人无须达到一般人误信的程度，只需足以使欺骗对象产生错误认识即可。③被骗的人（有处分权限的人）因行为人的欺骗而产生错误认识，或者强化、维持原有的错误认识。④被骗人基于错误认识而处分（转移占有）财物。首先，这里的处分（转移占有），是指使被骗人不再占有财物，而由行为人独立占有该财物。无论被骗人是基于放弃所有权的意思（如售出、赠与），还是基于保留所有权的意思（如借出）而转移占有，都属于刑法上的处分。但是，仅仅只转移“持有”而不会使行为人独立占有该财物的，不认为是处分。其次，被骗人有处分财物的意识，即被骗人在交付财物时，主观上需认识到自己将特定财物转移给行为人占有，对于财物的性质、数量都要有认识（对于数量要有认识；对于价值有认识即

可，不要求对真实价值有准确认识)。⑤如果被骗人没有遭受财产损失，不成立诈骗罪。⑥如果诈骗行为是某犯罪的构成条件的，不能认定为诈骗罪。(3) 犯罪主体是一般主体即自然人。(4) 主观方面表现为故意，并且具有非法占有公私财物的目的。

刑法关于诈骗罪的提示性规定。下列情形依据诈骗罪定罪处罚：(1) 使用欺骗手段骗取增值税专用发票或者可以用于骗取出口退税、抵扣税款的其他发票的。(2) 以虚假、冒用的身份证件办理入网手续并使用移动电话，造成电信资费较大损失的。(3) 以欺诈、伪造证明材料或者其他手段骗取养老、医疗、工伤、失业、生育等社会保险金或者其他社会保障待遇的。(4) 在预防、控制突发传染病疫情等灾害期间，假借研制、生产或者销售用于预防、控制突发传染病疫情等灾害用品的名义，诈骗公私财物数额较大的。(5) 以使用为目的，伪造停止流通的货币，或者使用伪造的停止流通的货币的。(6) 使用伪造、变造、盗窃的武装部队车辆号牌，骗免养路费、通行费等各种规费，数额较大的。

诈骗罪与盗窃罪的区别：(1) 行为人是如何从财物所有人、管理人、持有人的控制之下取得财物的，如果欺骗的手段不是对被害人产生实际的心理影响而使被害人仿佛是“自愿”地交出财物，而是从被害人的直接控制之下秘密地窃取财物，则应当以盗窃罪论处，反之，则应当以诈骗罪论处。(2) 在非法占有财物的方式上，诈骗罪是“骗取”，盗窃罪是“窃取”。(3) 他人没有处分行为或者处分行为没有直接造成财产损失，而是由行为人的新的取得行为转移被害人财产的，不成立诈骗罪，而应根据新的取得行为的性质认定犯罪。

法条分析

(1)《刑法》对“公私财物”是如何规定的?

(2) 本条中的“本法另有规定的，依照规定”应如何理解?

(3) 向自动售货机中投入金属片冒充硬币以取得所购商品的，是否构成诈骗罪? 请说明理由。

答案: (1) 公私财物即公共财产和公民私人财产。公共财产是指：国有财产；劳动群众集体所有的财产；用于扶贫和其他公益事业的社会捐助或者专项基金的财产。在国家机关、国有公司、企业、集体企业和人民团体管理、使用或者运输中的私人财产，以公共财产论。私人财产是指：公民的合法收入、储蓄、房屋和其他生活资料；依法归个人、家庭所有的生产资料；个体户和私营企业的合法财产；依法归个人所有的股份、股票、债券和其他财产。

(2)“本法另有规定的，依照规定”是指刑法分则规定的一些特殊类型的诈骗罪（金融诈骗罪和合同诈骗罪）与本条规定的诈骗罪之间是特别法条与普通法条的关系（法条竞合），根据特别法条优于普通法条适用的原则，对符合特殊诈骗罪构成要件的行为，应认定为特殊诈骗罪。

(3) 不构成诈骗罪。因为自动售货机不存在处分财产的认识错误，因此应当认定为盗窃罪。

试题范例

1. (单项选择题) 下列犯罪行为中，应当认定为诈骗罪的是（　　）。

A. 甲假装在商场购买黄金首饰，趁售货员不注意将自己兜里的镀金首饰与黄金首饰调包

B. 乙假装在商场购买西服，并声称去试镜，待售货员接客之际携衣而走

C. 丙以计酬返利方式发展下线，并骗取大量钱财

D. 丁以虚假、冒用的身份证件办理入网手续并使用移动电话，造成电信资费较大损失

2. （单项选择题）下列选项中，应当认定为诈骗罪的是（　　）。

A. 甲收购一些文物赝品，冒充文物卖给多名文物收藏爱好者

B. 画家乙临摹了著名画家范某的油画并署上范某的名章，通过画廊以 5 万元出售给田某，乙非法获利 3 万元

C. 丙谎称钱某门前的摩托车是自己的，将其卖给孙某，让其骑走，丙为此获利4 000 元

D. 丁侵入银行计算机系统，将刘某存折中的 5 万元存款转入自己的账户

3. （多项选择题）下列情形中，构成诈骗罪的有（　　）。

A. 甲、乙先潜入某物资公司进行勘察，并在其磅秤上拴上绳子。次日，他们再到该物资公司购买钢材，通过事先在磅秤上已经做好的“机关”来控制计量，多装钢材，少称分量。二人通过这种办法购买了大量钢材，转手倒卖，获利 20 多万元

B. 甲捡拾他人身份证件后利用该身份证件办理入网手续，并以他人名义使用移动电话，造成他人电信资费损失达 7 万多元

C. 甲发现自己新买的一辆摩托车被邻村的乙偷走，甲佯装不知，乘乙不在家时到乙家向乙妻声称借用一下该摩托车，并谎称已得到乙同意，甲将摩托车“借”回后为免乙生事立即卖掉

D. 甲是某歌厅坐台女。某日陪客人乙在包厢里唱歌，乙将手提包放在电视机上，到包厢外打电话，甲在送其他客人离去后回到包厢，趁清扫的服务员没有注意之机将提包拿走，内有现金 1.2 万元，乙打完电话后回到包厢发现手提包失踪。乙问甲是否看到提包时，甲谎称没有看到

答案：1. D　2. A　3. AB

核心法条

《刑法》第 267 条　抢夺公私财物，数额较大的，或者多次抢夺的，处三年以下有期徒刑、拘役或者管制，并处或者单处罚金；数额巨大或者有其他严重情节的，处三年以上十年以下有期徒刑，并处罚金；数额特别巨大或者有其他特别严重情节的，处十年以上有期徒刑或者无期徒刑，并处罚金或者没收财产。

携带凶器抢夺的，依照本法第二百六十三条的规定定罪处罚。

释解分析

本条规定的是抢夺罪、准抢劫罪。抢夺罪是指以非法占有为目的，公然夺取数额较大的公私财物或者实施多次抢夺的行为。其构成要件有：（1）侵犯客体是公私财产所有权。（2）客观方面表现为公然夺取公私财物的行为。①抢夺行为是公然夺取他人紧密占有的财物，抢夺的主要特点是对他人紧密占有的财物行使有形力（即对物暴力，也不排除行为人使用轻微的对人暴力抢夺财物），利用被害人来不及反抗而取财。②乘人不备并非抢夺的必要条件，他人有防备但利用被害人来不及反抗而取财的，仍为抢夺。③构成抢夺罪，须数额较

大或者多次抢夺。(3) 犯罪主体是一般主体即自然人。(4) 主观方面表现为故意，并且具有非法占有公私财物的目的。

抢夺罪的罪数：实施抢夺公私财物的行为，同时造成被害人重伤、死亡等后果，构成抢夺罪的情节加重犯，以抢夺罪的加重情节处理。

抢夺罪与抢劫罪的区别有：(1) 犯罪客体不同。抢夺罪的客体是公私财产所有权；抢劫罪的客体是公私财产所有权和他人的人身权利。(2) 客观方面不同。抢夺罪采取的是公然夺取的方式取得他人财物，取财方式不能是暴力、胁迫等强制方法；抢劫罪采取的是暴力、胁迫或者其他方法劫取财物。抢夺罪是对物暴力；抢劫罪是对人暴力。

法条分析

(1) 本条中的"抢夺"应如何理解?

(2) 本条第2款中的"携带凶器抢夺"应如何理解?

(3) 对于携带凶器盗窃的行为，应如何处理?

(4) 驾驶机动车、非机动车夺取他人财物应以抢劫罪定罪处罚的主要情形有哪些?

答案：(1) 抢夺是指行为人没有使用暴力或暴力威胁而公然夺取公私财物的行为。

(2) 携带凶器抢夺是指携带枪支、爆炸物、管制刀具等国家规定禁止个人携带的器械进行抢夺或者为了实施犯罪而携带其他器械进行抢夺的行为。

(3) 携带凶器盗窃的，以盗窃罪定罪处罚。

(4) 驾驶机动车、非机动车夺取他人财物，有下列情形之一的，以抢劫罪论处：①驾驶车辆，逼挤、撞击或强行逼倒他人以排除他人反抗，乘机夺取财物的；②驾驶车辆强抢财物时，因被害人不放手而采取强拉硬扯方法劫取财物的；③行为人明知其驾驶车辆强行夺取他人财物的手段会造成他人伤亡的后果，仍然强行夺取并放任造成财物持有人轻伤以上后果的。

试题范例

1.(单项选择题)王某在商场见一妇女为购一衣服正欲付款，遂冲上前一把抓过该妇女手中的3 000元钱，并骂："不像话，不和我商量就来买东西。"王某的行为构成(　　)。

A. 抢劫罪　　B. 抢夺罪　　C. 诈骗罪　　D. 招摇撞骗罪

2.(单项选择题)甲驾驶摩托车至某广场，乘途经该广场的乙不备，猛拽其携带的手提包，乙紧紧抓住手提包不放，甲即猛踩油门，将乙拖行数米并甩开，夺其手提包后扬长而去。经查，手提包内共有钱物价值人民币1万元，乙亦因被甲强拉硬拽而致手腕脱臼。甲的行为构成(　　)。

A. 抢夺罪

B. 抢劫罪

C. 抢夺罪与抢劫罪实行并罚

D. 抢夺罪与抢劫罪的牵连犯从一重罪处断

答案：1. B　2. B

核心法条

《刑法》第270条　将代为保管的他人财物非法占为己有，数额较大，拒不退还的，处二年以下有期徒刑、拘役或者罚金；数额巨大或者有其他严重情节的，处二年以上五年以下有期徒刑，并处罚金。

将他人的遗忘物或者埋藏物非法占为己有，数额较大，拒不交出的，依照前款的规定处罚。

本条罪，告诉的才处理。

释解分析

本条规定的是侵占罪。侵占罪是指以非法占有为目的，将代为保管的他人财物或者将他人的遗忘物、埋藏物非法占为己有，数额较大拒不退还或者拒不交出的行为。其构成要件有：（1）侵犯客体是公私财产所有权。（2）客观方面表现为将代为保管的他人财物或者将他人的遗忘物、埋藏物非法占为己有，数额较大拒不退还或者拒不交出的行为。①行为对象是代为保管的他人财物、他人的遗忘物和埋藏物 3 种财物。②行为人将财物侵占。侵占是指以非暴力的手段将他人财物非法占为己有的行为，但在理解“占为己有”时，不能仅理解为静态的持有，还应包括将代为保管的他人财物或者将他人的遗忘物、埋藏物予以消费、出卖、赠与他人，对财物进行处分的行为。行为人对于财物的占有须为独立占有，即独立于原所有人的占有，具言之，就是财物已经脱离原占有人的占有、控制，现归行为人独立占有。如果行为人对财物的占有不是独立占有，而是辅助占有，则不能成立侵占罪，而应成立盗窃罪。③行为人对所侵占的财物拒不退还或者拒不交出。对于委托占有物而言，是拒不退还；对于遗忘物或者埋藏物而言，是拒不交出。这里有两个条件：一是财物的所有人或者持有人要有请求返还的意思表示；二是行为人需有不予退还或者不予交出的行为事实。（3）犯罪主体是一般主体即自然人。（4）主观方面表现为故意，并以非法占有为目的。

侵占罪和盗窃罪的区别有：（1）犯罪故意产生的时间不同。侵占罪的行为人在持有公私财物之后才产生犯罪故意，即产生了非法占有公私财物的目的；而盗窃罪的行为人是在没有占有财物之前就产生了非法占有公私财物的目的。（2）犯罪对象不尽相同。侵占罪的对象是行为人业已持有的公私财物，公私财物已经在行为人的控制之下；盗窃罪的对象则是他人所有、管理、持有的公私财物，公私财物在被害人的控制之下。（3）客观方面不尽相同。侵占罪客观方面表现为侵占行为，即将自己已经控制下的公私财物非法占有；盗窃罪的客观表现为秘密窃取行为，行为人采取自以为不会被财物的所有人、保管人、看护人、持有人等发觉的方法窃取其财物。总之，侵占罪和盗窃罪区分的关键是：客观上财物归谁占有，如果是由被害人占有财物，然后失去财物的占有的，是盗窃罪；如果是由行为人占有或者无人占有，然后由行为人将占有变为“所有”的，是侵占罪。

法条分析

（1）条文中的“代为保管的他人财物”应如何理解？

（2）条文中的“拒不退还”应如何理解？

（3）条文中的“他人的遗忘物”应如何理解？

（4）条文中的“埋藏物”应如何理解？

（5）条文中的“拒不交出”应如何理解？

(6) 除本条规定之罪外，告诉才处理的犯罪还有哪些？

答案：(1) 代为保管的他人财物是指基于他人的委托代为保管的财物或者根据事实上的管理而被认为是合法持有的财物。

(2) 拒不退还是指行为人将财物非法占有后，当财物的所有人发现并要求其退还时，仍不退还。

(3) 他人的遗忘物是指所有人或持有人因一时疏忽遗忘于某特定地点或场所但知道该地点或场所的财物。

(4) 埋藏物是指个人埋藏于某一地点的财物或者归国家所有的所有人不明的埋藏于某一地点的财物。

(5) 拒不交出是指行为人将财物非法占有后，当财物的所有人发现并要求其交出时，仍不交出。

(6) 侮辱罪、诽谤罪、虐待罪、暴力干涉婚姻自由罪。

试题范例

1. (单项选择题) 甲在十楼用高档手机对远山拍照时，不慎将手机掉落楼下。甲立即让妻子盯着，自己则跑到楼下捡手机。路过此处的乙以为手机是别人丢的，就将手机放在兜里迅速逃离。甲经多方查找找到乙，要求归还手机，遭到拒绝。乙的行为构成（　　）。

A. 盗窃罪　　B. 侵占罪　　C. 抢夺罪　　D. 职务侵占罪

2. (多项选择题) 不考虑数额，下列情形中可以成立侵占罪的是（　　）。

A. 甲在公园里见到一个包无人认领，大喊一声："谁丢了包？"见无人答应，甲便将包拿走

B. 甲在一饭店包间吃饭时忘了将手提包拿走，此后进同一包间吃饭的乙发现了甲的手提包，偷偷将甲的包提走

C. 甲见草地上有一皮包（内有 2 万元钱），以为是别人遗忘的，便将皮包提走。其实，该皮包是附近一对正在热吻的情侣的

D. 甲乘坐一大型游轮，船舱内游客很多，熙熙攘攘。客轮停靠一码头时，甲发现刚下船的乙将拉杆箱遗忘在船上，于是将拉杆箱拉走。其实，该拉杆箱是还未下船的丙的

答案：1. B　2. ACD

核心法条

《刑法》第 271 条　公司、企业或者其他单位的工作人员，利用职务上的便利，将本单位财物非法占为己有，数额较大的，处三年以下有期徒刑或者拘役，并处罚金；数额巨大的，处三年以上十年以下有期徒刑，并处罚金；数额特别巨大的，处十年以上有期徒刑或者无期徒刑，并处罚金。

国有公司、企业或者其他国有单位中从事公务的人员和国有公司、企业或者其他国有单位委派到非国有公司、企业以及其他单位从事公务的人员有前款行为的，依照本法第三百八十二条、第三百八十三条的规定定罪处罚。

释解分析

本条规定的是职务侵占罪。职务侵占罪是指公司、企业或者其他单位的工作人员，利用职务上的便利，将本单位财物非法占为己有，数额较大的行为。其构成要件有：（1）侵犯客体是公司、企业或者其他单位的财产所有权。（2）客观方面表现为利用职务上的便利，将本单位财物非法占为己有，数额较大的行为。（3）犯罪主体是特殊主体，即公司、企业或者其他单位的工作人员。（4）主观方面表现为故意，并以非法占有为目的。

应当认定为职务侵占罪的法定情形：（1）保险公司的工作人员（不具有国家工作人员身份）利用职务上的便利，故意编造未曾发生的保险事故进行虚假理赔，骗取保险金归自己所有的。（2）农村村民小组组长利用职务上的便利，将村民小组集体财产非法占为己有，数额较大的。（3）在国有资本控股、参股的股份有限公司中从事管理工作的人员（除受国家机关、国有公司、企业、事业单位委派从事公务的以外），对其利用职务上的便利，将本单位财物非法占为己有，数额较大的。

职务侵占罪与侵占罪的区别有：（1）犯罪客观行为方式不同。职务侵占罪表现为利用职务上的便利，将本单位的财物非法占有；侵占罪表现为将他人的财物占为己有，其占有与职务上的便利无关。（2）犯罪行为对象不同。职务侵占罪的对象是行为人所在之公司、企业等单位的财物；侵占罪的对象则是行为人代为保管的他人财物、行为人拾得的他人遗忘物或者发掘的埋藏物。（3）犯罪主体不同。职务侵占罪的主体是特殊主体即公司、企业或者其他单位的工作人员；侵占罪的主体是一般主体。

职务侵占罪和盗窃罪、诈骗罪的区别有：（1）犯罪客观行为方式不同。职务侵占罪的行为方式有两个特点，一是行为人利用职务上的便利，二是行为人采取多种非法手段占有他人财物，既有盗窃、诈骗手段，也有侵占和其他手段。盗窃罪、诈骗罪的行为人没有利用职务之便，而且在非法占有他人财物的手段上仅限于窃取和诈骗。如果采用其他非法手段，则不能以盗窃罪或者诈骗罪论处。（2）犯罪对象范围不同。职务侵占罪的犯罪对象只限于行为人所在单位的财物；盗窃罪、诈骗罪的犯罪对象没有任何限制。（3）犯罪主体不同。职务侵占罪的主体为公司、企业或者其他单位的工作人员，是特殊主体；盗窃罪、诈骗罪的犯罪主体为一般主体。只有将基于职务或者业务所占有的本单位财物非法据为己有的，才成立职务侵占罪。反之，单位工作人员将自己没有基于职务或者业务占有的本单位财物据为己有的，则视行为特点认定为盗窃罪或者诈骗罪。

职务侵占罪和贪污罪的关键区别是犯罪主体不同，职务侵占罪的犯罪主体为公司、企业或者其他单位的工作人员；贪污罪的犯罪主体是国家工作人员，以及受国家机关、国有公司、企业、事业单位、人民团体委托管理、经营国有财产的人员。

法条分析

（1）本条第 1 款中的“其他单位”应如何理解？

（2）本条第 1 款中的“利用职务上的便利”应如何理解？

（3）本条第 1 款中的“将本单位财物非法占为己有”应如何理解？

（4）国有公司中从事公务的人员将本单位财物非法占为己有的，应如何处理？

答案：（1）其他单位是指除公司、企业以外的一切其他单位，包括国家机关，国有、集体或者民办事业单位以及各类团体。

(2) 利用职务上的便利是指利用自己在职务上所具有的主管、管理或者经手本单位财物的方便条件。

(3) 将本单位财物非法占为己有是指行为人采取侵吞、窃取、骗取等手段将本单位财物占为己有。

(4) 国有公司中从事公务的人员将本单位财物非法占为己有的，应当以贪污罪定罪处罚。

试题范例

1. (单项选择题) 农村村民小组组长甲利用职务上的便利，将村民小组集体所有的财产变卖后潜逃。甲的行为构成（　）。

A. 盗窃罪　　B. 侵占罪　　C. 职务侵占罪　　D. 贪污罪

2. (单项选择题) 刘某应聘到一家股份有限公司担任部门经理。半年内，刘某利用职务上的便利，从公司财务部虚报冒领公款 4 000 余元，供自己挥霍。刘某的行为（　）。

A. 构成贪污罪　　B. 构成职务侵占罪　　C. 构成挪用公款罪　　D. 不构成犯罪

答案：1. C　2. D

核心法条

《刑法》第 272 条　公司、企业或者其他单位的工作人员，利用职务上的便利，挪用本单位资金归个人使用或者借贷给他人，数额较大、超过三个月未还的，或者虽未超过三个月，但数额较大、进行营利活动的，或者进行非法活动的，处三年以下有期徒刑或者拘役；挪用本单位资金数额巨大的，处三年以上七年以下有期徒刑；数额特别巨大的，处七年以上有期徒刑。

国有公司、企业或者其他国有单位中从事公务的人员和国有公司、企业或者其他国有单位委派到非国有公司、企业以及其他单位从事公务的人员有前款行为的，依照本法第三百八十四条的规定定罪处罚。

有第一款行为，在提起公诉前将挪用的资金退还的，可以从轻或者减轻处罚。其中，犯罪较轻的，可以减轻或者免除处罚。

释解分析

本条规定的是挪用资金罪。挪用资金罪是指公司、企业或者其他单位的工作人员，利用职务上的便利，挪用本单位资金归个人使用或者借贷给他人，数额较大、超过 3 个月未还的，或者虽未超过 3 个月，但数额较大、进行营利活动的，或者进行非法活动的行为。其构成要件有：(1) 侵犯客体是公司、企业或者其他单位的资金使用权。(2) 客观方面表现为利用职务上的便利，挪用本单位资金归个人使用或者借贷给他人的行为。(3) 犯罪主体是特殊主体，即公司、企业或者其他单位的工作人员。(4) 主观方面表现为故意，并且具有挪用资金归个人使用或者借贷给他人的目的。

下列情形以挪用资金罪论处：(1) 商业银行、证券交易所、期货交易所、证券公司、期货经纪公司、保险公司或者其他金融机构的工作人员（非国家工作人员身份）利用职务上的便利，挪用本单位或者客户资金的。（2）受国家机关、国有公司、企业、事业单位、人民团体委托管理、经营国有财产的非国家工作人员，利用职务上的便利、挪用国有资金归个人使用构成犯罪的。如果上述人员将国有资金非法占为己有的，以贪污罪论处，不定挪用公款罪。（3）筹建公司的工作人员在公司登记注册前，利用职务上的便利，挪用准备设立的公司在银行开设的临时账户上的资金，归个人使用或者借贷给他人，构成犯罪的。

挪用资金罪与职务侵占罪的区别有：（1）犯罪客体不尽相同。两种犯罪虽然都侵犯了财物的所有权，但挪用资金罪侵犯了所有权的一部分，即侵犯了资金的使用权和收益权，但未侵犯处置权；职务侵占罪则侵犯了财物所有权的全部权能。（2）犯罪行为对象不尽相同。挪用资金罪的对象是本单位资金，职务侵占罪的对象则是本单位财物，外延广于资金。（3）犯罪故意内容不同。挪用资金罪的故意内容只是暂时挪用资金，准备日后归还；职务侵占罪的故意内容则是将财物非法占有，完全不打算归还。

法条分析

（1）本条第1款中的“利用职务上的便利”应如何理解？

（2）本条第1款中的“归个人使用”包括哪些情形？

（3）本条第1款中的“借贷给他人”应如何理解？

（4）国有公司委派到非国有公司从事公务的人员挪用本单位资金的，应如何处理？

（5）本条第3款中的“犯罪较轻的”指的是何种情形？

答案：（1）利用职务上的便利是指行为人利用自己管理、调配、使用、经手本单位资金的方便条件。

（2）归个人使用包括：将本单位的资金供本人、亲友或者其他自然人使用；以个人名义将本单位资金供其他单位使用；个人决定以单位名义将本单位资金供其他单位使用，谋取个人利益。

（3）借贷给他人是指将本单位资金借给他人使用，一般是借给亲友使用或者借给其他的公司、企业等单位使用。

（4）国有公司委派到非国有公司从事公务的人员挪用本单位资金的，以挪用公款罪定罪处罚。

（5）犯罪较轻的是指处第一档刑（3年以下有期徒刑）的情形。

试题范例

（单项选择题）甲受委托经营管理国有资产，在其工作期间，利用职务上的便利，挪用国有资金10万元用于赌博。甲的行为构成（　　）。

A. 挪用资金罪　　B. 挪用公款罪　　C. 职务侵占罪　　D. 贪污罪

答案：A

核心法条

《刑法》第274条　敲诈勒索公私财物，数额较大或者多次敲诈勒索的，处三年以下有期徒刑、拘役或者管制，并处或者单处罚金；数额巨大或者有其他严重情节的，处三年以上十年以下有期徒刑，并处罚金；数额特别巨大或者有其他特别严重情节的，处十年以上有期徒刑，并处罚金。

释解分析

本条规定的是敲诈勒索罪。敲诈勒索罪是指以非法占有为目的，对公私财物的所有人、管理人实施威胁或者要挟的方法，多次强行索取公私财物或者索取数额较大的公私财物的行为。其构成要件有：(1) 侵犯客体是公私财产所有权和公民的人身权利。(2) 客观方面表现为对公私财物的所有人、管理人实施威胁或者要挟，迫使其当场或者限期交出数额较大的公私财物或者多次进行敲诈勒索的行为。(3) 犯罪主体是一般主体即自然人。(4) 主观方面表现为故意，并且具有非法占有公私财物的目的。

敲诈勒索罪和抢劫罪的区别有：(1) 行为的内容不同。抢劫罪以当场实施暴力、暴力威胁为其行为内容；敲诈勒索罪仅限于威胁，不当场实施暴力，而且威胁的内容不只是暴力，还包括非暴力威胁。(2) 犯罪行为方式不同。抢劫罪的威胁是当着被害人的面实施，一般用言语或动作来表示；敲诈勒索罪的威胁可以是当着被害人的面，也可以是通过第三者来实现，可以用口头方式来表示，也可以通过书信的方式来表示。(3) 非法取得财物的时间不同。抢劫罪是当场取得财物；而敲诈勒索罪可以是当场，也可以是在实施威胁、要挟之后取得他人财物。行为人以暴力相威胁迫使被害人限期交出财物的行为，不应定抢劫罪，而应当以敲诈勒索罪论处。(4) 构成犯罪的数额标准不同。抢劫罪有较大的社会危害性，法律不要求其劫取财物的数额必须达到数额较大才构成犯罪；敲诈勒索罪的社会危害性相对较小，刑法规定以数额较大或者多次敲诈勒索作为敲诈勒索罪的必要要件。

敲诈勒索罪与诈骗罪的区别有：(1) 侵犯的客体不同。敲诈勒索罪的犯罪客体是复杂客体，侵犯了公私财产所有权和公民的人身权利；诈骗罪的犯罪客体是公私财产所有权，是单一客体。(2) 行为方式不同。敲诈勒索罪是以威胁、要挟的方法，造成被害人心理上的恐惧从而迫使被害人交出财物；诈骗罪则是用虚构事实或者隐瞒真相的欺诈手段，使被害人信以为真，从而"自愿地交出财物"。不过，二者也会出现想象竞合。

敲诈勒索罪与绑架罪的区别有：(1) 客观行为对象不同。敲诈勒索罪的行为对象是公私财物；绑架罪的行为对象是他人（人质）。(2) 威胁的实施对象不同。敲诈勒索罪威胁的实施对象是公私财物的所有人或者持有人；绑架罪威胁的实施对象是被绑架人的亲属或者其他利害关系人等。(3) 财物的取得不同。敲诈勒索罪可以是被害人当场交付财物，也可以是被害人日后交付财物；绑架罪则是勒令在一定时间内交付一定数额的金钱或财物，或者满足其要求，以换取人质。

法条分析

(1) 条文中的"敲诈勒索"应如何理解？

(2) 条文中的"多次敲诈勒索"应如何理解？

(3) 如何认定敲诈勒索罪的既遂？

(4) 明知他人实施敲诈勒索犯罪而为其提供网络技术支持等帮助的，应如何处理？

答案：(1) 敲诈勒索是指以非法占有为目的，对公私财物的所有人、管理人实施威胁或者要挟的方法，强行索取数额较大公私财物的行为。

(2) 多次敲诈勒索是指2年内敲诈勒索3次以上。

(3) 行为人通过敲诈取得财物的，构成敲诈勒索罪的既遂。

(4) 以敲诈勒索罪共犯论处。

试题范例

1.（单项选择题）甲、乙、丙三人原关系很好，后甲、乙二人与丙产生矛盾。于是甲、乙二人在丙的儿子丁放学回家途中将其截住，谎称是受其父委托带丁去玩，丁信以为真就随同甲、乙前去游玩。这期间乙谎称丁被绑架，从丙处索取了10万元现金。但拿回现金后甲、乙才发现全是假币，一气之下二人将丙杀害。对甲、乙的行为应当认定为（ ）。

A. 绑架罪　　B. 敲诈勒索罪和故意杀人罪

C. 非法拘禁罪和故意杀人罪　　D. 故意杀人罪

2.（单项选择题）甲、乙二人身着联防队员制服，潜伏在某卖淫窝点旁边，见有嫖客进入，便冒充联防队员执行公务，进屋搜查，将正在进行性交易的嫖客和卖淫女“抓住”，对他们说，要么拘留，要么罚款3 000元，嫖客和卖淫女没有办法，只能各缴3 000元给甲、乙二人。甲、乙二人的行为构成（ ）。

A. 敲诈勒索罪　　B. 诈骗罪　　C. 招摇撞骗罪　　D. 抢劫罪

3.（多项选择题）关于敲诈勒索罪，下列说法中正确的是（ ）。

A. 甲的两台电视机被乙偷走，甲找乙要求返还，乙断然拒绝。甲警告乙，如果3天内不予返还便要乙出点血。3天后乙依旧未还，甲于是找人把乙打成轻伤。甲构成敲诈勒索罪

B. 甲、乙、丙三人拦路抢劫砖厂老板丁，当场抢得现金、首饰等价值6 000元。但三人仍然心有不甘，将丁放走后，要他晚上9点再交20万元，否则杀死其全家。甲、乙、丙构成抢劫罪与敲诈勒索罪

C. 甲从电视新闻上得知市百货公司三辆本田牌摩托车被盗，想起无业青年乙这几天一直在悄悄寻找该型号摩托车的买主，且愿意以超低价出售。一天，甲刚好发现乙将一辆该型号摩托车停于路边，上前喊道：“谁偷了我的车？我上公安局告他去！”乙未敢声张，偷偷溜走，甲于是将该车推走。甲构成敲诈勒索罪

D. 甲无意中知道乙挪用巨额公款炒股，以向司法机关告发为由向乙胁迫索要2万元封口费。甲构成敲诈勒索罪

答案： 1. B　2. A　3. BCD

核心法条

《刑法》第276条之一　以转移财产、逃匿等方法逃避支付劳动者的劳动报酬或者有能力支付而不支付劳动者的劳动报酬，数额较大，经政府有关部门责令支付仍不支付的，处三年以下有期徒刑或者拘役，并处或者单处罚金；造成严重后果的，处三年以上七年以下有期徒刑，并处罚金。

单位犯前款罪的，对单位判处罚金，并对其直接负责的主管人员和其他直接责任人

员，依照前款的规定处罚。

有前两款行为，尚未造成严重后果，在提起公诉前支付劳动者的劳动报酬，并依法承担相应赔偿责任的，可以减轻或者免除处罚。

释解分析

本条规定的是拒不支付劳动报酬罪。拒不支付劳动报酬罪是指以转移财产、逃匿等方法逃避支付劳动者的劳动报酬或者有能力支付而不支付劳动者的劳动报酬，数额较大，经政府有关部门责令支付仍不支付的行为。其构成要件有：（1）本罪的客体是复杂客体，既侵害了劳动者的财产权，又妨碍正常的劳动用工关系，破坏社会主义市场经济秩序。（2）客观方面表现为以转移财产、逃匿等方法逃避支付劳动者的劳动报酬或者有能力支付而不支付劳动者的劳动报酬，数额较大，经政府有关部门责令支付仍不支付的行为。构成本罪须以“经政府有关部门责令支付仍不支付”为必备构成要素，这是本罪的前置程序。（3）犯罪主体是一般主体，包括自然人和单位。（4）主观方面表现为故意。

法条分析

（1）本条中的“劳动者的劳动报酬”包括哪些报酬？

（2）本条中的“以转移财产、逃匿等方法逃避支付劳动者的劳动报酬”包括哪些情形？

（3）本条中的“经政府有关部门责令支付仍不支付”应如何理解？

答案：（1）“劳动者的劳动报酬”包括工资、奖金、津贴、补贴、延长工作时间的工资报酬及特殊情况下支付的工资等。

（2）“以转移财产、逃匿等方法逃避支付劳动者的劳动报酬”包括：隐匿财产、恶意清偿、虚构债务、虚假破产、虚假倒闭或者以其他方法转移、处分财产的；逃跑、藏匿的；隐匿、销毁或者篡改账目、职工名册、工资支付记录、考勤记录等与劳动报酬相关的材料的；以其他方法逃避支付劳动报酬的。

（3）“经政府有关部门责令支付仍不支付”是指经人力资源社会保障部门或者政府其他有关部门依法以限期整改指令书、行政处理决定书等文书责令支付劳动者的劳动报酬后，在指定的期限内仍不支付，但有证据证明行为人有正当理由未知悉责令支付或者未及时支付劳动报酬的除外。

试题范例

（单项选择题）关于拒不支付劳动报酬罪，下列说法中正确的是（　　）。

A. 拒不支付劳动报酬罪的犯罪主体是自然人，单位不能成为本罪的主体

B. 拒不支付劳动报酬罪客观方面表现为以转移财产、逃匿等方法逃避支付劳动者的劳动报酬的行为

C. 认定成立本罪须以“经政府有关部门责令支付仍不支付”作为前置程序

D. 拒不支付劳动报酬尚未造成严重后果，在提起公诉前支付劳动者的劳动报酬，并依法承担相应赔偿责任的，应当免除处罚

答案：C

十六、妨害社会管理秩序罪

核心法条

《刑法》第 277 条　以暴力、威胁方法阻碍国家机关工作人员依法执行职务的，处三年以下有期徒刑、拘役、管制或者罚金。

以暴力、威胁方法阻碍全国人民代表大会和地方各级人民代表大会代表依法执行代表职务的，依照前款的规定处罚。

在自然灾害和突发事件中，以暴力、威胁方法阻碍红十字会工作人员依法履行职责的，依照第一款的规定处罚。

故意阻碍国家安全机关、公安机关依法执行国家安全工作任务，未使用暴力、威胁方法，造成严重后果的，依照第一款的规定处罚。

暴力袭击正在依法执行职务的人民警察的，处三年以下有期徒刑、拘役或者管制；使用枪支、管制刀具，或者以驾驶机动车撞击等手段，严重危及其人身安全的，处三年以上七年以下有期徒刑。

释解分析

本条规定的是妨害公务罪、袭警罪。妨害公务罪是指以暴力、威胁方法阻碍国家机关工作人员依法执行职务，阻碍人民代表大会代表依法执行代表职务，在自然灾害和突发事件中阻碍红十字会工作人员依法履行职责的行为，或者故意阻碍国家安全机关、公安机关依法执行国家安全工作任务，未使用暴力、威胁方法，造成严重后果的行为。其构成要件有：(1) 侵犯客体是国家机关工作人员依法执行职务的活动。(2) 客观方面表现为以暴力、威胁方法阻碍国家机关工作人员依法执行职务，阻碍人民代表大会代表依法执行代表职务，在自然灾害和突发事件中阻碍红十字会工作人员依法履行职责的行为，或者故意阻碍国家安全机关、公安机关依法执行国家安全工作任务，未使用暴力、威胁方法，造成严重后果的行为。(3) 犯罪主体是一般主体即自然人。(4) 主观方面表现为故意。

袭警罪是指暴力袭击正在依法执行职务的人民警察，或者使用枪支、管制刀具，或者以驾驶机动车撞击等手段，严重危及其人身安全的行为。其构成要件有：(1) 侵犯的客体是社会管理秩序、警察执法权和警察的人身权利。(2) 客观方面表现为暴力袭击正在依法执行职务的人民警察，或者使用枪支、管制刀具，或者以驾驶机动车撞击等手段，严重危及其人身安全的行为。(3) 犯罪主体是一般主体即自然人。(4) 主观方面表现为故意。

袭警罪与以危险方法危害公共安全罪区别的关键在于是否危及公共安全，袭警罪只危及某个具体警察的人身安全，如果以驾驶机动车撞击的手段危及不特定的多数人的人身安全，还是应考虑以以危险方法危害公共安全罪定罪处罚。

袭警罪的罪数：在暴力袭击人民警察过程中实施杀害或者伤害人民警察的行为，同时构成袭警罪和故意杀人罪、故意伤害罪的想象竞合犯的，应当择一重罪处断，即按故意杀人罪或者故意伤害罪论处。

法条分析

(1) 第5款规定的犯罪的客观表现有哪些?

(2) 以威胁方法阻碍人民警察依法执行职务构成犯罪的,应如何处理?

(3) 暴力袭击正在依法执行职务的人民警察,造成重伤、死亡的,应如何处理?

(4) 以高速驾驶机动车撞击正在依法执行职务的人民警察和周围其他人构成犯罪的,应如何处理?

(5) 醉酒后非法持有枪支使用暴力袭击正在依法执行职务的人民警察构成犯罪的,应如何处理?

答案: (1) 袭警罪的客观表现有:①以暴力袭击正在依法执行职务的人民警察;②使用枪支、管制刀具,或者以驾驶机动车撞击等手段,严重危及人民警察的人身安全。

(2) 以威胁方法阻碍人民警察依法执行职务构成犯罪的,以妨害公务罪定罪处罚。

(3) 暴力袭击正在依法执行职务的人民警察,造成重伤、死亡的,构成袭警罪与故意伤害罪、故意杀人罪的想象竞合犯,从一重罪处罚。

(4) 以高速驾驶机动车撞击正在依法执行职务的人民警察和周围其他人构成犯罪的,属于袭警罪和以危险方法危害公共安全罪的想象竞合犯,从一重罪处罚。

(5) 醉酒后非法持有枪支使用暴力袭击正在依法执行职务的人民警察构成犯罪的,以袭警罪、危险驾驶罪和非法持有枪支罪实行数罪并罚。

试题范例

(单项选择题) 下列情形中,构成妨害公务罪的是(　　)。

A. 甲的儿子因犯罪正在被依法审判,甲到法庭上大吵大闹,并扬言要打法官,使法庭审判无法进行

B. 某民事案件判决后,在法院执行判决时,败诉方当事人甲采用暴力手段,抗拒法院执行

C. 甲盗窃一辆微型货车,途经某交通岗亭遇红灯停车时,值勤交警乙见甲神色异常,即示意停车。甲唯恐盗窃汽车罪行暴露,遂加速行驶。乙见状抓住货车驾驶室的右车门,责令甲停车检查。甲为了摆脱乙,扭动方向盘驾车曲线行驶,汽车高速行驶产生跳跃颠簸,致乙摔下汽车,身受重伤

D. 甲为抗拒隔离措施,将依法履行为防控疫情而采取强制隔离措施的国家机关工作人员乙打成轻微伤

答案: D

核心法条

《刑法》第279条　冒充国家机关工作人员招摇撞骗的,处三年以下有期徒刑、拘役、管制或者剥夺政治权利;情节严重的,处三年以上十年以下有期徒刑。

冒充人民警察招摇撞骗的,依照前款的规定从重处罚。

释解分析

本条规定的是招摇撞骗罪。招摇撞骗罪是指以谋取非法利益为目的，冒充国家机关工作人员进行招摇撞骗的行为。其构成要件有：（1）侵犯客体是国家机关的正常活动及其威信。（2）客观方面表现为冒充国家机关工作人员进行招摇撞骗的行为。（3）犯罪主体是一般主体即自然人。（4）主观方面表现为故意，其目的是骗取某种非法利益。

招摇撞骗罪与诈骗罪的区别：招摇撞骗罪和诈骗罪“骗”的内容不一样，招摇撞骗罪所骗取的不仅包括财物，还包括名誉、地位甚至爱情，而诈骗罪所骗取的仅仅是公私财物。在行为人冒充国家机关工作人员的身份骗取财物的情况下，一个行为同时触犯了两个罪名，属于想象竞合犯，应当从一重罪处断。

法条分析

（1）本条中的“招摇撞骗”应如何理解？

（2）本条规定的附加刑的适用方式和刑期起算应如何理解？

（3）冒充国家司法、行政执法人员进入走私、赌博的违法犯罪现场，勒令他人交出财物，冒充行为被识破或完全不被接受后，使用暴力取得财物的，应如何处理？

答案：（1）招摇撞骗是指行为人利用人们对国家机关工作人员的信任，假冒国家机关工作人员的身份行骗。

（2）本条规定的附加刑即剥夺政治权利的适用方式为独立适用剥夺政治权利，独立适用剥夺政治权利的，从判决执行之日起计算。

（3）冒充国家司法、行政执法人员进入走私、赌博的违法犯罪现场，勒令他人交出财物，冒充行为被识破或完全不被接受后，使用暴力取得财物的，以招摇撞骗罪和抢劫罪实行数罪并罚。

试题范例

（单项选择题）下列情形中，应认定为招摇撞骗罪的是（　　）。

A. 冒充正在执行公务的人民警察“抓赌”，没收赌资数额较大的

B. 冒充正在执行公务的人民警察“抓嫖”，使用暴力或者暴力威胁，罚款数额较大的

C. 冒充治安联防队员“抓赌”，没收赌资数额较大的

D. 冒充中央某领导的亲属，宣称可以请托该领导办理相关事务，收受巨额财物后逃匿的

答案：A

核心法条

《刑法》第282条第1款　以窃取、刺探、收买方法，非法获取国家秘密的，处三年以下有期徒刑、拘役、管制或者剥夺政治权利；情节严重的，处三年以上七年以下有期徒刑。

释解分析

本款规定的是非法获取国家秘密罪。非法获取国家秘密罪是指以窃取、刺探、收买方法，非法获取国家秘密的行为。其构成要件有：(1) 侵犯客体是国家的保密制度。(2) 客观方面表现为以窃取、刺探、收买方法，非法获取国家秘密的行为。(3) 犯罪主体是一般主体即自然人。(4) 主观方面表现为故意。

法条分析

(1) 条文中的“非法获取”应如何理解？

(2) 条文中的“国家秘密”应如何理解？

(3) 犯本罪情节严重的，其追诉期限如何确定？

答案：(1) 非法获取是指依法不应知悉某项国家秘密的人从知悉某项国家秘密的人那里知悉国家秘密，或者可以知悉某项国家秘密的人未经合法手续知悉国家秘密。

(2) 国家秘密是指关系国家安全和利益，依照法定程序确定，在一定时间内只限一定范围的人员知悉的事项。

(3) 犯本罪情节严重的，其追诉期限为 10 年。

试题范例

(多项选择题) 某国间谍戴某，结识了我国某国家机关要员黄某，戴某谎称来华投资建厂需要了解政策动向，让黄某借工作之便为其搞到密级为“机密”的《内参报告》四份。戴某拿到文件后送给黄某一部手机，并为其子前往某国提供 6 万美金。黄某的行为构成(　　)。

A. 非法获取国家秘密罪

B. 非法提供国家秘密罪

C. 受贿罪

D. 为境外窃取、刺探、收买、非法提供国家秘密、情报罪

答案：CD

核心法条

《刑法》第 284 条之一第 1、2 款　在法律规定的国家考试中，组织作弊的，处三年以下有期徒刑或者拘役，并处或者单处罚金；情节严重的，处三年以上七年以下有期徒刑，并处罚金。

为他人实施前款犯罪提供作弊器材或者其他帮助的，依照前款的规定处罚。

释解分析

上述条文规定的是组织考试作弊罪。组织考试作弊罪是指在法律规定的国家考试中，组织作弊或者为他人实施组织作弊犯罪提供作弊器材或者其他帮助的行为。其构成要件有：(1) 侵犯客体是国家的公平、公正的考试制度。(2) 客观方面表现为在法律规定的国家考试

中，组织作弊或者为他人实施组织作弊犯罪提供作弊器材或者其他帮助的行为。(3) 犯罪主体是一般主体即自然人。(4) 主观方面表现为故意。

法条分析

(1) 条文中的“组织作弊”应如何理解？

(2) 条文中的“作弊器材”应如何认定？

(3) 第 2 款规定是否为帮助犯的量刑？请说明理由。

答案：(1) 组织作弊是指组织、策划、指挥多人进行考试作弊，或者从事考试作弊的经营行为。

(2) 具有避开或者突破考场防范作弊的安全管理措施，获取、记录、传递、接收、存储考试试题、答案等功能的程序、工具，以及专门设计用于作弊的程序、工具，应当认定为“作弊器材”。

(3) 第 2 款规定不是典型的帮助犯的实行化或者叫作帮助犯的正犯化，只是帮助犯量刑的正犯化。

试题范例

(单项选择题) 关于组织考试作弊罪，下列说法中正确的是（　　）。

A. 组织考试作弊罪适用于全国人大及其常委会制定的法律所规定的国家考试

B. 为他人实施组织作弊犯罪提供作弊器材的，属于组织考试作弊罪的帮助犯

C. 组织考试作弊过程中，向他人非法出售法律规定的国家考试的试题的，以组织考试作弊罪和非法出售试题罪数罪并罚

D. 组织考试作弊情节严重才构成组织考试作弊罪

答案：A

核心法条

《刑法》第 286 条　违反国家规定，对计算机信息系统功能进行删除、修改、增加、干扰，造成计算机信息系统不能正常运行，后果严重的，处五年以下有期徒刑或者拘役；后果特别严重的，处五年以上有期徒刑。

违反国家规定，对计算机信息系统中存储、处理或者传输的数据和应用程序进行删除、修改、增加的操作，后果严重的，依照前款的规定处罚。

故意制作、传播计算机病毒等破坏性程序，影响计算机系统正常运行，后果严重的，依照第一款的规定处罚。

单位犯前三款罪的，对单位判处罚金，并对其直接负责的主管人员和其他直接责任人员，依照第一款的规定处罚。

释解分析

本条规定的是破坏计算机信息系统罪。破坏计算机信息系统罪是指违反国家规定，对计算机信息系统功能进行删除、修改、增加、干扰，造成计算机信息系统不能正常运行，以及

对计算机信息系统中存储、处理或者传输的数据和应用程序进行删除、修改、增加的操作，或者故意制作、传播计算机病毒等破坏性程序，影响计算机系统正常运行，后果严重的行为。其构成要件有：(1) 侵犯的客体是国家对计算机信息系统的安全运行管理制度和计算机信息系统的所有人和合法用户的合法权益。(2) 客观方面表现为违反国家规定，对计算机信息系统功能进行删除、修改、增加、干扰，造成计算机信息系统不能正常运行，以及对计算机信息系统中存储、处理或者传输的数据和应用程序进行删除、修改、增加的操作，或者故意制作、传播计算机病毒等破坏性程序，影响计算机系统正常运行，后果严重的行为。(3) 犯罪主体是一般主体，包括自然人和单位。(4) 主观方面表现为故意。

法条分析

(1) 第3款中的"破坏性程序"应如何理解?

(2) 第3款中的"计算机病毒等破坏性程序"应如何理解?

(3) 本条规定之罪的行为方式有哪些?

答案：(1)"破坏性程序"是指隐藏在可执行程序或数据中在计算机内部运行的一种干扰程序。

(2)"计算机病毒等破坏性程序"是指具有下列情形之一的程序：①能够通过网络、存储介质、文件等媒介，将自身的部分、全部或者变种进行复制、传播，并破坏计算机系统功能、数据或者应用程序的；②能够在预先设定条件下自动触发，并破坏计算机系统功能、数据或者应用程序的；③其他专门设计用于破坏计算机系统功能、数据或者应用程序的程序。

(3) 本罪的行为方式包括：①违反国家规定，对计算机信息系统功能进行删除、修改、增加、干扰，从而造成计算机信息系统不能正常运行，后果严重。②违反国家规定，对计算机信息系统中存储、处理或者传输的数据和应用程序进行删除、修改、增加的操作，后果严重。③故意制作、传播计算机病毒等破坏性程序，影响计算机系统正常运行，后果严重。此外，对于违反国家规定，擅自中断计算机网络或者通信服务，造成计算机网络或者通信系统不能正常运行的，也以破坏计算机信息系统罪论处。

试题范例

(单项选择题) 李某是一家软件公司的高级工程师，由于想展现下自己的计算机水平，编制了某病毒在网上进行传播，导致多家企事业单位的电脑瘫痪，损失惨重。李某的行为构成(　　)。

A. 非法侵入计算机信息系统罪

B. 破坏计算机信息系统罪

C. 非法获取计算机信息系统数据、非法控制计算机信息系统罪

D. 提供侵入、非法控制计算机信息系统程序、工具罪

答案：B

核心法条

《刑法》第286条之一　网络服务提供者不履行法律、行政法规规定的信息网络安全

管理义务，经监管部门责令采取改正措施而拒不改正，有下列情形之一的，处三年以下有期徒刑、拘役或者管制，并处或者单处罚金：

（一）致使违法信息大量传播的；

（二）致使用户信息泄露，造成严重后果的；

（三）致使刑事案件证据灭失，情节严重的；

（四）有其他严重情节的。

单位犯前款罪的，对单位判处罚金，并对其直接负责的主管人员和其他直接责任人员，依照前款的规定处罚。

有前两款行为，同时构成其他犯罪的，依照处罚较重的规定定罪处罚。

释解分析

本条规定的是拒不履行信息网络安全管理义务罪。拒不履行信息网络安全管理义务罪是指网络服务提供者不履行法律、行政法规规定的信息网络安全管理义务，经监管部门责令采取改正措施而拒不改正，有法定情形的行为。其构成要件有：(1) 侵犯的客体是国家网络安全的管理制度。(2) 客观方面表现为网络服务提供者不履行法律、行政法规规定的信息网络安全管理义务，经监管部门责令采取改正措施而拒不改正，有法定情形的行为。本罪的法定行为方式有四种（详见本条规定）。(3) 犯罪主体是特殊主体，即网络服务提供者，单位可以成为本罪的主体。(4) 主观方面表现为故意。

拒不履行信息网络安全管理义务罪的罪数：犯本罪同时又构成其他犯罪的，依照处罚较重的规定定罪处罚，不实行数罪并罚。

法条分析

(1) 本条第1款中的“网络服务提供者”应如何理解？

(2) 本条第1款第1项中的“违法信息”应如何理解？

(3) 本条第1款第2项中的“用户信息”应如何理解？

答案：(1) 网络服务提供者是指通过信息网络向公众提供信息或者为获取网络信息等目的提供服务的机构或个人。

(2) 违法信息是指依法被禁止公开宣扬或传播的信息。

(3) 用户信息是指接受网络服务提供者服务的自然人或者单位的相关信息，包括个人的有关民族、宗教、信仰、收入、教育、隐私等各种信息，也包括单位不宜公开传播的有关信息。

试题范例

（多项选择题）关于拒不履行信息网络安全管理义务罪，下列说法中正确的是（　　）。

A. 拒不履行信息网络安全管理义务罪是纯正不作为犯

B. 单位可以成为拒不履行信息网络安全管理义务罪的犯罪主体

C. 犯拒不履行信息网络安全管理义务罪，又构成传播淫秽物品牟利罪的，实行数罪并罚

D. 拒不履行信息网络安全管理义务罪主观方面表现为故意

答案：ABD

核心法条

《刑法》第287条之二　明知他人利用信息网络实施犯罪，为其犯罪提供互联网接入、服务器托管、网络存储、通讯传输等技术支持，或者提供广告推广、支付结算等帮助，情节严重的，处三年以下有期徒刑或者拘役，并处或者单处罚金。

单位犯前款罪的，对单位判处罚金，并对其直接负责的主管人员和其他直接责任人员，依照第一款的规定处罚。

有前两款行为，同时构成其他犯罪的，依照处罚较重的规定定罪处罚。

释解分析

本条规定的是帮助信息网络犯罪活动罪。帮助信息网络犯罪活动罪是指明知他人利用信息网络实施犯罪，为其犯罪提供互联网接入、服务器托管、网络存储、通讯传输等技术支持，或者提供广告推广、支付结算等帮助，情节严重的行为。其构成要件有：(1) 侵犯的客体是有关网络安全的管理制度。(2) 客观方面表现为明知他人利用信息网络实施犯罪，为其犯罪提供互联网接入、服务器托管、网络存储、通讯传输等技术支持，或者提供广告推广、支付结算等帮助，情节严重的行为。(3) 犯罪主体是一般主体，包括自然人和单位。(4) 主观方面表现为故意。

帮助信息网络犯罪活动罪的罪数：犯帮助信息网络犯罪活动罪同时又构成其他犯罪的，依照处罚较重的规定定罪处罚，不实行数罪并罚。

法条分析

(1) 本条规定之罪的罪名和罪状类型是什么？

(2) 对本罪是否应当援引刑法总则关于从犯处罚的规定？请说明理由。

答案：(1) 帮助信息网络犯罪活动罪，叙明罪状。

(2) 对本罪不能援引刑法总则关于从犯处罚的规定，因为本罪属于帮助行为实行化性质的犯罪，是独立的犯罪，应直接根据本条规定的法定刑处罚。

试题范例

(单项选择题) 甲明知乙创办淫秽网站，而为其提供互联网接入、服务器托管、网络存储空间、通讯传输通道、代收费等服务，并收取服务费。甲的行为构成(　　)。

A. 拒不履行信息网络安全管理义务罪和传播淫秽物品牟利罪的想象竞合犯，从一重罪处断

B. 帮助信息网络犯罪活动罪和传播淫秽物品牟利罪的想象竞合犯，从一重罪处断

C. 拒不履行信息网络安全管理义务罪和传播淫秽物品牟利罪，应当数罪并罚

D. 帮助信息网络犯罪活动罪和传播淫秽物品牟利罪，应当数罪并罚

答案：B

核心法条

《刑法》第 292 条　聚众斗殴的，对首要分子和其他积极参加的，处三年以下有期徒刑、拘役或者管制；有下列情形之一的，对首要分子和其他积极参加的，处三年以上十年以下有期徒刑：

（一）多次聚众斗殴的；

（二）聚众斗殴人数多，规模大，社会影响恶劣的；

（三）在公共场所或者交通要道聚众斗殴，造成社会秩序严重混乱的；

（四）持械聚众斗殴的。

聚众斗殴，致人重伤、死亡的，依照本法第二百三十四条、第二百三十二条的规定定罪处罚。

释解分析

本条规定的是聚众斗殴罪。聚众斗殴罪是指出于报私仇、争霸或者其他不正当目的，成帮结伙打架斗殴，破坏公共秩序的行为。其构成要件有：(1) 侵犯的客体是公共秩序。(2) 客观方面表现为首要分子聚集多人实施斗殴行为。(3) 犯罪主体是一般主体，即聚众斗殴的首要分子和积极参加者。(4) 主观方面表现为故意。

聚众斗殴罪的罪数：(1) 聚众斗殴不同于故意伤害、故意杀人、寻衅滋事的特点在于，聚众斗殴是相互打斗，如果只有单方才具有“殴打”“伤害”或者“杀害”的故意时，应当认定为故意伤害罪、故意杀人罪或者寻衅滋事罪。(2) 聚众斗殴致人轻伤或者他人财产损失的，同时触犯故意伤害罪与故意毁坏财物罪，择一重罪处罚。但在聚众斗殴过程中致人重伤、死亡的，系转化犯，以故意伤害罪、故意杀人罪论处，不定聚众斗殴罪。在能查明重伤、死亡是由谁造成时，对首要分子以及直接造成重伤、死亡的斗殴者认定为故意伤害罪、故意杀人罪，其他积极参加者认定为聚众斗殴罪；如果无法查明是谁造成重伤、死亡结果，只能对首要分子定故意伤害罪、故意杀人罪，其他积极参加者认定为聚众斗殴罪。(3) 购买枪支、弹药，非法持有、私藏枪支，并使用这些凶器聚众斗殴的，应当与本罪数罪并罚。聚众斗殴过程中，为减少对方战斗力而扣押他人的，构成本罪与非法拘禁罪的牵连犯，应从一重罪处断。斗殴结束后，将落败一方的人员作为“战利品”扣押的，应以本罪和非法拘禁罪实行数罪并罚。

法条分析

(1) 本条中的“斗殴”应如何理解？

(2) 本条中的“首要分子”应如何理解？

(3) 本条第 1 款第 1 项中的“多次”应如何理解？

(4) 本条第 1 款第 4 项中的“持械”应如何认定？

(5) 聚众斗殴致人重伤、死亡的，应如何处理？

答案：(1) 斗殴是指双方相互进行暴力攻击或者殴斗。

(2) 首要分子是指在聚众斗殴中起组织、策划、指挥作用的犯罪分子。

(3) 多次是指 3 次以上。

（4）持械是指使用凶器斗殴，而不是指单纯的携带。

（5）聚众斗殴致人重伤、死亡的，以故意伤害罪、故意杀人罪定罪处罚。

试题范例

（单项选择题）下列关于聚众斗殴罪的说法中，正确的是（　　）。

A. 聚众斗殴罪只是处罚聚众斗殴的首要分子，其他参加者不负刑事责任

B. 在聚众斗殴过程中，如果致人死亡，那么聚众斗殴双方所有人都应当按照故意杀人罪定罪处罚

C. 在聚众斗殴过程中，如果致人死亡，那么对首要分子一律按照故意杀人罪定罪处罚

D. 在聚众斗殴过程中，如果致人死亡，那么直接致使被害人死亡的犯罪分子应当按照故意杀人罪定罪处罚

答案：D

核心法条

《刑法》第 294 条第 1 款　组织、领导黑社会性质的组织的，处七年以上有期徒刑，并处没收财产；积极参加的，处三年以上七年以下有期徒刑，可以并处罚金或者没收财产；其他参加的，处三年以下有期徒刑、拘役、管制或者剥夺政治权利，可以并处罚金。

释解分析

本款规定的是组织、领导、参加黑社会性质组织罪。组织、领导、参加黑社会性质组织罪是指组织、领导或者参加黑社会性质组织的行为。其构成要件有：（1）侵犯的客体是经济、社会生活秩序。（2）客观方面表现为组织、领导、参加黑社会性质组织的行为。（3）犯罪主体是一般主体，即组织者、领导者、积极参加者、其他参加者。（4）主观方面表现为故意。

法条分析

（1）条文中的“组织”“领导”“参加”应如何理解？

（2）条文中的“黑社会性质的组织”应如何理解？

（3）犯本款规定之罪又有其他犯罪行为的应如何处理？

（4）黑社会性质的组织应当同时具备哪些特征？

（5）对本款规定的组织者、领导者、参加者如何处罚？

答案：（1）组织是指倡导、发起、策划黑社会性质组织的行为。

领导是指在黑社会性质组织中，对该组织的活动进行策划、决策、指挥的行为。

参加是指除组织、领导以外，其他参加黑社会性质组织的行为。

（2）黑社会性质的组织是指以暴力、威胁或者其他手段，有组织地进行违法犯罪活动，称霸一方，为非作恶，欺压、残害群众，严重破坏经济、社会生活秩序的犯罪组织。

（3）犯本款规定之罪又有其他犯罪行为的，依照数罪并罚的规定处罚。

（4）黑社会性质的组织的特征有：①形成较稳定的犯罪组织，人数较多，有明确的组织

者、领导者，骨干成员基本固定。②有组织地通过违法犯罪活动或者其他手段获取经济利益，具有一定的经济实力，以支持该组织的活动。③以暴力、威胁或者其他手段，有组织地多次进行违法犯罪活动，为非作恶，欺压、残害群众。④通过实施违法犯罪活动，或者利用国家工作人员的包庇或者纵容，称霸一方，在一定区域或者行业内，形成非法控制或者重大影响，严重破坏经济、社会生活秩序。

(5) 对于黑社会性质组织的组织者、领导者，按照其所组织、领导的黑社会性质组织所犯的全部罪行处罚；对于黑社会性质组织的参加者，应当按照其所参加的犯罪处罚。

试题范例

(单项选择题) 关于黑社会性质组织犯罪，下列说法中正确的是（　　）。

A. 甲是某有组织犯罪的首要分子，该组织成立两年后甲即离开，后该组织未被认定为黑社会性质组织。甲不需要对其离开后该组织实施的犯罪行为负责

B. 对黑社会性质组织的首要分子的处罚一定比对其他成员的处罚要重

C. 对黑社会性质组织的首要分子的处罚一定比对实行者的处罚要重

D. 具有保护伞不是认定黑社会性质组织的必备条件

答案： D

核心法条

《刑法》第 303 条　以营利为目的，聚众赌博或者以赌博为业的，处三年以下有期徒刑、拘役或者管制，并处罚金。

开设赌场的，处五年以下有期徒刑、拘役或者管制，并处罚金；情节严重的，处五年以上十年以下有期徒刑，并处罚金。

组织中华人民共和国公民参与国（境）外赌博，数额巨大或者有其他严重情节的，依照前款的规定处罚。

释解分析

本条规定的是赌博罪、开设赌场罪、组织参与国（境）外赌博罪。赌博罪是指以营利为目的，聚众赌博或者以赌博为业的行为。其构成要件有：(1) 侵犯客体是社会管理秩序和社会风尚。(2) 客观方面表现为聚众赌博或者以赌博为业的行为。(3) 犯罪主体是一般主体即自然人。(4) 主观方面表现为故意，并且以营利为目的。

赌博罪的罪数：(1) 行为人设置圈套诱骗他人参赌获取钱财，属于赌博行为，构成犯罪的，应当以赌博罪定罪处罚。如果参赌者识破骗局要求退还所输钱财，设赌者又使用暴力或者以暴力相威胁，拒绝退还的，应当以赌博罪从重处罚；致参赌者伤害或者死亡的，应以赌博罪和故意伤害罪或者故意杀人罪，依法实行数罪并罚。(2) 未经国家批准擅自发行、销售彩票，构成犯罪的，以非法经营罪论处。通过赌博或者为国家工作人员赌博提供资金的形式实施行贿、受贿行为，应当按照贿赂犯罪论处。

开设赌场罪是指为赌博提供场所，设定赌博方式，提供赌具、筹码、资金等组织赌博的行为。其构成要件有：(1) 侵犯客体是社会管理秩序和社会风尚。(2) 客观方面表现为行为

人开设赌场，即为赌博提供场所，设定赌博方式，提供赌具、筹码、资金等组织赌博的行为。以营利为目的，在计算机网络上建立赌博网站，或者为赌博网站担任代理，接受投注的，属于"开设赌场"。利用互联网、移动通讯终端等传输赌博视频、数据，组织赌博活动，具有下列情形之一的，属于"开设赌场"行为：①建立赌博网站并接受投注的；②建立赌博网站并提供给他人组织赌博的；③为赌博网站担任代理并接受投注的；④参与赌博网站利润分成的。此外，设置具有退币、退分、退钢珠等赌博功能的电子游戏设施设备，并以现金、有价证券等贵重款物作为奖品，或者以回购奖品方式给予他人现金、有价证券等贵重款物组织赌博活动的，应当认定为"开设赌场"行为。(3) 犯罪主体是一般主体即自然人。(4) 主观方面表现为故意，并具有营利目的。

组织参与国（境）外赌博罪是指组织中华人民共和国公民参与国（境）外赌博，数额巨大或者有其他严重情节的行为。其构成要件有：(1) 侵犯客体是社会管理秩序、国家经济安全和社会稳定。(2) 客观方面表现为组织中华人民共和国公民参与国（境）外赌博，数额巨大或者有其他严重情节的行为。(3) 犯罪主体是一般主体即自然人。(4) 主观方面表现为故意。

组织参与国（境）外赌博罪的罪数：构成组织参与国（境）外赌博罪，同时构成组织他人偷越国（边）境罪、运送他人偷越国（边）境罪、偷越国（边）境罪的，应当实行数罪并罚。

法条分析

(1) 第 1 款规定的是何罪？"聚众赌博"和"以赌博为业"应如何理解？

(2) 第 2 款规定的是何罪？"开设赌场"应如何理解？

(3) 第 3 款规定的是何罪？在行为人组织 3 名以上的中国公民参与（国）境外赌博并且从参赌人员中获取费用或者其他利益构成犯罪的，应如何处理？

(4) 组织参与国（境）外赌博，同时组织参与赌博者偷越国（边）境构成犯罪的，应如何处理？

答案：(1) 第 1 款规定的是赌博罪。聚众赌博是指以营利为目的，有下列情形之一的：组织 3 人以上赌博，抽头渔利数额累计达到 5 000 元以上的；组织 3 人以上赌博，赌资数额累计达到 5 万元以上的；组织 3 人以上赌博，参赌人数累计达到 20 人以上的。以赌博为业是指反复参与赌博活动，将赌博作为职业或者兼职。

(2) 第 2 款规定的是开设赌场罪。开设赌场是指为赌博提供场所，设定赌博方式，提供赌具、筹码、资金等组织赌博的行为。

(3) 第 3 款规定的是组织参与国（境）外赌博罪。在行为人组织 3 名以上的中国公民参与（国）境外赌博并且从参赌人员中获取费用或者其他利益构成犯罪的，属于一行为触犯数罪名，构成想象竞合犯，应择一重罪处断。

(4) 组织参与国（境）外赌博，同时组织参与赌博者偷越国（边）境构成犯罪的，应以组织参与国（境）外赌博罪和组织他人偷越国（边）境罪实行数罪并罚。

试题范例

(单项选择题) 下列犯罪行为中，构成开设赌场罪的是（　　）。

A. 甲未经国家批准擅自发行、销售彩票

B. 乙以营利为目的，在计算机网络上建立赌博网站，并接受投注

C. 丙非法生产、销售具有退币、退分、退钢珠等赌博功能的电子游戏设施

D. 税务工作人员丁通过赌博方式收受请托人财物

答案： B

核心法条

《刑法》第305条　在刑事诉讼中，证人、鉴定人、记录人、翻译人对与案件有重要关系的情节，故意作虚假证明、鉴定、记录、翻译，意图陷害他人或者隐匿罪证的，处三年以下有期徒刑或者拘役；情节严重的，处三年以上七年以下有期徒刑。

释解分析

本条规定的是伪证罪。伪证罪是指在刑事诉讼中，证人、鉴定人、记录人、翻译人对与案件有重要关系的情节，故意作虚假证明、鉴定、记录、翻译，意图陷害他人或者隐匿罪证的行为。其构成要件有：（1）侵犯客体主要是司法机关的正常活动，同时还危害公民的人身权利及其他合法权益。（2）客观方面表现为在刑事诉讼中，对与案件有重要关系的情节作虚假的证明、鉴定、记录、翻译。（3）犯罪主体是特殊主体，即刑事诉讼中的证人、鉴定人、记录人、翻译人。（4）主观方面表现为故意，即有意作虚假的证明、鉴定、记录、翻译，并有陷害他人或者隐匿罪证的目的。

法条分析

（1）条文中的“在刑事诉讼中”应如何理解？

（2）条文中的“与案件有重要关系的情节”应如何理解？

（3）条文中的“虚假”应如何理解？

答案：（1）在刑事诉讼中是指在立案、侦查、起诉、审判的整个过程中。

（2）与案件有重要关系的情节是指足以使无罪的人受到刑事处罚或者使轻罪重罚的情节，或者是使犯罪分子逃避刑事处罚或者重罪轻判的情节。

（3）虚假是指捏造或夸大事实以陷人入罪，或者掩盖、缩小事实以开脱罪责。

试题范例

（单项选择题）下列行为中，构成伪证罪的有（　　）。

A. 在刑事诉讼中，鉴定人、翻译人对与案件有重要关系的情节，故意作虚假鉴定、翻译，意图陷害他人或者隐匿罪证

B. 以捏造的事实提起民事诉讼，妨害司法秩序或者严重侵害他人合法权益

C. 以暴力、威胁方法指使他人作伪证

D. 明知是犯罪的人而作假证明包庇

答案： A

核心法条

《刑法》第 307 条　以暴力、威胁、贿买等方法阻止证人作证或者指使他人作伪证的，处三年以下有期徒刑或者拘役；情节严重的，处三年以上七年以下有期徒刑。

帮助当事人毁灭、伪造证据，情节严重的，处三年以下有期徒刑或者拘役。

司法工作人员犯前两款罪的，从重处罚。

释解分析

本条规定的是妨害作证罪，帮助毁灭、伪造证据罪。妨害作证罪是指以暴力、威胁、贿买等方法阻止证人作证或者指使他人作伪证的行为。其构成要件有：(1) 本罪的客体是国家司法机关正常的诉讼秩序和司法活动的客观公正性。(2) 客观方面表现为以暴力、威胁、贿买等方法阻止证人作证或者指使他人作伪证的行为。(3) 犯罪主体是一般主体即自然人。(4) 主观方面表现为故意。

妨害作证罪的罪数：为阻止证人作证，故意杀害、伤害、非法拘禁证人的，属于妨害作证罪与其他罪（故意杀人罪、故意伤害罪、非法拘禁罪）的想象竞合犯，应从一重罪处罚。

法条分析

(1) 本条规定之罪的罪名有哪些？

(2) 第 1 款中的“阻止证人作证”的表现有哪些？

(3) 第 1 款中的“指使他人作伪证”应如何理解？

(4) 为阻止证人作证，故意杀害、伤害、非法拘禁证人的，应如何处理？

答案： (1) 第 1、3 款规定的是妨害作证罪，第 2、3 款规定的是帮助毁灭、伪造证据罪。

(2) 阻止证人作证表现为阻止证人接受公安、检察、法院等司法机关的调查、询问，以及阻止证人出庭作证。

(3) 指使他人作伪证是指要求、命令、请求他人对与案件有关的情节作违背事实的虚假陈述。

(4) 为阻止证人作证，故意杀害、伤害、非法拘禁证人的，构成妨害作证罪与上述犯罪的想象竞合犯，应择一重罪处罚。

试题范例

（单项选择题）律师王某在代理一起民事诉讼案件时，编造了一份对自己代理的一方当事人有利的虚假证言，指使证人李某背熟以后向法庭陈述，致使本该败诉的己方当事人因此而胜诉。王某的行为构成（　　）。

A. 伪证罪　　B. 妨害作证罪　　C. 帮助伪造证据罪　　D. 扰乱法庭秩序罪

答案： B

核心法条

《刑法》第 310 条　明知是犯罪的人而为其提供隐藏处所、财物，帮助其逃匿或者作假证明包庇的，处三年以下有期徒刑、拘役或者管制；情节严重的，处三年以上十年以下有期徒刑。

犯前款罪，事前通谋的，以共同犯罪论处。

释解分析

本条规定的是窝藏、包庇罪。窝藏、包庇罪是指明知是犯罪的人而为其提供隐蔽处所、财物，帮助其逃匿或者作假证明包庇的行为。其构成要件有：(1) 侵犯客体是司法机关追诉、制裁犯罪分子的正常活动。(2) 客观方面表现为行为人实施了窝藏或包庇犯罪分子的行为。本罪的行为对象是犯罪的人，包括判决之后和之中的犯罪人，也包括判决之前的犯罪人(已被或者将被作为侦查、起诉对象的人)。例外的是《刑法》第 362 条的规定：旅馆业、饮食服务业、文化娱乐业、出租汽车业等单位的人员，在公安机关查处卖淫、嫖娼活动时，为违法犯罪分子通风报信，情节严重的，可以构成包庇罪。这一规定扩大了包庇罪的对象范围，将一般违法者的卖淫者、嫖娼者纳入到对象范围。本罪的行为方式是窝藏、包庇。(3) 犯罪主体是一般主体即自然人。(4) 主观方面表现为故意。

法条分析

(1) 何为“窝藏”?

(2) 条文中的“作假证明包庇”应如何理解?

(3) 如何理解本条第 2 款规定?

答案：(1) 窝藏是指明知是犯罪的人而为其提供隐藏处所、财物，帮助其逃匿的行为。

(2) 作假证明包庇是指行为人向司法机关作虚假证明，即以非证人的身份向司法机关提供虚假的证明材料为犯罪分子掩盖罪行或减轻罪责。

(3) 如果行为人事前有事后予以窝藏、包庇的通谋，说明行为人有共同犯罪的故意，对行为人应以事前通谋的共同犯罪论处，而不认定为窝藏、包庇罪。

试题范例

(单项选择题) 甲单独入室窃得数额较大财物，被发现后逃离现场。在甲逃离的过程中，知道真相的乙为了使甲逃避抓捕，而对抓捕者 A 实施暴力，造成 A 轻微伤。但甲对此并不知情。乙成立 (　　)。

A. 盗窃罪　　B. 抢劫罪　　C. 窝藏罪　　D. 故意伤害罪

答案：C

核心法条

《刑法》第 312 条　明知是犯罪所得及其产生的收益而予以窝藏、转移、收购、代为销售或者以其他方法掩饰、隐瞒的，处三年以下有期徒刑、拘役或者管制，并处或者单处罚金；情节严重的，处三年以上七年以下有期徒刑，并处罚金。

单位犯前款罪的，对单位判处罚金，并对其直接负责的主管人员和其他直接责任人员，依照前款的规定处罚。

释解分析

本条规定的是掩饰、隐瞒犯罪所得、犯罪所得收益罪。掩饰、隐瞒犯罪所得、犯罪所得收益罪是指明知是犯罪所得及其产生的收益而予以窝藏、转移、收购、代为销售或者以其他方法掩饰、隐瞒的行为。其构成要件有：(1) 侵犯客体是司法机关追究刑事犯罪的正常活动。(2) 客观方面表现为窝藏、转移、收购、代为销售或者以其他方法掩饰、隐瞒犯罪所得及其产生的收益的行为。(3) 犯罪主体是一般主体，包括自然人和单位。(4) 主观方面表现为故意。

掩饰、隐瞒犯罪所得、犯罪所得收益罪的共犯及其罪数：(1) 关于本罪和共犯的区别，关键看事前有无通谋，如果事前有通谋，在犯罪分子犯罪后又加以掩饰、隐瞒的，应作为犯罪分子实施的特定犯罪的共犯论处。(2) 明知是犯罪所得及其产生的收益而予以掩饰、隐瞒，构成掩饰、隐瞒犯罪所得、犯罪所得收益罪，同时构成其他犯罪的，依照处罚较重的规定定罪处罚。

法条分析

(1) 本条中的“犯罪所得”及犯罪所得“产生的收益”应如何理解？

(2) 本条中的“窝藏”“转移”“收购”“代为销售”应如何理解？

(3) 如何理解“以其他方法掩饰、隐瞒”的情形？

(4) 行为人事前与盗窃、抢劫、诈骗、抢夺等犯罪分子通谋，掩饰、隐瞒犯罪所得及其产生的收益的，应如何处理？

(5) 明知是犯罪所得及其产生的收益而予以掩饰、隐瞒，同时构成其他犯罪的，应如何处理？

答案：(1) 犯罪所得是指通过犯罪行为所获得的财物。犯罪所得产生的收益是指利用犯罪所得的赃物所产生的收益。

(2) 窝藏是指犯罪分子提供隐藏犯罪所得及其产生的收益的场所的行为。

转移是指将他人实施犯罪所得及其产生的收益由一个地方搬运到另一个地方的行为。

收购是指有偿取得赃物后，予以出卖或自用的行为。

代为销售是指帮助或者代理犯罪分子销售所得赃物。

(3) 主要情形有：提供资金账户，协助将财产转换为现金、金融票据、有价证券等，通过转账方式协助资金转移，汇往境外等。

(4) 行为人事前与盗窃、抢劫、诈骗、抢夺等犯罪分子通谋，掩饰、隐瞒犯罪所得及其产生的收益的，以盗窃、抢劫、诈骗、抢夺等犯罪的共犯论处。

(5) 明知是犯罪所得及其产生的收益而予以掩饰、隐瞒，同时构成其他犯罪的，依照处罚较重的规定定罪处罚。

试题范例

(单项选择题) 甲将温某绑架，勒索赎金 30 万元后撕票。甲找到其在银行工作的好友乙，请求乙将现金兑换成美元后汇往境外，并答应给乙好处费 5 万元。乙事后明知甲的资金来源，但仍按照甲的要求将资金汇往境外。乙的行为构成（　　）。

A. 窝藏罪　　B. 绑架罪共犯

C. 洗钱罪　　D. 掩饰、隐瞒犯罪所得罪

答案：D

核心法条

《刑法》第 313 条　对人民法院的判决、裁定有能力执行而拒不执行，情节严重的，处三年以下有期徒刑、拘役或者罚金；情节特别严重的，处三年以上七年以下有期徒刑，并处罚金。

单位犯前款罪的，对单位判处罚金，并对其直接负责的主管人员和其他直接责任人员，依照前款的规定处罚。

释解分析

本条规定的是拒不执行判决、裁定罪。拒不执行判决、裁定罪是指对人民法院的判决、裁定有能力执行而拒不执行，情节严重的行为。其构成要件有：（1）侵犯客体是人民法院裁判的权威性。（2）客观方面表现为对人民法院的判决、裁定有能力执行而拒不执行，情节严重的行为。（3）犯罪主体是特殊主体，指负有执行人民法院判决、裁定中所确定的义务的人，包括被执行人、协助执行义务人、担保人等，单位也可以成为本罪的主体。（4）主观方面表现为故意。

拒不执行判决、裁定罪的罪数：（1）行为人以暴力、威胁方法拒不执行判决、裁定，同时触犯妨害公务罪的，属于法条竞合犯，应当以拒不执行判决、裁定罪论处。行为人在暴力抗拒执行人民法院判决、裁定中，杀害、重伤执行人员的，应以故意杀人罪、故意伤害罪论处。（2）被执行人、担保人、协助执行义务人与国家机关工作人员通谋，利用国家机关工作人员的职权妨害执行，致使判决、裁定无法执行的，以拒不执行判决、裁定罪处罚。国家机关工作人员有上述行为的，以拒不执行判决、裁定罪的共犯追究刑事责任。国家机关工作人员收受贿赂或者滥用职权，有上述行为，同时又构成受贿罪、滥用职权罪等罪的，依照处罚较重的规定定罪处罚。

法条分析

（1）条文中的“人民法院的判决、裁定”应如何理解？

（2）条文中的“有能力执行”应如何理解？

（3）条文中的“拒不执行”应如何理解？

（4）国家机关工作人员收受贿赂或者滥用职权，与被执行人、担保人、协助执行义务人通谋，利用国家机关工作人员的职权妨害执行，致使判决、裁定无法执行的，应如何处理？

答案：（1）人民法院的判决、裁定是指人民法院依法作出的具有执行内容并已发生法律效力的判决、裁定。人民法院为依法执行支付令、生效的调解书、仲裁裁决、公证债权文书等所作的裁定属于人民法院的裁定。

（2）有能力执行，是指根据查实的证据，证明负有执行人民法院判决、裁定义务的人有可供执行的财产或者具有履行特定义务的能力。

（3）拒不执行，是指行为人采取各种手段拒绝执行人民法院判决、裁定中所确定的义务。

（4）应当以受贿罪或者滥用职权罪和拒不执行判决、裁定罪的共犯，依照处罚较重的规定定罪处罚（从一重罪处罚）。

试题范例

（多项选择题）下列说法中，不正确的是（　　）。

A. 脱逃罪的犯罪主体仅包括已决犯，不包括未决犯

B. 鉴定人王某在民事诉讼中作出虚假的鉴定，使被害人丧失 1 000 万元的财产，构成伪证罪

C. 欣某捏造事实提起民事诉讼，非法占有他人财产或者逃避合法债务，又构成其他犯罪的，依照数罪并罚的规定定罪处罚

D. 拒不执行判决、裁定罪的犯罪主体包括自然人和单位

答案：ABC

核心法条

《刑法》第 318 条　组织他人偷越国（边）境的，处二年以上七年以下有期徒刑，并处罚金；有下列情形之一的，处七年以上有期徒刑或者无期徒刑，并处罚金或者没收财产：

（一）组织他人偷越国（边）境集团的首要分子；

（二）多次组织他人偷越国（边）境或者组织他人偷越国（边）境人数众多的；

（三）造成被组织人重伤、死亡的；

（四）剥夺或者限制被组织人人身自由的；

（五）以暴力、威胁方法抗拒检查的；

（六）违法所得数额巨大的；

（七）有其他特别严重情节的。

犯前款罪，对被组织人有杀害、伤害、强奸、拐卖等犯罪行为，或者对检查人员有杀害、伤害等犯罪行为的，依照数罪并罚的规定处罚。

释解分析

本条规定的是组织他人偷越国（边）境罪。组织他人偷越国（边）境罪是指违反国家出入境管理法规，非法组织他人偷越国（边）境的行为。其构成要件有：（1）侵犯的客体是国家对国（边）境的管理制度。（2）客观方面表现为行为人违反国家出入境管理法规，非法组织他人偷越国（边）境的行为。（3）犯罪主体是一般主体即自然人。（4）主观方面表现为故意。行为人一般具有营利目的，但是否营利并非本罪的必要构成要素。

组织他人偷越国（边）境罪的未遂和既遂：以组织他人偷越国（边）境为目的，招募、

拉拢、引诱、介绍、培训偷越国（边）境人员，策划、安排偷越国（边）境行为，在他人偷越国（边）境之前或者偷越国（边）境过程中被查获的，应以组织他人偷越国（边）境罪未遂论处。被组织者出境或者入境是本罪的既遂标志。

组织他人偷越国（边）境罪与偷越国（边）境罪的区别在于：前罪是组织他人偷越国（边）境；而后罪是行为人“自己”偷越国（边）境，而不是组织“他人”偷越国（边）境。行为人既组织他人偷越国（边）境，又组织他人与自己共同偷越国（边）境的，偷越国（边）境行为被组织行为吸收，只定组织他人偷越国（边）境罪，偷越国（边）境行为不再独立评价。

组织他人偷越国（边）境罪与运送他人偷越国（边）境罪的关键区别在于：一个是组织行为，一个是运送行为。对于组织他人偷越国（边）境的行为人，其使用运输工具接送的，对其接送行为不再单独定罪，可将其理解为组织行为的一部分，按照组织他人偷越国（边）境罪定罪处罚。对于既组织一批人偷越国（边）境，后又单独运送另一批人偷越国（边）境的，则应以组织他人偷越国（边）境罪和运送他人偷越国（边）境罪，实行数罪并罚。

组织他人偷越国（边）境罪的罪数：在犯本罪的过程中，造成被组织人重伤、死亡的，不以数罪论处，而是本罪的结果加重犯，对行为人仍定本罪。在犯本罪的过程中，对被组织人有杀害、伤害、强奸、拐卖等犯罪行为，或者对检查人员有杀害、伤害等犯罪行为的，应当数罪并罚。实施组织他人偷越国（边）境罪，同时构成骗取出境证件罪，提供伪造、变造的出入境证件罪，出售出入境证件罪的，属于牵连犯，应从一重罪处罚。

法条分析

（1）本条中的“组织他人偷越国（边）境”应如何理解？

（2）本条第 1 款第 1 项中的“组织他人偷越国（边）境集团的首要分子”应如何理解？

（3）本条第 1 款第 2 项中的“组织他人偷越国（边）境人数众多的”应如何理解？

（4）本条第 1 款第 3 项中的“造成被组织人重伤、死亡的”属于何种罪数形态？

（5）犯本条规定之罪，对被组织人有杀害、伤害、强奸、拐卖等犯罪行为，或者对检查人员有杀害、伤害等犯罪行为的，应如何处理？

答案：（1）“组织他人偷越国（边）境”，是指领导、策划、指挥他人偷越国（边）境或者在首要分子的指挥下，实施拉拢、引诱、介绍他人偷越国（边）境等行为。

（2）“组织他人偷越国（边）境集团的首要分子”是指在组织他人偷越国（边）境的集团犯罪中起组织、策划、指挥作用的犯罪分子。

（3）“组织他人偷越国（边）境人数众多的”是指组织他人偷越国（边）境人数在 10 人以上的。

（4）“造成被组织人重伤、死亡的”属于组织他人偷越国（边）境罪的结果加重犯。

（5）犯本条规定之罪，对被组织人有杀害、伤害、强奸、拐卖等犯罪行为，或者对检查人员有杀害、伤害等犯罪行为的，依照数罪并罚的规定处罚。

试题范例

（多项选择题）张某组织甲、乙、丙等人偷越国（边）境，在偷越国（边）境过程中，甲从车上掉下摔死，乙因与张某争执，被张某打成重伤。在边境，张某对检查人员进行威胁，抗拒检查。张某的行为构成（　　）。

A. 组织他人偷越国（边）境罪　　B. 故意杀人罪

C. 故意伤害罪　　D. 妨害公务罪

答案：AC

核心法条

《刑法》第 335 条　医务人员由于严重不负责任，造成就诊人死亡或者严重损害就诊人身体健康的，处三年以下有期徒刑或者拘役。

释解分析

本条规定的是医疗事故罪。医疗事故罪是指医务人员由于严重不负责任，造成就诊人死亡或者严重损害就诊人身体健康的行为。其构成要件有：(1) 侵犯客体是国家对医疗工作的管理秩序和就诊人的生命、健康权利及医疗单位的正常活动。(2) 客观方面表现为对医疗诊疗护理工作严重不负责任，致使就诊人死亡或者健康受到严重损害的行为。(3) 犯罪主体是特殊主体，主要是医务人员。(4) 主观方面表现为过失。

法条分析

(1) 本条中的"严重不负责任"应如何理解？

(2) 本条中的"严重损害就诊人身体健康"应如何理解？

答案：(1) 严重不负责任是指医务人员违背了国家有关医务工作的法律、法规以及医务部门的规章制度、诊疗护理常规，不履行或者不正确履行诊疗护理职责，粗心大意，马虎草率。

(2) 严重损害就诊人身体健康是指使人肢体残疾、容貌毁损、听觉丧失、视觉丧失、其他器官功能丧失或者其他对于人体健康有重大伤害的损伤。

试题范例

(单项选择题) 医务人员李某在村卫生所给赵某诊疗，开具静脉滴注双黄连两支等处方。输液过程中，李某擅离职守，外出理发，由无行医资格的其子李三照看。赵某在输液过程中因双黄连过敏导致急性过敏性休克死亡。李某的行为构成（　　）。

A. 医疗事故罪　　B. 非法行医罪

C. 过失致人死亡罪　　D. 玩忽职守罪

答案：A

核心法条

《刑法》第 336 条第 1 款　未取得医生执业资格的人非法行医，情节严重的，处三年以下有期徒刑、拘役或者管制，并处或者单处罚金；严重损害就诊人身体健康的，处三年以上十年以下有期徒刑，并处罚金；造成就诊人死亡的，处十年以上有期徒刑，并处罚金。

释解分析

本款规定的是非法行医罪。非法行医罪是指未取得医生执业资格的人非法行医，情节严重的行为。其构成要件有：(1) 侵犯客体是国家对医疗工作的管理秩序和就诊人的生命安全和健康权利。(2) 客观方面表现为非法行医，情节严重的行为。(3) 犯罪主体为一般主体，即未取得医生执业资格的自然人。(4) 主观方面表现为故意。构成非法行医罪不要求行为人具有营利或者牟利的目的。

非法行医罪和医疗事故罪的区别在于：非法行医罪的犯罪主体是未取得医生执业资格的人，而医疗事故罪的犯罪主体是国家认可的医务人员。

法条分析

(1) 本条中的“严重损害就诊人身体健康”的情形有哪些？

(2) 本条中的“造成就诊人死亡的”属于何种罪数形态？其法定最长追诉时效期限应如何确定？

(3) 取得了医生执业资格的人在没有医疗机构许可证的医院或诊所过失造成病人重伤或死亡的，应如何处理？

答案：(1) 严重损害就诊人身体健康的情形有：造成就诊人中度以上残疾、器官组织损伤导致严重功能障碍的；造成 3 名以上就诊人轻度残疾、器官组织损伤导致一般功能障碍的。

(2) 造成就诊人死亡属于非法行医罪的结果加重犯，其法定最长追诉期限为 15 年。

(3) 取得了医生执业资格的人在没有医疗机构许可证的医院或诊所过失造成病人重伤或死亡的，应当按照医疗事故罪处理，而不能认定为非法行医罪。

试题范例

(单项选择题) 胡某没有医生执业资格，却在 A 市开设一诊所，几位病人服用其研究的抗癌药后死亡。胡某构成（　　）。

A. 故意杀人罪　　B. 过失致人死亡罪　　C. 医疗事故罪　　D. 非法行医罪

答案：D

核心法条

《刑法》第 347 条　走私、贩卖、运输、制造毒品，无论数量多少，都应当追究刑事责任，予以刑事处罚。

走私、贩卖、运输、制造毒品，有下列情形之一的，处十五年有期徒刑、无期徒刑或者死刑，并处没收财产：

(一) 走私、贩卖、运输、制造鸦片一千克以上、海洛因或者甲基苯丙胺五十克以上或者其他毒品数量大的；

(二) 走私、贩卖、运输、制造毒品集团的首要分子；

(三) 武装掩护走私、贩卖、运输、制造毒品的；

(四) 以暴力抗拒检查、拘留、逮捕，情节严重的；

（五）参与有组织的国际贩毒活动的。

走私、贩卖、运输、制造鸦片二百克以上不满一千克、海洛因或者甲基苯丙胺十克以上不满五十克或者其他毒品数量较大的，处七年以上有期徒刑，并处罚金。

走私、贩卖、运输、制造鸦片不满二百克、海洛因或者甲基苯丙胺不满十克或者其他少量毒品的，处三年以下有期徒刑、拘役或者管制，并处罚金；情节严重的，处三年以上七年以下有期徒刑，并处罚金。

单位犯第二款、第三款、第四款罪的，对单位判处罚金，并对其直接负责的主管人员和其他直接责任人员，依照各该款的规定处罚。

利用、教唆未成年人走私、贩卖、运输、制造毒品，或者向未成年人出售毒品的，从重处罚。

对多次走私、贩卖、运输、制造毒品，未经处理的，毒品数量累计计算。

释解分析

本条规定的是走私、贩卖、运输、制造毒品罪。走私、贩卖、运输、制造毒品罪是指明知是毒品而故意实施走私、贩卖、运输、制造的行为。其构成要件有：(1) 侵犯客体是国家对毒品的管理制度和公民的身心健康。(2) 客观方面表现为走私、贩卖、运输、制造毒品的行为。①走私、贩卖、运输、制造毒品，无论数量多少，都应当追究刑事责任，予以刑事处罚。对多次走私、贩卖、运输、制造毒品，未经处理的，毒品数量累计计算。毒品的数量以查证属实的走私、贩卖、运输、制造、非法持有毒品的数量计算，不以纯度折算。但为掩护运输而将毒品融入其他物品中的，不应将其他物品计入毒品的数量。②走私毒品包括输入毒品和输出毒品，对在领海、内海运输、收购、贩卖国家禁止进出口的毒品，以及直接向走私毒品的犯罪人购买毒品的，应视为走私毒品。③贩卖毒品是有偿转让毒品的行为，如果是无偿转让毒品，如赠与、无偿提供给他人吸食等，则不属于贩卖毒品。在间接交付的场合，如果中间人认识到是毒品而帮助转交给买方的，则该中间人也属于贩卖毒品；如果中间人没有认识到是毒品，则不构成贩卖毒品罪。行为人向走私、贩卖毒品的犯罪分子或者吸食、注射毒品的人员贩卖国家规定的能够形成瘾癖的麻醉药品或者精神药品的，以贩卖毒品罪定罪处罚（但行为人出于医疗目的，违反有关药品管理的国家规定，非法贩卖上述麻醉药品或者精神药品，扰乱市场秩序，情节严重的，以非法经营罪定罪处罚）。吸食者相互之间交换毒品的，不成立贩卖毒品罪。但是，贩毒者为了调剂各自的毒品种类与数量相互交易毒品的，应认定为贩卖毒品罪。为了“蹭吸”而帮助吸毒者购买毒品的，因为没有贩卖行为，不应认定为贩卖毒品罪。但是，为了“提成”毒品而帮助吸毒者购买毒品，即帮助吸毒者购买毒品后按一定比例提成部分毒品据为己有的，应认定为贩卖毒品罪。单纯为了吸毒者寻找、联系贩卖者，仍属于购买毒品的行为，不应当认定为贩卖毒品罪的共犯。行为人为他人代购仅用于吸食的毒品，在交通、食宿等必要开支之外收取“介绍费”“劳务费”，或者以贩卖为目的收取部分毒品作为酬劳的，应视为从中牟利，属于变相加价贩卖毒品，以贩卖毒品罪定罪处罚。单纯购买毒品的行为不构成犯罪（当然如果构成非法持有毒品罪则属于例外）。如果购买毒品的目的是贩卖毒品，则购买行为应认定为贩卖毒品的预备行为。单纯的吸食、注射、购买毒品的行为不构成犯罪。④运输毒品进出境，或者在领海、内海运输国家禁止进出口的毒品的，属于走私毒品。运输毒品的具体表现为转移毒品的所在地。为吸毒者代购毒品，在运输过程中被查获，毒品数量较大的，对托购者、代购者以运输毒品罪的共犯论处。吸毒者在购买、储存毒品过程中被查获，毒品数量较大以上的，以非法持有毒品罪定罪处罚；吸毒者在运输毒品过程中被查获，毒品数量较大以上的，以运输毒品罪定罪处罚，同时触犯贩卖毒品罪，以运输、贩卖毒品罪定罪处罚；同时触犯走私毒品罪，以走私、运输毒品罪定罪处罚。⑤下列情形属于制造毒品：一是将毒品以外的物质作为原料，提取或制作成毒品。二是毒品的精制，即去掉毒品中的不纯物，使之成为纯毒品或纯度更高的毒品。三是使用化学方法使一种毒品变为另一种毒品。四是用混合等物理方法加工、配制毒品。此外，以加工、提炼制毒物品制造毒品为目的，购买麻黄碱类复方制剂，或者运输、携带、寄递麻黄碱类复方制剂进出境的，以制造毒品罪定罪处罚。以制造毒品为目的，利用麻黄碱类复方制剂加工、提炼制毒物品的，以制造毒品罪定罪处罚。以制造毒品为目的，采挖、收购麻黄草的，以制造毒品罪定罪处罚。明知他人利用麻黄碱类制毒物品制造毒品，向其提供麻黄碱类复方制剂，为其利用麻黄碱类复方制剂加工、提炼制毒物品，或者为其获取、利用麻黄碱类复方制剂提供其他帮助的，以制造毒品罪的共犯论处。但是，为便于隐蔽运输、销售、使用、欺骗购买者，或者为了增重，对毒品掺杂使假，添加或者去除其他非毒品物质，不属于制造毒品的行为。(3) 犯罪主体是一般主体，包括自然人和单位。贩卖毒品的，已满 14 周岁不满 16 周岁并具有刑事责任能力的自然人可以成为本罪的主体。(4) 主观方面表现为故意。刑法没有要求本罪以营利为目的，故不以营利为目的实施本罪行为的，也构成本罪。

走私、贩卖、运输、制造毒品罪的认定：(1) 对于将假毒品冒充真毒品，诱骗他人上当购买的，应以诈骗罪论处。对于不知是假毒品，而误以为是真毒品进行走私、贩卖、运输、制造的，应以走私、贩卖、运输、制造毒品罪的未遂论处。(2) 行为人在一次走私活动中，既走私毒品又走私其他货物、物品，应按走私毒品罪和构成的其他走私罪，实行数罪并罚。(3) 对被告人一人走私、贩卖、运输、制造两种以上毒品的，不实行数罪并罚。盗窃、抢夺、抢劫毒品后又实施其他毒品犯罪的，对盗窃罪、抢夺罪、抢劫罪和所犯的具体毒品犯罪依法实行数罪并罚。(4) 走私、贩卖、运输、制造毒品，又以暴力抗拒检查、拘留、逮捕，构成走私、贩卖、运输、制造毒品罪的加重犯。

利用、教唆未成年人走私、贩卖、运输、制造毒品，或者向未成年人出售毒品的，从重处罚。这里的未成年人是指未满 18 周岁的人。其中，利用未成年人走私、贩卖、运输、制造毒品的，指的是间接正犯；教唆未成年人走私、贩卖、运输、制造毒品，是指教唆犯。

法条分析

(1) 本条中的“毒品”应如何理解？

(2) 本条中的“走私、贩卖、运输、制造”毒品应如何理解？

(3) 因实施其他毒品犯罪而持有毒品的行为，应如何处理？

(4) 盗窃、抢夺、抢劫毒品的，应如何定罪处罚？盗窃、抢夺、抢劫毒品后又实施其他毒品犯罪的，应如何定罪处罚？走私毒品，又走私其他物品构成犯罪的，应如何处理？

(5) 如何认定本罪的既遂？

答案：(1) 毒品是指鸦片、海洛因、甲基苯丙胺（冰毒）、吗啡、大麻、可卡因以及国家规定管制的其他能够使人形成瘾癖的麻醉药品和精神药品。

(2) 走私毒品是指明知是毒品而非法将其运输、携带、寄递进出国（边）境的行为。

贩卖毒品是指明知是毒品而非法销售或者以贩卖为目的而非法收买的行为。

运输毒品是指明知是毒品而采用携带、寄递、托运、利用他人或者使用交通工具等方法非法运输的行为。

制造毒品是指非法利用毒品原植物直接提炼或者用化学方法加工、配制毒品，或者以改变毒品成分和效用为目的，用混合等物理方法加工、配制毒品的行为。

(3) 因实施其他毒品犯罪而持有毒品的行为，按照所实施其他毒品犯罪定罪处罚，其持有行为不再单独定罪。

(4) 盗窃、抢夺、抢劫毒品的，应当分别以盗窃罪、抢夺罪或者抢劫罪定罪，但不计犯罪数额，根据情节轻重予以定罪量刑。盗窃、抢夺、抢劫毒品后又实施其他毒品犯罪的，对盗窃罪、抢夺罪、抢劫罪和所犯的具体毒品犯罪分别定罪，依法数罪并罚。走私毒品，又走私其他物品构成犯罪的，以走私毒品罪和其所犯的其他走私罪分别定罪，依法数罪并罚。

(5) 走私毒品的，应以将毒品运输、携带、邮寄出境或入境为标准；贩卖毒品的，应以毒品实际上已经转移给买方为标准；运输毒品的，应以毒品到达目的地为标准；制造毒品的，则以毒品实际制成为标准，已经制造出毒品或者半成品的，应以制造毒品罪的既遂论处。

试题范例

1. （单项选择题）胡某将半斤白面误当作海洛因（俗称白粉）卖给李某，李某买回后验证是白面，但是又怕说出来被圈内人耻笑，便将其又卖给江某。江某嫉妒朋友黄某，在黄某醉酒时，将该“白粉”喂其吃下，然后逃逸。对此，下列说法中正确的是（　　）。

A. 胡某贩卖毒品未遂，李某贩卖毒品罪，江某故意杀人（实施终了的未遂）

B. 胡某贩卖毒品未遂，李某诈骗罪，江某故意杀人（实施终了的未遂）

C. 胡某贩卖毒品未遂，李某贩卖毒品罪，江某故意杀人（工具不能犯未遂）

D. 胡某贩卖毒品未遂，李某诈骗罪，江某故意杀人（对象不能犯未遂）

2. （单项选择题）陈某向王某声称要购买 80 克海洛因，王某便从外地购买了 80 克海洛因。到达约定交货地点后，陈某掏出仿真手枪威胁王某，从王某手中夺取了 80 克海洛因。此后半年内，因没有找到买主，陈某一直持有 80 克海洛因。半年后，陈某将 80 克海洛因送给其毒瘾很大的朋友刘某，刘某因过量吸食海洛因而死亡。对此，下列表述中不正确的有（　　）。

A. 王某虽然是陈某抢劫的被害人，但其行为仍成立贩卖毒品罪

B. 陈某持仿真手枪取得毒品的行为构成抢劫罪，但不属于持枪抢劫

C. 陈某抢劫毒品后持有该毒品的行为，被抢劫罪吸收，不另成立非法持有毒品罪

D. 陈某将毒品送给刘某导致其过量吸食进而死亡的行为，成立过失致人死亡罪

3. （多项选择题）关于走私、贩卖、运输、制造毒品罪，下列说法中正确的是（　　）。

A. 走私、贩卖、运输、制造毒品的，无论数量多少，都应当追究刑事责任

B. 单位可以成为走私、贩卖、运输、制造毒品的主体

C. 以暴力抗拒检查、拘留、逮捕的，不另成立妨害公务罪

D. 运输毒品罪仅限于在境内运输毒品，而不包括从境外运往境内和从境内运往境外

答案： 1. B　2. D　3. ABCD

核心法条

《刑法》第 356 条　因走私、贩卖、运输、制造、非法持有毒品罪被判过刑，又犯本节规定之罪的，从重处罚。

释解分析

本条规定的是毒品再犯制度。适用该规定应当注意的问题有：(1) 前罪仅限于走私、贩卖、运输、制造、非法持有毒品罪。(2) 后罪包括刑法分则第六章第七节规定的所有的毒品犯罪。(3) 毒品犯罪的再犯，对前后罪的时间间隔没有要求。(4) 毒品犯罪的再犯，对前后刑度没有要求。(5) 再犯的犯罪分子，应当从重处罚。

法条分析

(1) 本条规定的制度及其构成特点应如何理解？

(2) 因走私、贩卖、运输、制造、非法持有毒品罪被判刑的犯罪分子，在缓刑、假释期间又涉毒品犯罪的，应如何处理？

(3) 对同时构成累犯和毒品再犯的犯罪分子，应如何处罚？

答案：(1) 本条规定的是毒品再犯制度。它的构成特点是：前罪限制严格，必须是走私、贩卖、运输、制造、非法持有毒品罪，而且被判刑；后罪限制较宽，只要是刑法分则妨害社会管理秩序罪一章走私、贩卖、运输、制造、毒品罪一节规定的犯罪即可，没有刑种刑期的限制；前后两罪没有时间间隔限制；前后两罪没有刑度限制；对犯罪分子从重处罚。

(2) 因走私、贩卖、运输、制造、非法持有毒品罪被判刑的犯罪分子，在缓刑、假释期间又涉毒品犯罪的，应当在对其所犯新的毒品犯罪适用本条从重处罚的规定确定刑罚后，再依法数罪并罚。

(3) 对同时构成累犯和毒品再犯的犯罪分子，应当同时引用刑法关于累犯和毒品再犯的条款从重处罚，但在量刑时不得重复予以从重处罚。

试题范例

(多项选择题)《刑法》第 356 条规定，因走私、贩卖、运输、制造、非法持有毒品罪被判过刑，又犯本节规定之罪的，从重处罚。对于该条规定的理解，下列说法中正确的是(　　)。

A. 对同时构成累犯和毒品再犯的被告人，应当同时引用刑法关于累犯和毒品再犯的条款从重处罚

B. 因同一毒品犯罪前科同时构成累犯和毒品再犯的被告人，应给予两次从重处罚

C. 符合条件的毒品再犯的犯罪分子可以适用缓刑

D. 符合条件的毒品再犯的犯罪分子可以假释

答案：ACD

核心法条

《刑法》第 358 条　组织、强迫他人卖淫的，处五年以上十年以下有期徒刑，并处罚金；情节严重的，处十年以上有期徒刑或者无期徒刑，并处罚金或者没收财产。

组织、强迫未成年人卖淫的，依照前款的规定从重处罚。

犯前两款罪，并有杀害、伤害、强奸、绑架等犯罪行为的，依照数罪并罚的规定处罚。

为组织卖淫的人招募、运送人员或者有其他协助组织他人卖淫行为的，处五年以下有期徒刑，并处罚金；情节严重的，处五年以上十年以下有期徒刑，并处罚金。

释解分析

本条规定的是组织卖淫罪、强迫卖淫罪。组织卖淫罪是指以招募、雇用、引诱、容留等手段，管理或者控制他人卖淫，卖淫人员在 3 人以上的行为。其构成要件有：(1) 侵犯客体是社会道德风尚和社会治安管理秩序。(2) 客观方面表现为以招募、雇用、引诱、容留等手段，管理或者控制他人卖淫，卖淫人员在 3 人以上的行为。组织卖淫罪的对象包括男性和女性，而且必须是组织 3 人以上从事卖淫活动，少于 3 人的，不能构成组织卖淫罪。有无固定场所，也不影响组织卖淫罪的成立。(3) 犯罪主体只能是卖淫活动的组织者，可以是一人，也可以是数人。(4) 主观方面表现为故意。

强迫卖淫罪是指以暴力、胁迫或者其他方法，强行逼迫他人进行性交易的行为。其构成要件有：(1) 侵犯客体是他人的人身权利和社会道德风尚及社会治安管理秩序。(2) 客观方面表现为强行逼迫他人卖淫的行为。(3) 犯罪主体是一般主体即自然人。(4) 主观方面表现为故意。

组织卖淫罪和强迫卖淫罪的区别有：(1) 犯罪对象不同。组织卖淫罪的对象应为愿意从事卖淫活动的人，且限于多人；强迫卖淫罪的对象应是不愿意从事卖淫活动的人，且可以是一人。(2) 客观方面表现不同。组织卖淫罪客观方面表现为以招募、雇用、纠集、引诱、容留等手段，控制多人从事卖淫活动；强迫卖淫罪客观方面表现为使用暴力、胁迫或者其他方法，迫使他人卖淫。需要注意的是：在组织卖淫的活动中，对被组织者实施强迫行为的，只认定为组织卖淫罪；但如果被强迫者不具有同一性，则应将组织卖淫罪和强迫卖淫罪分别定罪，实行数罪并罚。

组织卖淫罪、强迫卖淫罪的罪数：(1) 在组织卖淫犯罪活动中，对被组织卖淫的人有引诱、容留、介绍卖淫行为的，依照处罚较重的规定定罪处罚。但是，对被组织卖淫的人以外的其他人有引诱、容留、介绍卖淫行为的，应当分别定罪，实行数罪并罚。(2) 犯组织卖淫罪、强迫卖淫罪，并有杀害、伤害、强奸、绑架等犯罪行为的，依照数罪并罚的规定处罚。

法条分析

(1) 本条规定之罪的罪名有哪些？

(2) 本条中的“卖淫”应如何理解？

(3) 本条规定的“组织卖淫”应如何理解？

(4) 本条规定的“强迫卖淫”应如何理解?

答案:(1) 组织卖淫罪、强迫卖淫罪、协助组织卖淫罪。

(2) 卖淫是指以营利为目的与不特定的对方发生性关系或者其他淫乱活动的行为。

(3) 组织卖淫是指以招募、雇用、引诱、容留等手段，管理或者控制他人卖淫，卖淫人员在 3 人以上的行为。

(4) 强迫卖淫是指以暴力、胁迫或者其他方法，强行逼迫他人进行性交易的行为。

试题范例

1. (单项选择题) 下列情形中，应当数罪并罚的是(　　)。

A. 甲为迫使女子卖淫而对其实施强奸

B. 乙非法拘禁债务人张某 10 天，其间多次毒打张某，致张某伤残

C. 丙无证驾车，在被交警查处时使用暴力抗拒执法，失手将交警打死

D. 丁盗割正在使用中的电话线，导致通信中断

2. (单项选择题) 甲开设夜总会组织多名少女卖淫，同时以其夜总会雇用服务员为诱饵，从外地诱骗来少女乙等 5 人，住进旅店安排其卖淫。对于有的不从者，以打骂威胁逼迫卖淫。其中有位少女坚决不愿从事卖淫，甲将其强奸，以此打破贞操观念，而后迫使其卖淫。甲的行为构成(　　)。

A. 强奸罪和组织卖淫罪　　B. 强迫卖淫罪

C. 组织卖淫罪和强迫卖淫罪　　D. 强奸罪、组织卖淫罪和强迫卖淫罪

答案: 1. A　2. A

核心法条

《刑法》第 360 条　明知自己患有梅毒、淋病等严重性病卖淫、嫖娼的，处五年以下有期徒刑、拘役或者管制，并处罚金。

释解分析

本条规定的是传播性病罪。传播性病罪是指明知自己患有梅毒、淋病等严重性病，而进行卖淫或者嫖娼活动的行为。其构成要件有:(1) 侵犯客体是社会治安管理秩序和他人的身体健康。(2) 客观方面表现为行为人在患有严重性病的情况下实施卖淫或者嫖娼的行为。(3) 犯罪主体是特殊主体，即患有梅毒、淋病等严重性病的人。(4) 主观方面表现为故意，即明知自己患有梅毒、淋病等严重性病而卖淫、嫖娼。

传播性病罪的认定:本罪属于行为犯或者抽象危险犯，只要实施传播性病的行为即构成本罪。根据相关司法解释，明知自己患有艾滋病或者感染艾滋病病毒而卖淫、嫖娼的，以传播性病罪定罪处罚。明知自己感染艾滋病病毒而卖淫、嫖娼，致使他人感染艾滋病病毒的，构成传播性病罪与故意伤害罪(致人重伤)的想象竞合犯，从一重罪处断，即以故意伤害罪论处。在非卖淫、嫖娼的场合，不构成传播性病罪。但是，明知自己感染艾滋病病毒，故意不采取防范措施而与他人发生性关系，致使他人感染艾滋病病毒的，构成故意伤害罪(致人重伤)。

法条分析

（1）如何认定本条中的“明知”？

（2）明知自己感染艾滋病病毒而卖淫、嫖娼，致使他人感染艾滋病病毒的，应如何论处？

答案：（1）下列情形认定为“明知”：①有证据证明曾到医院就医，被诊断为患有严重性病的；②根据本人的知识和经验，能够知道自己患有严重性病的；③通过其他方法能够证明被告人是“明知”的。

（2）构成传播性病罪与故意伤害罪（致人重伤）的想象竞合犯，从一重罪处断，即以故意伤害罪论处。

试题范例

（多项选择题）下列关于犯罪行为的判断中，正确的是（　　）。

A. 传播性病罪的犯罪主体是特殊主体，即患有梅毒、淋病等严重性病的人

B. 拒不执行判决、裁定罪的犯罪主体，只能是具有执行法院生效判决、裁定义务的自然人，而不能是单位

C. 脱逃罪的犯罪主体，只能是刑事案件中的已决犯，不能是刑事案件中的未决犯

D. 因走私毒品罪被判处有期徒刑的犯罪分子，刑法执行完毕或者赦免以后，在 5 年以内再犯应被判处有期徒刑的毒品犯罪，同时成立毒品再犯和累犯

答案：AD

核心法条

《刑法》第 363 条第 1 款　以牟利为目的，制作、复制、出版、贩卖、传播淫秽物品的，处三年以下有期徒刑、拘役或者管制，并处罚金；情节严重的，处三年以上十年以下有期徒刑，并处罚金；情节特别严重的，处十年以上有期徒刑或者无期徒刑，并处罚金或者没收财产。

释解分析

本款规定的是制作、复制、出版、贩卖、传播淫秽物品牟利罪。制作、复制、出版、贩卖、传播淫秽物品牟利罪是指以牟利为目的，制作、复制、出版、贩卖、传播淫秽物品的行为。其构成要件有：（1）侵犯客体是国家对文化娱乐制品的管理制度和良好的社会风尚。（2）客观方面表现为制作、复制、出版、贩卖、传播淫秽物品的行为。（3）犯罪主体是一般主体，包括自然人和单位。（4）主观方面表现为故意，即明知是淫秽物品而予以传播，且必须具有牟利的目的。对于利用互联网、移动通讯终端、声讯台制作、复制、出版、贩卖、传播淫秽电子信息的，下列行为属于传播淫秽物品牟利行为：①网站建立者、直接负责的管理者明知他人制作、复制、出版、贩卖、传播的是淫秽电子信息，允许或者放任他人在自己所有、管理的网站或者网页上发布的；②电信业务经营者、互联网信息服务提供者明知是淫秽网站，为其提供互联网接入、服务器托管、网络存储空间、通讯传输通道、代收费等服务，

并收取服务费的；③明知是淫秽网站，以牟利为目的，通过投放广告等方式向其直接或者间接提供资金，或者提供费用结算服务的。

制作、复制、出版、贩卖、传播淫秽物品牟利罪的认定：（1）在互联网上建立淫秽网站、网页，提供淫秽站点链接服务，或者传播淫秽书刊、影片、音像、图片的，也属于本罪的客观表现，以本罪论处。（2）以牟利为目的，利用互联网、移动通讯终端制作、复制、出版、贩卖、传播淫秽电子信息的，以及利用聊天室、论坛、即时通信软件、电子邮件等方式，实施前述行为的，以制作、复制、出版、贩卖、传播淫秽物品牟利罪定罪处罚。以牟利为目的，通过声讯台传播淫秽语音信息，对直接负责的主管人员和其他直接责任人员以传播淫秽物品牟利罪定罪处罚。（3）以牟利为目的，网站建立者、直接负责的管理者明知他人制作、复制、出版、贩卖、传播的是淫秽电子信息，允许或者放任他人在自己所有、管理的网站或者网页上发布，符合司法解释所规定的数额、数量要求的，构成传播淫秽物品牟利罪。电信业务经营者、互联网信息服务提供者明知是淫秽网站，为其提供互联网接入、服务器托管、网络存储空间、通讯传输通道、代收费等服务，并收取服务费，符合司法解释规定的数额、数量条件的，也构成传播淫秽物品牟利罪。

法条分析

（1）本款中的“淫秽物品”应如何理解？

（2）如何理解本款规定之罪的行为方式？

答案：（1）淫秽物品，是指具体描绘性行为或者露骨宣扬色情的诲淫性的书刊、影片、录像带、录音带、图片及其他淫秽物品。

（2）本罪客观方面表现为制作、复制、出版、贩卖、传播淫秽物品。

制作是指生产、录制、编写、绘画、印刷等创造、产生、形成淫秽物品的行为。

复制是指通过翻印、翻拍、复印、转录等方式将原已存在的淫秽物品制作成一份或多份的行为。

出版是指将淫秽作品编辑加工后，经过复制向公众发行的行为。

贩卖是指有偿转让淫秽物品的行为。

传播是指通过播放、陈列、在互联网上建立淫秽网站、网页等方式使淫秽物品让不特定的多数人感知以及通过出借、赠送等方式散布、流传淫秽物品的行为。

试题范例

（单项选择题）甲以牟利为目的复制淫秽物品后，又将其销毁。甲的行为（　　）。

A. 成立复制淫秽物品牟利罪的既遂

B. 成立复制淫秽物品牟利罪的犯罪中止

C. 不构成犯罪，因为甲没有牟利

D. 不构成犯罪，因为甲没有将该物品传播出去

答案：A

十七、贪污贿赂罪

核心法条

《刑法》第382条　国家工作人员利用职务上的便利，侵吞、窃取、骗取或者以其他手段非法占有公共财物的，是贪污罪。

受国家机关、国有公司、企业、事业单位、人民团体委托管理、经营国有财产的人员，利用职务上的便利，侵吞、窃取、骗取或者以其他手段非法占有国有财物的，以贪污论。

与前两款所列人员勾结，伙同贪污的，以共犯论处。

释解分析

本条规定的是贪污罪。贪污罪是指国家工作人员利用职务上的便利，侵吞、窃取、骗取或者以其他手段非法占有公共财物的行为。其构成要件有：（1）侵犯客体是复杂客体，即国家工作人员职务行为的廉洁性和公共财产所有权。（2）客观方面表现为利用职务上的便利，侵吞、窃取、骗取或者以其他手段非法占有公共财物的行为。构成本罪须利用职务上的便利。本罪的行为方式包括侵吞、窃取、骗取和其他手段。（3）犯罪主体是特殊主体，即国家工作人员以及受委托管理、经营国有财产的人员。1）国家工作人员。国家工作人员具体包括：①国家机关中从事公务的人员。②国有公司、企业、事业单位、人民团体中从事公务的人员。③国家机关、国有公司、企业、事业单位委派到非国有公司、企业、事业单位、社会团体从事公务的人员。④其他依照法律从事公务的人员。“其他依照法律从事公务的人员”主要有四种：一是依法履行职责的各级人大代表；二是依法履行职责的各级政协委员；三是依法履行审判职责的陪审员；四是协助乡镇人民政府、街道办事处从事行政管理工作的农村村民委员会、城镇居民委员会等农村和城镇基层人员。村民委员会等村基层组织人员协助人民政府从事行政管理工作，利用职务上的便利贪污公共财产的，应以贪污罪论处。村民委员会等村基层组织人员协助人民政府从事下列行政管理工作，属于“其他依照法律从事公务的人员”：救灾、抢险、防汛、优抚、扶贫、移民、救济款物的管理；社会捐助公益事业款物的管理；国有土地的经营和管理；土地征收、征用补偿费用的管理；代征、代缴税款；有关计划生育、户籍、征兵工作；协助人民政府从事的其他行政管理工作。村民委员会等村基层组织人员从事前述规定的公务，利用职务上的便利，非法占有公共财物、挪用公款、索取他人财物或者非法收受他人财物，构成犯罪的，依照贪污罪、挪用公款罪、受贿罪处罚。但是村民小组组长不属于国家工作人员，如果村民小组组长利用职务便利将村民小组集体财产非法占为己有数额较大的，应以职务侵占罪论处，不定贪污罪。此外，经国家出资企业中负有管理、监督国有资产职责的组织批准或者研究决定，代表其在国有控股、参股公司及其分支机构中从事组织、领导、监督、经营、管理工作的人员，应当认定为国家工作人员。2）受委托管理、经营国有财产的人员。受国家机关、国有公司、企业、事业单位、人民团体委托管理、经营国有财产的人员，也可以成为本罪的主体。委托的内容是因承包、租赁、聘用等管理、经营国有财产。(4) 主观方面表现为故意，并且具有非法占有公共财物的目的。

贪污罪共犯的认定：(1) 国家工作人员与非国家工作人员伙同贪污的，以贪污罪的共犯论处，认定为共犯有一个前提，即必须利用国家工作人员的职务便利，否则不构成贪污罪，而应当认定为盗窃罪、诈骗罪等罪的共犯。(2) 公司、企业或者其他单位中，不具有国家工作人员身份的人与国家工作人员勾结，分别利用各自的职务便利，共同将本单位财物非法占为己有的，按照主犯的性质定罪。对于在公司、企业或者其他单位中，非国家工作人员与国家工作人员勾结，分别利用各自的职务便利，共同将本单位财物非法占有的，应当尽量区分主从犯，按照主犯的犯罪性质定罪。司法实践中，如果根据案件的实际情况，各共同犯罪人在共同犯罪中的地位、作用相当，难以区分主、从犯的，可以贪污罪定罪处罚。

贪污罪是特殊领域的侵占、盗窃、诈骗犯罪，因此，贪污罪和盗窃罪、诈骗罪、侵占罪在行为手段上有相同之处。例如，贪污罪中的侵吞行为，必然符合侵占罪的犯罪构成；贪污罪中的窃取行为，必然符合盗窃罪的犯罪构成；贪污罪中的骗取行为，必然符合诈骗罪的犯罪构成。可以肯定的是，对于构成贪污罪的行为，不应认定为侵占罪、盗窃罪与诈骗罪。应当注意的是，即使行为人利用了职务上的便利，但只要非法占有的财物并非其主管、管理、经营、经手的财物，也不成立贪污罪。贪污罪和盗窃罪、诈骗罪、侵占罪的区别有：(1) 犯罪客观方面有所不同。贪污罪中窃取、骗取公共财物的行为是利用职务上的便利实施的；盗窃罪、诈骗罪、侵占罪则没有这一条件。(2) 犯罪客体与对象有所不同。贪污罪的客体是公共财产所有权和职务行为廉洁性，行为对象仅限于公共财物；盗窃罪、诈骗罪、侵占罪的客体是公私财产所有权，行为对象是公私财物。(3) 犯罪主体不同。贪污罪的犯罪主体是特殊主体，即国家工作人员；盗窃罪、诈骗罪、侵占罪的犯罪主体是一般主体，即自然人。

贪污罪与职务侵占罪的区别有：(1) 犯罪客体不同。贪污罪的客体是职务行为廉洁性和公共财产所有权；职务侵占罪的客体是职务行为廉洁性和本单位财产的所有权。(2) 犯罪对象不同。贪污罪的对象是公共财物；职务侵占罪的对象是本单位财物。(3) 犯罪主体不同。贪污罪的主体是特殊主体，即国家工作人员；职务侵占罪的主体是特殊主体，即公司、企业或者其他单位的工作人员，但不包括国有公司、企业或者其他国有单位中从事公务的人员和国有公司、企业或者其他国有单位委派到非国有公司、企业以及其他单位从事公务的人员。

对犯贪污罪的特别宽宥制度：犯贪污罪，在提起公诉前如实供述自己罪行、真诚悔罪、积极退赃，避免、减少损害结果发生的，如果贪污数额较大或者有其他较重情节，可以从轻、减轻或者免除处罚；贪污数额巨大或者有其他严重情节，贪污数额特别巨大或者有其他特别严重情节，贪污数额特别巨大并使国家和人民利益遭受特别重大损失的，可以从轻处罚。

对犯贪污罪的犯罪分子的终身监禁：犯贪污罪被判处死刑缓期执行的，人民法院根据犯罪情节等情况可以同时决定在其死刑缓期执行 2 年期满依法减为无期徒刑后，终身监禁，不得减刑、假释。

法条分析

(1) 本条中的"国家工作人员"的范围应如何认定？

(2) 第1款中的“利用职务上的便利”应如何理解？

(3) 第1款中的“侵吞”“窃取”“骗取”“其他手段”应如何理解？

(4) 第1款中的“公共财物”的范围应如何界定？

(5) 如何理解第2款中的“委托管理、经营国有财产”？

(6) 对于贪污罪的既遂和未遂，应如何认定？对于采取虚假平账方式贪污的，应如何认定既遂和未遂？

(7) 犯贪污罪被判处死缓的犯罪分子，人民法院如何适用终身监禁？

(8) 犯贪污罪的死缓犯，没有故意犯罪，2年期满后，应如何处理？

答案：(1) 国家工作人员具体包括：①国家机关中从事公务的人员。②国有公司、企业、事业单位、人民团体中从事公务的人员。③国家机关、国有公司、企业、事业单位委派到非国有公司、企业、事业单位、社会团体从事公务的人员。④其他依照法律从事公务的人员。

(2) 利用职务上的便利是指行为人利用本人职务范围内的权力和地位形成的有利条件，具体表现为利用主管、管理或经手等便利条件。

(3) 侵吞是指行为人利用职务上的便利，将自己控制之下的公共财物非法占有。

窃取是指行为人利用职务上的便利，将自己合法主管、管理、经手的公共财物，以秘密窃取的方式非法据为己有的行为。

骗取是指行为人利用职务上的便利，以虚构事实或隐瞒真相的欺骗手段，非法占有公共财物的行为。

其他手段是指侵吞、窃取、骗取以外的其他利用职务上的便利，非法占有公共财物的行为。

(4) 公共财物是指下列财产：①国有财产；②劳动群众集体所有的财产；③用于扶贫和其他公益事业的社会捐助或者专项基金的财产。在国家机关、国有公司、企业、集体企业和人民团体管理、使用或者运输中的私人财产，以公共财产论。

(5) 委托管理、经营国有财产是指因承包、租赁、聘用等管理、经营国有财产。

(6) 贪污罪应当以是否实际控制公共财物作为区分既遂与未遂的标准：行为人实际控制公共财物的，属于既遂；行为人已经着手实行贪污行为，因意志以外的原因未能实际控制公共财物的，属于未遂。对于行为人利用职务上的便利，实施了虚假平账等贪污行为，但公共财物尚未实际转移，或者尚未被行为人控制就被查获的，应当认定为贪污未遂。行为人控制公共财物后，是否将财物据为己有，不影响贪污罪既遂的认定。

(7) 人民法院根据犯罪情节等情况可以同时决定在其死刑缓期执行2年期满依法减为无期徒刑后，终身监禁，不得减刑、假释。

(8) 犯贪污罪的死缓犯，没有故意犯罪，2年期满后，减为无期徒刑；如果确有重大立功表现，2年期满以后，减为25年有期徒刑。

试题范例

1. (单项选择题) 乙某是派出所的一个值班警察，一次在值班时将过路群众拾到上交的5 000元钱据为已有。乙某的行为构成(   )。

A. 盗窃罪　　B. 滥用职权罪　　C. 职务侵占罪　　D. 贪污罪

2.（单项选择题）下列行为中，构成贪污罪的是（　　）。

A. 李某系外交部工作人员，在外交交往过程中接受外宾价值800元人民币的礼物，按规定应交公而未交公

B. 高某系某部属大学校长，利用职务之便，将学校一辆价值10万元的轿车占为己有

C. 章某系邮递员，在送信过程中经常私自开拆他人信件，并通过这种方式窃取财物3 000多元

D. 杨某系某国有公司会计，本来想挪用公司的20万元炒股，赚钱之后返还，没想到血本无归，于是没有辞职，独自一人跑到南方，多年未归

3.（单项选择题）李某系A市建设银行某储蓄所记账员。某日下午下班时，李某发现本所出纳员陈某将2万元营业款遗忘在办公桌抽屉内（未锁）。当日下班后，李某趁所内无人之机，返回所内将该2万元取出，用报纸包好后藏到自己办公桌下面的垃圾箱中，并用纸箱遮住垃圾袋。次日上午案发，赃款被他人找出。对此，下列说法中正确的是（　　）。

A. 李某的行为属于贪污既遂　　B. 李某的行为属于贪污未遂

C. 李某的行为属于盗窃既遂　　D. 李某的行为属于盗窃未遂

4.（单项选择题）王某曾经是国家工作人员，在辞去公职以后，承包了一家小型国有企业，利用职务之便，将企业的财产占为已有。王某的行为构成（　　）。

A. 贪污罪　　B. 滥用职权罪　　C. 侵占罪　　D. 盗窃罪

5.（多项选择题）关于贪污贿赂犯罪，下列说法中正确的有（　　）。

A. 村民委员会主任甲在任职期间，利用职务上的便利，在村自来水改道、道路维修等工程中，侵吞有关款项8万元，甲构成贪污罪

B. 乙在某个受国家机关委托的代表国家机关行使职权的组织中从事公务，系企业编制人员，在其履行职务期间将收取的办事费用据为己有挥霍，乙构成贪污罪

C. 丙与某国有公司签订承包租赁合同承包该公司供销部门，丙利用经营便利，将该供销部门的机器设备盗卖后将款项挪用炒股，丙构成挪用公款罪

D. 某国有公司A公司委派其工作人员丁到A公司参股的B公司担任总经理，丁利用公司总经理职务便利，让有生意往来的C公司免费为其装修私房（装修价值100万元），丁构成受贿罪

答案： 1. D　2. B　3. C　4. A　5. BD

核心法条

《刑法》第384条　国家工作人员利用职务上的便利，挪用公款归个人使用，进行非法活动的，或者挪用公款数额较大、进行营利活动的，或者挪用公款数额较大、超过三个月未还的，是挪用公款罪，处五年以下有期徒刑或者拘役；情节严重的，处五年以上有期徒刑。挪用公款数额巨大不退还的，处十年以上有期徒刑或者无期徒刑。

挪用用于救灾、抢险、防汛、优抚、扶贫、移民、救济款物归个人使用的，从重处罚。

释解分析

本条规定的是挪用公款罪。挪用公款罪是指国家工作人员利用职务上的便利，挪用公款

归个人使用，进行非法活动的，或者挪用公款数额较大、进行营利活动的，或者挪用公款数额较大、超过3个月未还的行为。其构成要件有：(1) 侵犯客体是国家工作人员职务行为廉洁性、国家财经管理制度以及公款使用收益权。(2) 客观方面表现为利用职务上的便利挪用公款归个人使用，进行非法活动的，或者挪用公款数额较大、进行营利活动的，或者挪用公款数额较大、超过3个月未还的行为。挪用公款后尚未投入实际使用的，只要同时具备“数额较大”和“超过3个月未还”的构成要件，就应当认定为挪用公款罪，但可以酌情从轻处罚。可以构成犯罪的挪用公款行为，有以下三种情形：①挪用公款进行非法活动（包括犯罪活动），这种情形原则上不要求挪用公款达到数额较大标准，也不要求挪用时间超过3个月未还。但以挪用公款3万元作为定罪的“数额较大”的起点。②挪用公款归个人使用，数额较大、进行营利活动的，构成挪用公款罪。这种挪用行为要求数额较大，但没有挪用时间的要求。挪用公款归个人使用，“数额较大、进行营利活动的”，以挪用公款5万元作为“数额较大”的起点。③挪用公款归个人使用，数额较大、超过3个月未还的，构成挪用公款罪。这种情形既有数额要求，也有时间要求。挪用公款归个人使用，“数额较大、超过3个月未还的”，以挪用公款5万元作为“数额较大”的起点。(3) 犯罪主体是特殊主体，即国家工作人员。①国家工作人员以贪污罪作为参照，但不包括受国家机关、国有公司、企业、事业单位、人民团体委托管理、经营国有财产的人员。对于受国家机关、国有公司、企业、事业单位、人民团体委托管理、经营国有财产的非国家工作人员，利用职务上的便利，挪用国有资金归个人使用构成犯罪的，定挪用资金罪，而不是挪用公款罪。②村民委员会等村基层组织人员协助人民政府从事行政管理工作时，其利用职务上的便利，非法挪用公款的，以挪用公款罪定罪处罚。(4) 主观方面表现为故意，并以归个人使用为目的。

挪用公款罪的共犯：挪用公款给他人使用，如果使用人与挪用人共谋，指使或者参与策划取得公款的，以挪用公款罪的共犯论处。但如果使用人仅仅知道行为人利用职务之便挪用来的公款而使用的，并不构成共犯。

挪用公款罪的罪数：(1) 因挪用公款而索取、收受贿赂构成犯罪的，以挪用公款罪和受贿罪数罪并罚。(2) 如果行为人挪用公款进行非法活动，该非法活动本身构成犯罪的，如走私、赌博等，依照数罪并罚的规定处罚。

挪用公款罪和挪用资金罪的区别有：(1) 主体不同。挪用资金罪的主体是特殊主体，即公司、企业或者其他单位的工作人员；挪用公款罪的主体也是特殊主体，但属于国家工作人员。(2) 客体不同。挪用公款罪的对象是公款，客体是公共财产，具体表现为公款的使用权；挪用资金罪的客体是公司、企业或者其他单位资金的使用权，行为对象是本单位的资金。二者的客体都侵犯了职务行为廉洁性，但挪用公款罪侵犯的是国家工作人员职务行为廉洁性，而挪用资金罪侵犯的是非国家工作人员职务行为廉洁性。

挪用公款罪和贪污罪的区别有：(1) 犯罪目的不同。挪用公款罪以非法占用为目的，即暂时地挪用公款归个人使用；贪污罪以非法占有为目的，即意图永远地非法占有公共财物。(2) 行为对象不同。挪用公款罪的对象仅限于公款；贪污罪的对象是公共财物，既包括公款，也包括公物。(3) 客体不同。挪用公款罪侵犯的是公款使用权；贪污罪侵犯的是公共财物所有权。(4) 客观方面行为手段不同。挪用公款的行为手段是擅自私用公款；贪污罪的行为手段是侵吞、窃取、骗取等非法手段。(5) 主体范围不完全相同。挪用公款罪的主体只限于国家工作人员；贪污罪的主体除国家工作人员外，还包括受国家机关、国有公司、企业事业单位、人民团体委托管理、经营国有财产的人员。

挪用公款罪与贪污罪的主要区别在于行为人主观上是否具有非法占有公款的目的。司法实践中，具有以下情形之一的，可以认定行为人具有非法占有公款的目的，应以贪污罪论处：(1) 行为人“携带挪用的公款潜逃的”，以贪污罪定罪处罚。(2) 行为人挪用公款后采取虚假发票平账、销毁有关账目等手段，使所挪用的公款已难以在单位财务账目上反映出来，且没有归还行为的。(3) 行为人截取单位收入不入账，非法占有，使所占有的公款难以在单位财务账目上反映出来，且没有归还行为的。(4) 有证据证明行为人有能力归还所挪用的公款而拒不归还，并隐瞒挪用的公款去向的。是否平账（没有归还公款，但财物账上不能显示行为人挪用公款），只是判断行为是否构成贪污罪的资料，而不是唯一的决定根据。

法条分析

(1) 条文中的“挪用”应如何理解？

(2) 条文中的“利用职务上的便利”应如何理解？

(3) 哪些情形属于条文中的“挪用公款归个人使用”？

(4) 条文中的“不退还”应如何理解？

(5) 如何认定挪用公款罪的既遂和未遂？

(6) 如何确定挪用公款罪的追诉时效？

答案：(1) 挪用是指未经合法批准程序或者违反财经纪律，私自将公款脱离单位占有并加以使用的行为。

(2) 利用职务上的便利是指利用职务权力与地位形成的主管、管理、经营、经手公款或特定款物的便利条件实施挪用行为。

(3) 有下列情形之一的，属于挪用公款归个人使用：①将公款供本人、亲友或者其他自然人使用的；②以个人名义将公款供其他单位使用的；③个人决定以单位名义将公款供其他单位使用，谋取个人利益的。

(4) 不退还是指挪用公款后，因客观原因在一审宣判前不能退还的情形。

(5) 行为人使公共财物的使用权被实际转移时，属于本罪的既遂。已经着手实行挪用行为，由于意志以外的原因未得逞的，构成本罪未遂。

(6) 挪用公款归个人使用，进行非法活动的，或者挪用公款数额较大、进行营利活动的，犯罪的追诉期限从挪用行为实施完毕之日起计算；挪用公款数额较大、超过 3 个月未还的，犯罪的追诉期限从挪用公款罪成立之日起计算。挪用公款行为有连续状态的，犯罪的追诉期限应当从最后一次挪用行为实施完毕之日或者犯罪成立之日起计算。

试题范例

1. (单项选择题) 下列选项中，属于挪用公款从事非法活动的是（　　）。

A. 甲挪用公款后，用公款赌博、嫖娼

B. 乙挪用公款后，给自己盖了栋别墅

C. 丙挪用公款后，将公款存入银行，达到“钱生钱”的目的

D. 丁挪用公款后，将公款用于炒股，结果股市大跌，丁损失惨重

2. (单项选择题) 关于挪用公款罪，下列说法中正确的是（　　）。

A. 以个人名义将公款供其他单位使用的，属于挪用公款归个人使用

B. 行为人挪用公款后未使用该公款的，构成挪用公款罪的未遂

C. 挪用公款以后，携带挪用的公款潜逃的，以挪用公款罪从重处罚

D. 挪用救灾、救济物资数量较大，归个人使用的，不构成挪用公款罪

3.（单项选择题）甲是A公司总经理，甲欠乙50万元。乙让甲还钱，甲提议以A公司钱款偿还债务，乙同意。甲遂将公司50万元钱款过户给乙，并在公司财物账目上记下自己欠50万元。三个月后，甲将账作平，至案发时也没有归还欠款。甲的行为构成（　　）。

A. 诈骗罪　　B. 挪用公款罪　　C. 挪用资金罪　　D. 贪污罪

4.（多项选择题）某国有银行副行长甲与朋友乙策划挪用公款，由甲利用职务便利将公款100万元挪用给乙开办公司，一年后，公款尚未归还。为了应付上级账目核对和财务审计，甲指使财务部主管丙进行暂时平账。不久案发。对此，下列表述中正确的是（　　）。

A. 甲、丙构成挪用公款罪共犯

B. 甲、丙构成贪污罪共犯

C. 甲构成挪用公款罪，乙不构成犯罪

D. 甲、乙构成挪用公款罪的事前通谋的共犯

答案： 1. A　2. A　3. D　4. AD

核心法条

《刑法》第385条　国家工作人员利用职务上的便利，索取他人财物的，或者非法收受他人财物，为他人谋取利益的，是受贿罪。

国家工作人员在经济往来中，违反国家规定，收受各种名义的回扣、手续费，归个人所有的，以受贿论处。

释解分析

本条规定的是受贿罪。受贿罪是指国家工作人员利用职务上的便利，索取他人财物的，或者非法收受他人财物，为他人谋取利益的行为。其构成要件有：(1) 侵犯客体是国家工作人员职务行为的廉洁性（或者职务行为的不可收买性）。受贿罪的实质在于以公权交换私利。(2) 客观方面表现为利用职务上的便利，索取他人财物的，或者非法收受他人财物，为他人谋取利益的行为。1) 构成本罪须“利用职务上的便利”。包括两种：利用本人职务上的便利，以及利用职务上有隶属关系的其他国家工作人员的职务便利。2) 受贿行为所索取、收受的是他人财物，该财物与职务行为有关联，被称为“贿赂”。3) 受贿罪包括索贿和一般形式的受贿两种形式。索贿，即利用职务之便，索取他人财物。索贿不要求以“为他人谋取利益”作为必要构成要件，只要索贿，就构成受贿罪。一般形式的受贿（收受贿赂），即利用职务之便，非法收受他人财物，为他人谋取利益。一般形式的受贿构成犯罪必须以为他人谋取利益为必要条件。为他人谋取利益，是指行为人意图为他人谋取利益，或者承诺为他人谋取利益，或者实际上已经为他人谋取到了利益。为他人谋取利益包括以下情况：已经为他人谋取了利益；已经为他人谋取了部分利益；已开始实施为他人谋取利益的行为；许诺（承诺）为他人谋取利益。为他人谋取利益的最低要求是一种许诺，不要求有谋取利益的实际行

为和结果；由于只要求有为他人谋取利益的许诺，故只要求收受了财物就是受贿的既遂，而不是待实际上为他人谋取利益之后才是受贿罪的既遂。具有下列情形之一的，应当认定为“为他人谋取利益”：①实际或者承诺为他人谋取利益的；②明知他人有具体请托事项的；③履职时未被请托，但事后基于该履职事由收受他人财物的。国家工作人员索取、收受具有上下级关系的下属或者具有行政管理关系的被管理人员的财物价值 3 万元以上，可能影响职权行使的，视为承诺为他人谋取利益。此外，一般形式的受贿即收受贿赂还包括约定方式的受贿行为，即《刑法》第 385 条第 2 款规定：“国家工作人员在经济往来中，违反国家规定，收受各种名义的回扣、手续费，归个人所有的，以受贿论处。”这是受贿罪的特别犯罪构成。(3) 犯罪主体是特殊主体，即国家工作人员。(4) 主观方面表现为故意。特定关系人索取、收受他人财物，国家工作人员知道后未退还或者未上交的，应当认定国家工作人员具有受贿故意；但是，国家工作人员要求特定关系人及时退还或者上交，特定关系人隐瞒真相没有退还或者上交的，国家工作人员没有受贿故意。

受贿罪的犯罪形态：(1) 受贿罪以取得、控制贿赂为既遂。行为人控制了有价票证可随时兑现，即认为是既遂。(2) 行为人收受毒品、淫秽物品等违禁品的，不计算数额，根据情节轻重量刑。收受假烟、假酒、假币等，仍然属于受贿罪的犯罪对象，可以成立受贿罪既遂。

受贿罪的共犯：(1) 一般公民与国家工作人员相勾结，伙同受贿的，以受贿罪的共犯论处。(2) 国家工作人员利用职务上的便利为请托人谋取利益，授意请托人将有关财物给予其近亲属、情人以及其他共同利害关系人的，以受贿罪论处；实施前述行为的国家工作人员的近亲属、情人以及其他共同利害关系人等特定关系人，以受贿罪的共犯论处。

受贿罪和贪污罪的区别有：(1) 犯罪主体的范围有所不同。受贿罪的主体仅限于国家工作人员，贪污罪的主体还包括受委托管理、经营国有财产的人员。(2) 犯罪目的的内容不同。受贿罪在主观上表现为以非法占有他人或者其他单位的公私财物为目的；贪污罪在主观上则表现为以非法占有自己主管、管理、经手的公共财物为目的。(3) 行为对象不同。受贿罪的对象既包括公共财物，也包括公民私有的财物；贪污罪的行为对象是公共财物。(4) 行为方式不同。受贿罪是利用职务之便向他人索取财物，或者非法收受他人财物，为他人谋取利益；贪污罪则使用侵吞、窃取、骗取等方法，非法占有自己主管、管理、经手的公共财物。

受贿罪的罪数：(1) 司法工作人员贪赃枉法，既有受贿行为，又有为他人谋取不正当利益而徇私枉法、枉法裁判、执行判决滥用职权行为的，应当依照处罚较重的规定处罚。(2) 因挪用公款索取、收受贿赂构成犯罪的，以受贿罪和挪用公款罪实行数罪并罚。

受贿罪的处罚：犯受贿罪，被判处死刑缓期 2 年执行的，人民法院根据犯罪情节可以同时决定在其死刑缓期执行 2 年期满依法减为无期徒刑后，终身监禁，不得减刑、假释。

法条分析

(1) 条文中的“利用职务上的便利”应如何理解？

(2) 条文中的“为他人谋取利益”应如何理解？

(3) 条文中的“财物”的范围应如何理解？

(4) 如何认定受贿罪的既遂？收受请托人房屋、汽车等物品，但并未办理或者借用他人名义办理权属变更登记的，成立受贿罪既遂还是未遂？

答案：（1）利用职务上的便利是指利用本人职务范围内的权力，即自己职务上主管、负责或者承办某项公共事务的职权及其所形成的便利条件。

（2）为他人谋取利益包括承诺、实施和实现三个阶段的行为。只要具有其中一个阶段的行为，如国家工作人员收受他人财物时，根据他人提出的具体请托事项，承诺为他人谋取利益的，就具备了为他人谋取利益的要件。明知他人具体请托事项而收受其财物的，视为承诺为他人谋取利益。

（3）财物包括货币、物品和财产性利益。财产性利益包括可以折算为货币的物质利益和房屋装修、债务免除等，以及需要支付货币的其他利益如会员服务、旅游等。

（4）受贿人实际取得行贿人（请托人）给付的财物、实际受领财产性利益时，构成受贿罪的既遂。收受请托人房屋、汽车等物品，但并未办理或者借用他人名义办理权属变更登记的，成立受贿罪既遂。

试题范例

1.（单项选择题）甲在国家机关任职，乙有求于甲的职务行为，给甲送上5万元的好处费。甲答应给乙办事，但因故未能办成。乙见事未办成，要求甲退回好处费，甲拒不退还，并威胁乙如果再来要钱就告乙行贿。甲的行为构成（　　）。

A. 受贿罪　　B. 诈骗罪

C. 敲诈勒索罪　　D. 受贿罪与敲诈勒索罪

2.（单项选择题）甲找到某国有企业出纳乙称自己公司生意困难，让乙想办法提供点资金，并许诺给乙好处。乙便找机会从公司账户拿出150万元借给甲。甲从中拿了2万元给乙。之后，甲因违法行为被公安机关逮捕，乙害怕受牵连，携带100万元公款潜逃。关于乙的行为的定性，下列表述中正确的是（　　）。

A. 构成挪用公款罪与受贿罪，应择一重罪处罚

B. 应以挪用资金罪、职务侵占罪论处，数罪并罚

C. 应以挪用公款罪、贪污罪论处，实行数罪并罚

D. 应以挪用公款罪、贪污罪、受贿罪论处，实行数罪并罚

3.（多项选择题）下列情形中，可以构成受贿罪的有（　　）。

A. 利用自己的职务便利，为请托人谋取利益

B. 利用自己的职务便利，为请托人谋取不正当利益

C. 利用自己所处地位形成的便利条件，通过其他国家工作人员职务上的行为，为请托人谋取正当利益

D. 利用自己所处地位形成的便利条件，通过其他国家工作人员职务上的行为，为请托人谋取不正当利益

答案： 1. A　2. D　3. ABD

核心法条

《刑法》第388条　国家工作人员利用本人职权或者地位形成的便利条件，通过其他

国家工作人员职务上的行为，为请托人谋取不正当利益，索取请托人财物或者收受请托人财物的，以受贿论处。

释解分析

本条规定的是斡旋受贿。斡旋受贿是指国家工作人员利用本人职权或者地位形成的便利条件，通过其他国家工作人员职务上的行为，为请托人谋取不正当利益，索取请托人财物或者收受请托人财物的行为。其构成要件有：(1) 行为人利用本人职权或者地位形成的便利条件，通过其他国家工作人员职务上的行为，而不是直接利用自己职务范围内的权力。(2) 接受他人请托，使其他国家工作人员实施（包括放弃）职务上的行为，为请托人谋取不正当利益。(3) 向请托人索取财物或者收受请托人的财物。

法条分析

(1) 本条规定的是何种法律制度？其含义是什么？

(2) 如何理解本条中的“国家工作人员”的范围？

(3) 如何理解本条中的“利用本人职权或者地位形成的便利条件”？

(4) 如何理解本条规定的“为请托人谋取不正当利益”中的“不正当”？

(5) 为请托人谋取正当利益的，是否构成斡旋受贿？

答案：(1) 斡旋受贿。斡旋受贿是指国家工作人员利用本人职权或者地位形成的便利条件，通过其他国家工作人员职务上的行为，为请托人谋取不正当利益，索取请托人财物或者收受请托人财物的行为。

(2) 国家工作人员具体包括：①国家机关中从事公务的人员。②国有公司、企业、事业单位、人民团体中从事公务的人员。③国家机关、国有公司、企业、事业单位委派到非国有公司、企业、事业单位、社会团体从事公务的人员。④其他依照法律从事公务的人员。

(3) 利用本人职权或者地位形成的便利条件，就是指国家工作人员利用本人的职权和地位产生的影响和一定的工作联系而形成的影响和制约关系，包括上下级关系、同级同事关系、下上级关系等。

(4) 为请托人谋取的利益须为不正当利益，行为人只要认识到请托人的事项不正当，客观上许诺为请托人谋取该不正当利益即可构成斡旋受贿，而无须主观上有谋利意图，也无须谋取到了不正当利益。

(5) 不构成斡旋受贿。

试题范例

（单项选择题）下列选项中，构成斡旋受贿的是（　　）。

A. 民办学校校长张某收受了某学生家长的红包，委托本校老师伪造该生的成绩单

B. 李董事长送了审计司司长太太一部轿车，成功使得自己的企业逃过审计审查

C. 海关负责海外货品清关的小赵，时常收到海外代购商的礼物，并帮他们逃税

D. 警察孙某请交管局的老同事帮小李删除违章记录，并向小李索要一笔好处费

答案：D

核心法条

《刑法》第389条　为谋取不正当利益，给予国家工作人员以财物的，是行贿罪。

在经济往来中，违反国家规定，给予国家工作人员以财物，数额较大的，或者违反国家规定，给予国家工作人员以各种名义的回扣、手续费的，以行贿论处。

因被勒索给予国家工作人员以财物，没有获得不正当利益的，不是行贿。

释解分析

本条规定的是行贿罪。行贿罪是指为谋取不正当利益，给予国家工作人员以财物的行为。其构成要件有：(1) 侵犯客体是国家工作人员职务行为的廉洁性。(2) 客观方面表现为行为人为谋取不正当利益，给予国家工作人员以财物的行为。(3) 犯罪主体是一般主体即自然人。(4) 主观方面表现为故意，并且具有谋取不正当利益的目的。

行贿罪的罪数：(1) 行贿人在行贿过程中必然要求受贿人为其谋取不正当利益，并借助该不正当利益进一步实施独立的犯罪行为，从而可能构成其他犯罪，相关罪行已经超越了行贿罪的构成要件，构成独立的新罪，应当分别定罪，实行数罪并罚。(2) 通过赌博或者为国家工作人员赌博提供资金的形式实施行贿行为，以行贿罪论处。(3) 行贿人给予司法机关工作人员以财物，要求其枉法裁判或者私放在押人员的，构成行贿罪与徇私枉法罪，民事、行政枉法裁判罪，私放在押人员罪的想象竞合犯，择一重罪处罚。

法条分析

(1) 如何理解本条中的"行贿"？

(2) 条文中的"谋取不正当利益"应如何理解？

(3) 条文中的"违反国家规定"应如何理解？

(4) 如何理解本条第3款规定？

(5) 因行贿人在被追诉前主动交代行贿行为而破获相关受贿案件的，对行贿人是否适用立功的规定？应如何处理？

(6) 行贿人揭发受贿人与其行贿行为无关的其他犯罪行为，是否属于立功？如何处罚？

答案：(1) 行贿是指请托人为谋取不正当利益，给予国家工作人员以财物的行为。

(2) 谋取不正当利益是指行贿人谋取违反法律、法规、规章或者政策规定的利益，或者要求对方违反法律、法规、规章、政策、行业规范的规定提供帮助或者方便条件。在招标投标、政府采购等商业活动中，违背公平、公正原则，在经济、组织人事管理活动中，谋取竞争优势的，属于"谋取不正当利益"。

(3) 违反国家规定是指违反国家法律、行政法规关于经济往来中给予国家工作人员礼物、回扣、手续费，只能在账内公开给予，而不得在账外暗中给予的规定。

(4) 行贿行为只限于主动行为，如果是被勒索而给予国家工作人员以财物，没有获得不正当利益的，不构成犯罪。

(5) 行贿人不属于立功。对行贿人可以减轻或者免除处罚。

(6) 行贿人属于立功。对行贿人可以从轻、减轻或者免除处罚。

试题范例

（单项选择题）甲欲投资某饭店的加层扩建项目。加层扩建部分双方四六分成。但办理饭店加层扩建手续需要经有关城建规划部门的批准。该饭店的经理乙称有办法办理加层手续，但需要费用。甲拿出 15 万元给乙，让乙负责办理加层手续。乙找到城建规划管理部门某处长丙，给丙 15 万元，丙利用职务便利办妥了加层手续。对此，下列表述中正确的是（　　）。

A. 甲构成行贿罪　B. 乙构成受贿罪　C. 甲不构成行贿罪　D. 丙不构成受贿罪

答案：C

核心法条

《刑法》第 395 条第 1 款　国家工作人员的财产、支出明显超过合法收入，差额巨大的，可以责令该国家工作人员说明来源，不能说明来源的，差额部分以非法所得论，处五年以下有期徒刑或者拘役；差额特别巨大的，处五年以上十年以下有期徒刑。财产的差额部分予以追缴。

释解分析

本款规定的是巨额财产来源不明罪。巨额财产来源不明罪是指国家工作人员的财产或者支出明显超过合法收入，差额巨大，而本人又不能说明其来源合法的行为。其构成要件有：（1）侵犯客体是国家工作人员职务行为的廉洁性、国家的廉政建设制度和公私财产的所有权。（2）客观方面表现为行为人的财产或者支出明显超过合法收入，差额巨大，而本人又不能说明其来源合法的行为。（3）犯罪主体是特殊主体，即国家工作人员。（4）主观方面表现为故意。

法条分析

（1）条文中的“不能说明”包括哪些情形？

（2）条文中的“非法所得”应如何计算？

（3）条文中的“差额部分”应如何处理？

（4）条文规定之罪的最长追诉期限是多少？

答案：（1）“不能说明”，包括以下情况：①行为人拒不说明财产来源；②行为人无法说明财产的具体来源；③行为人所说的财产来源经司法机关查证并不属实；④行为人所说的财产来源因线索不具体等原因，司法机关无法查实，但能排除存在来源合法的可能性和合理性的。

（2）“非法所得”，一般是指行为人的全部财产与能够认定的所有支出的总和减去能够证实的有真实来源的所得。

（3）应予追缴。

（4）15 年。

试题范例

（多项选择题）国家工作人员甲与民办小学教师乙是夫妻。甲、乙支出明显超过合法收入，差额达到500万元。甲、乙拒绝说明财产来源。一审中，甲交代500万元系受贿所得，经查证属实。对此，下列说法中正确的是（　）。

A. 甲构成受贿罪　　B. 甲不构成巨额财产来源不明罪

C. 乙不构成巨额财产来源不明罪　　D. 乙构成掩饰、隐瞒犯罪所得罪

答案：ABC

十八、渎职罪

核心法条

《刑法》第397条　国家机关工作人员滥用职权或者玩忽职守，致使公共财产、国家和人民利益遭受重大损失的，处三年以下有期徒刑或者拘役；情节特别严重的，处三年以上七年以下有期徒刑。本法另有规定的，依照规定。

国家机关工作人员徇私舞弊，犯前款罪的，处五年以下有期徒刑或者拘役；情节特别严重的，处五年以上十年以下有期徒刑。本法另有规定的，依照规定。

释解分析

本条规定的是滥用职权罪、玩忽职守罪。滥用职权罪是指国家机关工作人员滥用职权，致使公共财产、国家和人民利益遭受重大损失的行为。其构成要件有：（1）侵犯客体是国家机关的正常管理活动，即各级各类国家机关对社会各领域的管理活动。（2）客观方面表现为违反法律规定的权限和程序，滥用职权，致使公共财产、国家和人民利益遭受重大损失的行为。（3）犯罪主体是特殊主体，即国家机关工作人员。（4）主观方面表现为故意。

玩忽职守罪是指国家机关工作人员玩忽职守，致使公共财产、国家和人民利益遭受重大损失的行为。其构成要件有：（1）侵犯客体是国家机关的正常管理活动。（2）客观方面表现为行为人严重不负责任，工作中草率马虎，不履行或者不正确履行职务，致使公共财产、国家和人民利益遭受重大损失的行为。（3）犯罪主体是特殊主体，即国家机关工作人员。（4）主观方面表现为过失。

法条分析

（1）本条中的“国家机关工作人员”应如何理解？

（2）本条中的“滥用职权”应如何理解？

（3）本条中的“玩忽职守”应如何理解？

（4）如何理解本条中的“徇私舞弊”？

答案：（1）国家机关工作人员是指国家机关中从事公务的人员。

（2）滥用职权是指国家机关工作人员超越职权，违法决定、处理其无权决定、处理的事项，或者违反规定处理公务的行为。

（3）玩忽职守是指国家机关工作人员严重不负责任，不履行或者不正确履行职责的行为。

（4）徇私舞弊是指国家机关工作人员为徇私情、徇私利而弄虚作假、玩弄职权的行为。

试题范例

1.（单项选择题）下列行为中，构成滥用职权罪的是（　　）。

A. 法官甲执行判决时严重不负责任，因未履行法定执行职责，致使当事人利益遭受重大损失

B. 值班警察乙与女友电话聊天时接到杀人报警，又闲聊15分钟后才赶往现场，因延迟出警，致使被害人被杀、歹徒逃走

C. 税务局工作人员丙发现某外贸公司有偷逃关税的情况，便对该外贸公司的货物采取扣留措施，给外贸公司造成特别重大损失

D. 执行法官丁在周某提交法院生效判决向其申请强制执行时，因其与周某有矛盾，明知其符合申请强制执行条件，而故意不予受理，导致周某遭受特别重大损失

2.（单项选择题）刑警曾某办理冯某抢劫案，明知冯某被取保候审后未定期到派出所报到，曾某也未依法传唤冯某或将案件移送起诉或变更强制措施。其间，冯某再次犯罪。曾某的行为构成（　　）。

A. 滥用职权罪　　B. 玩忽职守罪　　C. 徇私枉法罪　　D. 私放在押人员罪

答案：1. C　2. B

核心法条

《刑法》第399条　司法工作人员徇私枉法、徇情枉法，对明知是无罪的人而使他受追诉、对明知是有罪的人而故意包庇不使他受追诉，或者在刑事审判活动中故意违背事实和法律作枉法裁判的，处五年以下有期徒刑或者拘役；情节严重的，处五年以上十年以下有期徒刑；情节特别严重的，处十年以上有期徒刑。

在民事、行政审判活动中故意违背事实和法律作枉法裁判，情节严重的，处五年以下有期徒刑或者拘役；情节特别严重的，处五年以上十年以下有期徒刑。

在执行判决、裁定活动中，严重不负责任或者滥用职权，不依法采取诉讼保全措施、不履行法定执行职责，或者违法采取诉讼保全措施、强制执行措施，致使当事人或者其他人的利益遭受重大损失的，处五年以下有期徒刑或者拘役；致使当事人或者其他人的利益遭受特别重大损失的，处五年以上十年以下有期徒刑。

司法工作人员收受贿赂，有前三款行为的，同时又构成本法第三百八十五条规定之罪的，依照处罚较重的规定定罪处罚。

释解分析

本条规定的是徇私枉法罪，民事、行政枉法裁判罪，执行判决、裁定失职罪，执行判

决、裁定滥用职权罪。徇私枉法罪是指司法工作人员徇私枉法、徇情枉法，在刑事诉讼中，对明知是无罪的人而使他受追诉、对明知是有罪的人而故意包庇不使他受追诉，或者在刑事审判活动中故意违背事实和法律作枉法裁判的行为。其构成要件有：(1) 侵犯客体是国家司法机关的正常活动与国家的司法公正。(2) 客观方面表现为利用司法职务上的便利，违背事实和法律，在追诉或者刑事审判活动中实施了徇私枉法、徇情枉法的行为，即对明知是无罪的人而使他受追诉、对明知是有罪的人而故意包庇不使他受追诉，或者在刑事审判活动中故意违背事实和法律作枉法裁判的行为。(3) 犯罪主体是特殊主体，即司法工作人员。(4) 主观方面表现为故意，即出于私情、私利有意枉法追诉、包庇、裁判。

民事、行政枉法裁判罪是指司法工作人员在民事、行政审判活动中故意违背事实和法律作枉法裁判，情节严重的行为。其构成要件有：(1) 侵犯客体是人民法院的正常审判活动与审判公正。(2) 客观方面表现为在民事、行政审判活动中作出违背事实和法律的判决、裁判，情节严重的行为。(3) 犯罪主体是特殊主体，限于在民事、行政诉讼过程中负有审判职责的人员。(4) 主观方面表现为故意。

执行判决、裁定失职罪是指司法工作人员在执行判决、裁定活动中，严重不负责任，不依法采取诉讼保全措施、不履行法定执行职责，致使当事人或者其他人的利益遭受重大损失的行为。其构成要件有：(1) 侵犯客体是人民法院正常的执行活动。(2) 客观方面表现为在执行判决、裁定活动中，严重不负责任，不依法采取诉讼保全措施、不履行法定执行职责，致使当事人或者其他人的利益遭受重大损失的行为。(3) 犯罪主体为特殊主体，限于司法工作人员。(4) 主观方面表现为过失。

执行判决、裁定滥用职权罪是指司法工作人员在执行判决、裁定活动中，滥用职权，违法采取保全措施、强制执行措施，致使当事人或者其他人的利益遭受重大损失的行为。其构成要件有：(1) 侵犯客体是人民法院正常的执行活动。(2) 客观方面表现为在执行判决、裁定活动中，滥用职权，违法采取保全措施、强制执行措施，致使当事人或者其他人的利益遭受重大损失的行为。(3) 犯罪主体是特殊主体，限于司法工作人员。(4) 主观方面表现为故意。

法条分析

(1) 本条规定之罪的罪名有哪些？

(2) 本条中的“司法工作人员”应如何理解？非司法工作人员与司法工作人员勾结，共同实施徇私枉法行为，构成犯罪的，应如何处理？

(3) 本条中的“徇私枉法”“徇情枉法”应如何理解？

(4) 本条中的“对明知是无罪的人而使他受追诉”“对明知是有罪的人而故意包庇不使他受追诉”“枉法裁判”应如何理解？

(5) 司法工作人员因受贿而徇私枉法的，应如何处理？

(6) 司法工作人员徇私枉法情节特别严重的，其追诉期限应如何确定？

(7) 司法工作人员收受他人财物构成犯罪，又犯民事、行政枉法裁判罪的，应如何处理？

答案：(1) 徇私枉法罪，民事、行政枉法裁判罪，执行判决、裁定失职罪，执行判决、裁定滥用职权罪。

(2) 司法工作人员是指有侦查、检察、审判、监管职责的工作人员。非司法工作人员与司法工作人员勾结，共同实施徇私枉法行为，构成犯罪的，以徇私枉法罪共犯论处。

(3) 徇私枉法是指为了谋取个人利益或者小团体的利益而枉法；徇情枉法是指出于个人情谊而枉法。

(4) “对明知是无罪的人而使他受追诉”是指对明知是无罪的人而故意予以立案、侦查，用刑事强制措施限制其人身自由，提起公诉、进行审判等。

“对明知是有罪的人而故意包庇不使他受追诉”是指对有确凿事实证明其实施犯罪的人，采取伪造、隐匿、毁灭证据或其他隐瞒事实、违背法律的手段，故意包庇使其不受侦查、起诉或审判。

枉法裁判是指行为人故意对有罪者作出无罪判决，对无罪者作出有罪判决，或者重罪轻判、轻罪重判。

(5) 司法工作人员因受贿而徇私枉法的，应当择一重罪处断，不实行数罪并罚。

(6) 司法工作人员徇私枉法情节特别严重的，其追诉期限为 15 年。

(7) 属于牵连犯，应择一重罪处断。

试题范例

1. (单项选择题) 法官甲收受被告乙送的 20 万元现金，在民事审判中故意违背事实，枉法裁判。原告不服判决、当庭自残。关于本案，下列表述中正确的是（　　）。

A. 对甲、乙以民事枉法裁判罪的共同犯罪处罚

B. 对甲以民事枉法裁判罪定罪处罚，对乙以行贿罪定罪处罚

C. 对甲以民事枉法裁判罪和受贿罪数罪并罚，对乙以行贿罪定罪处罚

D. 对甲以民事枉法裁判罪和受贿罪择一重罪定罪处罚，对乙以行贿罪定罪处罚

2. (单项选择题) 下列情形中，构成徇私枉法罪的是（　　）。

A. 某看守所警察甲利用值班之机，徇私情故意放跑因受贿罪被关押的犯罪嫌疑人刘某

B. 某法院法官乙在行政案件审判中故意曲解法律，偏袒原告，作出违背事实与法律的判决，情节严重

C. 警察丙在对陈某的抢夺行为进行侦查过程中，因接受陈某家属的吃请而隐匿陈某犯罪的证据

D. 警察丁为使其仇人王某受刑事追究，捏造王某犯罪的事实，向人民检察院举报，致使王某被无辜羁押 100 天

答案： 1. D　2. C

核心法条

《刑法》第 414 条　对生产、销售伪劣商品犯罪行为负有追究责任的国家机关工作人员，徇私舞弊，不履行法律规定的追究职责，情节严重的，处五年以下有期徒刑或者拘役。

释解分析

本条规定的是放纵制售伪劣商品犯罪行为罪。放纵制售伪劣商品犯罪行为罪是指对生

产、销售伪劣商品犯罪行为负有追究责任的国家机关工作人员，徇私舞弊，不履行法律规定的追究职责，情节严重的行为。其构成要件有：(1) 侵犯客体是国家对制售伪劣商品犯罪行为的查处追诉活动。(2) 客观方面表现为针对生产、销售伪劣商品的犯罪行为，徇私舞弊，不履行法律规定的追究职责，情节严重的行为。(3) 犯罪主体为特殊主体，即对生产、销售伪劣商品犯罪行为负有追究责任的国家机关工作人员。(4) 主观方面表现为故意。

法条分析

(1) 本条中的"徇私舞弊"应如何理解？

(2) 本条中的"不履行法律规定的追究职责"的情形有哪些？

(3) 如果行为人的行为符合生产、销售伪劣产品罪（共犯）又犯本罪的，应如何处理？

答案：(1) 徇私舞弊是指国家机关工作人员为徇私情、徇私利而弄虚作假、玩弄职权的行为。

(2) 情形有：①不履行刑法规定的追究刑事责任的职责，主要表现为不将该罪犯提交司法机关处理；②不履行法律规定的追究其他法律责任的职责。

(3) 行为人的行为符合生产、销售伪劣产品罪共犯，又符合放纵制售伪劣商品犯罪行为罪的，应择一重罪处断。

试题范例

(单项选择题) 甲是对生产、销售伪劣商品案件负有追究责任的国家机关工作人员，其在履行职责过程中收受乙的巨额贿赂，放纵乙生产、销售有毒、有害食品和药品犯罪行为，致使国家和人民利益遭受重大损失。甲的行为构成（　　）。

A. 食品、药品监管渎职罪　　B. 放纵制售伪劣商品犯罪行为罪

C. 徇私枉法罪　　D. 滥用职权罪

答案：B

核心法条

《刑法》第 416 条第 1 款　对被拐卖、绑架的妇女、儿童负有解救职责的国家机关工作人员，接到被拐卖、绑架的妇女、儿童及其家属的解救要求或者接到其他人的举报，而对被拐卖、绑架的妇女、儿童不进行解救，造成严重后果的，处五年以下有期徒刑或者拘役。

释解分析

本款规定的是不解救被拐卖、绑架妇女、儿童罪。不解救被拐卖、绑架妇女、儿童罪是指对被拐卖、绑架的妇女、儿童负有解救职责的国家机关工作人员，接到被拐卖、绑架的妇女、儿童及其家属的解救要求或者接到其他人的举报，而对被拐卖、绑架的妇女、儿童不进行解救，造成严重后果的行为。其构成要件有：(1) 侵犯的客体是国家机关的正常管理活动和妇女、儿童的人身自由权利。(2) 客观方面表现为接到被拐卖、绑架的妇女、儿童及其家属的解救要求或者接到其他人的举报，而对被拐卖、绑架的妇女、儿童不进行解救，造成严

重后果的行为。(3) 犯罪主体是特殊主体，即对被拐卖、绑架的妇女、儿童负有解救职责的国家机关工作人员。(4) 主观方面表现为故意，且要求行为人必须对妇女、儿童被拐卖、绑架的事实存在明知。

法条分析

(1) 如何理解本款规定之罪的行为方式?

(2) 如何理解本款中的“解救要求”?

(3) 如何理解本款中的“举报”?

答案：(1) 不作为犯。

(2)“解救要求”是指被拐卖、绑架的妇女、儿童及其家属在自己或其家属被拐卖、绑架后，向有关部门及其工作人员提出的救助请求。

(3)“举报”是指被拐卖、绑架的妇女、儿童及其家属以外的其他公民就妇女、儿童被拐卖、绑架事实，向国家机关及其工作人员进行检举和报告。

试题范例

(单项选择题) 公安机关工作人员甲不解救被拐卖的妇女乙，导致乙死亡。甲的行为构成（　　）。

A. 滥用职权罪和过失致人死亡罪，数罪并罚

B. 不解救被拐卖妇女罪

C. 不解救被拐卖妇女罪和过失致人死亡罪，数罪并罚

D. 不解救被拐卖妇女罪和故意杀人罪，数罪并罚

答案：B

民法学

一、绪论

核心法条

《民法典》第 2 条　民法调整平等主体的自然人、法人和非法人组织之间的人身关系和财产关系。

释解分析

本条规定的是民法的概念。民法是调整平等主体的自然人、法人和非法人组织之间的人身关系和财产关系的法律规范的总和。从调整对象上看，民法的调整对象包括人身关系和财产关系。人身关系是指平等主体之间基于人格或身份而发生的，与人身不可分离，不具有直接财产内容的权利义务关系。财产关系是指平等主体之间以财产归属和财产流转为主要内容的权利义务关系。从性质上看，民法是私法，是调整市场经济关系的基本法，是调整市民社会关系的基本法，是权利法，是实体法。

民法有形式意义上的民法和实质意义上的民法之分。形式意义上的民法是指由立法机关编纂成《民法典》的民法规范体系。实质意义上的民法是指具备民法实质内容的民事法律规范体系，包括《民法典》和其他民事法律、法规。

民法有广义的民法和狭义的民法之分。广义的民法是指一切调整平等主体之间的人身关系和财产关系的成文法和不成文法、民事基本法和民事特别法的总和。狭义的民法仅指系统编纂成《民法典》的民事法律规范体系。

民法典在中国特色社会主义法律体系中具有重要地位，是一部固根本、稳预期、利长远的基础性法律，对推进全面依法治国、加快建设社会主义法治国家，对发展社会主义市场经济、巩固社会主义基本经济制度，对坚持以人民为中心的发展思想、依法维护人民权益、推动我国人权事业发展，对推进国家治理体系和治理能力现代化，都具有重大意义。

法条分析

（1）如何理解条文中的“法人”？

（2）如何理解条文中的“非法人组织”？

（3）如何理解条文中的民法调整的“人身关系”？其特征有哪些？

（4）如何理解条文中的民法调整的“财产关系”？其特征有哪些？

答案：（1）法人是指具有民事权利能力，依法独立享有民事权利和承担民事义务的组织。

（2）非法人组织是指不具有法人资格，但是能够依法以自己的名义从事民事活动的组织。

（3）民法调整的人身关系，是指平等主体之间基于人格或身份而发生的，与人身不可分离，不具有直接财产内容的权利义务关系。其特征有：主体地位平等；与人身不可分离；虽然不具有直接的财产内容，但是某些人身关系是财产关系产生的前提条件。

（4）民法调整的财产关系，是指平等主体之间以财产归属和财产流转为主要内容的权利义务关系。其特征有：主体地位平等；主体意思表示自由；其基本内容包括财产归属关系和财产流转关系；其在利益实现方面大多具有有偿的特点。

试题范例

（单项选择题）下列选项中，不属于民法性质的是（　　）。

A. 权利法　　B. 实体法　　C. 公法　　D. 市民社会关系基本法

答案： C

核心法条

《民法典》第 4 条　民事主体在民事活动中的法律地位一律平等。

释解分析

本条规定的是平等原则。平等原则是指民事主体在法律地位上是平等的，其合法权益应当平等地受到法律保护。平等原则是由民法调整的社会关系的性质决定的，没有平等就没有民法，市场经济最本质的特征就体现在主体之间的平等性上。

法条分析

（1）本条规定的民法原则的含义是什么？

（2）本条规定的基本原则在民法中的具体表现有哪些？

答案：（1）平等原则是指民事主体在法律地位上是平等的，其合法权益应当平等地受到法律保护。

（2）平等原则具体表现在：①自然人的民事权利能力一律平等。②不同民事主体参与民事法律关系适用同一法律，处于平等的地位。③民事主体在民事法律关系中必须平等协商。④对权利予以平等的保护。

试题范例

（多项选择题）下列选项中，体现平等原则要求的有（　　）。

A. 自然人的民事权利能力一律平等

B. 不同民事主体参与民事法律关系适用同一法律，处于平等的地位

C. 民事主体在民事法律关系中必须平等协商

D. 对权利予以平等的保护

答案： ABCD

核心法条

《民法典》第 5 条　民事主体从事民事活动，应当遵循自愿原则，按照自己的意思设立、变更、终止民事法律关系。

释解分析

本条规定的是自愿原则。自愿原则，又称意思自治原则，是私法自治和民法理念的体现，民法最重要的使命就是确认并保证民事主体自由的实现。

法条分析

（1）自愿原则的含义是什么？

（2）如何理解条文中的“民事法律关系”？

（3）本条规定的基本原则在民法中的具体表现有哪些？

答案：（1）自愿原则是指民事主体在从事民事活动时，在法律允许的范围内自由表达自己的意愿，并按其意愿设立、变更、终止民事法律关系。

（2）民事法律关系是指由民事法律规范所确立的以民事权利和民事义务为主要内容的法律关系。

（3）自愿原则具体表现在：①民事主体有权自主决定是否参加民事活动以及如何参加民事活动。②民事主体应当以平等协商的方式从事民事活动，就民事法律关系的设立、变更、终止达成合意。③在法律允许的范围内，民事主体有权依其意愿自主作出决定，并对其自由表达的真实意愿负责，任何组织和个人不得非法干预。

试题范例

（单项选择题）下列民事法律关系中，不体现自愿原则的是（　　）。

A. 合同自由　　B. 婚姻自由　　C. 遗嘱自由　　D. 物权设定自由

答案：D

核心法条

《民法典》第6条　民事主体从事民事活动，应当遵循公平原则，合理确定各方的权利和义务。

释解分析

本条规定的是公平原则。公平原则是将市场经济活动中公平交易和公平竞争的道德准则上升为法律原则的结果。这一原则对于维护市场经济秩序、弥补法律漏洞有重要意义。我国民法确立了许多体现公平原则的制度，如显失公平制度、情事变更规则，以及侵权责任上的法定分担损失规则等。

法条分析

（1）如何理解条文中的“民事主体”？

（2）如何理解本条中的“公平原则”？

（3）公平原则在民法中的具体表现有哪些？

答案：（1）民事主体是参加民事法律关系，享有民事权利和承担民事义务的人。

(2) 公平原则是指民事主体应当本着公平的理念从事民事活动，司法机关应当根据公平的理念处理民事纠纷。

(3) 公平原则具体表现在：①民事主体在从事民事法律活动时，应当本着公平的理念合理地确定权利义务关系，并且正当地行使权利、履行义务，兼顾他人利益和社会公共利益。②司法机关在处理民事纠纷的过程中应当做到公平合理。

试题范例

(多项选择题) 下列民事制度中，体现公平原则的有（　　）。

A. 情事变更规则　　B. 显失公平制度

C. 法定分担损失规则　　D. 司法机关公平合理处理民事纠纷

答案：ABCD

核心法条

《民法典》第7条　民事主体从事民事活动，应当遵循诚信原则，秉持诚实，恪守承诺。

释解分析

本条规定的是诚实信用原则。诚实信用原则是市场经济活动中的一项基本道德准则。民法将这一道德准则上升为法律原则，要求民事主体在民事活动的过程中维持民事主体之间的利益平衡以及当事人利益和社会利益之间的平衡。诚实信用原则贯穿民法规定之始终，如缔约过失责任、基于诚信原则产生的附随义务、权利的善意行使，以及侵权责任上的安全保障义务等，都体现了诚实信用原则。

法条分析

(1) 如何理解条文中的“诚信原则”?

(2) 诚信原则在民法中的具体表现有哪些?

答案：(1) 诚信原则是指民事主体在从事民事活动时，应当诚实守信，正当地行使民事权利并履行民事义务，不实施欺诈和规避法律的行为，在不损害他人利益和社会利益的前提下追求自己的利益。

(2) 诚信原则具体表现在：①民事主体在从事民事活动时，必须将有关事项和真实情况如实告知对方，禁止隐瞒事实真相和欺骗对方当事人。②民事主体之间一旦作出意思表示并且达成合意，就必须重合同、守信用，正当地行使权利和履行义务。法律禁止当事人背信弃义、擅自毁约的行为。③民事活动过程中发生损害，民事主体双方均应及时采取合理的补救措施，避免和减少损失。

试题范例

1. (单项选择题) 下列选项中，不属于民法典规定的基本原则的是（　　）。

A. 平等原则　　B. 等价有偿原则

C. 意思自治原则　　D. 诚实信用原则

2.（单项选择题）甲商店将一双国产皮鞋标为意大利产皮鞋卖给顾客乙。就民法的基本原则而言，甲商店违反了（　　）。

A. 公平原则　　B. 公序良俗原则

C. 诚实信用原则　　D. 自愿原则

答案：1. B　2. C

核心法条

《民法典》第 8 条　民事主体从事民事活动，不得违反法律，不得违背公序良俗。

释解分析

本条规定的是合法原则和公序良俗原则。在我国的法律体系中，有以行政管理性的法律关系为主要规范对象的公法规范，民事活动必须在其秩序框架中进行，尤其是民事法律行为效力的判断中，违反法律的效力性强制性规定的，会导致民事法律行为无效。民事主体行使民事权利也不是绝对自由的，应当受到国家法律等的必要约束和限制，从而协调个人利益和国家利益的关系，维持社会的正常秩序。

公序良俗原则是现代民法的一项重要法律原则，具有维护社会一般利益以及一般道德观念的重要功能。民法规范的禁止性规定不可能涵盖一切损害社会公共利益和道德秩序的行为，因而需要依据公序良俗原则授予法官自由裁量权以处理民事案件。

法条分析

（1）条文中的“不得违反法律”体现的是何种基本原则？其具体含义和功能是什么？

（2）条文中的“不得违背公序良俗”体现的是何种基本原则？其基本含义和功能是什么？

答案：（1）“不得违反法律”体现的是合法原则。其具体含义是指民事主体在从事民事活动时，应当符合法律尤其是公法规范的要求。合法原则的功能在于确定民事法律行为的效力，协调个人利益和社会利益的关系，维持社会的正常秩序。

（2）“不得违背公序良俗”体现的是公序良俗原则。其基本含义是指民事主体从事民事活动的内容和目的不得违反公共秩序和善良风俗。公序良俗原则的功能是维护社会一般利益以及一般道德观念。

试题范例

1.（单项选择题）下列选项中，违反公序良俗原则的是（　　）。

A. 以姘居为条件的赠与　　B. 以停止违法行为为条件的赠与

C. 以房屋作为抵押物的担保契约　　D. 以自己的意愿设立的遗嘱

2.（多项选择题）体现一般道德观念的民法基本原则有（　　）。

A. 公平原则　　B. 诚实信用原则

C. 平等原则　　D. 公序良俗原则

答案：1. A　2. ABD

核心法条

《民法典》第 9 条　民事主体从事民事活动，应当有利于节约资源、保护生态环境。

释解分析

本条规定的是绿色原则。绿色原则，又称生态保护原则，是代际正义的要求，当代社会经济的发展不能牺牲未来的社会资源和环境。这里的“代际正义”是关于当代人和后代人之间如何公平地分配各种社会和自然资源、享有和传承人类文明成果的正义问题。绿色原则也是社会可持续发展的要求，对于民事活动中民事责任承担的利益考量，应当符合绿色原则。

法条分析

（1）绿色原则的基本含义是什么？

（2）本条规定的基本原则的功能有哪些？

（3）本条规定的意义有哪些？

答案：（1）绿色原则是指民事主体的民事活动应当符合资源的有效利用和环境保护的要求。

（2）绿色原则的功能主要有：①指导功能。绿色原则对民事立法、民事活动和民事司法均有指导意义。②约束功能。绿色原则对民事立法、民事活动和民事司法均具有约束力。③补充功能。法官在审理案件时，若无具体规范可供适用，可依据绿色原则寻求立法本意或法律价值取向，通过目的解释，裁判具体案件。

（3）绿色原则倡导民事主体的民事活动应有利于节约资源、保护生态环境。民事主体应当选择低能耗、对环境友好的生产、生活方式，以实现节约资源、保护环境、绿色发展的理念。

试题范例

（单项选择题）体现创新理念的民法基本原则是（　　）。

A. 公序良俗原则　　B. 绿色原则

C. 诚实信用原则　　D. 平等原则

答案：B

核心法条

《民法典》第 10 条　处理民事纠纷，应当依照法律；法律没有规定的，可以适用习惯，但是不得违背公序良俗。

释解分析

本条规定的是处理民事纠纷的法律适用。处理民事纠纷，首先应当依照法律的规定。这里的“法律”，涉及民法的渊源。民法的渊源包括制定法和非制定法。作为民法渊源的制定法包括：（1）宪法；（2）民事法律；（3）行政法规；（4）地方性法规；（5）规章；（6）司法解释；（7）国际条约。作为民法渊源的非制定法主要是指民事习惯。在我国，习惯作为民法的渊源是受限制的。

法条分析

（1）如何理解本条中的“法律”？

（2）条文中的“习惯”如何认定？将习惯作为民法的渊源应具备哪些条件？

（3）如何理解本条中的“公序良俗”？

答案：（1）法律指的是全国人大及其常委会制定的民事法律，以及依法律授权制定的相关行政法规和司法解释。

（2）在一定地域、行业范围内长期为一般人从事民事活动时普遍遵守的民间习俗、惯常做法等，可以认定为习惯。将习惯作为民法渊源应当具备的条件有：有法律明确规定的不得适用习惯；习惯不得违背法律的强制性规定；适用习惯，不得违背社会主义核心价值观，不得违背公序良俗。

（3）公序良俗即公共秩序和善良风俗。

试题范例

（单项选择题）下列选项中，不能成为民法渊源的是（　　）。

A. 民事习惯　　B. 司法解释　　C. 法理和学说　　D. 国际条约

答案：C

二、民事法律关系

核心法条

《民法典》第 129 条　民事权利可以依据民事法律行为、事实行为、法律规定的事件或者法律规定的其他方式取得。

释解分析

本条规定的是民事权利的取得方式。民事权利的取得依据有：（1）依民事法律行为取得。这主要是指当事人通过买卖合同、赠与合同等方式而取得民事权利。（2）依事实行为取得。如通过生产、收益、先占、添附、拾得遗失物、发现埋藏物、善意取得、建造或者拆除房屋等取得所有权。（3）依法律规定的事件或者法律的其他直接规定取得。事件可以成为民事主体取得民事权利的重要原因，例如，人的死亡可以使继承人取得继承遗产的权利。法律的直接规定也是民事主体取得民事权利的重要方式。

法条分析

（1）本条中的“民事权利”应如何理解？其有哪些特征？

（2）本条中的“民事法律行为”应如何理解？其有哪些特征？

(3) 本条中的“事实行为”和“事件”应如何理解?

(4) 本条中的“法律规定的其他方式”主要有哪些?

答案:(1) 民事权利是指民事主体为实现某种利益而依法为某种行为或不为某种行为的自由。其特征有:①权利人依法直接享有某种利益,或者实施一定行为的自由。②权利人可以请求义务人为一定行为或不为一定行为,以保证其享有实现某种利益的自由。③这种自由是有保障的自由,它表现为在权利受到侵犯时,具有请求有权国家机关予以保护的可能性。

(2) 民事法律行为是指民事主体通过意思表示设立、变更、终止民事法律关系的行为。其特征有:①民事法律行为以意思表示为基本要素;②民事法律行为以设立、变更、终止民事法律关系为目的。

(3) 事实行为是指行为人主观上不一定具有发生、变更或消灭民事法律关系的意思,但客观上能够引起这种后果的行为。事件是指某种客观现象的发生。

(4) 法律规定的其他方式主要包括因继承、受遗赠取得所有权;依法院的判决、仲裁机构的裁决或者人民政府的征收决定等取得所有权。

试题范例

(多项选择题) 民事权利的取得依据有(　　)。

A. 民事法律行为　　　　B. 事实行为

C. 法律规定的事件　　　　D. 法律的直接规定

答案: ABCD

核心法条

《民法典》第 132 条　民事主体不得滥用民事权利损害国家利益、社会公共利益或者他人合法权益。

释解分析

本条规定的是禁止权利滥用。民事主体行使民事权利不得滥用权利造成他人的损害,禁止权利滥用是民事权利行使应当遵循的基本原则之一(其他两项原则要求是:民事权利的行使必须符合国家法律和社会公共利益的要求;民事权利的行使必须符合诚实信用原则)。

法条分析

(1) 如何认定行使民事权利的行为构成权利滥用?

(2) 认定构成滥用民事权利应当考虑的因素有哪些?

(3) 构成滥用民事权利的,其法律后果应如何认定?

答案:(1) 行为人以损害国家利益、社会公共利益、他人合法权益为主要目的行使民事权利的,构成滥用民事权利。

(2) 是否构成滥用民事权利,可以根据权利行使的对象、目的、时间、方式、造成当事人之间利益失衡的程度等因素作出认定。

(3) 构成滥用民事权利的,该滥用行为不发生相应的法律效力。滥用民事权利造成损害的，依照《民法典》侵权责任编等有关规定处理。

试题范例

（多项选择题）行使民事权利应当遵循的原则有（　　）。

A. 须符合国家法律和社会公共利益的要求

B. 须符合诚实信用原则

C. 不得滥用权利造成他人的损害

D. 须采取私力救济方式

答案：ABC

核心法条

《民法典》第 176 条　民事主体依照法律规定或者按照当事人约定，履行民事义务，承担民事责任。

释解分析

本条规定的是民事责任。民事责任是指民事主体违反民事义务应当承担的民事法律后果。民事责任的特征有：（1）民事责任是民事主体一方对他方承担的责任。（2）民事责任主要是为了补偿权利人所受损失和恢复民事权利的圆满状态。民事责任侧重于补偿，一般不具有惩罚性。（3）民事责任既有过错责任又有无过错责任。有些民事责任的构成以民事主体有过错为要件，有些民事责任的构成不以民事主体有过错为要件。（4）民事责任的内容可以由民事主体在法律允许的范围内协商。

法条分析

（1）如何理解本条中的“民事义务”及其种类？

（2）如何理解本条中的“民事责任”？

（3）民事主体因同一行为应当承担民事责任、行政责任和刑事责任的，应如何适用上述责任？

答案：（1）民事义务是指义务人为满足权利人的利益而受到的为一定行为或不为一定行为的约束。根据本条规定，民事义务有法定义务和约定义务。法定义务是指民法规定的民事主体应负的义务。约定义务是由当事人协商约定的义务。

（2）民事责任是指民事主体违反民事义务应当承担的民事法律后果。

（3）民事主体因同一行为应当承担民事责任、行政责任和刑事责任的，承担行政责任或者刑事责任不影响承担民事责任；民事主体的财产不足以支付的，优先用于承担民事责任。

试题范例

（单项选择题）下列关于民事责任的说法中，正确的是（　　）。

A. 民事责任以惩罚为原则，以补偿为例外

B. 民事责任是因违反法律规定的义务而承担的责任

C. 民事责任是侵犯他人享有的民事权利而应承担的责任

D. 民事责任既有过错责任又有无过错责任

答案：D

核心法条

《民法典》第 177 条　二人以上依法承担按份责任，能够确定责任大小的，各自承担相应的责任；难以确定责任大小的，平均承担责任。

释解分析

本条规定的是按份责任。按份责任是指多个当事人按照法律的规定或者合同的约定，各自承担一定份额的责任。按份责任具有如下特征：(1) 按份责任属于多数人责任。(2) 按份责任产生的依据是法律规定或者当事人约定。(3) 按份责任对外按照一定份额承担责任。

法条分析

(1) 如何理解本条中的"按份责任"？

(2) 如果法律没有规定或者当事人没有约定份额时，如何确定责任份额？

(3) 权利人放弃、免除部分责任人的民事责任，对其他按份责任人是否发生效力？

答案：(1) 按份责任是指多个当事人按照法律的规定或者合同的约定，各自承担一定份额的责任。

(2) 应当推定责任人承担均等的责任份额。

(3) 对其他按份责任人不发生效力。

试题范例

(单项选择题) 甲、乙二人共同砸坏丙的汽车，造成损失 10 万元。三人协商后约定，甲、乙各赔偿 5 万元。后乙拒绝给付赔偿金。则甲、乙、丙的约定 (　　)。

A. 因违反公序良俗原则而无效

B. 因违反连带责任的法定性而无效，甲、乙对丙的损害应当承担连带责任

C. 有效，丙应当分别向甲、乙主张 5 万元赔偿金

D. 可撤销，因乙拒绝给付赔偿金，构成欺诈

答案：C

核心法条

《民法典》第 178 条　二人以上依法承担连带责任的，权利人有权请求部分或者全部连带责任人承担责任。

连带责任人的责任份额根据各自责任大小确定；难以确定责任大小的，平均承担责任。实际承担责任超过自己责任份额的连带责任人，有权向其他连带责任人追偿。

连带责任，由法律规定或者当事人约定。

释解分析

本条规定的是连带责任。连带责任是指当事人按照法律的规定或者合同的约定，连带地向权利人承担责任。连带责任具有如下特征：（1）连带责任属于多数人责任。（2）连带责任产生的依据是法律规定或者当事人约定。（3）权利人有权要求责任人中的任何一个人承担全部的或者部分的责任，每个连带责任人也都负有清偿全部债务的义务，任何一个债务人在全部债务清偿前都不能免除清偿的责任。（4）任何一个连带债务人对债权人作出全部清偿的，都将导致连带责任消灭。

法条分析

（1）如何理解本条第1款中的“连带责任”？

（2）民法典规定的承担连带责任的主要情形有哪些？

（3）在合同之债中，债权人免除部分连带债务人的债务的，对其他连带债务人发生何种效力？

答案：（1）连带责任是指按照法律的规定或者合同的约定，两个以上的当事人作为一个整体对权利人承担全部责任，而且其中任何当事人都应当对权利人承担全部责任的责任方式。

（2）主要情形有：①代理人和相对人恶意串通，损害被代理人合法权益；②保证合同中保证人依法承担的连带责任；③共同侵权行为；④教唆、帮助他人实施的侵权行为；⑤实施共同危险行为；⑥原因叠加情况下的数人侵权；⑦挂靠机动车侵权责任；⑧法律直接规定的其他情形。

（3）部分连带债务人的债务被债权人免除的，在该连带债务人应当承担的份额范围内，其他债务人对债权人的债务消灭。

试题范例

（多项选择题）根据我国《民法典》第178条的规定，二人以上依法承担连带责任的，权利人有权请求部分或者全部连带责任人承担责任。据此，下列承担民事责任的情形中，承担连带责任的是（　　）。

A. 因产品存在缺陷造成他人损害的，被侵权人可以向产品的生产者请求赔偿，也可以向产品的销售者请求赔偿

B. 代理人和相对人恶意串通，损害被代理人合法权益

C. 二人以上共同实施侵权行为，造成他人损害

D. 二人以上实施危及他人人身、财产安全的行为，其中一人或者数人的行为造成他人损害，不能确定具体侵权人

答案：BCD

核心法条

《民法典》第179条　承担民事责任的方式主要有：

（一）停止侵害；

（二）排除妨碍；
（三）消除危险；
（四）返还财产；
（五）恢复原状；
（六）修理、重作、更换；
（七）继续履行；
（八）赔偿损失；
（九）支付违约金；
（十）消除影响、恢复名誉；
（十一）赔礼道歉。
法律规定惩罚性赔偿的，依照其规定。
本条规定的承担民事责任的方式，可以单独适用，也可以合并适用。

释解分析

本条规定的是民事责任的承担方式。民事责任的承担方式是指行为人承担民事责任的具体方法。民事责任的承担方式有：(1) 停止侵害。行为人实施的侵害他人财产和人身的行为仍在继续进行中时，受害人可依法令侵害人停止其侵害行为。(2) 排除妨碍。不法行为人实施的侵害行为使受害人无法行使或不能正常行使自己的财产权利、人身权利的，受害人有权请求排除妨碍。(3) 消除危险。行为人的行为对他人人身和财产安全造成威胁，或存在侵害他人人身或财产的可能，他人有权要求行为人采取有效措施消除危险。(4) 返还财产。这是指将财产返还给所有权人或者他物权人。(5) 恢复原状。恢复原状有广义和狭义之分。广义的恢复原状，是指恢复权利被侵犯前的原有状态。狭义的恢复原状，是指将受损害的财产修复，即所有人的财产在被他人非法侵害而遭到损坏时，如果能够修复，则所有人有权要求加害人通过修理，恢复财产原有的状态。(6) 修理、重作、更换。修理是指行为人造成他人财产毁损或交付的标的物不合格，权利人有权要求行为人对财产进行修缮，以恢复原状或符合合同的要求。重作是指行为人造成他人损害或者违反合同约定，则权利人有权要求行为人按照原物予以重新制作。更换是指行为人造成他人财产毁损，或交付的标的物不合格，则权利人有权要求行为人另行交付同等质量、同等数量的标的物。(7) 继续履行。这是指在一方违反合同时，另一方有权要求其依据合同的规定继续履行。(8) 赔偿损失。这是指行为人因违反合同或侵权行为而给他人造成损害的，应以其财产赔偿受害人所受的损害的一种责任形式。(9) 支付违约金。支付违约金是指依据法律的规定或者当事人的约定，一方不履行或不适当履行合同时应当向对方支付一定数额的金钱。(10) 消除影响、恢复名誉。消除影响是指行为人因其行为侵害了自然人或法人的人格权而应承担的在影响所及的范围内消除不良后果的一种责任形式；恢复名誉是指行为人因其行为侵害了自然人或法人的名誉而应在影响所及的范围内将受害人的名誉恢复至未受侵害时的状态的一种责任形式。(11) 赔礼道歉。这是指责令违法行为人向受害人公开认错、表示歉意。

除了上述 11 种责任方式外，还有惩罚性赔偿这一责任方式。惩罚性赔偿是指由法院作出决定的赔偿数额超出实际损害数额的赔偿，是一种集补偿、惩罚、遏制等功能于一身的赔偿制度。惩罚性赔偿只能依据法律规定适用。

承担民事责任的方式，可以单独适用，也可以合并适用。

法条分析

(1) 本条规定的民事责任承担方式中，只能适用于违约责任和只能适用于侵权责任的分别有哪些？

(2) 何为“惩罚性赔偿”？本条第2款中的“法律规定惩罚性赔偿的，依照其规定”的主要情形有哪些？

答案：(1) 只能适用于违约责任的责任方式有继续履行和支付违约金；只能适用于侵权责任的责任方式有停止侵害，排除妨碍，消除危险，返还财产，消除影响、恢复名誉，赔礼道歉。

(2) 惩罚性赔偿是指法律规定某些情形下在补偿被侵权人实际经济损失之外，再额外给予被侵权人一笔金钱的救济措施。被侵权人有权请求惩罚性赔偿的主要情形有：①故意侵害他人知识产权，情节严重的；②明知产品存在缺陷仍然生产、销售，或者没有依据有关规定采取有效补救措施，造成他人死亡或者健康严重损害的；③侵权人违反法律规定故意污染环境、破坏生态造成严重后果的。

试题范例

(单项选择题) 下列民事责任方式中，既可以适用于侵权责任，也可以适用于违约责任的是（　　）。

A. 恢复原状　　B. 支付违约金　　C. 恢复名誉　　D. 停止侵害

答案：A

核心法条

《民法典》第183条　因保护他人民事权益使自己受到损害的，由侵权人承担民事责任，受益人可以给予适当补偿。没有侵权人、侵权人逃逸或者无力承担民事责任，受害人请求补偿的，受益人应当给予适当补偿。

释解分析

本条规定的是因见义勇为使自己遭受损害的民事责任。因保护他人民事权益使自己受到损害的，应当由侵权人承担民事责任，倘若没有侵权人、侵权人逃逸或者无力承担民事责任的，受益人应当给予适当补偿。这里规定的是“补偿”，而非“赔偿”。当然，即使在受害人没有向受益人请求补偿的前提下，受益人自愿给予补偿，法律也并不禁止。此外，在因见义勇为使自己遭受损害的情形下，受益人给予的补偿应是“适当”的。

法条分析

(1) 受益人根据本条规定承担补偿义务的构成要件有哪些？

(2) 确定受益人承担的补偿数额应当考虑的因素有哪些？

答案：(1) 受益人承担补偿义务的构成要件有：①必须实施了防止、制止他人民事权益被侵害的事实；②必须是受害人因保护他人民事权益而使自己遭受了损害；③没有侵权人、侵权人逃逸或者无力承担民事责任；④受害人向受益人请求补偿。

(2) 因保护他人民事权益使自己受到损害，受害人请求受益人适当补偿的，可以根据受害人所受损失和已获赔偿的情况、受益人受益的多少及其经济条件等因素确定受益人承担的补偿数额。

试题范例

(单项选择题) 甲在公共汽车上偷窃乙的钱包，被丙发现，丙因制止甲的偷窃行为而被甲刺伤。甲乘机逃跑，杳无音信。根据民法典规定，下列表述中正确的是（　　）。

A. 乙、丙构成对甲的共同侵权

B. 甲应向丙承担侵权损害赔偿责任

C. 因甲杳无音信，乙应当承担丙的全部损失

D. 丙的行为构成无因管理，有权基于管理行为请求乙支付必要费用

答案：B

三、自然人

核心法条

《民法典》第13条　自然人从出生时起到死亡时止，具有民事权利能力，依法享有民事权利，承担民事义务。

释解分析

本条规定的是自然人民事权利能力的起止。自然人是具有自然生物属性的人。自然人的民事权利能力是指民事法律赋予自然人享有民事权利、承担民事义务的资格。民事权利能力的内容既包括民事主体取得民事权利的资格，也包括民事主体承担民事义务的资格，因此，民事权利能力又称民事义务能力。

出生决定着民事权利能力的产生，自然人的民事权利能力始于出生。出生在性质上属于事件。出生应当具备如下两个条件：(1) 须与母体相分离；(2) 出生时须为活体。

死亡决定着民事权利能力的终止，自然人的民事权利能力因死亡而终止，死亡包括自然死亡（生理死亡）和宣告死亡。死亡的事实会导致民事权利能力的消灭。死亡之后，自然人不能再作为民事主体享有民事权利、承担民事义务。但在例外情况下，法律需要对自然人死亡后的某些利益进行保护，如对死者人格利益的保护，体现了法律对民事主体权益保护的完整性，也有利于引导人们重视个人生前死后的声誉，维护社会公共道德和秩序。

法条分析

（1）如何理解条文中的“民事权利能力”？

（2）如何理解条文中的“民事权利”？

（3）如何理解条文中的“民事义务”？

（4）自然人的出生时间和死亡时间如何确定？

（5）胎儿视为具有民事权利能力的情形是什么？

答案：（1）民事权利能力是指民事法律赋予民事主体从事民事活动，从而享有民事权利和承担民事义务的资格。

（2）民事权利是指民事主体为实现某种利益而依法为某种行为或不为某种行为的自由。

（3）民事义务是指义务人为满足权利人的利益而受到的为一定行为或不为一定行为的约束。

（4）自然人的出生时间和死亡时间，以出生证明、死亡证明记载的时间为准；没有出生证明、死亡证明的，以户籍登记或者其他有效身份登记记载的时间为准。有其他证据足以推翻以上记载时间的，以该证据证明的时间为准。

（5）涉及遗产继承、接受赠与等胎儿利益保护的，胎儿视为具有民事权利能力。

试题范例

（单项选择题）下列关于民事权利能力的表述中，正确的是（　　）。

A. 民事权利能力不能转让，但可以抛弃

B. 民事权利能力是一种实际权利

C. 民事权利能力是自然人承担民事义务的前提

D. 民事权利能力反映了民事主体的个人意志

答案：C

核心法条

《民法典》第 16 条　涉及遗产继承、接受赠与等胎儿利益保护的，胎儿视为具有民事权利能力。但是，胎儿娩出时为死体的，其民事权利能力自始不存在。

释解分析

本条规定的是对胎儿利益的特殊保护。胎儿是指妊娠 8 周以后的胎体。胎儿不具有民事权利能力，但出于对胎儿利益的保护，有必要从法律上拟制胎儿具有民事权利能力。民法在原则上不承认胎儿具有民事权利能力的一般前提下，在特定的适用范围内，有限制条件地承认胎儿视为具有民事权利能力，其主要意旨在于保护胎儿的利益。

涉及遗产继承、接受赠与等胎儿利益保护的，胎儿视为具有民事权利能力。本条规定胎儿所享有的民事权利的范围时，采用了“涉及遗产继承、接受赠与等”这一表述，表明胎儿所享有的利益并不限于上述两项。例如，在胎儿未出生之前，其健康遭受侵害，也可以在其出生后独立提出损害赔偿请求。当然，对于胎儿利益的保护以胎儿活着出生为条件。如果胎儿脱离母体时是“死体”，则其民事权利能力自始不存在（不发生效力）。

法条分析

（1）胎儿是否具有民事权利能力？

（2）应当为胎儿保留的遗产份额没有保留的，应如何处理？

（3）胎儿娩出时为死体的，为胎儿保留的遗产份额应如何处理？

答案：（1）胎儿不具有民事权利能力，但涉及遗产继承、接受赠与等胎儿利益保护的，胎儿视为具有民事权利能力。

（2）应当为胎儿保留的遗产份额没有保留的，应从继承人所继承的遗产中扣回。

（3）为胎儿保留的遗产份额，如胎儿出生后死亡的，由其继承人继承；如胎儿娩出时为死体的，由被继承人的继承人继承。

试题范例

（单项选择题）下列选项中，可以认定胎儿具有民事权利能力的是（　　）。

A. 涉及胎儿遗产继承的

B. 签订保胎协议的

C. 拒绝接受赠给胎儿肚兜的

D. 为胎儿办理人寿保险的

答案：A

核心法条

《民法典》第 18 条　成年人为完全民事行为能力人，可以独立实施民事法律行为。

十六周岁以上的未成年人，以自己的劳动收入为主要生活来源的，视为完全民事行为能力人。

释解分析

本条规定的是完全民事行为能力人。完全民事行为能力是指法律赋予达到一定年龄和精神状态正常的自然人通过自己的独立行为参加民事法律关系，取得民事权利和承担民事义务的能力。自然人具备完全民事行为能力须具备如下两个条件：（1）年满 18 周岁。（2）精神状况健康正常。

16 周岁以上不满 18 周岁的未成年人，以自己的劳动收入为主要生活来源的，视为完全民事行为能力人。这里的“视为”是一种法律拟制，但“视为”完全民事行为能力人不是绝对的，必须针对特定的情形，例如，针对立遗嘱的行为，就不能视为完全民事行为能力人。所谓的“特定情形”必须仅限于“以自己的劳动收入为主要生活来源”。

法条分析

（1）条文中的“成年人”应如何理解？

（2）条文中的“民事法律行为”应如何理解？

（3）自然人具有完全民事行为能力应具备哪些条件？

（4）条文中的“以自己的劳动收入为主要生活来源”应如何理解？

答案：（1）18周岁以上的自然人为成年人。

（2）民事法律行为是指民事主体通过意思表示设立、变更、终止民事法律关系的行为。

（3）自然人具有完全民事行为能力应当同时满足下列两个条件：①年满18周岁；②精神状况健康正常。

（4）“以自己的劳动收入为主要生活来源”是指：①其依靠自己的劳动获得了一定的收入，这种收入是固定的，而不是临时的、不确定的；②其劳动收入是主要生活来源，即其劳动收入能够维持生活，不需要其他人经济上的资助，也可以维持当地人的一般生活水平。

试题范例

（单项选择题）甲年满17周岁，接受祖父赠与的20万元。甲靠此笔款项丰衣足食并支付了自己的学费。甲（　　）。

A. 是完全民事行为能力人　　B. 视为完全民事行为能力人

C. 是限制民事行为能力人　　D. 视为限制民事行为能力人

答案：C

核心法条

《民法典》第19条　八周岁以上的未成年人为限制民事行为能力人，实施民事法律行为由其法定代理人代理或者经其法定代理人同意、追认；但是，可以独立实施纯获利益的民事法律行为或者与其年龄、智力相适应的民事法律行为。

释解分析

本条规定的是限制民事行为能力的未成年人。8周岁以上的限制民事行为能力人可以实施如下四种民事法律行为：（1）限制民事行为能力人不能独立实施的民事法律行为，应由其法定代理人代理。例如，9周岁的儿童参与诉讼活动，由其法定代理人代理，才能产生法律效力。对于比较复杂及重大的民事法律行为，应由其法定代理人代理或者经其法定代理人同意后进行。例如，到户籍登记机关办理姓名变更，只能由法定代理人代理实施。（2）限制民事行为能力人实施的民事法律行为，需要经其法定代理人同意、追认才能发生法律效力。例如，9周岁的儿童购买价值较大的物品，这些完全超出儿童个人日常需求的物品的买卖行为，则需要经其法定代理人同意、追认，才能发生法律效力。（3）限制民事行为能力人实施纯获利益的民事法律行为是有效的民事法律行为。纯获利益的民事法律行为，是指纯获经济利益而不负担相应民事义务的民事法律行为。例如，9周岁的儿童接受奖励、无负担的赠与、报酬的行为。（4）限制民事行为能力人实施与其年龄、智力相适应的民事法律行为是有效的民事法律行为。例如，12周岁的儿童购买学习文具用品的行为，应当认定为有效。

法条分析

（1）如何界定第1款中的“未成年人”？

（2）条文中的“追认”的含义是什么？

（3）未成年人实施的须经其法定代理人追认的民事法律行为在追认前的效力如何认定？

（4）限制民事行为能力人实施的民事法律行为是否与其年龄、智力相适应，人民法院如何认定？

答案：（1）8周岁以上不满18周岁的自然人是未成年人。

（2）追认是指限制民事行为能力人的法定代理人对限制民事行为能力人实施的民事法律行为予以事后承认的意思表示。

（3）效力待定。

（4）限制民事行为能力人实施的民事法律行为是否与其年龄、智力相适应，人民法院可以从行为与本人生活相关联的程度，本人的智力能否理解其行为并预见相应的后果，以及标的、数量、价款或者报酬等方面认定。

试题范例

（多项选择题）王某智力超群，是15周岁的大学生。下列表述中，正确的是（　　）。

A. 王某可视为完全民事行为能力人

B. 王某为限制民事行为能力人

C. 王某对其创作的作品享有署名权

D. 王某对其合法的发明创造可经其父母申请享有专利权

答案：BCD

核心法条

《民法典》第22条　不能完全辨认自己行为的成年人为限制民事行为能力人，实施民事法律行为由其法定代理人代理或者经其法定代理人同意、追认；但是，可以独立实施纯获利益的民事法律行为或者与其智力、精神健康状况相适应的民事法律行为。

释解分析

本条规定的是限制民事行为能力的成年人。对于不能完全辨认自己行为的限制民事行为能力的成年人，法律只允许其从事纯获利益的民事法律行为和与其智力、精神健康状况相适应的民事法律行为。对于其依法不能独立实施的民事法律行为，应当由其法定代理人代理实施，否则应当属于效力待定的民事法律行为。在经法定代理人允许的情况下，不能完全辨认自己行为的限制民事行为能力的成年人可以独立实施各类民事法律行为。法定代理人既可以事先同意，也可以事后追认。但对于上述行为以外的其他比较复杂及重大的民事法律行为，则应当由其法定代理人代理或征得其法定代理人同意后进行。

法条分析

（1）如何理解条文中的“纯获利益的民事法律行为”？

（2）不能完全辨认自己行为的限制民事行为能力人经其法定代理人允许，可以实施民事法律行为的情形有哪些？

答案：（1）纯获利益的民事法律行为是指限制民事行为能力人从某项民事法律行为中纯粹获得利益而没有负担，或者虽有负担，但是所获得的利益明显高于负担的民事法律行为。

（2）可以实施民事法律行为包括两种情形：一是法定代理人事先同意；二是法定代理人事后追认。

试题范例

（单项选择题）甲因智力欠缺被人民法院依法认定为限制民事行为能力人。甲从事的下列行为中，可以依法认定为有效的是（　　）。

A. 理发　　B. 变更姓名　　C. 购买摩托车　　D. 办理人寿保险

答案：A

核心法条

《民法典》第 24 条第 1 款　不能辨认或者不能完全辨认自己行为的成年人，其利害关系人或者有关组织，可以向人民法院申请认定该成年人为无民事行为能力人或者限制民事行为能力人。

释解分析

本条规定的是自然人民事行为能力的认定。在自然人因智力、精神健康状况等原因而不能辨认或者不能完全辨认自己行为时，相关主体有权申请人民法院认定该自然人为无民事行为能力人或者限制民事行为能力人。认定自然人为无民事行为能力人或者限制民事行为能力人需要具备如下条件：（1）被认定为不能辨认或者不能完全辨认自己行为的成年人。（2）必须经利害关系人或者有关组织申请。（3）须经人民法院认定。

法条分析

（1）条文中的"利害关系人"的范围应如何认定？

（2）条文中的"有关组织"包括哪些？

（3）经申请，人民法院可以认定该成年人恢复为限制民事行为能力人或者完全民事行为能力人的依据是什么？

答案：（1）利害关系人包括该成年人的近亲属，债权人、债务人、合伙人等与该成年人有民事权利义务关系的民事主体，但是不申请不影响其权利行使、义务履行的除外。

（2）有关组织包括：居民委员会、村民委员会、学校、医疗机构、妇女联合会、残疾人联合会、依法设立的老年人组织、民政部门等。

（3）经本人、利害关系人或者有关组织申请，人民法院可以根据其智力、精神健康恢复的状况，认定该成年人恢复为限制民事行为能力人或者完全民事行为能力人。

试题范例

（多项选择题）甲年迈，经乙医院确诊为老年痴呆症，认知能力下降。对此，可以申请甲为限制民事行为能力人的有（　　）。

A. 乙医院　　B. 甲的儿子　　C. 民政部门　　D. 老年人协会

答案：ABCD

核心法条

《民法典》第 27 条　父母是未成年子女的监护人。

未成年人的父母已经死亡或者没有监护能力的，由下列有监护能力的人按顺序担任监护人：

（一）祖父母、外祖父母；

（二）兄、姐；

（三）其他愿意担任监护人的个人或者组织，但是须经未成年人住所地的居民委员会、村民委员会或者民政部门同意。

释解分析

本条规定的是未成年人的监护人。未成年人的监护人首先是该未成年人的父母。父母作为未成年子女的法定监护人，以子女出生这一法律事实为发生原因，一直延续到子女年满 18 周岁。如果未成年人被他人依法收养后，收养人即应为其法定监护人。

在未成年人的父母已经死亡或者没有监护能力的情形下，可以由其他人或者组织担任监护人。其顺序如下：一是祖父母、外祖父母，二是兄、姐，三是其他愿意担任监护人的个人或者组织，但是须经未成年人住所地的居民委员会、村民委员会或者民政部门同意。上述主体担任未成年人的监护人时，应当按照先后顺序进行，顺序在前的监护人排斥顺序在后的监护人，而且都应当具有监护能力。

法条分析

（1）应当根据哪些因素确定自然人及有关组织的监护能力？

（2）担任监护人的被监护人父母通过遗嘱指定未成年人的监护人，遗嘱生效时被指定的人不同意担任监护人的，人民法院应当如何确定监护人？

（3）未成年人的父母与其他依法具有监护资格的人订立协议，约定免除具有监护能力的父母的监护职责的，是否应予支持？

答案：（1）人民法院认定自然人的监护能力，应当根据其年龄、身心健康状况、经济条件等因素确定；认定有关组织的监护能力，应当根据其资质、信用、财产状况等因素确定。

（2）担任监护人的被监护人父母通过遗嘱指定未成年人的监护人，遗嘱生效时被指定的人不同意担任监护人的，人民法院应当根据本条的规定确定监护人。

（3）不予支持。

试题范例

（单项选择题）未成年人甲的父母已经死亡，能够成为甲的法定监护人的是（　　）。

A. 甲的病重的祖父

B. 甲的穷困潦倒的哥哥

C. 甲的在读研究生的姐姐

D. 甲的忘年之交的朋友，但未经居委会同意

答案：C

核心法条

《民法典》第31条　对监护人的确定有争议的，由被监护人住所地的居民委员会、村民委员会或者民政部门指定监护人，有关当事人对指定不服的，可以向人民法院申请指定监护人；有关当事人也可以直接向人民法院申请指定监护人。

居民委员会、村民委员会、民政部门或者人民法院应当尊重被监护人的真实意愿，按照最有利于被监护人的原则在依法具有监护资格的人中指定监护人。

依据本条第一款规定指定监护人前，被监护人的人身权利、财产权利以及其他合法权益处于无人保护状态的，由被监护人住所地的居民委员会、村民委员会、法律规定的有关组织或者民政部门担任临时监护人。

监护人被指定后，不得擅自变更；擅自变更的，不免除被指定的监护人的责任。

释解分析

本条规定的是指定监护。指定监护是指父母之外的具有监护资格的人之间对担任监护人有争议，或者都要求担任监护人，或者都不愿意担任监护人，由有关组织和人民法院依法指定监护人而形成的监护。指定监护包括以下两种类型：（1）由被监护人住所地的居民委员会、村民委员会或者民政部门指定监护人。（2）由人民法院指定监护人。

居民委员会、村民委员会、民政部门或者人民法院在指定监护人时，应当遵循如下原则：（1）按照被监护人利益最大化的原则和尊重其意愿的原则指定。（2）应从有监护资格的人中指定。居民委员会、村民委员会、民政部门或者人民法院在指定监护人时，应当在《民法典》第27、28条所确定的监护人范围中指定。指定监护人时，被指定的监护人既可以是一人，也可以是数个。

在指定监护人之前，被监护人的利益可能无人照管，就有必要由相关主体担任临时监护人。即可以由被监护人住所地的居民委员会、村民委员会、法律规定的有关组织或者民政部门担任临时监护人，这些主体也应当履行监护职责。

在指定监护人的情形下，监护人一旦确定，就不得随意变更，擅自变更的，不免除被指定的监护人的责任。

法条分析

（1）由人民法院指定监护人的法定情形有哪些？

（2）人民法院指定监护人时，应当尊重被监护人的真实意愿，按照最有利于被监护人的原则指定，具体参考的因素有哪些？

答案：（1）人民法院指定监护人的法定情形有：一是当事人对被监护人住所地的居民委员会、村民委员会或者民政部门指定的监护人不服的，可以由人民法院指定监护人；二是人民法院也可以直接依据有关当事人的申请指定监护人，而不需要经过被监护人住所地的居民委员会、村民委员会或者民政部门指定监护人。

（2）具体参考以下因素：①与被监护人生活、情感联系的密切程度；②依法具有监护资格的人的监护顺序；③是否有不利于履行监护职责的违法犯罪等情形；④依法具有监护资格的人的监护能力、意愿、品行等。

试题范例

（多项选择题）甲 14 周岁，精神病人。关于甲的监护问题的判断，下列说法中正确的是（　　）。

A. 监护人只能是甲的近亲属或者关系密切的其他亲属

B. 监护人可以是同一顺序中的数人

C. 对担任监护人有争议的，可直接请求法院裁决

D. 为甲设定监护人，适用关于精神病人监护的规定

答案： BC

核心法条

《民法典》第 33 条　具有完全民事行为能力的成年人，可以与其近亲属、其他愿意担任监护人的个人或者组织事先协商，以书面形式确定自己的监护人，在自己丧失或者部分丧失民事行为能力时，由该监护人履行监护职责。

释解分析

本条规定的是意定监护。意定监护是指具有完全民事行为能力的成年人，可以与其近亲属、其他愿意担任监护人的个人或者组织事先协商，以书面形式确定自己的监护人，协商确定的监护人在该成年人丧失或者部分丧失民事行为能力时履行监护职责的监护。意定监护具有如下特征：（1）仅适用于具有完全民事行为能力的成年人。（2）监护人的范围不限于法定监护人，也不受法定监护人顺序的限制。（3）需要采取书面形式。（4）在设定意定监护的成年人丧失或者部分丧失民事行为能力时，监护人才开始履行监护职责。

法条分析

（1）本条中的“近亲属”的范围应如何理解？

（2）设立本条规定的监护类型是否需要居委会、村委会或民政部门的同意？

（3）监护人何时开始履行监护职责？

答案：（1）近亲属是指配偶、父母、子女、兄弟姐妹、祖父母、外祖父母、孙子女、外孙子女。

（2）不需要居委会、村委会或民政部门的同意。

（3）在具有完全民事行为能力的成年人丧失或者部分丧失民事行为能力时，监护人开始履行监护职责。

试题范例

（单项选择题）成年协议监护的监护人履行监护职责的时间是（　　）。

A. 监护协议生效时

B. 成年人丧失或者部分丧失民事行为能力时

C. 成年人病危时

D. 监护人表示愿意承担监护职责时

答案：B

核心法条

《民法典》第35条　监护人应当按照最有利于被监护人的原则履行监护职责。监护人除为维护被监护人利益外，不得处分被监护人的财产。

未成年人的监护人履行监护职责，在作出与被监护人利益有关的决定时，应当根据被监护人的年龄和智力状况，尊重被监护人的真实意愿。

成年人的监护人履行监护职责，应当最大程度地尊重被监护人的真实意愿，保障并协助被监护人实施与其智力、精神健康状况相适应的民事法律行为。对被监护人有能力独立处理的事务，监护人不得干涉。

释解分析

本条规定的是监护职责的原则与要求。监护职责的原则与要求有：(1) 监护人应当按照最有利于被监护人的原则履行监护职责。监护人除为维护被监护人利益外，不得处分被监护人的财产。监护人处分被监护人的财产，限于“为维护被监护人利益”。如果不是为维护被监护人利益而处分其财产的，该处分行为无效。(2) 未成年人的监护人履行监护职责，在作出与被监护人利益有关的决定时，应当根据被监护人的年龄和智力状况，尊重被监护人的真实意愿。(3) 成年人的监护人履行监护职责，应当最大程度地尊重被监护人的真实意愿，保障并协助被监护人实施与其智力、精神健康状况相适应的民事法律行为。对被监护人有能力独立处理的事务，监护人不得干涉。

法条分析

(1) 条文第1款中的“最有利于被监护人”应如何理解？

(2) 有效处分被监护人财产的条件是什么？

(3) 条文第3款中的“最大程度”应如何理解？

答案：(1)“最有利于被监护人”是指监护人要根据被监护人的实际情况来行使监护职责，充分保护被监护人的财产、人身和其他利益。

(2) 有效处分被监护人财产的条件是监护人为维护被监护人利益。

(3)“最大程度”是指监护人应当尽可能地尊重被监护人的意愿，由被监护人作出决定，在作出决定时，监护人只是起到一种保障并协助的作用。

试题范例

(多项选择题) 甲8周岁，多次在国际大赛中获奖，并获得大量奖金。甲的父母乙、丙为了甲的利益，考虑到甲的奖金存放银行增值有限，遂将奖金全部购买了股票，但因股市暴跌，甲的奖金损失过半。关于乙、丙的行为，下列说法中正确的是（　）。

A. 乙、丙应对甲投资股票的损失承担责任

B. 乙、丙不能随意处分甲的财产

C. 乙、丙的行为构成无因管理

D. 乙、丙投资股票是为维护被监护人利益，因而具有法律效力

答案：AB

核心法条

《民法典》第 36 条　监护人有下列情形之一的，人民法院根据有关个人或者组织的申请，撤销其监护人资格，安排必要的临时监护措施，并按照最有利于被监护人的原则依法指定监护人：

（一）实施严重损害被监护人身心健康的行为；

（二）怠于履行监护职责，或者无法履行监护职责且拒绝将监护职责部分或者全部委托给他人，导致被监护人处于危困状态；

（三）实施严重侵害被监护人合法权益的其他行为。

本条规定的有关个人、组织包括：其他依法具有监护资格的人，居民委员会、村民委员会、学校、医疗机构、妇女联合会、残疾人联合会、未成年人保护组织、依法设立的老年人组织、民政部门等。

前款规定的个人和民政部门以外的组织未及时向人民法院申请撤销监护人资格的，民政部门应当向人民法院申请。

释解分析

本条规定的是监护人资格的撤销。第 1 款规定的是撤销条件（撤销监护人资格的法定事由）和指定临时监护人。监护人有第 1 款规定的三种法定情形的，人民法院根据有关个人或者组织的申请，撤销其监护人资格，安排必要的临时监护措施（如将被监护人安置在医院、看守所等场所，委托医院负责看护等），并按照最有利于被监护人的原则依法指定监护人。

第 2 款规定的是申请撤销的主体。申请撤销的主体为有关个人和组织，包括：其他依法具有监护资格的人，居民委员会、村民委员会、学校、医疗机构、妇女联合会、残疾人联合会、未成年人保护组织、依法设立的老年人组织、民政部门等。

法条分析

（1）本条中的“有关个人、组织”包括哪些？

（2）本条中的“被监护人处于危困状态”应如何理解？

（3）本条中的“临时监护措施”应如何理解？

（4）监护资格被撤销后，人民法院可以视情况恢复监护资格的条件有哪些？

答案：（1）有关个人、组织包括：其他依法具有监护资格的人，居民委员会、村民委员会、学校、医疗机构、妇女联合会、残疾人联合会、未成年人保护组织、依法设立的老年人组织、民政部门等。

（2）被监护人处于危困状态是指被监护人的人身权益受到重大威胁或者侵害的情形。

（3）临时监护措施是指为了在短期内起到保护被监护人权益的作用而采取的一些监护措施。

（4）被监护人的父母或者子女被人民法院撤销监护人资格后，除对被监护人实施故意犯罪的外，确有悔改表现的，经其申请，人民法院可以在尊重被监护人真实意愿的前提下，视情况恢复其监护人资格，人民法院指定的监护人与被监护人的监护关系同时终止。

试题范例

（单项选择题）下列监护人实施的行为中，应当撤销其监护人资格的是（　　）。

A. 甲对被监护人长期实施家庭暴力　　B. 乙将被监护人委托给他人照料

C. 丙丧失行为能力　　D. 丁未对被监护人实施疾病治疗

答案：A

核心法条

《民法典》第40条　自然人下落不明满二年的，利害关系人可以向人民法院申请宣告该自然人为失踪人。

释解分析

本条规定的是宣告失踪。宣告失踪是指经利害关系人申请，由法院依照法律规定的条件和程序，判决宣告下落不明满法定期限的自然人为失踪人的民事法律制度。宣告失踪的条件主要有：（1）须有自然人离开其住所下落不明满2年的事实。（2）须由利害关系人向法院提出申请。（3）须由人民法院依照法定程序宣告。具体的程序是：先由利害关系人到法院提出申请，人民法院受理以后，应当发出寻找下落不明人的公告。公告期为3个月，期间届满后，人民法院根据失踪事实是否得到确认，作出宣告失踪或者驳回申请的判决，并在法定情形下指定失踪人的财产代管人。

法条分析

（1）宣告失踪的条件有哪些？

（2）如何计算本条中的“下落不明”的时间？

（3）本条中的“利害关系人”有哪些？

答案：（1）宣告失踪的条件有：①须有自然人离开其住所下落不明满2年的事实；②须由利害关系人向法院提出申请；③须由人民法院依照法定程序宣告。

（2）自然人下落不明的时间自其失去音讯之日起计算。战争期间下落不明的，下落不明的时间自战争结束之日或者有关机关确定的下落不明之日起计算。

（3）利害关系人包括被申请人的近亲属；对被申请人有继承权的亲属；债权人、债务人、合伙人等与被申请人有民事权利义务关系的民事主体，但是不申请宣告失踪不影响其权利行使、义务履行的除外。

试题范例

（多项选择题）李某符合申请宣告失踪的条件。下列人员中，可以申请宣告失踪的有（　　）。

A. 甲，是李某的妻子
B. 乙，是李某的代位继承人
C. 丙，是李某的债权人，但债权债务关系未到期
D. 丁，是李某的有限合伙人，其不申请宣告失踪并不影响其权利的行使和义务的履行
答案：AB

核心法条

《民法典》第42条　失踪人的财产由其配偶、成年子女、父母或者其他愿意担任财产代管人的人代管。

代管有争议，没有前款规定的人，或者前款规定的人无代管能力的，由人民法院指定的人代管。

释解分析

本条规定的是宣告失踪的后果。宣告失踪的法律后果是为被宣告失踪人建立财产代管制度。具体内容有：(1) 失踪人的财产由其配偶、成年子女、父母或者其他愿意担任财产代管人的人代管。代管有争议，没有前述规定的人，或者前述规定的人无代管能力的，由人民法院指定的人代管。(2) 财产代管人应当妥善管理失踪人的财产，维护其财产权益。失踪人所欠税款、债务和应付的其他费用，由财产代管人从失踪人的财产中支付。(3) 财产代管人因故意或者重大过失造成失踪人财产损失的，应当承担赔偿责任。(4) 财产代管人不履行代管职责、侵害失踪人财产权益或者丧失代管能力的，失踪人的利害关系人可以向人民法院申请变更财产代管人。(5) 财产代管人有正当理由的，可以向人民法院申请变更财产代管人。(6) 人民法院变更财产代管人的，变更后的财产代管人有权请求原财产代管人及时移交有关财产并报告财产代管情况。

法条分析

(1) 财产代管人的职责有哪些？
(2) 财产代管人造成失踪人财产损失应承担赔偿责任的条件是什么？
(3) 失踪人的利害关系人可以申请变更财产代管人的情形有哪些？
(4) 失踪人重新出现后，财产代管人负有哪些义务？

答案：(1) 财产代管人的职责有：①妥善管理失踪人的财产，维护其财产权益；②失踪人所欠税款、债务和应付的其他费用，由财产代管人从失踪人的财产中支付。

(2) 财产代管人因故意或者重大过失造成失踪人财产损失的，应当承担赔偿责任。

(3) 财产代管人不履行代管职责、侵害失踪人财产权益或者丧失代管能力的，失踪人的利害关系人可以向人民法院申请变更财产代管人。

(4) 失踪人重新出现后，财产代管人应及时移交有关财产并报告财产代管情况。

试题范例

（单项选择题）自然人被宣告失踪所产生的法律后果是（　　）。

A. 财产发生继承　　　　B. 财产发生代管

C. 婚姻关系解除　　　　D. 民事权利能力终止

答案： B

核心法条

《民法典》第46条　自然人有下列情形之一的，利害关系人可以向人民法院申请宣告该自然人死亡：

（一）下落不明满四年；

（二）因意外事件，下落不明满二年。

因意外事件下落不明，经有关机关证明该自然人不可能生存的，申请宣告死亡不受二年时间的限制。

释解分析

本条规定的是宣告死亡及条件。宣告死亡是指经利害关系人申请，由法院依照法律规定的条件和程序，判决宣告下落不明满法定期限的自然人死亡的民事法律制度。宣告死亡的条件有：（1）自然人下落不明达到法定的期间。（2）须有利害关系人的申请。（3）须由人民法院依照法定程序进行宣告。

法条分析

（1）人民法院审理宣告死亡案件时，如何认定"利害关系人"的范围？被申请人的债权人、债务人、合伙人可否成为利害关系人？

（2）如何确定自然人的死亡宣告时间？自然人在战争期间下落不明的，如何认定利害关系人宣告死亡的期间和起算时间？

（3）对同一自然人，同时符合宣告失踪和宣告死亡条件的，应如何处理？

（4）自然人被宣告死亡但是并未死亡的，如何认定其实施的民事法律行为的效力？

（5）若自然人死亡宣告被撤销，其与配偶之间的婚姻关系应如何认定？

（6）利害关系人隐瞒真实情况，致使他人被宣告死亡而取得其财产的，应承担哪些民事责任？

答案：（1）人民法院审理宣告死亡案件时，被申请人的配偶、父母、子女，以及对被申请人有继承权的亲属（丧偶儿媳对公婆，丧偶女婿对岳父母，尽了主要赡养义务的继承人）应当认定为利害关系人。符合下列情形之一的，被申请人的其他近亲属，以及对被申请人有继承权的亲属（代位继承人）应当认定为利害关系人：被申请人的配偶、父母、子女均已死亡或者下落不明的；不申请宣告死亡不能保护其相应合法权益的。被申请人的债权人、债务人、合伙人不能认定为利害关系人，但是不申请宣告死亡不能保护其相应合法权益的除外。

（2）被宣告死亡的人，人民法院宣告死亡的判决作出之日视为其死亡的日期；因意外事件下落不明宣告死亡的，意外事件发生之日视为其死亡的日期。自然人在战争期间下落不明的，利害关系人申请宣告死亡的期间为自然人下落不明满4年，自战争结束之日或者有关机关确定的下落不明之日起计算。

(3) 对同一自然人，有的利害关系人申请宣告失踪，有的利害关系人申请宣告死亡，符合宣告死亡条件的，人民法院应当宣告死亡。

(4) 自然人被宣告死亡但是并未死亡的，不影响该自然人在被宣告死亡期间实施的民事法律行为的效力。

(5) 被宣告死亡的人的婚姻关系，自死亡宣告之日起消除。死亡宣告被撤销的，婚姻关系自撤销死亡宣告之日起自行恢复。但是，其配偶再婚或者向婚姻登记机关书面声明不愿意恢复的除外。

(6) 利害关系人隐瞒真实情况，致使他人被宣告死亡而取得其财产的，除应当返还财产外，还应当对由此造成的损失承担赔偿责任。

试题范例

(单项选择题) 甲被宣告死亡后，其妻乙再婚嫁给丙。丙死亡后 1 年，甲父丁得知甲仍然在世，经过通讯联络后，依法向法院申请撤销甲的死亡宣告。死亡宣告撤销后，甲、乙的婚姻关系（　　）。

A. 自行恢复

B. 视为自行恢复

C. 不能自行恢复

D. 经婚姻登记机关书面声明后恢复

答案： C

四、法人

核心法条

《民法典》第 57 条　法人是具有民事权利能力和民事行为能力，依法独立享有民事权利和承担民事义务的组织。

释解分析

本条规定的是法人的定义。法人是具有民事权利能力和民事行为能力，依法独立享有民事权利和承担民事义务的组织。法人具有如下特征：(1) 法人是社会组织。(2) 法人是具有民事权利能力和民事行为能力的组织体。(3) 法人是独立享有民事权利和承担民事义务的组织。

法条分析

(1) 如何认定法人的民事权利能力和民事行为能力的存续期间？

(2) 法人与其成员在人格上分离，并与非法人组织区别的关键因素是什么？

(3) 法人成立的条件有哪些？

答案： (1) 法人的民事权利能力和民事行为能力，从法人成立时产生，到法人终止时消灭。

（2）法人的独立责任是法人与其成员在人格上分离，并与非法人组织区别的关键因素。

（3）法人成立的条件有：①依法成立。②有财产或经费。③有自己的名称、组织机构和住所。

试题范例

（单项选择题）下列选项中，具有法人资格的是（　　）。

A. 中国人民保险公司北京分公司　　B. 股份有限公司下设子公司

C. 某大学保卫处　　D. 外交部拉美司

答案：B

核心法条

《民法典》第 59 条　法人的民事权利能力和民事行为能力，从法人成立时产生，到法人终止时消灭。

释解分析

本条规定的是法人的民事权利能力和民事行为能力。法人的民事权利能力是指法人作为民事权利主体，享有民事权利并承担民事义务的资格。法人的民事权利能力是特殊的民事权利能力，这种特殊性体现在：（1）法人不能享有某些属于自然人固有的因年龄、亲属关系等而产生的权利义务。（2）法人的民事权利能力受法律、行政命令和法人章程、目的的限制，而自然人的民事权利能力则具有一般性。（3）法人的民事权利能力于法人成立时发生，于法人依法撤销或解散时终止；而自然人的民事权利能力则始于出生，终于死亡。

法人的民事行为能力是指法人以自己的意思独立进行民事活动，取得民事权利并承担民事义务的能力。与自然人相比，法人的民事行为能力具有如下特征：（1）法人的民事行为能力与其民事权利能力同时发生，同时消灭。（2）法人的民事行为能力与其民事权利能力在范围上原则上是一致的。（3）法人的民事行为能力由其机关来实现。

法条分析

（1）如何理解本条中的“法人”？其成立条件有哪些？

（2）如何理解法人的“民事权利能力”和“民事行为能力”？

（3）法人设立行为的法律后果应如何认定？

（4）法人终止的事由有哪些？

答案：（1）法人是具有民事权利能力和民事行为能力，依法独立享有民事权利和承担民事义务的组织。法人的成立条件有：①依法成立；②有财产或经费；③有自己的名称、组织机构和住所。

（2）法人的民事权利能力是指法人作为民事主体享有民事权利和承担民事义务的资格。法人的民事行为能力是指法人作为民事主体，以自己的行为享有民事权利并承担民事义务的资格。

（3）设立人为设立法人从事的民事活动，其法律后果由法人承受；法人未成立的，其法律后果由设立人承受，设立人为二人以上的，享有连带债权，承担连带债务。设立人为设立法人以自己的名义从事民事活动产生的民事责任，第三人有权选择请求法人或者设立人承担。

（4）有下列原因之一并依法完成清算、注销登记的，法人终止：①法人解散；②法人被宣告破产；③法律规定的其他原因。

试题范例

（多项选择题）下列民事权利中，法人可以享有的有（　　）。

A. 荣誉权　　B. 名称权　　C. 地役权　　D. 债权

答案：ABCD

核心法条

《民法典》第61条第3款　法人章程或者法人权力机构对法定代表人代表权的限制，不得对抗善意相对人。

释解分析

本款规定的是法定代表人代表权的限制。该款设定了对善意相对人信赖利益保护的规则。适用该规则须满足如下条件：（1）法人章程或者法人权力机构对法定代表人的代表权作出了限制。但相对人善意且无过失的，章程或权力机构决议的限制，不影响法律行为的效力。（2）必须是法人章程或者法人权力机构的限制。对此种限制，相对人难以知悉。（3）相对人是善意的。如果相对人是恶意的，则不能使该法律行为有效。例如，某个相对人已经知道法人内部决议关于不允许超过特定限额进行担保的规定，而仍然与法定代表人签订担保协议，此时，法人章程或者法人权力机构对法定代表人代表权的限制，便可以对抗恶意第三人。

法条分析

（1）条文中的“法定代表人”应如何理解？

（2）法定代表人以法人名义从事的民事活动，谁承受其法律后果？

（3）条文中的“善意相对人”应如何理解？

答案：（1）依照法律或者法人章程的规定，代表法人从事民事活动的负责人，为法人的法定代表人。

（2）法定代表人以法人名义从事的民事活动，其法律后果由法人承受。

（3）善意相对人是指与法定代表人为民事法律行为，不知道或者不应当知道法人章程或权力机构对法人代表权进行限制的相对人。

试题范例

（单项选择题）下列职务中，不能成为法人的法定代表人的是（　　）。

A. 公司董事长　　B. 公司总经理

C. 企业法人的厂长　　D. 公司高级会计师

答案：D

核心法条

《民法典》第 62 条　法定代表人因执行职务造成他人损害的，由法人承担民事责任。

法人承担民事责任后，依照法律或者法人章程的规定，可以向有过错的法定代表人追偿。

释解分析

本条规定的是法定代表人职务行为的责任承担。并不是说法人的法定代表人的一切行为后果都应由法人承担。法定代表人造成他人损害，由法人承担责任，必须是因“执行职务”造成的。在认定法定代表人是否为执行职务时，应当考察其行为外观。不论法定代表人是否与法人签订了正式的劳动合同，也不论其是上班还是下班，只要法定代表人造成了他人的损害，且第三人有合理理由认为其是在执行职务，就认定为因执行职务而致害。在法人就法定代表人的行为承担责任后，其也可以向法定代表人追偿。法人对其法定代表人追偿权的成立应当符合如下两个要件：（1）法定代表人有过错。如果法定代表人没有过错，即便造成法人损害，也不应当承担责任。（2）必须有法律或章程的依据。

法条分析

（1）如何理解本条中的“法定代表人”？

（2）第 1 款中的“民事责任”在性质上应属于何种责任？

（3）向法定代表人追偿的条件有哪些？

答案：（1）法定代表人是指依照法律或者法人章程的规定，代表法人从事民事活动的负责人。

（2）侵权责任。

（3）向法定代表人追偿的条件有：①法定代表人有过错。②必须有法律或章程的依据。

试题范例

（单项选择题）关于法定代表人职务行为的责任承担，下列说法中正确的是（　　）。

A. 法定代表人职务行为的责任在性质上为侵权责任

B. 法人在任何情况下都应对法定代表人的职务行为承担责任

C. 无论法定代表人是否有过错，法人都可以在承担责任后向法定代表人追偿

D. 法人对法定代表人的任何行为都不承担民事责任

答案：A

核心法条

《民法典》第 76 条　以取得利润并分配给股东等出资人为目的成立的法人，为营利法人。

营利法人包括有限责任公司、股份有限公司和其他企业法人等。

释解分析

本条规定的是营利法人。以取得利润并分配给股东等出资人为目的成立的法人，为营利法人。我国民法独创了营利法人与非营利法人的划分类型，改变了大陆法系社团法人和财团法人的分类方法。营利法人具有以下特征：(1) 营利法人是社团法人的一种类型。(2) 营利法人设立的目的是分配利润给出资人。营利法人和非营利法人的区别并不在于是否营利，而在于是否将营利分配给其成员。(3) 营利法人主要从事经营活动。(4) 营利法人终止后将剩余财产分配给其成员。营利法人终止后，如果还有剩余财产的，则将该剩余财产分配给其成员。

营利法人包括有限责任公司、股份有限公司和其他企业法人等。有限责任公司是指股东以其认缴的出资额为限对公司承担责任的公司。股份有限公司是指股东以其认缴的股份为限对公司承担责任的公司。其他企业法人是指公司法人之外的非公司企业法人，主要是指全民所有制企业、集体所有制企业以及三资企业（中外合资经营企业、中外合作经营企业、外商独资企业）等。

法条分析

(1) 如何认定营利法人的成立和成立日期？

(2) 营利法人的机构有哪些？

答案：(1) 营利法人经依法登记成立。依法设立的营利法人，由登记机关发给营利法人营业执照。营业执照签发日期为营利法人的成立日期。

(2) 营利法人的机构有权力机构、执行机构和监督机构。

试题范例

(单项选择题) 下列选项中，属于我国营利法人的是（　　）。

A. 社会服务机构　　B. 股份有限公司

C. 居民委员会　　D. 基金会

答案：B

核心法条

《民法典》第 83 条　营利法人的出资人不得滥用出资人权利损害法人或者其他出资人的利益；滥用出资人权利造成法人或者其他出资人损失的，应当依法承担民事责任。

营利法人的出资人不得滥用法人独立地位和出资人有限责任损害法人债权人的利益；滥用法人独立地位和出资人有限责任，逃避债务，严重损害法人债权人的利益的，应当对法人债务承担连带责任。

释解分析

本条规定的是出资人滥用权利的责任承担。第 1 款是关于滥用出资人权利损害法人或者其他出资人利益的规定。该款规定主要针对的是出资人滥用出资人权利损害法人或者其他出资人利益的现象。滥用出资人权利造成法人或者其他出资人损失的，应当依法承担民事责任。出资人滥用权利的行为，在某种意义上就是一般的侵权行为，往往也会侵害法人或者其他出资人的利益，应当承担一定的民事责任。出资人承担的民事责任属于一般的过错责任。

“法人人格否认”制度，是指司法审判人员在特殊情形下，对公司的股东特别是董事在管理公司的事务中从事各种不正当行为严重损害公司债权人的利益时，应当不考虑公司的独立人格，而要求公司的股东对公司的债权人承担连带责任的制度。第 2 款中的“连带责任”，是指法人和出资人对法人债务负连带的清偿责任。因此，不论法人对债权人的债务是否超出出资人的出资额，出资人都要负责。所以，这种责任可以看成是出资人有限责任的例外。也就是说，在营利法人的出资人滥用法人独立地位和出资人有限责任损害法人债权人的利益的情况下，要允许债权人直接向出资人提出请求，排除法人独立人格的障碍。

法条分析

（1）条文中的“营利法人”的含义是什么？

（2）第 1 款中出资人承担的“民事责任”在性质上属于何种民事责任？适用何种归责原则？

（3）第 2 款规定体现的是何种制度？该制度的含义是什么？

（4）第 2 款中的“有限责任”应如何理解？

（5）如何理解第 2 款中的“严重损害法人债权人的利益”？

答案：（1）营利法人是指以营利为目的且将利益分配于其成员的法人。

（2）侵权责任。民事责任的归责原则上是过错责任。

（3）第 2 款规定体现的是法人人格否认制度。法人人格否认制度，是指司法审判人员在特殊情形下，对公司的股东特别是董事在管理公司的事务中从事各种不正当行为严重损害公司债权人的利益时，应当不考虑公司的独立人格，而要求公司的股东对公司的债权人承担连带责任的制度。

（4）有限责任是指营利法人以其全部财产对其债务承担责任，营利法人成员以其出资额为限对公司承担责任。

（5）严重损害法人债权人的利益，是指法人债权人的债权因法人人格的滥用而无法得到清偿，致使债权人遭受严重损失。

试题范例

（单项选择题）张某为甲公司的大股东，甲公司欠乙公司 100 万元债务。为了逃避这笔债务，张某将甲公司账户上的 200 万元现金转入自己的私人账户，致使甲公司无力偿还乙公司的到期债务。对于该笔债务（　　）。

A. 张某清偿

B. 甲公司和乙公司按照各自的过错承担相应的责任

C. 甲公司清偿

D. 张某和甲公司承担连带清偿责任

答案：D

核心法条

《民法典》第 84 条　营利法人的控股出资人、实际控制人、董事、监事、高级管理人员不得利用其关联关系损害法人的利益；利用关联关系造成法人损失的，应当承担赔偿责任。

释解分析

关联关系是指公司的控股出资人、实际控制人、董事、监事、高级管理人员与其直接或者间接控制的企业之间的关系，以及可能导致公司利益转移的其他关系。关联交易本身并不一定都是有害的，也并不当然都损害债权人利益和交易安全。但如果利用关联交易进行利益输送，有损公司利益和债权人利益时，则应当是法律所禁止的。因此，有必要设置关联交易的禁止规则。关联交易禁止规则的意义在于，将禁止关联交易的适用对象予以扩大，由单纯地适用于公司扩大到适用于全部营利法人，尤其适用于国企和以营利为目的的事业单位，这就有利于对这些法人的活动进行规范。

法条分析

（1）条文中的“关联关系”的含义是什么？

（2）适用本条规定应符合哪些条件？

答案：（1）关联关系是指公司的控股出资人、实际控制人、董事、监事、高级管理人员与其直接或者间接控制的企业之间的关系，以及可能导致公司利益转移的其他关系。

（2）适用本条规定应符合的条件有：①主体为控股出资人、实际控制人、董事、监事、高级管理人员。②利用了关联关系从事交易。③损害了法人的利益。

试题范例

（单项选择题）甲公司的实际控股股东张某是乙（一人）有限公司的董事。甲公司和乙公司签订一份租赁合同，甲公司将其自有的某大厦顶楼物业广告位租给乙公司，租金为每月 3 万元。张某又以乙公司董事的身份，将该广告位租给丙公司，租金为每月 5 万元。为此，张某每月获利 2 万元。张某的行为属于（　　）。

A. 关联交易的行为　　B. 滥用法人独立人格的行为

C. 滥用法人有限责任的行为　　D. 合法行为

答案：A

核心法条

《民法典》第 85 条　营利法人的权力机构、执行机构作出决议的会议召集程序、表决方式违反法律、行政法规、法人章程，或者决议内容违反法人章程的，营利法人的出资人可以请求人民法院撤销该决议。但是，营利法人依据该决议与善意相对人形成的民事法律关系不受影响。

释解分析

本条规定的是营利法人决议的撤销。营利法人作出的决议可以撤销。不过，出于维护交易安全的考虑，撤销不产生对抗善意相对人的效力。

法条分析

（1）条文中的“法律”应如何理解？

（2）条文中的“善意相对人”应如何理解？

答案：（1）法律仅指全国人大及其常委会制定的法律。

（2）善意相对人是指与营利法人进行交易的不知情（不知道或者不应当知道作出决议的会议召集程序、表决方式违反法律、行政法规、法人章程，或者决议内容违反法人章程）且无过失的第三人。

民法学

试题范例

（单项选择题）甲公司章程规定，公司董事会和法定代表人不得对外签订超出 1 000 万元标的额的合同。甲公司董事长李某与乙公司签订购置成套设备的买卖合同，总金额为 2 000 万元。如果乙公司对甲公司章程的规定一无所知，则该买卖合同（　　）。

A. 无效　　B. 有效　　C. 效力待定　　D. 可撤销

答案：B

核心法条

《民法典》第 87 条　为公益目的或者其他非营利目的成立，不向出资人、设立人或者会员分配所取得利润的法人，为非营利法人。

非营利法人包括事业单位、社会团体、基金会、社会服务机构等。

释解分析

本条规定的是非营利法人的定义和类型。为公益目的或者其他非营利目的成立，不向出资人、设立人或者会员分配所取得利润的法人，为非营利法人。非营利法人具有如下特征：（1）基于公益目的而设立。营利法人的设立目的在于营利，而非营利法人的设立目的是公益的、“非营利”的，“非营利”是指目的上的非营利，至于该类法人在日常运行中开展了某些营利性活动，甚至从中获取了营利收入，并不影响其作为非营利法人的性质。（2）不向出资人、设立人或者会员分配利润或者剩余财产。营利法人所取得的利润可以分配给其出资人、设立人或者会员，而非营利法人则不允许这种利润分配。（3）组织机构的特殊性。营利法人都有成员，因此，其组织机构中应当包含成员大会（股东会、股东大会），而非营利法人除了社会团体法人以外，其他类型的非营利法人并不设立成员大会。

非营利法人包括事业单位、社会团体、基金会、社会服务机构等。此处使用了“等”字，表明非营利法人主要包括上述几类，只要实践中出现了符合非营利法人定义的组织，都可以纳入非营利法人的范围。

法条分析

（1）如何理解本条规定的事业单位法人？

（2）如何理解本条规定的社会团体法人？

（3）本条中的“基金会、社会服务机构”属于何种性质的非营利法人？

（4）非营利法人终止的事由有哪些？

答案：（1）事业单位法人是指具备法人条件，为适应经济社会发展需要，提供公益服务设立的事业单位。

（2）社会团体法人是指具备法人条件，基于会员共同意愿，为公益目的或者会员共同利益等非营利目的设立的社会团体。

（3）基金会、社会服务机构在性质上属于捐助法人。

（4）非营利法人可因目的已经实现、期限届满、被撤销、合并等原因终止。

试题范例

（多项选择题）下列选项中，属于我国非营利法人的是（　　）。

A. 事业单位法人　　B. 社会团体法人

C. 基金会法人　　D. 社会服务机构法人

答案：ABCD

核心法条

《民法典》第 92 条　具备法人条件，为公益目的以捐助财产设立的基金会、社会服务机构等，经依法登记成立，取得捐助法人资格。

依法设立的宗教活动场所，具备法人条件的，可以申请法人登记，取得捐助法人资格。法律、行政法规对宗教活动场所有规定的，依照其规定。

释解分析

本条规定的是捐助法人资格的取得。捐助法人是指具备法人条件，为公益目的以捐助财产设立的基金会、社会服务机构等，经依法登记成立，取得捐助法人资格。捐助法人具有如下特点：（1）捐助法人的设立目的具有公益性即非营利性。（2）捐助法人不能将利润分配给捐助人。（3）捐助法人在性质上属于大陆法系国家的财团法人，是财产的集合。（4）捐助法人没有成员或者会员。捐助法人也没有意思机关，捐助法人依据法人章程的规定进行运作，而且理事会等管理机构都不得改变法人章程。

宗教活动场所法人是指取得捐助法人资格的宗教活动场所。宗教活动场所如寺院、宫观、清真寺、教堂以及其他固定宗教活动场所。宗教活动场所法人在性质上属于财团法人，是财产的集合。依法设立的宗教活动场所，具备法人条件的，可以申请法人登记，取得捐助法人资格。法律、行政法规对宗教活动场所有规定的，依照其规定。

法条分析

（1）捐助法人的机构有哪些？

（2）捐助人享有哪些权利？

（3）捐助法人终止的，应如何处理剩余财产？

答案：（1）捐助法人由决策机构、执行机构和监督机构组成。

（2）捐助人享有如下权利：①查询捐助财产的使用、管理情况；②对捐助财产的使用、管理情况有权提出意见和建议；③可以请求人民法院撤销捐助法人作出的违法决定。

（3）捐助法人终止时，不得向出资人、设立人或者会员分配剩余财产。剩余财产应当按照法人章程的规定或者权力机构的决议用于公益目的；无法按照法人章程的规定或者权力机构的决议处理的，由主管机关主持转给宗旨相同或者相近的法人，并向社会公告。

试题范例

（单项选择题）下列关于捐助法人的表述中，正确的是（　　）。

A. 捐助法人属于社会团体法人

B. 捐助法人的捐助人是捐助法人的成员

C. 捐助法人应当将取得的利润分配给捐助人

D. 理事会可以作为捐助法人的决策机构

答案： D

五、非法人组织

核心法条

《民法典》第102条　非法人组织是不具有法人资格，但是能够依法以自己的名义从事民事活动的组织。

非法人组织包括个人独资企业、合伙企业、不具有法人资格的专业服务机构等。

释解分析

本条规定的是非法人组织的定义和类型。非法人组织是指虽不具有法人资格但可以自己的名义从事民事活动的组织。非法人组织的特征有：（1）非法人组织是具有稳定性的人合组织。（2）非法人组织具有相应的民事权利能力和民事行为能力。（3）非法人组织不能完全独立承担民事责任。非法人组织的财产不足以清偿债务的，其出资人或者设立人承担无限责任。法律另有规定的，依照其规定。

非法人组织的类型有个人独资企业、合伙企业、不具有法人资格的专业服务机构和其他类型。其他类型的非法人组织，如某些乡镇企业。

法条分析

（1）本条中的“个人独资企业”应如何理解？

（2）本条中的“合伙企业”应如何理解？

（3）本条中的“不具有法人资格的专业服务机构”应如何理解？

（4）非法人组织如何对外承担民事责任？

（5）非法人组织解散的法定事由有哪些？

答案：（1）个人独资企业是指由一个自然人投资，财产为投资人个人所有，投资人以其个人财产对企业承担无限责任的经营实体。

（2）合伙企业是指民事主体依法设立的，由各合伙人订立合伙协议，共同出资、合伙经营、共享收益、共担风险的营利性组织。

（3）不具有法人资格的专业服务机构是指应用某方面的专业知识和专门知识，按照服务对象的需要和要求，在相应专业知识领域内提供服务的社会组织，并且该组织不能依据法人的设立条件登记为法人。

（4）非法人组织的财产不足以清偿债务的，其出资人或者设立人承担无限责任。法律另有规定的，依照其规定。

（5）有下列情形之一的，非法人组织解散：①章程规定的存续期间届满或者章程规定的其他解散事由出现；②出资人或者设立人决定解散；③法律规定的其他情形。

试题范例

1.（单项选择题）下列选项中，不属于非法人组织的是（　　）。

A. 合伙企业　　B. 私人独资公司

C. 有限责任公司　　D. 工商银行省分行

2.（单项选择题）甲、乙共同设立一社会服务机构，该机构不具有法人资格。甲、乙在从事社会服务活动时欠债20万元。对于该笔债务的承担，下列表述中正确的是（　　）。

A. 应由甲清偿该笔债务　　B. 应由乙清偿该笔债务

C. 应以甲、乙出资额为限承担责任　　D. 应由甲、乙承担无限连带责任

答案：1. C　2. D

六、民事法律行为

核心法条

《民法典》第133条　民事法律行为是民事主体通过意思表示设立、变更、终止民事法律关系的行为。

释解分析

本条规定的是民事法律行为的定义。民事法律行为是指民事主体以意思表示的方式设立、变更或者终止民事法律关系的行为。“设立”是指当事人通过民事法律行为旨在形成某种法律关系。“变更”是指当事人通过民事法律行为使原有的民事法律关系在内容上发生变化。“终止”是指当事人通过民事法律行为旨在消灭民事法律关系。民事法律行为的特征有：

（1）民事法律行为以意思表示为基本要素。没有意思表示，就没有民事法律行为。（2）民事法律行为以设立、变更或者终止民事权利和民事义务为目的。民事法律行为必须具有设立、变更和终止民事权利和民事义务的目的，并能引起行为人预期的法律后果。

法条分析

（1）条文中的“民事主体”的含义是什么？

（2）条文中的“意思表示”的含义是什么？

（3）条文中的“民事法律关系”的含义是什么？

（4）民事法律行为如何成立？

（5）民事法律行为何时生效？

答案：（1）民事主体是指参加民事法律关系，享有民事权利和承担民事义务的人。

（2）意思表示是指向外部表明意欲发生一定私法上效果的意思的行为。

（3）民事法律关系是由民事法律规范所确立的以民事权利和民事义务为主要内容的法律关系。

（4）民事法律行为可以基于双方或者多方的意思表示一致成立，也可以基于单方的意思表示成立。法人、非法人组织依照法律或者章程规定的议事方式和表决程序作出决议的，该决议行为成立。

（5）民事法律行为自成立时生效，但是法律另有规定或者当事人另有约定的除外。行为人非依法律规定或者未经对方同意，不得擅自变更或者解除民事法律行为。

试题范例

1.（多项选择题）下列选项中，属于事实行为的是（　　）。

A. 拾得遗失物　　B. 先占　　C. 无因管理　　D. 侵权行为

2.（多项选择题）确定意思表示的含义而对意思表示进行解释应当遵循的方法有（　　）。

A. 文义解释　　B. 习惯解释　　C. 诚信解释　　D. 目的解释

答案：1. ABCD　2. ABCD

核心法条

《民法典》第 140 条　行为人可以明示或者默示作出意思表示。

沉默只有在有法律规定、当事人约定或者符合当事人之间的交易习惯时，才可以视为意思表示。

释解分析

本条规定的是意思表示的作出方式。意思表示的作出包括如下两种：（1）以明示的方式作出意思表示。这是指行为人将内在意思明确地表达于外部。（2）以默示的方式作出意思表示。这是指行为人没有作出明确的表示，但是可以根据法律规定进行推知。

沉默是指未作出任何意思表示或不行为。沉默只有在如下三种情形下，才能成为意思表示：（1）法律的特别规定。如《民法典》第 1124 条规定。（2）当事人的特别约定。如双方当事人事先约定，如果一方更改了相关合同条款，对方沉默的，视为同意修改，在此情形下，如果一方当事人更改了合同的条款，对方沉默的，即视为同意对方更改。（3）当事人之间的交易习惯。如果按照当事人之间特定的交易习惯，沉默可以产生意思表示的效力，则沉默也可以视为意思表示。例如，当事人之间长期进行系列交易，通常一方在另一方发出要约后，一定期限内不作表示的，就作为承诺对待。

法条分析

（1）本条第 1 款中的“意思表示”应如何理解？其特征有哪些？

（2）如何确定意思表示的生效时间？

（3）本条第 2 款中的“沉默”应如何理解？如何确定沉默的效力？

答案：（1）意思表示是指向外部表明意欲发生一定私法上效果的意思的行为。意思表示的特征有：①意思表示的表意人具有旨在使法律关系发生变动的意图，该意图不违反法律强制性规定和公序良俗，因而发生当事人所预期的效力。②意思表示是一个意思由内到外的表示过程。③意思表示依据是否符合生效要件，法律赋予其不同的效力。

（2）以对话方式作出的意思表示，相对人知道其内容时生效。以非对话方式作出的意思表示，到达相对人时生效。以非对话方式作出的采用数据电文形式的意思表示，相对人指定特定系统接收数据电文的，该数据电文进入该特定系统时生效；未指定特定系统的，相对人知道或者应当知道该数据电文进入其系统时生效。当事人对采用数据电文形式的意思表示的生效时间另有约定的，按照其约定。无相对人的意思表示，表示完成时生效。法律另有规定的，依照其规定。以公告方式作出的意思表示，公告发布时生效。

（3）沉默是指未作出任何意思表示或不作为。沉默在如下三种情况下可以视为意思表示：①法律的特别规定；②当事人的特别约定；③当事人之间的交易习惯。

试题范例

（单项选择题）《民法典》第 1124 条规定，继承开始后，继承人放弃继承的，应当在遗产处理前，以书面形式作出放弃继承的表示；没有表示的，视为接受继承。受遗赠人应当在知道受遗赠后 60 日内，作出接受或者放弃受遗赠的表示；到期没有表示的，视为放弃受遗赠。这里的“没有表示”属于意思表示的形式是（　　）。

A. 明示的书面形式　　B. 明示的口头形式

C. 默示形式　　D. 沉默

答案：D

核心法条

《民法典》第 143 条　具备下列条件的民事法律行为有效：

（一）行为人具有相应的民事行为能力；

（二）意思表示真实；

（三）不违反法律、行政法规的强制性规定，不违背公序良俗。

释解分析

本条规定的是民事法律行为的有效条件。民事法律行为的有效条件有：（1）行为人合格。

这是指行为人具有相应的民事行为能力。行为人的民事行为能力是民事法律行为的首要条件。“相应的民事行为能力”是指行为能力与其所进行的民事法律行为要相适应。(2)意思表示真实。这是指行为人的外部表示与其内心的真实意思相一致。造成行为人意思表示不真实的主要有两种情况：一是由于相对人或者第三人胁迫、欺诈，使行为人在违背真实意思的情况下而为民事行为；二是由于行为人自己对该行为的重大误解，使其行为与其内在意思不一致。对意思表示不真实的行为，根据不同的情况，应当认定为无效或可撤销。(3)不违反法律、行政法规的强制性规定，不违背公序良俗。不违法是指行为内容和形式都不违法。公序良俗是公共秩序和善良风俗的合称，民事主体进行民事活动必须与公序良俗相符，违背公序良俗的行为是无效的。

法条分析

(1)如何理解条文中的“相应的民事行为能力”？

(2)如何理解条文中的“意思表示真实”？

(3)如何理解条文中的“法律”的内涵？

(4)如何理解条文中的“公序良俗”？

答案：(1)相应的民事行为能力是指行为能力与其所进行的民事法律行为要相适应。

(2)意思表示真实是指行为人的外部表示与其内心的真实意思相一致。

(3)法律是指全国人大及其常委会制定的法律。

(4)公序良俗即公共秩序和善良风俗。

试题范例

(多项选择题)民事法律行为的生效条件包括(　　)。

A. 行为人具有相应的民事行为能力

B. 意思表示真实

C. 行为形式合法

D. 不违反法律、行政法规的强制性规定，不违背公序良俗

答案：ABD

核心法条

《民法典》第 145 条　限制民事行为能力人实施的纯获利益的民事法律行为或者与其年龄、智力、精神健康状况相适应的民事法律行为有效；实施的其他民事法律行为经法定代理人同意或者追认后有效。

相对人可以催告法定代理人自收到通知之日起三十日内予以追认。法定代理人未作表示的，视为拒绝追认。民事法律行为被追认前，善意相对人有撤销的权利。撤销应当以通知的方式作出。

释解分析

本条规定的是限制民事行为能力人实施的民事法律行为的效力。限制民事行为能力人实施的民事法律行为是效力待定的民事法律行为。效力待定的民事法律行为是指民事法律行为

成立之后，是否能够发生效力尚不能确定，有待享有形成权的第三人作出追认或拒绝的意思表示来使之有效或无效的民事法律行为。

限制民事行为能力人实施的民事法律行为原则上须经事前同意或事后追认方为有效。这里的“追认”，是指权利人对限制民事行为能力人与他人从事的有关法律行为的事后承认。追认是一种单方意思表示，无须相对人的同意即可发生法律效力。追认权属于形成权，追认权归属于真正的权利人（本条规定是指限制民事行为能力人的法定代理人），权利人的追认与否决定着效力待定的民事法律行为的效力。在权利人尚未追认以前，限制民事行为能力人实施的民事法律行为虽然已经实施，但并没有实际生效，所以，当事人双方都不应当作出实际履行。但是，纯获利益的民事法律行为或者与限制民事法律行为人的年龄、智力、精神健康状况相适应的民事法律行为，不需同意、追认，即为有效。

相对人可以催告法定代理人自收到通知之日起 30 日内予以追认。法定代理人未作表示的，视为拒绝追认。民事法律行为被追认前，善意相对人有撤销的权利。撤销应当以通知的方式作出。上述规定体现了善意相对人的撤销权制度。相对人撤销权的行使以通知的方式作出，而不需要以诉讼的方式作出，通知可以是书面形式，也可以是口头形式。

法条分析

（1）如何判断条文中的“纯获利益”的民事法律行为？

（2）本条中的“其他民事法律行为”在法定代理人同意或者追认前效力如何？

（3）本条中撤销权的行使须具备哪些条件？

（4）本条中的“善意相对人”应如何认定？

答案：（1）纯获利益的民事法律行为是指限制民事行为能力人从某项民事法律行为中纯粹获得利益而没有负担，或者虽然负有负担，但是所获得的利益明显高于负担的民事法律行为。

（2）其他法律行为在法定代理人同意或者追认前效力待定。

（3）撤销权的行使须具备的条件：①必须在限制民事行为能力人的法定代理人作出追认之前撤销；②撤销应当以通知的方式作出。

（4）善意相对人是指相对人在行为时不知道或者不应当知道对方为限制民事行为能力人。

试题范例

1.（单项选择题）下列选项中，属于效力待定的民事法律行为的是（　　）。

A. 限制民事行为能力人从事的依法不能从事的民事法律行为

B. 无民事行为能力人实施的民事法律行为

C. 表见代理行为

D. 滥用代理权行为

2.（单项选择题）甲（14 周岁）购买了一辆摩托车，在甲的法定代理人追认前，该买卖摩托车的合同的效力为（　　）。

A. 无效　　B. 效力待定　　C. 可撤销　　D. 有效

3.（单项选择题）小张为庆祝第二天满 18 周岁生日，在一家商场购买了一辆摩托车。生日过后，该合同的效力为（　　）。

A. 有效　　B. 无效　　C. 效力待定　　D. 可撤销

4.（单项选择题）甲（15 周岁）为抖音女主播打赏 2 万元。甲的打赏行为（　　）。

A. 有效　　B. 无效　　C. 可撤销　　D. 效力待定

答案： 1. A　2. B　3. A　4. D

核心法条

《民法典》第 146 条　行为人与相对人以虚假的意思表示实施的民事法律行为无效。

以虚假的意思表示隐藏的民事法律行为的效力，依照有关法律规定处理。

释解分析

本条规定的是虚假行为和隐藏行为及效力。虚假的民事法律行为是指行为人与相对人共同实施了虚假的民事法律行为，也称通谋虚伪表示、虚假表示。行为人实施的虚假的民事法律行为无效。例如，为逃避债务而虚假赠与财产，虚构建筑物施工合同中的债权以达到行使法定优先权的目的，等等。虚假行为也存在有效的情形，就是假结婚、假离婚。因结婚、离婚等身份行为均属于亲自为之的要式法律行为，故即使是通谋作出的虚假行为，仍发生婚姻成立或婚姻终止的法律效力。当事人反悔的，不予保护。

隐藏的民事法律行为简称隐藏行为，是指表意人为虚假的意思表示，但其真意为发生另外法律效果的意思表示。例如，为了逃税，当事人订立了"黑白合同"，其中的"白合同"就是虚假的意思表示，而"黑合同"就是隐藏的民事法律行为。虚假的意思表示隐藏的民事法律行为的效力，依照有关法律规定处理。据此，隐藏的民事法律行为可能是合法的，也可能是不合法的，不能一概认定为无效，必须依据相关法律规定来认定。例如，在"黑白合同"中，"黑合同"是被隐藏的，"黑合同"可能是合法的，也可能是不合法的。所以，必须要依据具体情形判断隐藏行为的效力。如果被隐藏的民事法律行为是合法的，则该隐藏行为有效；如果被隐藏的民事法律行为是非法的，则该民事法律行为无效。

法条分析

（1）何为"虚假行为"？其效力应如何认定？

（2）何为"隐藏行为"？其效力应如何认定？

答案：（1）虚假行为是指表意人所作出的需要受领的意思表示系与受领人通谋而虚假作出的，并以此共同对第三人实施欺诈的行为。其效力为无效。

（2）隐藏行为是指表意人为虚假的意思表示，但其真意为发生另外法律效果的意思表示的行为。隐藏行为的效力依照有关法律规定处理，即虚假的意思表示无效，虚假的意思表示背后隐藏的行为，如果符合民事法律行为有效条件的，应当认定为有效；具有无效的民事法律行为的事由的，应当认定为无效。

试题范例

1.（单项选择题）下列民事法律行为中，无效的是（　　）。

A. 行为人与相对人以虚假的意思表示实施的民事法律行为

B. 基于重大误解实施的民事法律行为

C. 一方以欺诈手段，使对方在违背真实意思的情况下实施的民事法律行为

D. 一方利用对方处于危困状态、缺乏判断能力等情形，致使民事法律行为成立时显失公平的

2.（单项选择题）下列选项中，属于无效合同的是（　　）。

A. 甲、乙签订的购买针孔摄像机的合同

B. 甲超越代理权限与乙签订的购买木料的合同

C. 甲乘乙处于危困状态而逼迫乙将其住房以极低的价格卖给甲

D. 甲、乙签订的5年期限的房屋租赁合同

答案：1. A　2. A

核心法条

《民法典》第147条　基于重大误解实施的民事法律行为，行为人有权请求人民法院或者仲裁机构予以撤销。

释解分析

本条规定的是基于重大误解实施的民事法律行为及效力。基于重大误解实施的民事法律行为是可撤销的民事法律行为。重大误解的民事法律行为是指行为人对于民事行为产生错误的理解，并基于这种错误理解而为的民事法律行为。误解直接影响到当事人所应享有的权利和承担的义务。误解既可以是单方面的误解，如出卖人误将某一标的物当作另一物，也可以是双方的误解，如买卖双方误将本为复制品的油画当成真品买卖。理解重大误解的民事法律行为需要注意以下要点：（1）误解仅限于对行为内容的误解，不包括对行为动机的误解。重大误解的内容包括：①对行为性质的误解。②对标的物的误解。③对价金的误解。④对当事人的误解。（2）误解必须是重大的才是重大误解，即所发生的误解对当事人之间的权利义务会有重大影响。（3）误解是由误解方自己的过错造成的，而不是受他人欺骗或不正当影响造成的，这是重大误解的民事法律行为和因受欺诈、胁迫实施的民事法律行为的关键区别。

法条分析

（1）司法实践中如何认定本条中的“重大误解”？

（2）本条中的“基于重大误解实施的民事法律行为”应如何理解？

（3）本条中的“撤销”的权利属于何种性质的权利？其行使方式应如何理解？

（4）本条中的“撤销”的权利的行使期限应如何理解？

答案：（1）行为人对行为的性质、对方当事人或者标的物的品种、质量、规格、价格、数量等产生错误认识，按照通常理解如果不发生该错误认识行为人就不会作出相应意思表示的，可以认定为重大误解。

（2）基于重大误解实施的民事法律行为是指行为人对于民事行为产生错误的理解，并基于这种错误理解而实施的民事法律行为。

（3）撤销权在性质上属于形成权，撤销权的行使应当采取诉讼或仲裁的方式。

（4）重大误解的当事人自知道或者应当知道撤销事由之日起 90 日内没有行使撤销权的，撤销权消灭；当事人自民事法律行为发生之日起 5 年内没有行使撤销权的，撤销权消灭。

试题范例

（多项选择题）下列情形中，可以认定为民事法律行为中的“重大误解”的有（　）。

A. 甲把买卖合同误解为赠与行为

B. 乙把古玩赝品当作珍品

C. 丙误信某地段附近兴建重点小学而高价买入房产

D. 售货员丁误将 3 000 元标价为 1 000 元

答案：ABD

核心法条

《民法典》第 148 条　一方以欺诈手段，使对方在违背真实意思的情况下实施的民事法律行为，受欺诈方有权请求人民法院或者仲裁机构予以撤销。

释解分析

本条规定的是因受欺诈实施的民事法律行为及效力。因受欺诈实施的民事法律行为是可撤销的民事法律行为。欺诈行为主要表现为故意告知虚假情况和故意隐瞒真实情况使他人陷入错误。所谓故意告知虚假情况（积极欺诈），是指虚假陈述；所谓故意隐瞒真实情况（消极欺诈），是指行为人有义务向他方如实告知某种真实的情况而故意不告知。此外，构成因受欺诈实施的民事法律行为，还须被欺诈方因受欺诈而陷入错误认识，如因误信对方的假药宣传而将假药当成了真药。如果欺诈方实施欺诈行为以后，受欺诈方未陷入错误认识或者发生的错误认识并不是欺诈行为造成的，则不构成欺诈。

法条分析

（1）何为“欺诈”？人民法院如何认定本条中的“欺诈”？

（2）受欺诈方行使撤销权的法定期间应如何理解？

答案：（1）欺诈是指行为人故意实施的，以引起、强化或维持他人的错误认识并使其基于此错误认识而作出意思表示为目的的欺骗行为。故意告知虚假情况，或者负有告知义务的人故意隐瞒真实情况，致使当事人基于错误认识作出意思表示的，人民法院可以认定为本条规定的欺诈。

（2）当事人自知道或者应当知道受欺诈事由之日起 1 年内没有行使撤销权的，撤销权消灭。当事人自受欺诈的民事法律行为发生之日起 5 年内没有行使撤销权的，撤销权消灭。

试题范例

（单项选择题）甲故意将一幅古画赝品谎称真品出售，乙不明真相购买了该画。甲的行为属于（　）。

A. 无效的民事法律行为　　B. 有效的民事法律行为
C. 可撤销的民事法律行为　　D. 效力待定的民事法律行为

答案： C

核心法条

《民法典》第 149 条　第三人实施欺诈行为，使一方在违背真实意思的情况下实施的民事法律行为，对方知道或者应当知道该欺诈行为的，受欺诈方有权请求人民法院或者仲裁机构予以撤销。

释解分析

本条规定的是第三人实施欺诈而为的民事法律行为及效力。第三人实施欺诈行为，使一方在违背真实意思的情况下实施的民事法律行为是可撤销的民事法律行为。这里的“第三人欺诈”，是指民事法律行为当事人以外的第三人故意实施的，以引起、强化或维持他人的错误认识并使其基于此错误认识而作出意思表示为目的的欺骗行为。

法条分析

（1）何为“第三人欺诈”?

（2）第三人欺诈构成可撤销的民事法律行为的主观条件是什么?

（3）如何确定受欺诈方行使撤销权的期间?

答案：（1）第三人欺诈是指民事法律行为当事人以外的第三人故意实施的，以引起、强化或维持他人的错误认识并使其基于此错误认识而作出意思表示为目的的欺骗行为。

（2）第三人欺诈构成可撤销的民事法律行为的主观条件是：第三人实施欺诈的，对方知道或者应当知道第三人在对相对人实施欺诈。

（3）因第三人实施欺诈行为的，当事人自知道或者应当知道撤销事由之日起 1 年内行使撤销权；当事人自民事法律行为发生之日起 5 年内没有行使撤销权的，撤销权消灭。

试题范例

（单项选择题）甲随团去香港旅游期间，以 8 万元购得一块翡翠，随团旅游的甲的朋友乙发现该翡翠是假货，但未告诉甲。甲回国后请乙、丙等人聚餐，丙见该翡翠有意购买，乙为让丙买下该翡翠，对丙声称该翡翠货真价实，丙信以为真，遂以 10 万元买下该翡翠。甲、丙之间签订的买卖合同的效力为（　　）。

A. 可撤销　　B. 有效　　C. 无效　　D. 效力待定

答案： B

核心法条

《民法典》第 150 条　一方或者第三人以胁迫手段，使对方在违背真实意思的情况下实施的民事法律行为，受胁迫方有权请求人民法院或者仲裁机构予以撤销。

释解分析

本条规定的是因受胁迫实施的民事法律行为及效力。一方或者第三人以胁迫手段，使对方在违背真实意思的情况下实施的民事法律行为是可撤销的民事法律行为。这里的“胁迫”，是指一方当事人或第三人向对方或其亲属预告危害，使其发生恐惧心理，并基于这种恐惧心理而作出的违背其真实意思的行为。因受胁迫实施的民事法律行为包括一方或者第三人实施胁迫，而使受胁迫方实施民事法律行为。所谓第三人实施的胁迫，是指当事人以外的人实施的胁迫行为。在因受胁迫实施的民事法律行为中，胁迫方具有胁迫的故意，且受胁迫方因受胁迫而实施了民事法律行为。倘若受胁迫方虽受胁迫，但并没有因受胁迫而实施相应的民事法律行为，也不构成因受胁迫实施的民事法律行为。

法条分析

（1）何为“胁迫”？人民法院如何认定本条中的“胁迫”？

（2）导致受胁迫方撤销权消灭的法定事由是什么？

答案：（1）胁迫是指一方当事人或第三人向对方或其亲属预告危害，使其发生恐惧心理，并基于这种恐惧心理而作出的违背其真实意思的行为。以给自然人及其近亲属等的人身权利、财产权利以及其他合法权益造成损害或者以给法人、非法人组织的名誉、荣誉、财产权益等造成损害为要挟，迫使其基于恐惧心理作出意思表示的，人民法院可以认定为胁迫。

（2）当事人受胁迫，自胁迫行为终止之日起1年内没有行使撤销权，或者当事人自民事法律行为发生之日起5年内没有行使撤销权的，撤销权消灭。

试题范例

1.（多项选择题）下列情形中，属于民事法律行为中的“胁迫”的是（　　）。

A. 甲说，如不出借1万元，则举报乙犯罪。乙照办，后查实乙构成犯罪

B. 甲说，如不将杜高犬卖给他，则举报乙犯罪。乙照办，后查实乙不构成犯罪

C. 甲说，如不购买甲即将报废的汽车，将公开乙的个人隐私。乙照办

D. 甲说，如不赔偿乙撞伤甲的医疗费，则举报乙醉酒驾车。乙照办，甲取得医疗费和慰问金

2.（多项选择题）下列关于可撤销的民事法律行为的判断中，正确的是（　　）。

A. 甲到乙商场发现一套家具标注的价格为666元，甲觉得便宜，便购买了该套家具。该套家具实际价格为6 666元，但乙商店店员误标为666元。乙商店可以撤销合同

B. 甲在结婚登记前隐瞒自己患有重大疾病的事实。结婚半年后，甲妻乙发现甲患有重大疾病，乙有权以甲欺诈为由撤销婚姻

C. 甲、乙双方为了少交税，将一份进口整车的合同签订成了一份进口汽车配件的合同。甲、乙签订的合同为可撤销合同

D. 甲向乙银行借款，乙银行要求甲提供担保。丙为帮助甲借款，以举报丁偷税漏税相要挟，迫使丁为甲借款提供保证，乙银行对此不知情。丁有权以其受到胁迫为由主张撤销保证

答案：1. ABC　2. ABD

核心法条

《民法典》第 151 条　一方利用对方处于危困状态、缺乏判断能力等情形，致使民事法律行为成立时显失公平的，受损害方有权请求人民法院或者仲裁机构予以撤销。

释解分析

本条规定的是因显失公平而为的民事法律行为及效力。因显失公平而为的民事法律行为是指在双方、有偿的民事法律行为中，一方利用对方处于危困状态、缺乏判断能力等情形，致使民事法律行为成立时显失公平的民事法律行为。因显失公平而为的民事法律行为是可撤销的民事法律行为。因显失公平而为的民事法律行为具有如下特点：(1) 一方利用对方处于危困状态、缺乏判断能力等情形。(2) 行为结果对一方当事人有重大不利，而另一方则获得显然超过了正常情况下所能获得的利益（暴利）。(3) 不利一方当事人所为民事法律行为并非其本意，而是由于处于危困状态、缺乏判断能力等原因。(4) 这种不公平是法律所不允许的，或者是当时社会所公认的不公平。显失公平仅指一方利用对方处于危困状态、缺乏判断能力等情形造成的不公平，而不包括因为受欺诈或受胁迫而造成的不公平。

法条分析

(1) 条文中的“显失公平”的民事法律行为应如何理解？

(2) 如何理解利用对方“处于危困状态”和利用对方“缺乏判断能力”？

(3) 如何界定“显失公平”？

答案：(1) 显失公平的民事法律行为是指在双方、有偿的民事法律行为中，一方利用对方处于危困状态、缺乏判断能力等情形，致使民事法律行为成立时显失公平的民事法律行为。

(2)“利用对方处于危困状态”一般是指利用某人因陷入某种暂时性的急迫困境，从而急需金钱或有其他急需的状态。“利用对方缺乏判断能力”一般是指利用对方欠缺一般的生活经验或交易经验。

(3) 显失公平仅指一方利用对方处于危困状态、缺乏判断能力等情形造成的不公平，而不包括因为受欺诈或受胁迫而造成的不公平。

试题范例

(单项选择题) 甲要挟乙必须购买其货物，否则将对其亲属采取不利措施，乙被迫购买了甲的货物。甲、乙签订的买卖合同的效力为（　　）。

A. 有效　　B. 无效　　C. 可撤销　　D. 效力待定

答案：C

核心法条

《民法典》第 153 条　违反法律、行政法规的强制性规定的民事法律行为无效。但是，该强制性规定不导致该民事法律行为无效的除外。

违背公序良俗的民事法律行为无效。

释解分析

本条规定的是违反强制性规定和违背公序良俗的民事法律行为及效力。违反法律、行政法规的强制性规定的民事法律行为无效。例如，购买枪支或者窃听器的合同，走私毒品的合同等，都是无效的民事法律行为。“强制性规定”分为管理性强制性规定和效力性强制性规定。管理性强制性规定是指该规定对违法者加以制裁，以禁止其行为，但并不否认实施的行为在私法上的效力。效力性强制性规定是指违反该规定就会导致该行为无效。第1款规定的强制性规定是管理性强制性规定。只有违反了法律、行政法规中“效力性强制性规定”的民事法律行为才能归于无效，至于违反管理性强制性规定的民事法律行为，并非一定无效。

违背公序良俗的民事法律行为，都是无效的。违背公序良俗的民事法律行为主要包括：(1) 否定自然人主体资格或损害人格尊严的民事法律行为。例如，甲、乙未婚生子丙，将其以3万元价格出卖于丁。(2) 剥夺宪法基本权利的民事法律行为。例如，甲公司与员工约定，员工在入职5年内不得结婚生子，若离职则终生不得从事同类事业。(3) 违反婚姻家庭秩序的民事法律行为。例如，甲、乙订立“换妻合同”，约定期限为1个月。(4) 违反性伦理秩序的民事法律行为。例如，美女甲以10万元的价格将其“初夜”出售于富翁乙；导演甲与女演员乙约定，若乙接受潜规则，即可出演女一号。上述民事法律行为都因违背公序良俗而无效。

法条分析

(1) 本条中的“法律”应如何理解？

(2) 本条中的“强制性规定”应如何理解？

(3) 本条中的“不导致该民事法律行为无效”应如何理解？

答案：(1) 法律即全国人大及其常委会制定的规范性文件。

(2) 强制性规定指的是效力性强制性规定。

(3)“不导致该民事法律行为无效”指的是该规范并不属于效力性强制性规范，而是管理性强制性规范，违反管理性强制性规范的，不一定导致民事法律行为无效。

试题范例

(多项选择题) 下列选项中，属于无效合同的有（　　）。

A. 甲医院以国产胃镜冒充进口胃镜，高价卖给乙

B. 甲、乙双方为了在办理房屋过户登记时避税，将实际成交价为200万元的房屋买卖合同价格写为150万元

C. 有妇之夫甲委托乙女代孕，约定事后甲补偿乙60万元

D. 甲父患重症急需用钱，乙趁机以低价收购甲收藏的一架古琴，甲无奈与乙签订买卖合同

答案：BC

核心法条

《民法典》第154条　行为人与相对人恶意串通，损害他人合法权益的民事法律行为无效。

释解分析

本条规定的是恶意串通的民事法律行为及效力。恶意串通的民事法律行为是指双方当事人非法串通，进行某种民事法律行为，造成国家、集体或者第三人利益损害的行为。所谓恶意，是指当事人明知其所实施的民事法律行为将造成国家、集体或者第三人利益损害而故意为之。所谓串通，是指当事人之间存在意思联络或沟通，都希望通过实施某种行为而损害他人的合法权益，而且当事人在客观上互相配合或者共同实施了该非法的法律行为。行为人与相对人恶意串通实施的民事法律行为应当认定为无效。

法条分析

（1）如何理解本条中的“恶意串通”？

（2）如何理解本条中的“他人合法权益”？

（3）违反本条规定的法律后果是什么？

答案：（1）恶意串通是指当事人以恶意实现了通谋的状态，包含主观上的恶意和客观上的通谋两个要件。恶意是指当事人明知其所实施的民事法律行为将造成国家、集体或者第三人利益损害而故意为之。串通是指当事人之间存在意思联络或沟通，都希望通过实施某种行为而损害他人的合法权益，而且当事人在客观上互相配合或者共同实施了该非法的法律行为。

（2）他人合法权益包括国家、集体或第三人的合法权益。

（3）双方恶意串通损害他人合法权益的，应当追缴双方取得的财产，收归国家、集体或者返还第三人。

试题范例

（单项选择题）甲公司的委托律师李某与托管人乙公司恶意串通，借公司托管经营故意损害甲公司的利益。李某与乙公司的行为属于（　　）。

A. 部分有效、部分无效的民事法律行为　　B. 可撤销的民事法律行为

C. 无效的民事法律行为　　D. 效力待定的民事法律行为

答案：C

核心法条

《民法典》第 158 条　民事法律行为可以附条件，但是根据其性质不得附条件的除外。附生效条件的民事法律行为，自条件成就时生效。附解除条件的民事法律行为，自条件成就时失效。

释解分析

本条规定的是附条件的民事法律行为。附条件的民事法律行为是指双方当事人在民事法律行为中设立一定的事由作为条件，以该条件的成就与否（是否发生）作为决定该民事法律行为产生或解除根据的民事法律行为。民事法律行为所附的条件具有未来性、或然性、非法定性和合法性等特点。

按照民事法律行为的性质不得附条件的，该民事法律行为不得附条件。下列情形不得附条件：(1) 结婚、离婚、收养等身份行为。(2) 继承的放弃。(3) 各种票据行为。(4) 形成权的行使。(5) 非持续性民事法律行为。

附条件的民事法律行为所附条件分为延缓（生效）条件和解除（终止）条件。延缓条件是指民事法律行为中所确定的民事权利和民事义务，要在所附条件成就时发生法律效力的条件。延缓条件的效力表现在，该民事法律行为已经成立，但未生效，条件成就，该民事法律行为生效；条件不成就，则一直不生效。解除条件是指民事法律行为中所确定的民事权利和民事义务，在所附条件成就时失去法律效力的条件。附解除条件的民事法律行为，在所附条件成就以前，已经发生法律效力，行为人已经开始行使权利和承担义务，当条件成就时，权利和义务则失去法律效力。当条件不成就时，民事法律行为则仍然有效。

法条分析

(1) 条文中的“条件”有哪些特点？

(2) 如何理解本条中的“生效条件”及其效力？

(3) 如何理解本条中的“解除条件”及其效力？

(4) 如何理解本条规定的制度的效力？

答案：(1) 条件具有下列特点：①未来性：条件应当是将来发生的事实；②或然性：条件应当是将来可能发生也可能不发生的事实；③非法定性：条件应当是当事人选定（商定）的事实；④合法性：条件应当是合法的事实。

(2) 生效条件是指民事法律行为中所确定的民事权利和民事义务，要在所附条件成就时发生法律效力的条件。其效力表现在：在条件成就前，法律行为虽然已经成立，但双方的权利义务处于停止状态，在条件成就时才能生效。

(3) 解除条件是指民事法律行为中所确定的民事权利和民事义务，在所附条件成就时失去法律效力的条件。其效力表现在：法律行为已经发生法律效力，当事人已经开始享有权利、承担义务，当所附条件成就时，其权利义务即失去效力。

(4) 附条件的民事法律行为，当事人为自己的利益不正当地阻止条件成就的，视为条件已经成就；不正当地促成条件成就的，视为条件不成就。

试题范例

(单项选择题) 下列选项中，属于附条件的民事法律行为的是（　　）。

A. 甲、乙签订质押合同，约定质权自移转质物占有时设立

B. 甲、乙约定，如果甲将房屋出售，甲、乙将离婚

C. 甲、乙约定，如果下雨，甲将一把雨伞送给乙

D. 甲、乙约定，如果甲不赌博，乙将古扇赠给甲

答案：D

核心法条

《民法典》第 159 条　附条件的民事法律行为，当事人为自己的利益不正当地阻止条

件成就的，视为条件已经成就；不正当地促成条件成就的，视为条件不成就。

释解分析

本条规定的是附条件的民事法律行为的效力。附条件的民事法律行为的效力体现在：（1）附条件的民事法律行为成立以后，就已经在当事人之间产生了法律拘束力。任何一方当事人都不得单方予以撤回或者单方随意变更。（2）附条件的民事法律行为成立以后，当事人为自己的利益不正当地阻止条件成就的，视为条件已经成就；不正当地促成条件成就的，视为条件不成就。

法条分析

（1）本条中的“附条件的民事法律行为”的含义是什么？

（2）附条件的民事法律行为在条件成就前，权利人享有的权利在性质上属于何种性质的权利？

（3）本条中的“不正当地”阻止或促成条件成就，应如何理解？

答案：（1）附条件的民事法律行为是指双方当事人在民事法律行为中设立一定的事由作为条件，以该条件的成就与否（是否发生）作为决定该民事法律行为产生或解除根据的民事法律行为。

（2）期待权。

（3）“不正当地”阻止或促成条件成就是指行为人违反法律、道德和诚实信用原则，以作为或不作为的方式阻止或促成条件的成就。

试题范例

（多项选择题）甲、乙双方在租赁合同中约定，如果甲之子从外地回来，乙应搬出另租房屋。对此，下列说法中正确的是（　　）。

A. 甲、乙之间的约定属于附延缓条件的民事法律行为

B. 若乙采取不正当方式阻止甲之子从外地回来，则视为条件已成就

C. 甲、乙之间的约定属于附解除条件的民事法律行为

D. 甲、乙之间的约定因违反法律的强制性规定而无效

答案：BC

核心法条

《民法典》第160条　民事法律行为可以附期限，但是根据其性质不得附期限的除外。附生效期限的民事法律行为，自期限届至时生效。附终止期限的民事法律行为，自期限届满时失效。

释解分析

本条规定的是附期限的民事法律行为。附期限的民事法律行为是指双方当事人在民事法

律行为中约定一定的期限，以期限的到来决定其效力发生或者终止的民事法律行为。期限的法律特点有：(1) 期限是民事法律行为的一种附款。(2) 期限是限制民事法律行为效力的附款。(3) 期限是以将来确定事实的到来为内容的附款。

附条件的民事法律行为所附条件和附期限的民事法律行为所附期限的关键区别是附条件的民事法律行为所附条件必须具有或然性，即条件的发生与否不能确定，如果所附条件是必然发生的，则是所附期限，而不是所附条件。例如，甲、乙二人约定，如果天下雨，则甲将赠给乙一把雨伞。由于天必然下雨，因而该赠与合同属于附期限的民事法律行为。再如，甲、乙二人约定，如果明天下雨，则甲将赠给乙一把雨伞。由于明天是否下雨并不确定，因而该赠与合同属于附条件的民事法律行为。

附期限的民事法律行为中的期限分为延缓期限（始期）和解除期限（终期）。延缓期限是指在民事法律行为中规定的期限到来之前，该民事法律行为所确定的民事权利和民事义务不发生法律效力，待期限到来时，其民事权利和民事义务开始发生法律效力。解除期限是指在民事法律行为中规定的期限到来时，该民事法律行为所确定的民事权利和民事义务的法律效力即行消灭的期限。

法条分析

(1) 本条规定的是何种法律制度？其含义是什么？

(2) “期限”有何特点？

(3) 本条规定的效力如何认定？

答案：(1) 本条规定的是附期限的民事法律行为，其含义是：双方当事人在民事法律行为中约定一定的期限，以期限的到来决定其效力发生或者终止的民事法律行为。

(2) 期限的特点是，期限是当事人可以预知的，是必然到来的。

(3) 其效力体现在，附生效期限的民事法律行为，当期限到来时民事法律行为发生效力；附终止期限的民事法律行为，当期限到来时，民事法律行为丧失效力。

试题范例

（多项选择题）甲、乙订立借款 5 000 元的合同，但约定乙须“在合同订立 15 日后方能取款”。该借款合同约定的条款属于（　　）。

A. 附条件的民事法律行为　　B. 附期限的民事法律行为

C. 附延缓期限的民事法律行为　　D. 该民事法律行为已经成立但未生效

答案：BCD

七、代理

核心法条

《民法典》第 161 条　民事主体可以通过代理人实施民事法律行为。

依照法律规定、当事人约定或者民事法律行为的性质，应当由本人亲自实施的民事法律行为，不得代理。

释解分析

本条规定的是代理的适用范围。代理主要适用于民事法律行为，即“民事主体可以通过代理人实施民事法律行为”。但并非所有的法律行为都可以代理。下列情形不得代理：（1）依据法律规定不得代理的情形。代理事项是法律允许代理的行为。（2）只能由本人亲自实施的，不得代理。例如，结婚登记为必须亲自实施，不得由他人代理。（3）依据约定不得代理的情形。如果当事人基于某种明确约定，必须由本人亲自实施某种行为，则该行为也不得代理。例如，在提供服务的合同中，当事人可能明确约定，必须由当事人亲自提供服务，此时，债务人就不得委托代理人实施该行为。（4）按照民事法律行为的性质不得代理的情形。此类行为主要是指一些具有人身性质的法律行为，如立遗嘱、收养子女、监护、解除婚姻关系等。此外，具有人身性质的债务，也不得代理。例如，受约演出不得代理，即不得代为演出。

法条分析

（1）本条中的“代理”的含义是什么？

（2）依照法律规定不得代理的主要情形是什么？请举例说明。

（3）如何理解第 2 款规定的依照民事法律行为的性质不得代理？

答案：（1）代理是指代理人以被代理人或者自己的名义，在代理权限内与第三人实施法律行为，其法律后果直接或者间接由被代理人承受的民事法律制度。

（2）依照法律规定不得代理的事项，主要是指只能由本人亲自实施的行为。例如，演出、讲课。

（3）依照民事法律行为的性质不得代理，主要是指具有人身性质的行为不得代理。如立遗嘱、婚姻登记、离婚登记、收养行为等。

试题范例

（单项选择题）下列选项中，可以适用代理的是（　　）。

A. 代为授课　　B. 捎口信　　C. 代为生育　　D. 代办法人注销登记

答案：D

核心法条

《民法典》第 163 条　代理包括委托代理和法定代理。

委托代理人按照被代理人的委托行使代理权。法定代理人依照法律的规定行使代理权。

释解分析

本条规定的是委托代理和法定代理。根据代理权产生依据的不同或者根据代理权的来源不同，可以将代理分为委托代理和法定代理，这是代理最具有意义的一种分类。

委托代理是指基于被代理人的委托授权而发生的代理，是最常见、最广泛适用的一种代理形式。委托代理和委托合同联系紧密，但二者不同。法定代理是指根据法律的直接规定而产生的代理。法定代理权的发生不需要依赖于任何授权行为，而直接来源于法律的规定。法定代理人也只能在法律规定的权限范围内行使代理权。法定代理主要是为无民事行为能力人和限制民事行为能力人设定的代理。

法条分析

（1）如何理解条文中的“委托代理”的含义？其产生的法律事实有哪些？

（2）如何理解条文中的“法定代理”的含义？其产生的依据是什么？

（3）若代理人授权不明，如何确定代理人的代理行为的效力？

答案：（1）委托代理是指基于被代理人的委托授权而发生的代理。委托代理基于如下两类法律事实而产生：一是委托合同关系；二是授权行为。

（2）法定代理是指根据法律的直接规定而产生的代理。法定代理基于一定的亲属关系或某种隶属关系而产生。

（3）在授权不明的情形下，代理人的代理行为可能构成有权代理、狭义的无权代理或者表见代理。如果构成有权代理或者表见代理，则法律效果归属于被代理人；如果构成狭义无权代理，则该代理行为属于效力待定的民事法律行为，该行为经被代理人追认后有效，否则无效。

试题范例

（单项选择题）行为人不以被代理人的名义，而是以自己的名义与相对人为民事法律行为。这种代理是（　　）。

A. 隐名代理　　B. 间接代理　　C. 直接代理　　D. 共同代理

答案：B

核心法条

《民法典》第 164 条　代理人不履行或者不完全履行职责，造成被代理人损害的，应当承担民事责任。

代理人和相对人恶意串通，损害被代理人合法权益的，代理人和相对人应当承担连带责任。

释解分析

本条规定的是代理人的民事责任。代理人在从事代理行为时，应当依据法律规定和诚信原则正当行使其代理权，不得滥用代理权，不得从事自己代理、双方代理的能够损害被代理人利益的行为。因此，代理人不履行或者不完全履行职责，造成被代理人损害的，应当承担民事责任。

代理人和相对人恶意串通，损害被代理人合法权益的，代理人和相对人应当承担连带责任。这应满足如下两项条件：(1) 代理人和相对人恶意串通。例如，代理人和相对人串通，约定被代理人高价购买一台设备，相对人给付代理人一定的回扣。所谓“恶意”，就是明知或者应知某种行为将造成被代理人的损害而故意为之。恶意串通是指双方当事人非法串通在一起，共同实施某种行为致被代理人利益受损。在互相串通的情形下，当事人主观上都具有共同的意思联络、沟通，都希望通过实施某种行为而损害被代理人的利益。如果仅有一方的损害被代理人利益的行为，而另一方并不知悉，则不能认定为串通。(2) 损害被代理人的合法权益。该条件的适用应以被代理人遭受了实际的损害为前提。

法条分析

(1) 第 1 款规定体现了何种代理权行使原则？该行使原则体现了何种民法基本原则的要求？

(2) 如何理解第 2 款中的“恶意”和“恶意串通”？

(3) 第 2 款规定中，代理人和相对人应当承担连带责任的前提是什么？

答案：(1) 第 1 款规定体现了代理人应为维护被代理人的利益而行使代理权。为维护被代理人的利益而行使代理权体现了诚实信用原则的要求。

(2)“恶意”就是明知或者应知某种行为将造成被代理人的损害而故意为之。“恶意串通”是指双方当事人非法进行意思联络或者沟通，共同实施某种行为致使被代理人的利益受到损害。

(3) 代理人和相对人应当承担连带责任的前提是被代理人因代理人和相对人恶意串通遭受了损害。

试题范例

(单项选择题) 下列情形中，属于滥用代理权的是（　　）。

A. 越权代理　　B. 自己代理　　C. 表见代理　　D. 间接代理

答案：B

核心法条

《民法典》第 168 条　代理人不得以被代理人的名义与自己实施民事法律行为，但是被代理人同意或者追认的除外。

代理人不得以被代理人的名义与自己同时代理的其他人实施民事法律行为，但是被代理的双方同意或者追认的除外。

释解分析

本条规定的是自己代理和双方代理及效力。自己代理即代理人以被代理人的名义与自己进行民事活动的行为。自己代理行为通常为无效行为，但是被代理人同意或者追认的除外。双方代理是指代理人以被代理人的名义与自己代理的其他人进行民事活动的行为。双方代理行为原则上无效，但是被代理的双方同意或者追认的除外。

无权代理不同于自己代理和双方代理。无权代理属于没有代理权、超越代理权或者代理权终止后的行为，即行为人根本没有代理权；而自己代理和双方代理中，代理人有代理权但是滥用代理权，违反了代理人应当具有的忠实、勤勉义务。

法条分析

（1）第 1 款规定的滥用代理权的情形是什么？该情形如何才能有效？

（2）第 2 款规定的滥用代理权的情形是什么？该情形在何种情况下才能有效？

答案：（1）第 1 款规定的是自己代理。自己代理在被代理人事先同意或者事后追认后有效。

（2）第 2 款规定的是双方代理。双方代理经被代理人事先同意或者事后追认后才能有效。

试题范例

（单项选择题）下列选项中，不属于滥用代理权的是（　　）。

A. 自己代理　　B. 紧急情况下的转委托

C. 双方代理　　D. 代理人与第三人恶意串通

答案：B

核心法条

《民法典》第 169 条　代理人需要转委托第三人代理的，应当取得被代理人的同意或者追认。

转委托代理经被代理人同意或者追认的，被代理人可以就代理事务直接指示转委托的第三人，代理人仅就第三人的选任以及对第三人的指示承担责任。

转委托代理未经被代理人同意或者追认的，代理人应当对转委托的第三人的行为承担责任；但是，在紧急情况下代理人为了维护被代理人的利益需要转委托第三人代理的除外。

释解分析

本条规定的是再代理。再代理是指代理人为了被代理人的利益需要，将其享有的代理权的全部或一部分转委托给他人行使而产生的代理。此种代理是基于转委托而形成的代理关系，所以，又称为复代理或转委托。在再代理中，代理人只有在特殊情况下，为了维护被代理人的利益才能转委托。转委托需具备如下条件：（1）转委托须事先征得被代理人的同意或事后得到追认。否则，代理人对转委托的第三人的行为承担责任。因为代理是一种人身信任关系，代理人信任的人被代理人不一定信任，何况代理的法律后果是由被代理人来承受的，所以，转委托须事先征得被代理人的同意或事后得到追认。（2）转委托须为了维护被代理人的利益。在完成预定的代理的任务的情况下，为了维护被代理人的利益，才有必要转委托。（3）在紧急情况下，代理人为了维护被代理人的利益而转委托的，不论被代理人是否同意，均发生转委托的法律效力。只有出现了紧急情况，代理人才能选定复代理人，而不需要取得被代理人的同意。

法条分析

(1) 本条规定的是何种代理制度？其含义是什么？

(2) 如何理解第 3 款中的“紧急情况”？

(3) 如何理解本条规定制度的法律后果？

答案：(1) 本条规定的是再代理。再代理是指代理人为了被代理人的利益需要，将其享有的代理权的全部或一部分转委托给他人行使而产生的代理。

(2) 由于急病、通讯联络中断、疫情防控等特殊原因，委托代理人自己不能办理代理事项，又不能与被代理人及时取得联系，如不及时转委托第三人代理，会给被代理人的利益造成损失或者扩大损失的，应当认定为紧急情况。

(3) 转委托的法律后果体现在：①转委托经被代理人同意或者追认的，被代理人可以就代理事务直接指示转委托的第三人，代理人仅就第三人的选任以及对第三人的指示承担责任。②转委托未经被代理人同意或者追认的，代理人应当对转委托的第三人的行为承担责任；但是，在紧急情况下代理人为了维护被代理人的利益需要转委托第三人代理的除外。

试题范例

1. (单项选择题) 甲委托乙购买某品牌新款手机并预付了购机款，乙又委托丙办理此事，但未将购机款交给丙，也未征求甲的意见。丙购得手机后交给甲，甲拒绝接受。对此，下列选项中正确的是(　　)。

A. 丙系甲的指定代理人　　B. 乙的转委托行为有效

C. 甲有权要求乙返还购机款　　D. 丙有权要求甲支付购机款

2. (单项选择题) 下列关于复代理的表述中，正确的是(　　)。

A. 复代理人是代理人的代理人　　B. 转委托都必须经本人同意或追认

C. 代理人不得转委托　　D. 转委托须为了维护被代理人的利益

答案：1. C　2. D

核心法条

《民法典》第 170 条　执行法人或者非法人组织工作任务的人员，就其职权范围内的事项，以法人或者非法人组织的名义实施的民事法律行为，对法人或者非法人组织发生效力。

法人或者非法人组织对执行其工作任务的人员职权范围的限制，不得对抗善意相对人。

释解分析

本条规定的是职务代理。职务代理是指根据代理人所担任的职务而产生的代理，即法人或者非法人组织的成员以及主要工作人员在其职权范围内所从事的民事法律行为，无须法人或者非法人组织的特别授权，其法律效果由法人或者非法人组织承担的代理。职务代理的代理权产生于其职务关系，相对人一般只需要审查该工作人员的身份即可，并不需要对其享有的具体代理权限进行审核。因此，只要有其相关的职务证明，相对人对其有代理权的信赖就是合理的。

法人或者非法人组织对执行其工作任务的人员职权范围的限制，不得对抗善意相对人。例如，甲公司内部对其销售部经理明确规定，不得订立超过 10 万元以上的买卖合同。但是，该内容的权限限制，第三人乙并不知道。该销售部经理以甲公司名义与乙订立了 20 万元的合同，虽然超出了内部的权限限制，但是，由于乙不知情，所以，合同仍然有效。

法条分析

（1）本条规定的代理属于何种代理？其含义是什么？

（2）“不得对抗善意相对人”应如何理解？

（3）相对人知道行为人超越职权范围实施代理行为的，该代理行为的法律后果如何认定？

答案：（1）本条规定的是职务代理。职务代理是指根据代理人所担任的职务而产生的代理，即法人或者非法人组织的成员以及主要工作人员在其职权范围内所从事的民事法律行为，无须法人或者非法人组织的特别授权，其法律效果由法人或者非法人组织承担的代理。

（2）“不得对抗善意相对人”是指超出法人内部权限限制的规定对不知道或者不应当知道（不知情）的善意相对人（第三人）不发生效力。

（3）相对人知道行为人超越职权范围实施代理行为的，该代理行为构成无权代理，其效力未定。若法人事后追认，则该无权代理行为对法人发生法律效力；若法人拒绝追认，该无权代理行为对法人不发生效力。

试题范例

（单项选择题）甲公司内部对其销售人员规定，公司销售人员不得订立超过 10 万元的销售合同。后来，销售部经理乙以公司名义与丙订立了 20 万元的买卖合同，购买丙的建材设备，丙对甲公司内部规定并不知情。则乙与丙之间签订的买卖合同的效力是（　　）。

A. 无效　　B. 有效　　C. 效力待定　　D. 可撤销

答案：B

核心法条

《民法典》第 171 条　行为人没有代理权、超越代理权或者代理权终止后，仍然实施代理行为，未经被代理人追认的，对被代理人不发生效力。

相对人可以催告被代理人自收到通知之日起三十日内予以追认。被代理人未作表示的，视为拒绝追认。行为人实施的行为被追认前，善意相对人有撤销的权利。撤销应当以通知的方式作出。

行为人实施的行为未被追认的，善意相对人有权请求行为人履行债务或者就其受到的损害请求行为人赔偿。但是，赔偿的范围不得超过被代理人追认时相对人所能获得的利益。

相对人知道或者应当知道行为人无权代理的，相对人和行为人按照各自的过错承担责任。

释解分析

本条规定的是无权代理。无权代理是指没有代理权而以他人名义进行代理活动的民事行为。无权代理包括没有代理权的代理、越权代理和代理权终止后的代理三种情形。

无权代理的效力体现在：(1) 本人的追认权和否认权。无权代理行为属于效力待定的民事法律行为。无权代理行为的效力取决于被代理人是否追认，未经被代理人追认，对被代理人不发生效力。无权代理行为一经本人追认，就具有溯及既往的效力，无权代理行为由效力待定状态转化为有效，本人就应当对该代理行为承受相应的法律后果。被代理人发现无权代理人以被代理人名义从事无权代理行为的，在相对人催告之前，可以直接向相对人表示否认该无权代理行为，一旦被代理人明确予以否认，则无权代理行为自始无效。(2) 相对人的催告权和撤销权。相对人可以催告被代理人自收到通知之日起 30 日内予以追认。被代理人未作表示的，视为拒绝追认。相对人通过行使催告权，要求被代理人 30 日内作出答复，如果被代理人在 30 日内拒不作出答复，则视为拒绝追认。行为人实施的行为被追认前，善意相对人有撤销的权利。撤销应当以通知的方式作出。善意相对人应当在被代理人没有作出追认之前撤销。撤销权只能由善意相对人作出，恶意相对人不享有撤销权。(3) 善意相对人对代理人的请求权。行为人实施的行为未被追认的，善意相对人有权请求行为人履行债务或者就其受到的损害请求行为人赔偿。但是，赔偿的范围不得超过被代理人追认时相对人所能获得的利益。(4) 恶意相对人的责任。相对人知道或者应当知道行为人无权代理的，相对人和行为人按照各自的过错承担责任。(5) 狭义的无权代理人的责任。在狭义无权代理人实施狭义无权代理行为后，如果该行为未获得本人的追认，则该行为对本人不产生法律效力，无权代理人应对其无权代理行为向善意相对人承担履行债务或赔偿责任。在无权代理行为被拒绝追认后，无权代理行为由效力待定状态转化为无效。已经履行的，应当负返还财产、恢复原状的义务。如果相对人知道或者应当知道行为人无权代理的，相对人和行为人按照各自的过错承担责任。

法条分析

(1) 本条规定的“代理行为”在被追认前的效力如何?

(2) 第 2 款规定的“撤销权”的行使条件有哪些?

(3) 第 2 款中的“善意相对人”应如何认定?

(4) 无权代理人以被代理人的名义订立合同，被代理人已经开始履行合同义务或者接受相对人履行的，应如何认定合同的效力?

(5) 无权代理人的“代理行为”被拒绝追认的法律后果有哪些?

答案：(1) 效力未（待）定。

(2) 撤销权的行使条件有：①应当在被代理人追认前行使撤销权；②相对人须为善意；③应当采取通知方式。

(3) 相对人不知道或者不应当知道无权代理人没有代理权的，为善意相对人。

（4）无权代理人以被代理人的名义订立合同，被代理人已经开始履行合同义务或者接受相对人履行的，视为对合同的追认，合同有效。

（5）被代理人拒绝追认无权代理行为的法律后果有：①无权代理行为对被代理人不发生效力。②善意相对人有权请求行为人履行债务或者就其受到的损害请求行为人赔偿。但是，赔偿的范围不得超过被代理人追认时相对人所能获得的利益。③相对人知道或者应当知道行为人无权代理的，相对人和行为人按照各自的过错承担责任。

试题范例

（多项选择题）下列关于狭义无权代理的表述中，正确的是（　　）。

A. 狭义无权代理是效力待定的民事行为

B. 狭义无权代理是无效的民事行为

C. 无权代理中本人的追认权是形成权

D. 无权代理的相对人享有催告权和撤销权

答案：ACD

核心法条

《民法典》第 172 条　行为人没有代理权、超越代理权或者代理权终止后，仍然实施代理行为，相对人有理由相信行为人有代理权的，代理行为有效。

释解分析

本条规定的是表见代理。表见代理是指行为人虽没有代理权，但第三人在客观上有理由相信其有代理权而与其实施法律行为，该法律行为的后果由本人承担的代理。表见代理在代理制度中起协调本人利益和相对人利益的作用，通过对善意第三人利益的保护而达到维护交易秩序的目的。

表见代理的构成要件有：（1）代理人无代理权。代理人在实施代理行为时，并无本人的授权，或虽有授权，但并未授权其可实施超出特定范围的行为。如果代理人对所实施的行为有代理权，当然不发生表见代理。（2）该无权代理人有被授予代理权的外观。如果无权代理人以被代理人名义实施法律行为，没有任何迹象表明其被授权，则不存在表见代理问题，即表见代理的成立须有“外表授权”的存在。一般来说，如果无权代理人持有单位的印章、介绍信、空白合同书等证明材料和文件时，能使第三人有理由相信其有代理权，就具备了权利外观。需要注意的是，只要被代理人的行为与权利外观的形成具有一定的牵连性，被代理人就应当承担表见代理的法律后果。从司法实践看，主要有下列情形时，相对人不能主张表见代理：①行为人伪造他人的公章、合同书或者授权委托书等，假冒他人的名义实施民事法律行为的。②被代理人的公章、合同书或者授权委托书等遗失、被盗，或者与行为人特定的职务关系已经终止，并且已经以合理方式公告或者通知，相对人应当知悉的。（3）相对人不知道行为人行为时没有代理权，且无过失。这是与第二个条件相联系的一个要件，因为虽有外表授权的存在，但如果相对人不相信，那么仍不构成表见代理，而是狭义无权代理。（4）相对人基于信任而与该无权代理人成立法律行为。这是判定是否构成表见代理的最终标准，虽然有以上三个要件，但最终相对人若未与该无权代理人就所谓的代理内容成立法律行为，那么也不构成表见代理。

表见代理成立后，依法产生有权代理的法律后果。由被代理人承担代理行为所带来的后果，即享有其权利、承担其义务。被代理人有权要求无权代理人赔偿因无权代理而造成的损失。

法条分析

（1）本条规定的是何种法律制度？其含义是什么？

（2）可以认定相对人有理由相信行为人有代理权的条件有哪些？

（3）行为人有理由相信有代理权的常见情形有哪些？

（4）本条规定的制度的法律后果是什么？

答案：（1）本条规定的是表见代理。表见代理是指行为人虽没有代理权，但第三人在客观上有理由相信其有代理权而与其实施法律行为，该法律行为的后果由本人承担的代理。

（2）同时符合下列条件的，可以认定为相对人有理由相信行为人有代理权：①存在代理权的外观；②相对人不知道行为人行为时没有代理权，且无过失。

（3）常见情形有：①因表见授权表示而产生的表见代理；②因代理授权不明而产生的表见代理；③因代理关系终止后未采取必要的措施而产生的表见代理。

（4）表见代理成立后，依法产生有权代理的法律后果。由被代理人承担代理行为所带来的法律后果，即享有其权利、承担其义务。被代理人有权要求无权代理人赔偿因无权代理而造成的损失。

试题范例

（多项选择题）下列表述中，正确的是（　　）。

A. 表见代理属于无权代理

B. 表见代理产生有权代理的效果

C. 无权代理即为无权处分

D. 表见代理须经本人追认生效

答案：AB

八、诉讼时效与期间

核心法条

《民法典》第 188 条　向人民法院请求保护民事权利的诉讼时效期间为三年。法律另有规定的，依照其规定。

诉讼时效期间自权利人知道或者应当知道权利受到损害以及义务人之日起计算。法律另有规定的，依照其规定。但是，自权利受到损害之日起超过二十年的，人民法院不予保护，有特殊情况的，人民法院可以根据权利人的申请决定延长。

释解分析

本条规定的是诉讼时效期间及其起算。诉讼时效是指权利主体在法定期间内不行使权利，义务人便享有抗辩权，从而导致权利人无法胜诉的法律制度。诉讼时效期间是指权利人请求人民法院保护其民事权利的法定期间。诉讼时效期间分为普通诉讼时效期间、特别诉讼时效期间和最长诉讼时效期间。

普通诉讼时效期间是指由《民法典》规定的统一诉讼时效期间。普通诉讼时效期间为 3 年。该普通诉讼时效具有普遍适用性，适用于包括债权以及侵权（侵犯物权、继承权和其他侵权等）的各类法律关系的时效期间。

特别诉讼时效期间，是指由《民法典》或特别法就特别民事法律关系规定的短于或长于普通诉讼时效期间的时效期间。例如，《民法典》第 594 条规定，因国际货物买卖合同和技术进出口合同争议提起诉讼或者申请仲裁的时效期间为 4 年。

诉讼时效期间的起算是指诉讼时效期间开始计算的时点。诉讼时效期间的起算有一般规则与特殊规则之分。一般规则，即诉讼时效期间自权利人知道或者应当知道权利受到损害以及义务人之日起计算。特殊规则主要是指《民法典》第 189、190、191 条的规定。对于诉讼时效的延长的诉讼时效期间的起算，应当是"自权利受到损害之日起计算"，而不是"自权利人知道或者应当知道权利受到损害以及义务人之日起计算"。

最长诉讼时效期间是《民法典》规定的期限最长的时效期间。最长诉讼时效期间为 20 年。该最长诉讼时效期间不适用中止、中断的规定，但可以延长。诉讼时效的延长是指对于已经完成的诉讼时效期间，如果有特殊情况，人民法院可以根据权利人的申请给予适当延长的法律制度。根据本条第 2 款规定，诉讼时效自权利受到损害之日起超过 20 年的，人民法院不予保护，有特殊情况的，人民法院可以根据权利人的申请决定延长。据此，诉讼时效的延长的适用条件有：(1) 有特殊情况。所谓特殊情况，是指权利人由于客观的障碍在法定诉讼时效期间不能行使请求权。(2) 权利人提出申请。(3) 决定权在人民法院。另外，诉讼时效的延长仅仅适用于最长诉讼时效期间，而不能适用于普通诉讼时效期间和特别诉讼时效期间。

法条分析

(1) 如何理解第 1 款中的"民事权利"的范围？

(2) 如何理解第 1 款中的"法律另有规定的，依照其规定"？举例说明。

(3) 第 2 款中的"知道""应当知道"应如何理解？

(4) 如何理解第 2 款中的"法律另有规定的，依照其规定"？举例说明。

答案：(1) 第 1 款中的"民事权利"主要指的是债权请求权，也包括未登记的动产返还请求权。

(2)"法律另有规定的，依照其规定"指的是《民法典》和其他法律对诉讼时效另有规定的，适用这些规定。例如，依照《民法典》规定，因国际货物买卖合同和技术进出口合同争议提起诉讼或者申请仲裁的时效期间为 4 年。

(3)"知道"是指权利人已经事实上了解其权利遭受侵害的事实。"应当知道"是指按照一个合理的人的标准来判断，权利人作为一个合理的人在当时的情况下会了解其权利受到侵害的事实。

(4)“法律另有规定的，依照其规定”指的是《民法典》或其他法律对诉讼时效的起算时间另有规定的，适用该规定。例如，依照《民法典》规定，未成年人遭受性侵害的损害赔偿请求权的诉讼时效期间，自受害人年满18周岁之日起计算。

试题范例

(单项选择题)我国民法规定的普通诉讼时效期间为(　　)。

A. 2年　　B. 3年　　C. 5年　　D. 10年

答案：B

核心法条

《民法典》第194条　在诉讼时效期间的最后六个月内，因下列障碍，不能行使请求权的，诉讼时效中止：

(一)不可抗力；

(二)无民事行为能力人或者限制民事行为能力人没有法定代理人，或者法定代理人死亡、丧失民事行为能力、丧失代理权；

(三)继承开始后未确定继承人或者遗产管理人；

(四)权利人被义务人或者其他人控制；

(五)其他导致权利人不能行使请求权的障碍。

自中止时效的原因消除之日起满六个月，诉讼时效期间届满。

释解分析

本条规定的是诉讼时效的中止。诉讼时效的中止是指在诉讼时效进行中，由于出现了法定事由而暂时中止诉讼时效进行的法律制度。诉讼时效中止的适用条件有：(1)出现法定中止的事由(具体见本条规定)。(2)中止的事由存在于诉讼时效期间的最后6个月内，包括在6个月前发生的，但持续到6个月内的情况。诉讼时效中止的法律后果是自中止时效的原因消除之日起满6个月，诉讼时效期间届满。也就是说，为了给债权人较为宽松的行使权利期间，中止事由消除后，一律剩余6个月。

法条分析

(1)如何理解“诉讼时效的中止”?

(2)如何理解本条中的“不可抗力”?

(3)第1款中的“遗产管理人”应如何理解?

(4)诉讼时效中止事由消除之前的时效期间是否有效?

(5)中止时效的原因消除后，诉讼时效期间何时届满?

(6)诉讼时效中止的效力体现在哪些方面?

答案：(1)诉讼时效的中止是指在诉讼时效进行中，由于出现了法定事由而暂时中止诉讼时效进行的法律制度。

(2) 不可抗力是指不能预见、不能避免且不能克服的客观情况。

(3) 遗产管理人是指对遗产负责保存和管理的人。

(4) 有效。

(5) 自中止时效的原因消除之日起满6个月，诉讼时效期间届满。

(6) 诉讼时效中止的法律效力体现在：①诉讼时效期间停止计算。②中止事由前发生的诉讼时效期间仍然有效。③中止事由消失后诉讼时效期间再计算6个月。

试题范例

(单项选择题) 关于诉讼时效，下列表述中正确的是（　　）。

A. 向人民法院请求保护民事权利的诉讼时效期间为2年

B. 诉讼时效主要适用于形成权

C. 诉讼时效中止的事由消失后，诉讼时效期间重新计算

D. 诉讼时效的延长仅适用于最长诉讼时效期间

答案： D

核心法条

《民法典》第195条　有下列情形之一的，诉讼时效中断，从中断、有关程序终结时起，诉讼时效期间重新计算：

（一）权利人向义务人提出履行请求；

（二）义务人同意履行义务；

（三）权利人提起诉讼或者申请仲裁；

（四）与提起诉讼或者申请仲裁具有同等效力的其他情形。

释解分析

本条规定的是诉讼时效的中断。诉讼时效的中断是指在诉讼时效进行中，因一定事由的发生，阻碍时效进行，致使以前经过的时效期间统归无效，从中断、有关程序终结时起，其诉讼时效期间重新计算的制度。

有下列情形之一的，诉讼时效中断，从中断、有关程序终结时起，诉讼时效期间重新计算：(1) 权利人向义务人提出履行请求。具有下列情形之一的，应当认定为“权利人向义务人提出履行请求”，产生诉讼时效中断的效力：①当事人一方直接向对方当事人送交主张权利文书，对方当事人在文书上签名、盖章、按指印或者虽未签名、盖章、按指印但能够以其他方式证明该文书到达对方当事人的；②当事人一方以发送信件或者数据电文方式主张权利，信件或者数据电文到达或者应当到达对方当事人的；③当事人一方为金融机构，依照法律规定或者当事人约定从对方当事人账户中扣收欠款本息的；④当事人一方下落不明，对方当事人在国家级或者下落不明的当事人一方住所地的省级有影响的媒体上刊登具有主张权利内容的公告的，但法律和司法解释另有特别规定的，适用其规定。(2) 义务人同意履行义务。(3) 权利人提起诉讼或者申请仲裁。权利人提起诉讼或者申请仲裁，从人民法院或者仲裁机构裁判生效之时重新计算诉讼时效。但是，对权利人的起诉，人民法院不予受理或予以

驳回，以及权利人起诉后自动撤回的，均不中断诉讼时效。此外，权利人向人民调解委员会以及其他依法有权解决相关民事纠纷的国家机关、事业单位、社会团体等社会组织提出保护相应民事权利的请求，诉讼时效从提出请求之日起中断。权利人向公安机关、人民检察院、人民法院报案或者控告，请求保护其民事权利的，诉讼时效从其报案或者控告之日起中断。（4）与提起诉讼或者申请仲裁具有同等效力的其他情形。

诉讼时效中断，已经经过的时效期间归于无效，从中断、有关程序终结时起，诉讼时效期间重新计算。"从中断、有关程序终结时起，诉讼时效期间重新计算"是指：在权利人向义务人提出履行请求和义务人同意履行义务的情况下，其意思表示生效时，诉讼时效中断，诉讼时效期间从中断时起重新计算；在权利人提起诉讼或申请仲裁，或者作出与提起诉讼或申请仲裁具有同等效力的其他行为时，已经计算的诉讼时效期间中断，但要等到诉讼、仲裁等程序终结时才重新计算诉讼时效期间。

法条分析

（1）本条规定的是何种法律制度？其含义是什么？

（2）应当认定为本条中的"义务人同意履行义务"的情形有哪些？

（3）哪些情形属于"与提起诉讼或者申请仲裁具有同等效力的其他情形"？

（4）权利人对同一债权中的部分债权主张权利，诉讼时效中断的效力是否及于剩余债权？

（5）诉讼时效中断后，在新的诉讼时效期间内再次出现本条规定的中断事由，诉讼时效可否认定为再次中断？

答案：（1）本条规定的是诉讼时效的中断。诉讼时效的中断是指在诉讼时效进行中，因一定事由的发生，阻碍时效进行，致使以前经过的诉讼时效期间统归无效，从中断、有关程序终结时起，其诉讼时效期间重新计算的制度。

（2）义务人作出分期履行、部分履行、提供担保、请求延期履行、制定清偿债务计划等承诺或者行为的，应当认定为"义务人同意履行义务"。

（3）下列情形属于"与提起诉讼或者申请仲裁具有同等效力的其他情形"：申请支付令；申请破产、申报破产债权；为主张权利而申请宣告义务人失踪或死亡；申请诉前财产保全、诉前临时禁令等诉前措施；申请强制执行；申请追加当事人或者被通知参加诉讼；在诉讼中主张抵销；其他与提起诉讼具有同等诉讼时效中断效力的事项。

（4）权利人对同一债权中的部分债权主张权利，诉讼时效中断的效力及于剩余债权，但权利人明确表示放弃剩余债权的情形除外。

（5）诉讼时效中断后，在新的诉讼时效期间内再次出现本条规定的中断事由，可以认定为诉讼时效再次中断。

试题范例

（多项选择题）下列事由中，可以引起诉讼时效中断的有（　　）。

A. 起诉　　B. 申请仲裁　　C. 调解　　D. 认诺

答案：ABCD

核心法条

《民法典》第 199 条　法律规定或者当事人约定的撤销权、解除权等权利的存续期间，除法律另有规定外，自权利人知道或者应当知道权利产生之日起计算，不适用有关诉讼时效中止、中断和延长的规定。存续期间届满，撤销权、解除权等权利消灭。

释解分析

本条规定的是除斥期间。除斥期间是指法律规定或者当事人约定的权利（主要是形成权）预定存续的期间。例如，《民法典》第 1124 条第 2 款规定："受遗赠人应当在知道受遗赠后六十日内，作出接受或者放弃受遗赠的表示；到期没有表示的，视为放弃受遗赠。"这里的"六十日"即是除斥期间，该期间届满，权利人不行使权利，其受遗赠权即行消灭。

诉讼时效和除斥期间的区别表现在：(1) 法律后果不同。除斥期间届满的法律效力是实体权利（主要是形成权）消灭，而诉讼时效期间届满的法律后果是抗辩权发生，实体权利并不消灭。诉讼时效期间届满后，义务人同意履行的，不得以诉讼时效期间届满为由抗辩；义务人已自愿履行的，不得请求返还。(2) 适用范围不同。除斥期间主要适用于形成权，诉讼时效适用于请求权。(3) 起算时间不同。除斥期间根据法律规定的时间或者权利发生的时间起算，诉讼时效一般从知道或者应当知道权利被侵害时起算。(4) 适用条件不同。除斥期间届满，法院可依职权主动适用有关规定而无须当事人提出主张。义务人自愿履行的，也可以请求人民法院追回。而对诉讼时效人民法院不得主动适用相关规定。(5) 期间可变性不同。除斥期间是一个不变期间，法律规定多长时间就固定为多长时间，不能变动；而诉讼时效则可因各种原因而中止、中断甚至延长。

法条分析

(1) 本条中的"权利的存续期间"指的是什么？

(2) 请举例说明"权利的存续期间可以由当事人约定"的情况。

(3) 如何理解本条中的"知道"与"应当知道"？

(4) 如何理解"除法律另有规定外"，自权利人知道或者应当知道权利产生之日起计算，不适用有关诉讼时效中止、中断和延长的规定？请举例说明。

答案：(1) 权利的存续期间指的是除斥期间。

(2) 除斥期间可以由当事人约定，例如，当事人可以在合同中约定合同的解除权的期限，该期间经过的，解除权消灭。

(3) 知道是指有明确的证据表明当事人知晓了权利产生。应当知道是指虽然没有明确证据证明，但是根据社会的一般常识，可以推定当事人知悉，或者当事人有义务知悉。

(4) 如果法律对除斥期间的计算规则以及除斥期间是否可以中断、中止、延长等问题作出了特殊规定，则应当适用该特殊规定。例如，对于法定解除权，《民法典》特别规定，法律没有规定或者当事人没有约定解除权的行使期限，经对方催告后在合理期限不行使的，该权利消灭。这是法律对除斥期间计算规则的特殊规定。

试题范例

（单项选择题）《民法典》第1053条规定，一方患有重大疾病的，应当在结婚登记前如实告知另一方；不如实告知的，另一方可以向人民法院请求撤销婚姻。请求撤销婚姻的，应当自知道或者应当知道撤销事由之日起1年内提出。这里规定的“1年”属于（　　）。

A. 诉讼时效　　B. 除斥期间　　C. 取得时效　　D. 期限

答案： B

九、物权通则

核心法条

《民法典》第114条　民事主体依法享有物权。

物权是权利人依法对特定的物享有直接支配和排他的权利，包括所有权、用益物权和担保物权。

释解分析

本条规定的是物权。物权是权利主体依法直接支配特定的物并享受其利益的排他性权利，包括所有权、用益物权和担保物权。对物权的概念需要把握如下四点内容：（1）物权是一种财产权，具有直接的财产内容。（2）物权是直接支配物的权利。（3）物权是支配特定物的权利。（4）物权具有排除他人干涉的效力。

与债权比较，物权的特征有：（1）权利性质不同。物权是支配权，而债权则是一种请求权。（2）权利效力范围不同。物权是绝对权，债权是相对权。（3）权利客体不同。物权的客体是物，权利作为物权的客体仅为特例，而债权的客体则为行为。（4）权利效力不同。物权具有优先效力、追及效力、排他效力，而债权则没有这些效力。（5）权利发生不同。物权的设定采取法定主义，而债权（合同之债）的设定则采取任意主义。（6）权利保护方法不同。物权的保护以恢复权利人对物的支配为主要目的，偏重于“物上请求权”的方法，赔偿损失仅为补充方法，而债权的保护则主要采取赔偿损失的方法。

物权是权利人依法对“特定的物”享有直接支配和排他的权利，包括所有权、用益物权和担保物权。这表明，物权的客体是特定的，这涉及到物权客体特定原则。物权客体特定原则也称“一物一权原则”，即所谓“一物不能容二主”，是指物权的客体必须是特定的。物权客体特定的唯一要求是物权客体的特定化，其内容包括：（1）物权的客体限于在经济上和功能上完整的、独立的一物，物的组成部分不能成为物权的客体。（2）一物之上只能成立一个所有权。该原则与以下情形并不矛盾：①多人对同一物共享一项物权。例如，甲与乙对某一栋别墅共同拥有一个所有权即共有权，这完全可以。②内容互不冲突的物权并存于一物之上，如所有权与他物权并存、用益物权与担保物权并存、担保物权与担保物权并存。物权客体特定原则并不意味着物权的客体仅限于物，权利也可以成为物权的客体，即便权利成为物权的客体，也须特定化。例如，在《民法典》第396条规定的动产浮动抵押权中，抵押权设立之时，其客体并不特定，包括抵押人“现有的以及将有的生产设备、原材料、半成品、产品”，然而，在浮动抵押权实现之时，该抵押财产必须特定（《民法典》第411条）。

法条分析

（1）本条中的“直接支配”应如何理解？

（2）本条中的“所有权”应如何理解？其有哪些特征？

（3）本条中的“用益物权”应如何理解？其有哪些特征？

（4）本条中的“担保物权”应如何理解？其有哪些特征？

答案：（1）直接支配是指权利人依其意思就可以直接对权利客体进行管领或者处置，完全无须他人意思或行为的介入。

（2）所有权是所有权人对自己的不动产或者动产，依法享有占有、使用、收益和处分的权利。其特征有：①全面性。所有权是所有权人在法定限制范围内对所有物加以全面支配的权利。②整体性。所有权并非占有、使用、收益、处分权能的简单相加，而是一个整体权利，所有人对于标的物有统一的支配力。③弹力性。所有权人在其所有的财产上设定他物权后，虽然占有等权能与所有权人发生分离，但所有权并不消灭。当所有物上设定的其他权利消灭，所有权的负担除去以后，所有权恢复其圆满状态。④排他性。所有权是独占的支配权，非所有权人不得对所有权人的财产享有所有权。⑤恒久性。所有权不因时效而消灭，也不得预定其存续期间。

（3）用益物权是指权利人对他人所有的不动产或者动产依法享有的占有、使用和收益的权利。其特征有：①用益物权属于他物权、限制物权；②用益物权以占有为前提，以使用、收益为内容；③用益物权的客体包括动产和不动产，主要是不动产。

（4）担保物权是指以担保债务清偿为目的，而在债务人或者第三人的特定物或者权利上设定的定限物权。其特征有优先受偿性、从属性、不可分性和物上代位性。

试题范例

（单项选择题）甲有高档住房一套，甲实施的下列行为中，不能体现物权性质的是（　　）。

A. 甲将房屋抵押给银行以获贷款　　B. 甲制止欲将房屋侵占的乙

C. 甲在此房内居住　　D. 甲将房屋出售给丙

答案：D

核心法条

《民法典》第116条　物权的种类和内容，由法律规定。

释解分析

本条规定的是物权法定原则。物权法定原则是指物权的类型以及各类型的内容和物权的变动方式由法律规定，而不允许当事人自行创设的原则。本条规定物权法定原则的意义有：

（1）有利于维护经济秩序和国计民生。（2）有利于维护物权。（3）有利于产权清晰和明确交易。

物权法定原则的内容包括：（1）物权的种类由法律规定，当事人不得任意创设法律所不认可的新类型的物权，此谓“类型强制”。例如，《民法典》只是规定了三种担保物权，即抵押权、质权和留置权。抵押权又包括不动产抵押权、动产抵押权、权利抵押权，还有浮动抵押权和最高额抵押权。质权包括动产质权和权利质权。因此，在这些法律明确规定的担保物权类型之外，当事人不得新设定法律没有规定的担保物权类型，如不得设定不动产质权或者不动产留置权。（2）物权的内容由法律规定，当事人不得创设与物权的法定内容相悖的物权内容，此谓“内容强制”。这里的“物权的内容”就是指物权的权利义务关系。例如，《民法典》第 394 条第 1 款规定，为担保债务的履行，债务人或者第三人不转移财产的占有，将该财产抵押给债权人的，债务人不履行到期债务或者发生当事人约定的实现抵押权的情形，债权人有权就该财产优先受偿。就此规定，当事人不得以约定的方式改变其中的内容。（3）物权的种类和内容由法律规定，其中的“法律”仅限于全国人大及其常委会制定的法律，而不包括行政法规、地方性法规和规章。

违反物权法定原则的法律后果体现在：（1）法律没有规定的物权，当事人不得自由设立，即使当事人有约定也不发生物权设定的法律效果。例如，当事人约定设定抵押权须占有抵押物，该移转抵押物的占有作为抵押权生效条件的约定无效。（2）当事人的约定部分违反内容强制的规定，但不影响其他部分效力的，物权仍得以设立，仅违反规定的内容无效。例如，甲、乙作出超出用益物权法定期限的约定虽然无效，但并不影响该用益物权的设立。（3）违反该原则的行为无效不影响当事人之间其他法律行为的效力。

法条分析

（1）本条中的“物权”应如何理解？

（2）本条规定体现的是何种物权法的基本原则？该原则的含义是什么？

（3）本条中的“法律”的范围应如何理解？

（4）本条规定的基本内容有哪些？

答案：（1）物权是权利主体依法直接支配特定的物并享受其利益的排他性权利，包括所有权、用益物权和担保物权。

（2）本条规定的是物权法定原则。物权法定原则是指物权的类型以及各类型的内容和物权的变动方式由法律规定，而不允许当事人自行创设的原则。

（3）“法律”仅限于全国人大及其常委会制定的法律，而不包括行政法规、地方性法规和规章。

（4）物权法定原则的内容有：①类型强制。物权的种类由法律规定，当事人不得任意创设法律所不认可的新类型的物权，此谓“类型强制”。②内容强制。物权的内容由法律规定，当事人不得创设与物权的法定内容相悖的物权内容，此谓“内容强制”。

试题范例

（多项选择题）张某和赵某是一对夫妻，2022 年，两人协议离婚，但是由于赵某没有工作又没有居住场所，双方就书面约定赵某再婚之前可以享有对两人现有房屋的居住权，双方对居住权办理了登记。同时该协议约定将张某所有的另外一栋房屋出质给银行，获取的出质贷款用于赵某的日常生活开销，贷款由张某清偿。则（　　）。

A. 协议违反物权法定原则，应当认定为无效

B. 赵某享有居住权

C. 协议中设立质权的条款无效

D. 协议应当认定为有效

答案： BC

核心法条

《民法典》第208条　不动产物权的设立、变更、转让和消灭，应当依照法律规定登记。动产物权的设立和转让，应当依照法律规定交付。

释解分析

本条规定的是公示、公信原则。公示原则是指物权变动时，必须将物权变动的事实通过一定方式向社会公开，使第三人知道物权变动的情况。不动产物权变动的公示方法为登记；动产物权变动的公示方法为交付。公示原则在于使人“知”。基于法律行为发生的物权变动，非经公示不发生物权变动的效果或不产生对抗善意第三人的效力。

公信原则又称公信力，是指物权变动时，当事人依据法律进行了公示，即使公示所表现的物权状态与真实的物权状态不相符，也不影响物权变动的效力。公信原则在于使人“信”。公信原则最主要的体现就是善意取得制度。公信原则发挥作用的空间在于：物权的内容与实际权属状态不一致的情形。

公示、公信原则的意义有：(1) 明晰物权关系，宣示物权归属状况，定分止争，以维护财产静的安全。(2) 维护交易安全。

法条分析

(1) 本条规定体现的是何种物权法的基本原则？其含义和适用范围如何认定？

(2) 如何理解本条中的“登记”？

(3) 如何理解本条中的“交付”？

答案： (1) 本条规定体现的是物权的公示原则。公示原则是指物权变动时，必须将物权变动的事实通过一定方式向社会公开，使第三人知道物权变动的情况。公示原则适用于基于法律行为引起的物权变动的情况。

(2) 登记是指不动产登记机构依法将不动产权利归属和其他法定事项记载于不动产登记簿的行为。

(3) 交付是移转标的物占有的行为。

试题范例

(单项选择题) 不动产物权的权利变动，通常以（　　）为公示方式。

A. 交付　　B. 占有　　C. 登记　　D. 合意

答案：C

核心法条

《民法典》第209条　不动产物权的设立、变更、转让和消灭，经依法登记，发生效力；未经登记，不发生效力，但是法律另有规定的除外。

依法属于国家所有的自然资源，所有权可以不登记。

释解分析

本条规定的是不动产物权的变动公示：登记及效力。基于法律行为的不动产物权变动只有经过依法登记，方才发生效力；未经登记，不发生物权变动的效力。例如，当事人订立了合法有效的房屋买卖合同后，只有依法办理了房屋所有权转让登记后，才能发生房屋所有权变动的法律后果；不经登记，法律不认为发生了房屋所有权的变动。

在确立了不动产物权的变动以登记为公示方式外，还规定了不动产登记不以登记作为公示方式的情形，这些情形主要有：(1) 依法属于国家所有的自然资源，所有权可以不登记。(2) 不动产的登记效力采取对抗主义的情形。我国民法对于不动产物权的变动，以登记要件主义为原则，以登记对抗主义为例外。以下三种不动产物权变动的情形，不以登记为生效要件，而以登记为对抗要件，即自合同生效时，不动产物权变动的效力就发生；但未经登记，不能对抗善意第三人：①准不动产上的物权变动（《民法典》第225条）。②土地承包经营权的互换、转让（《民法典》第335条）。③地役权的设立（《民法典》第374条）。

法条分析

(1) 如何理解本条规定的不动产物权变动的公示效力？

(2)“经依法登记，发生效力”的不动产物权变动的主要情形有哪些？

(3)“未经登记，不发生效力”的不动产物权变动的主要情形有哪些？

(4) 如何理解不动产物权变动的时间点？

答案：(1) 本条规定的是登记生效和登记对抗相结合的做法，其中，登记生效主义是原则，登记对抗主义是例外。

(2)“经依法登记，发生效力”的主要情形有：因买卖、赠与等行为发生不动产所有权变动的；建设用地使用权的设立；居住权的设立；不动产抵押权的设立等。

(3)“未经登记，不发生效力”的主要情形有：土地承包经营权互换、转让的，未经登记，不得对抗善意第三人；地役权设立时，未经登记，不得对抗善意第三人。

(4) 不动产物权变动的时间点是将物权变动记载于不动产登记簿之日。

试题范例

1. (单项选择题) 下列不动产物权类型中，采取登记生效主义物权变动的是（　　）。

A. 宅基地使用权　　B. 地役权

C. 土地承包经营权　　D. 建设用地使用权

2. (单项选择题) 对于以登记作为不动产物权变动生效要件的，该物权变动自（　　）

时生效。

A. 记载于登记簿　　B. 交付

C. 物权行为成立　　D. 债权行为生效

答案：1. D　2. A

核心法条

《民法典》第 215 条　当事人之间订立有关设立、变更、转让和消灭不动产物权的合同，除法律另有规定或者当事人另有约定外，自合同成立时生效；未办理物权登记的，不影响合同效力。

释解分析

本条规定的是区分原则：区分不动产物权变动效力与合同效力。在不动产物权变动中，当事人之间订立的引起不动产物权变动的债权合同，属于负担行为。不动产登记只是作为处分行为的物权行为的生效要件，不登记只是处分行为不生效，并不影响合同债权的效力。因此，本条明确规定，当事人之间订立有关设立、变更、转让和消灭不动产物权的合同，除法律另有规定或者当事人另有约定外，自合同成立时生效；未办理物权登记的，不影响合同效力。换言之，当事人之间订立的引起不动产物权变动的合同一经成立，只要在内容上不违反法律、行政法规的强制性规定，不违背公序良俗且当事人对合同效力没有另外的约定，合同成立时即发生效力。即便登记是不动产物权变动的生效要件，登记与否也只是决定了物权变动的效力是否发生，不影响合同本身的效力。不动产物权变动合同生效后，如果一方拒绝协助对方办理不动产登记，构成违约行为，另一方有权依据该生效的合同要求违约方履行登记义务，如果因为债务人不办理登记，使得债权人无法取得不动产所有权或者他物权，债权人有权追究债务人的违约责任。总之，物权登记旨在贯彻落实公示与公信原则，因此，如果当事人之间仅就不动产物权变动达成合意，而没有办理登记，合同的效力不受影响。

法条分析

（1）本条规定的是何种法律制度？

（2）如何理解本条规定的物权变动和债权效力的关系？

答案：（1）本条规定的是区分原则，即债权合同效力与物权变动的效果加以区分的规则。

（2）债权合同不足以引起物权变动，还须完成登记或交付方可发生物权变动的效力。登记或交付是合同的履行行为，未登记或未交付并不影响合同债权的效力。而债权合同不成立、无效或被撤销，也不可能发生物权变动的效果。

试题范例

1.（单项选择题）下列有关不动产抵押权和抵押合同效力的表述中，正确的是（　　）。

A. 抵押权的生效须依当事人意思表示一致时确立

B. 抵押合同生效后，抵押权须自抵押物办理登记时生效

C. 抵押合同须自办理抵押登记时生效

D. 抵押合同本身具有对抗善意第三人的物权效力

2.（多项选择题）甲、乙签订房屋买卖合同，乙购买甲的房屋一套，并支付了价款，但未办理房屋登记过户手续。丙得知后向甲出更高的价格购买该房屋，甲同意并和丙一起办理了房屋登记过户手续。则（　　）。

A. 丙最终拥有房屋的所有权　　B. 甲的行为属于无权处分行为

C. 乙有权要求丙退还房屋　　D. 乙有权要求甲赔偿损失

答案： 1. B　2. AD

核心法条

《民法典》第216条　不动产登记簿是物权归属和内容的根据。

不动产登记簿由登记机构管理。

释解分析

本条规定的是不动产登记簿效力及其登记管理机构。不动产登记簿是物权归属和内容的根据。不动产登记簿的法律效力体现在：（1）不动产登记簿的推定效力。不动产登记簿的推定效力，是指不动产物权经过登记（即记载于不动产登记簿）之后，即推定不动产登记簿上记载的该物权的归属和内容与真实的物权归属和内容是一致的。既然是推定，就可以推翻。因此，当事人有证据证明不动产登记簿的记载与真实权利状态不符、其为该不动产物权的真实权利人，请求确认其享有物权的，应予支持。（2）不动产登记簿的公信力。不动产登记簿的公信力，又称不动产善意取得，是指即便不动产登记簿上记载的物权归属、内容与真实的物权归属、内容不一致，信赖该登记簿记载的人仍可如同登记簿记载正确时那样，依法律行为取得相应的不动产物权。

法条分析

（1）不动产登记簿的法律效力体现在哪一方面？

（2）不动产权属证书记载的事项与不动产登记簿记载的事项不一致时，应如何处理？

（3）因不动产登记簿登记错误造成损失的，应如何承担民事责任？

答案：（1）不动产登记簿体现的是权利推定效力，即推定不动产登记簿上记载的该物权的归属和内容与真实的物权归属和内容一致。

（2）不动产权属证书记载的事项，应当与不动产登记簿一致；记载不一致的，除有证据证明不动产登记簿确有错误外，以不动产登记簿为准。

（3）因登记错误，造成他人损害的，登记机构应当承担赔偿责任。登记机构赔偿后，可以向造成登记错误的人追偿。

试题范例

（单项选择题）甲、乙为A房屋的共同共有人，登记簿上仅登记甲为该房屋的所有人。甲未经乙的同意擅自出售A房屋给第三人丙。丙查询登记时发现甲为A房屋的所有权人，便支付了购房款并办理了房屋所有权转移登记。对此，下列表述中正确的是（　　）。

A. 甲未经乙同意无权处分房屋，丙不能取得房屋所有权

B. 甲未经乙同意无权处分房屋，但丙善意取得房屋所有权

C. 甲有权处分房屋，丙基于对登记簿记载事项的信赖取得房屋所有权

D. 甲有权处分房屋，但登记簿记载事项与房屋真实状况不一致，因而丙没有取得房屋所有权

答案： C

核心法条

《民法典》第 220 条　权利人、利害关系人认为不动产登记簿记载的事项错误的，可以申请更正登记。不动产登记簿记载的权利人书面同意更正或者有证据证明登记确有错误的，登记机构应当予以更正。

不动产登记簿记载的权利人不同意更正的，利害关系人可以申请异议登记。登记机构予以异议登记，申请人自异议登记之日起十五日内不提起诉讼的，异议登记失效。异议登记不当，造成权利人损害的，权利人可以向申请人请求损害赔偿。

释解分析

本条规定的是更正登记和异议登记。更正登记是指有证据证明不动产登记簿上记载的事项错误时，登记机构依权利人或者利害关系人的申请，或者依职权对该错误事项加以更正而进行的登记。权利人、利害关系人认为不动产登记簿记载的事项错误的，可以申请更正登记。不动产登记簿记载的权利人书面同意更正或者有证据证明登记确有错误的，登记机构应当予以更正；但在错误登记之后已经办理了涉及不动产权利处分的登记、预告登记和查封登记的除外。“不动产登记簿记载的事项错误”既包括登记簿上的权利记载与实际状态不相符合（如登记权利人与真实权利人不一致的情形），也包括错误的标示登记（即登记簿上的记载与标的物的实际情况不相符的情形）。只要登记申请人提供证据证明错误确实存在，登记机构即可办理更正登记。当然，如果不动产登记簿记载无误的，则不动产登记机构不予更正，并书面通知申请人。

异议登记是指登记机构将利害关系人对不动产登记簿登记事项的异议记载于登记簿上的行为。其适用情形是利害关系人要求进行更正登记而不动产登记簿记载的权利人不同意更正。利害关系人认为不动产登记簿记载的事项错误，权利人不同意更正的，利害关系人可以申请异议登记。不动产登记机构受理异议登记申请的，应当将异议事项记载于不动产登记簿上，并向申请人出具异议登记证明。异议登记期间，不动产登记簿上记载的权利人以及第三人因处分权利申请登记的，不动产登记机构应当书面告知申请人该权利已经存在异议登记的有关事项。申请人申请继续办理的，应当予以办理，但申请人应当提供知悉异议登记存在并自担风险的书面承诺。由此可见，异议登记虽然可以对真实权利人提供保护，但这种保护应当是临时性的，因为它同时也给不动产交易造成了一种不稳定状态。为使异议登记所带来的不稳定状态早日恢复正常，登记机构予以异议登记的，申请人自异议登记之日起 15 日内不提起诉讼的，异议登记失效。异议登记失效后，申请人就同一事项以同一理由再次申请异议

登记的，不动产登记机构不予受理。

法条分析

（1）何为“更正登记”？登记机构应予更正登记的情形有哪些？

（2）何为“异议登记”？其适用情形是什么？其效力如何认定？

（3）异议登记失效的条件是什么？异议登记不当的法律后果是什么？

答案：（1）更正登记是指有证据证明不动产登记簿上记载的事项错误时，登记机构依权利人或者利害关系人的申请，或者依职权对该错误事项加以更正而进行的登记。应予更正登记的情形有：①登记名义人书面同意更正时，登记机构可以直接更正；②有证据证明登记确有错误的，登记机构应当更正。

（2）异议登记是指登记机构将利害关系人对不动产登记簿登记事项的异议记载于登记簿上的行为。其适用情形是利害关系人要求进行更正登记而不动产登记簿记载的权利人不同意更正。异议登记的效力主要体现在异议登记的不动产不再适用善意取得。

（3）异议登记失效的条件是：登记机构予以异议登记，申请人自异议登记之日起 15 日内不提起诉讼的，异议登记失效。异议登记不当的法律后果是：造成权利人损害的，权利人可以向申请人请求赔偿损失。

试题范例

（单项选择题）张甲和张乙是兄妹，其父去世后，两人共同继承了一栋房屋，张甲和张乙各分得一间，并且进行了登记。后来张甲发现房产证书记载有误，与房屋登记簿不一致，遂要求对房产证进行更正，而张乙则认为并非房产证有误，而是房屋登记簿记载错误。对此，下列表述中正确的是（　　）。

A. 若房产证和登记簿记载事项不一致，应以房产证记载的事项为准

B. 除有证据证明房屋登记簿确有错误外，以房屋登记簿为准

C. 张乙可申请更正登记，登记机构应当予以更正

D. 若张乙申请更正登记，张甲不同意更正，张乙可以申请异议登记，并自异议登记之日起 30 日内提起诉讼，否则异议登记失效

答案：B

核心法条

《民法典》第 221 条　当事人签订买卖房屋的协议或者签订其他不动产物权的协议，为保障将来实现物权，按照约定可以向登记机构申请预告登记。预告登记后，未经预告登记的权利人同意，处分该不动产的，不发生物权效力。

预告登记后，债权消灭或者自能够进行不动产登记之日起九十日内未申请登记的，预告登记失效。

释解分析

本条规定的是预告登记。预告登记是指在当事人所期待的不动产物权变动所需要的条件

缺乏或者尚未成就时，即权利取得人只对未来取得物权享有请求权时，法律为保护这一债权请求权而进行的登记。该登记又称“预登记”或“预先登记”。有下列情形之一的，当事人可以按照约定申请不动产预告登记：(1) 商品房等不动产预售的；(2) 不动产买卖、抵押的；(3) 以预购商品房设定抵押权的；(4) 法律、行政法规规定的其他情形。

预告登记的目的是保障当事人未来实现的债权，预告登记不会导致物权的变动。预告登记的效力体现在：(1) 预告登记生效期间，未经预告登记的权利人书面同意，处分该不动产权利申请登记的，不动产登记机构应当不予办理。转让不动产所有权等物权，或者设立建设用地使用权、居住权、地役权、抵押权等其他物权的，应当认定其不发生物权效力。但将已经办理预告登记的不动产出租、出借等“负担行为”的效力，不因未经登记权利人同意而受到影响。(2) 预告登记后，债权消灭或者能够进行不动产登记之日起 90 日内未申请登记的，预告登记失效。

法条分析

(1) 本条中的“预告登记”的含义是什么？

(2) 预告登记的客体是什么？

(3) 哪些行为属于第 1 款所称的“处分该不动产”？

(4) 哪些情形应当认定为第 2 款所称的“债权消灭”？

(5) 哪些情形可以办理不动产预告登记？

(6) 第 2 款中的“九十日”是何种性质的期间？

答案：(1) 预告登记是指在当事人所期待的不动产物权变动所需要的条件缺乏或者尚未成就时，即权利取得人只对未来取得物权享有请求权时，法律为保护这一债权请求权而进行的登记。

(2) 预告登记的客体是以实现不动产物权变动为目的的债权请求权。

(3) 转让不动产所有权等物权，或者设立建设用地使用权、居住权、地役权、抵押权等其他物权的行为。

(4) 预告登记的买卖不动产物权的协议被认定无效、被撤销，或者预告登记的权利人放弃债权的，应当认定为“债权消灭”。

(5) 不动产预告登记的适用范围包括：①商品房等不动产预售的；②不动产买卖、抵押的；③以预购商品房设定抵押权的；④法律、行政法规规定的其他情形。

(6) 除斥期间。

试题范例

(单项选择题) 开发商甲与自然人乙签订房屋预售买卖合同，并办理了该房屋的预告登记。不久，开发商甲又以更高的价格将该房屋预售给自然人丙。则（　　）。

A. 乙只能要求甲承担违约责任并承担损害赔偿责任

B. 甲与丙之间签订的房屋预售买卖合同无效

C. 甲与乙之间签订的房屋预售买卖合同具有物权的效力

D. 甲与丙之间签订的房屋预售买卖合同具有物权的效力

答案：C

核心法条

《民法典》第224条　动产物权的设立和转让，自交付时发生效力，但是法律另有规定的除外。

释解分析

本条规定的是动产物权的变动公示：交付及效力。基于法律行为的动产物权变动，除法律另有规定外，以交付作为动产物权设立与转让的生效要件，交付是移转标的物占有的行为。动产物权的设立和转让，自交付时发生效力，该规定适用于动产所有权的变动，也适用于质权的设立，但不适用于动产抵押权，动产抵押权（包括动产浮动抵押权）自合同生效时设立，未经登记不得对抗善意第三人，因为抵押权为不移转占有的担保物权。动产物权动态的变动模式是交付（移转占有），而静态的变动模式可以称为占有，如动产质权的设立以质权人占有质物为必要。交付在性质上属于一种事实行为，让与人的意思只是使受让人取得对物的事实上的管领力，该意思指向的对象是一种事实而非某种法律效果，故此，无民事行为能力人与限制民事行为能力人也可以完成交付。

交付的方式多种多样，包括现实交付和拟制交付。拟制交付又称为观念交付，包括简易交付（《民法典》第226条）、指示交付（《民法典》第227条）与占有改定（《民法典》第228条）。

本条中的"法律另有规定的除外"，主要是指以下情形：（1）非基于法律行为的动产物权变动，即《民法典》第二编第一分编第二章第三节规定的通过征收、生效的法律文书、继承等法律事实取得动产物权的情形。（2）动产抵押权的设定。（3）留置权的产生。

法条分析

（1）本条规定的适用范围如何认定？

（2）"交付"的方式有哪些？

（3）船舶、航空器和机动车的物权变动和本条规定在适用上有何异同？

（4）本条中的"法律另有规定的除外"的主要情形有哪些？

答案：（1）本条规定适用于基于法律行为的动产物权的变动，也适用于动产质权的设立。

（2）交付包括现实交付、简易交付、指示交付和占有改定。

（3）本条规定的物权变动与船舶、航空器、机动车的物权变动的相同点是都以交付为公示方式；不同点是船舶、航空器、机动车的物权变动，未经登记不得对抗善意第三人。

（4）主要情形有：非基于法律行为的动产物权变动；动产抵押权的设立；留置权的产生。

试题范例

（单项选择题）甲将电脑租给乙使用，然后甲又出售给丙。由于电脑的租期未满，甲无法取回电脑，甲于是将请求返还电脑的权利转让给丙，则丙取得电脑所有权的交付方式称为（　　）。

A. 现实交付　　B. 简易交付　　C. 指示交付　　D. 占有改定

答案：C

核心法条

《民法典》第 225 条　船舶、航空器和机动车等的物权的设立、变更、转让和消灭，未经登记，不得对抗善意第三人。

释解分析

本条规定的是船舶、航空器和机动车等特殊动产物权变动的公示及效力。对于特殊类型的动产，采取交付生效＋登记对抗的物权变动模式。船舶、航空器和机动车等特殊动产自交付时起发生物权变动，未经登记，不得对抗善意第三人。这里所称的“特殊类型的动产”，又称“准不动产”，对于准不动产的物权变动，采取登记对抗主义。例如，甲将其所有的汽车出卖给乙并交付，乙又将汽车卖给丙亦完成交付，此时汽车虽然登记于甲的名下，但所有权却归属于丙。

转让人转移船舶、航空器和机动车等的所有权，受让人已经支付对价并取得占有，虽未经登记，但转让人的债权人主张其为本条所称的“善意第三人”的，不予支持，法律另有规定的除外。据此，特殊动产物权变动未经登记不得对抗“善意第三人”，这里的“善意第三人”，主要是指对该动产享有物权之人，不包括普通债权人。

法条分析

（1）船舶、航空器和机动车等特殊动产物权变动的公示方式是什么？

（2）如何认定本条中的“登记”的效力？

（3）如何认定本条中的“善意第三人”？是否包括转让人的普通债权人？

答案：（1）船舶、航空器和机动车等特殊动产自交付时发生物权变动，因此其公示方式为交付。

（2）“登记”并非物权变动的生效要件，而是物权变动的对抗要件，即未经登记不得对抗善意第三人。

（3）“善意第三人”主要是指对该动产享有物权之人，如动产抵押权人，不包括转让人的普通债权人。

试题范例

（单项选择题）甲有 A 车，以市场价格出卖给乙，甲受领价款并完成交付，但未登记过户。甲欠丙的 20 万元借款到期未还，丙经查询甲名义下登记有 A 车，遂请求法院强制执行。对此，下列表述中正确的是（　　）。

A. 乙没有取得汽车所有权

B. 丙可以对乙行使代位权

C. 丙是善意第三人，有权申请法院执行 A 车

D. 乙有权对抗丙的执行请求

答案：D

核心法条

《民法典》第229条　因人民法院、仲裁机构的法律文书或者人民政府的征收决定等，导致物权设立、变更、转让或者消灭的，自法律文书或者征收决定等生效时发生效力。

释解分析

本条规定的是因生效法律文书、征收决定等引起的物权变动及效力。该规定既适用于动产，也适用于不动产。

除了因法律文书、征收决定引起物权变动外，条文在表述中使用了“等”字，这表明，除了法律文书、征收决定之外，还有其他导致物权变动的原因，例如，通过征收决定以外的行政命令，如党政机关与其举办的公司脱钩时，依据行政命令，特定的办公楼及建设用地使用权为特定主体所有，从而导致物权变动。

法条分析

（1）本条中的“法律文书”包括哪些？

（2）依据本条规定取得不动产物权，未经登记而予以处分的，其处分行为及处分该不动产合同的效力如何？

答案：（1）人民法院、仲裁机构在分割共有不动产或者动产等案件中作出并依法生效的改变原有物权关系的判决书、裁决书、调解书，以及人民法院在执行程序中作出的拍卖成交裁定书、变卖成交裁定书、以物抵债裁定书，应当认定为本条规定的“法律文书”。

（2）依据本条规定取得不动产物权，未经登记而予以处分的，不发生物权效力；但处分该不动产合同的效力不受影响。

试题范例

（单项选择题）下列选项中，须经登记才能取得所有权的是（　　）。

A. 甲所在集体经济组织将果园承包给甲

B. 甲房地产公司通过出让方式取得一块建设用地使用权

C. 甲、乙都主张房屋所有权，法院将房屋所有权判决给乙

D. 甲将其汽车抵押给银行作为按揭贷款合同的担保

答案：B

核心法条

《民法典》第230条　因继承取得物权的，自继承开始时发生效力。

释解分析

本条规定的是因继承引起的物权变动及效力。继承是指将自然人于死亡时遗留的个人合法财产依法转移给他人所有的法律制度。因继承取得物权的，自继承开始时发生效力。继承"开始时"是指被继承人死亡时。被继承人死亡时，遗产的物权即移转给继承人，遗产为不动产的场合，即使尚未办理变更登记手续，也是如此。

法条分析

（1）如何认定本条中的"继承开始"的时间？

（2）因遗赠取得物权的，是否适用本条规定？为什么？

（3）处分因继承取得的不动产物权，依照法律规定需要办理登记的，未经登记，是否发生物权变动的效力？

答案：（1）继承从被继承人死亡时开始。

（2）因遗赠取得物权的，不适用本条规定。因为因遗赠取得物权的，属于基于法律行为的物权变动。

（3）处分因继承取得的不动产物权，依照法律规定需要办理登记的，未经登记，不发生物权效力。

试题范例

（单项选择题）甲立遗嘱，其住房由其长子乙继承。甲死亡后，次子丙占据房屋拒不退还。乙取得房屋所有权的时间是（　　）。

A. 乙办理房屋所有权转移登记时　　B. 甲死亡时

C. 乙表示接受继承时　　D. 丙腾退房屋时

答案：B

核心法条

《民法典》第231条　因合法建造、拆除房屋等事实行为设立或者消灭物权的，自事实行为成就时发生效力。

释解分析

本条规定的是因事实行为引起的物权变动及效力。因合法建造、拆除房屋等事实行为设立或者消灭物权的，自事实行为成就时发生效力。这里的"合法建造房屋"是指民事主体依照法律的规定建造房屋。例如，某房地产开发企业要建一栋住宅楼，它必须依法取得建设用地使用权，并经规划部门的批准，取得建设用地规划许可证、建设工程规划许可证、施工许可证等批准文件后，方能开工建造。倘若未经批准擅自建造房屋的，不仅要遭受相应的行政处罚，即便该房屋建造完成，也因其属于违法建筑，房地产开发企业不能取得所有权，无法办理房屋所有权登记。

合法建造房屋取得物权的，自"事实行为成就时"发生效力。所谓"事实行为成就时"，指的是房屋建造完成之时。在实务操作中，建筑物封顶视为建成。这里的“合法”，范围较为广泛，包括：建造人依法取得基地的建设用地使用权（如商品房开发经营），或宅基地使用权（农户建造住房），或集体土地使用权（如兴办乡镇企业），或集体土地所有权（如村委会建造办公楼）等。

法条分析

（1）如何理解条文中的“事实行为”？

（2）如何理解条文中的“物权”？

（3）如何理解本条中的“事实行为成就时”？请举例说明。

答案：（1）事实行为是指行为人主观上不一定具有发生、变更或消灭正常民事法律关系的意思，但客观上能够引起这种后果的行为。

（2）物权是权利主体依法直接支配特定的物并享受其利益的排他性权利，包括所有权、用益物权和担保物权。

（3）事实行为成就时是指房屋建造完毕之时。例如，建造房屋原则上完成封顶时就是成就时。

试题范例

1.（单项选择题）因事实行为引起的物权变动，自（　　）发生效力。

A. 事实行为成就时　　B. 事实行为发生时

C. 事实行为被确认为合法时　　D. 依法办理登记或者交付时

2.（多项选择题）下列选项中，属于因事实行为引起物权变动的是（　　）。

A. 甲通过继承取得其父的遗产

B. 乙通过时效取得制度获取物的所有权

C. 丙购买他人房屋而取得该房屋的所有权

D. 丁将自己的衣服抛弃

答案：1. A　2. BD

十、所有权

核心法条

《民法典》第 240 条　所有权人对自己的不动产或者动产，依法享有占有、使用、收益和处分的权利。

释解分析

本条规定的是所有权的定义。所有权是所有权人对自己的不动产或者动产，依法享有占有、使用、收益和处分的权利。所有权具有全面性、整体性（单一性）、弹力性（归一性）、排他性（独占性）和恒久性（永久存续性）等特征。

所有权是对标的物全面支配的物权，是所有人在法定限度内对物最充分、最完全的支配。所有权的内容包括如下两个方面的权利：（1）人对物的权利。所有权是所有人对物全面支配的权利，包括占有、使用、收益、处分几项具体的权利。上述权利属于原权，是所有权的核心内容，属于所有权的积极内容。（2）人对人的权利。在受到他人非法干预或侵害时，所有人有权行使包括返还请求权、妨害排除请求权、妨害预防请求权、恢复原状请求权等在内的请求权。上述请求权属于救济权，是所有人基于对特定范围内财产的权利而产生的对非所有人的权利，属于所有权的消极内容。

所有权的权能是指所有人为利用所有物以实现其对所有物的独占利益，而于法律规定的范围内可以采取的各种措施与手段，以及对他人不法干预的排除。在理论上，所有权的权能包括积极权能和消极权能。所有权的积极权能包括占有、使用、收益和处分。所有权的消极权能即排除他人的不法干预，如请求排除妨害、消除危险、恢复原状、赔偿损失等。

虽然所有权是绝对权，但与其他民事权利相同，所有权的行使也受到一定的限制。民法和其他一些相关法律、法规对所有权进行的限制主要表现为：（1）行使所有权不得违反法律规定。（2）行使所有权不得妨害他人的合法权益。（3）行使所有权时必须注意保护环境、自然资源和生态平衡。（4）根据公共利益的需要，国家可以依法进行征收和征用。

法条分析

（1）所有权的内容有哪些？

（2）如何理解“占有”“使用”“收益”“处分”的权利？

答案：（1）所有权的内容包括：①人对物的权利。所有权是所有人对物全面支配的权利，包括占有、使用、收益、处分几项具体的权利，为所有权的积极内容。②人对人的权利。在受到他人非法干预或侵害时，所有人有权行使包括返还请求权、妨害排除请求权、妨害预防请求权、恢复原状请求权等在内的请求权，是所有权的消极内容。

（2）占有、使用、收益、处分的权利即占有、使用、收益和处分权能。占有权能是对所有物加以实际管领或控制的权利。使用权能是在不损毁所有物或不改变其性质的前提下，依照物的性能和用途加以利用的权利。收益权能是收取所有物所生利益（孳息）的权利。处分权能是对所有物依法予以处置的权利。

试题范例

（单项选择题）甲将自己的一套瓦房以 5 万元转让给乙，乙又转手以 8 万元转让给丙，丙居住几年后，又将房屋转让给丁，丁居住十年后，房价普遍上涨，该房屋涨至 12 万元，甲听说后欲要回房屋，经查几次转让均未办理房屋过户登记手续。则该房屋的所有权属于（　　）。

A. 甲　　B. 乙　　C. 丙　　D. 丁

答案：A

核心法条

《民法典》第 271 条　业主对建筑物内的住宅、经营性用房等专有部分享有所有权，对专有部分以外的共有部分享有共有和共同管理的权利。

释解分析

本条规定的是业主的建筑物区分所有权。建筑物区分所有权是指根据使用功能，将一栋建筑物在结构上区分为各个所有权人独自使用的部分和由多个所有权人共同使用的共同部分时，每一个所有权人享有的对其专有部分的专有权、对共有部分的共有权以及各个所有权人之间基于建筑物的管理等共同事务而产生的管理权的结合。

业主是建筑物区分所有权的主体，业主不同于住户，业主专指建筑物区分所有权人。本条中的“专有部分”，是指具有构造上（物理上）和利用上（功能上）的独立性，并能成为建筑物区分所有权客体的部分。本条中的“共有部分”，是指专有部分以外的归业主共同所有的部分，包括楼梯、电梯、走廊、水塔、消防设备等。本条中的“共同管理”，是指业主对于区分所有建筑物的共有部分和由此产生的共同事务所从事的管理。专有部分的所有权、共有部分的共有权以及共同管理权这三类权利相互依赖、相互配合、相互制约，构成了建筑物区分所有权不可分割的有机整体。

建筑物区分所有权具有如下特征：（1）复合性。建筑物区分所有权是一个集合体，由专有部分所有权、共有权及管理权三要素构成，且建筑物区分所有权人的身份也具有多重性，既是专有权人，又是共有所有人，还是管理建筑物的管理权人，此有别于单一的不动产所有权。（2）整体性。建筑物区分所有权人的专有权、共有权及管理权三者共为一体不可分离。在转让、继承、抵押时应将三者一起转让、继承、抵押。（3）专有权的主导性。在构成建筑物区分所有权的三要素中，专有权具有主导性，专有部分的主导地位是业主对专有部分以外的共有部分享有共有权以及对共有部分享有共同管理权的前提与基础。没有业主对专有部分的所有权，就无法产生业主对专有部分以外的共有部分的共有权，以及对共有部分的共同管理的权利。（4）客体的多元性。建筑物区分所有权的客体包括专有部分与共有部分，而不是仅局限于其中一部分。专有部分主要是通过一定方式对建筑物加以区分，由此分割出的兼具建筑构造上的独立性和利用上的独立性的一部分房屋。共有部分包括共用部分及其附属物、共用设施等，它们都是建筑物区分所有权的客体。

法条分析

（1）本条规定的是何种法律制度？其含义是什么？

（2）如何认定本条中的“业主”？

（3）构成专有部分须具备哪些条件？

（4）如何确定“共有部分”的费用分摊、收益分配等事项？

（5）对于使用、筹集建筑物及其附属设施的维修资金，应如何进行表决和通过？

答案：（1）本条规定的是建筑物区分所有权。建筑物区分所有权是指根据使用功能，将一栋建筑物在结构上区分为各个所有权人独自使用的部分和由多个所有权人共同使用的共同部分时，每一个所有权人享有的对其专有部分的专有权、对共有部分的共有权以及各个所有权人之间基于建筑物的管理等共同事务而产生的管理权的结合。

(2) 业主包括：①依法登记取得专有部分所有权的人；②通过合法建造、继承或者生效法律文书等取得专有部分所有权的人；③基于与建设单位之间的商品房买卖民事法律行为，已经合法占有建筑物专有部分，但是尚未依法办理所有权登记的人。

(3) 构成专有部分须具备以下条件：①构造（物理）上的独立性，从而能够明确区分；②利用（功能）上的独立性，可以排他使用；③能够登记成为特定业主所有权的客体。

(4) 建筑物及其附属设施的费用分摊、收益分配等事项，有约定的，按照约定；没有约定或者约定不明确的，按照业主专有部分面积所占比例确定。

(5) 对于使用、筹集建筑物及其附属设施的维修资金，应当由专有部分面积占比 2/3 以上的业主且人数占比 2/3 以上的业主参与表决。对于筹集建筑物及其附属设施的维修资金，应当经参与表决专有部分面积 3/4 以上的业主且参与表决人数 3/4 以上的业主同意。对于使用建筑物及其附属设施的维修资金，应当经参与表决专有部分面积过半数的业主且参与表决人数过半数的业主同意。

试题范例

1. (多项选择题) 下列选项中，属于业主对建筑物共有部分不履行义务行为的有(　　)。

A. 某业主甲装修个人房屋时拆除承重墙的行为

B. 某业主乙以不乘坐电梯为由不交纳电梯维修费的行为

C. 某业主丙以冬季不在小区居住为由不交纳供暖费的行为

D. 居住在建筑物顶层的某业主丁在其居住的屋顶安装霓虹灯广告牌的行为

2. (多项选择题) 甲、乙、丙、丁分别购买了某住宅楼（共四层）的一至四层住宅，并各自办理了房产证。则下列说法中正确的有（　　）。

A. 甲、乙、丙、丁有权分享该住宅楼的外墙广告收入

B. 一层住户甲对三、四层间楼板不享有民事权利

C. 若甲出卖其住宅，乙、丙、丁享有优先购买权

D. 如四层住户丁欲在楼顶建一花圃，须得到甲、乙、丙同意

答案： 1. BCD　2. ABD

核心法条

《民法典》第 272 条　业主对其建筑物专有部分享有占有、使用、收益和处分的权利。业主行使权利不得危及建筑物的安全，不得损害其他业主的合法权益。

释解分析

本条规定的是业主的专有权。专有权是建筑物区分所有权人对专有部分可自由占有、使用、收益及处分的权利。专有权的客体是建筑物内的住宅、经营性用房等的专有部分。构成专有部分必须具备如下三个条件：(1) 构造上的独立性（物理上的独立性，即专有部分应当

在建筑构造上能够与同一建筑物中的其他部分完全隔离），从而能够明确区分。（2）利用上的独立性（功能上的独立性，即能够被单独地使用，具有独立的使用价值），可以排他使用。（3）能够登记成为特定业主所有权的客体。换言之，能够登记成为特定业主所有权的客体，是指符合不动产单元的要求，可以被依法记载于不动产登记簿上。建筑物区划内符合上述三项条件的房屋（包括整栋建筑物），以及车位、摊位等特定空间，应当认定为专有部分。规划上专属于特定房屋，且建设单位销售时已经根据规划列入该特定房屋买卖合同中的露台等，也应当认定为专有部分。

业主不仅对其建筑物专有部分享有占有、使用、收益和处分的权利，而且还要承担如下相应的义务：（1）业主行使权利不得危及建筑物的安全，不得损害其他业主的合法权益。业主大会或者业主委员会，对任意弃置垃圾、排放污染物或者噪声、违反规定饲养动物、违章搭建、侵占通道、拒付物业费等损害他人合法权益的行为，有权依照法律、法规以及管理规约，请求行为人停止侵害、排除妨碍、消除危险、恢复原状、赔偿损失。（2）不得擅自改变住宅的用途。业主不得违反法律、法规以及管理规约，将住宅改变为经营性用房。业主将住宅改变为经营性用房的，除遵守法律、法规以及管理规约外，应当经有利害关系的业主一致同意。

法条分析

（1）本条规定的是何种法律制度？

（2）本条中的“专有部分”应如何理解？

（3）业主对专有部分享有的专有权，其主导性体现在哪些方面？

（4）业主行使专有部分所有权应负的主要义务有哪些？

答案：（1）建筑物区分所有权人的专有权。

（2）专有部分是指在构造上能够明确区分，具有排他性且可独立使用的建筑物部分。

（3）专有权的主导性体现在：①建筑物区分所有权人取得专有部分所有权即取得共有部分共有权及管理权；②专有部分所有权的大小决定共有权及管理权的大小；③建筑物区分所有权成立登记时，只登记专有部分所有权，而共有权及管理权并不单独登记。

（4）业主的主要义务有：①业主在行使专有权时，不得违反法律、法规以及管理规约；②业主将住宅改变为经营性用房的，除遵守法律、法规以及管理规约外，应当经有利害关系的业主一致同意。

试题范例

（单项选择题）甲以 20 万元从乙公司购得某小区地下停车位。乙公司经规划部门批准在该小区以 200 万元建设观光电梯。该梯入梯口占用了甲的停车位。乙公司同意为甲置换更好的车位。甲则要求拆除电梯，并赔偿损失。对此，下列表述中正确的是（　　）。

A. 建电梯获得规划部门批准，符合小区业主利益，未侵犯甲的权利

B. 即使建电梯符合业主整体利益，也不能以损害个人权利为代价，故应将电梯拆除

C. 甲的车位使用权应予保护，但置换车位更能兼顾个人利益与整体利益

D. 电梯建成后，小区尾房更加畅销，为平衡双方利益，乙公司应适当让利于甲

答案：C

核心法条

《民法典》第 273 条　业主对建筑物专有部分以外的共有部分，享有权利，承担义务；不得以放弃权利为由不履行义务。

业主转让建筑物内的住宅、经营性用房，其对共有部分享有的共有和共同管理的权利一并转让。

释解分析

本条规定的是业主的共有权。共有权是建筑物区分所有人依照法律或管理规约的规定，对区分所有建筑物之共有部分所享有的占有、使用及收益的权利。除法律、行政法规规定的共有部分外，建筑区划内的以下部分，应当认定为共有部分：（1）建筑物的基础、承重结构、外墙、屋顶等基本结构部分，通道、楼梯、大堂等公共通行部分，消防、公共照明等附属设施、设备，避难层、设备层或者设备间等结构部分；（2）其他不属于业主专有部分，也不属于市政公用部分或者其他权利人所有的场所及设施等。此外，共有人在享有权利的同时，应当履行相应的义务，不得以放弃权利为借口不履行应尽的义务。

业主转让建筑物内的住宅、经营性用房，其对共有部分享有的共有和共同管理的权利一并转让。共有部分本身只能与专有部分一起抵押、转让，不得将共有部分的某些成分单独抵押、转让。至于某些共有部分，如地下室、防空洞等，可以在被单独登记为一个独立之物等条件下脱离专有部分及其他共有部分而转让给他人。正因为共有部分与专有部分不可分割，或者说共有部分附随于专有部分，使得建筑物区分所有权里的共有不同于按份共有和共同共有，属于一种特殊形态的共有。

法条分析

（1）本条规定的是何种法律制度？

（2）如何认定共有部分？

（3）建筑区划内的道路、绿地，其他公共场所、公用设施和物业服务用房的归属应如何认定？

答案：（1）本条规定的是建筑物区分所有权人的共有权。

（2）共有部分包括建筑物专有部分之外的其他部分，如楼梯、电梯、屋顶、地下室等，还包括建筑物的附属建筑物和附属设施，如物业服务用房、配电室、排水设备、消防设备、燃气管线、电缆、光缆等。

（3）建筑区划内的道路，属于业主共有，但是属于城镇公共道路的除外。建筑区划内的绿地，属于业主共有，但是属于城镇公共绿地或者明示属于个人的除外。建筑区划内的其他公共场所、公用设施和物业服务用房，属于业主共有。

试题范例

（多项选择题）刘某于 2016 年取得某三层小楼的所有权，该一层于 2018 年转让给了一个储运公司，该储运公司将一楼改为仓库使用，并封死了一、二楼间通行的通道。刘某要求储运公司打通通道，储运公司表示，若要打通通道，需刘某每年支付通行费 1 万元。对此，下列表述中正确的是（　　）。

A. 刘某与储运公司形成建筑物区分所有关系

B. 刘某与储运公司形成通行地役权法律关系，刘某应当每年支付 1 万元通行费

C. 储运公司应当排除妨碍、恢复原状

D. 储运公司侵害了刘某对共有部分享有的权利

答案： ACD

核心法条

《民法典》第 276 条　建筑区划内，规划用于停放汽车的车位、车库应当首先满足业主的需要。

释解分析

本条规定的是车位、车库应当首先满足业主需要。建筑区划内，规划用于停放汽车的车位、车库应当首先满足业主的需要。这是因为建筑区划内的车位、车库首先是该建筑区划内的建筑物的附属设施，当然应当首先满足该建筑区划内的业主的需要。对于建设单位按照配置比例将车位、车库，以出售、附赠、出租等方式处分给业主的，应当认定其行为符合“应当首先满足业主的需要”的规定。

法条分析

（1）停车位和车库的归属应如何认定？

（2）本条中的“车位”应如何理解？

（3）如何认定“首先满足业主的需要”？

答案：（1）第一，凡是占用业主共有的道路或者其他场地用于停放汽车的车位，属于业主共有；第二，如果是建筑区划内规划用于停放汽车的车位、车库，对于其归属，应当由当事人通过出售、附赠或者出租等方式约定；第三，建筑区划内，规划用于停放汽车的车位、车库应当首先满足业主的需要。

（2）车位即建筑区划内在规划用于停放汽车的车位之外，占用业主共有道路或者其他场地增设的车位。

（3）建设单位按照配置比例将车位、车库，以出售、附赠或者出租等方式处分给业主的，应当认定其行为符合“首先满足业主的需要”。

试题范例

（多项选择题）建筑区划内，规划用于停放汽车的车位、车库（　　）。

A. 其归属为业主共有

B. 其归属由当事人通过出售、附赠或者出租等方式约定

C. 应当首先满足业主的需要

D. 应当归物业服务公司所有

答案：BC

核心法条

《民法典》第 278 条　下列事项由业主共同决定：

（一）制定和修改业主大会议事规则；

（二）制定和修改管理规约；

（三）选举业主委员会或者更换业主委员会成员；

（四）选聘和解聘物业服务企业或者其他管理人；

（五）使用建筑物及其附属设施的维修资金；

（六）筹集建筑物及其附属设施的维修资金；

（七）改建、重建建筑物及其附属设施；

（八）改变共有部分的用途或者利用共有部分从事经营活动；

（九）有关共有和共同管理权利的其他重大事项。

业主共同决定事项，应当由专有部分面积占比三分之二以上的业主且人数占比三分之二以上的业主参与表决。决定前款第六项至第八项规定的事项，应当经参与表决专有部分面积四分之三以上的业主且参与表决人数四分之三以上的业主同意。决定前款其他事项，应当经参与表决专有部分面积过半数的业主且参与表决人数过半数的业主同意。

释解分析

本条规定的是业主共同决定的事项及表决。

法条分析

（1）本条规定体现了业主的何种权利？该权利应如何理解？

（2）业主共同决定本条第 1 款第 6、7、8 项事项时，表决同意须符合哪些条件？

（3）业主共同决定本条第 1 款第 6、7、8 项之外的事项时，表决同意须符合哪些条件？

（4）如何认定本条第 1 款第 9 项中的“其他重大事项”？

答案：（1）本条规定体现了建筑物区分所有权人的管理权。建筑物区分所有权人的管理权是指建筑物区分所有权人（业主）基于一栋建筑物的构造、权利归属及使用上的密切关系而形成的、作为建筑物管理团体之成员所享有的共同管理的权利。

（2）表决同意须符合两个条件：首先，应当由专有部分面积占比 2/3 以上的业主且人数占比 2/3 以上的业主参与表决；其次，在符合第一个条件的前提下，应当经参与表决专有部分面积 3/4 以上的业主且参与表决人数 3/4 以上的业主同意。

（3）表决同意须符合两个条件：首先，应当由专有部分面积占比 2/3 以上的业主且人数占比 2/3 以上的业主参与表决；其次，在符合第一个条件的前提下，应当经参与表决专有部分面积过半数的业主且参与表决人数过半数的业主同意。

（4）处分共有部分，以及业主大会依法决定或者管理规约依法确定应由业主共同决定的事项，应当认定为有关共有和共同管理权利的“其他重大事项”。

试题范例

（单项选择题）甲、乙、丙、丁、戊共有一栋分十个单元的联体商品住宅楼，每一单元所占专有部分的面积相同。甲拥有第一至第四单元，乙拥有第五至第七单元，丙、丁、戊分别拥有第八、第九、第十单元。若业主大会欲筹集建筑物及其附属设施的维修基金，则（　　）。

A. 须经甲、乙、丙、丁、戊一致同意　　B. 可经甲、乙、丙、丁一致同意

C. 可经乙、丙、丁、戊一致同意　　D. 可经甲、乙、戊一致同意

答案：B

核心法条

《民法典》第 279 条　业主不得违反法律、法规以及管理规约，将住宅改变为经营性用房。业主将住宅改变为经营性用房的，除遵守法律、法规以及管理规约外，应当经有利害关系的业主一致同意。

释解分析

本条规定的是业主改变住宅用途的限制条件。业主将住宅改变为经营性用房，未经有利害关系的业主同意，有利害关系的业主请求排除妨害、消除危险、恢复原状或者赔偿损失的，人民法院应予支持。将住宅改变为经营性用房的业主以多数有利害关系的业主同意其行为进行抗辩的，人民法院不予支持。本条中的“有利害关系的业主”，就是本栋建筑物内的业主，如果是建筑区划内本栋建筑物之外的业主主张与自己有利害关系的，应当证明其房屋价值、生活质量受到或者可能受到不利影响。

法条分析

（1）本条中的“管理规约”应如何理解？

（2）本条中的“有利害关系的业主”应如何认定？

（3）业主将住宅改变为经营性用房，未按照规定经有利害关系的业主同意，业主可以采取的救济手段有哪些？

答案：（1）管理规约是指由全体业主依法定程序制定的关于规范业主的权利、义务与责任的，对全体业主具有法律约束力的书面自治规则。

（2）业主将住宅改变为经营性用房，本栋建筑物内的其他业主，应当认定为有利害关系的业主。

（3）有利害关系的业主有权请求排除妨害、消除危险、恢复原状或者赔偿损失。

试题范例

（单项选择题）赵某的房屋位于某条路临街底层，后来，市政对该条路进行了修缮，路两边新开了许多店铺。赵某于是将自家房屋改修成临街铺面，出租给他人开了一家美容美发店。其邻居郭某等不堪美容美发店每日音响的噪声，多次与赵某交涉不成，发生纠纷。对

此，下列说法中正确的是（　　）。

A. 赵某有权将自家房屋改成临街铺面

B. 赵某的行为仅侵犯了其邻居的相邻权

C. 赵某出租住房开美容美发店须经 3/4 以上的业主同意

D. 赵某出租住房开美容美发店须经有利害关系的业主一致同意

答案：D

核心法条

《民法典》第 280 条　业主大会或者业主委员会的决定，对业主具有法律约束力。

业主大会或者业主委员会作出的决定侵害业主合法权益的，受侵害的业主可以请求人民法院予以撤销。

释解分析

本条规定的是业主大会、业主委员会决定的效力。业主大会是由建筑区划内的全体业主依法设立的自治组织，业主大会依法作出的决定体现了建筑区划内多数业主的共同意志，业主应当服从该决定。业主委员会也是由业主依法选举产生的，是业主大会的执行机构，具体实施业主大会的决定，所以业主也应当服从业主委员会的决定。当然，如果业主大会或者业主委员会的决定侵害了某个业主的合法权益时，受侵害的业主可以请求人民法院撤销。

法条分析

（1）本条中的“业主大会”和“业主委员会”应如何理解？

（2）业主根据第 2 款规定如何行使撤销权？

答案：（1）业主大会由全体业主组成，是管理建筑区划内建筑物及其附属设施的共有部分和共同事务的自治组织。业主委员会是业主大会的事务执行机构，是受业主大会的委托管理全体业主的共有财产和共同事务的组织。

（2）业主以业主大会或者业主委员会作出的决定侵害其合法权益或者违反了法律规定的程序为由，依据本条规定请求人民法院撤销该决定。

试题范例

（单项选择题）由建筑区划内的全体业主依法设立的自治组织称为（　　）。

A. 业主大会　　　　B. 业主委员会

C. 社区管理委员会　　　　D. 居民委员会

答案：A

核心法条

《民法典》第 286 条　业主应当遵守法律、法规以及管理规约，相关行为应当符合节约资源、保护生态环境的要求。对于物业服务企业或者其他管理人执行政府依法实施的应急处置措施和其他管理措施，业主应当依法予以配合。

业主大会或者业主委员会，对任意弃置垃圾、排放污染物或者噪声、违反规定饲养动物、违章搭建、侵占通道、拒付物业费等损害他人合法权益的行为，有权依照法律、法规以及管理规约，请求行为人停止侵害、排除妨碍、消除危险、恢复原状、赔偿损失。

业主或者其他行为人拒不履行相关义务的，有关当事人可以向有关行政主管部门报告或者投诉，有关行政主管部门应当依法处理。

释解分析

本条规定的是遵守法律、法规以及管理规约是居住于建筑区划内的业主应当履行的最基本的义务。这里的“管理规约”，是指由全体业主依法定程序制定的对全体业主具有约束力的书面自治规则，该规则主要规范了业主在行使建筑物专有部分所有权时的权利义务关系，对专有部分之外的共有部分进行共同管理、使用、维护时的权利、义务和责任，以及其他涉及业主共同利益的事项。业主的相关行为应当符合节约资源、保护生态环境的要求。对于物业服务企业或者其他管理人执行政府依法实施的应急处置措施和其他管理措施，业主应当依法予以配合。

建筑区划内的个别业主，不遵守法律、法规以及管理规约的规定，任意弃置垃圾、排放污染物或者噪声、违反规定饲养动物、违章搭建、侵占通道、拒付物业费，损害了部分业主甚至是全体业主的合法权益的，对这些行为应予规制。

对于任意弃置垃圾、排放污染物或者噪声、违反规定饲养动物、违章搭建、侵占通道、拒付物业费等行为，业主大会或者业主委员会，有权依照法律、法规以及管理规约，请求行为人停止侵害、排除妨碍、消除危险、恢复原状、赔偿损失。同时，上述行为也对公共利益造成一定侵害，因此，业主或者其他行为人拒不履行相关义务的，有关当事人可以向有关行政主管部门报告或者投诉，有关行政主管部门应当依法处理。

法条分析

（1）本条第 1 款中的“物业服务企业或者其他管理人”应如何理解？对建设单位聘请的物业服务企业或者其他管理人，业主是否有权更换？

（2）本条第 2 款中的“损害他人合法权益的行为”有哪些？

答案：（1）物业服务企业是指符合法律规定，依法即物业服务合同向业主提供物业服务的营利法人。其他管理人是指物业服务企业以外的从事物业服务管理的自然人。对建设单位聘请的物业服务企业或者其他管理人，业主有权依法更换。

（2）损害他人合法权益的行为有：损害房屋承重结构，损害或者违章使用电力、燃气、消防设施，在建筑物内放置危险、放射性物品等危及建筑物安全或者妨碍建筑物正常使用；违反规定破坏、改变建筑物外墙面的形状、颜色等损害建筑物外观；违反规定进行房屋装饰装修；违章加建、改建，侵占、挖掘公共通道、道路、场地或者其他共有部分。

试题范例

1.（多项选择题）业主的下列行为中，有关当事人可以向有关行政主管机关报告或者投诉的有（ ）。

A. 业主甲违章搭建塑料棚经营冷饮　　B. 业主乙拒付物业费

C. 业主丙拒绝交纳维修基金　　D. 业主丁肆意排放污染物

2.（多项选择题）业主大会或者业主委员会，对任意弃置垃圾、排放污染物或者噪声、违反规定饲养动物、违章搭建、侵占通道、拒付物业费等损害他人合法权益的行为，有权依照法律、法规以及管理规约，请求行为人（ ）。

A. 停止侵害　　B. 消除危险

C. 恢复原状　　D. 赔偿损失

答案：1. ABD　2. ABCD

核心法条

《民法典》第 288 条　不动产的相邻权利人应当按照有利生产、方便生活、团结互助、公平合理的原则，正确处理相邻关系。

释解分析

相邻关系的处理原则有：(1) 有利生产、方便生活。(2) 团结互助、公平合理。

法条分析

(1) 本条中的“相邻关系”应如何理解？其有哪些特征？

(2) 处理相邻关系应当坚持的原则有哪些？

(3) 处理相邻关系的依据是什么？

答案：(1) 相邻关系是指相互毗邻的不动产的所有人或使用人因对不动产行使所有权或使用权而发生的权利义务关系。相邻关系具有如下特征：①相邻关系总是发生在两个以上权利主体之间。②相邻关系的内容是相邻人间的权利、义务。③相邻关系是在不动产毗邻或相近的特定条件下因对财产的使用而发生的。

(2) 相邻关系的处理原则有：①有利生产、方便生活。②团结互助、公平合理。

(3) 处理相邻关系的依据是：法律、法规对处理相邻关系有规定的，依照其规定；法律、法规没有规定的，可以按照当地习惯。

试题范例

(多项选择题) 下列有关相邻关系的说法中，正确的是（ ）。

A. 有利生产、方便生活、团结互助、公平合理是处理相邻关系的原则

B. 因相邻关系而产生的相邻权是用益物权

C. 相邻关系只能发生在相互毗邻的不动产所有人之间

D. 相邻关系的性质是所有权的限制或者延伸

答案：AD

核心法条

《民法典》第 297 条　不动产或者动产可以由两个以上组织、个人共有。共有包括按份共有和共同共有。

释解分析

本条规定的是共有及其类型。共有是指两个以上的权利主体对同一项财产都享有所有权。各共有人因为财产共有而形成的权利义务关系，称为共有关系。共有具有如下特征：(1) 共有关系的主体为两个以上。(2) 共有关系的客体为同一项财产。(3) 共有关系的内容包括双重权利、义务关系。(4) 共有关系的形成基于民事主体共同的生产经营目的或者生活需要。

共有关系可分为按份共有和共同共有。无论哪种共有都发生对内、对外双重权利、义务。在共有关系内部，各个共有人作为相对独立的权利主体，都是共有财产的所有人。共有人或是对共有财产共同享有权利、承担义务，或是按照各自的份额，对共有财产分享权利、分担义务。共有人在共有关系外部，可以作为单一的权利主体，同共有关系以外的任何组织或者个人发生财产所有关系和财产流转关系。

法条分析

(1) 本条中的“按份共有”和“共同共有”应如何理解？

(2) 对共有类型没有约定或者约定不明，应如何认定共有关系？

(3) 如何行使共有物的管理权？

答案：(1) 按份共有人对共有的不动产或者动产按照其份额享有所有权。共同共有人对共有的不动产或者动产共同享有所有权。

(2) 共有人对共有的不动产或者动产没有约定为按份共有或者共同共有，或者约定不明确的，除共有人具有家庭关系等外，视为按份共有。

(3) 共有人按照约定管理共有的不动产或者动产；没有约定或者约定不明确的，各共有人都有管理的权利和义务。

试题范例

(多项选择题) 关于共有，下列表述中正确的是（　　）。

A. 共有关系的共有人应对共有财产共同享有权利、承担义务

B. 共有关系的共有人应按照各自的份额，对共有财产分享权利、分担义务

C. 共有发生对内、对外双重权利、义务

D. 共有人对共有的不动产或者动产没有约定为按份共有或者共同共有，或者约定不明确的，视为共同共有

答案：C

核心法条

《民法典》第 298 条　按份共有人对共有的不动产或者动产按照其份额享有所有权。

释解分析

本条规定的是按份共有。按份共有是指两个以上的共有人，对同一项财产按照确定的各自份额，对共有财产分享权利、分担义务的一种共有关系。按份共有可因当事人的意思而产生，也可因法律规定而产生。按份共有的基本特征是：共有人在共有关系中应当享有的权利和承担的义务，是以其在共有财产中一定份额为依据的。不过，份额是对共有物的所有权在观念上的划分，只是确定各共有人行使权利的比例或者范围。按份共有人的份额是抽象的存在，并不指向共有物中任何具体的或实体的部分。它既不是对共有物在量上的划分，也不是就共有物划分使用部分。正因为如此，按份共有人的权利依然是针对共有物的全部而非某一特定部分。

按份共有不是分割共有财产、各自独立享有财产所有权，而是每个共有人按照预先确定的比例、数量、标准对于共有财产分享权利、分担义务。

法条分析

（1）按份共有产生的原因有哪些？

（2）如何确定本条中的“份额”？

（3）按份共有人如何行使对共有物的管理权？

（4）按份共有人如何负担共有物的管理费用？

（5）按份共有人就共有物的处分无法达成一致的，应如何处分共有物？

答案：（1）按份共有可因当事人的意思而产生，也可因法律规定而产生。

（2）按份共有人对共有的不动产或者动产享有的份额，应当按照约定确定；没有约定或者约定不明确的，按照出资额确定；不能确定出资额的，视为等额享有。

（3）按份共有人按照约定管理共有的不动产或者动产；没有约定或者约定不明确的，各共有人都有管理的权利。

（4）按份共有人对共有物的管理费用以及其他负担，有约定的，按照其约定；没有约定或者约定不明确的，按照其份额负担。

（5）处分共有的不动产或者动产，应当经占份额2/3以上的按份共有人同意，否则不得处分共有物。

试题范例

1.（单项选择题）下列共有关系中，应当认定为按份共有的是（　　）。

A. 合伙企业经营积累的财产　　B. 夫妻共同财产

C. 家庭共同财产　　D. 男女同居期间形成的财产

2.（多项选择题）在按份共有关系存续期间，如果共有人没有约定，共有人实施的下列行为应当经占份额2/3以上的共有人同意方能实行的是（　　）。

A. 某共有关系的共有人甲将共有物予以抛弃

B. 某共有关系的共有人乙对共有的房屋设定抵押

C. 某共有关系的共有人丙将共有的房屋出售

D. 某共有关系的共有人丁将共有的古画装上塑料薄膜以防止损坏

答案： 1. A　2. ABC

核心法条

《民法典》第 299 条　共同共有人对共有的不动产或者动产共同享有所有权。

释解分析

本条规定的是共同共有。共同共有是指两个以上的所有人根据共同关系对共有财产不分份额地共同享有权利并承担义务的共有关系。共同共有主要包括夫妻财产共有、家庭财产共有和遗产分割前的共有三种类型。共同共有具有如下特征：(1) 各个共有人对共有财产共同地、平等地享有所有权，没有份额的区分。各自的份额只有在分割时才能确定。(2) 各个共有人对共有财产享有平等的权利，承担平等的义务，没有权利大小或者义务多少的区分。(3) 财产共同共有关系随着共有人的共同关系的存在而产生，并随着共同关系的解除而消灭。

法条分析

(1) 共同共有产生的原因有哪些？

(2) 共同共有人可以分割共有物的法定事由是什么？

(3) 本条规定的共同共有的类型有哪些？

(4) 共同共有人如何行使共有物的管理权？

(5) 共同共有人处分共有物应遵循何种规则？

(6) 共同共有人如何负担管理费用？

答案：(1) 共同共有可依据法律规定而产生，也可依据当事人的约定而产生。

(2) 共同共有人在共有的基础丧失或者有重大理由需要分割时可以请求分割。

(3) 类型有：夫妻财产共有；家庭财产共有；遗产分割前的共有。

(4) 共同共有人按照约定管理共有的不动产或者动产；没有约定或者约定不明确的，各共有人都有管理的权利和义务。

(5) 处分共有的不动产或者动产，应当经全体共同共有人同意，但是共有人之间另有约定的除外。

(6) 共同共有人对共有物的管理费用以及其他负担，有约定的，按照其约定；没有约定或者约定不明确的，共同负担。

试题范例

(多项选择题) 下列共有关系中，应当认定为共同共有的是（　　）。

A. 合伙企业经营积累的财产　　B. 夫妻共同财产

C. 家庭共同财产　　D. 遗产分割前的共有财产

答案：BCD

核心法条

《民法典》第 303 条　共有人约定不得分割共有的不动产或者动产，以维持共有关系的，应当按照约定，但是共有人有重大理由需要分割的，可以请求分割；没有约定或者约定不明确的，按份共有人可以随时请求分割，共同共有人在共有的基础丧失或者有重大理由需要分割时可以请求分割。因分割造成其他共有人损害的，应当给予赔偿。

释解分析

本条规定的是共有财产的分割。“分割”是指按份共有人退出共有关系，并将其财产份额从共有财产中分离出去。分割共有财产的基本规则有三：(1) 按照共有人的约定分割共有财产。无论是按份共有，还是共同共有，共有人对共有财产的分割有约定的依其约定。共有人约定不得分割共有的不动产或者动产，以维持共有关系的，应当按照约定，但共有人有重大理由需要分割的，可以请求分割。(2) 按份共有人可以随时请求分割。当按份共有人没有约定不得分割共有财产或者约定不明确时，按份共有人有权随时请求分割共有财产。如果因分割共有财产而对其他共有人造成损害的，则请求分割共有人应当对此承担赔偿责任。(3) 共同共有人在共有的基础丧失或者有重大理由需要分割时可以请求分割。共同共有是基于一定的法律关系和共同生活关系等基础关系而产生的，共有财产也是以维持这种基础关系的存在为目的的。因此，如果基础关系存在，共同共有人随时请求分割共有财产，必然会破坏基础关系，故只有在共有的基础丧失或者有重大理由需要分割时才可以请求分割。当然，因分割造成其他共有人损害的，应当给予赔偿。

法条分析

(1) 本条中的“重大理由”应如何理解？

(2) 本条中的“共有的基础丧失”应如何理解？

(3) 如何确定共有物的分割方式？

答案：(1)“重大理由”主要是指那些对于请求分割共有财产的共有人而言具有重要的法律上和生活上的利益的理由。

(2) 共有的基础丧失是指共同共有的基础法律关系或共同生活关系消灭。

(3) 共有人可以协商确定分割方式。达不成协议，共有的不动产或者动产可以分割且不会因分割减损价值的，应当对实物予以分割；难以分割或者因分割会减损价值的，应当对折价或者拍卖、变卖取得的价款予以分割。

试题范例

(单项选择题) 甲与乙各出资10万元购买了一件古玩，双方约定5年之内不能分割该古玩，以便等待古玩升值。3年后，乙提出的下列分割古玩的请求能够得到支持的是（　　）。

A. 乙的父亲购置新房的房款不足　　B. 乙的妻子需要装修房屋但钱款不够

C. 乙的儿子因患重病急需钱治病　　D. 乙想将古玩分割以清偿欠款

答案：C

核心法条

《民法典》第305条　按份共有人可以转让其享有的共有的不动产或者动产份额。其他共有人在同等条件下享有优先购买的权利。

释解分析

本条规定的是按份共有人的份额处分权和其他共有人的优先购买权。按份共有人有权请求将自己的份额（应有部分）转让。按份共有人转让其份额，且共有物为动产的，必须交付其份额，使受让人与其他共有人共同占有该动产。按份共有人转让其份额，其共有物为不动产的，应当办理登记，否则，不发生份额转让的效力。按份共有人也可以以其在共有财产中享有的份额设定抵押。

按份共有人在转让其份额时，其他共有人在同等条件下，有优先购买的权利。优先购买权仅仅适用于按份共有人向共有人之外的人转让其份额的场合。因此，按份共有人向共有人之外的人转让其份额，其他按份共有人请求按照同等条件购买该共有份额的，应予支持。按份共有人之间转让其共有份额，其他按份共有人主张根据本条规定优先购买的，不予支持，但按份共有人之间另有约定的除外。按份共有人的优先购买权还有其他方面的限制，例如，共有份额的权利主体因继承、遗赠等原因发生变化时，其他按份共有人主张优先购买的，不予支持，但按份共有人之间另有约定的除外。

某一按份共有人出售其财产份额时，有及时告知其他共有人的义务以及尊重其他共有人的优先购买权、尽力提供方便的义务。此外，其他按份共有人的请求具有下列情形之一的，不予支持：（1）未在规定的期间内主张优先购买，或者虽主张优先购买，但提出减少转让价款、增加转让人负担等实质性变更要求；（2）以其优先购买权受到侵害为由，仅请求撤销共有份额转让合同或者认定该合同无效。

法条分析

（1）如何理解本条中的“转让”？

（2）如何理解优先购买权的转让份额的限制条件？

（3）何为同等条件？如何确定本条中的“同等条件”？

（4）按份共有人在转让其份额时应当履行什么义务？

（5）按份共有人转让其共有份额，其他按份共有人不得主张优先购买权的情形有哪些？

（6）两个以上其他共有人主张行使优先购买权的，应如何处理？

答案：（1）“转让”是指共有人依法将自己在共有财产中的份额出让给其他共有人以外的第三人的行为。

（2）限制条件有：①优先购买权限于应有份额的有偿转让；②优先购买权限于应有份额的对外转让；③优先购买权限于同等条件下转让。

（3）“同等条件”是指其他共有人就购买该份额所给出的价格等条件与欲购买该份额的非共有人相同。“同等条件”应当综合共有份额的转让价格、价款履行方式及期限等因素确定。

(4) 按份共有人负有通知其他共有人的义务。

(5) 不得主张优先购买权的情形有：①未在规定的期间内主张优先购买，或者虽主张优先购买，但提出减少转让价款、增加转让人负担等实质性变更要求；②以其优先购买权受到侵害为由，仅请求撤销共有份额转让合同或者认定该合同无效。

(6) 两个以上其他共有人主张行使优先购买权的，协商确定各自的购买比例；协商不成的，按照转让时各自的共有份额比例行使优先购买权。

试题范例

(单项选择题) 甲、乙、丙将共同拥有的房屋出租给丁，甲欲将其共有份额出卖，则(　　)。

A. 乙享有优先购买权

B. 丙不享有优先购买权

C. 丁享有优先购买权

D. 乙、丙、丁都享有优先购买权

答案：A

核心法条

《民法典》第311条　无处分权人将不动产或者动产转让给受让人的，所有权人有权追回；除法律另有规定外，符合下列情形的，受让人取得该不动产或者动产的所有权：

(一) 受让人受让该不动产或者动产时是善意；

(二) 以合理的价格转让；

(三) 转让的不动产或者动产依照法律规定应当登记的已经登记，不需要登记的已经交付给受让人。

受让人依据前款规定取得不动产或者动产的所有权的，原所有权人有权向无处分权人请求损害赔偿。

当事人善意取得其他物权的，参照适用前两款规定。

释解分析

本条规定的是善意取得。善意取得是指无处分权人在将其占有的他人动产或者错误登记在其名下的他人不动产让与第三人或者为第三人设定他物权时，如果第三人在取得该动产或者不动产的物权时系出于善意且符合其他条件，即取得该动产或者不动产的所有权或者他物权的制度。善意取得具有强化占有公信力、保护交易安全的功能。

动产所有权善意取得的适用条件有：(1) 标的物须为占有委托物且为非禁止流通物。首先，标的物须为占有委托物而非占有脱离物。所谓占有委托物，是指基于租赁、保管、借用等合同关系，由承租人、保管人、借用人等实际占有的属于出租人、委托人、出借人等所有的动产。出租人、委托人、出借人等丧失对这些动产的占有，是基于自己的意思。而占有脱离物则是非基于真正权利人的意思而被他人占有的，包括赃物（盗窃物及其他赃物）、遗失物、遗忘物等。占有委托物才能适用善意取得，而占有脱离物一般不适用善意取得。其次，标的物须为非禁止流通物。禁止流通物如毒品、管制刀具、属于《野生动物保护法》《渔业法》等保护的珍贵野生动物等，都不适用善意取得。(2) 让与人系无处分权人。只有无处分权人擅自将动产转让给他人，才发生善意取得的问题。(3) 受让人取得动产时出于善意。受让人受让动产时，不知道转让人无处分权，且无重大过失的，应当认定受让人为善意。受让人受让动产时，交易的对象、场所或者时机等不符合交易习惯的，应当认定受让人具有重大过失。善意判断的时间点为“受让人取得该动产时”，即受让人依法完成动产交付之时。(4) 受让人以合理的价格受让。以合理的价格受让，意味着受让人必须是有偿获得该动产的所有权，因此只有在转让人与受让人之间通过有偿合同，如买卖合同、互易合同等转让所有权时才能适用善意取得。无偿获得动产的，不得适用善意取得。是否为“合理的价格”应当根据转让标的物的性质、数量以及付款方式等具体情况，参考转让时交易地市场价格以及交易习惯等因素综合认定。至于价款是否实际交付，对善意取得不构成影响。(5) 已经完成交付。已经完成交付就是指受让人依法进行了动产物权的公示。由于交付原则上是动产物权的生效要件，也是动产物权变动的公示方法，即便是船舶、机动车、民用航空器等特殊动产，也应当以交付作为善意取得的构成要件，即：转让人将船舶、航空器和机动车等交付给受让人的，应当认定符合善意取得的条件。此外，这里的“交付”不包括占有改定，因为只有当受让人从出让人手中取得了对动产的占有，才能给受让人造成出让人可以像有处分权之人一样事实上支配动产的外在表象，因而才能发生善意取得制度的适用，但为占有改定时，由于表现为受让人取得间接占有，让与人仍然继续占有着动产，是否使受让人善意取得动产所有权，则存在疑问。具体而言，善意取得制度涉及真正权利人（原权利人）和权利取得人（受让人）间的利益衡量，受让人既然是以占有改定受让占有，让与人仍继续占有标的物，此与真正权利人系信赖让与人而使之占有动产完全相同，很难说受让人的利益有较原所有权人的利益更应当受到保护的理由，更何况真正权利如所有权的保护，乃民法甚至宪法的优先价值秩序，所以，占有改定不发生善意取得。

不动产所有权善意取得的适用条件有：(1) 让与人系无处分权人但具有权利外观。(2) 受让人受让该不动产是善意的。受让人受让不动产时，不知道转让人无处分权，且无重大过失的，应当认定受让人为善意。如果不动产受让人知道转让人对不动产无处分权，则不能主张善意取得。下列五种情形均为不动产受让人知道转让人无处分权：①登记簿上存在有效的异议登记；②预告登记有效期内，未经预告登记的权利人同意；③登记簿上已经记载司法机关或者行政机关依法裁定、决定查封或者以其他形式限制不动产权利的有关事项；④受让人知道登记簿上记载的权利主体错误；⑤受让人知道他人已经依法享有不动产物权。真实权利人有证据证明不动产受让人应当知道转让人无处分权的，应当认定受让人具有重大过失。此外，善意判断的时间点为“受让人取得该不动产时”，即受让人依法完成不动产物权转移登记之时。(3) 受让人以合理的价格受让。是否为“合理的价格”应当根据转让标的物的性质、数量以及付款方式等具体情况，参考转让时交易地市场价格以及交易习惯等因素综合认定。(4) 已经办理了登记。

具有下列情形之一的，受让人无权根据善意取得的规定取得所有权：(1) 转让合同被认为无效；(2) 转让合同因受让人存在欺诈、胁迫或者显失公平等法定事由被撤销。

善意取得的法律效果有：(1) 受让人取得转让不动产或者动产的物权，原所有权人丧失所有权。(2) 受让人依照规定取得不动产或者动产的物权的，原所有权人有权向无处分权人请求赔偿损失。虽然真实权利人因善意取得而丧失了权利，但他们针对无处分权人享有债法上的请求权。(3) 善意受让人取得动产后，该动产上的原有权利消灭。但是，善意受让人在受让时知道或者应当知道该权利的除外。

善意取得的对象既包括所有权，也包括他物权，如抵押权、质权等，根据本条第 3 款规定，当事人善意取得其他物权的，参照适用前两款规定。

法条分析

（1）本条规定的是何种法律制度？其含义是什么？

（2）本条规定的“善意”应如何认定？

（3）受让人不构成善意的举证责任应当由谁承担？

（4）哪些情形应当认定不动产受让人知道转让人无处分权？

（5）本条第 1 款第 1 项中的“受让人受让该不动产或者动产时”应如何理解？

（6）当事人以简易交付和指示交付方式交付动产的，如何认定本条规定的动产交付时间？

（7）本条中的“合理的价格”应如何认定？

（8）根据本条规定，转让船舶、机动车和航空器所有权的，如何认定所有权转移时间？如何认定是否符合善意取得？

（9）受让人根据本条规定主张取得所有权的，人民法院不予支持的情形有哪些？

（10）一方未经另一方同意出售夫妻共同所有的房屋，第三人善意购买、支付合理对价并已办理不动产登记，买受人是否可以主张善意取得？

（11）夫妻一方擅自处分共同所有的房屋造成另一方损失，离婚时应如何处理？

（12）举例说明如何适用“善意受让人取得动产后，该动产上的原有权利消灭。但是，善意受让人在受让时知道或者应当知道该权利的除外”之规定。

答案：（1）本条规定的是善意取得（制度）。善意取得是指无处分权人将他人动产或者不动产让与第三人或者为第三人设定他物权时，如果第三人在取得该动产或者不动产的物权时系出于善意且符合其他条件，即取得该动产或者不动产的所有权或者他物权的制度。

（2）受让人受让不动产或者动产时，不知道转让人无处分权，且无重大过失的，应当认定受让人为善意。

（3）真实权利人主张受让人不构成善意的，应当承担举证证明责任。

（4）具有下列情形之一的，应当认定不动产受让人知道转让人无处分权：①登记簿上存在有效的异议登记；②预告登记有效期内，未经预告登记的权利人同意；③登记簿上已经记载司法机关或者行政机关依法裁定、决定查封或者以其他形式限制不动产权利的有关事项；④受让人知道登记簿上记载的权利主体错误；⑤受让人知道他人已经依法享有不动产物权。

（5）“受让人受让该不动产或者动产时”是指依法完成不动产物权转移登记或者动产交付之时。

（6）当事人以简易交付的方式交付动产的，转让动产民事法律行为生效时为动产交付之时；当事人以指示交付的方式交付动产的，转让人与受让人之间有关转让返还原物请求权的协议生效时为动产交付之时。

（7）合理的价格应当根据转让标的物的性质、数量以及付款方式等具体情况，参考转让时交易地市场价格以及交易习惯等因素综合认定。

(8) 转让船舶、机动车和航空器所有权的，船舶、机动车和航空器交付时所有权转移，船舶、机动车和航空器一经交付，符合善意取得构成要件的，受让人即取得所有权。

(9) 具有下列情形之一，受让人主张依据善意取得制度的规定取得所有权的，不予支持：①转让合同被认定无效；②转让合同被撤销。

(10) 一方未经另一方同意出售夫妻共同所有的房屋，第三人善意购买、支付合理对价并已办理不动产登记，第三人可基于善意取得制度取得房屋所有权，另一方不能主张追回该房屋。

(11) 夫妻一方擅自处分共同所有的房屋造成另一方损失，离婚时另一方有权请求赔偿损失。

(12) 例如，受让人在取得动产时并不知道动产上存在未登记的抵押权，则抵押权消灭；但是，如果该动产抵押权办理了登记，因抵押权办理登记可以对抗善意第三人，属于“受让人在受让时知道或者应当知道该权利”的情形，则动产转让时，抵押权不消灭。

试题范例

1. (单项选择题) 甲、乙外出游玩，向丙借相机一部，用毕甲将相机带回家。丁到甲家见此相机，执意要以 5 000 元买下，甲见此价高于市价，便隐瞒实情表示同意并将相机交付给丁。不久，丁因手头拮据又向乙以 4 000 元兜售该相机。乙见此相机眼熟，便向丁询问，丁如实相告，乙便买下相机。此时，相机的所有权属于（　　）。

A. 甲　　B. 乙　　C. 丙　　D. 丁

2. (单项选择题) 甲、乙系夫妻，二人婚后购得房屋一套，仅登记在甲的名义下。后甲将房屋以市价卖给丙，并办理了登记过户。对此，下列表述中正确的是（　　）。

A. 买卖合同有效，房屋所有权转移　　B. 买卖合同有效，房屋所有权不转移

C. 买卖合同无效，房屋所有权转移　　D. 买卖合同无效，房屋所有权不转移

3. (多项选择题) 下列选项中，刘某能够善意取得相应物权的是（　　）。

A. 甲将宠物狗交给乙保管，乙在保管期间将狗以市价卖给不知情的刘某

B. 甲将电脑租给乙，在租赁期间，乙将电脑质押给不知情的刘某

C. 甲将电视交给乙维修，乙修理好后以市价将其卖给不知情的刘某

D. 甲受托代为转交一辆自行车给乙，但甲将其赠给不知情的刘某

4. (多项选择题) 张某利用多年的积蓄在某大学附近盖了一栋三层楼房准备出租赚钱，建成之后，张某和其朋友王某一同去办理登记，因登记机构疏忽，将楼房所有权人登记为王某，张某没有发现。后来张某被调往外地，委托王某代为照看楼房。不久，王某利用该楼房从银行获得抵押贷款 50 万元用于炒股。因不能按时还款，银行申请拍卖该房屋。张某得知登记错误之事，遂坚决反对拍卖房屋。对此，下列表述中正确的是（　　）。

A. 银行无权申请拍卖房屋

B. 登记机构和王某应赔偿张某的损失

C. 张某发现登记错误后，可以申请异议登记

D. 张某发现登记错误后，可以申请更正登记

答案： 1. B　2. A　3. ABC　4. BCD

核心法条

《民法典》第 312 条　所有权人或者其他权利人有权追回遗失物。该遗失物通过转让被他人占有的，权利人有权向无处分权人请求损害赔偿，或者自知道或者应当知道受让人之日起二年内向受让人请求返还原物；但是，受让人通过拍卖或者向具有经营资格的经营者购得该遗失物的，权利人请求返还原物时应当支付受让人所付的费用。权利人向受让人支付所付费用后，有权向无处分权人追偿。

释解分析

本条规定的是遗失物的善意取得及遗失物回复请求权。遗失物是指他人不慎丧失占有的动产。遗失物原则上不适用善意取得，所有权人或者其他权利人有权追回遗失物。当然，其也可以不追回遗失物，而是向无处分权人请求损害赔偿。对于遗失物的所有权人或者其他权利人请求返还原物，本条规定了两种例外的情形：(1) 遗失物通过转让被他人占有的，权利人自知道或者应当知道受让人之日起满 2 年未向受让人请求返还原物的，受让人有权拒绝返还遗失物，取得该物的所有权。(2) 遗失物的受让人是通过拍卖或者向具有经营资格的经营者购得该遗失物的。对于第二种情形，权利人请求返还原物的，应当支付受让人所付的费用。权利人支付该费用后，有权向无处分权人追偿。因此，遗失物已经转让给第三人，且符合善意取得的一般构成要件，所有权人在上述 2 年内未向受让人请求返还原物的，受让人例外善意取得遗失物所有权。不过，受让人取得遗失物的所有权不同于典型的善意取得，因为遗失物的善意取得不仅要满足《民法典》第 311 条规定的善意取得的适用条件，而且还要满足《民法典》第 312 条规定的条件。

法条分析

(1) 何为“遗失物”？如何认定遗失物的所有权？

(2)“所有权人或者其他权利人有权追回遗失物”体现了物权的何种效力？

(3) 遗失物转让给第三人的，所有权人如何进行权利救济？

(4) 遗失物适用善意取得的条件有哪些？

(5) 本条中的“二年”属于何种性质的期间？

答案：(1) 遗失物是他人不慎丧失占有的动产。遗失物的所有权属于失主。

(2) 体现了物权的追及效力。

(3) 遗失物转让给第三人的，遗失物所有权人有选择权：①向无处分权人请求损害赔偿；②在知道或者应当知道受让人之日起 2 年内向受让人请求返还原物。

(4) 遗失物适用善意取得的条件有：遗失物已经转让给第三人，且符合善意取得的一般构成要件，所有权人自知道或者应当知道受让人之日起 2 年内未向受让人请求返还原物的，受让人例外善意取得遗失物所有权。

(5) 除斥期间。

试题范例

(多项选择题) 甲遗失了一条金项链，该项链被乙拾得，乙将该项链卖给了丙。则下列说法中正确的是（　　）。

A. 甲在项链遗失后 2 年内有权向丙索要该项链

B. 甲可以要求乙赔偿损失

C. 如果丙将该项链返还给甲，甲应当向丙支付丙购买该项链时所付的费用

D. 如果甲要求乙赔偿损失，则甲丧失该项链的物权回复请求权

答案： BD

十一、用益物权

核心法条

《民法典》第 331 条　土地承包经营权人依法对其承包经营的耕地、林地、草地等享有占有、使用和收益的权利，有权从事种植业、林业、畜牧业等农业生产。

释解分析

本条规定的是土地承包经营权的定义。土地承包经营权是指自然人或社会组织依据承包合同对于农民集体所有或者国家所有由农民集体使用的土地享有的占有、使用和收益的权利。土地承包经营权具有如下特征：（1）土地承包经营权是由土地所有权派生的一种以使用、收益为内容的物权，属于他物权中的用益物权范畴。（2）土地承包经营权的主体是承包人，包括自然人和社会组织。（3）土地承包经营权的客体是农村土地。农村土地是指农民集体所有和国家所有依法由农民集体使用的耕地、林地、草地，以及其他依法用于农业的土地。权利人必须将以上土地用于从事种植业、林业、畜牧业等农业生产。（4）土地承包经营权是由发包人与承包人通过签订承包合同的方式设定的。（5）土地承包经营权是一种有期限的物权。

法条分析

（1）本条规定的土地承包经营权的设立应如何理解？土地承包经营权未经登记设立的，是否可以对抗善意第三人？

（2）本条规定的土地承包经营权的流转方式有哪些？如何理解流转方式的公示？

（3）如何确定土地承包期？

（4）发包方将农村土地发包给本集体经济组织以外的单位或者个人承包，应如何履行决议和批准程序？

答案：（1）土地承包经营权自土地承包经营权合同生效时设立。土地承包经营权未经登记设立的，也可以对抗善意第三人。

（2）土地承包经营权人依照法律规定，有权将土地承包经营权互换、转让。土地承包经营权互换、转让的，当事人可以向登记机构申请登记；未经登记，不得对抗善意第三人。

（3）耕地的承包期为 30 年。草地的承包期为 30 年至 50 年。林地的承包期为 30 年至 70 年。

(4) 发包方将农村土地发包给本集体经济组织以外的单位或者个人承包，应当事先经本集体经济组织成员的村民会议 2/3 以上成员或者 2/3 以上村民代表的同意，并报乡（镇）人民政府批准。

试题范例

（单项选择题）下列关于土地承包经营权的说法中，正确的有（　　）。

A. 设立土地承包经营权的主体仅限于农村集体经济组织的成员

B. 土地承包经营权的流转采取登记对抗主义

C. 承包人对土地经营权不得设定抵押

D. “四荒地”承包权的设立应当采取合同方式，而不是招标、拍卖等方式

答案：B

核心法条

《民法典》第 335 条　土地承包经营权互换、转让的，当事人可以向登记机构申请登记；未经登记，不得对抗善意第三人。

释解分析

本条规定的是土地承包经营权互换、转让的登记。土地承包经营权互换、转让的，当事人可以向登记机构申请登记。但登记并不是土地承包经营权的生效要件，而是对抗要件，因此，未经登记，不得对抗善意第三人。也就是说，不登记将产生不利于土地承包经营权受让人的法律后果。

法条分析

请分析：

（1）本条中的“土地承包经营权”的含义是什么？

（2）如何理解本条中的“互换”？

（3）如何理解本条中的“转让”？

（4）如何理解本条中的“善意第三人”？

答案：（1）土地承包经营权是指自然人或社会组织依据承包合同对于农民集体所有或者国家所有由农民集体使用的土地享有的占有、使用和收益的权利。

（2）“互换”是指承包方之间为方便耕种或者各自需要，将属于同一集体经济组织的土地的土地承包经营权互相交换。

（3）“转让”是指经发包方同意，承包方将全部或者部分的土地承包经营权转让给本集体经济组织的其他农户，由该农户同发包方确立新的承包关系，原承包方与发包方在该土地上的承包关系即行终止。

（4）“善意第三人”即土地承包经营权互换和转让的善意受让人。

试题范例

（多项选择题）村民甲承包了一块农民集体所有的耕地，订立了土地承包经营权合同，

未办理确权登记。甲因常年在外，便与同村村民乙订立了土地承包经营权转让合同，将地交给乙耕种，也未办理变更登记。关于该块农用地上的土地承包经营权，下列表述中正确的是（　　）。

A. 甲的土地承包经营权未经登记不得转让

B. 甲的土地承包经营权自土地承包经营权合同生效时设立

C. 甲将土地承包经营权转让给乙，该土地承包经营权自办理登记时生效

D. 转让土地承包经营权未办理登记，不能对抗善意第三人

答案：BD

核心法条

《民法典》第 340 条　土地经营权人有权在合同约定的期限内占有农村土地，自主开展农业生产经营并取得收益。

释解分析

本条规定的是土地经营权的定义。农村集体经济组织成员承包土地后，享有土地承包经营权，可以自己经营，也可以保留土地承包权，流转其承包地的土地经营权，由他人经营。土地由他人经营的，土地经营权人有权在合同约定的期限内占有农村土地，自主开展农业生产经营并取得收益。国家保护承包方依法、自愿、有偿流转土地经营权，保护土地经营权人的合法权益，任何组织和个人不得侵犯。

法条分析

（1）本条中的“土地经营权”的含义是什么？

（2）土地经营权的主体应如何理解？

（3）土地经营权的设立和登记应如何理解？

（4）土地经营权的流转方式有哪些？

答案：（1）土地经营权是指土地经营权人在合同约定的期限内占有农村土地，自主开展农业生产经营并取得收益的权利。

（2）土地经营权的主体是具备农业经营能力的农业集体经济组织成员和非本集体经济组织的成员；既可以是自然人，也可以是法人或者非法人组织。

（3）流转期限为 5 年以上的土地经营权，自流转合同生效时设立。当事人可以向登记机构申请土地经营权登记；未经登记，不得对抗善意第三人。

（4）土地承包经营权人可以自主决定依法采取出租、入股或者其他方式向他人流转土地经营权；通过招标、拍卖、公开协商等方式承包农村土地，经依法登记取得权属证书的，可以依法采取出租、入股、抵押或者其他方式流转土地经营权。

试题范例

（多项选择题）根据民法典的规定，下列土地承包权、经营权设立和流转方式中，须经登记才能产生对抗第三人效力的是（　　）。

A. 将土地经营权折价入股
B. 土地承包经营权的互换
C. 土地承包经营权的转让
D. 流转期限为 5 年以上的土地经营权的设立

答案：BCD

核心法条

《民法典》第 344 条　建设用地使用权人依法对国家所有的土地享有占有、使用和收益的权利，有权利用该土地建造建筑物、构筑物及其附属设施。

释解分析

本条规定的是建设用地使用权的定义。建设用地使用权是指自然人、社会组织对国家或者集体所有的土地依法享有的利用该土地建造及保有建筑物、构筑物及其附属设施的权利。建设用地使用权可以分为国有建设用地使用权与集体建设用地使用权。建设用地使用权具有如下特征：(1) 建设用地使用权属于用益物权。我国实行土地公有制，私人不得拥有土地的所有权，土地也不得买卖。民事主体要利用土地从事建设，在城市必须取得国有土地的使用权，即建设用地使用权。可见，建设用地使用权是在国家或者集体的土地所有权基础上产生的一种用益物权。(2) 建设用地使用权的主体为一切符合法定条件的自然人和社会组织。(3) 建设用地使用权的内容为在土地上建造和保有建筑物、构筑物及其附属设施，以及对建设用地使用权的处分，但不包括对土地本身的处分。(4) 建设用地使用权的客体包括国有土地和集体所有的土地，其范围包括土地表面及其上下的一定空间。(5) 建设用地使用权具有排他性，在同一块土地上不允许有两个以上内容相同的建设用地使用权存在。

法条分析

(1) 建设用地使用权的设立方式应如何理解？
(2) 建设用地使用权的公示方式应如何理解？
(3) 建设用地使用权的流转方式有哪些？
(4) 建设用地使用权抵押后，抵押权对新增建筑物的效力如何认定？

答案：(1) 设立建设用地使用权，可以采取出让或者划拨等方式。工业、商业、旅游、娱乐和商品住宅等经营性用地以及同一土地有两个以上意向用地者的，应当采取招标、拍卖等公开竞价的方式出让。

(2) 设立建设用地使用权的，应当向登记机构申请建设用地使用权登记。建设用地使用权自登记时设立。

(3) 建设用地使用权人有权将建设用地使用权转让、互换、出资、赠与或者抵押，但是法律另有规定的除外。

(4) 建设用地使用权抵押后，该土地上新增的建筑物不属于抵押财产。该建设用地使用权实现抵押权时，应当将该土地上新增的建筑物与建设用地使用权一并处分。但是，新增建筑物所得的价款，抵押权人无权优先受偿。

试题范例

（单项选择题）下列有关建设用地使用权的说法中，正确的是（　　）。

A. 建设用地使用权属于他物权、担保物权

B. 住宅建设用地使用权期限届满的，使用权人应当办理续期手续

C. 建设用地使用权的设立采取登记对抗主义

D. 建设用地使用权可以设定抵押权

答案： D

核心法条

《民法典》第 362 条　宅基地使用权人依法对集体所有的土地享有占有和使用的权利，有权依法利用该土地建造住宅及其附属设施。

释解分析

本条规定的是宅基地使用权的定义。宅基地使用权是我国特有的一种用益物权制度。宅基地使用权具有如下特征：（1）宅基地使用权的主体限于农村集体经济组织成员。（2）宅基地使用权的内容限于建造、保有住宅及其附属设施。（3）宅基地使用权的客体限于集体所有的土地，换言之，宅基地的所有权归集体。（4）宅基地使用权在权利取得上是无偿的且没有期限限制，故该权利具有福利性质。

宅基地使用权的内容包括：（1）占有宅基地。（2）使用宅基地建造房屋和附属设施并因此取得房屋及其附属设施的所有权。（3）取得因行使宅基地使用权而获得的收益。

法条分析

（1）何为“宅基地”？

（2）重新分配宅基地的客观条件是什么？

（3）宅基地使用权变动和限制的情形有哪些？

答案：（1）宅基地是指农村集体经济组织成员经依法批准用以建造个人住宅的农民集体所有的土地。

（2）重新分配宅基地的客观条件是自然灾害导致宅基地的灭失。

（3）宅基地使用权不得抵押，不得单独转让，必须与合法建造的住房一并转让。但权利人出卖、出租、赠与住房后，再申请宅基地的，不予批准。

试题范例

（多项选择题）根据民法典的规定，下列土地承包权、经营权设立和流转方式中，须经登记才能产生对抗第三人效力的是（　　）。

A. 将土地经营权折价入股

B. 土地承包经营权的互换

C. 土地承包经营权的转让

D. 流转期限为 5 年以上的土地经营权的设立

答案：BCD

核心法条

《民法典》第 366 条　居住权人有权按照合同约定，对他人的住宅享有占有、使用的用益物权，以满足生活居住的需要。

释解分析

本条规定的是居住权的定义。居住权是居住权人有权按照合同约定，对他人的住宅进行占有和使用，以满足生活居住需要的用益物权。居住权具有如下特征：(1) 居住权是他物权、用益物权、人役权。居住权只能在他人所有的房屋上设定，因而居住权属于他物权。居住权以使用为目的，因而是一种用益物权。人役权系为特定人的利益而利用他人的动产或不动产的物权，其在类型上涵括用益权与居住权等。人役权在特性上具有专属性、无偿性、有期限性及不可让与性，其不能设定负担、不能作为抵押权的客体及不可继承。(2) 居住权的主体限定为特定的自然人。设立居住权的目的是使居住权人生有所靠，老有所养，因此其主体为特定的自然人，其主体范围具有限定性。(3) 居住权的客体为他人所有的建筑的全部或一部分，还包括其他附着物。故在自己的房屋上不能设立居住权。(4) 居住权是因居住而对房屋进行使用的权利，也就是为特定的自然人的生活用房的需要而设定的权利。居住权人只能把所取得的房屋用于生活需要，对房屋的使用只能限于为居住的目的，而不能挪作他用，比如用作商业房等。(5) 居住权具有时间性，期限一般具有长期性、终身性。这点也是居住权的一项重要特征。居住权的期限可由当事人在合同或遗嘱中确定或约定，如果没有对期限作出明确规定，则应推定居住权的期限为居住权人的终身。这是因为设立居住权的房屋是用来供没有房屋的人居住的，所以权利人对房屋的居住权如果没有约定，应当理解为与其生命共始终。(6) 居住权一般具有无偿性，居住权人无须向房屋的所有人支付对价，这也是由居住权的性质决定的。(7) 居住权具有不可转让性。

法条分析

(1) 居住权在性质上属于何种物权？

(2) 居住权的设立方式及公示方式应如何理解？

(3) 居住权消灭的事由有哪些？

答案：(1) 居住权属于用益物权。

(2) 设立居住权，当事人应当采用书面形式订立居住权合同；居住权也可以通过遗嘱方式设立。设立居住权的，应当向登记机构申请居住权登记，居住权自登记时设立。

(3) 居住权期限届满或者居住权人死亡的，居住权消灭。

试题范例

1. (单项选择题) 关于居住权，下列表述中不正确的是（　　）。

A. 居住权属于人役权　　　　B. 居住权自居住权合同生效时设立

C. 居住权不得转让、继承　　　　　　　　D. 居住权人死亡的，居住权消灭

2.（单项选择题）岳某是郑某的独生子，长期居住在国外，郑某居住在国内岳某名下的唯一住房内。2019 年 1 月，李某与岳某签订房屋买卖合同，约定李某购买岳某的该处房屋，李某依约支付了房款。5 月，李某取得房屋所有权证书。但郑某以对该房屋存在居住权益为由拒绝腾退房屋。李某诉至法院。对此，下列表述中正确的是（　　）。

A. 郑某对争讼房屋享有居住权

B. 李某善意取得房屋所有权

C. 李某有权请求郑某排除妨害并腾退房屋

D. 因没有通知郑某，岳某出售房屋的行为无效

答案：1. B　2. C

核心法条

《民法典》第 372 条　地役权人有权按照合同约定，利用他人的不动产，以提高自己的不动产的效益。

前款所称他人的不动产为供役地，自己的不动产为需役地。

释解分析

本条规定的是地役权的定义。地役权是指不动产的权利人，如所有权人或使用权人，为自己使用不动产的便利或提高自己不动产的效益而利用他人不动产的权利，如通行权、取水权、采光权、眺望权等。他人的不动产为供役地，自己的不动产为需役地。

地役权具有如下特征：（1）地役权的主体包括不动产的所有权人和使用权人。（2）地役权的内容是利用他人不动产，并对他人的权利加以限制。（3）地役权的客体是他人的不动产。（4）地役权的设立目的是为供自己使用不动产之便利或效益之提高。（5）地役权是否有偿及存续期限依当事人约定。（6）地役权具有从属性和不可分性。地役权具有从属性，地役权不得脱离需役地而存在，必须与需役地的所有权或使用权一同转移。地役权具有不可分性，地役权的不可分性是指地役权不因供役地或需役地的分割而有所变化。

法条分析

（1）何为"地役权"？

（2）如何理解地役权的从属性？

（3）地役权合同当事人主要有哪些义务？

答案：（1）地役权是指不动产的权利人，如所有权人或使用权人，为自己使用不动产的便利或提高自己不动产的效益而利用他人不动产的权利。

（2）地役权具有从属性，地役权不得脱离需役地而存在，必须与需役地的所有权或使用权一同转移。

（3）供役地权利人主要负有的义务是应当按照合同约定，不得妨害地役权人行使权利。地役权人承担的主要义务是，按照合同约定的利用目的和方法利用供役地，以及尽量减少对供役地权利人物权的限制。

试题范例

1.（单项选择题）下列有关地役权的表述中，正确的是（　　）。

A. 地役权在设立上采取登记对抗主义　　B. 地役权属于独立的主权利

C. 在地役权上不得设定抵押权　　D. 地役权具有永久存续性

2.（多项选择题）下列情形中，属于地役权法律关系的有（　　）。

A. 甲为了能在自己房中欣赏远处风景，便与相邻的乙约定：乙不在自己的土地上建造高层建筑，作为补偿，甲一次性支付给乙 4 万元

B. 自来水公司为了铺设自来水管线而占用集体组织的土地，并向该集体组织支付了 3 年土地占用费

C. 丙村为了取水浇地而在河流上游修建拦河坝，致使下游的丁村无法取水浇地

D. 戊为了修建厂房而向某市申请使用国有土地，并约定按期支付土地使用出让金

答案： 1. A　2. AB

核心法条

《民法典》第 374 条　地役权自地役权合同生效时设立。当事人要求登记的，可以向登记机构申请地役权登记；未经登记，不得对抗善意第三人。

释解分析

本条规定的是地役权的设立和登记。地役权作为用益物权，采取登记为对抗要件的模式，即地役权自地役权合同生效时设立，当事人可以办理登记，但未经登记，不得对抗善意第三人。这里的“对抗”，是于彼此利害相反时才发生的事项，处于这种关系中的人，只限于就主张地役权登记欠缺有正当利益的第三人，对于并无这种利益的第三人，没有登记也可以对抗。这里的“第三人”，是指除地役权设立、转让、消灭的当事人以外的人。当然，地役权未登记，也可以对抗下列第三人：(1) 以不公正手段妨碍地役权人获得登记的人，或负有协助登记义务而不履行的人，以及主张欠缺登记这一理由明显违背诚实信用的人，均属于未登记的地役权人能够对抗的人。(2) 虽然从外形上看好像拥有与主张拥有地役权的人不相容的权利，而实体上却没有任何真实权利的人，一般被称为实质上无权利之人。未登记的地役权人能够对抗他。(3) 侵权行为人，即侵害不动产的人，而且不具有交易当事人的身份，他也属于未登记的真实权利人能够对抗的人。

法条分析

(1) 本条中的“地役权”的含义是什么？

(2) 地役权何时设立？如何理解地役权合同与地役权登记之间的关系？

(3) 如何理解本条中的“善意第三人”？

(4) 不必通过合同方式设立地役权即可取得地役权的情形是什么？

答案： (1) 地役权是指不动产的权利人为自己使用不动产的便利或提高自己不动产的效益而利用他人不动产的权利。

（2）地役权自地役权合同生效时设立。地役权合同生效是地役权设立并生效的要件，而地役权登记是对抗要件，地役权未办理登记的，不影响地役权的成立，但不能对抗善意第三人。

（3）善意第三人指的是供役地的善意受让人。

（4）土地所有权人享有地役权或者负担地役权的，设立土地承包经营权、宅基地使用权等用益物权时，该用益物权人继续享有或者负担已经设立的地役权。

试题范例

（单项选择题）甲、乙签订通行地役权合同，甲允许乙在自己的土地上通行，乙为此一次性支付5万元费用。该地役权设立的生效时间是（　　）。

A. 通行地役权合同生效时　　B. 地役权登记时

C. 自然资源管理部门批准时　　D. 通行地役权合同公证时

答案：A

十二、担保物权

核心法条

《民法典》第386条　担保物权人在债务人不履行到期债务或者发生当事人约定的实现担保物权的情形，依法享有就担保财产优先受偿的权利，但是法律另有规定的除外。

释解分析

本条规定的是担保物权的定义。担保物权是指以担保债务清偿为目的，而在债务人或者第三人的特定物或者权利上设立的定限物权。担保物权具有如下特征：（1）优先受偿性。优先受偿性是指担保物权人可以就担保物的价值优先于债务人的普通债权人受偿。优先受偿性是担保物权的最主要的特征和效力。（2）从属性。从属性是指担保物权是为担保债权受偿而设定的，从属于所担保的债权。担保物权的从属性体现在：①担保物权的成立以债权存在为前提；②担保物权不得与所担保的债权分离而单独存在，既不得与债权分离而单独让与，也不得与债权分离而为其他债权的担保；③被担保的债权消灭，担保物权亦消灭。（3）不可分性。不可分性是指债权人在全部债权受清偿前，可就担保物的全部行使其权利。主要体现在：①债权人在全部债权受清偿前，得对于担保物整体主张权利；②担保物的部分变化或债权的部分变化均不影响担保物权的整体性，即使担保物被分割或转让，或者被担保的债权得到部分清偿或被转让，担保物权人仍可以对担保物的全部行使权利以担保全部债权的受偿。（4）物上代位性。物上代位性是指，当担保物毁损、灭失而受有赔偿金或者保险金等时，担保物权人得就该担保物的代替物即损害赔偿金或者保险金等行使权利。如果由于意外原因导致担保物灭失的，担保物权在担保人所受赔偿金、补偿金或者保险金上继续存在，该赔偿金、补偿金或者保险金成为担保物权标的物的代替物。由于担保物权人设立担保物权并不以占有和利用担保财产为目的，而是以支配担保财产的交换价值为目的，所以，即使担保财产本身已经毁损、灭失，只要该担保财产交换价值的代替物还存在，该担保物权的效力就移转到了该代替物上。

法条分析

（1）本条规定的担保物权的类型有哪些？

（2）本条中的“优先受偿”应如何理解？

（3）本条中的“法律另有规定的除外”应如何理解？

（4）担保物权的担保范围应如何认定？

答案：（1）担保物权包括抵押权、质权和留置权。

（2）优先受偿是指担保物权人可以就担保物的价值优先于债务人的普通债权人受偿。

（3）“法律另有规定的除外”是指法律特别规定了担保物权不具有优先受偿效力的，应当适用该规定，而不能适用本条关于担保物权具有优先受偿效力的规定。

（4）担保物权的担保范围包括主债权及其利息、违约金、损害赔偿金、保管担保财产和实现担保物权的费用。当事人另有约定的，按照其约定。

试题范例

（单项选择题）下列有关担保物权的表述中，正确的是（　　）。

A. 担保物权是以对特定财产的直接使用、收益为目的而成立的物权

B. 担保物权的设立必须采取担保合同的方式

C. 担保物权客体价值形态的变化会导致担保物权的消灭

D. 第三人提供担保财产的，担保合同的当事人为债权人和第三人

答案：D

核心法条

《民法典》第387条　债权人在借贷、买卖等民事活动中，为保障实现其债权，需要担保的，可以依照本法和其他法律的规定设立担保物权。

第三人为债务人向债权人提供担保的，可以要求债务人提供反担保。反担保适用本法和其他法律的规定。

释解分析

本条规定的是担保物权的适用范围和反担保。以担保的对象为标准，担保可以分为本担保和反担保。担保人为债务人提供的担保即为本担保。本担保的方式包括抵押、质押、留置、保证和定金。反担保是指债务人或者第三人为确保担保人承担担保责任后实现对债务人的追偿权而设定的担保。反担保人可以是债务人，也可以是债务人之外的其他人。反担保方式可以是债务人提供的抵押或者质押，也可以是其他人提供的保证、抵押或者质押。据此，反担保的方式则不包括留置和定金。反担保具有如下特征：（1）反担保以担保的存在为前提。担保不成立、无效或被撤销的，则反担保同样不成立、无效或被撤销。（2）反担保中的债权人是为债务人提供担保的第三人。反担保的当事人是反担保人和担保人。其中，反担保

人是义务方，可以是债务人或债务人以外的第三人；而担保人是权利方，只能是在担保中为债务人提供担保的第三人。(3) 反担保所保障的对象是担保人对债务人的追偿权。设定反担保的目的在于确保担保人在承担担保责任后，能够向债务人行使追偿权。因此，只能在担保人承担了担保责任后，担保人才能运用反担保确保自己对债务人的追偿权的实现。

法条分析

(1) 本条第1款中的“担保物权”应如何理解?

(2) 本条第2款中的“反担保”应如何理解?

(3) 提供反担保的主体和反担保的方式有哪些?

答案：(1) 担保物权是指以担保债务清偿为目的，而在债务人或者第三人的特定物或者权利上设立的定限物权。

(2) 反担保是指为了换取担保人提供保证、抵押或质押等担保方式，由债务人或第三人向该担保人新设担保，以确保该担保人承担了担保责任后易于实现其追偿权的担保。

(3) 反担保的主体即反担保人可以是债务人，也可以是债务人之外的第三人。反担保方式可以是债务人提供的抵押或者质押，也可以是其他人提供的保证、抵押或者质押。

试题范例

(单项选择题) 能够成为反担保的担保方式有(　　)。

A. 抵押　　B. 保证　　C. 留置　　D. 质押

答案：ABD

核心法条

《民法典》第388条　设立担保物权，应当依照本法和其他法律的规定订立担保合同。担保合同包括抵押合同、质押合同和其他具有担保功能的合同。担保合同是主债权债务合同的从合同。主债权债务合同无效的，担保合同无效，但是法律另有规定的除外。

担保合同被确认无效后，债务人、担保人、债权人有过错的，应当根据其过错各自承担相应的民事责任。

释解分析

本条规定的是担保合同。设立担保物权，应当依照《民法典》和其他法律的规定订立担保合同。担保合同包括抵押合同、质押合同和其他具有担保功能的合同。担保合同是主债权债务合同的从合同。主债权债务合同无效的，担保合同无效，但是法律另有规定的除外。这里的“法律另有规定的除外”，在《民法典》规定中主要指的是最高额抵押权，最高额抵押权就具有相对独立性。

关于担保合同无效的法律后果。首先，如果因主合同无效而导致担保合同无效，担保人无过错的，担保人不承担民事责任；担保人有过错的，担保人承担民事责任的部分，不应超过债务人不能清偿部分的1/3。其次，如果主合同有效而担保合同因自身原因归于无效，债务人、担保人、债权人有过错的，应当根据其过错各自承担相应的民事责任。

具言之，债权人无过错的，担保人与债务人对主合同债权人的经济损失，承担连带赔偿责任；债权人、担保人有过错的，担保人承担民事责任的部分，不应超过债务人不能清偿部分的1/2。

法条分析

（1）本条第1款中的“法律另有规定的除外”应如何理解？举例说明。

（2）机关法人、居民委员会、村民委员会提供担保的，应如何认定担保合同的效力？

（3）学校、幼儿园、医疗机构、养老机构等提供担保的，应如何认定担保合同的效力？

答案：（1）“法律另有规定的除外”是指法律特别规定了担保合同不因主债权债务合同的无效而归于无效的情形，应适用该特别规定，而不再按照本条款的规定处理。例如，最高额抵押权所担保的，是一定期间内连续发生的债权，最高额抵押权并不是从属于其中某个债权的担保物权，如果某个债权因产生它的法律行为无效而不复存在，最高额抵押权并不因此归于消灭。

（2）机关法人提供担保的，人民法院应当认定担保合同无效，但是经国务院批准为使用外国政府或者国际经济组织贷款进行转贷的除外。居民委员会、村民委员会提供担保的，人民法院应当认定担保合同无效，但是依法代行村集体经济组织职能的村民委员会，依照村民委员会组织法规定的讨论决定程序对外提供担保的除外。

（3）以公益为目的的非营利性学校、幼儿园、医疗机构、养老机构等提供担保的，担保合同无效，但是有下列情形之一的除外：在购入或者以融资租赁方式承租教育设施、医疗卫生设施、养老服务设施和其他公益设施时，出卖人、出租人为担保价款或者租金实现而在该公益设施上保留所有权；以教育设施、医疗卫生设施、养老服务设施和其他公益设施以外的不动产、动产或者财产权利设立担保物权。登记为营利法人的学校、幼儿园、医疗机构、养老机构等提供担保，当事人以其不具有担保资格为由主张担保合同无效的，不予支持。

试题范例

（多项选择题）根据我国民法典及相关法律的规定，下列关于担保合同的表述中，正确的是（　　）。

A. 担保合同是设立担保物权的合同

B. 担保合同是主债权债务合同的从合同

C. 因主合同无效而导致担保合同无效，担保人无过错的，担保人不承担民事责任

D. 设立最高额抵押权的担保合同具有从属性

答案：BC

核心法条

《民法典》第391条　第三人提供担保，未经其书面同意，债权人允许债务人转移全部或者部分债务的，担保人不再承担相应的担保责任。

释解分析

本条规定的是未经担保人同意转移债务的法律后果。正确理解本条规定，应当注意以下几点：(1) 本条规定只适用于第三人提供担保财产的情况，如果担保财产是由债务人自己提供的，除非债权人明确放弃担保物权或者债务的受让人明确表示愿意代为提供新的担保，否则债权人同意债务人转移债务的行为并不意味着债务人担保责任的免除。(2) 债权人允许债务人转移债务必须要经提供担保财产的第三人书面同意，如果不是书面形式，而是其他形式，视为不存在担保人的同意。(3) 本条规定的债务转移不但包括债务人将债务全部转移给他人，也包括将部分债务转移给他人。债权人许可债务人部分转移的，原债务人并不退出债务关系，只是其所应承担的债务额发生减少，新债务人与原债务人共同向债权人承担债务。部分转移债务的也必须经担保人同意，否则担保人对转移出去的部分债务不承担担保责任。(4) 未经担保人书面同意，债权人许可债务人转移全部债务的，可以免除担保人全部担保责任；债权人许可债务人转移部分债务的，可以免除担保人部分担保责任，担保人不得要求免除全部担保责任。

法条分析

(1) 适用本条规定的条件是什么？

(2) 债务人提供抵押物作为担保的，是否适用本条规定？

(3) 本条规定的“担保人”包括哪些提供担保的主体？

答案：(1) 本条规定的适用条件有：①第三人提供担保财产；②债权人允许债务人转移债务；③提供担保财产的第三人书面同意。

(2) 不适用。

(3) 包括为债务人提供抵押的第三人、设定质押的第三人和保证人。

试题范例

(单项选择题) 下列有关第三人提供担保的表述中，正确的是（　　）。

A. 第三人提供担保的，如果债权人将债权转让他人，未经第三人书面同意，第三人不再承担担保责任

B. 第三人提供担保的，如果债务人将债务转让给他人，未经第三人同意，第三人不再承担担保责任

C. 第三人提供担保的，如果债务人将债务转让给他人，未经第三人书面同意，第三人不再承担担保责任

D. 第三人提供担保的，债权人、债务人和担保人为担保合同的当事人

答案：C

核心法条

《民法典》第 392 条　被担保的债权既有物的担保又有人的担保的，债务人不履行到期债务或者发生当事人约定的实现担保物权的情形，债权人应当按照约定实现债权；没有

约定或者约定不明确，债务人自己提供物的担保的，债权人应当先就该物的担保实现债权；第三人提供物的担保的，债权人可以就物的担保实现债权，也可以请求保证人承担保证责任。提供担保的第三人承担担保责任后，有权向债务人追偿。

释解分析

本条规定的是混合（共同）担保。混合担保又称物的担保与人的担保的并存。物的担保是以物担保债务的履行，包括《民法典》规定的抵押权、质权和留置权；人的担保是以人的信誉担保债务的履行，就是指保证。从实践来看，为确保债权的实现，债权人常常综合利用多种担保方式，如就同一债权，既要求主债务人（或第三人）提供物的担保，又要求第三人提供保证担保。由此，产生了同一债权上多种担保同时存在的情形。这种共同担保中各担保方式的性质不同，一个是物的担保，一个是人的担保，因此与共同保证、共同抵押相区分，理论上称为“混合（共同）担保”。

混合担保的适用规则是：（1）混合担保时各类担保权如何行使首先应遵循当事人的约定。（2）混合担保时没有约定或者约定不明确的，债权人如何行使担保权应区分不同的情形：①当物的担保是由债务人提供之时，债权人应当先行使该物的担保。至于第三人提供的究竟是物的担保还是保证，在所不问。②当物的担保是由第三人提供之时，应遵循平等原则。如果同一债权担保物权与保证并存，而担保物权也是由债务人之外的第三人提供的，债权人可以就物的担保实现债权，也可以请求保证人承担保证责任。（3）提供担保的第三人承担担保责任后，有权向债务人追偿。首先，“提供担保的第三人”既包括保证人，也包括物上保证人。其次，该条规定了物上保证人和保证人的追偿权，它是指物上保证人、保证人在代替债务人清偿债务或者因债权人行使担保物权而获清偿之后，享有的向主债务人请求偿还的权利。最后，如果是保证人，保证人承担保证责任后，有权向债务人追偿；如果是物上保证人，为债务人抵押或者质押担保的第三人，在抵押权人实现抵押权或者质权人实现质权后，有权向债务人追偿。

法条分析

（1）本条规定的是何种法律制度？

（2）本条中的“提供担保的第三人”应如何理解？

（3）本条中的“有权向债务人追偿”应如何理解？

（4）债权人允许债务人转移全部或者部分债务，提供担保的第三人是否继续承担担保责任？

答案：（1）混合担保。

（2）提供担保的第三人是指提供担保的保证人和物上保证人。

（3）有权向债务人追偿是指担保人在代替债务人清偿债务或者因债权人行使担保物权而获清偿之后，所享有的向主债务人请求偿还的权利。

（4）第三人提供担保，未经其书面同意，债权人允许债务人转移全部或者部分债务的，担保人不再承担相应的担保责任。

试题范例

（多项选择题）甲为了购房向银行贷款，提供自己的一辆轿车作为抵押。同时，乙为了担保甲到期还款，也提供了一辆轿车作为银行贷款的抵押。丙为甲的还款承担保证责任。如果甲到期不能清偿银行贷款，则（　　）。

A. 银行应当先就甲提供的轿车实现抵押权

B. 如果甲提供的轿车不能弥补银行贷款数额，则银行应当先行要求乙承担担保责任

C. 如果甲提供的轿车不能弥补银行贷款数额，则银行应当先行要求丙承担担保责任

D. 如果甲提供的轿车不能弥补银行贷款数额，则银行可以选择乙或者丙先行承担担保责任

答案：AB

核心法条

《民法典》第 396 条　企业、个体工商户、农业生产经营者可以将现有的以及将有的生产设备、原材料、半成品、产品抵押，债务人不履行到期债务或者发生当事人约定的实现抵押权的情形，债权人有权就抵押财产确定时的动产优先受偿。

释解分析

本条规定的是动产浮动抵押（权）。动产浮动抵押（权）是指以法律规定的动产作为一个财产整体设立的动产抵押（权）。《民法典》吸收英国法上的浮动抵押制度，并作出具有特色的一些规定。动产浮动抵押具有如下特征：（1）抵押人仅限于企业、个体工商户、农业生产经营者，故主体具有特定性。（2）抵押财产限于抵押人的动产，包括现有的以及将有的动产，具有集合性。（3）抵押财产特定化之前可以自由转让。动产浮动抵押的财产在特定化之前可以自由转让，但一旦浮动抵押财产被特定化，抵押人未经抵押权人同意不得随意处置。

法条分析

（1）该条规定的是何种类型的抵押？其特征有哪些？

（2）该种抵押权设立的公示方法及公示效力如何认定？

答案：（1）该条规定的是动产浮动抵押。其特征有：①抵押人仅限于企业、个体工商户、农业生产经营者；②抵押财产限于抵押人的动产，包括现有的以及将有的动产；③抵押财产特定化之前可以自由转让。

（2）该种抵押权设立的公示方法为登记。未经登记，不得对抗善意第三人；即使登记，也不得对抗正常经营活动中已经支付合理价款并取得抵押财产的买受人。

试题范例

（单项选择题）下列债务人中，不能设定动产浮动抵押的是（　　）。

A. 个体工商户甲　　　　B. 农村承包经营户乙

C. 有限责任公司丙　　　　D. 某小区业主丁

答案：D

核心法条

《民法典》第 400 条　设立抵押权，当事人应当采用书面形式订立抵押合同。

抵押合同一般包括下列条款：

（一）被担保债权的种类和数额；

（二）债务人履行债务的期限；

（三）抵押财产的名称、数量等情况；

（四）担保的范围。

释解分析

本条规定的是抵押合同。

法条分析

（1）本条中的“抵押权”应如何理解？

（2）本条中的“书面形式”应如何理解？

（3）抵押权人在债务履行期限届满前，与抵押人约定债务人不履行到期债务时抵押财产归债权人所有的，该约定的效力如何？

答案：（1）抵押权是指债权人对于债务人或第三人提供的不转移占有而作为债务履行担保的财产，在债务人不履行到期债务或者发生当事人约定的实现抵押权的情形时，得就该财产的价值优先受偿的权利。

（2）书面形式是合同书、信件、电报、电传、传真等可以有形地表现所载内容的形式。以电子数据交换、电子邮件等方式能够有形地表现所载内容，并可以随时调取查用的数据电文，视为书面形式。

（3）该约定为流押契约，其效力体现在：一是抵押权人与抵押人不能在债务履行期限届满前约定债务人不履行到期债务的，抵押财产归债权人所有；二是即便当事人有此约定，也只是该约定无效，并不影响抵押权人依据法律的规定就抵押财产优先受偿的权利。

试题范例

（单项选择题）下列关于抵押权的表述中，错误的是（　　）。

A. 抵押权的标的物可以是动产，也可以是不动产

B. 抵押权属于担保物权

C. 抵押权属于价值权

D. 设定有流押契约的抵押合同无效

答案：D

核心法条

《民法典》第 403 条　以动产抵押的，抵押权自抵押合同生效时设立；未经登记，不得对抗善意第三人。

释解分析

本条规定的是动产抵押（权）的效力。动产抵押权采取登记对抗主义，即以生产设备、原材料、半成品、产品、交通运输工具和正在建造的船舶、航空器等动产抵押的，抵押权自抵押合同生效时设立；未经登记，不得对抗善意第三人。具体而言，首先，对同一标的物享有物权的第三人包括：该抵押动产的所有权取得人、该抵押动产上的其他没有登记的抵押权人、就该抵押动产享有某种具有物权性质的权利的人如动产的租赁权人等。其次，该第三人必须是善意的第三人，而不包括恶意的第三人。善意是指不知道或者虽应知道但非因重大过失而不知道某一动产上已经设立了抵押权的人。如果某人明知某项动产上已经设定了抵押权而仍与抵押人订立买卖合同并取得抵押物的所有权，则属于恶意。

法条分析

（1）本条中的“动产”主要包括哪些？

（2）如何理解本条中的“善意第三人”？

（3）以动产抵押的，不具有追及力的情形是什么？

（4）抵押人转让抵押财产，受让人占有抵押财产后，抵押权人向受让人请求行使抵押权的条件是什么？

答案：（1）动产主要包括生产设备、原材料、半成品、产品、交通运输工具以及正在建造的船舶、航空器。

（2）善意第三人是指不知道或者虽然应当知道但非因重大过失而不知道某一动产上已经设立了抵押权的人，且该第三人为对被设定抵押的动产享有物权的人，但不包括普通债权人。

（3）以动产抵押的，不得对抗正常经营活动中已经支付合理价款并取得抵押财产的买受人。

（4）抵押权人能够举证证明受让人知道或者应当知道已经订立抵押合同。

试题范例

（单项选择题）甲向乙借款100万元，甲将自己一栋商品房抵押给乙，但并未办理抵押登记。为了获取融通资金，甲又向丙借款10万元，并将一套机器设备抵押给丙，但并未办理抵押登记。则（　　）。

A. 两份借款合同都有效　　B. 乙享有抵押权

C. 丙不享有抵押权　　D. 乙的抵押权优先于丙的抵押权

答案：A

核心法条

《民法典》第406条　抵押期间，抵押人可以转让抵押财产。当事人另有约定的，按照其约定。抵押财产转让的，抵押权不受影响。

抵押人转让抵押财产的，应当及时通知抵押权人。抵押权人能够证明抵押财产转让可能损害抵押权的，可以请求抵押人将转让所得的价款向抵押权人提前清偿债务或者提存。转让的价款超过债权数额的部分归抵押人所有，不足部分由债务人清偿。

释解分析

本条规定的是抵押财产的转让。这里的“当事人另有约定的，按照其约定”，主要是指两种情形：一是当事人之间约定，抵押期间，抵押人不得转让抵押财产；二是当事人之间约定，抵押期间，抵押人转让抵押财产应当取得抵押权人同意，未经抵押权人同意，不得转让抵押财产。“抵押财产转让的，抵押权不受影响”，指的是抵押财产转让给受让人后，受让人应当负担抵押财产上的抵押权。

虽然抵押人有权转让抵押财产，但为了保护抵押权人的利益，抵押人转让抵押财产的，应当及时通知抵押权人。抵押权人能够证明抵押财产转让可能损害抵押权的，可以请求抵押人将转让所得的价款向抵押权人提前清偿债务或者提存。转让的价款超过债权数额的部分归抵押人所有，不足部分由债务人清偿。

许可抵押物的转让，有助于抵押人对抵押物价值的充分利用。抵押权的追及力也得到确认，在抵押物发生转让后，抵押权将追及新的所有人，兼顾了抵押人和抵押权人双方的利益保护。

法条分析

（1）本条中的“转让”包括哪些行为？

（2）抵押人转让抵押财产的，向抵押权人应负的义务是什么？

（3）当事人约定禁止转让抵押财产但是未将约定登记，抵押人违反约定转让抵押财产的，转让合同的效力如何认定？抵押财产已经交付或者登记的，抵押权人确认转让不发生物权效力的条件是什么？

（4）当事人约定禁止转让抵押财产且已经将约定登记，抵押人违反约定转让抵押财产的，转让合同的效力如何认定？抵押财产已经交付或者登记的，抵押权人确认转让不发生物权效力的主张能否得到支持？

（5）动产抵押合同订立后未办理抵押登记，抵押人转让抵押财产，抵押权人向受让人请求行使抵押权的主张得到支持的条件是什么？

答案：（1）转让包括出卖、赠与、出资、互易等行为。

（2）抵押人转让抵押财产的，应当及时通知抵押权人。

（3）当事人约定禁止转让抵押财产但是未将约定登记，抵押人违反约定转让抵押财产的，转让合同效力不受影响。抵押财产已经交付或者登记，抵押权人请求确认转让不发生物权效力的，不予支持，但是抵押权人有证据证明受让人知道的除外。

（4）当事人约定禁止转让抵押财产且已经将约定登记，抵押人违反约定转让抵押财产的，转让合同效力不受影响。抵押财产已经交付或者登记，抵押权人主张转让不发生物权效力的，应予支持，但因受让人代替债务人清偿债务导致抵押权消灭的除外。

（5）动产抵押合同订立后未办理抵押登记，抵押人转让抵押财产，受让人占有抵押财产后，抵押权人向受让人请求行使抵押权的，不予支持，但是抵押权人能够举证证明受让人知道或者应当知道已经订立抵押合同的除外。

试题范例

1.（单项选择题）甲将房屋一间作抵押向乙借款 10 万元，并办理了登记。抵押期间，知情人丙向甲表示愿以 12 万元购买甲的房屋，甲也想将抵押的房屋出卖。则（　　）。

A. 甲有权将房屋出卖，但须事先通知乙

B. 甲有权将房屋出卖，但须经乙同意

C. 甲有权将房屋出卖，不必通知乙，也不必征得乙的同意

D. 甲无权将房屋出卖，因为房屋上设立了抵押权

2.（多项选择题）甲有一套房屋，其将该房屋抵押给乙，但并未办理抵押登记。不久，甲又将房屋抵押给丙，并办理了抵押登记。后来，甲将房屋卖给丁，并办理了过户登记。对此，下列说法中正确的是（　　）。

A. 乙享有房屋抵押权，丙不享有房屋抵押权

B. 乙不享有房屋抵押权，丙享有房屋抵押权

C. 不经丙同意，甲无权转让房屋

D. 丁享有房屋所有权，丙仍继续享有房屋抵押权

答案：1. C　2. BD

核心法条

《民法典》第 410 条　债务人不履行到期债务或者发生当事人约定的实现抵押权的情形，抵押权人可以与抵押人协议以抵押财产折价或者以拍卖、变卖该抵押财产所得的价款优先受偿。协议损害其他债权人利益的，其他债权人可以请求人民法院撤销该协议。

抵押权人与抵押人未就抵押权实现方式达成协议的，抵押权人可以请求人民法院拍卖、变卖抵押财产。

抵押财产折价或者变卖的，应当参照市场价格。

释解分析

本条规定的是抵押权的实现。抵押权的实现，是指债务履行期间届满债务人未履行债务时，抵押权人通过依法处理抵押财产而使债权获得清偿。抵押权的实现，本质上是抵押权人的权利，其实现与否，属于抵押权人的权利，而非义务。抵押权的实现须具备如下条件：（1）抵押权有效存在。（2）须发生可以实现抵押权的法定或约定情形。即发生债务人不履行到期债务或者发生当事人约定的实现抵押权的情形。

抵押权的实现方法有两种：一是与抵押人协议以抵押物折价，取得抵押物的所有权，但此协议不得损害其他债权人的利益。否则，其他债权人可以请求人民法院撤销。二是抵押权人与抵押人未就抵押权实现方式达成协议的，抵押权人可以请求人民法院拍卖、变卖抵押财产。抵押财产折价或者变卖的，应当参照市场价格。

法条分析

（1）抵押权实现的条件有哪些？

（2）抵押权实现的方法有哪些？

（3）抵押物协议折价的限制条件是什么？

（4）同一财产向两个以上的债权人抵押的，应如何确定清偿顺序？

答案：（1）抵押权实现应具备如下条件：①须抵押权有效存在；②须发生可以实现抵押权的法定或约定情形。

（2）抵押权实现方法主要有两种：一是与抵押人协议以抵押物折价，取得抵押物的所有权；二是抵押权人与抵押人未就抵押权实现方式达成协议的，抵押权人可以请求人民法院拍卖、变卖抵押财产。

（3）抵押物协议折价不得损害其他债权人的利益。

（4）同一财产向两个以上债权人抵押的，拍卖、变卖抵押财产所得的价款依照下列规定清偿：①抵押权已经登记的，按照登记的时间先后确定清偿顺序；②抵押权已经登记的先于未登记的受偿；③抵押权未登记的，按照债权比例清偿。

试题范例

（多项选择题）关于抵押权的实现，下列说法中正确的是（　　）。

A. 抵押权的实现须以抵押权有效存在为前提

B. 抵押权须经司法途径实现

C. 抵押物协议折价不得损害其他债权人的利益

D. 抵押财产折价或者变卖的，应当参照市场价格

答案：ACD

核心法条

《民法典》第416条　动产抵押担保的主债权是抵押物的价款，标的物交付后十日内办理抵押登记的，该抵押权人优先于抵押物买受人的其他担保物权人受偿，但是留置权人除外。

释解分析

本条规定的是价款债权抵押权的超级优先权。价款债权抵押权是指动产抵押担保的主债权是抵押物的价款，该价款担保的抵押权人具有优先于买受人的其他担保物权人受偿的抵押权。价款债权抵押权的特征有：（1）价款债权抵押权作为一种债权受偿特权，其担保的债权类型和范围具有法定性。（2）价款债权抵押权的客体范围应包括一切动产，如产品、半成品、设备和原材料等。（3）价款债权抵押权在债权人在标的物交付后10日内办理抵押登记才能设立。但未登记只是不能成立价款债权抵押权，债权人依然可以取得抵押权，其效力适用《民法典》第403条未登记动产抵押权的一般规定。

价款债权抵押权的超级优先权的效力体现在，价款债权抵押权打破了担保物权的顺位，使出卖人的抵押权优先受偿，即买受人的其他担保物权人的担保物权（留置除外），即使公示在前，也不能对抗出卖人的抵押权。价款债权抵押权的超级优先权的规定的意义在于，其有助于保护融资人的权利，促进融资。

法条分析

（1）本条规定的是何种抵押权？该抵押权的含义是什么？

（2）本条规定体现的抵押权何时设立并生效？

（3）以融资租赁方式出租动产的出租人，为担保价款债权或者租金的实现而订立担保合同，并在该动产交付后10日内办理登记，主张其权利优先于该动产浮动抵押权和留置权的，其主张能否成立？

（4）同一动产上存在多个本条规定的抵押权的，人民法院应当如何确定清偿顺序？

答案：（1）价款债权抵押权是指动产抵押担保的主债权是抵押物的价款，该价款担保的抵押权人具有优先于买受人的其他担保物权人受偿的抵押权。

（2）本条规定的价款债权抵押权属于动产抵押权，自抵押合同生效时设立，但未经登记不得对抗善意第三人。

（3）以融资租赁方式出租动产的出租人，为担保价款债权或者租金的实现而订立担保合同，并在该动产交付后10日内办理登记，主张其权利优先于在先设立的动产浮动抵押权的，该主张成立；但优先于留置权的主张不能成立。

（4）同一动产上存在多个价款债权抵押权的，人民法院应当按照登记的时间先后确定清偿顺序。

试题范例

（单项选择题）甲公司向乙银行贷款，从丙公司处购买了一批货物。甲公司购置货物后的第三天，将该批货物先后抵押给丁公司、戊公司，戊公司的抵押担保办理了抵押登记。甲公司购置货物后的第五天又将该批货物抵押给乙银行作为担保，并办理了抵押登记。若甲公司到期不能清偿各债权人的债权，则对该批货物享有抵押担保的超级优先权的是（　　）。

A. 乙银行　　B. 丙公司　　C. 丁公司　　D. 戊公司

答案：A

核心法条

《民法典》第420条　为担保债务的履行，债务人或者第三人对一定期间内将要连续发生的债权提供担保财产的，债务人不履行到期债务或者发生当事人约定的实现抵押权的情形，抵押权人有权在最高债权额限度内就该担保财产优先受偿。

最高额抵押权设立前已经存在的债权，经当事人同意，可以转入最高额抵押担保的债权范围。

释解分析

本条规定的是最高额抵押权的定义。最高额抵押权是指在预定的最高债权额限度内，为担保一定期间内将要连续发生的债权的清偿而设立的抵押权。最高额抵押权具有如下特征：（1）最高额抵押权所担保的债权具有不确定性。最高额抵押权是担保未来债权的，其所担保的债权将来是否一定发生、发生额为多少都不确定。（2）最高额抵押权在适用范围上具有限定性。最高额抵押权由于是对一定期间内连续发生的债权的担保，因而其适用范围受有一定限制，仅适用于有连续发生债权的法律关系。（3）最高额抵押权具有非从属性（相对独立性）。最高额抵押权具有非从属性，其设立不以主债权的存在为前提，也不随某一债权的消灭而消灭。具言之，由于最高额抵押权所担保的债权并未特定而是将来的债权，因此最高额抵押权并不从属于特定的债权，而是从属于在一定期间内不断引发债权的基础法律关系。因此，该基础法律关系所产生债权虽然在一定期间内连续发生，最高额抵押权也不受影响。这样一来，即便基础法律关系发生的债权因清偿、抵销等原因，一度归于消灭，实际的债权额为零，由于最高额抵押权是为担保将来可能发生的不特定债权而存在的，所以它并不消灭。

由于最高额抵押权的本质特征不在于其所担保的债权为将来的债权，而在于其所担保的债权为不特定债权，且具有最高限额，因此，即使该债权发生在最高额抵押权设立前，也应当被允许增补到最高额抵押所担保的债权范围内。而是否将已经存在的债权转入最高额抵押担保的债权范围，是当事人自己的权利。因此，最高额抵押权设立前已经存在的债权，经当事人同意，可以转入最高额抵押担保的债权范围。

法条分析

（1）最高额抵押权有哪些特征？

（2）本条第1款中的“将要连续发生的债权”应如何理解？

（3）本条第1款中的“最高债权额限度”应如何理解？

（4）如何理解最高额抵押权的非从属性？

（5）最高额抵押权所担保的债权确定的法定事由有哪些？

答案：（1）最高额抵押权的特征有：①所担保的债权的不确定性；②适用范围的限定性；③非从属性。

（2）将要连续发生的债权表明：一是在抵押权担保的债权被确定之前的债权具有不确定性；二是最高额抵押权担保的债权都是将来的债权，而不能包括债务人尚未履行的确定债权。

（3）最高债权额限度是指抵押权人基于最高额抵押权所能够优先受清偿的债权的最高限度数额。

（4）最高额抵押担保的债权确定前，部分债权转让的，最高额抵押权不得转让，但是当事人另有约定的除外。

（5）有下列情形之一的，抵押权人的债权确定：约定的债权确定期间届满；没有约定债权确定期间或者约定不明确，抵押权人或者抵押人自最高额抵押权设立之日起满2年后请求确定债权；新的债权不可能发生；抵押权人知道或者应当知道抵押财产被查封、扣押；债务人、抵押人被宣告破产或者解散；法律规定债权确定的其他情形。

试题范例

（单项选择题）下列有关最高额抵押权的表述中，正确的是（　　）。

A. 主债权部分转让的，最高额抵押权随之转移

B. 最高额抵押权是对现实和将来的债权实现担保的担保物权

C. 抵押人被宣告破产，最高额抵押权所担保的债权即可确定

D. 最高额抵押权是担保借款合同的抵押担保方式

答案：C

核心法条

《民法典》第425条　为担保债务的履行，债务人或者第三人将其动产出质给债权人占有的，债务人不履行到期债务或者发生当事人约定的实现质权的情形，债权人有权就该动产优先受偿。

前款规定的债务人或者第三人为出质人，债权人为质权人，交付的动产为质押财产。

释解分析

本条规定的是动产质权的定义。动产质权是指以动产作为质押财产的质权，质权属于约定担保物权。动产质权具有如下特征：（1）动产质权是以他人的动产为标的物所设定的担保物权。（2）动产质权以质权人占有作为质物的动产为生效要件。（3）动产质权是以质物所卖得的价金优先受偿的权利。

法条分析

（1）动产质权的设立应如何理解？

（2）动产质权人在债务履行期限届满前，与出质人约定债务人不履行到期债务时质押财产归债权人所有的，该约定的效力如何认定？

（3）动产质权人是否享有质物孳息的所有权？

（4）动产质权的实现方式应如何理解？

答案：（1）质权自出质人交付质押财产时设立。

（2）该约定为流质契约，其效力体现在：①质权人和出质人不能在债务履行期限届满前约定债务人不履行到期债务的，质押财产归债权人所有；②即便当事人有此约定，也只是该约定无效，并不影响质权人依据法律的规定就质押财产优先受偿的权利。

（3）质权人不享有质物孳息的所有权；质权人有权收取质押财产的孳息，但是合同另有约定的除外。

（4）债务人不履行到期债务或者发生当事人约定的实现质权的情形，质权人可以与出质人协议以质押财产折价，也可以就拍卖、变卖质押财产所得的价款优先受偿。质押财产折价或者变卖的，应当参照市场价格。质押财产折价或者拍卖、变卖后，其价款超过债权数额的部分归出质人所有，不足部分由债务人清偿。

试题范例

1.（多项选择题）以占有作为生效要件的法律行为包括（　　）。

A. 质押　　B. 抵押　　C. 留置　　D. 租赁

2.（多项选择题）对于不动产可以存在的制度有（　　）。

A. 善意取得　　B. 登记　　C. 质押　　D. 抵押

答案：1. AC　2. ABD

核心法条

《民法典》第 436 条　债务人履行债务或者出质人提前清偿所担保的债权的，质权人应当返还质押财产。

债务人不履行到期债务或者发生当事人约定的实现质权的情形，质权人可以与出质人协议以质押财产折价，也可以就拍卖、变卖质押财产所得的价款优先受偿。

质押财产折价或者变卖的，应当参照市场价格。

释解分析

本条规定的是质物的返还和质权的实现。债权人有返还质物的义务。债务人履行债务或者出质人提前清偿所担保的债权的，质权人应当返还质押财产。如果其拒绝返还，则出质人有权请求其返还。

动产质权的实现，是指债务人不履行到期债务或者发生当事人约定的实现质权的情形，质权人与出质人协议以质押财产折价，也可以就拍卖、变卖质押财产所得的价款优先受偿的行为。动产质权的实现方式包括折价，拍卖和变卖。由于动产质权的实行方式与抵押权相同（但实现抵押权须经法院拍卖、变卖，这不同于动产质权），此不赘述。动产质权的实现条件有：首先，动产质权有效存在；其次，债务履行期限届满；最后，作为质权人的主债权人未受清偿。质押财产折价或者变卖的，应当参照市场价格。

法条分析

（1）动产质权的实现条件有哪些？

（2）动产质权的实现方式有哪些？

（3）若质权人到期不实现动产质权，出质人有何权利救济方式？

（4）质押财产变价后应如何处理？

答案：（1）动产质权的实现条件有：①动产质权有效存在；②债务履行期限届满；③作为质权人的主债权人未受清偿。

（2）动产质权的实现方式有协议以质押财产折价，拍卖、变卖质押财产。

（3）出质人可以请求质权人在债务履行期限届满后及时行使质权；质权人不行使的，出质人可以请求人民法院拍卖、变卖质押财产。出质人请求质权人及时行使质权，因质权人怠于行使权利造成出质人损害的，由质权人承担赔偿责任。

（4）质押财产折价或者拍卖、变卖后，其价款超过债权数额的部分归出质人所有，不足部分由债务人清偿。

试题范例

（单项选择题）下列选项中，不属于动产质权的实现方式的是（　　）。

A. 协议以质押财产折价　　B. 拍卖

C. 变卖　　D. 交付

答案：D

核心法条

《民法典》第440条　债务人或者第三人有权处分的下列权利可以出质：

（一）汇票、本票、支票；

（二）债券、存款单；

（三）仓单、提单；

（四）可以转让的基金份额、股权；

（五）可以转让的注册商标专用权、专利权、著作权等知识产权中的财产权；

（六）现有的以及将有的应收账款；

（七）法律、行政法规规定可以出质的其他财产权利。

释解分析

本条规定的是权利质权的范围。

法条分析

（1）以有价证券出质的，质权何时设立？

（2）以基金份额、股权出质的，质权何时设立？出质人的主要义务是什么？

（3）以知识产权中的财产权出质的，质权何时设立？出质人的主要义务是什么？

（4）以应收账款出质的，质权何时设立？出质人的主要义务是什么？

答案：（1）以有价证券出质的，质权自权利凭证交付质权人时设立；没有权利凭证的，质权自办理出质登记时设立。法律另有规定的，依照其规定。

（2）以基金份额、股权出质的，质权自办理出质登记时设立。出质人的主要义务是：基金份额、股权出质后，不得转让，但是出质人与质权人协商同意的除外。出质人转让基金份额、股权所得的价款，应当向质权人提前清偿债务或者提存。

（3）以知识产权中的财产权出质的，质权自办理出质登记时设立。出质人的主要义务是：知识产权中的财产权出质后，出质人不得转让或者许可他人使用，但是出质人与质权人协商同意的除外。出质人转让或者许可他人使用出质的知识产权中的财产权所得的价款，应当向质权人提前清偿债务或者提存。

（4）以应收账款出质的，质权自办理出质登记时设立。出质人的主要义务是：应收账款出质后，不得转让，但是出质人与质权人协商同意的除外。出质人转让应收账款所得的价款，应当向质权人提前清偿债务或者提存。

试题范例

（多项选择题）下列选项中，可以出质的有（　　）。

A. 注册商标专用权　　B. 企业债券

C. 建设用地使用权　　D. 应收账款

答案：ABD

核心法条

《民法典》第 447 条　债务人不履行到期债务，债权人可以留置已经合法占有的债务人的动产，并有权就该动产优先受偿。

前款规定的债权人为留置权人，占有的动产为留置财产。

释解分析

本条规定的是留置权的定义。留置权是指合法占有债务人动产的债权人，于债务人不履行到期债务时，得留置该动产并以其价值优先受偿的权利。留置权具有如下特征：(1) 留置权属于法定担保物权。(2) 留置权的客体限于动产。(3) 留置权不具有追及力，留置权人丧失对留置财产的占有即丧失留置权。

留置权的成立应具备如下条件：(1) 债权人已经合法占有属于债务人所有的动产。只有债权人“合法占有的债务人的动产”，债权人才能享有留置权。因此，不仅债权人依据合同关系而合法占有的债务人的动产可以留置，债权人基于其他法律关系而合法占有的债务人的动产也可以留置。例如，基于无因管理之债而占有的他人的动产，当受益人不偿付管理人由此而支付的必要费用时，管理人也有权留置该动产。留置权不仅适用于各类合同，也适用于因不当得利、侵权行为所产生的债权债务关系，但行使留置权都必须以“合法占有属于债务人所有的动产”为前提。(2) 债权人留置的动产，应当与债权属于同一法律关系，但是企业之间留置的除外。所谓“属于同一法律关系”，也被称为“有牵连关系”。(3) 债务已届清偿期而债务人未履行债务。只有债务人不履行到期债务，即债务履行期限届满而债务人仍不履行债务时，债权人才享有留置权。(4) 符合法律规定和当事人的约定并且不违背公序良俗，同时与留置权人承担的义务不相抵触。

法条分析

(1) 留置权成立的积极条件有哪些？

(2) 留置权成立的消极条件是什么？

(3) 如何确定留置担保的范围？

(4) 留置权人是否有权收取留置财产所生孳息？

(5) 同一动产上已经设立抵押权或者质权，该动产又被留置的，何人优先受偿？

(6) 留置权的实现程序和实现方式如何认定？

(7) 留置权消灭的特殊原因有哪些？

答案：(1) 留置权成立的积极条件有：债权人已经合法占有属于债务人所有的动产；债权人留置的动产，应当与债权属于同一法律关系，但是企业之间留置的除外；债务已届清偿期而债务人未履行债务。

(2) 留置权成立的消极条件是：行使留置权符合法律规定和当事人的约定并且不违背公序良俗，同时与留置权人承担的义务不相抵触。法律规定或者当事人约定不得留置的动产，不得留置。

(3) 留置权的担保范围包括主债权及其利息、违约金、损害赔偿金、保管留置财产和实现留置权的费用。当事人另有约定的，按照其约定。

(4) 留置权人有权收取留置财产的孳息。

(5) 同一动产上已经设立抵押权或者质权，该动产又被留置的，留置权人优先受偿。

(6) 留置权人与债务人应当约定留置财产后的债务履行期限；没有约定或者约定不明确的，留置权人应当给债务人60日以上履行债务的期限，但是鲜活易腐等不易保管的动产除外。债务人逾期未履行的，留置权人可以与债务人协议以留置财产折价，也可以就拍卖、变卖留置财产所得的价款优先受偿。留置财产折价或者变卖的，应当参照市场价格。

(7) 留置权人对留置财产丧失占有或者留置权人接受债务人另行提供担保的，留置权消灭。

试题范例

1. (单项选择题) 下列选项中，属于法定物权的是(　　)。

A. 地役权　　B. 留置权

C. 建设用地使用权　　D. 质权

2. (多项选择题) 小贝购得一只世界杯指定用球后兴奋不已，一脚踢出，恰好落入邻居老马家门前的水井中，正在井边清洗花瓶的老马受到惊吓，手中花瓶落地摔碎。老马从井中捞出足球后，小贝央求老马归还，老马则要求小贝赔偿花瓶损失，小贝拒绝赔偿。对此，下列说法中正确的是(　　)。

A. 小贝对老马享有物权请求权　　B. 老马对小贝享有物权请求权

C. 老马对小贝享有债权请求权　　D. 老马可对足球行使留置权

3. (多项选择题) 下列选项中，权利人行使留置权的行为成立的是(　　)。

A. 甲为乙送货，约定乙在货物送到后一周内支付运费，甲在货物运到后立刻要求乙支付运费，遭到乙拒绝，甲将部分货物留置

B. 甲将乙的行李存放在火车站小件寄存处，后乙取行李时认为寄存费过高而拒绝支付，寄存处将行李留置

C. 因重度残疾者乙无力支付轮椅修理费，修理者甲将乙的轮椅留置

D. 甲公司加工乙公司的机器零件，约定先付费后加工，付费和加工均已完成，但乙公司尚欠甲公司借款，甲公司将机器零件留置

答案： 1. B　2. AC　3. BD

核心法条

《民法典》第453条　留置权人与债务人应当约定留置财产后的债务履行期限；没有约定或者约定不明确的，留置权人应当给债务人六十日以上履行债务的期限，但是鲜活易腐等不易保管的动产除外。债务人逾期未履行的，留置权人可以与债务人协议以留置财产折价，也可以就拍卖、变卖留置财产所得的价款优先受偿。

留置财产折价或者变卖的，应当参照市场价格。

释解分析

本条规定的是留置权的实现。留置权的实现是指留置权人对留置财产进行处分，以优先受偿其债权的行为。只有当留置权所担保的主债权的清偿期已经届满，留置权才初步具备了实现条件。但是，留置权不同于其他担保物权的一个重要特点就在于其发生二次效力，当债权清偿期限届满而债务人不履行债务时，留置权仅产生留置的效力，即权利人有权留置标的物，但尚不发生优先受偿效力。简言之，留置权人不能立即将留置权进行变价并优先受偿，而必须再履行一定的程序方能实现留置权。

留置权人与债务人应当约定留置财产的债务履行期限；没有约定或者约定不明确的，留置权人应当给债务人 60 日以上履行债务的期限。但是，如果僵化地适用 60 日以上债务履行期限的规定，在实践中会发生一些弊端，如被留置的财产是活鸡、海鲜、水果、蔬菜等鲜活易腐的动产，此时要等到 60 日结束，债权人才拍卖、变卖这些留置财产，对债权人和债务人都不利。所以，在债权人留置的动产是“鲜活易腐等不易保管的动产”时，不适用约定债务履行期限或者确定 60 日以上的债务履行期限的规定。

留置权实现的方法有折价、拍卖和变卖。留置权人可以与债务人协商采取实现留置权的方法，一般情况下，双方当事人可以先协议将留置财产折价以实现其债权，如果无法达成协议，留置权人可以依法拍卖或者变卖留置财产，并以拍卖或者变卖所得的价款优先受偿。无论留置财产是拍卖还是变卖，都必须参照市场价格，而不能随意降低留置财产的价格。

法条分析

（1）无须设定宽限期，可直接实现留置权的情形是什么？

（2）留置权的实现方式有哪些？

（3）实现留置权是否通过司法程序？若留置权人在债务履行期限届满后不实现留置权的，债务人如何进行救济？

答案：（1）鲜活易腐等不易保管的动产，无须设定宽限期，可直接实现留置权。

（2）留置权的实现方式有：协议折价、拍卖、变卖。

（3）留置权的实现不必通过司法程序。债务人可以请求留置权人在债务履行期限届满后行使留置权；留置权人不行使的，债务人可以请求人民法院拍卖、变卖留置财产。

试题范例

（单项选择题）甲公司在乙洗车行清洁维护 10 辆公车，甲公司欠乙洗车行洗车费拒绝支付。乙洗车行的下列做法中，符合法律规定的是（　　）。

A. 乙洗车行将甲公司的 10 辆车留置

B. 乙洗车行将甲公司的 10 辆车中的 1 辆车留置

C. 乙洗车行可以直接将车辆变卖以抵偿洗车费

D. 乙洗车行只能通过与甲公司协议的方式将汽车折价以抵偿洗车费

答案：B

十三、占有

核心法条

《民法典》第 458 条　基于合同关系等产生的占有，有关不动产或者动产的使用、收益、违约责任等，按照合同约定；合同没有约定或者约定不明确的，依照有关法律规定。

释解分析

本条规定的是占有的适用范围。导致占有发生的法律关系多种多样：一种是有权占有，主要指基于合同等债的关系而产生的占有；一种是无权占有，主要发生在占有人对不动产或者动产的占有无正当法律关系，或者原法律关系被撤销或者无效时占有人对占有物的占有，包括误将他人之物认为己有或者借用他人之物到期不还等。对于因有权占有而产生的有关不动产或者动产的使用、收益、违约责任等，本条明确规定应当按照合同约定；合同没有约定或者约定不明确的，依照有关法律规定。

占有是指对于物具有事实上的管领力的一种状态。从性质上看，通说认为，占有是一种事实而不是权利。占有具有如下特征：（1）占有的客体限于有体物，包括不动产和动产。但占有的客体不限于独立的物，对物的组成部分也可以成立占有。（2）占有必须是对物产生了事实上的支配与控制。

占有的性质虽为一种事实状态而非权利，但为了维护社会秩序，合理解决当事人之间的权利义务关系，法律仍赋予占有一定的法律效力。主要有：（1）权利推定效力。如果占有人在占有物上行使权利，则推定其享有此项权利。这就是占有的权利推定效力。根据占有的权利推定效力，在没有相反证据的情况下即推定占有人享有相应的物权或者债权。（2）权利取得效力。占有人在符合法定要件的情况下可以取得本权，此即占有的权利取得效力。具体包括两种情形，一是善意取得所有权或者他物权，二是因占有时效的完成而取得所有权或者他物权。我国法律至今尚无关于占有时效的一般规定。（3）保护效力。占有人的占有无论是否为有权占有，均可以对抗他人的侵犯。

法条分析

（1）民法典物权意义上的占有的含义是什么？有哪些特征？

（2）作为事实状态的占有，其法律效力主要体现在哪些方面？

（3）如何确定占有人的赔偿责任？

（4）如何依法行使占有物返还请求权？

答案：（1）占有是指对于物具有事实上的管领力的一种状态。占有具有如下特征：①占有的客体限于有体物，包括不动产和动产。②占有必须是对物产生了事实上的支配与控制。

（2）占有的效力主要体现在：①权利推定效力。如果占有人在占有物上行使权利，则推定其享有此项权利。②权利取得效力。占有人在符合法定要件的情况下可以取得本权，此即占有的权利取得效力。③保护效力。占有人的占有无论是否为有权占有，均可以对抗他人的侵犯。

(3) 占有人因使用占有的不动产或者动产，致使该不动产或者动产受到损害的，恶意占有人应当承担赔偿责任。

(4) 占有的不动产或者动产被侵占的，占有人有权请求返还原物。占有人返还原物的请求权，自侵占发生之日起1年内未行使的，该请求权消灭。

试题范例

(单项选择题) 不动产或者动产被他人占有的，权利人主张占有物返还时，善意占有人应负的权利或义务不包括（　　）。

A. 对占有物的损害负赔偿责任

B. 对占有物所生孳息的返还义务

C. 对维护占有物支付的必要费用有请求权利人支付的权利

D. 对因占有物毁损、灭失获得的保险金予以返还的义务

答案：A

十四、合同通则

核心法条

《民法典》第118条　民事主体依法享有债权。

债权是因合同、侵权行为、无因管理、不当得利以及法律的其他规定，权利人请求特定义务人为或者不为一定行为的权利。

释解分析

本条规定的是债权。债权是指债权人享有的以请求债务人为一定给付为内容的权利。债权具有如下特征：(1) 债权为请求权。债权是债权人得请求债务人为特定行为的权利，在债务人作出给付前，债权人不能直接支配债务人应给付的标的物，也不能以支配债务人的人身来强制债务人作出给付，只能请求债务人履行债务来实现利益。(2) 债权为相对权。债权人只能向债务人主张权利，请求债务人履行债务，除法律有明确规定外，即使因第三人的原因致使债权不能实现，债权人也只能以债之关系为基础向债务人主张权利。(3) 债权具有任意性。在不违反强行法规定的情况下，当事人可以任意设定债的关系，法律并不加以限制；即使是法定之债，当事人也可以通过协商确定债的内容。(4) 债权具有非排他性。债权人仅能够向债务人提出给付的请求，不能对债务人应交付的标的物或者债务人的行为予以直接支配，而且，以同一给付为标的而成立的数个内容相同的债权相互之间不发生权利上的冲突，尽管此种情形下只有一个债权最终得以实现，但其他债权仍然有效，债权人可以以债务不履行为由向债务人主张违约责任。(5) 债权具有平等性。对于同一债务人先后成立的数个债

权，效力一律平等。在该债务人陷入破产时，数个债权人根据债权数额的比例接受清偿。

债权具有如下权能：（1）请求权能。作为一种请求权，债权人可以直接请求债务人履行债务，也可以通过诉讼方式以国家强制力来实现其请求。（2）保持受领权能。债权的存在是债权人受领债务人给付的合法原因。债务人履行债务或受强制执行提出给付时，债权人有接受给付的权利并有权保持因此获得的利益。（3）保全权能。当债务人的某些行为对债权人造成损害时，债权人可以向人民法院请求以自己的名义代位行使债务人的债权，或者请求人民法院撤销债务人的行为。债权人享有的债权保全权能是对债的相对性原理的突破。（4）处分权能。债权人可通过抵销、免除、让与债权和设定债权质权等方式对享有的债权予以处分。

债的发生根据是指能够在特定当事人之间引起债的关系产生的法律事实。引起债的关系发生的法律事实既可以是行为，也可以是事件，其中行为包括表示行为和事实行为。债的发生根据包括合同、侵权行为、无因管理、不当得利和法律的其他规定。

法条分析

（1）何为“债权”？

（2）本条规定的债权具有哪些特征？

（3）本条规定的债权具有哪些权能？

（4）本条中的“合同”“侵权行为”“无因管理”“不当得利”应如何理解？

答案：（1）债权是指债权人享有的以请求债务人为一定给付为内容的权利。

（2）债权的特征有：①债权为请求权；②债权为相对权；③债权具有任意性；④债权具有非排他性；⑤债权具有平等性。

（3）债权具有如下权能：①请求权能。债权人可以请求债务人履行债务。②保持受领权能。债务人履行债务或受强制执行提出给付时，债权人有接受给付的权利并有权保持因此获得的利益。③保全权能。当债务人的某些行为对债权人造成损害时，债权人可以行使代位权或者撤销权以保全债权。④处分权能。债权人可通过抵销、免除、让与债权和设定债权质权等方式对享有的债权予以处分。

（4）合同是民事主体之间设立、变更、终止民事权利义务关系的协议。侵权行为是指行为人实施的加害被侵权人民事权益的不法行为。无因管理是指没有法定或约定义务，为避免他人利益受损失而进行管理或者服务的行为。不当得利是指一方没有法律根据取得不当利益而使另一方财产受损的事实。

试题范例

（单项选择题）下列情形中，不产生债的关系的是（　　）。

A. 超市为吸引顾客而举行抽奖活动

B. 甲依法收养孤儿 1 名

C. 乙公司未经许可擅自将他人肖像用于其生产的食品包装上

D. 丙将代为朋友保管的电脑卖给丁

答案：B

核心法条

《民法典》第186条　因当事人一方的违约行为，损害对方人身权益、财产权益的，受损害方有权选择请求其承担违约责任或者侵权责任。

释解分析

本条规定的是违约责任与侵权责任的竞合。违约责任与侵权责任的竞合是指行为人实施某一违法行为，同时违反了合同规范和侵权规范，并符合违约责任与侵权责任的构成要件，导致违约责任与侵权责任同时产生，又相互排斥、彼此不能包容的法律现象。

违约责任与侵权责任竞合的原因有：(1) 当事人实施了侵权性的违约行为，即侵权行为直接构成违约的原因。如保管人依据保管合同占有对方的财产以后，非法使用对方的财产，造成财产毁损或灭失。(2) 当事人实施了违约性的侵权行为，即违约行为造成了侵权的后果。例如，供电部门因违约中止供电，致对方当事人的财产和人身遭受损害。

在违约责任与侵权责任发生竞合时，受损害方有权选择其中一种责任请求对方承担，不能同时主张两种责任。

法条分析

(1) 本条规定的是何种法律制度？

(2) 本条规定的适用条件有哪些？

(3) 本条规定的制度的发生原因有哪些？

(4) 如何处理本条规定的竞合？

答案：(1) 本条规定的是违约责任与侵权责任的竞合。

(2) 违约责任与侵权责任竞合条件有：①违约责任与侵权责任竞合，当事人之间必须存在合同关系。②违约责任与侵权责任竞合，当事人一般有过错。③违约责任与侵权责任竞合，表现为受损害人请求权的竞合。④违约责任与侵权责任竞合，要有损害结果。⑤违约责任与侵权责任的赔偿范围不同。

(3) 违约责任与侵权责任竞合的原因有：①当事人实施了侵权性的违约行为，即侵权行为直接构成违约的原因。②当事人实施了违约性的侵权行为，即违约行为造成了侵权的后果。

(4) 在违约责任与侵权责任竞合的情况下，受损害方有权选择请求其承担违约责任或者侵权责任。

试题范例

(多项选择题) 甲在乙商场购买了一辆汽车，在开回家的路上因刹车失灵而翻车受伤。对此，下列表述中正确的是（　　）。

A. 甲可以请求乙商场承担违约责任

B. 甲可以请求乙商场同时承担违约责任和侵权责任

C. 甲可以请求乙商场承担侵权责任

D. 甲只能请求乙商场承担侵权责任

答案：AC

核心法条

《民法典》第466条　当事人对合同条款的理解有争议的，应当依据本法第一百四十二条第一款的规定，确定争议条款的含义。

合同文本采用两种以上文字订立并约定具有同等效力的，对各文本使用的词句推定具有相同含义。各文本使用的词句不一致的，应当根据合同的相关条款、性质、目的以及诚信原则等予以解释。

释解分析

本条规定的是合同条款的解释。合同解释有广义和狭义之分。广义的合同解释包括确定合同成立与否、确认合同之性质、发掘合同默示条款或暗含条款以及明确合同条款含义；狭义的合同解释只是确定合同条款的含义。合同的解释对象主要是合同条款。

由于《民法典》第142条第1款规定针对的是有相对人的意思表示的解释，因此，对合同条款的解释属于有相对人的意思表示的解释。对合同条款的解释，首先应当按照通常的理解进行。其次，应当按照整体解释、目的解释、习惯解释、诚信解释对合同条款进行解释。

如果当事人使用多种语言订立同一合同的，即使当事人没有特别约定各自意思表示文本之间的关系，也可以推定各个文本所使用的词句具有相同的含义。因此，合同文本采用两种以上文字订立并约定具有同等效力的，对各文本使用的词句推定具有相同含义。各文本使用的词句不一致的，应当根据合同的性质、目的以及诚信原则等予以解释。

法条分析

（1）如何理解本条第1款规定确定的合同的解释？

（2）如何理解本条第2款规定的根据合同的性质、目的以及诚信原则予以解释？

答案：（1）合同是有相对人的意思表示，对于有相对人的意思表示的解释，应当按照所使用的词句，结合相关条款、行为的性质和目的、习惯以及诚信原则，确定意思表示的含义。

（2）根据合同性质解释是指根据合同的类型判断词句不一致时，哪一种更符合当事人意思的解释。根据合同目的解释是指在文本出现不一致的情况下结合合同的目的确定词句的真实含义。根据诚信原则进行解释是指在合同条款本身不明确时，则应当根据诚实信用原则对不明确的合同条款进行解释。

试题范例

（多项选择题）我国民法典规定的合同解释方式有（　　）。

A. 习惯解释　　B. 历史解释　　C. 诚信解释　　D. 目的解释

答案：ACD

核心法条

《民法典》第471条　当事人订立合同，可以采取要约、承诺方式或者其他方式。

释解分析

本条规定的是合同订立的方式及过程。合同的订立是两个以上当事人互为意思表示、达成合意的过程。合同订立可以采取要约和承诺方式。要约和承诺是合同订立的基本规则，也是合同成立必须经过的两个阶段。要约是合同订立的启动点，是当事人实质进行合同订立过程的开始。而承诺则是受要约人同意要约的意思表示，如果没有经过承诺，而仅停留在要约阶段，则合同未成立。此外，订立合同还可以采取其他形式，这主要是指当事人通过预约合同、格式条款、悬赏广告等方式订立合同。

法条分析

（1）本条中的“要约”应如何理解？

（2）如何认定要约撤回和撤销的效力？

（3）本条中的“承诺”应如何理解？

（4）如何认定承诺的生效时间？

（5）本条中的“其他方式”应如何理解？

答案：（1）要约是希望与他人订立合同的意思表示。

（2）要约可以撤回，撤回要约的通知应当在要约到达相对人前或者与要约同时到达相对人，否则不产生撤回要约的效力。要约可以撤销，撤销要约的意思表示以对话方式作出的，该意思表示的内容应当在受要约人作出承诺之前为受要约人所知道；撤销要约的意思表示以非对话方式作出的，应当在受要约人作出承诺之前到达受要约人。

（3）承诺是受要约人同意要约的意思表示。

（4）以对话方式作出的，承诺在要约人知道其内容时生效；以非对话方式作出的，承诺在承诺通知到达要约人时生效。承诺不需要通知的，根据交易习惯或者要约的要求作出承诺的行为时生效。

（5）其他方式主要包括交叉要约、悬赏广告、强制缔约，以及采用格式条款订立合同。

试题范例

（多项选择题）下列关于合同订立与合同成立的表述中，正确的是（　　）。

A. 合同订立即合同成立

B. 合同订立包括要约和承诺两个阶段

C. 合同成立作为合同订立的一部分而存在

D. 合同订立仅强调动态过程

答案：BC

核心法条

《民法典》第 491 条　当事人采用信件、数据电文等形式订立合同要求签订确认书的，签订确认书时合同成立。

当事人一方通过互联网等信息网络发布的商品或者服务信息符合要约条件的，对方选择该商品或者服务并提交订单成功时合同成立，但是当事人另有约定的除外。

释解分析

本条规定的是采用确认书和通过信息网络提交订单形式订约的合同成立的时间。确认书实际上与承诺相联系，确认书是承诺的重要组成部分，是判断是否作出承诺的重要标志。一般来说，确认书仅适用于当事人采用信件、数据电文等形式订立合同的情况。确认书通常适用于双方达成初步协议的确认，而不适用于以合同书形式订立合同的情况。因为在以合同书形式订立合同时，双方已经在合同书上签名、盖章或者按手印，无须重新确认。

当事人通过互联网等信息网络发布的商品或者服务信息，在网站上呈现的订约内容认定为符合要约的条件。换言之，网站展示的交易内容为要约，而不能认定为要约邀请，相对人点击构成承诺，合同成立。因此，当事人一方通过互联网等信息网络发布的商品或者服务信息符合要约条件的，对方选择该商品或者服务并提交订单成功时合同成立，但是当事人另有约定的除外。

法条分析

（1）本条第 1 款中的“确认书”应如何理解？

（2）采用数据电文形式订立合同的，合同成立的地点应如何确定？

（3）如何根据本条第 2 款规定确认网上购物的要约和承诺？

（4）本条第 2 款中的“当事人另有约定的除外”如何理解？

答案：（1）确认书是指合同正式成立前，一方就合同的成立要求以书面形式进行的最终确认。

（2）采用数据电文形式订立合同的，收件人的主营业地为合同成立的地点；没有主营业地的，其住所地为合同成立的地点。当事人另有约定的，按照其约定。

（3）网上信息有的是要约，有的是要约邀请，如果当事人一方通过互联网等信息网络发布广告等信息符合要约条件的，构成要约，对方提交订单为承诺，此时合同成立。

（4）“当事人另有约定的除外”主要是指当事人约定买受人提交订单为要约，出卖方确定有货并且发货时视为承诺的情形。

试题范例

1.（单项选择题）下列关于合同成立的表述中，正确的是（　　）。

A. 合同成立则生效

B. 当事人必须在合同书上签名、盖章，合同才能成立

C. 订立合同的主体必须为完全民事行为能力人

D. 附停止条件的合同，在条件没有成就之前，合同处于成立状态

2.（单项选择题）甲欲购买乙的一批货物，甲、乙通过微信进行磋商，在微信上达成一致，并商定最终需要签订合同确认书。甲、乙买卖合同的成立时间是（　　）。

A. 双方在微信上达成一致时　　　　B. 乙承诺购买货物时

C. 甲、乙签订合同确认书时　　　　D. 甲通过互联网提交订单时

答案：1. D　2. C

核心法条

《民法典》第 494 条　国家根据抢险救灾、疫情防控或者其他需要下达国家订货任务、指令性任务的，有关民事主体之间应当依照有关法律、行政法规规定的权利和义务订立合同。

依照法律、行政法规的规定负有发出要约义务的当事人，应当及时发出合理的要约。

依照法律、行政法规的规定负有作出承诺义务的当事人，不得拒绝对方合理的订立合同要求。

释解分析

本条规定的是依国家订货任务、指令性任务订立合同及强制要约、强制承诺。国家根据抢险救灾、疫情防控或者其他需要下达国家订货任务、指令性计划的，有关民事主体之间应当依照有关法律、行政法规规定的权利和义务订立合同。

强制要约是指某些类型的交易关系中，一方当事人必须向特定或者不特定的相对人发出要约，一旦相对人作出承诺，合同即告成立。如自动售货机、无人售票车、收费性公园等的设置就是属于强制要约。在这些交易形式中，其营业本身就是以向社会公众公开、持续地发出要约的方式进行的，故而缔约主体不得随意撤销要约，也不得拒绝相对人的承诺。依照法律、行政法规的规定负有发出要约义务的当事人，应当及时发出合理的要约。

强制承诺是指在某些交易中，一方当事人负有接受相对人的要约而与其订立合同的义务，非有正当理由，不得拒绝承诺。通过强制缔约方式所形成的合同内容，有国家或者行业标准的，依据该标准确定；没有此标准的，按照合理的标准确定。例如，电价、水价、公共交通的票价等，都是经由物价部门确定或者核准。依照法律、行政法规的规定负有作出承诺义务的当事人，不得拒绝对方合理的订立合同要求。

法条分析

（1）本条规定的是何种法律制度？其含义是什么？

（2）第 1 款规定的是什么？

（3）第 2 款规定的是什么？如何理解要约是否“合理”？

（4）第 3 款规定的是什么？

答案：（1）本条规定的是强制缔约。强制缔约是指要约人和受要约人负有应对方的请求而与之订立合同的义务，其在无正当理由时不得拒绝发出要约或对于要约人提出的要约不得拒绝作出承诺。

（2）第 1 款规定的是根据国家订货任务或者指令性任务签订的合同。

(3) 第 2 款规定的是强制要约。所谓“合理”，指的是要约规定的条件符合常理。

(4) 第 3 款规定的是强制承诺。

试题范例

(多项选择题) 我国民法典的下列规定中，体现强制缔约情形的是（　　）。

A. 从事公共运输的承运人不得拒绝旅客、托运人通常、合理的运输要求

B. 向社会公众供电的供电人，不得拒绝用电人合理的订立合同要求

C. 当事人一方不履行预约合同约定的订立合同义务的，对方可以请求其承担预约合同的违约责任

D. 国家根据抢险救灾、疫情防控或者其他需要下达国家订货任务、指令性任务的，有关民事主体之间应当依照有关法律、行政法规规定的权利和义务订立合同

答案：ABD

核心法条

《民法典》第 496 条　格式条款是当事人为了重复使用而预先拟定，并在订立合同时未与对方协商的条款。

采用格式条款订立合同的，提供格式条款的一方应当遵循公平原则确定当事人之间的权利和义务，并采取合理的方式提示对方注意免除或者减轻其责任等与对方有重大利害关系的条款，按照对方的要求，对该条款予以说明。提供格式条款的一方未履行提示或者说明义务，致使对方没有注意或者理解与其有重大利害关系的条款的，对方可以主张该条款不成为合同的内容。

释解分析

本条规定的是格式条款。格式条款是指当事人为了重复使用而预先拟定，并在订立合同时未与对方协商的条款。采用格式条款订立合同，需要注意：(1) 格式条款订入合同，提供格式条款的一方必须提请注意。格式条款订入合同，提供格式条款一方必须提请注意格式条款，使相对方有合理机会了解其内容，同意将它订入合同。具体而言，提供格式条款一方有义务就特定合同提请相对人注意其欲将格式条款订入合同的事实。“提请注意”必须达到一定的程度，在不同的合同类型中，法律的要求不尽相同。一般而言，向交易对方出示格式条款或者载有格式条款的合同文件，就视为已经履行了提请注意的义务。但在某些合同中，提请注意的程度要求得要高一些。(2) 格式条款订入合同，须采取“合理的方式”提请注意。提供格式条款的一方对格式条款中免除或者限制其责任的内容，在合同订立时采用足以引起对方注意的文字、符号、字体等特别标识，并按照对方的要求对该格式条款予以说明的，人民法院应当认定符合第 2 款所称“采取合理的方式”。提供格式条款一方对已尽合理提示及说明义务承担举证责任。提供格式条款的一方当事人违反第 2 款关于提示和说明义务的规定，致使对方没有注意或者理解与其有重大利害关系的条款的，对方可以主张该条款不成为合同的内容。

法条分析

（1）如何理解条文中的“公平原则”的含义？

（2）提供格式条款的一方负有哪些法定义务？

（3）如何认定条文中的“采取合理的方式”？

（4）如何理解条文中的“对该条款予以说明”？

（5）如何理解条文中的“不成为合同的内容”？

答案：（1）公平原则是指民事主体应当本着公平的理念从事民事活动，司法机关应当根据公平的理念处理民事纠纷。

（2）提供格式条款的一方负有公平拟约义务、提请对方注意义务、说明义务。

（3）提供格式条款的一方对格式条款中免除或者限制其责任的内容，在合同订立时采用足以引起对方注意的文字、符号、字体等特别标识，并按照对方的要求对该格式条款予以说明的，应当认定为“采取合理的方式”。

（4）“对该条款予以说明”，指的是条款制订人应当向对方详细阐述该条款的含义，使对方清晰地理解该条款。

（5）“不成为合同的内容”是指这些条款根本没有成立，即因为条款制订人一方没有履行提示或者说明义务，从而认定当事人没有就该条款达成合意，即这些条款无法成为合同的内容。

试题范例

（多项选择题）孙某在某洗衣店干洗了一套名贵西服，洗衣店给孙某开具的单据中载明下列条款：“洗衣过程中衣服损坏，一套衣物赔偿10元钱。”西服洗完后，孙某拒付洗衣费。对此，下列表述中正确的是（　　）。

A. 洗衣店在单据中载明的条款属于格式条款

B. 洗衣店在单据中载明的衣物损害赔偿条款无效

C. 孙某拒付洗衣费，洗衣店可对西服行使留置权

D. 孙某拒付洗衣费，洗衣店可将西服据为己有

答案：ABC

核心法条

《民法典》第497条　有下列情形之一的，该格式条款无效：

（一）具有本法第一编第六章第三节和本法第五百零六条规定的无效情形；

（二）提供格式条款一方不合理地免除或者减轻其责任、加重对方责任、限制对方主要权利；

（三）提供格式条款一方排除对方主要权利。

释解分析

本条规定的是格式条款无效的情形。格式条款无效主要包括以下情形：（1）无民事行为

能力人实施的民事法律行为；行为人与相对人以虚假的意思表示实施的民事法律行为；违反法律、行政法规的强制性规定的民事法律行为；违背公序良俗的民事法律行为；行为人与相对人恶意串通，损害他人合法权益的民事法律行为；造成对方人身伤害的免责条款；因故意或者重大过失造成对方财产损失的免责条款。(2) 提供格式条款一方不合理地免除或者减轻其责任、加重对方责任、限制对方主要权利的格式条款无效。《民法典》第 496 条第 2 款规定格式的免责条款须提请注意，是因格式条款完全由一方制订，免责条款只是对未来可能发生的责任予以免除或者减轻；而本条提到的免除或者减轻，是指条款的制订人在格式条款中已经不合理地、不正当地免除其应当承担的责任。而且所免除的不是未来的责任，而是现在所应当承担的责任。因此，这两条所规定的免除责任的情况是不一样的，是不矛盾的。单纯的免责条款是有效的，但条款制订人应当提请对方注意。而条款的制订人在格式条款中不合理地、不正当地免除或者减轻其现在应当承担的责任，则该条款是无效的。此外，这里的“加重责任”，是指格式条款中含有在通常情况下对方当事人不应承担的义务。例如，要求对方对极轻微的违约行为承担违约责任。(3) 提供格式条款一方排除对方主要权利。“排除对方主要权利”，是指格式条款排除对方当事人在通常情形下应当享有的主要权利。格式条款的内容必须公平、合理，而公平、合理的标准，应依据民法的平等、自愿、公平、诚实信用等原则来确定，不得排除对方的主要权利。

法条分析

(1) 本条中的“格式条款”应如何理解?

(2) 对格式条款的解释应遵循哪些规则?

(3) 提供格式条款一方应当负有哪些义务?

(4) 本条第 1 项规定的格式条款无效的情形有哪些?

(5) 本条第 2 项中的“免除其责任”应如何理解?

(6) 本条第 2 项中的“加重对方责任”应如何理解?

(7) 本条第 3 项中的“排除对方主要权利”应如何理解?

答案: (1) 格式条款是当事人为了重复使用而预先拟定，并在订立合同时未与对方协商的条款。

(2) 对格式条款的理解发生争议的，应当按照通常理解予以解释。对格式条款有两种以上解释的，应当作出不利于提供格式条款一方的解释。格式条款和非格式条款不一致的，应当采用非格式条款。

(3) 提供格式条款一方负有公平拟约义务、提请对方注意义务、说明义务。

(4) 违反法律、行政法规的格式条款无效；恶意串通损害他人合法权益的格式条款无效；以虚假的意思表示订立的格式条款无效；造成对方人身损害的格式条款无效；因故意或者重大过失造成对方财产损失的格式条款无效。

(5) “免除其责任”是指免除条款制订人应履行的强制性规范确认的法定合同义务。

(6) “加重对方责任”是指格式条款中含有在通常情况下对方当事人不应承担的义务。

(7) “排除对方主要权利”是指格式条款中含有排除对方当事人依据合同的性质和内容应当享有的主要权利。

试题范例

（多项选择题）下列条款无效的是（　　）。

A. 违反国家对电视机实行“三包”的规定

B. 商场门口公告：“商场有权对顾客带入商场的皮包进行查看”

C. 出租车司机向乘客表示：“乘坐本车，乘客受伤自负其责”

D. 修车店的注意事项：“汽车丢失，折价赔偿”

答案：ABC

核心法条

《民法典》第 499 条　悬赏人以公开方式声明对完成特定行为的人支付报酬的，完成该行为的人可以请求其支付。

释解分析

本条规定的是悬赏广告。悬赏广告是指悬赏人以公开方式声明对完成特定行为的人支付报酬的意思表示。悬赏广告属于要约，而完成特定行为为承诺，即对悬赏广告一般是以意思实现方式承诺。悬赏广告的效力体现在，悬赏人对于完成特定行为的人负有给付报酬的义务。对于不知有该广告但完成广告声明中特定行为的人，悬赏人也应当支付报酬。在数人分别完成广告规定的行为，而行为没有差别时，悬赏人对于最先完成特定行为的人给付报酬。同时，对其他完成特定行为的人给付报酬消灭。

法条分析

请分析：

（1）何为“悬赏广告”？

（2）如何认定悬赏广告中的要约和承诺？

（3）权利人悬赏寻找遗失物的，悬赏人和拾得人的主要权利义务是什么？

（4）悬赏人拒绝按照承诺履行义务的，拾得人是否享有对遗失物的留置权？为什么？

答案：（1）悬赏广告是指当事人以发布广告的形式，对完成广告中所要求的特定行为的人，给付广告中所声明的报酬的意思表示。

（2）在悬赏广告中，悬赏人发出的悬赏声明（广告）是要约，行为人按照悬赏广告的要求完成特定行为是承诺。

（3）权利人悬赏寻找遗失物的，应当向拾得人支出保管遗失物的必要费用；权利人悬赏寻找遗失物的，领取遗失物时应当按照承诺履行义务。完成特定行为的人也有权请求悬赏人支付悬赏报酬。

（4）悬赏人拒绝按照承诺履行义务的，拾得人不享有留置权，因为遗失物返还义务与悬赏报酬请求权并非基于同一法律关系。

试题范例

（多项选择题）甲在乘坐出租车时将电脑和内含支票的背包遗忘于车内，甲通过交通电台发布悬赏声明，声称捡到电脑和背包并归还者，赏金 5 000 元。出租车司机乙从背包中甲所记载的地址找到甲，并将电脑和背包送还，但乙并不知道悬赏声明。对此，下列表述中正确的是（　　）。

A. 甲应当向乙支付赏金 5 000 元　　B. 乙无权请求甲支付赏金 5 000 元

C. 乙完成特定行为即为承诺　　D. 甲可以撤回悬赏声明

答案：AC

核心法条

《民法典》第 500 条　当事人在订立合同过程中有下列情形之一，造成对方损失的，应当承担赔偿责任：

（一）假借订立合同，恶意进行磋商；

（二）故意隐瞒与订立合同有关的重要事实或者提供虚假情况；

（三）有其他违背诚信原则的行为。

释解分析

本条规定的是缔约过失责任。缔约过失责任是指在订立合同过程中，当事人一方违反依据诚实信用原则产生的先合同义务，导致另一方信赖利益损失时应当承担的损害赔偿责任。其法理基础是诚实信用原则，根据诚实信用原则的要求，当事人在订立合同时负有一定的附随义务，这些义务称为先契约义务，包括无正当理由不得撤销要约的义务、使用方法的告知义务、合同订立前重要情事的告知义务、协作和照顾的义务、忠实义务、保密义务等。只要当事人违背了其负有的应依诚信原则产生的先契约义务，就存在缔约上的过失。缔约过失责任是一种独立的民事责任。

缔约过失责任的内容是损害赔偿，其构成要件包括：(1) 一方违背依诚实信用原则应负的先合同义务。(2) 他方受有信赖利益的损失。(3) 一方违反先合同义务与他方所受损失之间有因果关系。(4) 违反先合同义务的一方具有过失。

缔约过失责任主要适用于以下情形：(1) 假借订立合同，恶意进行磋商。(2) 故意隐瞒与订立合同有关的重要事实或者提供虚假情况。(3) 其他违背诚实信用原则的行为。该情形主要包括：违反有效的要约邀请和要约人违反有效的要约；合同无效或被撤销，一方有过错并给另一方造成损失的；违反先契约义务的。

缔约过失责任的法律后果是进行损害赔偿，赔偿范围是信赖利益的损失。所谓信赖利益，是指缔约人信赖合同有效成立，但因法定事由发生，致使合同不成立、无效或被撤销等而造成的损失。信赖利益损失的赔偿范围一般包括：缔约费用，包括邮电费用、赶赴缔约地或察看标的物等支出的合理费用；准备履行合同所支出的费用，包括为运送标的物或受领相对人给付所支付的合理费用；丧失与第三人另订合同的机会所造成的损失。

法条分析

(1) 本条规定的是何种法律制度？

(2) 如何理解第 1 项中的“假借”“恶意”？

（3）如何理解第2项规定的行为性质？

（4）如何确定本条规定的责任赔偿范围？

答案：（1）本条规定的是缔约过失责任。

（2）“假借”就是根本没有订立合同的目的，与对方谈判只是一个借口，目的在于损害对方或者他人的利益。“恶意”是指故意给对方造成损害的主观心理状态，它不仅包括行为人主观上并没有谈判的意图，还包括行为人主观上具有给对方造成损害的目的。

（3）第2项规定的行为属于欺诈。在缔约过程中，因行为人实施欺诈行为，使对方陷入错误认识。

（4）赔偿范围限于信赖利益的损失。一般包括缔约费用，准备履行合同所支出的费用，受害人支出上述费用所失去的利息，以及丧失与第三人另订合同的机会所造成的损失。

试题范例

（单项选择题）甲公司传真告诉乙公司：有某品牌电脑25台，每台7 000元，其他条件如旧，请2日内答复。乙公司当日发出传真：完全同意你方条件。但因电子线路故障，该传真第四日到达，甲公司未表态。后履行期届至，甲公司不履行义务。则（　　）。

A. 甲公司有权不履行，因合同尚未成立

B. 甲公司如果不履行，须承担缔约过失责任

C. 乙公司的传真为新要约

D. 乙公司的承诺已经生效

答案：D

核心法条

《民法典》第501条　当事人在订立合同过程中知悉的商业秘密或者其他应当保密的信息，无论合同是否成立，不得泄露或者不正当地使用；泄露、不正当地使用该商业秘密或者信息，造成对方损失的，应当承担赔偿责任。

释解分析

本条规定的是泄露或者不正当使用商业秘密和其他应当保密的信息的责任。泄露或者不正当地使用商业秘密或者其他应当保密的信息，将构成缔约过失责任。所谓泄露，是指将商业秘密透露给他人。所谓不正当地使用，是指未经授权而使用该秘密或保密信息，或者将该秘密或保密信息转让给他人。将商业秘密或者其他应当保密的信息用于自己的生产经营，由自己直接利用商业秘密或者其他应当保密的信息的使用价值的行为或状态，或非法允许他人使用的，都应当承担缔约过失责任。

法条分析

（1）如何理解本条中的“商业秘密”？

（2）如何理解本条中的“其他应当保密的信息”？

（3）如何理解本条中的“不正当地使用”？

（4）违反本条规定应当承担的赔偿责任是何种民事责任？

答案：（1）商业秘密是指不为公众所知悉、具有商业价值并经权利人采取相应保密措施的技术信息、经营信息等商业信息。

（2）其他应当保密的信息主要是指除商业秘密外的在订立合同过程中知悉的一经泄露可能带来损失的秘密信息。

（3）不正当地使用是指未经授权或者同意而使用商业秘密或者其他应当保密的信息，以及将商业秘密或者其他应当保密的信息转让给他人。

（4）缔约过失责任。

试题范例

（多项选择题）甲公司拟为新三板上市造势，在无真实交易意图的情况下，短期内以业务合作为由邀请多家公司来其主要办公地点洽谈。其中，乙公司安排授权代表往返十余次，每次都准备了详尽可操作的合作方案，甲公司佯装感兴趣并屡次表达将签署合同的意愿，但均在最后一刻推脱拒签。其间，甲公司还将知悉的乙公司的部分商业秘密不当泄露。对此，下列表述中正确的是（　　）。

A. 甲公司、乙公司未缔约，则甲公司就磋商事宜不承担责任

B. 甲公司、乙公司虽未缔约，但甲公司应当赔偿乙公司的损失

C. 乙公司自愿披露商业秘密，甲公司对此不承担责任

D. 甲公司在缔约中付出大量工作成本，可抵销乙公司主张的损害赔偿

答案：B

核心法条

《民法典》第 504 条　法人的法定代表人或者非法人组织的负责人超越权限订立的合同，除相对人知道或者应当知道其超越权限外，该代表行为有效，订立的合同对法人或者非法人组织发生效力。

释解分析

本条规定的是越权订立的合同的效力。法人的法定代表人有权代表法人从事民事活动，法定代表人根据法律和章程的规定，有权代表法人对外行为。法定代表人依法代表法人行为时，其执行职务的行为所产生的一切法律后果都应由法人承担。法定代表人以法人名义从事的民事活动，由法人承担法律后果。因此，法人的法定代表人超越权限订立的合同，除相对人应当或者应当知道其超越权限外，该合同对法人发生效力。同理，非法人组织的负责人超越权限订立的合同，除相对人知道或者应当知道其超越权限外，该合同对非法人组织发生效力。

法条分析

（1）如何理解本条中的“法定代表人”？

（2）如何理解本条中的“相对人知道或者应当知道其超越权限”？

（3）法人或者非法人组织超越经营范围订立的合同的效力，应如何认定？

答案：（1）依照法律或者法人章程的规定，代表法人从事民事活动的负责人，为法人的法定代表人。

（2）“相对人知道或者应当知道其超越权限”是指相对人在订立合同时对法定代表人、负责人超越权限在主观上是明知，即主观上存在恶意的或者有过错的情况。

（3）法人或者非法人组织超越经营范围订立的合同，不得仅以超越经营范围确认合同无效。但违反国家限制经营、特许经营，以及法律、行政法规禁止经营规定的除外。

试题范例

（单项选择题）甲公司章程规定：“董事长未经股东会授权，不得处置公司资产，也不得以公司名义签订非经营性合同。”某日，董事长任某见王某开一辆新款宝马车，遂决定以自己乘坐的公司的旧奔驰车与王某调换，并办理了车辆过户手续。如果王某并不知道甲公司章程的规定，则任某换车的行为应当认定为（　　）。

A. 无效　　B. 有效　　C. 可撤销　　D. 效力待定

答案：B

核心法条

《民法典》第 509 条　当事人应当按照约定全面履行自己的义务。

当事人应当遵循诚信原则，根据合同的性质、目的和交易习惯履行通知、协助、保密等义务。

当事人在履行合同过程中，应当避免浪费资源、污染环境和破坏生态。

释解分析

本条规定的是合同履行原则。合同的履行是指债务人依据法律和合同的约定全面地、正确地作出给付的行为。合同履行的原则是指当事人在合同履行过程中应当遵守的基本准则。合同履行的原则包括全面履行原则、遵循诚实信用原则和保护生态环境原则。

全面履行原则是指当事人按照合同约定的标的、数量、质量、履行期限、履行地点、履行方式，全面完成合同义务，从而使债权人的合同债权得到完全实现。

遵循诚实信用原则是指当事人应本着诚实、守信、善意的态度履行合同义务，不得滥用权利或故意规避义务。遵循诚实信用原则首先针对附随义务的履行而适用。合同义务不仅包括主给付义务和从给付义务，还包括根据合同的性质、目的和交易等产生的通知、协助、保密等附随义务。（1）主合同义务。主合同义务又称主给付义务，是指直接决定民事主体间交易类型的民事义务。主合同义务是请求权指向的对象，通常需要基于当事人的特别约定才能产生，属于约定义务。（2）从合同义务。从合同义务又称从给付义务，即辅助主合同义务实现债权人交易目的的民事义务。从给付义务发生的原因有三种：①基于法律的明文规定。例如，《民法典》第 599 条规定：“出卖人应当按照约定或者交易习惯向买受人交付提取标的物单证以外的有关单证和资料。”②基于当事人的约定。例如，甲企业兼并乙企业，约定乙企业应提供全部客户关系名单。③基于诚实信用原则及补充的合同解释。例如，汽车的出卖人应交付必要的文件，名马的出卖人应交付血统证明书。（3）附随义务。附随义务即依据诚实信用原则，根据合同的性质、目的、交易习惯产生的民事义务。附随义务并非一种约定性质的给付，而是附随于合同之上的具有法定性质的非给付义务。附随义务如履行使用方法的告知义务、重要情事的告知义务、忠实的义务、债权人对债务人的履行应当提供必要的协助义务（如给予指示、提供履行条件、接受交付等）。在特定情形下，附随义务可以依据当事人之间的特别约定成为从给付义务，尤其是附随义务中的协助义务。

保护生态环境原则是指在履行合同过程中，当事人应当避免浪费资源、污染环境和破坏生态。该原则是民法基本原则中的绿色原则在合同履行中的具体体现。

法条分析

（1）第 1 款规定的是何种履行规则？其要求是什么？

（2）第 1 款中的“义务”属于何种性质的义务？其主要内容是什么？

（3）第 2 款规定的是何种履行规则？其要求是什么？

（4）第 2 款中的“义务”属于何种性质的义务？其主要内容是什么？

（5）第 3 款规定的是何种履行规则？其含义是什么？

答案：（1）第 1 款规定的是全面履行规则。全面履行规则要求当事人按照合同约定的标的、数量、质量、履行期限、履行地点、履行方式，全面完成合同义务。

（2）第 1 款规定的“义务”属于合同义务，包括主合同（给付）义务和从合同（给付）义务。主合同义务是合同关系中固有的、必备的可以决定合同的类型的基本义务。从合同义务是辅助主合同义务的功能得以实现的义务。

（3）第 2 款规定的是遵循诚实信用规则。遵循诚实信用规则要求当事人应本着诚实、守信、善意的态度履行合同义务，不得滥用权利或故意规避义务。

（4）第 2 款规定的是附随义务。附随义务并非属于合同固有的义务，是法律规定的一种合同履行过程中的附属性质的义务。其主要内容是在合同履行过程中，当事人根据合同的性质、目的和交易习惯履行通知、协助、保密等义务。

（5）第 3 款规定的是保护生态环境规则。保护生态环境规则是指在履行合同过程中，当事人应当避免浪费资源、污染环境和破坏生态。

试题范例

1.（单项选择题）甲出售汽车给乙，下列选项中，属于甲应当承担的从给付义务的是（　　）。

A. 交付汽车　　B. 转移汽车所有权

C. 提供必要的文件　　D. 告知该车存在的隐性危险

2.（单项选择题）下列合同义务中，属于主给付义务的是（　　）。

A. 名马出卖人交付名马的血统证明书

B. 甲向乙交付所售设备的说明书

C. 出卖人向买受人交付货物

D. 软件开发者对公司所开发软件的架构予以保密

3.（单项选择题）下列选项中，属于合同履行中附随义务的是（　　）。

A. 甲与乙约定购买货物若干，并要求乙对该货物进行包装

B. 甲将自己的自行车卖给乙，若干天后又帮助乙修理该自行车

C. 甲向乙购买钢材，乙负责运输

D. 甲将一卷绳子借给乙，并告知乙绳子有断裂的可能性

答案：1. C　2. C　3. D

核心法条

《民法典》第 515 条　标的有多项而债务人只需履行其中一项的，债务人享有选择权；但是，法律另有规定、当事人另有约定或者另有交易习惯的除外。

享有选择权的当事人在约定期限内或者履行期限届满未作选择，经催告后在合理期限内仍未选择的，选择权转移至对方。

释解分析

本条规定的是选择之债中选择权的归属与移转。根据合同之债的标的有无选择性，合同之债可以分为简单之债与选择之债。简单之债又称不可选择之债，是指债的标的是单一的，当事人只能以该项标的履行而无选择余地的债；选择之债是指债的标的有数项，当事人可以选择其中之一予以履行的债。在选择之债中，当事人在数项标的中选择其中之一为标的履行。选择之债的数项标的间须互有不同的内容，才有选择的必要。选择之债在其成立之时有数项标的，而债务人仅负有一项给付义务，因此，当事人须于数项标的中选定一项履行。也就是说，选择之债都须于标的特定化后才能履行。选择之债通过行使选择权的方式行使，选择权是指当事人就选择之债的数项标的选择一项履行的权利。选择权一经行使，选定的标的即成为履行的标的，而其余的标的随之失去效力，因此，选择权属于形成权。

标的有多项而债务人只需履行其中一项的，关于选择权的归属，应当依据法律规定或者合同的约定确定，或者另有交易习惯的，按照交易习惯确定。例如，合同当事人约定由债权人行使选择权的，应当按照合同的约定确定。如果法律没有明确规定，合同也没有明确约定，也没有交易习惯可以确定的，选择权应当归属于债务人。

选择之债只有经过选择才能履行，若选择权人不行使选择权，则债无法履行。因此，有选择权的一方应及时行使选择权。一般来说，选择权定有行使期限的，享有选择权的当事人未在该期限内行使的，其选择权转归相对人行使；于清偿期届至时，经相对人定合理的期限进行催告，享有选择权的当事人于该期限内未行使选择权的，其选择权转归对方行使。

法条分析

（1）选择权属于何种性质的权利？

（2）如何确定选择权的行使顺序？

（3）当事人行使选择权的方式和效力如何认定？

答案：（1）选择权在性质上属于形成权。

（2）选择权的行使顺序为：①根据法律规定、当事人的约定或者交易习惯确定；②标的

有多项而债务人只需履行其中一项的，债务人享有选择权；③享有选择权的当事人在约定期限内或者履行期限届满未作选择，经催告后在合理期限内仍未选择的，选择权转移至对方。

(3) 当事人行使选择权应当及时通知对方，通知到达对方时，标的确定。标的确定后不得变更，但是经对方同意的除外。

试题范例

1. (单项选择题) 甲公司与乙、丙、丁三人组成的组合乐队订立演出合同，约定由该组合乐队在演奏会上演奏自创组合乐曲 4 至 6 首。由此成立的合同之债的类型是 (   )。

A. 特定之债　　B. 单一之债　　C. 选择之债　　D. 法定之债

2. (单项选择题) 关于选择之债中选择权的行使，下列表述中正确的是 (   )。

A. 当事人行使选择权，须经对方同意

B. 当事人行使选择权后，确定的债务标的不得变更

C. 选择权的行使，当事人没有约定、法律没有规定或者交易习惯不能确定的，选择权属于债权人

D. 可选择的债务标的之中发生不能履行情形的，享有选择权的当事人不得选择不能履行的标的，但是该不能履行的情形是由对方造成的除外

答案：1. B　2. D

核心法条

《民法典》第 518 条　债权人为二人以上，部分或者全部债权人均可以请求债务人履行债务的，为连带债权；债务人为二人以上，债权人可以请求部分或者全部债务人履行全部债务的，为连带债务。

连带债权或者连带债务，由法律规定或者当事人约定。

释解分析

本条规定的是连带之债。根据债的主体双方的人数，债可以分为单一之债和多数人之债。单一之债是指债权人、债务人均仅为一人的债。多数人之债是指债权人、债务人一方或双方是多数人的债。以主体对债权或债务的享有与承受情况为标准，多数人之债可以分为按份之债和连带之债。按份之债是指债的多数主体各自按照确定的份额分享债权或者分担债务的债。连带之债是指债的多数主体中任何一人都有权请求对方履行全部债务，或任何一人都有义务向对方履行全部债务的债。

债权人为二人以上，部分或者全部债权人均可以请求债务人履行债务的，为连带债权；债务人为二人以上，债权人可以请求部分或者全部债务人履行全部债务的，为连带债务。连带之债可基于法律的直接规定而产生，也可基于当事人的约定而产生。由于连带之债加重了当事人履行债务的负担，因而连带之债的成立应当以当事人明确约定或者法律明确规定为限，也就是说，连带之债是债的特殊形态，只有在法律明确规定或者当事人明确约定的情形下才能成立，其适用范围受到限制，在法律没有特别规定或者当事人没有特别约定的情况下，多数人之债一般是按份之债。例如，法律规定，连带债务可基于多数人共同从事不法行为、共同

保证等而产生。法律规定的连带之债，如共同侵权行为所致连带损害赔偿之债，不允许当事人通过约定加以排除。在合同领域，除保证合同外，连带债务通常都是由当事人约定的。

法条分析

（1）连带债务人或者连带债权人的份额难以确定的，如何确定份额？

（2）连带债务人之间如何行使求偿权？

（3）部分连带债务人履行、抵销债务或者提存标的物的，对其他债务人的效力如何认定？

（4）部分连带债务人的债务被债权人免除的，对其他债务人的效力如何认定？

（5）部分连带债务人的债务与债权人的债权混同的，对其他债务人的效力如何认定？

（6）债权人对部分连带债务人的给付受领迟延的，对其他连带债务人的效力如何认定？

答案：（1）连带债务人之间的份额或者连带债权人之间的份额难以确定的，视为份额相同。

（2）实际承担债务超过自己份额的连带债务人，有权就超出部分在其他连带债务人未履行的份额范围内向其追偿，并相应地享有债权人的权利，但是不得损害债权人的利益。其他连带债务人对债权人的抗辩，可以向该债务人主张。被追偿的连带债务人不能履行其应分担份额的，其他连带债务人应当在相应范围内按比例分担。

（3）部分连带债务人履行、抵销债务或者提存标的物的，其他债务人对债权人的债务在相应范围内消灭；该债务人可以依据前述规定向其他债务人追偿。

（4）部分连带债务人的债务被债权人免除的，在该连带债务人应当承担的份额范围内，其他债务人对债权人的债务消灭。

（5）部分连带债务人的债务与债权人的债权同归于一人的，在扣除该债务人应当承担的份额后，债权人对其他债务人的债权继续存在。

（6）债权人对部分连带债务人的给付受领迟延的，对其他连带债务人发生效力。

试题范例

（多项选择题）关于连带之债及其履行，下列说法中正确的是（　　）。

A. 连带债务人之间的份额或者连带债权人之间的份额难以确定的，视为份额相同

B. 部分连带债务人履行、抵销债务或者提存标的物的，其他债务人对债权人的债务在相应范围内消灭

C. 部分连带债务人的债务被债权人免除的，在该连带债务人应当承担的份额范围内，其他债务人对债权人的债务消灭

D. 债权人对部分连带债务人的给付受领迟延的，对其他连带债务人不发生效力

答案：ABC

核心法条

《民法典》第522条　当事人约定由债务人向第三人履行债务，债务人未向第三人履行债务或者履行债务不符合约定的，应当向债权人承担违约责任。

法律规定或者当事人约定第三人可以直接请求债务人向其履行债务，第三人未在合理期限内明确拒绝，债务人未向第三人履行债务或者履行债务不符合约定的，第三人可以请求债务人承担违约责任；债务人对债权人的抗辩，可以向第三人主张。

释解分析

本条规定的是债务人向第三人履行和债务人为第三人利益履行。债务人向第三人履行，又称“第三人代债权人接受履行”。根据合同相对性原则，合同关系发生在合同当事人之间，因此，在合同成立并生效后，当事人应当按照合同的约定履行义务，即合同债务应当由债务人履行，债权人也只能请求债务人向其履行合同。但在实践中，当事人可以约定由债务人向第三人履行债务，这种情形，就是民法上所谓债务人向第三人履行。债务人向第三人履行，并不是说第三人成为合同当事人，而是第三人受债权人指令接受债务人的履行。指令第三人受领，并不是债权转让，第三人没有演变成合同的债权人，债务人仅对债权人负有义务，对第三人并不负担债务。因此，当事人约定由债务人向第三人履行债务，债务人未向第三人履行债务或者履行债务不符合约定的，应当向债权人承担违约责任，而不能向第三人承担违约责任。第三人并不因此成为独立的债的关系的当事人，其只是代替债权人接受债务人的履行。

根据订约人订立合同的目的是否为自己谋取利益，合同可以分为为定约人自己订立的合同和为第三人利益订立的合同。为定约人自己订立的合同，是指定约人订立合同是为自己设定权利，使自己直接取得和享有某种利益。为第三人利益订立的合同，是指订约当事人为第三人设定权利并使其取得利益的合同，该合同就是本条第 2 款规定的债务人为第三人利益履行所订立的合同。此种合同中，当事人双方约定使债务人向第三人履行债务，第三人由此取得直接请求债务人履行义务的权利。此种合同的法律特征是：第一，第三人不是订约当事人，其不必在合同上签名，也不需要通过其代理人参与缔约。但第三人却可以依据法律规定或者当事人约定，直接请求债务人向其履行债务。第二，该合同只能为第三人设定权利，而不得为其设定义务。第三，该合同的订立，事先无须通知第三人或征得第三人的同意。当然，为第三人设定的权利，该第三人可以接受，也可以不接受。如果第三人拒绝接受权利，则合同所设定的权利由为第三人利益订约的当事人自己享有。在第三人接受权利以后，第三人有权请求债务人向其作出履行，同时债权人也可以请求债务人向其作出履行。如果第三人未在合理期限内明确拒绝，债务人未向第三人履行债务或者履行债务不符合约定的，第三人可以请求债务人承担违约责任；债务人对债权人的抗辩，可以向第三人主张。

法条分析

（1）本条第 1 款规定的是何种法律制度？

（2）本条第 2 款规定的是何种法律制度？

（3）如何理解本条第 1 款和第 2 款中的“第三人”的法律地位？

（4）本条规定体现了合同具有的何种属性？其主要内容有哪些？

答案：（1）本条第 1 款规定的是债务人向第三人履行。

（2）本条第 2 款规定的是债务人为第三人利益履行。

(3) 在债务人向第三人履行的涉他合同中，第三人不是合同当事人，不具有合同当事人的地位，不享有合同上的权利和义务，其只是代替债权人接受债务人的履行。在债务人为第三人利益履行的涉他合同中，第三人不是合同当事人，但是具有相对独立的法律地位，享有合同上的权利而不必履行义务。债务人未向第三人履行债务或者履行债务不符合约定的，第三人可以请求债务人承担违约责任。

(4) 本条规定体现了合同的相对性。其主要内容包括主体的相对性、内容的相对性和违约责任的相对性。

试题范例

(单项选择题) 甲、乙签订合同，约定由丙向甲履行债务，如果丙履行债务不符合约定，则甲有权请求承担违约责任的是（　　）。

A. 丙　　B. 乙　　C. 乙和丙　　D. 乙或者丙

答案：B

核心法条

《民法典》第 523 条　当事人约定由第三人向债权人履行债务，第三人不履行债务或者履行债务不符合约定的，债务人应当向债权人承担违约责任。

释解分析

本条规定的是第三人向债权人履行。第三人向债权人履行，是合同当事人约定由第三人向债权人履行的行为。第三人向债权人履行的，并不意味着第三人成为合同的当事人。由第三人向债权人履行，不同于债务承担，是债务人依照与债权人的约定指令第三人履行。由第三人履行，是为了提高效率，避免倒手的时间、金钱浪费。

当事人约定第三人可向债权人履行债务，在第三人向债务人履行债务时，将发生与债务人自己履行该债务同样的效果。第三人代债务人履行债务，第三人作为合格的履行辅助人，不履行债务或者履行债务不符合约定的，视为债务人不履行债务或者履行债务不符合约定，根据合同相对性原则，债务人当然应当向债权人承担违约责任。

法条分析

(1) 本条规定的是何种法律制度？

(2) 本条中的“第三人”是否具有独立的法律地位？为什么？

(3) 本条体现了合同具有的何种属性？其主要内容有哪些？

答案：(1) 本条规定的是第三人向债权人履行。

(2) 在第三人向债权人履行的涉他合同中，第三人不具有独立的法律地位。因为第三人只是合同的履行辅助人，其对债务的履行需要接受债务人与债权人的约定指令，第三人不履行债务或者履行债务不符合约定的，视为债务人不履行债务或者履行债务不符合约定。

(3) 本条规定体现了合同的相对性。其主要内容包括主体的相对性、内容的相对性和违约责任的相对性。

试题范例

（单项选择题）甲与乙签订一份装修合同，约定由乙的侄子丙完成装修任务，丙在装修过程中未经甲、乙同意，擅自改变了墙面颜色。则甲应当请求（　　）。

A. 丙承担违约责任　　B. 乙承担违约责任

C. 乙、丙承担连带责任　　D. 乙、丙承担按份责任

答案： B

核心法条

《民法典》第524条　债务人不履行债务，第三人对履行该债务具有合法利益的，第三人有权向债权人代为履行；但是，根据债务性质、按照当事人约定或者依照法律规定只能由债务人履行的除外。

债权人接受第三人履行后，其对债务人的债权转让给第三人，但是债务人和第三人另有约定的除外。

释解分析

本条规定的是代为清偿。代为清偿，又称第三人代为履行，是指债务人不履行债务的，第三人代债务人向债权人履行债务的行为。第三人代为履行不同于《民法典》第523条规定的第三人向债权人履行。本条规定的“第三人”具有独立的请求权，是债务人及债务履行辅助人以外的人；而《民法典》第523条规定的“第三人”不具有独立的请求权，其仅仅是债务履行辅助人。

代为清偿须具备如下条件：（1）有债务人不履行债务的事实，且第三人对债务人的债务具有合法利益。（2）债务只能由债务人本人清偿的，第三人不得代为清偿。这包括：①根据法律规定不得由第三人代为清偿。例如，《民法典》第791条第3款规定：“建设工程主体结构的施工必须由承包人自行完成。”②根据合同约定不得由第三人代为清偿。例如，当事人约定，承揽工作必须由承揽人完成，则不得由第三人完成。③依据合同性质不能由第三人代为清偿。例如，聘请明星表演或者聘请名师讲座应当由债务人亲自履行，而不能由第三人代为履行。

第三人代为清偿的效力体现在，第三人代为清偿后，债务人的债务消灭，第三人得根据约定或者不当得利及无因管理规定向债务人追偿，包括代为清偿的必要费用。债权人接受第三人履行后，其对债务人的债权转让给第三人，但是债务人和第三人另有约定的除外。

法条分析

（1）本条规定的是何种法律制度？

（2）本条中的“第三人”是否具有独立的法律地位？

（3）本条规定的法律制度的构成要件有哪些？

答案：（1）本条规定的是第三人代为履行（代为清偿）。

(2) 在代为清偿的涉他合同中，第三人具有独立的法律地位，享有独立的请求权，是债务人及债务履行辅助人以外的人。

(3) 代为清偿的构成要件有：①有债务人不履行债务的事实，且第三人对债务人的债务具有合法利益。②债务只能由债务人本人清偿的，第三人不得代为清偿。这包括根据债务性质、按照当事人约定或者依照法律规定只能由债务人履行的情形。

试题范例

1.（单项选择题）甲药材经销公司对乙公司负有交付药材的合同义务，丙公司是专门生产药材的公司并与甲公司有常年业务往来。丙公司和乙公司约定，由丙公司代甲公司履行，甲公司对此全不知情。对此，下列表述中正确的是（　　）。

A. 虽然甲公司不知情，但丙公司的履行具有法律效力

B. 因甲公司不知情，故丙公司代为履行后对甲公司不得追偿代为履行的必要费用

C. 虽然甲公司不知情，但若丙公司履行有瑕疵的，甲公司需就此对乙公司承担违约责任

D. 虽然甲公司不知情，但若丙公司履行有瑕疵而承担违约责任的，丙公司可就该违约赔偿金向甲公司追偿

2.（单项选择题）甲投资期货，向乙借款 10 万元，约定 1 年后还本付息。1 年后，甲投资失败，根本无法偿还乙的借款，乙多次索要，甲、乙经常恶语相向。甲的父亲为息事宁人，找到乙还了 10 万元。甲的父亲的行为属于（　　）。

A. 清偿抵充　　B. 代为清偿　　C. 债务承担　　D. 代理清偿

答案：1. A　2. B

核心法条

《民法典》第 525 条　当事人互负债务，没有先后履行顺序的，应当同时履行。一方在对方履行之前有权拒绝其履行请求。一方在对方履行债务不符合约定时，有权拒绝其相应的履行请求。

释解分析

本条规定的是同时履行抗辩权。同时履行抗辩权是指双务合同的当事人在没有约定履行顺序或约定应同时履行的情况下，一方当事人在对方未为对待给付之前，得拒绝履行自己债务的权利。同时履行抗辩权的成立条件有：(1) 须当事人就同一双务合同互负债务。(2) 须双方互负的债务均届清偿期。(3) 须对方未履行债务或履行债务不符合约定。(4) 须对方的对待给付是可能履行的。

同时履行抗辩权属于延期抗辩权、一时抗辩权，其效力主要在于对方未履行或履行债务不符合约定时，有拒绝履行自己债务的权利。如果对方已经履行了债务，该权利即消灭。值得一提的是，如果对方履行的是部分债务，该部分履行对债权人无意义的，债权人得行使同时履行抗辩权请求对方全部履行；部分履行不损害债权人利益的，债权人得就未给付部分行使同时履行抗辩权。

法条分析

（1）本条规定的是何种法律制度？该制度的含义是什么？

（2）本条规定的抗辩权的法律根据是什么？

（3）如何理解本条中的“当事人互负债务”？

（4）双务合同互负债务的一方未履行从给付义务的，对方可否行使本条规定的抗辩权？

答案：（1）本条规定的是同时履行抗辩权。同时履行抗辩权是指双务合同的当事人在没有约定履行顺序或约定应同时履行的情况下，一方当事人在对方未为对待给付之前，得拒绝履行自己债务的权利。

（2）同时履行抗辩权的法律根据是双务合同的牵连性。

（3）“当事人互负债务”指的是当事人之间的债务是基于同一双务合同产生的，且当事人互负相互牵连的债务，债务之间具有对应性。

（4）双务合同互负债务的一方未履行从给付义务的，对方不能行使同时履行抗辩权。

试题范例

（单项选择题）甲、乙双方互负债务，没有先后履行顺序，如果一方在对方履行之前拒绝其履行要求，则另一方有权行使（　　）。

A. 先履行抗辩权　　B. 先诉抗辩权

C. 同时履行抗辩权　　D. 不安抗辩权

答案：C

核心法条

《民法典》第526条　当事人互负债务，有先后履行顺序，应当先履行债务一方未履行的，后履行一方有权拒绝其履行请求。先履行一方履行债务不符合约定的，后履行一方有权拒绝其相应的履行请求。

释解分析

本条规定的是先履行抗辩权。

法条分析

（1）本条规定的是何种法律制度？其含义是什么？

（2）本条规定的制度的构成要件有哪些？

（3）本条规定的制度的法律效力如何认定？

答案：（1）先履行抗辩权。先履行抗辩权是指在当事人互负债务且有先后履行顺序时，负有先履行义务的一方未履行债务或履行债务不符合约定时，后履行一方拒绝其履行请求的权利。

（2）先履行抗辩权的构成要件是：①当事人基于同一双务合同互负债务。②双方债务均已届清偿期。③一方当事人有先为履行的义务。④应当先履行的一方未履行债务或者履行债务不符合约定，如履行迟延、不完全履行、部分履行。

（3）先履行抗辩权是延期抗辩权、一时抗辩权，其成立及行使，使得后履行一方可中止履行自己的债务，以保护自己的期限利益、顺序利益；在先履行一方采取了补救措施、变违约为适当履行的情况下，先履行抗辩权消灭，后履行一方须履行债务。

试题范例

（多项选择题）下列选项中，属于延期抗辩权的是（　　）。

A. 同时履行抗辩权　　B. 先履行抗辩权

C. 不安抗辩权　　D. 先诉抗辩权

答案：ABCD

核心法条

《民法典》第 527 条　应当先履行债务的当事人，有确切证据证明对方有下列情形之一的，可以中止履行：

（一）经营状况严重恶化；

（二）转移财产、抽逃资金，以逃避债务；

（三）丧失商业信誉；

（四）有丧失或者可能丧失履行债务能力的其他情形。

当事人没有确切证据中止履行的，应当承担违约责任。

释解分析

本条规定的是不安抗辩权。

先履行一方有确切证据证明对方具有法律规定的不能或不会对待履行的事由以后，可以行使不安抗辩权，暂时中止合同的履行。可见，暂时中止合同的履行乃是不安抗辩权行使的主要效果。所谓暂时中止合同的履行，是指暂停履行合同，合同并没有发生终止或解除，它对当事人仍然是有效的。因此，为了防止先履行一方滥用不安抗辩权，先履行一方必须有确切证据证明对方有不能为对待给付的现实危险，当事人没有确切证据中止履行的，应当承担违约责任。

法条分析

（1）本条规定的是何种法律制度？该制度的含义是什么？

（2）本条规定的制度的构成要件有哪些？

（3）先履行一方行使不安抗辩权应当负有那些义务？

（4）本条规定的制度的效力如何认定？

答案：（1）本条规定的是不安抗辩权。不安抗辩权是指先履行一方在有确切证据证明后履行一方有丧失或者可能丧失履行债务能力的情况下，可暂时中止履行的权利。

（2）不安抗辩权的构成要件有：①当事人基于同一双务合同互负债务。②主张不安抗辩权的一方应当先履行债务且其债务已届清偿期。③先履行一方有确切证据证明对方履行能力明显降低，有不能为对待给付的现实危险。

(3) 先履行一方行使不安抗辩权，负有举证义务和通知义务。

(4) 在具备不安抗辩权的行使条件时，先履行一方有权中止履行，并可要求后履行一方提供适当的担保。在后履行一方提供适当担保时，先履行一方应当恢复履行。如果后履行一方在合理期限内未恢复履行能力且未提供适当担保时，先履行一方可以解除合同。

试题范例

1. (单项选择题) 行使不安抗辩权的情形是对方当事人(　　)。

A. 经营状况恶化　　B. 丧失履约能力　　C. 抽逃资金　　D. 无偿转让财产

2. (多项选择题) 下列关于不安抗辩权制度的表述中，错误的有(　　)。

A. 在赠与合同履行过程中，如果义务人不交付赠与物的，则受让人有权主张不安抗辩权

B. 如果出让方经营状况不佳，受让人可以行使不安抗辩权

C. 行使不安抗辩权的一方有权拒绝并终止自己的履行

D. 行使不安抗辩权的主体是先履行一方，后履行一方不享有不安抗辩权

答案： 1. B　2. ABC

核心法条

《民法典》第530条　债权人可以拒绝债务人提前履行债务，但是提前履行不损害债权人利益的除外。

债务人提前履行债务给债权人增加的费用，由债务人负担。

释解分析

本条规定的是提前履行。在合同履行期限确定以后，债务人原则上应当按期限履行。债务人提前履行涉及到期限利益，所谓期限利益，是指当事人因期限的存续而享有的利益。在没有特别约定的情况下，期限利益一般属于债务人，按照私法自治原则，债务人可以通过提前履行，处分自己的期限利益。但是，债权人有权拒绝债务人提前履行债务。主要理由在于：一是债务人的提前履行会造成债权人的损害。例如，因为债权人尚未建好仓库，需要委托他人保管货物，提前履行可能使债权人负担过高的保管费用，此时，债权人即有权拒绝债务人的提前履行。二是此种损害是不合理的。此种损害客观存在，而不是债权人单纯主观上的想法，例如，债权人以债务人提前履行会打乱其经营计划、安排为由拒绝债务人的提前履行。不过，只有在债务人提前履行不合理地损害了债权人的利益时，债权人才有权拒绝债务人的提前清偿。此外，债务人提前履行债务给债权人增加的费用，由债务人负担。

法条分析

(1) 履行期限不明确的，如何确定合同的履行期限？

(2) 债权人拒绝提前履行的条件是什么？

(3) 债务人提前履行债务给债权人增加的费用由谁负担？

答案：(1) 当事人对履行期限没有约定或者约定不明确的，可以协议补充；不能达成补充协议的，按照合同相关条款或者交易习惯确定。仍不能确定的，履行期限不明确的，债务

人可以随时履行，债权人也可以随时请求履行，但是应当给对方必要的准备时间。

(2) 债权人拒绝提前履行的条件是债务人的提前履行不合理地损害了债权人的利益。

(3) 债务人提前履行债务给债权人增加的费用，由债务人负担。

试题范例

(多项选择题) 合同约定甲公司应当在8月30日向乙公司交付一批货物。8月中旬，甲公司把货物运送到乙公司。对此，乙公司可以(　　)。

A. 拒绝接受货物　　B. 不接受货物并要求对方承担违约责任

C. 接受货物并要求对方承担违约责任　　D. 接受货物并要求对方支付增加的费用

答案：AD

核心法条

《民法典》第531条　债权人可以拒绝债务人部分履行债务，但是部分履行不损害债权人利益的除外。

债务人部分履行债务给债权人增加的费用，由债务人负担。

释解分析

本条规定的是部分履行。部分履行是指债务的履行期限届满时，债务人只履行其中一部分债务的情况。部分履行不同于分期履行。部分履行既可以是就整个债务的部分履行，也可以是就分期履行中的某一期部分履行。

债务人履行部分债务，原则上属于违约行为，债权人可以拒绝并请求债务人承担违约责任。债权人也可以接受部分履行，并保留请求债务人承担违约责任的权利。当然，债权人也可以无保留地接受债务人的部分履行并不将部分履行作为违约看待。

如果债务人部分履行不损害债权人的利益，基于诚信原则，债权人应当接受债务人的部分履行，不得拒绝。

债权人接受债务人部分履行，可能会额外增加一些费用，这些费用由债务人负担。

法条分析

(1) 部分履行违反了合同履行的哪个一般规则？

(2) 债务人部分履行债务给债权人增加的费用，由谁负担？

(3) 若履行费用的负担不明确，应如何确定履行费用？

答案：(1) 部分履行违反了合同履行的全面履行规则。

(2) 债务人部分履行债务给债权人增加的费用，由债务人负担。

(3) 当事人就履行费用没有约定或者约定不明确的，可以协议补充；不能达成补充协议的，按照合同相关条款或者交易习惯确定。仍不能确定的，履行费用的负担不明确的，由履行义务一方负担；因债权人原因增加的履行费用，由债权人负担。

试题范例

(单项选择题) 甲、乙订立10台相机的买卖合同，约定乙在收到相机后3日内付款。如果甲、乙未就一次全部履行还是部分分期履行作出约定，则应当（　　）。

A. 一次全部履行

B. 按照有利于实现合同目的的方式履行

C. 部分分期履行

D. 可以选择一次全部履行或者部分分期履行

答案：A

核心法条

《民法典》第533条　合同成立后，合同的基础条件发生了当事人在订立合同时无法预见的、不属于商业风险的重大变化，继续履行合同对于当事人一方明显不公平的，受不利影响的当事人可以与对方重新协商；在合理期限内协商不成的，当事人可以请求人民法院或者仲裁机构变更或者解除合同。

人民法院或者仲裁机构应当结合案件的实际情况，根据公平原则变更或者解除合同。

释解分析

本条规定的是情事变更规则。

情事变更规则的法律效力体现在变更合同和解除合同两大效果，具体而言，发生情事变更后，受不利影响的当事人可以与对方重新协商；在合理期限内协商不成的，当事人可以请求人民法院或者仲裁机构变更或者解除合同。人民法院或者仲裁机构应当结合案件的实际情况，根据公平原则变更或者解除合同。

法条分析

（1）本条规定的是何种法律制度？其含义是什么？

（2）适用本条规定须具备哪些条件？

（3）本条规定的制度与商业风险有何区别？

答案：（1）本条规定的是情事变更规则。情事变更规则是指合同依法成立以后，非归因于当事人双方的原因，作为合同赖以成立的基础或环境的客观事实发生变更，使得继续维持合同的效力显失公平或者不能实现合同目的，遭受不利影响的一方当事人可以请求人民法院或者仲裁机关予以变更或者解除的规则。

（2）情事变更规则的适用条件有：①须有情事变更的事实。②情事变更发生在合同成立生效以后，履行终止以前。③情事变更非当事人所能预见。④情事变更不可归责于双方当事人，即双方当事人没有过错。⑤因情事变更而使原合同的履行显失公平。

（3）情事变更的事实是当事人无法预见的，因而不可归责于双方当事人；固有的商业风险是当事人能够预见的，且商业风险带来的损失可归责于当事人。

试题范例

（单项选择题）下列情形中，当事人可以情事变更事由解除合同的是（　　）。

A. 某甲因当地政府对其货物实施罚没收入而请求解除与包某签订的该货物的买卖合同

B. 某乙因银行贷款利率的调整而无力支付商品房首付款，遂请求解除与某开发商签订的商品房买卖合同

C. 某丙因其交付的货物价格大幅度上涨而请求解除与冉某签订的该货物的买卖合同

D. 某丁因不可抗力导致合同无法履行而请求解除与陈某签订的买卖合同

答案：B

核心法条

《民法典》第535条　因债务人怠于行使其债权或者与该债权有关的从权利，影响债权人的到期债权实现的，债权人可以向人民法院请求以自己的名义代位行使债务人对相对人的权利，但是该权利专属于债务人自身的除外。

代位权的行使范围以债权人的到期债权为限。债权人行使代位权的必要费用，由债务人负担。

相对人对债务人的抗辩，可以向债权人主张。

释解分析

本条规定的是债权人的代位权。代位权涉及三方当事人（债权人、债务人与相对人）和两个债权（债权人对债务人的债权、债务人对相对人的债权）。

债权人的代位权的成立条件有：（1）债权人对债务人的债权合法。（2）债务人对第三人（相对人）享有债权。（3）债务人怠于行使其债权或者与该债权有关的从权利影响债权人的到期债权的实现。被保全的债权限于“金钱债权”，非金钱债权不得代位行使。（4）债务人对第三人的债权为非专属性权利和可以强制执行的权利。

债权人的代位权必须以自己的名义通过诉讼方式行使，代位权的行使范围以债权人的到期债权为限。行使代位权的必要费用，由债务人负担。相对人对债务人的抗辩，可以向债权人主张。

代位权的效力体现在，人民法院认定代位权成立的，由债务人的相对人向债权人履行义务，债权人接受履行后，债权人与债务人、债务人与相对人之间相应的权利义务终止。债务人对相对人的债权或者与该债权有关的从权利被采取保全、执行措施，或者债务人破产的，依照相关法律的规定处理。

法条分析

（1）债权人的代位权的含义是什么？

（2）如何界定本条中的“相对人”的范围？

（3）如何界定本条中的“与该债权有关的从权利”？

（4）代位权提前行使的情形有哪些？

（5）如何理解“因债务人怠于行使其债权或者与该债权有关的从权利，影响债权人的到期债权实现”？

（6）专属于债务人自身的债权有哪些？

（7）如何理解代位权的行使方式、行使范围和必要费用的负担？

(8) 第 3 款规定的相对人所享有的“抗辩”主要包括哪些抗辩?

答案:(1) 债权人的代位权是指当债务人怠于行使其债权或者与该债权有关的从权利而影响债权人的到期债权实现时，债权人享有的以自己的名义代位行使债务人对相对人的权利的权利。

(2) 相对人包括次债务人、抵押人、质押人、保证人等。

(3)“与该债权有关的从权利”是指抵押、质押等担保物权，以及保证人承担的保证责任等。

(4) 债权人的债权到期前，债务人的债权或者与该债权有关的从权利存在诉讼时效期间即将届满或者未及时申报破产债权等情形，影响债权人的债权实现的，债权人可以代位向债务人的相对人请求其向债务人履行、向破产管理人申报或者作出其他必要的行为。

(5)“因债务人怠于行使其债权或者与该债权有关的从权利，影响债权人的到期债权实现”，是指债务人不履行其对债权人的到期债务，又不以诉讼方式向其债务人主张其享有的具有金钱给付内容的债权，以致影响债权人的到期债权的实现。

(6) 基于扶养关系、抚养关系、赡养关系、继承关系产生的给付请求权和劳动报酬、退休金、养老金、抚恤金、安置费、人寿保险、人身伤害赔偿请求权等权利属于专属于债务人自身的债权。

(7) 债权人的代位权必须通过诉讼方式行使，代位权的行使范围以债权人的到期债权为限。行使代位权的必要费用，由债务人负担。

(8) 相对人所享有的抗辩主要包括权利不发生的抗辩、权利消灭的抗辩、债务未到期的抗辩、抵销的抗辩、保证中的先诉抗辩权、同时履行抗辩等。

试题范例

(多项选择题) 下列关于债权人行使代位权的表述中，正确的是(　　)。

A. 代位权是担保债权实现的方式之一

B. 对于侵权损害赔偿的债权，债权人可以行使代位权

C. 对于扶养请求权不得行使代位权

D. 养老金不能行使代位权

答案: CD

核心法条

《民法典》第 538 条　债务人以放弃其债权、放弃债权担保、无偿转让财产等方式无偿处分财产权益，或者恶意延长其到期债权的履行期限，影响债权人的债权实现的，债权人可以请求人民法院撤销债务人的行为。

释解分析

本条规定的是无偿处分时的债权人撤销权行使。撤销权是指债权人享有的依诉讼程序申请人民法院撤销债务人实施的损害债权行为的权利。

债权人的撤销权的成立条件因债务人所为的行为系无偿或有偿的不同而有所区别。若为

无偿行为，只需具备客观要件；若为有偿行为，则需同时具备客观要件与主观要件。本条仅规定债权人的撤销权的客观要件；而《民法典》第539条既规定了债权人的撤销权的客观要件，也规定了主观要件。

债权人行使撤销权的客观要件包括：(1) 债务人实施了一定的处分财产的行为。一定的财产处分行为包括放弃债权、放弃债权担保和无偿转让财产等无偿处分财产权益的行为。对于债务人恶意延长其到期债权的履行期限，影响债权人的债权实现的，债权人可以请求人民法院撤销债务人的行为。“放弃其债权”，既包括放弃到期债权，也包括放弃未到期债权。“无偿转让财产”，主要是指将财产赠与他人。当然，此处所说的赠与是已经实际生效，如果债务人与第三人只是达成了赠与合同，还没有交付赠与物，则债权人不得请求撤销。无偿转让的财产，包括动产和不动产，也包括股权、知识产权等财产权益。(2) 债务人的处分行为已经发生效力。债权人之所以要行使撤销权，乃是因为债务人处分财产的行为已经生效，财产将要或已经发生了转移。如果债务人的行为并没有成立或生效，或者法律上属于当然无效的行为，或者该行为已经被宣告无效等，都不必由债权人行使撤销权。(3) 债务人的行为影响债权人的债权实现。债务人处分财产的行为影响债权人的债权实现的，债权人才能行使撤销权。在不影响债权人的债权实现的情况下，债务人处分财产的行为系正当行为，债权人不得行使撤销权。

撤销权的行使主体是因债务人的行为而使债权受到损害的债权人。债权人的撤销权由债权人以自己的名义行使，行使撤销权只能通过诉讼方式。

法条分析

(1) 何为债权人的撤销权？

(2) 针对债务人无偿处分财产权益行使撤销权的条件有哪些？

(3) 如何判断本条中的“影响债权人的债权实现”？

(4) 如何理解债权人的撤销权的行使范围和必要费用的负担？

答案：(1) 债权人的撤销权是指在债务人实施的处分行为影响债权人的债权实现时，债权人享有的依诉讼程序申请人民法院撤销债务人实施的行为的权利。

(2) 针对债务人无偿处分财产权益行使撤销权的条件有：债务人实施了无偿处分财产的行为；债务人无偿处分财产的行为已经发生法律效力；债务人无偿处分财产的行为影响债权人的债权实现。

(3) 只要债务人在实施财产处分行为以后，已不具有足够资产清偿债权人的债权。

(4) 债权人的撤销权的行使范围以债权人的债权为限。债权人行使撤销权的必要费用，由债务人负担。

试题范例

(多项选择题) 甲公司欠乙公司30万元，一直无力偿付，现丙公司欠甲公司20万元已到期，但甲公司明示放弃对丙公司的债权。对甲公司的这一行为，乙公司可以采取的措施有(　　)。

A. 行使代位权，要求丙公司偿还20万元

B. 请求人民法院撤销甲公司放弃债权的行为

C. 乙公司行使权利的必要费用可向甲公司主张

D. 乙公司应当自知道或者应当知道甲公司放弃债权 2 年内行使权利

答案：BC

核心法条

《民法典》第 539 条　债务人以明显不合理的低价转让财产、以明显不合理的高价受让他人财产或者为他人的债务提供担保，影响债权人的债权实现，债务人的相对人知道或者应当知道该情形的，债权人可以请求人民法院撤销债务人的行为。

释解分析

本条规定的是债务人有偿处分财产权益时撤销权的行使条件。债务人有偿处分财产权益时撤销权的行使条件有：(1) 债务人实施了不合理的有偿处分财产权益的行为。这类行为包括以明显不合理的低价转让财产、以明显不合理的高价受让他人财产或者为他人的债务提供担保。(2) 影响债权人债权的实现。虽然债务人可能实施了上述有偿处分财产权益的行为，但是债务人仍然有充足的财产用于清偿，则不能影响债权人债权的实现，债权人不能行使撤销权。只有债务人的责任财产不能清偿债务影响债权人的债权实现的，债权人才能行使撤销权。(3) 相对人具有恶意。在债务人实施不合理的有偿处分财产权益的行为时，只有债务人的相对人知道或者应当知道该情形时，债权人才能行使撤销权。本条规定要求相对人必须具有恶意，目的在于保护交易安全，保护相对人的合理信赖。当然，对相对人的恶意，应当由债权人举证证明。

法条分析

(1) 针对债务人有偿处分财产权益行使撤销权的条件有哪些?

(2) 如何判断本条中的“以明显不合理的低价转让财产”?

(3) 如何判断本条中的“以明显不合理的高价受让他人财产”?

(4) 如何理解本条规定的撤销权的行使期限?

(5) 债权人行使撤销权的效力如何认定?

答案：(1) 针对债务人有偿处分财产权益行使撤销权的条件有：债务人实施了不合理的有偿处分财产权益的行为；债务人的财产处分行为影响了债权人的债权实现；相对人具有恶意。

(2) 判断是否为“以明显不合理的低价转让财产”，应当以交易当时交易地的物价指导部门指导价或者市场交易价，结合其他相关因素综合考虑予以确认。转让价格达不到交易时交易地的指导价或者市场交易价 70%的，一般可以视为明显不合理的低价。

(3) 判断是否为“以明显不合理的高价受让他人财产”，应当以交易当时交易地的物价指导部门指导价或者市场交易价，结合其他相关因素综合考虑予以确认。转让价格高于当地指导价或者市场交易价 30%的，一般可以视为明显不合理的高价。

(4) 撤销权自债权人知道或者应当知道撤销事由之日起 1 年内行使。自债务人的行为发生之日起 5 年内没有行使撤销权的，该撤销权消灭。

（5）债务人影响债权人的债权实现的行为被撤销的，自始没有法律约束力。

试题范例

1.（单项选择题）甲对乙享有5万元的到期债权，乙于2013年6月1日将仅有的4万元财产赠给丙。则（　　）。

A. 甲可以自己的名义请求丙将4万元财产给甲

B. 甲可于2019年5月10日向人民法院起诉请求撤销乙的行为

C. 若丙为恶意，甲才能行使撤销权

D. 若撤销权成立，甲行使撤销权的费用应由乙承担

2.（单项选择题）甲欠乙10万元逾期不还，乙请求甲马上偿还，否则就起诉。甲遂将自己仅有的财产即市价12万元的汽车以8万元卖给知情的丙，后被乙得知。对于甲和丙之间的买卖合同，下列说法中正确的是（　　）。

A. 乙有权以书面通知方式撤销　　B. 一年后乙得知便不再享有撤销权

C. 乙有权请求人民法院撤销甲的行为　　D. 乙无权撤销

答案：1. D　2. C

核心法条

《民法典》第543条　当事人协商一致，可以变更合同。

释解分析

本条规定的是合同的变更。合同的变更，有广义和狭义之分。广义的合同变更是指合同的内容和主体发生变化。所谓主体的变更，是指以新的主体取代原合同关系的主体，即新的债权人、债务人代替原来的债权人、债务人，但合同内容并没有发生变化。在这种变更方式中，债权人变更的，称为债权转让或债权移转；债务人变更的，称为债务承担或者债务移转。狭义的合同变更，仅为合同内容的变更，是指在合同成立以后，尚未履行或尚未完全履行以前，当事人就合同的内容达成修改或补充的协议。本条所规定的合同变更指的是狭义的合同变更，即合同内容的变更。

合同的变更具有如下特征：（1）变更合同的内容须经过双方协商同意。（2）合同内容的变更，是合同关系的局部变化，也就是说合同变更只是对原合同关系的内容作某些修改和补充，而不是对合同内容的全部作变更。（3）合同的变更也会产生新的债权债务内容。

只有在具备如下条件时，合同才能变更：（1）原已存在合同关系。（2）合同的变更在原则上必须经过当事人协商一致。（3）合同的变更必须使合同内容发生变化。

法条分析

（1）如何理解“合同的内容变更”？

（2）当事人对合同变更的内容约定不明确的，合同内容是否发生变更？

（3）债权人和债务人协商变更主合同内容的，保证人是否继续承担保证责任？

答案：（1）合同的内容变更是指在不改变合同主体的情况下对合同的内容予以改变。

（2）当事人对合同变更的内容约定不明确的，推定为未变更。

（3）债权人和债务人未经保证人书面同意，协商变更主债权债务合同内容，减轻债务的，保证人仍对变更后的债务承担保证责任；加重债务的，保证人对加重的部分不承担保证责任。债权人和债务人变更主债权债务合同的履行期限，未经保证人书面同意的，保证期间不受影响。

试题范例

（单项选择题）关于合同的变更，下列表述中正确的是（　　）。

A. 狭义的合同变更指的是合同主体的变更

B. 合同变更发生在合同成立以后至履行完毕前

C. 当事人协商变更合同必须采用书面形式

D. 只要双方当事人就变更合同实质内容达成一致，就属于合同变更

答案：B

核心法条

《民法典》第545条　债权人可以将债权的全部或者部分转让给第三人，但是有下列情形之一的除外：

（一）根据债权性质不得转让；

（二）按照当事人约定不得转让；

（三）依照法律规定不得转让。

当事人约定非金钱债权不得转让的，不得对抗善意第三人。当事人约定金钱债权不得转让的，不得对抗第三人。

释解分析

本条规定的是债权转让。合同债权转让，又称合同债权让与或者合同债权移转，是指在不改变债的内容的前提下，债权人与第三人订立合同将其债权移转给第三人享有。其中债权人称为让与人，第三人称为受让人。债权让与可分为全部让与和部分让与。前者是指债权人将其债权全部转让给第三人享有，并在转让协议生效后退出债的关系，使受让人成为债权人；后者是指债权人将其债权部分转让给第三人享有，但其在转让协议生效后并不退出债的关系，而是与受让人共同成为债权人。在部分的债权让与中，当转让协议对转让的债权份额有约定时，在让与人与受让人之间成立按份债权；如果双方对转让的债权份额没有约定的，则在让与人与受让人之间成立连带债权。

合同债权让与的条件包括：（1）存在有效的债权。这是合同债权转让的根本前提。如果合同根本不存在，或者已经被宣告无效或者被撤销、被解除，在此情况下，所发生的转让行为都是无效的，转让人应对善意的受让人所遭受的损失承担损害赔偿责任。可以依法转让的有效的合同债权包括：诉讼时效已经完成的债权；可撤销但尚未撤销的债权；附解除条件或附期限（始期）的债权。债权转让的前提是可转让的债权必须合法，所以，赌博之债、因无

效合同所产生的“债权”不得转让。(2) 让与人即原债权人与第三人达成合意且不违反法律规定。(3) 债权具有可让与性。在现代社会，作为财产权的债权有自由流通的要求。设立债权让与的目的在于尊重债权人对于其债权的自由处分权，并增强债权的利用价值。但各国或地区法律从保护债务人的角度出发，对债权让与作出了一定的限制。下列债权不得转让：1) 根据债权性质不得转让的债权。此类债权主要包括：①基于当事人之间的特定身份关系发生的债权，如抚养费、赡养费之请求权等；②基于当事人之间的信赖关系而发生的债权，如定作人对于承揽人之债权、委托人对于受托人之债权等。2) 按照当事人约定不得转让的债权。根据债权的性质，一些债权具有可让与性，但如债权人与债务人特别约定该债权不得转让，则债权人不得将该债权让与他人。只要债权人、债务人在合同中约定债权不得转让，该债权即不得转让。债权人和债务人约定债权不得转让的，债权人和第三人签订的债权转让协议无效，相应的，债务人有权主张债权人承担违约责任；但是，民法典对债权转让采取了宽容的态度。即：当事人约定非金钱债权不得转让的，不得对抗善意第三人。当事人约定金钱债权不得转让的，不得对抗第三人。具言之，当事人约定非金钱债权不得转让的，如果第三人为善意，债权转让协议仍然发生效力；如果第三人为恶意，则债权转让协议无效。当事人约定金钱债权不得转让的，债权人和债务人就金钱债权不可转让的约定不可对抗第三人，而不问第三人是善意还是恶意。此时，债权人和债务人约定的禁止金钱债权让与就仅具备了债权的效力，即债权人与第三人的金钱债权转让协议并不因违反债权人与债务人的约定而存在效力瑕疵，而债权人和债务人间禁止金钱债权让与的约定仅能作为债务人追究债权人违约责任的条款。3) 依照法律规定不得转让的债权。有的债权与社会公共利益有关，因而法律禁止该类债权转让或规定该类债权转让须经有关部门批准。依照法律规定不得转让的债权包括：①因侵权行为所产生的损害赔偿之债（不过，此类债并非合同之债）。②因劳动报酬所产生的债权。③近亲属间因亲属关系所产生的债权，如抚养费、赡养费等。

法条分析

(1) 何为债权让与？合同债权让与须具备哪些条件？

(2) 根据债权性质不得转让的债权主要有哪些？

(3) 当事人约定不得转让债权，债权人违反约定转让债权的，应如何处理？

(4) 合同债权让与对债务人发生效力的条件是什么？

(5) 债权让与，受让人能否取得与该债权有关的从权利？抵押权没有办理登记的，抵押权是否随债权的转让而转移？

(6) 债权让与后，债务人可以向受让人主张抵销的情形有哪些？

(7) 因债权让与增加的履行费用由谁承担？

(8) 债权转让的，保证人继续承担保证责任的条件是什么？

答案：(1) 债权让与是指在不改变债的内容的前提下，债权人与第三人订立合同将其债权移转给第三人享有。合同债权让与的条件有：①存在有效的债权；②让与人即原债权人与第三人达成合意且不违反法律规定；③债权具有可让与性。

(2) 根据债权性质不得转让的债权主要有：基于当事人之间的特定身份关系发生的债权，如抚养费、赡养费之请求权等；基于当事人之间的信赖关系而发生的债权，如定作人对于承揽人之债权、委托人对于受托人之债权等。

（3）当事人约定非金钱债权不得转让的，不得对抗善意第三人。当事人约定金钱债权不得转让的，不得对抗第三人。债权人违反不得转让债权的约定，应当承担违约责任。

（4）债权人转让债权的，应当通知债务人；没有通知债务人的，债权转让对债务人不发生效力。

（5）债权人转让债权的，受让人取得与债权有关的从权利，但是该从权利专属于债权人自身的除外。受让人取得从权利不因该从权利未办理转移登记手续或者未转移占有而受到影响。因此，抵押权作为从权利也随之转移，即使没有办理抵押权登记手续，受让人也能取得该抵押权。

（6）有下列情形之一的，债务人可以向受让人主张抵销：债务人接到债权转让通知时，债务人对让与人享有债权，且债务人的债权先于转让的债权到期或者同时到期；债务人的债权与转让的债权是基于同一合同产生。

（7）因债权转让增加的履行费用，由让与人负担。

（8）债权人转让全部或者部分债权，须通知保证人；未通知保证人的，该转让对保证人不发生效力。保证人与债权人约定禁止债权转让，债权人未经保证人书面同意转让债权的，保证人对受让人不再承担保证责任。

试题范例

（单项选择题）下列选项中，不属于债的移转的是（　　）。

A. 甲继承其父 10 万元遗产和 5 万元债务

B. 甲公司分立成乙、丙两公司，乙、丙两公司协议承担甲公司的债务

C. 甲将自己的 10 万元债权转让给其朋友乙

D. 债权人甲将债务人乙欠自己的 5 万元债务免除

答案：D

核心法条

《民法典》第 551 条　债务人将债务的全部或者部分转移给第三人的，应当经债权人同意。

债务人或者第三人可以催告债权人在合理期限内予以同意，债权人未作表示的，视为不同意。

释解分析

本条规定的是债务移转（承担）。债务移转（承担）是指不改变债的内容而将债务人的全部或部分债务转移给第三人承受。债务承担可以依据法律规定而发生，也可以依据当事人之间的民事法律行为而发生，较为常见的是通过合同方式转移债务，即通过当事人之间的债务转移协议而发生。债务移转以转移后原债务人是否免责为标准，可以分为免责的债务承担（移转）和并存的债务承担（移转）两种方式。在债务移转中，接受转移债务的第三人为新债务人，又称承担人。

免责的债务承担是指原债务人将全部或部分债务转移给第三人承担而脱离相应的债的关

系。根据本条规定，免责的债务承担的条件有：(1) 须存在有效的债务。当事人转移的债务只能是有效的债务。如果债务本身不存在，或者合同订立后被宣告无效或被撤销，自不能发生债务转移的效力。(2) 须有以债务转移为内容的协议。债务移转须由当事人达成债务转移协议。该协议可由债权人与第三人订立，也可由债务人与第三人订立，还可由债务人、债权人与第三人三方共同订立。(3) 须债务具有可转移性。债务转移后，债权债务关系主体发生变更，因此，所转移的债务必须具有可让与性。凡性质上不可转移的债务以及当事人约定不得转移的债务，均不具有可转移性。(4) 须经债权人同意。这是债务转移的程序性条件，也是最关键的条件，即债务转移未经债权人同意的，不发生债务转移的法律效力。其原因在于，合同关系建立在债权人对债务人的履行能力了解和信任的基础上，债务人的支付能力，对于债权人权利的实现至关重要。如果债务人未经债权人同意而将债务转移给承担人，则该人无足够的资力和信用履行债务时，债权人的利益可能会遭受损失。为了保护债权人的利益不受债务人和承担人之间的债务承担合同的影响，应以债权人同意为债务承担合同对于债权人的生效要件。关于债权人同意债务转移的方式，为了避免债务承担合同的效力久悬不决，可以定一个合理期限，债务人或者第三人可以在这个合理期限内催告债权人予以同意，债权人未作表示的，视为不同意。因此，对于债权人同意债务转移的方式，不能采取默示的形式。债权人一经同意，债务转移合同即发生法律效力。债权人拒绝同意债务转移的，债务人与第三人订立的债务转移合同归于无效。

法条分析

(1) 何为"免责的债务承担"？免责的债务承担的条件有哪些？

(2) 债务人转移债务的，原债务人对债权人享有债权的，新债务人是否可以向债权人主张抵销？

(3) 债权人允许债务人转移全部或者部分债务的，保证人是否继续承担保证责任？

答案：(1) 免责的债务承担是指原债务人将全部或部分债务转移给第三人承担而脱离相应的债的关系。免责的债务承担的条件有：①须存在有效的债务；②须有以债务转移为内容的协议；③须债务具有可转移性；④须经债权人同意。

(2) 债务人转移债务的，原债务人对债权人享有债权的，新债务人不得向债权人主张抵销。

(3) 债权人未经保证人书面同意，允许债务人转移全部或者部分债务，保证人对未经其同意转移的债务不再承担保证责任，但是债权人和保证人另有约定的除外。

试题范例

(多项选择题) 下列关于免责的债务承担的表述中，正确的是（　　）。

A. 免责的债务承担，须以有效存在的债务为前提

B. 免责的债务承担，须有以债务转移为内容的协议

C. 免责的债务承担，须通知债权人才能发生效力

D. 债务人转移债务的，原债务人对债权人享有债权的，新债务人可以向债权人主张抵销

答案：AB

核心法条

《民法典》第 552 条　第三人与债务人约定加入债务并通知债权人，或者第三人向债权人表示愿意加入债务，债权人未在合理期限内明确拒绝的，债权人可以请求第三人在其愿意承担的债务范围内和债务人承担连带债务。

释解分析

本条规定的是并存的债务承担。并存的债务承担是指债务人不脱离债的关系，而由加入到债的关系的第三人与债务人共同向债权人承担债务。并存的债务承担，有的依据法律的直接规定而成立，此为法定的并存的债务承担；有的由当事人约定产生，此为约定的并存的债务承担。法定的并存的债务承担，其成立要件和法律效果均由法律直接规定，此不赘述。关于约定的并存的债务承担，其设立方式与免责的债务承担基本相同。并存的债务承担须具备如下条件：(1) 债务系有效债务。(2) 债务具有可转移性。(3) 当事人就并存的债务承担达成合意。

在并存的债务承担中，第三人与债务人约定加入债务并通知债权人，或者第三人向债权人表示愿意加入债务，债权人未在合理期限内明确拒绝的，债权人可以请求第三人在其愿意承担的债务范围内和债务人承担连带债务。具言之，第三人加入原债务人一方成为新债务人，使原来的单一之债转变为债务人为多数的多数人之债，故债权人与债务人之间的关系，以及各债务人之间的关系，应适用多数人之债的一般规则处理，具体如下：(1) 原债务为可分之债时，如果新债务人与原债务人约定按照份额分担债务且债权人同意，则该债务应按照按份之债来处理。(2) 若债的性质为不可分之债，或者第三人与债务人并未约定按照确定的份额分担债务，则第三人与原债务人对债务承担连带责任；但是，第三人只在其愿意承担的债务范围内承担连带责任。

法条分析

(1) 本条规定的是何种法律制度？其含义是什么？

(2) 第三人加入债务关系，是否须经债权人同意？

(3) 第三人加入债务关系，其对债务承担连带责任的范围应如何确定？

答案： (1) 本条规定的是并存的债务承担。并存的债务承担是指债务人不脱离债的关系，而由加入到债的关系的第三人与债务人共同向债权人承担债务。

(2) 第三人加入债务关系，不必经债权人同意。

(3) 第三人对债务承担连带责任以其愿意承担的债务范围为限。

试题范例

（单项选择题）债务承担可以分为免责的债务承担和并存的债务承担。下列选项中，属于两者共同之处的是（　　）。

A. 原债务人与新债务人一起对债权人承担债务

B. 原债务人均脱离债的关系

C. 原债务人均不脱离债的关系

D. 新债务人可以主张原债务人对债权人的抗辩

答案：D

核心法条

《民法典》第555条　当事人一方经对方同意，可以将自己在合同中的权利和义务一并转让给第三人。

释解分析

本条规定的是合同权利义务的概括移转。合同权利义务的概括移转是指合同之债的一方主体将其债权债务一并转移给第三人，使该第三人代替出让人的地位，成为债的新的当事人。

合同权利义务的概括移转可以是基于法律的规定而产生，被称为法定概括移转，也可以是基于当事人之间的约定而产生，被称为意定的概括移转或者合同承受。本条规定的就是意定的概括移转。合同权利义务的概括移转，可以是合同权利义务全部由出让人转移至受让人，即全部移转。全部移转将使受让人取代出让人的法律地位，成为合同关系的新当事人。合同权利义务的概括移转，也可以是合同权利义务的一部分由出让人转移至受让人，即部分移转。

合同权利义务的概括移转，须经对方当事人的同意才能生效。因为合同权利义务的概括移转，包括合同义务的移转即债务移转，所以当事人一方通过合同承受对合同权利义务进行概括移转的，必须取得对方当事人的同意。

法条分析

（1）本条规定的是何种法律制度？其含义是什么？

（2）本条规定的制度的构成要件有哪些？

（3）本条规定的制度的法律效力如何认定？

答案：（1）本条规定的是合同承受。合同承受是指合同的一方当事人经对方当事人同意，与第三人订立合同将其在合同中的债权债务全部或者部分转移给第三人。

（2）合同承受应具备的条件有：①合同承受须经合同一方当事人与第三人达成转移协议，并取得合同的对方当事人同意；②被转移的合同须为双务合同；③法律、行政法规规定必须采取特定形式的，合同承受应遵循法律、行政法规的规定。

（3）合同承受使债的关系的当事人发生变化，即由第三人取代债的一方当事人而成为新的合同当事人，享有债权，承担债务，原合同当事人则因全部或者部分合同承受退出合同关系。

试题范例

（单项选择题）甲公司欠银行贷款100万元，现该公司将一部分资产分离出去，另成立乙公司。则对该银行债务的清偿表述正确的是（　　）。

A. 应当由甲公司清偿债务

B. 应当由乙公司清偿债务
C. 应当由甲公司和乙公司连带清偿债务
D. 应当由甲公司和乙公司按比例清偿债务
答案：C

核心法条

《民法典》第558条　债权债务终止后，当事人应当遵循诚信等原则，根据交易习惯履行通知、协助、保密、旧物回收等义务。

释解分析

本条规定的是后合同义务。后合同义务是指合同关系消灭以后，当事人依诚信等原则和交易习惯应负有的某种作为或不作为的义务。后合同义务也是一种附随义务。合同终止后，当事人之间因合同而产生的给付义务随之消灭，但在特别情况下，为了保障当事人订约目的的实现，保护对方当事人的合法权益，一方当事人仍应当履行相关的义务，即合同关系终止后，会在合同当事人之间发生后合同义务，这些后合同义务包括通知、协助、保密、旧物回收等义务。

法条分析

（1）本条规定的是何种民事义务？该义务的主要内容有哪些？
（2）如何理解本条规定的诚信原则？
（3）如何理解本条规定的交易习惯？如何认定交易习惯？

答案：（1）本条规定的是后合同义务，是一种附随义务。后合同义务的主要内容包括通知义务、协助义务、保密义务和旧物回收义务。

（2）诚信原则是指合同当事人在合同权利义务关系终止后，应当诚实守信，不得滥用权利和故意规避义务。

（3）交易习惯是指在当时、当地或者某一行业、某一类交易关系中，为人们所普遍采纳的、且不违背公序良俗的习惯做法。下列情形，不违反法律、行政法规强制性规定的，可以认定为交易习惯：在交易行为当地或者某一领域、某一行业通常采用并为交易对方订立合同时所知道或者应当知道的做法；当事人双方经常使用的习惯做法。

试题范例

（多项选择题）甲与乙商场订立合同，约定甲为乙商场制作数据库，以方便乙商场管理客户名单、商品入库等事务。甲如约履行了义务，乙商场按约支付了费用。合同履行完毕后，甲还为乙商场数据库建成后提供及时软件更新服务。对此，下列表述中正确的是（　　）。

A. 甲与乙商场的行为属于清偿
B. 甲为乙商场提供的及时软件更新服务属于主合同义务
C. 甲应就履约获取的乙商场的客户名单保密

D. 甲与乙商场合同履行完毕，不再产生任何义务

答案：AC

核心法条

《民法典》第560条　债务人对同一债权人负担的数项债务种类相同，债务人的给付不足以清偿全部债务的，除当事人另有约定外，由债务人在清偿时指定其履行的债务。

债务人未作指定的，应当优先履行已经到期的债务；数项债务均到期的，优先履行对债权人缺乏担保或者担保最少的债务；均无担保或者担保相等的，优先履行债务人负担较重的债务；负担相同的，按照债务到期的先后顺序履行；到期时间相同的，按照债务比例履行。

释解分析

本条规定的是清偿抵充。清偿抵充是指在债务人对于同一债权人负担数项同种类的债务而债务人提供的给付不足以清偿全部债务时，决定以该给付抵充何宗债务的规则。清偿抵充必须具备如下几个要件：(1) 一个债务人对同一债权人负担多项债务。(2) 债务人负担的债务给付的种类相同。(3) 清偿人提供的给付不足以清偿全部债务。

对于清偿抵充，应当采取如下顺序进行清偿：(1) 约定抵充。它是指当事人就抵充的方法达成合意。对于清偿抵充采取私法自治原则，当事人的约定具有优先效力，即“有约定的从约定”，约定抵充优先于指定抵充和法定抵充。约定抵充既可以在清偿前约定，也可以在清偿时进行。(2) 指定抵充。它是指一方当事人以其单方意思确定债务人的清偿应抵充的债务。指定抵充须在当事人对清偿抵充没有约定时适用。债务人对同一债权人负担的数项债务种类相同，债务人的给付不足以清偿全部债务的，除当事人另有约定外，由债务人在清偿时指定其履行的债务。(3) 法定抵充。在当事人没有就抵充顺序作出约定，也没有按照债务人的指定来确定时，则应当按照有关法定抵充的规定来确定抵充顺序：第一，如果到期的债务和未到期的债务并存，应当优先抵充已经到期的债务。第二，数项债务均到期的，优先抵充对债权人缺乏担保或者担保最少的债务。第三，均无担保或者担保相等的，优先抵充债务人负担较重的债务。第四，负担相同的，按照债务到期的先后顺序抵充。第五，到期时间相同的，按照债务比例抵充。

法条分析

(1) 何为清偿抵充？

(2) 本条规定确定的清偿抵充的种类有哪些？如何适用？

(3) 在主债务、利息债务和实现债务的相关费用并存的情形下，如何确定清偿顺序？

答案：(1) 清偿抵充是指在债务人对于同一债权人负担数项同种类的债务而债务人提供的给付不足以清偿全部债务时，决定以该给付抵充何宗债务的规则。

(2) 本条规定的清偿抵充的种类有约定抵充、指定抵充和法定抵充。应优先使用约定抵充；没有约定抵充的，适用指定抵充；没有指定抵充的，适用法定抵充。

（3）给付不足以清偿全部债务的，除当事人另有约定外，应当按照下列顺序履行：①实现债权的有关费用；②利息；③主债务。

试题范例

1.（单项选择题）胡某于 2015 年 3 月 10 日向李某借款 100 万元，期限 3 年。2018 年 3 月 10 日，双方商议再借 100 万元，期限 3 年。两笔借款均先后由王某保证，未约定保证方式和保证期间。李某未向胡某和王某催讨。胡某仅于 2019 年 2 月归还借款 100 万元。关于胡某归还的 100 万元，下列表述中正确的是（　　）。

A. 因 2015 年的借款已到期，故归还的是该笔借款

B. 因 2015 年的借款无担保，故归还的是该笔借款

C. 因 2015 年和 2018 年的借款数额相同，故按比例归还该两笔借款

D. 因 2015 年和 2018 年的借款均有担保，故按比例归还该两笔借款

2.（单项选择题）甲欠乙 1 万元，由于无力偿还，便与乙协商以交付 2 台笔记本电脑来代替这 1 万元。乙表示同意，甲便向乙交付了 2 台笔记本电脑。甲的行为属于（　　）。

A. 代为清偿　　B. 清偿抵充　　C. 代物清偿　　D. 法定抵销

答案：1. A　2. C

核心法条

《民法典》第 563 条　有下列情形之一的，当事人可以解除合同：

（一）因不可抗力致使不能实现合同目的；

（二）在履行期限届满前，当事人一方明确表示或者以自己的行为表明不履行主要债务；

（三）当事人一方迟延履行主要债务，经催告后在合理期限内仍未履行；

（四）当事人一方迟延履行债务或者有其他违约行为致使不能实现合同目的；

（五）法律规定的其他情形。

以持续履行的债务为内容的不定期合同，当事人可以随时解除合同，但是应当在合理期限之前通知对方。

释解分析

本条规定的是法定解除。法定解除是指在解除事由出现时，由享有解除权的一方当事人以单方行为解除合同的方式。法定解除的条件（事由）有：（1）因不可抗力致使不能实现合同目的。只有在因不可抗力致使不能实现合同目的时，才能解除合同。所谓“不能实现合同目的”，是指当事人在订立合同时所追求的目标和基本利益不能实现。（2）预期违约。预期违约即在履行期限届满之前，当事人一方明确表示或者以自己的行为表明不履行主要债务，包括明示毁约和默示毁约。明示毁约即当事人一方明确表示不履行主要债务。默示毁约即当事人以自己的行为表明不履行主要债务。（3）迟延履行主要债务。它是指当事人一方迟延履行主要债务，经催告后在合理期限内仍未履行。（4）迟延履行或者有其他违约行为致使不能实现合同目的。这分为两种情况：①迟延履行影响到合同目的的实现的，则不需要经过催告

程序，便可以解除合同。②有其他违约行为致使不能实现合同目的。该情形主要指的是不完全履行。(5) 法律规定的其他情形。这里的“法律规定的其他情形”，一是指《民法典》本身所规定的除本条规定以外的解除条件；二是指《民法典》以外的法律所规定的解除条件。法律规定的其他情形主要有《民法典》第 610 条、第 634 条第 1 款、第 711 条、第 716 条第 2 款、第 724 条、第 787 条、第 899 条第 1 款、第 946 条、第 1022 条第 2 款。

以持续履行的债务为内容的不定期合同，当事人可以随时解除合同，但是应当在合理期限之前通知对方。

法条分析

(1) 如何理解本条第 1 款第 1 项中的“不能实现合同目的”?

(2) 本条第 1 款第 2 项规定的是何种法定解除情形?

(3) 适用本条第 1 款第 3 项法定解除事由应满足哪些条件?

(4) 如何理解本条第 1 款第 4 项中的“其他违约行为致使不能实现合同目的”?

(5) 如何理解本条第 2 款中的“不定期合同”?

(6) 法律没有规定或者当事人没有约定解除权行使期限的，如何确定解除权的行使期限?

(7) 主合同解除后，担保合同的担保人是否继续承担担保责任?

答案：(1)“不能实现合同目的”是指当事人在订立合同时所追求的目标和基本利益不能实现。

(2) 预期违约。

(3) 应当满足的条件有：①须是债务人在履行期限到来后未履行主要债务，而不是次要债务；②须经过债权人的催告，如未催告则不能随意解除；③在催告后，债权人要给予债务人一段合理的宽限期，使债务人继续准备履行；④经催告后在合理期限内仍未履行。

(4) 本项规定是赋予非违约方在违约方的违约已构成根本违约的情况下享有解除合同的权利。

(5) 不定期合同是指当事人未约定期限，或者期限约定不明确的合同。

(6) 法律没有规定或者当事人没有约定解除权行使期限，自解除权人知道或者应当知道解除事由之日起 1 年内不行使，或者经对方催告后在合理期限内不行使的，该权利消灭。

(7) 主合同解除后，担保人对债务人应当承担的民事责任仍应当承担担保责任，但是担保合同另有约定的除外。

试题范例

1. (单项选择题) 双方当事人都享有法定解除权的合同是（　　）。

A. 承揽合同　　B. 运输合同　　C. 委托合同　　D. 租赁合同

2. (单项选择题) 甲、乙签订合同，购买乙饲养的一头怀孕母牛，但由于山洪暴发，母牛被水冲走。则对于该买卖合同（　　）。

A. 只有甲享有解除权　　B. 只有乙享有解除权

C. 甲、乙都享有解除权　　D. 应当通过诉讼方式行使解除权

答案：1. C　2. C

核心法条

《民法典》第 568 条　当事人互负债务，该债务的标的物种类、品质相同的，任何一方可以将自己的债务与对方的到期债务抵销；但是，根据债务性质、按照当事人约定或者依照法律规定不得抵销的除外。

当事人主张抵销的，应当通知对方。通知自到达对方时生效。抵销不得附条件或者附期限。

释解分析

本条规定的是法定抵销。抵销是指互负债务的双方当事人将两项债务相互充抵，以使双方债务在对等数额内消灭的行为。根据抵销产生的根据的不同，可以将抵销分为法定抵销和合意抵销（约定抵销）。本条规定的是法定抵销。法定抵销是指依法律规定以当事人一方的意思表示所作的抵销。用作抵销的债权称为主动债权或自动债权，被抵销的债权称为被动债权。

法定抵销的构成要件包括：(1) 须双方当事人互负债务、互享债权，且双方的债权债务均为合法有效。(2) 须自动债权即提出抵销的债权已届清偿期。原则上只有双方的债务都已届清偿期的前提下，才能够抵销。但在主动债权已届清偿期，而被动债权未届清偿期的情形下，主动债权的债权人仍应当有权主张抵销。因为在被动债权未届清偿期的情况下，允许主动债权的债权人抵销，并不会损害被动债权的债权人的利益。此时，主动债权的债权人行使抵销权实际上等于放弃了就其债务清偿所享有的期限利益。(3) 须双方债务的标的物种类、品质相同。所谓种类相同，是指动产的类型是相同的，这里的“类型”是根据交易习惯等确定的具体类型。例如，同为某型号的钢材，或某产地的大米。所谓品质相同，是指标的物的品质等级是相同的，这里的“品质等级”通常也是根据交易习惯确定的。例如，一级大米与二级大米之间尽管种类是相同的，但品质是不同的，因此，原则上不得抵销。如果种类、品质不同，不问其客观价格是否同一都不允许抵销，因此法定抵销在金钱债务或者替代物债务中较多适用。(4) 须不存在根据债务性质、按照当事人约定或者依照法律规定不得抵销的情形。根据本条第 1 款规定，不得抵销的债务，主要包括：①根据债务性质不得抵销的债务。如果互相抵销违反债的本质，或不符合给付目的的，就属于根据债务性质不得抵销的债务。例如，互相不得竞业的不作为债务，或提供劳务的单纯作为债务，以及专属于人身的债务（如抚恤金）等债务，都是性质上不得抵销的债务。②按照当事人约定不得抵销的债务。③依照法律规定不得抵销的债务。例如，合伙人发生与合伙企业无关的债务，相关债权人不得以其债权抵销其对合伙企业的债务。

法定抵销的效力体现在：(1) 抵销作为合同的权利义务终止的原因之一，在性质上属于形成权，享有抵销权的当事人只需通知对方即可发生抵销后果，无须对方同意。(2) 当事人主张抵销的，应当通知对方，通知自到达对方时生效；但抵销不得附条件或者附期限。(3) 抵销使当事人双方的债权在对等数额内消灭，对于未抵销的债务部分，债务人仍然负有清偿义务。抵销具有溯及力，溯及抵销权成立之时。

法条分析

（1）何为抵销？

（2）法定抵销的适用条件有哪些？

（3）当事人对债务抵销能否提出异议？提出异议是否有期间限制？

（4）主债务人对债权人享有抵销权的，保证人是否有权援引抵销权而拒绝承担保证责任？

（5）如何行使抵销权？行使抵销权的限制是什么？

（6）抵销的效力如何认定？

答案：（1）抵销是指互负债务的双方当事人将两项债务相互充抵，以使双方债务在对等数额内消灭的行为。

（2）法定抵销的适用条件包括：①须双方当事人互负债务、互相债权；②须自动债权即提出抵销的债权已届清偿期；③须双方债务的标的物种类、品质相同；④须不存在根据债务性质、按照当事人约定或者依照法律规定不得抵销的情形。

（3）当事人对债务抵销可以提出异议，但须在约定的异议期限内提出，约定的期限届满后才提出异议并向人民法院起诉的，不予支持；当事人没有约定异议期间，在债务抵销通知到达之日起 3 个月以后才向人民法院起诉的，不予支持。

（4）在主债务人对债权人享有抵销权的情形下，若主债务人自己行使抵销权，则主债务消灭，保证人可以援用抵销权而拒绝承担保证责任；主债务人自己未主张抵销时，保证人可依主债务人的抵销权在相应范围内拒绝承担保证责任。

（5）当事人主张抵销的，应当通知对方。通知自到达对方时生效。抵销不得附条件或者附期限。

（6）抵销的效力体现在，抵销使当事人双方的债权在对等数额内消灭，对于未抵销的债务部分，债务人仍然负有清偿义务。抵销具有追溯力，溯及抵销权成立之时。

试题范例

（多项选择题）不适用抵销的债务有（　　）。

A. 养老金　　B. 抚恤金　　C. 财产保险金　　D. 侵权损害赔偿之债

答案：ABD

核心法条

《民法典》第 570 条　有下列情形之一，难以履行债务的，债务人可以将标的物提存：

（一）债权人无正当理由拒绝受领；

（二）债权人下落不明；

（三）债权人死亡未确定继承人、遗产管理人，或者丧失民事行为能力未确定监护人；

（四）法律规定的其他情形。

标的物不适于提存或者提存费用过高的，债务人依法可以拍卖或者变卖标的物，提存所得的价款。

释解分析

本条规定的是提存。提存是指由于债权人的原因而无法向其交付履行标的物时，债务人将该标的物交付给提存机关以消灭债务的行为。由于债务的履行往往需要债权人的协助，如果债权人无正当理由而拒绝受领或者不能受领，债权人虽然应负受领迟延的责任，但债务人的债务并未消灭。于此场合，债务人仍应随时准备履行，为债务履行提供的担保也不能消灭，显失公平。为解决这一问题，把提存作为合同的权利义务终止的原因。

提存涉及三方当事人，即提存人（债务人）、提存部门和债权人，因而发生提存人与提存部门、提存部门与债权人、提存人与债权人的三方法律关系。就提存人与债权人之间的关系而言，为私法上的法律关系，且提存的目的也在于消灭存在于债务人与债权人之间的债的关系，因而提存具有私法关系的因素。但提存部门为国家所设机关，接受提存标的物并为保管以及将提存物发还债权人，系公法上的义务，而且债权人与提存人之间的法律关系，系以提存部门的行为为中介，始生消灭效果，故提存又具有公法上的法律关系的因素。这两种法律关系在提存中因当事人之间的不同关系而分别存在，提存人与债权人的关系为私法关系，他们与提存部门的关系为公法关系。

根据本条规定，提存须具备如下条件：(1) 须有因债权人方面的原因使债务人难以履行债务的客观情况发生。有下列情形之一，难以履行债务的，债务人可以将标的物提存：①债权人无正当理由拒绝受领。②债权人下落不明。③债权人死亡未确定继承人、遗产管理人，或者丧失民事行为能力未确定监护人。④法律规定的其他情形。例如，债权人不在债务履行地又不能到履行地受领的，债务人可以申请提存。(2) 须提存的标的物适宜提存。如果标的物不适于提存或者提存费用过高的，债务人依法可以拍卖或者变卖标的物，提存所得的价款。(3) 须经法定程序进行。根据《民法典》及相关法律规定，提存应按下列程序进行：①债务人应向清偿地提存机关提交提存申请。②债务人提交提存物。③提存机关授予债务人提存证书。④通知债权人受领提存物。

法条分析

(1) 如何理解本条中的“提存”?

(2) 标的物提存后，毁损、灭失的风险和提存费用由谁承担?

(3) 债权人对债务人负有到期债务的，债权人领取提存物的条件是什么?

(4) 如何理解债权人领取提存物权利的存续期间?

(5) 债务人可以取回提存物的情形有哪些?

答案：(1) 提存是指由于债权人的原因而无法向其交付履行标的物时，债务人将该标的物交付给提存机关以消灭债务的行为。

(2) 标的物提存后，毁损、灭失的风险由债权人承担。提存期间，标的物的孳息归债权人所有。提存费用由债权人负担。

(3) 债权人对债务人负有到期债务的，在债权人未履行债务或者提供担保之前，提存部门根据债务人的要求应当拒绝其领取提存物。

(4) 债权人领取提存物的权利，自提存之日起5年内不行使而消灭，提存物扣除提存费用后归国家所有。该期间属于除斥期间，不适用中止、中断和延长。

（5）债权人未履行对债务人的到期债务，或者债权人向提存部门书面表示放弃领取提存物权利的，债务人负担提存费用后有权取回提存物。

试题范例

（多项选择题）下列选项中，债务人可以将标的物提存的是（　　）。

A. 债权人无正当理由拒绝受领

B. 债权人下落不明

C. 债权人死亡未确定遗产管理人

D. 债权人丧失民事行为能力未确定监护人

答案：ABCD

核心法条

《民法典》第575条　债权人免除债务人部分或者全部债务的，债权债务部分或者全部终止，但是债务人在合理期限内拒绝的除外。

释解分析

本条规定的是免除。免除是指债权人以消灭债务为目的而向债务人作出的抛弃债权的行为。免除的对象可以是部分债务，也可以是全部债务。免除为双方、无偿、非要式法律行为。在免除债务的情况下，债权人也应当作出意思表示。这种免除债务的意思表示的通知送达债务人时，发生债的消灭，但是，债务人在合理期限内拒绝的除外。免除一经通知，即行生效，且不得撤回和撤销。免除的效力在于，债务全部免除时，主债务与从债务全部消灭；部分免除时，主债务与从债务部分消灭。但债权人仅免除从债务时，主债务并不消灭。

从本条"但书"的规定可以看出，免除行为不再是单方法律行为。因为本条中"但是债务人在合理期限内拒绝的除外"的规定表明，对于债权人的免除行为，债务人可以在合理期限内拒绝，这就使债务免除行为不再是一个单纯的单方民事法律行为。

法条分析

（1）本条规定的是何种合同的权利义务终止的原因？如何理解该原因的含义和特征？

（2）如何理解本条中的"债务人在合理期限内拒绝"？

（3）免除的效力如何认定？

答案：（1）本条规定的是免除。免除是指债权人以消灭债为目的而向债务人作出的抛弃债权的行为。其特征有：免除为双方、无偿、非要式民事法律行为。

（2）"债务人在合理期限内拒绝"是指债务免除对债务人产生不利影响的，债务人有权在合理期限内拒绝债务免除的情形。

（3）免除的效力体现在，债务全部免除的，主债务与从债务全部消灭；部分免除时，主债务与从债务部分消灭。但债权人仅免除从债务时，主债务并不消灭。

试题范例

（单项选择题）下列关于债权人免除债务的说法中，正确的是（　　）。

A. 免除是单方行为

B. 免除是有因行为

C. 免除是无偿行为　　　　　　　　　　D. 债务人不得拒绝免除

答案： C

核心法条

《民法典》第576条　债权和债务同归于一人的，债权债务终止，但是损害第三人利益的除外。

释解分析

本条规定的是混同。混同是指债权人和债务人合为一人的事实。混同作为合同的权利义务终止的原因之一，无须以任何人的意思表示为成立要件，在性质上属于法律事实中的事件。

混同的成立原因主要有：(1) 概括承受。概括承受是指合同关系的一方当事人概括承受他人的权利与义务。例如买卖合同关系的出卖人与买受人合并，成立为一个新的法人，该法人将原来买卖合同关系中债权人和债务人的权利和义务全部接受过来，债权人与债务人成为一人，原买卖合同关系归于消灭。概括承受既有营利法人和非法人组织的概括承受，也有自然人的概括承受。前者如相互有债权债务关系的企业合并为一个企业，债权债务即因同归于一个企业而消灭。后者如债权人继承债务人的遗产或者债务人继承债权人的遗产，债权债务因同归于继承人而消灭。(2) 特定承受。这是指在债务人受让债权人的债权，债权人承受债务人的债务的场合，债权债务亦因混同而消灭。债务人受让债权人的债权，例如，债权人甲与债务人乙签订合同后，甲将合同权利转让给乙，债务人乙因接受债权人的债权导致债权债务因混同而消灭。债权人承受债务人的债务，例如，甲、乙二人签订合同后，债务人乙的债务转移给债权人甲，债权人甲因接受债务人乙的债务而导致债权债务因混同归于消灭。

混同的效力在于：混同绝对地消灭合同关系及因合同所生的从债权和从债务，但是从保护第三人合法权益的角度出发，混同不得损害第三人的利益，否则，债权不消灭。例如，在债权出质时，债权不因混同而消灭。再如，承租人经出租人同意而转租，虽出租人与承租人混同，但为了次承租人的利益，租赁权也不消灭。

法条分析

(1) 本条规定的是何种合同的权利义务终止的原因？其性质属于何种法律事实？

(2) 混同的效力应如何理解？

(3) 举例说明如何理解本条中的“但是损害第三人利益的除外”？

答案： (1) 本条规定的是混同。混同属于法律事实中的事件。

(2) 混同的效力在于绝对地消灭合同关系及因合同所生的从债权和从债务。但债权和债务同归于一人而债权债务终止损害第三人利益的，则不发生混同的效力。

(3) 混同导致债权债务消灭不能损害债权人利益，否则不发生混同的法律效力。例如，债权人以应收账款出质于第三人，债权人与债务人通谋由债务人收购债权人，此时如果混同消灭债权，将导致第三人（债权人的质权人）遭受损害。此时，应当例外规定债权在债权人和债务人之间消灭，而对第三人不发生消灭的效力。

试题范例

（单项选择题）甲工厂欠乙公司 100 万元，后甲工厂被乙公司兼并。甲工厂欠乙公司的债将因（　　）而归消灭。

A. 免除　　B. 混同　　C. 抵销　　D. 解除

答案：B

核心法条

《民法典》第 577 条　当事人一方不履行合同义务或者履行合同义务不符合约定的，应当承担继续履行、采取补救措施或者赔偿损失等违约责任。

释解分析

本条规定的是违约责任。违约责任是指当事人不履行或者不适当履行合同义务而应当承担的民事责任。违约责任具有如下特征：（1）违约责任属于民事责任。（2）违约责任具有相对性。违约责任的相对性是由合同的相对性决定的，其含义是：一方面，违约责任是违反合同的一方当事人承担的责任，不是当事人的辅助人的责任；另一方面，合同当事人对于自己一方因第三人的原因造成的违约应承担责任，其和第三人之间的纠纷，依照法律规定或者按照约定处理。（3）违约责任是当事人不履行合同债务而产生的责任。（4）违约责任是一种财产性的民事责任。（5）违约责任具有一定的任意性，可由当事人在法定范围内约定。

违约责任并不以过错作为构成要件，因此，违约责任的归责原则采取严格责任原则（无过错责任原则）。只要当事人不履行合同义务或者履行合同义务不符合约定，就应当承担违约责任；即使是因第三人的原因导致当事人违约，违约方也应当向对方承担违约责任。当然，合同分则对有名合同违约的归责原则有特别规定的，应当优先适用该规定。这里的“特别规定”，是指适用过错责任原则或者过错推定责任原则的情形。合同分则规定适用过错责任原则的主要情形包括：供电人责任（《民法典》第 651—653 条），赠与财产毁损灭失的损害赔偿责任（《民法典》第 660 条第 2 款），承租人的保管责任（《民法典》第 714 条），承揽人的责任（《民法典》第 784 条），建设工程合同中的承包人的责任（《民法典》第 800—801 条），对旅客自带物品等毁损灭失的承运人的责任（《民法典》第 824 条），托运人的损害赔偿责任（《民法典》第 841 条），寄存人未履行告知义务的责任（《民法典》第 893 条），保管人的责任（《民法典》第 894 条），受托人的赔偿责任（《民法典》第 929 条）。合同分则适用过错推定责任原则的主要情形是《民法典》第 897 条后一句规定，即“但是，无偿保管人证明自己没有故意或者重大过失的，不承担赔偿责任”。

违约责任的构成要件有：（1）当事人之间存在有效合同。（2）客观上有违约行为。违约行为主要表现为如下两种情况：①不履行。不履行包括实际不履行和预期违约行为。在履行期限到来以后，当事人不履行或不完全履行合同义务，构成实际不履行。预期违约是指在合同履行期限到来之前，一方无正当理由而明确表示其在履行期限到来之后不履行合同，或者以其行为表明其在履行期限到来以后将不可能履行合同。②不适当履行。不适当履行即当事人虽有履行合同义务的行为，但履行不符合合同的要求。（3）不存在免责事由。对任何一种形式的违约责任而言，上述三要件均须同时具备。当然，由于承担违约责任的方式不同，在适用某些责任方式时，除以上三要件之外，还应具备其他一些法定或约定条件。

免责事由又称免责条件，是指当事人即使违约也不承担责任的情况。免责事由既可以由法律直接规定，也可以由当事人加以约定。根据我国有关法律规定，违约责任的免责事由有如下两大类：(1) 法定的免责事由。法定的免责事由是指由法律直接规定的、无须当事人约定即可援用的免责事由。法定的免责事由又可分为两种：①一般的法定免责事由。这是指适用于所有合同的违约责任的法定免责事由，通常仅指不可抗力。②特殊的法定免责事由。这是指由法律特别规定的只适用于个别合同的违约责任的免责事由。如依《民法典》第823条的规定，在客运合同中，承运人应当对运输过程中旅客的伤亡承担赔偿责任；但是，伤亡是旅客自身健康原因造成的或者承运人证明伤亡是旅客故意、重大过失造成的除外。此处的旅客自身健康原因和旅客故意、重大过失就属于特殊的法定免责事由。(2) 约定的免责事由。约定的免责事由是指当事人在合同中约定的违约方免予承担违约责任的条件。当事人关于免责事由的约定不得违反法律、国家政策和社会公共利益，不得违背公序良俗。

法条分析

(1) 如何认定违约责任的归责原则？

(2) 违约责任的构成要件有哪些？

(3) 违约责任的承担方式有哪些？

(4) 本条中的“补救措施”有哪些？

(5) 如何认定本条中的“赔偿损失”的损害赔偿额？

答案：(1) 违约责任实行无过错责任原则。

(2) 违约责任的构成要件有：①当事人之间存在有效合同；②客观上有违约行为；③不存在免责事由。

(3) 违约责任的承担方式有：继续履行、采取补救措施、支付违约金、适用定金罚则、赔偿损失。

(4) 补救措施包括恢复原状、修理、重作、更换、退货、减少价款或者报酬。

(5) 当事人一方不履行合同义务或者履行合同义务不符合约定，造成对方损失的，损失赔偿额应当相当于因违约所造成的损失，包括合同履行后可以获得的利益；但是，不得超过违约一方订立合同时预见到或者应当预见到的因违约可能造成的损失。

试题范例

(单项选择题) 张某和李某设立的甲公司伪造房产证，以优惠价格与乙国有企业签订房屋买卖合同，以骗取钱财。乙企业交付房款后，因甲公司不能交房才知道被骗。对此，下列选项中正确的是（　　）。

A. 房屋买卖合同无效

B. 乙企业只能撤销房屋买卖合同

C. 乙企业可以通知甲公司房屋买卖合同被撤销

D. 乙企业可以请求甲公司承担违约责任

答案：D

核心法条

《民法典》第580条 当事人一方不履行非金钱债务或者履行非金钱债务不符合约定的，对方可以请求履行，但是有下列情形之一的除外：

（一）法律上或者事实上不能履行；

（二）债务的标的不适于强制履行或者履行费用过高；

（三）债权人在合理期限内未请求履行。

有前款规定的除外情形之一，致使不能实现合同目的的，人民法院或者仲裁机构可以根据当事人的请求终止合同权利义务关系，但是不影响违约责任的承担。

释解分析

本条规定的是非金钱债务的实际履行。对于非金钱债务，非违约方可以请求实际履行，但也可以采取其他方式替代。当然，在许多情况下，当事人订立合同的目的主要不是在违约以后寻求金钱赔偿，而是实现其订约目的，实际履行具有现实的需要，应当提出实际履行的请求。但是，若采取实际履行在经济上不合理，或确实不利于维护非违约方的利益，则可以采取解除合同、赔偿损失等其他补救措施。本条规定了以下三种情况下，非金钱债务的违约方可以针对对方实际履行的请求提出抗辩：(1) 法律上或者事实上不能履行。(2) 债务的标的不适于强制履行或者履行费用过高。(3) 债权人在合理期限内未请求履行。

具有第1款规定的除外情形之一，致使不能实现合同目的的，人民法院或者仲裁机构可以根据当事人的请求终止合同权利义务关系，但是不影响违约责任的承担。

法条分析

(1) 如何理解本条第1款第1项规定的"法律上或者事实上不能履行"?

(2) 如何理解本条第1款第2项规定的"债务的标的不适于强制履行或者履行费用过高"?

(3) 若当事人一方不履行债务或者履行债务不符合约定，根据债务的性质又不能强制履行的，对方如何采取措施以维护自己的利益?

答案：(1) 法律上不能履行是指实际履行不得违反法律规定；事实上不能履行是指履行标的客观上已成为不能或永久不能。

(2) 债务的标的不适于强制履行是指依据合同的性质以及合同所确立的标的不适合强制履行；履行费用过高是指继续履行在经济上不具有合理性，或造成损失和浪费，或履行时间过长。

(3) 若当事人一方不履行债务或者履行债务不符合约定，根据债务的性质又不能强制履行的，对方可以与第三人订立合同，由第三人作出替代履行，并由违约方负担替代履行的费用。

试题范例

(单项选择题) 甲违约后，守约方乙可以主张继续履行的情形有（　　）。

A. 甲运送的特定货物在运输过程中已经灭失

B. 甲没有按期支付三个月的房租

C. 乙没有在合理期限内请求甲继续履行

D. 甲继续履行费用巨大

答案：B

核心法条

《民法典》第 585 条　当事人可以约定一方违约时应当根据违约情况向对方支付一定数额的违约金，也可以约定因违约产生的损失赔偿额的计算方法。

约定的违约金低于造成的损失的，人民法院或者仲裁机构可以根据当事人的请求予以增加；约定的违约金过分高于造成的损失的，人民法院或者仲裁机构可以根据当事人的请求予以适当减少。

当事人就迟延履行约定违约金的，违约方支付违约金后，还应当履行债务。

释解分析

本条规定的是违约金。违约金是指依据法律规定或者当事人的约定，一方不履行或不适当履行合同时应当根据违约情况向对方支付的一定数额的金钱。违约金具有以下特征：（1）违约金的数额主要是由当事人双方事先约定而确定的。（2）违约金是由双方约定的，在违约后由一方向另一方支付的一笔金钱。（3）违约金的支付是独立于履行行为之外的给付。（4）支付违约金是一种违约责任形式。

违约金条款是一种从合同，它以主合同生效为条件，也就是说，只有在双方当事人就主合同内容达成一致，并且合法生效的情况下，违约金条款才能生效。如果主合同不成立、无效或者被撤销，那么违约金条款自然不成立或者不生效。

违约金数额可以调整。调整违约金数额的程序是：（1）必须是基于当事人的请求进行调整。（2）必须是违约金的数额过高或者过低。（3）必须根据损失来调整。

当事人就迟延履行约定违约金的，违约方支付违约金后，还应当履行债务。据此，违约金可以和实际履行并存。

法条分析

（1）如何理解本条中的“违约金”？支付违约金须具备哪些条件？

（2）调整违约金数额的标准是什么？如何认定违约金数额过高？

（3）约定的违约金低于造成的损失的，当事人请求人民法院增加违约金数额的，是否有限制？增加违约金后可否请求对方赔偿损失？

答案：（1）违约金是指根据当事人的约定，一方不履行或者不适当履行合同时应当根据违约情况向对方支付的一定数额的金钱。支付违约金需具备如下两项条件：一是存在违约行为；二是合同有效。

（2）调整违约金数额主要是在违约金数额过高或者低于损失的情况下进行。违约金数额过高的标准为当事人约定的违约金超过造成损失的 30%。

（3）当事人请求人民法院增加违约金的，增加后的违约金数额以不超过实际损失额为限。增加违约金以后，当事人又请求对方赔偿损失的，不予支持。

试题范例

（单项选择题）甲向乙订购一批山货特产，约定乙应于6月1日之前将山货特产交给甲，否则承担1万元违约金。乙便从东北地区订购山货特产，准备交给甲，但由于外地供货商货源不足，致使乙在6月1日无法向甲交货，造成甲损失，甲便向乙索要1万元违约金。对此，下列表述中正确的是（　　）。

A. 乙支付违约金后不再承担损害赔偿责任

B. 乙支付违约金后有权解除合同

C. 乙支付违约金后应继续履行合同

D. 乙不必支付违约金

答案：C

核心法条

《民法典》第586条　当事人可以约定一方向对方给付定金作为债权的担保。定金合同自实际交付定金时成立。

定金的数额由当事人约定；但是，不得超过主合同标的额的百分之二十，超过部分不产生定金的效力。实际交付的定金数额多于或者少于约定数额的，视为变更约定的定金数额。

释解分析

本条规定的是定金。

定金的成立条件有：（1）定金担保的主合同须有效成立。定金合同是从合同，定金所担保的合同为主合同。因此，在主合同无效或者被撤销时，定金合同也就不能发生效力。即使当事人一方已交付定金，定金担保也不成立。（2）当事人一方向对方交付定金。定金担保具有实践性，自交付定金时起成立。所以，当事人虽有关于定金的约定，但未实际交付定金的，定金担保尚不能成立。从交付定金来说，当事人应当按照约定的时间来交付，当事人未在约定的时间交付或者交付的数额不足约定数额，而另一方当事人又接受的，视为当事人双方对定金合同的变更，定金应当从实际交付之日起于交付的实际数额上成立。当事人交付留置金、担保金、保证金、订约金、押金或者订金等，但没有约定定金性质的，当事人主张定金权利的，人民法院不予支持。因此，虽然法律认可保证金、押金、订金等的效力，但不认可它们具有定金的效力。（3）定金的数额在法定的数额以内。定金的数额由当事人约定；但是，不得超过主合同标的额的20%，超过部分不产生定金的效力。

法条分析

（1）如何理解本条中的“定金”？其效力如何？

（2）当事人如何约定定金的数额？实际交付的定金数额多于或者少于约定数额的，应如何认定？

（3）如何适用定金罚则？

(4) 当事人是否可同时主张违约金条款和定金条款？

(5) 合同当事人约定的定金数额不足以弥补损失的，可否再行主张赔偿损失？

答案：(1) 定金是指为担保合同的履行，由当事人一方在合同订立时或者订立后至履行前给付给对方的一定数额的金钱或替代物。定金的效力体现在：担保债务履行；证明合同成立；预先给付，债务人履行债务的，定金应当抵作价款或者收回。

(2) 定金的数额由当事人约定；但是，不得超过主合同标的额的 20%，超过部分不产生定金的效力。实际交付的定金数额多于或者少于约定数额的，视为变更约定的定金数额。

(3) 债务人履行债务的，定金应当抵作价款或者收回。给付定金的一方不履行债务或者履行债务不符合约定，致使不能实现合同目的的，无权请求返还定金；收受定金的一方不履行债务或者履行债务不符合约定，致使不能实现合同目的的，应当双倍返还定金。

(4) 当事人既约定违约金，又约定定金的，一方违约时，对方可以选择适用违约金或者定金条款，不能同时主张违约金条款和定金条款。

(5) 定金不足以弥补一方违约造成的损失的，对方可以请求赔偿超过定金数额的损失。

试题范例

(单项选择题) 关于定金的约定及适用，下列表述中正确的是（　　）。

A. 甲约定向乙购买 10 万元货物，双方约定 3 万元定金

B. 甲向乙购买一台针孔摄像机，预先交付定金 1 万元

C. 甲向乙购买一批布料，预先交付 3 万元定金，布料因台风毁损，则甲不得向乙主张定金罚则

D. 甲向乙购买一批货物，合同中约定定金条款，但甲没有实际交付定金，现乙严重违约，甲可主张定金罚则

答案：C

十五、典型合同

核心法条

《民法典》第 597 条　因出卖人未取得处分权致使标的物所有权不能转移的，买受人可以解除合同并请求出卖人承担违约责任。

法律、行政法规禁止或者限制转让的标的物，依照其规定。

释解分析

本条规定的是出卖人无权处分行为的效力以及对标的物的法律限制。无权处分合同是指没有处分权而处分他人财产的合同。买卖合同的出卖人负有交付标的物并移转所有权的义务，因此，出卖人为保证买卖合同的履行，应当对买卖合同的标的物具有处分权。当出卖人对买卖合同的标的物不具有处分权时，意味着买受人无法获得标的物的所有权，也就不能实

现合同的目的，因此，买受人可以解除其与出卖人之间订立的买卖合同并请求出卖人承担违约责任。

尽管本条没有明确出卖人处分他人之物所订立的合同是否为有效合同，但从立法本义出发，该类合同应当为有效合同。

法律、行政法规禁止或者限制转让的标的物，包括禁止流通物和限制流通物。法律禁止流通的物不得作为买卖合同的标的物。法律限制流通的物，只能在限定的领域流通。法律、行政法规禁止或者限制转让的标的物，依照其规定。例如，对于文物转让的禁止或者限制，依照《文物保护法》的规定。

法条分析

（1）对于出卖他人之物的买卖合同，其效力应如何认定？

（2）对于出卖他人之物的买卖合同，若导致买受人无法取得所有权的，买受人如何救济？

（3）若买卖合同的标的物为禁止流通物，该买卖合同的效力如何认定？

（4）若买卖合同的标的物为限制流通物，且该买卖合同属于办理批准等手续才能生效的合同，未办理批准手续的，该合同的效力如何认定？批准前有关报批义务的条款的效力如何认定？义务人没有履行报批义务应当如何处理？

答案：（1）出卖他人之物的买卖合同属于无权处分合同，无权处分的买卖合同为有效合同。

（2）买受人可以解除合同并请求出卖人承担违约责任。

（3）若买卖合同的标的物为禁止流通物，该买卖合同为无效合同。

（4）买卖合同的标的物为限制流通物，因未办理批准等手续，该合同已经成立但未生效。批准前履行报批义务的条款独立生效。应当办理申请批准等手续的当事人未履行义务的，对方可以请求其承担违反该义务的责任。

试题范例

（单项选择题）甲出国学习之前将已有的名画交给乙保管。乙以自己的名义将该幅画卖给丙。乙、丙之间买卖合同的效力为（　　）。

A. 有效　　B. 无效　　C. 可撤销　　D. 效力待定

答案：A

核心法条

《民法典》第 599 条　出卖人应当按照约定或者交易习惯向买受人交付提取标的物单证以外的有关单证和资料。

释解分析

本条规定的是出卖人交付有关单证和资料的义务。出卖人出卖标的物，相应的从权利也应转移，因此，出卖人应当按照约定或者交易习惯向买受人交付提取标的物单证以外的有关单证和资料。

法条分析

（1）本条中的“提取标的物单证以外的有关单证和资料”主要包括哪些？

（2）出卖人按照约定未交付有关标的物的单证和资料的，是否影响标的物毁损、灭失风险的转移？

答案：（1）“提取标的物单证以外的有关单证和资料”，主要应当包括保险单、保修单、普通发票、增值税专用发票、产品合格证、质量保证书、质量鉴定书、品质检验证书、产品进出口检疫书、原产地证明书、使用说明书、装箱单等。

（2）出卖人按照约定未交付有关标的物的单证和资料的，不影响标的物毁损、灭失风险的转移。

试题范例

（单项选择题）出卖人按照约定或者交易习惯向买受人“交付提取标的物单证以外的有关单证和资料”的义务属于（　　）。

A. 主合同义务　　B. 从合同义务　　C. 附随义务　　D. 不真正义务

答案：B

核心法条

《民法典》第601条　出卖人应当按照约定的时间交付标的物。约定交付期限的，出卖人可以在该交付期限内的任何时间交付。

释解分析

本条规定的是标的物的交付期限。交付标的物是出卖人的一项主要义务，交付是买受人取得标的物占有的前提，又与标的物所有权转移相关，因此，确定标的物的交付期限对于确定出卖人是否履行交付义务和维护买受人取得标的物的利益，具有重要意义。根据本条规定，当事人可以约定交付期限。约定的交付期限有两种情况：一是约定了交付的期日（如5月6日交货）。二是约定了交付的期限（如5月6日至9日交货）。对于约定交付期日的，出卖者应在约定的时间点交付，否则构成提前履行或者迟延履行；对于迟延履行的，则构成违约。对于约定交付期限的，在这个期限内的任何时间交付标的物均符合当事人的意图。

法条分析

（1）出卖具有知识产权的计算机软件等标的物的，该标的物的知识产权归属如何认定？

（2）当事人约定标的物交付期限的，出卖人应何时交付标的物？

（3）当事人没有约定标的物的交付期限或者约定不明确的，如何交付标的物？

（4）标的物交付前后所产生的孳息，应如何认定其归属？

答案：（1）出卖具有知识产权的标的物的，除法律另有规定或者当事人另有约定外，该标的物的知识产权不属于买受人。

(2) 出卖人应当按照约定的时间交付标的物。约定交付期限的，出卖人可以在该交付期限内的任何时间交付。

(3) 当事人没有约定标的物的交付期限或者约定不明确的，可以协议补充；不能达成补充协议的，按照合同相关条款或者交易习惯确定。仍不能确定的，债权人也可以随时请求履行，但是应当给对方必要的准备时间。

(4) 标的物在交付之前产生的孳息，归出卖人所有；交付之后产生的孳息，归买受人所有。但是，当事人另有约定的除外。

试题范例

1. (单项选择题) 在买卖合同中，标的物产生的孳息依（　　）确认所有权。

A. 孳息交付时间　　B. 登记时间

C. 合同成立的时间　　D. 买卖合同标的物交付时间

2. (单项选择题) 甲、乙二人达成买卖合同，约定甲先将山羊交付给乙，乙收到山羊后一个月内付款，在乙没有付款之前，甲保留山羊的所有权。在甲依据合同交付山羊后，山羊产下一只羊羔，但此时乙仍然没有付款，则羊羔的所有权（　　）。

A. 属于甲　　B. 属于乙

C. 由甲和乙共同拥有　　D. 由第三人丙拥有

答案：1. D　2. B

核心法条

《民法典》第 603 条　出卖人应当按照约定的地点交付标的物。

当事人没有约定交付地点或者约定不明确，依据本法第五百一十条的规定仍不能确定的，适用下列规定：

(一) 标的物需要运输的，出卖人应当将标的物交付给第一承运人以运交给买受人；

(二) 标的物不需要运输，出卖人和买受人订立合同时知道标的物在某一地点的，出卖人应当在该地点交付标的物；不知道标的物在某一地点的，应当在出卖人订立合同时的营业地交付标的物。

释解分析

本条规定的是标的物的交付地点。

法条分析

(1) 当事人就有关合同内容约定不明确，履行地点不明确的，如何确定履行地点？

(2) 当事人没有约定交付地点或者约定不明确，依照本法第 510 条的规定仍不能确定，标的物需要运输的，应如何完成交付？

(3) 当事人没有约定交付地点或者约定不明确，依照本法第 510 条的规定仍不能确定，标的物不需要运输的，应如何完成交付？

答案：(1) 当事人就有关合同内容约定不明确，履行地点不明确的，给付货币的，在接受货币一方所在地履行；交付不动产的，在不动产所在地履行；其他标的，在履行义务一方所在地履行。

(2) 当事人没有约定交付地点或者约定不明确，依据本法第510条的规定仍不能确定，标的物需要运输的，出卖人应当将标的物交付给第一承运人以运交给买受人。

(3) 当事人没有约定交付地点或者约定不明确，依据本法第510条的规定仍不能确定，标的物不需要运输的，出卖人和买受人订立合同时知道标的物在某一地点的，出卖人应当在该地点交付标的物；不知道标的物在某一地点的，应当在出卖人订立合同时的营业地交付标的物。

试题范例

(多项选择题) 在买卖合同中，双方当事人就标的物交付地点没有约定，则以下关于标的物交付地点确定原则的表述中正确的有（　　）。

A. 当事人能达成补充协议的，根据补充协议确定；若不能达成协议，标的物需要运输的，以第一承运人承运地为交付地

B. 标的物不需要运输，当事人均知道标的物所在地的，若不能达成协议，以标的物所在地为交付地

C. 标的物不需要运输，当事人不知道标的物所在地的，若不能达成协议，以出卖人订约时营业地为交付地

D. 标的物需要运输的，出卖人应当将标的物交付到买受人的营业地

答案：ABC

核心法条

《民法典》第604条　标的物毁损、灭失的风险，在标的物交付之前由出卖人承担，交付之后由买受人承担，但是法律另有规定或者当事人另有约定的除外。

释解分析

本条规定的是买卖合同标的物风险负担的一般规则。买卖合同中标的物的风险是指买卖合同的标的物因不可归责于双方当事人的事由毁损、灭失所致的损失。风险负担是指该损失应由谁来承担。标的物若因可归责于一方当事人的事由毁损、灭失的，应由该当事人承担责任。但是，因不可归责于双方当事人的原因导致标的物毁损、灭失的，其风险转移应当按照第1款的规定确定：在法律没有规定或者当事人没有特别约定的情况下，标的物毁损、灭失的风险在交付之前由出卖人承担，交付之后由买受人承担。法律另有规定或者当事人另有约定除外，如约定送货上门，则毁损、灭失的风险自送货上门后转移。

如果当事人双方约定动产标的物的所有权非自交付时起转移，如买卖合同的双方当事人采取所有权保留制度作为合同履行的担保，风险仍然采取交付主义。

本条规定的标的物，既包括动产，也包括不动产，对于买卖合同标的物为不动产的，不动产毁损、灭失的风险负担，仍在不动产交付时起转移。例如，房屋毁损、灭失的风险，在

交付使用前由出卖人承担，交付使用后由买受人承担。可见，不动产毁损、灭失的风险负担，不同于不动产以登记作为物权变动的生效要件，两者不能混为一谈。

法条分析

(1) 买卖合同标的物风险负担的一般规则是什么？

(2) 如何理解本条中的“法律另有规定或者当事人另有约定”的情形？

(3) 出卖人出卖交由承运人运输的在途标的物，除当事人另有约定外，毁损、灭失的风险由谁承担？

(4) 当事人没有约定交付地点或者约定不明确，标的物需要运输的，出卖人将标的物交付给第一承运人后，毁损、灭失的风险由谁承担？

(5) 因买受人的原因致使标的物未按照约定的期限交付的，如何认定标的物毁损、灭失风险的转移？

(6) 出卖人按照约定或者依据法律的规定将标的物置于交付地点，买受人违反约定没有收取的，如何认定标的物毁损、灭失的风险？

(7) 因标的物不符合质量要求致使买受人拒绝接受标的物或者解除合同的，如何认定标的物毁损、灭失的风险？

(8) 标的物毁损、灭失的风险由买受人承担是否影响买受人请求出卖人承担违约责任？

答案：(1) 买卖合同标的物风险负担的一般规则是采取交付主义，即标的物毁损、灭失的风险，在标的物交付之前由出卖人承担，交付之后由买受人承担。

(2)“法律另有规定或者当事人另有约定”主要包括两种情况：一是在交付前标的物风险即由买受人承担；二是交付后的一段时间内标的物的风险仍由出卖人承担。

(3) 出卖人出卖交由承运人运输的在途标的物，除当事人另有约定外，毁损、灭失的风险自合同成立时起由买受人承担。

(4) 当事人没有约定交付地点或者约定不明确，标的物需要运输的，出卖人将标的物交付给第一承运人后，标的物毁损、灭失的风险由买受人承担。

(5) 因买受人的原因致使标的物未按照约定的期限交付的，买受人应当自违反约定时起承担标的物毁损、灭失的风险。

(6) 出卖人按照约定或者依据法律的规定将标的物置于交付地点，买受人违反约定没有收取的，标的物毁损、灭失的风险自违反约定时起由买受人承担。

(7) 因标的物不符合质量要求致使买受人拒绝接受标的物或者解除合同的，标的物毁损、灭失的风险由出卖人承担。

(8) 标的物毁损、灭失的风险由买受人承担的，不影响因出卖人履行义务不符合约定，买受人请求其承担违约责任的权利。

试题范例

1. (单项选择题) 甲、乙约定，甲将10台电脑卖与乙，乙在收到电脑后1个月内付款，在乙没有付款之前，甲保留电脑的所有权。不料，电脑在铁路运输给乙的途中因泥石流毁损，则该毁损的风险应由（　　）承担。

A. 甲　　B. 乙　　C. 甲和乙　　D. 铁路运输部门

2.（单项选择题）下列关于标的物毁损、灭失风险转移规则的表述中，正确的是（　　）。

A. 当事人订立所有权保留条款的买卖合同，标的物毁损、灭失的风险自标的物交付时起转移

B. 当事人订立由出卖人代办托运的买卖合同，标的物毁损、灭失的风险自合同成立时起转移

C. 对于约定送货上门的买卖合同，标的物毁损、灭失的风险自标的物交付给承运人时起转移

D. 标的物毁损、灭失的风险由买受人承担后，不影响买受人向出卖人主张违约责任的权利

3.（单项选择题）甲将自有的一辆摩托车出卖给乙，双方约定摩托车的价格为 1 万元，交付时间为 8 月 1 日，届时乙到甲的家中将摩托车骑走。但是，由于乙的妻子生病，使得乙在 8 月 1 日无法抽身到甲家骑走摩托车。8 月 2 日，因为闪电击中甲家的电线，引发火灾，摩托车被烧毁。对此，下列表述中正确的是（　　）。

A. 8 月 1 日摩托车已交付　　B. 甲仍应向乙交付摩托车

C. 甲不必再向乙交付摩托车　　D. 摩托车被毁，乙不必再向甲付款

4.（单项选择题）甲从乙处购进一批豆角，合同未约定交货地点。6 月 1 日，乙为甲代办托运，委托丙运输公司运往 A 市，在运输过程中，甲与丁于 6 月 3 日签订合同，将该批豆角转让给丁，在 A 市大货场交货。6 月 5 日由于遇到山洪暴发，货车在运输途中翻车，豆角全部毁坏。该批豆角的损失应由（　　）。

A. 甲承担　　B. 乙承担　　C. 丙公司承担　　D. 丁承担

答案： 1. B　2. D　3. C　4. D

核心法条

《民法典》第 620 条　买受人收到标的物时应当在约定的检验期限内检验。没有约定检验期限的，应当及时检验。

释解分析

本条规定的是标的物的检验。

法条分析

（1）当事人约定的检验期限过短致使在检验期限内难以完成全面检验的，应如何处理？

（2）当事人对检验期限未作约定，买受人签收的送货单、确认单等载明标的物数量、型号、规格的，是否可以认定买受人已经进行了检验？

（3）出卖人依照买受人的指示向第三人交付标的物，出卖人和买受人约定的检验标准与买受人和第三人约定的检验标准不一致的，如何认定检验标准？

答案：（1）当事人约定的检验期限过短，根据标的物的性质和交易习惯，买受人在检验期限内难以完成全面检验的，该期限仅视为买受人对标的物的外观瑕疵提出异议的期限。

（2）当事人对检验期限未作约定，买受人签收的送货单、确认单等载明标的物数量、型号、规格的，推定买受人已经对数量和外观瑕疵进行检验，但是有相关证据足以推翻的除外。

（3）出卖人依照买受人的指示向第三人交付标的物，出卖人和买受人约定的检验标准与买受人和第三人约定的检验标准不一致的，以出卖人和买受人约定的检验标准为准。

试题范例

（多项选择题）甲、乙通过网络订立眼霜买卖合同，但并未约定眼霜的质量标准和等级，也未约定检验期限。甲如期发货，乙检验后签收并支付了货款。后乙以眼霜质量不合格为由退货。对此，下列表述中正确的是（　　）。

A. 眼霜买卖合同自提交订单时成立

B. 眼霜买卖合同不具备质量条款，合同未成立

C. 甲应承担产品质量不合格的违约责任

D. 甲、乙并未约定检验期限，乙应当及时检验

答案：AD

核心法条

《民法典》第 621 条　当事人约定检验期限的，买受人应当在检验期限内将标的物的数量或者质量不符合约定的情形通知出卖人。买受人怠于通知的，视为标的物的数量或者质量符合约定。

当事人没有约定检验期限的，买受人应当在发现或者应当发现标的物的数量或者质量不符合约定的合理期限内通知出卖人。买受人在合理期限内未通知或者自收到标的物之日起二年内未通知出卖人的，视为标的物的数量或者质量符合约定；但是，对标的物有质量保证期的，适用质量保证期，不适用该二年的规定。

出卖人知道或者应当知道提供的标的物不符合约定的，买受人不受前两款规定的通知时间的限制。

释解分析

本条规定的是买受人的瑕疵通知义务。

法条分析

（1）人民法院如何具体认定本条中的“合理期限”？

（2）如何认定本条中的“二年”期间的性质？

（3）本条规定的检验期限、合理期限、二年期间经过后，买受人是否可以主张标的物数量和质量不符合约定？

（4）当事人约定的检验期限过短，应如何处理？

答案：（1）人民法院具体认定“合理期限”时，应当综合当事人之间的交易性质、交易目的、交易方式、交易习惯、标的物的种类、数量、性质、安装和使用情况、瑕疵的性质、

买受人应尽的合理注意义务、检验方法和难易程度、买受人或者检验人所处的具体环境、自身技能以及其他合理因素，依据诚实信用原则进行判断。

(2) 二年期间是最长的合理期限。该期限为不变期间，不适用诉讼时效中止、中断或者延长的规定。

(3) 检验期限、合理期限、二年期限经过后，买受人主张标的物的数量或者质量不符合约定的，人民法院不予支持。

(4) 当事人约定的检验期限过短，根据标的物的性质和交易习惯，买受人在检验期限内难以完成全面检验的，该期限仅视为买受人对标的物的外观瑕疵提出异议的期限。

试题范例

(多项选择题) 甲公司向乙公司订购了一套生产设备，双方签订的买卖合同中对设备的型号、规格、质量等作了明确约定，但未约定质量检验期限。甲公司收到设备后，因故一直未使用，亦未支付剩余货款。收到货物两年后，甲公司才开始使用该设备，却发现该设备的质量与合同约定不符。当乙公司要求甲公司支付剩余货款时，甲公司以设备质量不合格为由拒付，并请求乙公司承担违约责任。下列关于甲公司权利义务的表述中，符合《民法典》规定的有（　　）。

A. 因未在法定期限内提出质量异议，甲公司应当向乙公司支付剩余货款

B. 虽未在法定期限内提出质量异议，但因设备存在质量问题，甲公司有权拒付剩余货款

C. 因设备质量不合格，甲公司有权请求乙公司承担违约责任

D. 因未在法定期限内提出质量异议，甲公司无权请求乙公司承担违约责任

答案：AD

核心法条

《民法典》第 634 条　分期付款的买受人未支付到期价款的数额达到全部价款的五分之一，经催告后在合理期限内仍未支付到期价款的，出卖人可以请求买受人支付全部价款或者解除合同。

出卖人解除合同的，可以向买受人请求支付该标的物的使用费。

释解分析

本条规定的是分期付款买卖合同。分期付款买卖是一种特殊的买卖形式，是指买受人将其应付的总价款按照一定期限分批向出卖人支付的买卖。这里的“分期付款”，是指买受人将应付的总价款在一定期限内至少分三次向出卖人支付。在分期付款买卖中，为保护买受人的利益，只有当买受人未支付到期价款的金额达到全部价款的 1/5，经催告后在合理期限内仍未支付到期价款的，出卖人方可请求买受人支付全部价款或者解除合同。出卖人解除合同的，可以向买受人请求支付该标的物的使用费。当事人对标的物的使用费没有约定的，可以参照当地同类标的物的租金标准确定。

关于分期付款买卖的解除，当事人有约定的，从其约定；当事人没有约定的，适用本条

关于解除合同的规定。这里的“当事人有约定的”，例如，当事人约定分期付款的买受人未支付到期价款的数额达到全部价款的 1/6 的，或者 1/4 的，出卖人有权请求买受人支付全部价款或者解除合同，应当认定为该约定有效，但是该约定不得损害买受人的利益。

为保护出卖人的利益，在分期付款买卖中当事人经常有关于出卖人于解除合同时得扣留其已受领的价款或请求买受人支付一定金额的约定。这种金额如果过于苛刻，则对买受人不利。为了维系公平和保护买受人的利益，需要对出卖人得扣留价款或请求支付价款的约定作一定限制。即：分期付款买卖合同约定出卖人在解除合同时可以扣留已受领价金，出卖人扣留的金额超过标的物使用费以及标的物受损赔偿额，买受人请求返还超过部分的，应予支持。

法条分析

（1）何为“分期付款”？

（2）如何确定分期付款买卖合同标的物所有权和风险承担的转移时间？

（3）出卖人请求买受人支付价款或者解除合同的条件是什么？

（4）出卖人已受领价金的，如何确定标的物的使用费？

答案：（1）分期付款是指买受人将应付的总价款在一定期间内至少分三次向出卖人支付。

（2）在分期付款买卖中，当事人可以约定标的物所有权和风险承担的转移时间；没有约定的，该时间应当是标的物交付之日。

（3）出卖人请求支付价款或者解除合同的条件是：买受人支付的全部价款已到期；买受人未支付到期价款的数额达到全部价款的 1/5；买受人经催告后在合理期限内仍未支付到期价款。

（4）当事人对标的物的使用费没有约定的，可以参照当地同类标的物的租金标准确定。

试题范例

（单项选择题）甲、乙签订购买 100 台电脑的分期付款买卖合同，总金额为 100 万元，甲分五期支付价款。若甲未支付到期价款的数额达到（　　），乙可以解除合同。

A. 10 万元　　B. 20 万元　　C. 25 万元　　D. 50 万元

答案：B

核心法条

《民法典》第 635 条　凭样品买卖的当事人应当封存样品，并可以对样品质量予以说明。出卖人交付的标的物应当与样品及其说明的质量相同。

释解分析

本条规定的是凭样品买卖合同。凭样品买卖合同是一种特殊的买卖合同，是指当事人双方约定一定的样品，出卖人交付的货物必须与样品具有相同品质的买卖合同。样品是指当事人选定的用以决定标的物品质的货物。凭样品买卖，是在买卖关系中附加了出卖人的一项

"须按样品的品质标准交付标的物"的担保。

由于在凭样品买卖中交付的标的物与样品的品质是否相同决定着买卖双方的权利义务及责任，当事人应当封存样品，并且可以对样品质量予以说明，以便发生纠纷时的举证和纠纷的处理。出卖人应按样品所确定的品质标准向买受人交付标的物。如果买受人以标的物的品质与样品不符而拒绝受领标的物，应由出卖人证明标的物的品质与样品的品质相符，否则应负迟延履行的责任。

合同约定的样品质量与文字说明不一致且发生纠纷时当事人不能达成合意，样品封存后外观和内在品质没有发生变化的，人民法院应当以样品为准；外观和内在品质发生变化，或者当事人对是否发生变化有争议而又无法查明的，人民法院应当以文字说明为准。

法条分析

（1）如何理解本条中的"凭样品买卖"?

（2）凭样品买卖的买受人不知道样品有隐蔽瑕疵的，出卖人交付标的物的质量应当如何确定?

（3）合同约定的样品质量与文字说明不一致且发生纠纷时当事人不能达成合意，人民法院应当如何处理?

答案：（1）凭样品买卖是指当事人双方约定一定的样品，出卖人交付的货物必须与样品具有相同品质的买卖。

（2）凭样品买卖的买受人不知道样品有隐蔽瑕疵的，即使交付的标的物与样品相同，出卖人交付的标的物的质量仍然应当符合同种物的通常标准。

（3）合同约定的样品质量与文字说明不一致且发生纠纷时当事人不能达成合意，样品封存后外观和内在品质没有发生变化的，人民法院应当以样品为准；外观和内在品质发生变化，或者当事人对是否发生变化有争议而又无法查明的，人民法院应当以文字说明为准。

试题范例

（单项选择题）某日，甲到商场购买洗衣机，在对样品进行参考后将样品封存，甲按照样品购买了一台。购回家后在使用过程中，甲发现该洗衣机滚轮转动不平稳，且噪声极大，于是要求商场退货。商场强调，该货物与样品一样，而且该台洗衣机是甲自己选中的，商场不承担责任。则（　　）。

A. 商场承担责任　　B. 甲承担责任

C. 甲、商场协商分担责任　　D. 甲、商场平均分担责任

答案：A

核心法条

《民法典》第637条　试用买卖的当事人可以约定标的物的试用期限。对试用期限没有约定或者约定不明确，依据本法第五百一十条的规定仍不能确定的，由出卖人确定。

释解分析

本条规定的是试用买卖的试用期限。试用买卖合同是一种特殊的买卖合同，是指根据双

方当事人的约定，出卖人在合同成立时将标的物交付给买受人试验或检验，并以买受人认可该标的物为生效要件的买卖合同。买受人在试用期内享有选择权。买卖合同存在下列约定内容之一的，不属于试用买卖。买受人主张属于试用买卖的，人民法院不予支持：（1）约定标的物经过试用或者检验符合一定要求时，买受人应当购买标的物；（2）约定第三人经试验对标的物认可时，买受人应当购买标的物；（3）约定买受人在一定期限内可以调换标的物；（4）约定买受人在一定期限内可以退还标的物。

试用买卖的当事人可以约定标的物的试用期限。对试用期限没有约定或者约定不明确的，依据本法第510条的规定仍不能确定的，由出卖人确定。

法条分析

（1）如何理解本条中的“试用买卖”？

（2）试用买卖的试用期限届满，买受人对是否购买标的物未作表示的，应如何认定？

（3）试用买卖的买受人在试用期内实施哪些行为应当视为同意购买？

（4）试用买卖的当事人对标的物使用费没有约定或者约定不明确的，买受人是否支付使用费？

（5）标的物在试用期内毁损、灭失的风险由谁承担？

（6）在买卖合同的约定内容中存在哪些内容，买受人主张试用买卖的，人民法院不予支持？

答案：（1）试用买卖是指根据双方当事人的约定，出卖人在合同成立时将标的物交付给买受人试验或检验，并以买受人认可该标的物为生效要件的买卖。

（2）试用买卖的买受人的试用期限届满，买受人对是否购买标的物未作表示的，视为购买。

（3）试用买卖的买受人在试用期内已经支付部分价款或者对标的物实施出卖、出租、设立担保物权等行为的，视为同意购买。

（4）试用买卖的当事人对标的物使用费没有约定或者约定不明确的，出卖人无权请求买受人支付。

（5）标的物在试用期内毁损、灭失的风险由出卖人承担。

（6）买卖合同存在下列约定内容之一的，不属于试用买卖。买受人主张属于试用买卖的，人民法院不予支持：①约定标的物经过试用或者检验符合一定要求时，买受人应当购买标的物；②约定第三人经试验对标的物认可时，买受人应当购买标的物；③约定买受人在一定期限内可以调换标的物；④约定买受人在一定期限内可以退还标的物。

试题范例

（多项选择题）若无额外约定，在试用买卖合同中，应当视为买受人购买试用标的的情形有（　　）。

A. 买受人在试用期内已经支付价款的20%

B. 买受人在试用期内对标的物予以出卖的

C. 买受人在试用期内对标的物予以出租的

D. 买受人在试用期内对标的物设定质押的

答案：ABCD

核心法条

《民法典》第 641 条　当事人可以在买卖合同中约定买受人未履行支付价款或者其他义务的，标的物的所有权属于出卖人。

出卖人对标的物保留的所有权，未经登记，不得对抗善意第三人。

释解分析

本条规定的是所有权保留。所有权保留是指在买卖合同中，买受人虽先占有、使用标的物，但在双方当事人约定的特定条件（通常是价款的一部或全部清偿）成就之前，出卖人仍保留标的物的所有权，待条件成就后，再将所有权转移给买受人。在保留所有权的买卖中，买受人在条件成就前，享有所有权的期待权，该项权利为物权化的债权或效力扩张的债权；出卖人基于其所保留的所有权享有标的物的取回权。根据本条规定，所有权保留仅适用于动产，不动产不得适用所有权保留，当事人约定不动产所有权保留的，会因违反物权法定原则而无效。出卖人在买卖合同中约定保留所有权的，可以办理登记，但未经登记，不得对抗善意第三人。

法条分析

（1）本条规定的是何种法律制度？

（2）当事人约定不动产所有权保留的，该约定是否有效？为什么？

（3）如何理解本条第 2 款中的“善意第三人”？

（4）出卖人有权取回标的物的情形有哪些？

（5）出卖人不得行使取回权的主要情形有哪些？

（6）出卖人行使取回权的法律后果有哪些？

（7）回赎期经过会产生哪些法律后果？

答案：（1）本条规定的是所有权保留。

（2）约定无效，因为所有权保留适用于动产，当事人约定不动产所有权保留的，因违反物权法定原则而无效。

（3）“善意第三人”指的是善意受让人和善意取得他物权人。

（4）当事人约定出卖人保留合同标的物的所有权，在标的物所有权转移前，买受人有下列情形之一，造成出卖人损害的，除当事人另有约定外，出卖人有权取回标的物：①未按照约定支付价款，经催告后在合理期限内仍未支付；②未按照约定完成特定条件；③将标的物出卖、出质或者作出其他不当处分。

（5）下列情形，出卖人不得行使取回权：①买受人已经支付标的物总价款的 75%以上；②买受人将标的物出卖、出质或者作其他不当处分时，第三人已善意取得所有权或者其他物权。

（6）出卖人取回标的物后，产生如下法律后果：①取回标的物价值显著减少，出卖人有权请求赔偿损失。②出卖人取回标的物后，买受人在双方约定或者出卖人指定的合理回赎期限内，消除出卖人取回标的物的事由的，可以请求回赎标的物。

(7) 回赎期经过后会依法产生如下法律后果：买受人在回赎期限内没有回赎标的物，出卖人可以以合理价格将标的物出卖给第三人，出卖所得价款扣除买受人未支付的价款以及必要费用后仍有剩余的，应当返还买受人；不足部分由买受人清偿。

试题范例

1. (单项选择题) 甲、乙签订买卖合同，甲将自己的电脑卖给乙，并且约定在乙付清价款前所有权仍属于甲。对此，下列表述中错误的是（ ）。

A. 乙在付清价款前将电脑出质给知情的丙，对甲造成损害，则甲可以取回电脑

B. 如果乙已经支付了80%的价款，则甲不能主张取回电脑

C. 乙在付清价款前将电脑卖给丁，丁善意取得电脑的所有权，则甲不能主张取回电脑

D. 如果甲、乙之间是买卖房屋的合同，仍然可以约定所有权保留条款

2. (单项选择题) 甲将其1辆汽车出卖给乙，约定价款30万元。乙先付了20万元，余款在6个月内分期支付。在分期付款期间，甲先将汽车交付给乙，但明确约定付清全款后甲才将汽车的所有权转移给乙。嗣后，甲又将该汽车以20万元的价格卖给不知情的丙，并以指示交付的方式完成交付。对此，下列表述中正确的是（ ）。

A. 在乙分期付款期间，汽车已经交付给乙，乙即取得汽车的所有权

B. 在乙分期付款期间，汽车虽然已经交付给乙，但甲保留了汽车的所有权，故乙不能取得汽车的所有权

C. 丙对甲、乙之间的交易不知情，可以依据善意取得制度取得汽车的所有权

D. 丙不能依甲的指示交付取得汽车的所有权

答案：1. D 2. B

核心法条

《民法典》第665条 撤销权人撤销赠与的，可以向受赠人请求返还赠与的财产。

释解分析

本条规定的是撤销赠与的法律后果。

法条分析

(1) 赠与人在赠与财产的权利转移之前是否有权撤销赠与？

(2) 赠与人交付的赠与财产有瑕疵的，应如何认定民事责任？

(3) 受赠人有哪些情形，赠与人可以撤销赠与？

答案：(1) 赠与人在赠与财产的权利转移之前可以撤销赠与，但是经过公证的赠与合同或者依法不得撤销的具有救灾、扶贫、助残等公益、道德义务性质的赠与合同不得撤销。

(2) 赠与的财产有瑕疵的，赠与人不承担责任。附义务的赠与，赠与的财产有瑕疵的，赠与人在附义务的限度内承担与出卖人相同的责任。赠与人故意不告知瑕疵或者保证无瑕疵，造成受赠人损失的，应当承担赔偿责任。

（3）受赠人有下列情形之一的，赠与人可以撤销赠与：①严重侵害赠与人或者赠与人近亲属的合法权益；②对赠与人有扶养义务而不履行；③不履行赠与合同约定的义务。因受赠人的违法行为致使赠与人死亡或者丧失民事行为能力的，赠与人的继承人或者法定代理人可以撤销赠与。

试题范例

（多项选择题）受赠人接受赠与财产后，赠与人可以撤销赠与的有（　　）。

A. 受赠人严重侵害赠与人合法权益的

B. 受赠人对赠与人有扶养义务而不履行

C. 赠与人的经济状况严重恶化，严重影响其家庭生活的

D. 受赠人不履行赠与合同约定的义务

答案：ABD

核心法条

《民法典》第680条　禁止高利放贷，借款的利率不得违反国家有关规定。

借款合同对支付利息没有约定的，视为没有利息。

借款合同对支付利息约定不明确，当事人不能达成补充协议的，按照当地或者当事人的交易方式、交易习惯、市场利率等因素确定利息；自然人之间借款的，视为没有利息。

释解分析

本条规定的是禁止高利放贷以及对借款利息的确定。为解决民间借贷领域存在的突出问题，维护正常的金融秩序，禁止高利放贷，借款的利率不得违反国家有关规定。所谓高利贷，是指借款合同双方约定的利率超过合同成立时一年期贷款市场报价利率4倍（年利息约为15.4%）的部分。

借款合同对支付利息没有约定的，视为没有利息。借款合同对支付利息约定不明确，当事人不能达成补充协议的，按照当地或者当事人的交易方式、交易习惯、市场利率等因素确定利息，但是约定的利率不得超过合同成立时一年期贷款市场报价利率4倍。自然人之间借款的，视为没有利息。

法条分析

（1）如何确定合法的借款利率？

（2）借款利息预先在本金中扣除的，如何认定借款数额和利息？

（3）自然人之间的借款合同何时成立？自然人之间的借款合同可以认定为合同成立的情形有哪些？

（4）自然人之间的借款合同对支付利息没有约定或者约定不明确的，如何确定利息？

（5）民间借款合同对支付利息没有约定或者约定不明确的，如何确定利息？

答案：（1）借款合同双方当事人约定的借款利率不超过合同成立时一年期贷款市场报价利率4倍，此为合法借款利率；超过的，为高利贷。

(2) 借款的利息不得预先在本金中扣除。利息预先在本金中扣除的，应当按照实际借款数额返还借款并计算利息。

(3) 自然人之间的借款合同，自贷款人提供借款时成立。自然人之间的借款合同具有下列情形之一的，可以视为合同成立：以现金支付的，自借款人收到借款时；以银行转账、网上电子汇款或者通过网络贷款平台等形式支付的，自资金到达借款人账户时；以票据交付的，自借款人依法取得票据权利时；出借人将特定资金账户支配权授权给借款人的，自借款人取得对该账户实际支配权时；出借人以与借款人约定的其他方式提供借款并实际履行完成时。

(4) 自然人之间的借款合同对支付利息没有约定或者约定不明确的，视为没有利息。

(5) 民间借款合同对支付利息约定不明确，当事人不能达成补充协议的，按照当地或者当事人的交易方式、交易习惯、市场报价利率等因素确定利息；没有约定支付利息的，视为没有利息。

试题范例

(单项选择题) 关于民间借款合同，下列说法中正确的是（　　）。

A. 民间借款合同为实践合同

B. 民间借款合同为无偿合同

C. 民间借款合同双方约定的利率不得超过合同成立时 1 年期贷款市场报价利率 4 倍

D. 民间借款合同对支付利息约定不明确的，视为没有利息

答案：C

核心法条

《民法典》第 682 条　保证合同是主债权债务合同的从合同。主债权债务合同无效的，保证合同无效，但是法律另有规定的除外。

保证合同被确认无效后，债务人、保证人、债权人有过错的，应当根据其过错各自承担相应的民事责任。

释解分析

本条规定的是保证合同的从属性和保证合同无效的法律后果。保证合同是一种从合同，保证债务是主债务的从债务。保证合同以主债的有效存在为前提。保证债务以主债务的存在为前提，并于主债务存续中从属于主债务。因此，债权人请求保证人承担保证责任的，不仅须证明保证债务的存在，还须证明主债务的存在。主债权债务合同无效，保证合同无效，但是法律另有规定的除外。

保证合同被确认无效的，不仅保证合同的双方即债权人与保证人，而且债务人也包括在内，其对订立无效合同有过错就应依其过错程度承担相应的民事责任；只要其没有过错，则不承担任何责任。

法条分析

(1) 如何理解本条中的“保证合同”？

(2) 保证合同的形式有哪些?

(3) 如何认定保证的范围?

答案:(1) 保证合同是指为保障债权的实现，保证人和债权人约定，当债务人不履行到期债务或者发生当事人约定的情形时，保证人履行债务或者承担责任的合同。

(2) 保证合同可以是单独订立的书面合同，也可以是主债权债务合同中的保证条款。第三人单方以书面形式向债权人作出保证，债权人接收且未提出异议的，保证合同成立。

(3) 保证的范围包括主债权及其利息、违约金、损害赔偿金和实现债权的费用。当事人另有约定的，按照其约定。

试题范例

(多项选择题) 属于单务合同的有( )。

A. 赠与合同

B. 保证合同

C. 无偿保管合同

D. 储蓄(存款)合同

答案: ABCD

核心法条

《民法典》第 686 条 保证的方式包括一般保证和连带责任保证。

当事人在保证合同中对保证方式没有约定或者约定不明确的，按照一般保证承担保证责任。

释解分析

本条规定的是保证的方式。保证的方式包括一般保证与连带责任保证两种。一般保证的保证人享有先诉抗辩权，承担的保证责任较轻，而连带责任保证的保证人不享有先诉抗辩权，在保证责任的负担上与主债务人之间为连带债务人的关系，承担的保证责任较重，这是一般保证和连带责任保证的关键区别。保证人承担何种方式的保证，由当事人在保证合同中约定，当事人对保证方式没有约定或者约定不明确的，按照一般保证承担保证责任。

法条分析

(1) 何为"一般保证"? 何为"连带责任保证"?

(2) 当事人在保证合同中约定了保证人在债务人不能履行债务或者无力偿还债务时才承担保证责任等类似内容的，如何认定该内容的保证方式?

(3) 当事人在保证合同中约定了保证人在债务人不履行债务或者未偿还债务时即承担保证责任、无条件承担保证责任等类似内容的，如何认定该内容的保证方式?

(4) 如何认定一般保证和连带责任保证的保证责任的免除?

(5) 如何确定一般保证和连带责任保证的保证期间?

(6) 如何开始计算一般保证债务和连带责任保证债务的诉讼时效?

答案:(1) 当事人在保证合同中约定，债务人不能履行债务时，由保证人承担保证责任的，为一般保证。当事人在保证合同中约定保证人和债务人对债务承担连带责任的，为连带责任保证。

(2) 当事人在保证合同中约定了保证人在债务人不能履行债务或者无力偿还债务时才承担保证责任等类似内容，具有债务人应当先承担责任的意思表示的，人民法院应当将其认定为一般保证。

(3) 当事人在保证合同中约定了保证人在债务人不履行债务或者未偿还债务时即承担保证责任、无条件承担保证责任等类似内容，不具有债务人应当先承担责任的意思表示的，人民法院应当将其认定为连带责任保证。

(4) 一般保证的债权人未在保证期间对债务人提起诉讼或者申请仲裁的，保证人不再承担保证责任。连带责任保证的债权人未在保证期间请求保证人承担保证责任的，保证人不再承担保证责任。

(5) 债权人与保证人可以约定保证期间，但是约定的保证期间早于主债务履行期限或者与主债务履行期限同时届满的，视为没有约定；没有约定或者约定不明确的，保证期间为主债务履行期限届满之日起 6 个月。债权人与债务人对主债务履行期限没有约定或者约定不明确的，保证期间自债权人请求债务人履行债务的宽限期届满之日起计算。

(6) 一般保证的债权人在保证期间届满前对债务人提起诉讼或者申请仲裁的，从保证人拒绝承担保证责任的权利消灭之日起，开始计算保证债务的诉讼时效。连带责任保证的债权人在保证期间届满前请求保证人承担保证责任的，从债权人请求保证人承担保证责任之日起，开始计算保证债务的诉讼时效。

试题范例

(多项选择题) 一般保证的保证人在就债务人的财产依法强制执行仍不能履行债务前，有权拒绝承担保证责任，但是有下列情形之一的除外（　　）。

A. 债务人下落不明，且无财产可供执行

B. 人民法院已经受理债务人破产案件

C. 债权人有证据证明债务人的财产不足以履行全部债务或者丧失履行债务能力

D. 保证人书面表示放弃先诉抗辩权

答案：ABCD

核心法条

《民法典》第 692 条　保证期间是确定保证人承担保证责任的期间，不发生中止、中断和延长。

债权人与保证人可以约定保证期间，但是约定的保证期间早于主债务履行期限或者与主债务履行期限同时届满的，视为没有约定；没有约定或者约定不明确的，保证期间为主债务履行期限届满之日起六个月。

债权人与债务人对主债务履行期限没有约定或者约定不明确的，保证期间自债权人请求债务人履行债务的宽限期届满之日起计算。

释解分析

本条规定的是保证期间。保证期间是确定保证人承担保证责任的期间。保证期间并非诉讼时效期间，因而不能中止、中断和延长。保证期间也并非除斥期间，其具有消灭债权本体的效力，因而具有自己独立的地位或价值。从性质上看，保证期间属于或有期间。

保证期间事关保证人和债权人之间的债权债务能否行使或履行，也是确定保证债务和诉讼时效关系的依据，因而当事人在保证合同应明确约定。但是，保证人与债权人约定的保证期间未必一律有效，如果保证人与债权人约定的保证期间早于主债务履行期限或者与主债务履行期限同时届满的，视为没有约定。因为保证人和债权人约定的保证期间早于主债务履行期限或者与主债务履行期限同时届满的，则意味着保证人实际上不可能承担保证责任，故此类约定不发生效力。如果保证人与债权人没有约定或者约定不明确的，无论是一般保证，还是连带责任保证，保证期间为主债务履行期限届满之日起 6 个月。债权人与债务人对主债务履行期限没有约定或者约定不明确的，保证期间自债权人请求债务人履行债务的宽限期届满之日起计算。

法条分析

（1）保证期间是何种性质的期间？是否可以中止、中断或延长？

（2）债权人与保证人没有约定保证期间或者约定不明确的，如何认定保证期间？

（3）保证合同约定保证人承担保证责任直至主债务本息还清时为止等类似内容的，如何认定保证期间？

答案：（1）保证期间属于“或有期间”，不得中止、中断或延长。

（2）债权人与保证人没有约定保证期间或者约定不明确的，保证期间为主债务履行期限届满之日起 6 个月。债权人与债务人对主债务履行期限没有约定或者约定不明确的，保证期间自债权人请求债务人履行债务的宽限期届满之日起计算。

（3）保证合同约定保证人承担保证责任直至主债务本息还清时为止等类似内容的，视为约定不明确，保证期间为主债务履行期限届满之日起 6 个月。

试题范例

（单项选择题）甲向乙借款 10 万元，借款期限为 1 年。丙为该笔借款承担保证责任，乙、丙约定，丙承担保证责任的期间为甲、乙借款合同的履行期限。则丙承担保证责任的期间为（　　）。

A. 借款合同的履行期限

B. 借款合同履行期限届满之日起 6 个月

C. 自乙请求甲履行债务的宽限期届满之日起 6 个月

D. 借款合同履行期限届满之日起 3 年

答案：B

核心法条

《民法典》第 702 条　债务人对债权人享有抵销权或者撤销权的，保证人可以在相应范围内拒绝承担保证责任。

释解分析

本条规定的是保证人拒绝履行权。债务人对债权人享有抵销权或者撤销权的，保证人可以在相应范围内拒绝承担保证责任。具体而言，在主债务人对主合同有抵销权或者撤销权时，保证人对债权人可以拒绝履行，即保证人可以将主债务人享有的撤销权或者抵销权作为自己的抗辩事由，但是保证人只能在相应的范围内拒绝承担保证责任。

法条分析

(1) 主债务人对债权人享有抵销权但并未行使的，保证人能否对债权人行使保证债务的抵销权？

(2) 主债务人放弃撤销权，或者撤销权的除斥期间已过的，保证人是否有权在相应范围内拒绝承担保证责任？

答案：(1) 保证人不能直接行使债务人对债权人的抵销权，但可以在相应范围内享有拒绝履行保证债务的抗辩权，以拒绝承担相应的保证责任。

(2) 主债务人放弃撤销权的，保证人得以主债务人撤销权的存在为由，在相应的范围内享有拒绝承担保证责任的抗辩权；但是，撤销权的除斥期间经过，保证人不得再援引上述规定拒绝承担保证责任。

试题范例

(多项选择题) 一般保证人享有的权利有（　　）。

A. 一般保证人的先诉抗辩权

B. 债务人对债权人享有撤销权，保证人在相应范围内的拒绝履行权

C. 一般保证人对主债务人的先履行抗辩权

D. 一般保证人可以主张的债务人对债权人的抗辩权

答案：ABCD

核心法条

《民法典》第 709 条　承租人应当按照约定的方法使用租赁物。对租赁物的使用方法没有约定或者约定不明确，依据本法第五百一十条的规定仍不能确定的，应当根据租赁物的性质使用。

释解分析

本条规定的是承租人按约定使用租赁物的义务。

法条分析

(1) 承租人按照约定的方法或者根据租赁物的性质使用租赁物，致使租赁物受到损耗的，是否承担赔偿责任？

(2) 承租人未按照约定的方法或者未根据租赁物的性质使用租赁物，致使租赁物受到损

失的，出租人享有哪些权利？

（3）若当事人没有约定，谁负担租赁物的维修义务？

答案：（1）承租人按照约定的方法或者根据租赁物的性质使用租赁物，致使租赁物受到损耗的，不承担赔偿责任。

（2）承租人未按照约定的方法或者未根据租赁物的性质使用租赁物，致使租赁物受到损失的，出租人可以解除合同并请求赔偿损失。

（3）出租人应当履行租赁物的维修义务，但是当事人另有约定的除外。承租人在租赁物需要维修时可以请求出租人在合理期限内维修。出租人未履行维修义务的，承租人可以自行维修，维修费用由出租人负担。因维修租赁物影响承租人使用的，应当相应减少租金或者延长租期。因承租人的过错致使租赁物需要维修的，出租人不承担上述维修义务。

试题范例

（多项选择题）甲租用乙的一套住房，搬进去以后发现房屋漏雨严重。则（　　）。

A. 甲负责维修房屋并承担维修费用　　B. 甲负责维修房屋，但由乙承担维修费用

C. 乙负责维修房屋并承担维修费用　　D. 乙负责维修房屋，但由甲承担维修费用

答案：BC

核心法条

《民法典》第725条　租赁物在承租人按照租赁合同占有期限内发生所有权变动的，不影响租赁合同的效力。

释解分析

本条规定的是买卖不破租赁。买卖不破租赁是租赁权物权化的表现之一。租赁合同本为一种债权债务关系。在早期民法上，承租人只能向出租人本人主张对租赁物的使用、收益，租赁权不能对抗第三人。这种权利配置反映了重视所有权，相对轻视使用、收益权的概念。随着社会经济的发展，民法逐渐地承认在房屋等财产的租赁关系中，租赁物所有权在租赁期限内的转移并不影响承租人的权利，原租赁合同对受让租赁物的第三人仍然有效，该第三人不得解除租赁合同，此即"买卖不破租赁"原则。这一原则突破了传统的民法相对性原则，使租赁权具有了对抗第三人的效力。这种情况被称为"租赁权的物权化"或"债权的物权化"。依据本条规定，租赁物在租赁期限内发生所有权变动的，承租人的租赁权可以对抗租赁物的新所有权人，承租人与出租人原来的租赁合同中所作的其他约定，租赁物的新所有权人也应一并遵循。

法条分析

（1）本条规定的是何种法律制度？其体现了何种法律效力？

（2）除当事人另有约定外，租赁房屋具有哪些情形，承租人不得依据本条规定主张权利？

答案：（1）本条规定的是"买卖不破租赁"规则。该规则体现了租赁权的物权化，租赁权物权化属于租赁权的特别效力，这一规则突破了传统的合同相对性原则，使租赁权具有了

对抗租赁合同之外的第三人的效力。

(2) 除当事人另有约定外，租赁房屋具有下列情形的，房屋租赁合同的承租人不得主张买卖不破租赁：房屋在出租前已设立抵押权，因抵押权人实现抵押权发生所有权变动的；房屋在出租前已被人民法院依法查封的。

试题范例

(单项选择题) 刘某将自己的房屋租给张某，双方签订为期 10 年的租赁合同。一年以后，刘某依法将房屋卖给徐某。则（　　）。

A. 徐某有权请求张某搬出房屋

B. 刘某、张某达成的房屋租赁合同对徐某有效

C. 徐某有权解除房屋租赁合同

D. 刘某无权出卖房屋

答案：B

核心法条

《民法典》第 726 条　出租人出卖租赁房屋的，应当在出卖之前的合理期限内通知承租人，承租人享有以同等条件优先购买的权利；但是，房屋按份共有人行使优先购买权或者出租人将房屋出卖给近亲属的除外。

出租人履行通知义务后，承租人在十五日内未明确表示购买的，视为承租人放弃优先购买权。

释解分析

本条规定的是房屋承租人的优先购买权。承租人的优先购买权是指租赁合同存续期间，出租人要出卖租赁物时，承租人在同等条件下享有优先购买的权利。在租赁合同中，优先购买权的对象仅限于房屋，不适用于其他租赁物。优先购买权仅在同等条件下才享有。此处的同等条件，主要是指出价条件，包括价格、交付房价期限、方式等。优先购买权在性质上属于形成权，其实质系属对出租人选择合同对方当事人自由的限制。但是，房屋按份共有人行使优先购买权的，或者出租人将房屋出卖给近亲属的，承租人不得主张优先购买权。

出租人出卖租赁房屋的，应提前通知承租人，承租人在接到通知后应及时答复，若承租人接到通知后在 15 日内未“明确表示”购买的，则丧失优先购买权。这里的“15 日”，可以理解为第 1 款规定的“合理期限”。

法条分析

(1) 该条规定的是何种法律制度？其适用条件有哪些？

(2) 如何认定“同等条件”？

(3) 承租人主张优先购买权，人民法院不予支持的主要情形有哪些？

(4) 出租人履行通知义务后，承租人视为放弃优先购买权的情形是什么？

(5) 出租人未通知承租人行使优先购买权的，如何认定出租人与第三人订立的房屋买卖

合同的效力？

答案：（1）承租人的优先购买权。承租人优先购买权的适用条件有：①承租人只有在租赁房屋时才享有优先购买权；②承租人只有在同等条件下才享有优先购买权。

（2）“同等条件”是指承租人就购买该房屋所给出的价格等条件与欲购买该房屋的其他人相同。“同等条件”应当综合共有份额的转让价格、价款履行方式及期限等因素确定。

（3）具有下列情形之一，承租人主张优先购买房屋的，人民法院不予支持：①房屋共有人行使优先购买权的；②出租人将房屋出卖给近亲属，包括配偶、父母、子女、兄弟姐妹、祖父母、外祖父母、孙子女、外孙子女的；③出租人履行通知义务后，承租人在15日内未明确表示购买的；④第三人善意购买租赁房屋并已经办理登记手续的。

（4）出租人履行通知义务后，承租人在15日内未明确表示购买的，视为承租人放弃优先购买权。

（5）出租人未通知承租人行使优先购买权的，出租人与第三人订立的房屋买卖合同的效力不受影响。

试题范例

1.（单项选择题）甲、乙订立房屋租赁合同，约定租期为4年。半年后，出租人甲将房屋出售给丙并办理了过户登记手续，但未通知乙。不久，乙以其房屋优先购买权受到侵害为由，请求法院判决甲、丙之间的房屋买卖合同无效。对此，下列表述中正确的是（　　）。

A. 甲出售房屋无须通知乙

B. 丙有权依据善意取得制度取得房屋所有权

C. 甲侵害了乙的优先购买权，但甲、丙之间的合同有效

D. 甲出售房屋应征得乙的同意

2.（多项选择题）甲将私房三间出租给乙，租期2年。在租期内，甲又与丙签订私房三间的买卖合同。则下列表述中正确的是（　　）。

A. 甲与丙所签订的合同无效，因为甲未取得乙的同意

B. 甲应当在出卖房屋前15日内通知乙房屋将要出售

C. 乙在同等条件下有权优先于丙购买房屋

D. 如丙购得房屋，其有权决定原甲、乙之间的房屋租赁合同是否继续执行

答案：1. C　2. BC

核心法条

《民法典》第761条　保理合同是应收账款债权人将现有的或者将有的应收账款转让给保理人，保理人提供资金融通、应收账款管理或者催收、应收账款债务人付款担保等服务的合同。

释解分析

本条规定的是保理合同的定义。保理是指应收账款债权人将应收账款的所有权转让于保理人，保理人支付价款并提供与应收账款转让相关服务的业务。保理合同是应收账款债权人将现有的或者将有的应收账款转让给保理人，保理人提供资金融通、应收账款管理或者催

收、应收账款债务人付款担保等服务的合同。应收账款是指权利人因提供一定的货物、服务或设施而获得的请求义务人付款的权利以及依法享有的其他付款请求权。

保理合同的本质，是债权让与，而且是应收账款债权的让与。即销售商将自己基于各种合同，主要是买卖合同，而享有的债权，转让给保理商；受让债权后，保理商成为新的应收账款债权人。但是，又区别于一般的债权转让，因为较之于一般债权转让的债权受让人而言，保理人需要承担较多义务，例如：提供资金融通、应收账款管理或者催收、应收账款债务人付款担保等。

保理合同具有如下功能：(1) 提供资金融通。(2) 应收账款管理或者催收。(3) 应收账款债务人付款担保。

法条分析

(1) 如何理解本条中的"应收账款"?

(2) 应收账款债权转让对债务人发生效力的条件是什么?

(3) 虚构应收账款作为转让标的，其法律后果如何认定?

(4) 无正当理由变更或者终止基础交易合同行为对保理人的效力如何认定?

(5) 当事人约定有追索权保理的，保理人如何行使应收账款债权?

(6) 当事人约定无追索权保理的，保理人如何行使应收账款债权?

答案：(1) 应收账款是指权利人因转移财产或者提供服务而获得的请求债务人付款的权利以及依法享有的其他付款请求权，包括现有的和将有的金钱债权，但不包括因票据或其他有价证券而产生的付款请求权，以及法律、行政法规禁止转让的付款请求权。

(2) 应收账款债权转让对债务人发生效力的条件是转让应收账款债权须通知债务人。

(3) 应收账款债权人与债务人虚构应收账款作为转让标的，与保理人订立保理合同的，应收账款债务人不得以应收账款不存在为由对抗保理人，但是保理人明知虚构的除外。

(4) 应收账款债务人接到应收账款转让通知后，应收账款债权人与债务人无正当理由协商变更或者终止基础交易合同，对保理人产生不利影响的，对保理人不发生效力。

(5) 当事人约定有追索权保理的，保理人可以向应收账款债权人主张返还保理融资款本息或者回购应收账款债权，也可以向应收账款债务人主张应收账款债权。保理人向应收账款债务人主张应收账款债权，在扣除保理融资款本息和相关费用后有剩余的，剩余部分应当返还给应收账款债权人。

(6) 当事人约定无追索权保理的，保理人应当向应收账款债务人主张应收账款债权，保理人取得超过保理融资款本息和相关费用的部分，无需向应收账款债权人返还。

试题范例

1. (单项选择题) 下列应收账款中，不能办理保理业务的是（　　）。

A. 销货方甲出口一批建材给进货方乙形成的应收账款

B. 乙服装厂向某中学销售学生夏季服装所形成的应收账款

C. 丙将他人享有专利权的技术转让给某公司所形成的应收账款

D. 丁公司从国外进口一批货物而形成的应收账款

2. (单项选择题) 2月1日，甲、乙两公司签订100台电脑的买卖合同，约定甲公司于

5月1日交货，乙公司于8月1日付款100万元。6月1日，因资金周转困难，甲公司与丙银行订立无追索权的保理合同，将100万元应收账款转让给丙银行，丙银行向甲公司提供保理预付款90万元。对此，下列表述中正确的是（　　）。

A. 甲公司将应收账款转让给丙银行，应当取得乙公司的同意

B. 甲公司将应收账款转让给丙银行，应当向丙银行提供相应的担保

C. 甲公司将应收账款转让给丙银行后，可以减免乙公司的债务

D. 乙公司不履行债务，丙银行既可以向甲公司求偿，也可以向乙公司求偿

答案： 1. C　2. C

核心法条

《民法典》第780条　承揽人完成工作的，应当向定作人交付工作成果，并提交必要的技术资料和有关质量证明。定作人应当验收该工作成果。

释解分析

本条规定的是承揽合同工作成果的交付与验收。

法条分析

（1）本条中的“交付工作成果”以及“提交必要的技术资料和有关质量证明”分别属于何种性质的义务？

（2）承揽人交付的工作成果不符合质量要求的，定作人有哪些救济手段？

（3）定作人未向承揽人支付报酬或者材料费等价款的，承揽人可以行使的权利是什么？

（4）定作人在承揽人完成工作前是否可以随时解除合同？是否因解除合同而赔偿损失并承担违约责任？

答案：（1）交付工作成果属于主合同（给付）义务；提交必要的技术资料和有关质量证明属于从合同（给付）义务。

（2）承揽人交付的工作成果不符合质量要求的，定作人可以合理选择请求承揽人承担修理、重作、减少报酬、赔偿损失等违约责任。

（3）定作人未向承揽人支付报酬或者材料费等价款的，承揽人对完成的工作成果享有留置权或者有权拒绝交付，但是当事人另有约定的除外。

（4）定作人在承揽人完成工作前可以随时解除合同，造成承揽人损失的，应当赔偿损失。但定作人享有的解除权属于法定解除权，因而不承担违约责任。

试题范例

1.（单项选择题）甲将自行车存放于某小区到小区外办事，并将车钥匙交给小区住户乙，乙接受。虽小区不让停放自行车，但也不过问。该合同的性质属于（　　）。

A. 保管合同　　B. 委托合同　　C. 承揽合同　　D. 行纪合同

2.（多项选择题）下列关于承揽合同的表述中，正确的有（　　）。

A. 承揽合同的承揽人享有留置权

B. 承揽合同的定作人享有合同任意解除权

C. 甲将一辆吉普车交给乙寄售并达成的合同属于承揽合同

D. 甲、乙达成的产品安装、性能调试、新产品开发合同属于承揽合同

答案：1. B　2. AB

核心法条

《民法典》第807条　发包人未按照约定支付价款的，承包人可以催告发包人在合理期限内支付价款。发包人逾期不支付的，除根据建设工程的性质不宜折价、拍卖外，承包人可以与发包人协议将该工程折价，也可以请求人民法院将该工程依法拍卖。建设工程的价款就该工程折价或者拍卖的价款优先受偿。

释解分析

本条规定的是承包人对建设工程价款的优先受偿权。取得工程价款是承包人履行合同义务后享有的法定权利，给付工程价款是发包人享受了合同规定的权利后应承担的合同义务。对于给付工程款，需要注意以下规则：(1) 当事人约定有支付工程款时间的，从其约定。没有约定或者约定不明确的，下列时间视为应付款时间：①建设工程已实际交付的，为交付之日；②建设工程没有交付的，为提交竣工结算文件之日；③建设工程未交付，工程价款也未结算的，为当事人起诉之日。发包人未按约定支付价款的，发包人应承担逾期付款的违约责任。当事人对欠付工程价款利息计付标准有约定的，按照约定处理。没有约定的，按照同期同类贷款利率或者同期贷款市场报价利率计息。利息从应付工程价款之日开始计付。(2) 当事人约定按照固定价结算工程价款，一方当事人请求对建设工程造价进行鉴定的，人民法院不予支持。(3) 当事人对垫资和垫资利息有约定，承包人请求按照约定返还垫资及其利息的，人民法院应予支持，但是约定的利息计算标准高于垫资时的同类贷款利率或者同期贷款市场报价利率的部分除外。当事人对垫资没有约定的，按照工程欠款处理。当事人对垫资利息没有约定，承包人请求支付利息的，人民法院不予支持。

如果发包人不向承包人支付价款，本条在综合考虑的基础上，根据承包人享有的工程款债权的性质，直接赋予承包人优先受偿权，并对优先受偿权的实现作了如下具体规定：(1) 优先受偿权实现的时间。发包人虽未按约支付价款，但这并不立即使承包人得实现优先受偿权。在发包人尚未支付价款时，承包人还需对发包人进行催告，给发包人规定支付价款的合理期限，在期限届满后仍不支付的，发包人方可行使优先受偿权。(2) 本条规定了承包人实现优先受偿权的两种方式：一是通过发包人与承包人之间的协议，对建设工程进行折价，承包人在支付折价款与工程价款的差额后，取得该项建设工程的所有权，使其工程价款债权得以实现。二是对建设工程进行拍卖。拍卖需在人民法院的主持下进行，这样更能保护发包人的利益，防止承包人低价拍卖给发包人带来损害。由承包人在拍卖所得价款中优先受偿。此外，本条中的“根据建设工程的性质不宜折价、拍卖外”，主要是指用于科研项目或者教学的建设工程，如学校急需使用的教室、医疗机构急用的手术室等。

对于承包人的优先受偿权，还确立了如下规则：(1) 承包人就逾期支付建设工程价款的利息、违约金、损害赔偿金等主张优先受偿的，人民法院不予支持。(2) 承包人应当在合理

期限内行使建设工程价款优先受偿权，但最长不得超过 18 个月，自发包人应当给付建设工程价款之日起算。(3) 发包人与承包人约定放弃或者限制建设工程价款优先受偿权，损害建筑工人利益，发包人根据该约定主张承包人不享有建设工程价款优先受偿权的，人民法院不予支持。

法条分析

(1) 本条规定的建设工程价款的范围是什么？

(2) 承包人行使建设工程价款优先受偿权的期限为多长？如何起算？

(3) 如何理解本条中的“根据建设工程的性质不宜折价、拍卖外”？

(4) 承包人因发包人违约所造成的损失可否主张优先受偿权？

(5) 承包人就逾期支付建设工程价款的利息、违约金、损害赔偿金等能否主张优先受偿？

答案：(1) 建设工程的价款包括承包人为建设工程应当支付的工作人员报酬、材料款等实际支出的费用。

(2) 承包人行使建设工程价款优先受偿权的期限最长不得超过 18 个月，自发包人应当给付建设工程价款之日起算。

(3) “根据建设工程的性质不宜折价、拍卖外”，主要是指用于科研项目或者教学的建设工程。

(4) 不能。

(5) 不能。

试题范例

1. (单项选择题) 建设工程承包人应当在合理期限内行使建设工程价款优先受偿权，但是该期限最长不得超过（　　）。

A. 6 个月　　B. 1 年　　C. 18 个月　　D. 2 年

2. (多项选择题) 甲房地产开发公司将一幢建设商品楼工程承包给了乙公司，甲公司将该在建商品楼抵押给丙银行以获取贷款。在大楼建设完成之后，甲公司迟迟不支付款项，但却正常发售商品房，购房者丁支付了全部款项并办理了房屋过户登记手续之后，搬进新房。关于甲公司拖欠的工程价款，乙公司可以对下列人员主张优先受偿权的是（　　）。

A. 甲公司的债权人　　B. 丙银行

C. 丁　　D. 该商品楼装饰装修工程的承包人

答案：1. C　2. AB

核心法条

《民法典》第 847 条　职务技术成果的使用权、转让权属于法人或者非法人组织的，法人或者非法人组织可以就该项职务技术成果订立技术合同。法人或者非法人组织订立技术合同转让职务技术成果时，职务技术成果的完成人享有以同等条件优先受让的权利。

职务技术成果是执行法人或者非法人组织的工作任务，或者主要是利用法人或者非法人组织的物质技术条件所完成的技术成果。

释解分析

本条规定的是职务技术成果的归属。关于职务技术成果的归属，与我国《专利法》的规定基本一致，即法人或者非法人组织享有职务技术成果的使用权和转让权。虽然职务技术成果的完成人不享有使用权和转让权，但完成人有优先受让的权利。所谓优先受让权，是指职务技术成果所属的单位如果将该职务技术成果对外转让，在同等条件下，职务技术成果的完成人有优先取得该职务技术成果的权利。

法条分析

（1）如何理解本条第2款中的“执行法人或者非法人组织的工作任务”？

（2）如何理解本条第2款中的“物质技术条件”？

（3）如何理解本条第2款中的“主要是利用法人或者非法人组织的物质技术条件”？

（4）若将职务技术成果作为发明创造申请专利，如何确定其专利申请权的归属？

答案：（1）“执行法人或者非法人组织的工作任务”是指：履行法人或者非法人组织的岗位职责或者承担其交付的其他技术开发任务；离职后1年内继续从事与其原所在法人或者非法人组织的岗位职责或者交付的任务有关的技术开发工作，但是法律、行政法规另有规定的除外。

（2）“物质技术条件”是指资金、设备、器材、原材料、未公开的技术信息和资料等。

（3）“主要是利用法人或者非法人组织的物质技术条件”包括职工在技术成果的研究开发过程中，全部或者大部分利用了法人或者非法人组织的资金、设备、器材或者原材料等物质条件，并且这些物质条件对形成该技术成果具有实质性的影响；还包括该技术成果实质性内容是在法人或者非法人组织尚未公开的技术成果、阶段性技术成果基础上完成的情形。但下列情况除外：对利用法人或者非法人组织提供的物质技术条件，约定返还资金或者交纳使用费的；在技术成果完成后利用法人或者非法人组织的物质技术条件对技术方案进行验证、测试的。

（4）职务技术成果作为发明创造申请专利的，其专利申请权属于研究开发人。

试题范例

1.（单项选择题）甲公司与乙公司就某项技术的研究开发签订了委托技术开发合同，乙公司指派其工作人员丙负责开发该项技术。经过研究开发，丙完成了该项职务技术成果，丁为丙完成该项成果提供了技术咨询。在当事人没有约定的情况下，该技术成果的专利申请权属于（　　）。

A. 甲公司　　B. 乙公司　　C. 丙　　D. 丁

2.（单项选择题）工程师王某在甲公司的职责是研发电脑鼠标。对此，下列表述中正确的是（　　）。

A. 王某利用业余时间研发的新鼠标的专利申请权属于甲公司

B. 如王某没有利用甲公司物质技术条件研发出新鼠标，其专利申请权属于王某

C. 王某主要利用了单位物质技术条件研发出新型手机，其专利申请权属于王某

D. 如王某辞职后到乙公司研发出新鼠标，其专利申请权均属于乙公司

答案：1. B　2. A

核心法条

《民法典》第 851 条　技术开发合同是当事人之间就新技术、新产品、新工艺、新品种或者新材料及其系统的研究开发所订立的合同。

技术开发合同包括委托开发合同和合作开发合同。

技术开发合同应当采用书面形式。

当事人之间就具有实用价值的科技成果实施转化订立的合同，参照适用技术开发合同的有关规定。

释解分析

本条规定的是技术开发合同的定义及合同形式。技术开发合同是指当事人之间就新技术、新产品、新工艺或者新材料及其系统的研究开发所订立的合同，包括委托开发合同和合作开发合同。委托开发合同是指当事人一方即委托方委托另一方即研究开发方进行技术研究开发的合同。合作开发合同是指当事人各方就共同进行技术研究开发所达成的合同。技术合同的客体是尚不存在的有待开发的技术成果。其风险由当事人共同承担。技术开发合同是一项长期的工作，当事人之间的权利义务关系也比较复杂，因此应当采用书面形式。对具有使用价值的科技成果实施转化订立的合同，参照适用技术开发合同的有关规定。

法条分析

(1) 如何理解本条第 1 款中的“新技术、新产品、新工艺、新品种或者新材料及其系统”?

(2) 如何理解本条第 4 款中的“当事人之间就具有实用价值的科技成果实施转化订立的”技术转化合同?

答案：(1)“新技术、新产品、新工艺、新品种或者新材料及其系统”，包括当事人在订立技术合同时尚未掌握的产品、工艺、材料及其系统等技术方案，但对技术上没有创新的现有产品的改型、工艺变更、材料配方调整以及对技术成果的验证、测试和使用除外。

(2)“当事人之间就具有实用价值的科技成果实施转化订立的”技术转化合同，是指当事人之间就具有实用价值但尚未实现工业化应用的科技成果包括阶段性技术成果，以实现该科技成果工业化应用为目标，约定后续试验、开发和应用等内容的合同。

试题范例

(单项选择题) 甲、乙签订合同，合同内容是开发一种新材料，双方约定了该新材料的

开发时间、开发研究经费以及后续开发等问题。该合同在性质上属于（　　）。

A. 技术合同　　B. 承揽合同　　C. 建设工程合同　　D. 委托合同

答案：A

核心法条

《民法典》第 863 条　技术转让合同包括专利权转让、专利申请权转让、技术秘密转让等合同。

技术许可合同包括专利实施许可、技术秘密使用许可等合同。

技术转让合同和技术许可合同应当采用书面形式。

释解分析

本条规定的是技术转让合同和技术许可合同的类型和形式。

法条分析

（1）如何理解“技术转让合同”和“技术许可合同”？

（2）第 2 款中的“专利实施许可”的类型有哪些？

答案：（1）技术转让合同是合法拥有技术的权利人，将现有特定的专利、专利申请、技术秘密的相关权利让与他人所订立的合同。技术许可合同是合法拥有技术的权利人，将现有特定的专利、技术秘密的相关权利许可他人实施、使用所订立的合同。

（2）专利实施许可包括以下方式：①独占实施许可，是指许可人在约定许可实施专利的范围内，将该专利仅许可一个被许可人实施，许可人依约定不得实施该专利；②排他实施许可，是指许可人在约定许可实施专利的范围内，将该专利仅许可一个被许可人实施，但许可人依约定可以自行实施该专利；③普通实施许可，是指许可人在约定许可实施专利的范围内许可他人实施该专利，并且可以自行实施该专利。

试题范例

（多项选择题）技术转让合同的标的有（　　）。

A. 特定的专利　　B. 专利申请权　　C. 技术秘密　　D. 数据信息

答案：ABC

核心法条

《民法典》第 925 条　受托人以自己的名义，在委托人的授权范围内与第三人订立的合同，第三人在订立合同时知道受托人与委托人之间的代理关系的，该合同直接约束委托人和第三人；但是，有确切证据证明该合同只约束受托人和第三人的除外。

释解分析

本条规定的是间接代理中委托人的介入权。具体而言：（1）受托人以自己的名义，在委托人的授权范围内与第三人订立的合同，第三人在订立合同时知道受托人与委托人之间有间接代理关系的，该合同直接约束委托人与第三人。此时，委托人即自动介入受托人与第三人所订立的合同中，取代了受托人的合同地位。(2) 如果有确切证据证明该合同只约束受托人和第三人的，不发生委托人的自动介入。(3) 委托人自动介入后，受托人在一般情况下即无须再承担任何合同义务，但是合同另有规定或者有特殊交易习惯时除外。(4) 在委托人介入受托人与第三人所订立的合同之后，受托人仍有权要求委托人按约定支付报酬。

法条分析

(1) 如何理解本条中的“代理关系”的性质？该代理关系的含义是什么？

(2) 合同直接约束委托人和第三人的前提条件是什么？

(3) 举例说明本条中的“有确切证据证明该合同只约束受托人和第三人的除外”的适用情形。

(4) 委托人如何行使介入权？

(5) 第三人如何行使选择权？

答案：(1) 本条中的代理关系体现的是间接代理。间接代理是指代理人以自己的名义与第三人从事代理活动，该代理活动的法律效果直接归属于本人的代理制度。

(2) 合同直接约束委托人和第三人的前提条件是第三人在订立合同时知道受托人和委托人之间存在代理关系。

(3) 如果有确切证据证明受托人以自己的名义与第三人所订立的合同只约束受托人和第三人的，不能成立间接代理。例如，合同中明确约定：该合同只约束受托人和第三人，或者在任何情况下只能由受托人履行接受等，就足以表明该合同只约束受托人和第三人。

(4) 受托人以自己的名义与第三人订立合同时，第三人不知道受托人与委托人之间的代理关系的，受托人因第三人的原因对委托人不履行义务，受托人应当向委托人披露第三人，委托人因此可以行使受托人对第三人的权利。但是，第三人与受托人订立合同时如果知道该委托人就不会订立合同的除外。

(5) 受托人因委托人的原因对第三人不履行义务，受托人应当向第三人披露委托人，第三人因此可以选择受托人或者委托人作为相对人主张其权利，但是第三人不得变更选定的相对人。

试题范例

(多项选择题) 甲委托乙代销电视机，乙分别与丙、丁签订了买卖合同，但没有说明是代甲销售。后乙将与丙、丁签订合同的事实告知甲，甲以自己的名义分别向丙和丁送交了约定数量的电视机。丙接收了电视机，丁拒收电视机并请求乙履行合同。后丁反悔，直接向甲履行了付款义务。则下列表述中正确的是（　　）。

A. 若丙迟延履行付款义务，甲可以请求乙承担连带责任

B. 乙可以自己是受托人为由拒绝对丁履行交货义务

C. 丁拒收电视机并请求乙履行合同意味着选择乙作为相对人

D. 丁拒收电视机后又向甲付款的行为不发生合同履行的效力

答案：CD

核心法条

《民法典》第 947 条　物业服务期限届满前，业主依法共同决定续聘的，应当与原物业服务人在合同期限届满前续订物业服务合同。

物业服务期限届满前，物业服务人不同意续聘，应当在合同期限届满前九十日书面通知业主或者业主委员会，但是合同对通知期限另有约定的除外。

释解分析

本条规定的是物业服务合同的续订。

法条分析

（1）如何理解本条中的“物业服务合同”？

（2）“业主依法共同决定续聘”须符合哪些法定要求？

（3）物业服务期限届满前，物业服务人不同意续聘，物业服务人应如何履行义务？

（4）物业服务期限届满后，业主没有依法作出续聘决定，物业服务人继续提供物业服务的，如何认定物业服务合同的效力？

答案：（1）物业服务合同是物业服务人在物业服务区域内，为业主提供建筑物及其附属设施的维修养护、环境卫生和相关秩序的管理维护等物业服务，业主支付物业费的合同。

（2）“业主依法共同决定续聘”，要求由专有部分面积占比 2/3 以上的业主且人数占比 2/3 以上的业主参与表决，并且经参与表决专有部分面积过半数的业主且参与表决人数过半数的业主同意。在业主共同决定后，由业主委员会或全体业主，依据业主的共同决定而与物业服务人续聘。

（3）物业服务期限届满前，物业服务人不同意续聘，应当在合同期限届满前 90 日书面通知业主或者业主委员会，但是合同对通知期限另有约定的除外。

（4）物业服务期限届满后，业主没有依法作出续聘决定，物业服务人继续提供物业服务的，原物业服务合同继续有效，但是服务期限为不定期。当事人可以随时解除不定期物业服务合同，但是应当提前 60 日书面通知对方。

试题范例

（单项选择题）关于物业服务合同及其续订，下列说法中错误的是（　　）。

A. 物业服务合同是以劳务为标的的要式、双务、预约合同

B. 物业服务期限届满前，业主依法共同决定续聘的，应当与原物业服务人在合同期限届满前续订物业服务合同

C. 物业服务合同是一种特殊的委托合同

D. 物业服务期限届满后，业主没有依法作出续聘决定，物业服务人继续提供物业服务的，原物业服务合同继续有效，但是服务期限为不定期

答案：A

核心法条

《民法典》第 949 条　物业服务合同终止的，原物业服务人应当在约定期限或者合理期限内退出物业服务区域，将物业服务用房、相关设施、物业服务所必需的相关资料等交还给业主委员会、决定自行管理的业主或者其指定的人，配合新物业服务人做好交接工作，并如实告知物业的使用和管理状况。

原物业服务人违反前款规定的，不得请求业主支付物业服务合同终止后的物业费；造成业主损失的，应当赔偿损失。

释解分析

本条规定的是物业服务人的交接义务及法律责任。

法条分析

（1）如何认定本条中的“物业服务人”？

（2）本条规定的物业服务人的交接义务属于何种性质的义务？

（3）物业服务合同的权利义务终止后，业主请求物业服务人退还已经预收，但尚未提供物业服务期间的物业费的，人民法院应否予以支持？

（4）物业服务人违反交接义务应承担哪些民事责任？

答案：（1）物业服务人包括物业服务企业和其他管理人。

（2）物业服务人的交接义务属于后合同义务，后合同义务是一种附随义务。

（3）人民法院应予支持。

（4）物业服务人违反交接义务，应当承担继续履行、采取补救措施或者赔偿损失等民事责任。

试题范例

（多项选择题）某小区物业服务人和相关业主实施的下列行为中，符合《民法典》规定的是（　　）。

A. 业主李某在其房屋上为其保姆设立居住权

B. 业主文某没有事先告知物业服务人便装修房屋

C. 物业服务合同终止的，原物业服务人没有在约定期限内退出物业服务区域，且继续收取物业费

D. 业主李某和文某等都有权解除物业服务合同，但是应当提前 60 日书面通知对方

答案：AD

核心法条

《民法典》第 961 条　中介合同是中介人向委托人报告订立合同的机会或者提供订立合同的媒介服务，委托人支付报酬的合同。

释解分析

本条规定的是中介合同的定义。中介合同的主要特征有：（1）中介合同的内容是为委托人报告订约机会或者提供订约媒介服务。（2）中介合同中委托人的给付义务具有不确定性。委托人虽负有给付报酬义务，但只有中介人促成合同成立的，才可要求委托人支付报酬。（3）中介合同为诺成合同、不要式合同。

法条分析

（1）中介人促成合同成立的，中介人是否有权请求委托人支付报酬和中介活动费用？

（2）中介人未促成合同成立的，中介人是否有权请求委托人支付报酬和中介活动费用？

（3）委托人在接受中介人的服务后，利用中介人提供的交易机会或者媒介服务，绕开中介人直接订立合同的，中介人是否有权请求委托人支付报酬？

答案：（1）中介人促成合同成立的，中介人有权请求委托人支付报酬，但是不能请求委托人支付中介活动费用。

（2）中介人未促成合同成立的，不得请求支付报酬；但是，可以按照约定请求委托人支付从事中介活动支出的必要费用。

（3）委托人在接受中介人的服务后，利用中介人提供的交易机会或者媒介服务，绕开中介人直接订立合同的，中介人有权请求委托人支付报酬。

试题范例

（多项选择题）甲与乙房屋中介公司签订合同，委托乙公司帮助出售房屋一套。关于乙公司的权利义务，下列说法中正确的是（　　）。

A. 如有顾客要求上门看房时，乙公司应及时通知甲

B. 乙公司可代甲签订房屋买卖合同

C. 如促成房屋买卖合同成立，乙公司可向甲收取报酬

D. 如促成房屋买卖合同成立，乙公司自行承担中介活动的费用

答案：ACD

十六、准合同

核心法条

《民法典》第 121 条　没有法定的或者约定的义务，为避免他人利益受损失而进行管理的人，有权请求受益人偿还由此支出的必要费用。

释解分析

本条规定的是无因管理。无因管理是指没有法定的或者约定的义务，为避免他人利益受

损失而进行管理或者服务的行为。管理他人事务的人为管理人，事务被管理的人，称为本人或受益人。无因管理发生后，在管理人与本人之间发生债权债务关系，这就是无因管理之债。其主要内容是，管理人享有请求本人偿还因管理事务而支出的必要费用的债权，本人负有偿还该项费用的债务。在性质上看，无因管理之债是法定之债。从民事法律事实的类别上看，无因管理行为属于事实行为。一般来说，在既无法定义务又无约定义务的情况下，管理他人的事务，属于干预他人事务的范畴。但是，法律所承认的无因管理，是为他人利益而主动管理他人事务的行为，是符合助人为乐、危难相助、见义勇为的道德准则的行为，因而是应该得到鼓励和受到法律保护的行为，而不应属于受到制裁的侵权行为。《民法典》第979—984条具体规定了无因管理。

成立无因管理，须具备如下条件：(1) 管理他人事务。须有管理他人事务的行为是成立无因管理的客观构成要件。①必须从事了管理事务。管理事务如救助溺水儿童、帮助邻居灭火等。管理的"事务"，是指有关人们生活利益的一切事项，它可以是有关财产的事项，也可以是非财产的事项。无因管理属于事实行为，因此，对于无民事行为能力人或者限制民事行为能力人实施管理的事务，也成立无因管理。②管理的事务必须是他人事务。他人事务即不是自己的事务，其范围十分广泛，包括处理、管理、保存、改良及提供各种服务和帮助等，只要是有利于避免他人损失，或有利于他人的行为，都属于管理他人事务的行为。如将郊外冻伤的行人送往医院救治。是本人事务还是他人事务的判断标准应以管理人本人的主观意思判断。如将他人的病羊误认为是自己的病羊进行救治，不成立无因管理。再如，将自己的事务误认为他人的事务而进行管理的，即使目的是为他人避免损失，也不成立无因管理。例如，甲误以为自己的花为邻居乙所有，在暴雨来临前将该花搬进自己的房屋，此时，即便甲具有为乙管理事务的意愿，也无法成立无因管理的法律关系。不过，管理人兼为自己的利益而为管理的意思，不妨碍成立无因管理，例如，修缮与邻居共用的承重墙；再如，为避免祸及自身而帮助邻居扑灭起火的房屋；又如，为了出行便利，出钱修复邻居家被台风刮倒的院墙等，也成立无因管理。他人事务既可以是有关财产的，也可以是非财产性的，但不能是公益事业。③管理的事务为合法事务。违法事项或违背社会公德的事务，不能成立无因管理，例如为窃贼管理赃物、帮助朋友报仇雪恨、组织人员对某人进行无休止的谩骂等，都不能成立无因管理。④管理的事务不能是纯粹宗教的、道德的事务，一般性生活事务或公共性事务。上述事务如帮助他人点燃一炷香、替朋友到教堂祈祷或忏悔、未受朋友委托而帮助朋友招待客人、扶起摔倒的老人等，都不能成立无因管理。管理事务不能是公共事务，如清洁工在下完雪后清扫路面，因属于公益性事业，或者从另一方面说属于为不特定对象提供管理或服务的行为，由于债的相对性，不能成立无因管理。⑤管理的事务不能是经本人授权才能办理的事务或必须由本人亲自办理的事务。例如，甲主动代同事值夜班，这相当于无偿的事务性委托，不能成立无因管理。依照法律规定必须经本人授权才能办理的事务，必须由本人亲自办理的事务，如结婚登记，不能成立无因管理。(2) 有为他人谋利益的意思。这是无因管理成立的主观要件，也是无因管理阻却违法性的根本原因。谋利益的意思是无因管理和无权代理、侵权行为的关键区别。该意思无须表示，只要管理行为在客观上避免了他人利益受损且管理人不纯粹是出于为自己谋利益的目的，就可以成立无因管理，例如帮助邻居灭火。无因管理的成立不以管理事务的效果有利于本人作为要件，即使管理的效果未达到本人追求的目的，或者管理的效果不利于本人，但只要管理人有为他人谋利益的意思，即可成立无因管理。若管理人没有使他人受益的目的而管理他人事务，可能构成侵权。(3) 没有法定的和约定的义务。无因管理中的“无因”，就是指没有法定义务和约定义务。有无法定义务和约定义务应当以管理人开始管理时的客观事实而定，而不以管理人的主观认识为标准。如果有法定义务，如存在赡养、扶养、监护、遗嘱执行、遗产管理等，不能成立无因管理。如果有约定义务，如当事人之间存在保管合同、委托合同等合同关系，则属于“有因”的管理。

无因管理一经成立，当事人之间即形成债的关系，管理人享有请求偿还因管理或服务所支出的必要费用的权利，承担如下义务：(1) 适当管理义务。这里的“适当管理义务”表现在两个方面：①管理人不应违背本人的管理意思。管理人在进行事务管理时，不得违背本人明示的或可推知的管理意思。但管理人对于事务的管理系为本人尽公益上的义务或为其履行法定义务时，尽管违反本人明示或可推知的意思，仍为适当管理（如为长年出差欠费的邻居支付水电费）。②管理人应当按照有利于本人的方法进行管理。(2) 通知义务。这里的“通知义务”是管理人应当将管理事务的事实及时通知给本人，这是管理人的从属义务。管理开始时，除管理人确实无法通知本人之外，均应及时通知本人。通知后，除有紧迫情况外，应听候本人的指示。(3) 报告、计算义务。这里的“报告、计算义务”主要包括以下三项内容：①管理人应将管理事务的进行状态及时报告给本人。管理关系终止时，应向本人明确报告其始末。②管理人因管理事务所取得的物品、钱款及孳息，应交付给本人。③管理人为自己的利益而使用了应交付本人的钱款，或者使用了应为本人利益而使用的钱款，应自使用之日起支付利息。(4) 偿付必要费用的义务。这里的“必要费用”，包括管理人在管理或服务活动中直接支出的费用，以及在该活动中受到的实际损失。该必要费用，一般以本人所受利益范围为限。管理人为本人利益而以管理人的名义负担的债务，有权要求本人直接向债权人清偿。上述“必要费用”不能等同于报酬，管理人或者服务人不得要求受益人为管理事务支付报酬。当然，如果管理人并没有提出支付报酬，但受益人愿意支付报酬的，管理人可以接受，事后受益人不得以不当得利要求管理人返还报酬。应当指出，就本人而言，除了在管理人确有恶意或有重大过失的特殊情况下（如将草药性植物铲除，这里存在重大过失，属于不适法无因管理），本人不得以管理有违本人意志或有损本人利益为借口，拒不履行其应尽的义务。

法条分析

(1) 何为“管理”？如何理解无因管理的含义？

(2) 管理事务不符合受益人真实意思，仍能成立无因管理的情形是什么？

(3) 如何衡量管理人有无法定义务或者约定义务？

(4) 管理人在管理他人事务中应当负有哪些义务？

(5) 因自愿实施紧急救助行为造成他人损害的，是否构成无因管理？应否承担民事责任？

答案：(1) 管理是指处理事务的行为。无因管理是指没有法定的或者约定的义务，为避免他人利益受损失而进行管理或者服务的行为。

(2) 受益人的真实意思违反法律或者违背公序良俗，即使管理事务不符合受益人真实意思，但仍可成立无因管理。

(3) 衡量管理人有无法定义务或者约定义务，应当以客观标准确定，而不以管理人的主观认识为标准。

(4) 管理人负有适当管理义务，通知义务，报告、计算义务，偿付必要费用的义务。

(5) 因自愿实施紧急救助行为造成他人损害的，成立无因管理且不承担民事责任。

试题范例

1. (单项选择题) 下列选项中，适用无因管理的是（　　）。

A. 代人保管财物　　B. 窃贼管理赃物

C. 打扫公共场所　　D. 抢救落水儿童

2. (多项选择题) 下列选项中，可以适用无因管理的有（　　）。

A. 将路上突然晕倒的病人送往医院　　B. 在婚礼上为新娘作伴娘

C. 管理失主丢失的牛　　D. 为邻居加固房屋

答案： 1. D　2. ACD

核心法条

《民法典》第 122 条　因他人没有法律根据，取得不当利益，受损失的人有权请求其返还不当利益。

释解分析

本条规定的是不当得利。不当得利是指一方没有法律根据取得不当利益而使另一方财产受损的事实。在性质上，不当得利属于事件（也有少部分是事实行为），属于法定之债。因不当得利产生的债权债务关系为不当得利之债。其中，取得不当利益的人称为受益人，是不当得利之债的债务人，负有返还不当得利的债务；财产受损失的人称为受损人或受害人，是不当得利之债的债权人，享有请求受益人返还不当得利的债权。《民法典》第 985—988 条具体规定了不当得利。

不当得利的构成要件有：(1) 一方获得利益。一方获得利益是不当得利成立的要件之一。如果一方使另一方的财产受到损害，但自己并未从中获得任何利益，即使依法承担赔偿责任，也不构成不当得利。所谓获得利益，是指因为一定事实使财产总额增加。增加有积极增加和消极增加两类。财产的积极增加，是指权利的增强或义务的消灭，使财产范围扩大。财产的消极增加，是指当事人的财产本应减少却因一定事实而没有减少，包括本应支付费用而没有支出，本应负担债务而没有负担或减少负担，本应在自己的财产上设定负担而后来不再设定等。(2) 另一方受有损失。另一方确实受有损失是不当得利成立的另一个要件。如果一方获得利益，另一方并没有因此而受有损失，就不构成不当得利。另一方所受损失包括现有财产利益的减少（直接损失或积极损失）和财产利益应当增加而没有增加（间接损失或消极损失）。(3) 一方获益和另一方受损之间有因果关系。获得利益和受有损失之间有因果关系，是指另一方的损失是因一方获益造成的。本条规定采取直接因果关系的观点，即只要另一方的损失是由一方取得不当利益造成的；或者如果没有其不当利益的取得，另一方就不会受有财产的损失，均应认为获得利益与受有损失之间有因果关系，构成不当得利。(4) 获益没有法律根据。获益没有法律根据是不当得利成立的重要条件。如果一方获得利益和另一方受有损失有法律上的根据，不构成不当得利。“没有法律根据”指的是一方获益既无法律上的根据，亦无合同上的根据。如果有法律上的根据，例如，当事人可以主张所有物的返还、无因管理，或要求承担侵权责任时，则应分别依据物权、无因管理或侵权责任的规定解决。再如，兄姐履行了扶养弟妹的义务，这属于法律义务，不能请求不当得利返还。

不当得利之债的类型有：(1) 因给付而发生的不当得利。因给付而发生的不当得利，也就是给付型不当得利，是指给付人在欠缺给付原因的情况下实施给付行为，导致受益人无法律原因而受有利益。该种不当得利又包括：1) 给付原因自始不存在的给付不当得利。这种类型的不当得利包括：①民事行为不成立、无效或被撤销，当事人已完成其给付行为的，由于民事行为并无法律效力，因此该给付即属于自始没有给付原因的给付行为，给付行为人可对受领人主张不当得利返还。②非债清偿，即履行不存在的债务所引起的不当得利。所谓履行不存在的债务，既包括履行根本不曾存在过的债务，如甲欠乙 100 元，误还给丙，或甲根本不欠乙钱，却误以为欠乙，还给乙 100 元；也包括履行已经消灭的债务。2) 给付原因嗣后不存在的不当得利。向他人为给付时尚存在给付原因，但履行给付行为后法律上的原因不存在或消灭的，也会构成不当得利。这种类型的不当得利包括：①因合同解除产生的不当得利。合同解除后，为给付行为的一方当事人对于其此前所为给付，如果原物仍然存在，可主张所有物返还请求权；如果原物已被消费，或由第三人合法取得，或为种类物，无法返还原物的，可主张不当得利返还请求权。②因给付目的嗣后不能实现产生的不当得利。如发生财产保险事故后，保险人依照合同给付保险金后，被保险人从第三人处取得损害赔偿而填补损害，其所受领的保险金即构成不当得利，应当予以返还。(2) 非因给付而发生的不当得利。这是非给付型不当得利，是指受益人基于侵权行为、法律规定或自然事件等原因而获得利益。例如，甲未经乙的同意而出租其房屋，甲的行为构成侵权行为，甲因此获得的利益即构成不当得利。这类不当得利的情形主要有：①基于受益人的行为而发生的不当得利。例如，甲委托乙保管电脑，在保管期间，乙擅自将电脑出租给丙，对于乙获得的租金，甲可依据不当得利请求乙返还。②基于受损人的行为而发生的不当得利。例如，误将他人的牲畜为自己的牲畜而加以饲养。③基于第三人的行为而发生的不当得利。例如，乙的朋友未经乙允许便使用乙的汽车为丙装运货物。再如，甲在网上购买某商品且已经支付价款，乙窃取了甲的基本信息，并将其转让给丙，丙以甲的名义冒领该商品，此时，丙的获利即为不当得利。④基于自然事件而发生的不当得利。例如，甲的鱼跃入乙的鱼塘。⑤无权使用、消费他人之物而产生的不当得利。如甲、乙系邻居，甲房临街，乙为个体户，乙擅自在甲临街的墙壁上悬挂广告达 1 年之久。⑥错误的强制执行。如人民法院应执行甲的财产而错误地执行了甲的邻居乙的财产。

不当得利之债的效力体现在，不当得利一经成立，当事人之间即形成债的关系，受有损失的一方享有请求返还其利益的权利，获得利益的一方负有返还利益的义务。应予返还的利益，包括原物、原物所生的孳息以及利用原物所取得的其他利益。

法条分析

(1) 如何理解不当得利的含义？

(2) 如何理解本条中的“没有法律根据”？其包括哪些情形？

(3) 受损失的人不得请求得利人返还利益的主要情形有哪些？

(4) 如何认定“不当利益”的具体返还范围？

(5) 得利人已经将取得的利益无偿转让给第三人的，受损失的人如何请求返还利益？

答案：(1) 不当得利是指一方没有法律根据取得不当利益而使另一方财产受损的事实。

(2)“没有法律根据”是指一方获益既无法律上的根据，也无合同上的根据。没有法律根据包括取得利益时无法律根据和取得利益时虽有法律根据但嗣后丧失法律根据两种情形。

(3) 得利人没有法律根据取得不当利益的，受损失的人可以请求得利人返还取得的利益，但是有下列情形之一的除外：①为履行道德义务进行的给付；②债务到期之前的清偿；③明知无给付义务而进行的债务清偿。

(4) 返还利益的具体范围依获益方的主观心态而定：得利人为善意时，取得的利益已经不存在的，不承担返还该利益的义务；得利人为恶意时，受损失的人可以请求得利人返还其取得的利益并依法赔偿损失。一般认为，受益方为善意时，若损失大于利益，只返还现存利益；若损失小于利益，返还利益的范围以损失为准。受益方为恶意时，应返还其取得的全部利益，若利益少于损失，还须就损失与利益之间的差额进行赔偿。受益方取得利益时为善意，而后变为恶意的，返还的范围以恶意开始剩余的利益为限。

(5) 得利人已经将取得的利益无偿转让给第三人的，受损失的人可以请求第三人在相应范围内承担返还义务。

试题范例

1. (单项选择题) 下列选项中，适用不当得利之债的是（　　）。

A. 债权人对于超过诉讼时效的债务请求债务人履行

B. 一方向对方行贿，因对方没有为其谋取到不正当利益而请求返还行贿款

C. 社保机构向对方多支付养老金额而请求对方返还多支付的金额

D. 赌博之债

2. (多项选择题) 下列选项中，适用不当得利的是（　　）。

A. 对从事无因管理行为的管理人支付报酬的

B. 一方向对方发货出现溢货的

C. 一方雇用杀手买凶杀人而支付金钱的

D. 银行多支付给储户利息的

答案：1. C　2. BD

十七、知识产权

核心法条

《民法典》第 123 条　民事主体依法享有知识产权。

知识产权是权利人依法就下列客体享有的专有的权利：

(一) 作品；

（二）发明、实用新型、外观设计；
（三）商标；
（四）地理标志；
（五）商业秘密；
（六）集成电路布图设计；
（七）植物新品种；
（八）法律规定的其他客体。

释解分析

本条规定的是知识产权及其客体。知识产权是指民事主体对创造性智力成果依法享有的权利的总称。知识产权有广义和狭义之分。广义的知识产权包括著作权、邻接权、商标权、商号权、商业秘密权、产地标记权、专利权、集成电路布图设计权、植物新品种权等各种权利。狭义的知识产权，即传统意义上的知识产权，包括著作权、专利权和商标权，其中，专利权和商标权合称工业产权。知识产权具有如下特征：(1) 专有性。专有性即独占性、排他性。知识产权的专有性表现在：一方面，同一智力成果之上不能有两项以上完全相同的知识产权并存；另一方面，权利主体依法享有独占使用智力成果的权利，没有法律规定或未经权利人许可，任何人不得擅自使用权利人的智力成果。同时，知识产权属于绝对权、对世权和支配权。(2) 地域性。知识产权的地域性是指一项知识产权只在其产生的特定国家或地区的领域内有效，不具有域外效力，其他国家没有必须给予保护的义务。权利人要想使自己的知识产权得到他国的法律保护，必须依有关国际条约、双边协议或按互惠原则，按照该国知识产权法的规定在该国获得知识产权。(3) 时间性。时间性意味着依法产生的知识产权一般只在法律规定的期限内有效，超出知识产权的法定保护期后，该知识产权消灭，有关智力成果进入公有领域，人们可以自由使用。(4) 客体的无形性。知识产权的客体是智力成果，而智力成果是不具有物质形态的，这是知识产权与其他民事权利的重大区别。

本条规定采取了广义的知识产权的概念。本条规定的知识产权客体有：(1) 作品。(2) 发明、实用新型、外观设计。(3) 商标。(4) 地理标志。(5) 商业秘密。(6) 集成电路布图设计。(7) 植物新品种。(8) 法律规定的其他客体。

本条是关于知识产权及其客体的宣示性规定。虽然知识产权是民法的重要组成部分，但知识产权在民法典中并未独立成编，即并未作出规定，因其内容非常庞杂，且随着科技的进步需要频繁进行修改，而民法典具有稳定性，因而不宜将知识产权编入民法典中，而应当将其在民法典之外作为民法的特别法单独规定。

法条分析

(1) 本条规定的知识产权有哪些特征？
(2) 本条中的“作品”应如何理解？
(3) 本条中的“发明、实用新型、外观设计”应如何理解？
(4) 本条中的“商标”应如何理解？
(5) 本条中的“地理标志”应如何理解？

(6) 本条中的“商业秘密”应如何理解？其构成要件有哪些？

答案：(1) 知识产权的特征有：①专有性。②地域性。③时间性。④客体的无形性。

(2) 作品是指文学、艺术和科学领域内具有独创性并能以一定形式表现的智力成果。

(3) 发明是指对产品、方法或者其改进所提出的新的技术方案。实用新型是指对产品的形状、构造或者其结合所提出的适于实用的新的技术方案。外观设计是指对产品的整体或者局部的形状、图案或者其结合以及色彩与形状、图案的结合所作出的富有美感并适于工业应用的新设计。

(4) 商标是生产者或经营者在其商品或者服务中使用的、用于区别商品来源的、具有显著特征的标志。

(5) 地理标志是指标示某商品来源于某地区，该商品的特定质量、信誉或者其他特征，主要由该地区的自然因素或者人文因素所决定的标志。

(6) 商业秘密是指不为公众所知悉、具有商业价值并经权利人采取相应保密措施的技术信息、经营信息等商业信息。其构成要件有：非公知性；具有商业价值；保密性。

试题范例

1.（单项选择题）商业秘密的核心要件是（　　）。

A. 非公知性　　B. 具有商业价值　　C. 保密性　　D. 新颖性

2.（多项选择题）下列选项中，能够成为知识产权的客体的有（　　）。

A. 地理标志　　B. 集成电路布图设计

C. 植物新品种　　D. 作品

答案：1. C　2. ABCD

核心法条

《著作权法》第 11 条　著作权属于作者，本法另有规定的除外。

创作作品的自然人是作者。

由法人或者非法人组织主持，代表法人或者非法人组织意志创作，并由法人或者非法人组织承担责任的作品，法人或者非法人组织视为作者。

释解分析

本条规定的是著作权的主体。

法条分析

(1) 如何理解本条第 2 款中的“创作”和“作品”的含义？

(2) 作者何时享有著作权？

(3) 如何认定职务作品著作权的归属？

答案：(1) 创作是指直接产生文学、艺术和科学作品的智力活动。作品是指文学、艺术和科学领域内具有独创性并能以一定形式表现的智力成果。

(2) 作品创作完成，作者即享有该作品的著作权。

(3) 职务作品的著作权由作者享有，但有下列情形之一的职务作品，作者享有署名权，著作权的其他权利由法人或者非法人组织享有：主要是利用法人或者非法人组织的物质技术条件创作，并由法人或者非法人组织承担责任的工程设计图、产品设计图、地图、示意图、计算机软件等职务作品；报社、期刊社、通讯社、广播电台、电视台的工作人员创作的职务作品；法律、行政法规规定或者合同约定著作权由法人或者非法人组织享有的职务作品。

试题范例

（单项选择题）曹某、孟某、刘某三人是司法考试的培训老师，利用业余时间共同完成一幅绘画作品《从头再来》，他们的好朋友李某提供了一些创作上的建议，并提出在署名的时候最好把自己的名字署上，这样可以利用自己的知名度提高作品的影响力，曹某、孟某、刘某三人一致同意。孟某提议要把这个作品公开发表，曹某说最好还是低调一些，自己欣赏就可以了，刘某则不置可否。孟某不顾曹某的反对将作品在招生现场进行了展览，结果被现场咨询报班的学员岳某看中，出价10 000元予以购买，曹某、孟某、刘某三人均表示同意。岳某购买后随即拍照在微博上进行发布，一时引起热议。对此，下列说法中正确的是（　　）。

A. 李某对作品的完成提出了建议，应是作者

B. 曹某、孟某、刘某三人同意李某在作品上署名，李某也表示同意，该署名行为合法

C. 孟某不顾曹某的反对将该画发表的做法合法

D. 岳某购买后随即拍照在微博上进行发布的行为合法

答案：C

核心法条

《专利法》第2条第1款　本法所称的发明创造是指发明、实用新型和外观设计。

释解分析

本款规定的是专利权的客体。专利权的客体包括发明、实用新型和外观设计。

法条分析

(1) 如何理解本款中的“发明”“实用新型”“外观设计”？

(2) 如何认定发明、实用新型和外观设计的保护期限？

答案：(1) 发明是指对产品、方法或者其改进所提出的新的技术方案。实用新型是指对产品的形状、构造或者其结合所提出的适于实用的新的技术方案。外观设计是指对产品的整体或者局部的形状、图案或者其结合以及色彩与形状、图案的结合所作出的富有美感并适于工业应用的新设计。

(2) 发明专利权的期限为20年，实用新型专利权的期限为10年，外观设计专利权的期限为15年，均自申请日起计算。

试题范例

（单项选择题）下列选项中，不能认定为专利法保护的对象的是（　　）。

A. 发明　　B. 实用新型　　C. 外观设计　　D. 技术设计方案

答案： D

核心法条

《专利法》第 6 条第 1、2 款　执行本单位的任务或者主要是利用本单位的物质技术条件所完成的发明创造为职务发明创造。职务发明创造申请专利的权利属于该单位，申请被批准后，该单位为专利权人。该单位可以依法处置其职务发明创造申请专利的权利和专利权，促进相关发明创造的实施和运用。

非职务发明创造，申请专利的权利属于发明人或者设计人；申请被批准后，该发明人或者设计人为专利权人。

释解分析

条文规定的是职务发明创造和非职务发明创造申请专利权的主体。

法条分析

（1）职务发明创造的具体类型有哪些？

（2）如何理解本条第 1 款中的“本单位的物质技术条件”？

（3）如何理解本条第 2 款中的“发明人或者设计人”？

答案：（1）执行本单位的任务所完成的职务发明创造的类型有：在本职工作中作出的发明创造；履行本单位交付的本职工作之外的任务所作出的发明创造；退休、调离原单位后或者劳动、人事关系终止后 1 年内作出的，与其在原单位承担的本职工作或者原单位分配的任务有关的发明创造。

（2）本单位的物质技术条件是指本单位的资金、设备、零部件、原材料或者不对外公开的技术资料等。

（3）发明人或者设计人，是指对发明创造的实质性特点作出创造性贡献的人。在完成发明创造过程中，只负责组织工作的人、为物质技术条件的利用提供方便的人或者从事其他辅助工作的人，不是发明人或者设计人。

试题范例

1.（单项选择题）甲公司聘请乙专职从事汽车发动机节油技术开发。因开发进度没有达到甲公司的要求，甲公司减少了给乙的开发经费。乙于 2017 年 3 月辞职到丙公司，获得了更高的薪酬和更多的开发经费。2018 年 1 月，乙成功开发了一种新型汽车节油装置技术。该技术专利申请权属于（　　）。

A. 甲公司　　B. 乙

C. 丙公司　　D. 甲公司和丙公司共有

2.（多项选择题）根据专利法规定，下列各项中属于职务发明创造的有（　）。

A. 利用本单位物质技术条件完成的发明创造

B. 自由发明创造

C. 在本职工作中作出的发明创造

D. 调离原单位后1年内作出的，与其在原单位承担的本职工作有关的发明创造

答案： 1. A　2. ACD

核心法条

《专利法》第22条第1款　授予专利权的发明和实用新型，应当具备新颖性、创造性和实用性。

释解分析

本款规定的是授予专利权的实体条件。授予专利权必须具备新颖性、创造性和实用性。

法条分析

（1）如何理解本款中的“新颖性”？

（2）如何理解本款中的“创造性”？

（3）如何理解本款中的“实用性”？

（4）申请专利的发明创造在申请日以前6个月内，不丧失新颖性的情形有哪些？

答案：（1）新颖性是指该发明或者实用新型不属于现有技术；也没有任何单位或者个人就同样的发明或者实用新型在申请日以前向国务院专利行政部门提出过申请，并记载在申请日以后公布的专利申请文件或者公告的专利文件中。

（2）创造性是指与现有技术相比，该发明具有突出的实质性特点和显著的进步，该实用新型具有实质性特点和进步。

（3）实用性是指该发明或者实用新型能够制造或者使用，并且能够产生积极效果。

（4）申请专利的发明创造在申请日以前6个月内，有下列情形之一的，不丧失新颖性：在国家出现紧急状态或者非常情况时，为公共利益目的首次公开的；在中国政府主办或者承认的国际展览会上首次展出的；在规定的学术会议或者技术会议上首次发表的；他人未经申请人同意而泄露其内容的。

试题范例

（多项选择题）申请专利的发明创造在申请日以前6个月内，有下列情形之一的，不丧失新颖性（　）。

A. 在中国政府主办或者承认的国际展览会上首次展出的

B. 在规定的学术会议上首次发表的

C. 他人未经申请人同意而泄露其内容的

D. 在规定的技术会议上首次发表的

答案： ABCD

核心法条

《商标法》第 3 条第 1 款　经商标局核准注册的商标为注册商标，包括商品商标、服务商标和集体商标、证明商标；商标注册人享有商标专用权，受法律保护。

释解分析

本款规定的是注册商标及其类型。商标权的客体是注册商标，即经商标局核准注册的商标。在我国，未经注册的商标虽然可以在不侵害他人注册商标的前提下使用，但原则上不受法律保护，也不能取得商标专用权。注册商标包括商品商标、服务商标、集体商标、证明商标。

法条分析

（1）如何理解本款中的“商品商标”？

（2）如何理解本款中的“服务商标”？

（3）如何理解本款中的“集体商标”？

（4）如何理解本款中的“证明商标”？

（5）如何认定注册商标的保护期限和起算时间？

答案：（1）商品商标是指用于申请人生产、制造、加工、拣选或者经销的商品上的商标。

（2）服务商标是指用于申请人提供的服务项目上的商标。

（3）集体商标是指以团体、协会或者其他组织名义注册，供该组织成员在商事活动中使用，以表明使用者在该组织中的成员资格的标志。

（4）证明商标是指由对某种商品或者服务具有监督能力的组织所控制，而由该组织以外的单位或者个人使用于其商品或者服务，用以证明该商品或者服务的原产地、原料、制造方法、质量或者其他特定品质的标志。

（5）注册商标的有效期为 10 年，自核准注册之日起计算。

试题范例

（多项选择题）下列选项中，应当认定为证明商标的有（　　）。

A. “上好佳”“好上佳”“好佳上”等系列商标

B. 贵州茅台

C. 苏格兰威士忌

D. 一系列以“大白兔”商标注册的奶糖

答案：BC

核心法条

《商标法》第 43 条第 1 款　商标注册人可以通过签订商标使用许可合同，许可他人使用其注册商标。许可人应当监督被许可人使用其注册商标的商品质量。被许可人应当保证使用该注册商标的商品质量。

释解分析

本款规定的是商标权的内容。商标权的内容有：(1) 独占使用权。商标一经注册，商标权人即对注册商标在法定范围内享有专有使用的权利，他人未经许可不得使用。否则，就构成侵权。(2) 转让权。商标权人有权依照法律规定，将商标权转让给他人。商标转让后，原商标权人的权利丧失，受让人取得商标权。转让注册商标的，转让人和受让人应当签订转让协议，并共同向商标局提出申请。受让人应当保证使用该注册商标的商品质量。转让注册商标的，商标注册人对其在同一种商品上注册的近似的商标，或者在类似商品上注册的相同或者近似的商标，应当一并转让。转让注册商标经核准后，予以公告。受让人自公告之日起享有商标专用权。(3) 使用许可权。商标权人有权通过签订商标使用许可合同，许可他人使用自己的注册商标。在此种情形下，商标权人可以保留自己的使用权，也可以放弃使用权，但无论哪种情况，商标权并未发生转移，仍属于许可人。许可人应当监督被许可人使用其注册商标的商品质量。被许可人应当保证使用该注册商标的商品质量。经许可使用他人注册商标的，必须在使用该注册商标的商品上标明被许可人的名称和商品产地。许可他人使用其注册商标的，许可人应当将其商标使用许可报商标局备案，由商标局公告。商标使用许可未经备案不得对抗善意第三人。

法条分析

(1) 本款规定的商标使用许可合同包括哪几类？其内容如何认定？

(2) 许可他人使用注册商标的，被许可人负有哪些义务？

(3) 商标使用许可未经备案是否具有对抗善意第三人的效力？

答案：(1) 商标使用许可包括以下三类：独占使用许可，是指商标注册人在约定的期间、地域和以约定的方式，将该注册商标仅许可一个被许可人使用，商标注册人依约定不得使用该注册商标；排他使用许可，是指商标注册人在约定的期间、地域和以约定的方式，将该注册商标仅许可一个被许可人使用，商标注册人依约定可以使用该注册商标但不得另行许可他人使用该注册商标；普通使用许可，是指商标注册人在约定的期间、地域和以约定的方式，许可他人使用其注册商标，并可自行使用该注册商标。

(2) 被许可人负有下列义务：被许可人应当保证使用该注册商标的商品质量；被许可人必须在使用该注册商标的商品上标明被许可人的名称和商品产地。

(3) 商标使用许可未经备案不得对抗善意第三人。

试题范例

(单项选择题) 下列关于商标使用许可的表述中，正确的是（　　）。

A. 商标许可他人使用的，商标权人丧失使用权

B. 商标许可他人使用的，商标权人丧失所有权

C. 商标使用许可合同自备案时生效

D. 商标使用许可合同未经备案不得对抗善意第三人

答案：D

十八、人格权

核心法条

《民法典》第 111 条　自然人的个人信息受法律保护。任何组织或者个人需要获取他人个人信息的，应当依法取得并确保信息安全，不得非法收集、使用、加工、传输他人个人信息，不得非法买卖、提供或者公开他人个人信息。

释解分析

本条规定的是个人信息权益。个人信息，是以电子或者其他方式记录的能够单独或者与其他信息结合识别特定自然人的各种信息，包括自然人的姓名、出生日期、身份证件号码、生物识别信息、住址、电话号码、电子邮箱、健康信息、行踪信息等。本条规定了个人信息权益的四项内容：(1) 作为宣示性条款，宣示自然人的个人信息受民法保护。(2) 任何组织和个人应当确保依法取得的个人信息安全，包括确保这些个人信息不被破坏、丢失、窃取、泄露等。(3) 不得非法收集、使用、加工、传输他人个人信息。(4) 不得非法买卖、提供或者公开他人个人信息。关于个人信息权益的保护，《民法典》第 1034—1039 条作了详细规定。

法条分析

(1) 本条中的“个人信息”的含义是什么？

(2) 处理个人信息应遵循的原则和符合的条件是什么？

(3) 处理个人信息的免责事由有哪些？

答案：(1) 个人信息是以电子或者其他方式记录的能够单独或者与其他信息结合识别特定自然人的各种信息，包括自然人的姓名、出生日期、身份证件号码、生物识别信息、住址、电话号码、电子邮箱、健康信息、行踪信息等。

(2) 处理个人信息的，应当遵循合法、正当、必要原则，不得过度处理，并符合下列条件：征得该自然人或者其监护人同意，但是法律、行政法规另有规定的除外；公开处理信息的规则；明示处理信息的目的、方式和范围；不违反法律、行政法规的规定和双方的约定。

(3) 处理个人信息，有下列情形之一的，行为人不承担民事责任：在该自然人或者其监护人同意的范围内合理实施的行为；合理处理该自然人自行公开的或者其他已经合法公开的信息，但是该自然人明确拒绝或者处理该信息侵害其重大利益的除外；为维护公共利益或者该自然人合法权益，合理实施的其他行为。

试题范例

1. (单项选择题) 王某因出售公民个人信息被判刑，刘某的姓名、出生日期、身份证件号码、家庭住址等信息也在其中，买方是某公司。王某侵害刘某的权利是（　　）。

A. 隐私权　　B. 姓名权　　C. 个人信息权益　D. 身份权

2.（多项选择题）处理个人信息应遵循的原则有（　　）。

A. 合法　　B. 正当　　C. 必要　　D. 不得过度处理

答案： 1. C　2. ABCD

核心法条

《民法典》第 993 条　民事主体可以将自己的姓名、名称、肖像等许可他人使用，但是依照法律规定或者根据其性质不得许可的除外。

释解分析

本条规定的是人格标识许可使用。使用权是指人格权所含有的权利主体以自己的意志去利用人格权的客体即人格利益，从事各种活动，以满足自身需要的权利。使用权首先表现为使用自己人格权的客体，体现个体活动的特征，以区别于他人，体现个人存在的价值，如使用姓名、名称于社会活动和商业活动，以区分个体的形象标志，等等。在社会生活中，如果对民事主体不能使用人格权的客体，则不可能进行任何有效的活动。使用权还表现为使用人格权的客体，以满足自身的需要。例如，自然人利用自己的形象进行绘画、摄影、录像，从事艺术活动等，都是使用自己的人格权客体满足自身的需要。一般而言，只有姓名、名称和肖像等才能许可他人使用。

法条分析

（1）如何理解本条中的“依照法律规定或者根据其性质不得许可的除外”？

（2）通过合同方式许可他人使用肖像的，当事人对肖像许可使用合同中关于肖像使用条款的理解有争议的，应当如何对该条款予以解释？

（3）通过合同方式许可他人使用肖像的，如何理解肖像许可使用合同的解除？

答案：（1）“依照法律规定或者根据其性质不得许可的除外”指的是：当法律规定某种人格利益不得许可他人使用的，权利人不得许可他人使用；当权利性质不得许可他人使用的，也不得许可他人使用，如生命、健康、名誉、人身自由等，都不得或者不能许可他人使用。

（2）当事人对肖像许可使用合同中关于肖像使用条款的理解有争议的，应当作出有利于肖像权人的解释。

（3）当事人对肖像许可使用期限没有约定或者约定不明确的，任何一方当事人可以随时解除肖像许可使用合同，但是应当在合理期限之前通知对方。当事人对肖像许可使用期限有明确约定，肖像权人有正当理由的，可以解除肖像许可使用合同，但是应当在合理期限之前通知对方。因解除合同造成对方损失的，除不可归责于肖像权人的事由外，应当赔偿损失。

试题范例

（多项选择题）下列民事权利或者客体中，可以许可他人使用的是（　　）。

A. 肖像　　B. 隐私　　C. 专利权　　D. 姓名

答案：ACD

核心法条

《民法典》第1005条　自然人的生命权、身体权、健康权受到侵害或者处于其他危难情形的，负有法定救助义务的组织或者个人应当及时施救。

释解分析

本条规定的是法定救助义务。该规定强化了对自然人基本人身权利的保护，体现了民法典的人文精神和人文关怀。

法条分析

（1）如何理解本条中的“生命权”“身体权”“健康权”？

（2）如何理解本条中的“负有法定救助义务的组织或者个人”？

（3）负有法定救助义务的组织或者个人没有及时实施相应的救助措施的，应如何处理？

答案：（1）生命权是指自然人享有的生命安全不受非法侵害的权利。身体权是指自然人享有的对其肢体、器官和其他人体组织进行支配并维护其安全与完整，从而享受一定利益的权利。健康权是指自然人依法享有的维护其健康，保持与利用其劳动能力并排除他人非法侵害的权利。

（2）“负有法定救助义务的组织或者个人”是指医疗机构、院前急救机构以及负有法定救助义务的单位和个人等，这些机构和个人依照法律的规定，负有对处于危难之中的自然人的救助义务。

（3）负有法定救助义务的组织或者个人没有及时实施相应的救助措施的，应当承担过错的侵权责任。

试题范例

1.（单项选择题）下列选项中，构成侵犯他人健康权的是（　　）。

A. 甲将某女影星飘逸的长发剪掉

B. 乙乘其闺蜜熟睡之际，将其修长的指甲剪掉

C. 丙将其同事的头打破

D. 丁为了侮辱其政敌而在网络上对其政敌进行人身攻击

2.（多项选择题）我国民法典强化了对自然人基本人身权利的保护。根据我国民法典规定，法定救助义务针对的人格权是（　　）。

A. 生命权　　B. 身体权　　C. 健康权　　D. 个人信息权益

答案：1. C　2. ABC

核心法条

《民法典》第1012条　自然人享有姓名权，有权依法决定、使用、变更或者许可他人使用自己的姓名，但是不得违背公序良俗。

释解分析

本条规定的是姓名权。姓名权是自然人依法享有的决定、使用、变更或者许可他人使用自己的姓名，并排除他人非法侵害（如干涉、盗用、假冒等）的权利。姓名权具有如下特征：(1) 姓名权是以自然人的姓名为客体的人格权。姓名表明的是人格而不是身份，所以姓名权是人格权。(2) 姓名权是专属于自然人的人格权，与自然人的人身不可分离，既不得转让也不得抛弃。(3) 自然人决定、变更姓名应当依法向有关机关办理登记手续，但是法律另有规定的除外。

姓名权主要包括姓名决定权、姓名使用权和许可他人使用权、姓名变更权。

法条分析

(1) 如何理解本条中的“姓名权”?

(2) 侵害他人姓名权的侵权方式主要表现有哪些?

(3) 自然人可以在父姓和母姓之外选取姓氏的法定情形有哪些?

(4) 民事主体变更姓名的，对变更前实施的民事法律行为是否有法律约束力?

答案：(1) 姓名权是指自然人依法享有的决定、使用、变更或者许可他人使用自己的姓名，并排除他人非法侵害的权利。

(2) 侵害他人姓名权的侵权方式主要表现为干涉、盗用、假冒等。

(3) 自然人应当随父姓或者母姓，但是有下列情形之一的，可以在父姓和母姓之外选取姓氏：选取其他直系长辈血亲的姓氏；因由法定扶养人以外的人扶养而选取扶养人姓氏；有不违背公序良俗的其他正当理由。

(4) 民事主体变更姓名的，变更前实施的民事法律行为对其具有法律约束力。

试题范例

（多项选择题）下列关于姓氏的选取，符合《民法典》规定的是（　　）。

A. 甲选取其母亲的姓氏　　B. 乙选取其养父的姓氏

C. 丙选取其喜欢的影星的姓氏　　D. 丁选取其外祖母的姓氏

答案：ABD

核心法条

《民法典》第 1018 条　自然人享有肖像权，有权依法制作、使用、公开或者许可他人使用自己的肖像。

肖像是通过影像、雕塑、绘画等方式在一定载体上所反映的特定自然人可以被识别的外部形象。

释解分析

本条规定的是肖像权和肖像。肖像是通过影像、雕塑、绘画等方式在一定载体上所反映的特定自然人可以被识别的外部形象。肖像权是指自然人依法制作、使用、公开或者许可他人使用自己的肖像，借此享受一定利益并排除他人非法侵害的权利。肖像权具有如下特征：(1) 肖像权是专属于自然人的人格权，其主体限于自然人。(2) 肖像权的客体是肖像人的肖像，而不是肖像的载体。肖像的载体属于物的范畴，是财产权的客体。肖像载体的所有人与肖像权人可以分离。(3) 肖像权是专有权。肖像直接关系到自然人的人格尊严与社会评价，与自然人的人格不可分离，故肖像权属于专有性权利。肖像权的专有性首先体现在形象再现的专有权上，即只有肖像权人才有权决定是否允许他人再现自己形象。此外，还体现在肖像使用的处分权上，肖像的使用权属于肖像权人，只有肖像权人才有权利转让。

肖像权属于支配权，其内容是肖像权人对自己肖像的支配，具体包括肖像制作权、肖像使用权和许可使用权、肖像利益维护权。

法条分析

(1) 何为"肖像"？何为"肖像权"？

(2) 侵犯肖像权的法定侵权行为方式有哪些？

(3) 如何行使肖像权许可使用合同解除权？

答案：(1) 肖像是通过影像、雕塑、绘画等方式在一定载体上所反映的特定自然人可以被识别的外部形象。肖像权是指自然人依法制作、使用、公开或者许可他人使用自己的肖像，借此享受一定利益并排除他人非法侵害的权利。

(2) 侵犯肖像权的法定行为方式有：以丑化、污损，或者利用信息技术手段伪造等方式侵害他人的肖像权；未经肖像权人同意，制作、使用、公开肖像权人的肖像，但是法律另有规定的除外；未经肖像权人同意，肖像作品权利人以发表、复制、发行、出租、展览等方式使用或者公开肖像权人的肖像。

(3) 当事人对肖像许可使用期限没有约定或者约定不明确的，任何一方当事人可以随时解除肖像许可使用合同，但是应当在合理期限之前通知对方。当事人对肖像许可使用期限有明确约定，肖像权人有正当理由的，可以解除肖像许可使用合同，但是应当在合理期限之前通知对方。因解除合同造成对方损失的，除不可归责于肖像权人的事由外，应当赔偿损失。

试题范例

1. (多项选择题) 摄影师甲为名模乙拍摄写真。甲将乙的写真照片交给丙杂志社作为某杂志的封面。丁出版社未经许可将乙的写真照片编辑成册，并出版发行。如果当事人对权利归属没有约定，则下列表述中正确的是（　　）。

A. 乙对写真照片享有著作权　　B. 乙对写真照片享有肖像权

C. 丙杂志社侵犯了乙的肖像权　　D. 丁出版社侵犯了乙的肖像权

2. (多项选择题) 下列情形中，构成侵权的是（　　）。

A. 甲利用信息技术手段在网络上对他人"恶搞换脸"

B. 乙伪造他人声音并通过拼接手段恶搞传播

C. "狗仔队"在首都机场对女影星丙进行偷拍

D. 记者丁报道了一起交通肇事案件并对酒后驾驶者拍照直播

答案：1. BD　2. AB

核心法条

《民法典》第 1025 条　行为人为公共利益实施新闻报道、舆论监督等行为，影响他人名誉的，不承担民事责任，但是有下列情形之一的除外：

（一）捏造、歪曲事实；

（二）对他人提供的严重失实内容未尽到合理核实义务；

（三）使用侮辱性言辞等贬损他人名誉。

释解分析

本条规定的是行使名誉权的限制。名誉侵权的主要方式为侮辱、诽谤。衡量名誉权受到损害的标准，就是行为人基于故意或者过失，将侮辱、诽谤的言辞或者行为予以公布，为第三人所知道，即构成这种侵权行为。但是，行为人行使名誉权也要受到限制，主要表现在，行为人为公共利益实施新闻报道、舆论监督等行为，影响他人名誉的，不承担民事责任，但是有下列情形之一的除外：(1) 捏造、歪曲事实；(2) 对他人提供的严重失实内容未尽到合理核实义务；(3) 使用侮辱性言辞等贬损他人名誉。

法条分析

(1) 何为“名誉”？何为“名誉权”？

(2) 如何理解本条中的“新闻报道”和“舆论监督”？

(3) 侵害名誉权的侵权行为有哪些表现？

(4) 认定行为人是否尽到本条第 2 项规定的合理核实义务，应当考虑哪些因素？

答案：(1) 名誉是对民事主体的品德、声望、才能、信用等的社会评价。名誉权是指民事主体依法享有的维护其名誉，享受名誉给自己带来的利益并排除他人非法侵害的权利。

(2) 新闻报道是媒体告诉公众正在发生事实的信息，是对新近发生的事实的报告。舆论监督是媒体以及其他舆论通过发表新闻、评论等，对社会的政治生活、经济生活、文化生活等方面进行批评，实行监督的权利和功能。

(3) 侵害名誉权的侵权方式主要表现为侮辱、诽谤等。

(4) 认定行为人是否尽到本条第 2 项规定的合理核实义务，应当考虑下列因素：内容来源的可信度；对明显可能引发争议的内容是否进行了必要的调查；内容的时限性；内容与公序良俗的关联性；受害人名誉受贬损的可能性；核实能力和核实成本。

试题范例

(单项选择题) 张某捏造其同事李某曾经因盗窃而判刑的事实，并在单位里传播。张某的行为侵犯了李某的（　　）。

A. 姓名权　　B. 荣誉权　　C. 隐私权　　D. 名誉权

答案：D

核心法条

《民法典》第 1032 条　自然人享有隐私权。任何组织或者个人不得以刺探、侵扰、泄露、公开等方式侵害他人的隐私权。

隐私是自然人的私人生活安宁和不愿为他人知晓的私密空间、私密活动、私密信息。

释解分析

本条规定的是隐私权和隐私。隐私权是指自然人享有的对自己的个人隐私进行支配并排除他人非法干涉的人格权。隐私权具有以下特征：(1) 隐私权的主体限于自然人，是专属于自然人的人格权利。法律创设隐私权的目的是为了保护个人私生活的自由与安宁。需要说明的是，自然人的隐私范围并不完全相同，如普通公民和国家公务人员的隐私范围就不相同。(2) 隐私权的客体是隐私。(3) 隐私权是支配权，权利人既可以利用隐私，也可以放弃隐私。

隐私权的基本内容包括隐私保密权、隐私保护权、隐私支配权。

法条分析

(1) 何为"隐私"?

(2) 何为"隐私权"?

(3) 侵害他人隐私权的行为方式有哪些?

答案：(1) 隐私是自然人的私人生活安宁和不愿为他人知晓的私密空间、私密活动、私密信息。

(2) 隐私权是指自然人享有的对自己的个人隐私进行支配并排除他人非法干涉的权利。

(3) 侵害他人隐私权的行为方式有刺探、侵扰、泄露、公开等。

试题范例

(多项选择题) 甲实施的下列行为中，属于侵犯隐私权的有（　　）。

A. 甲多次给乙发送各种垃圾短信和拨打骚扰电话

B. 甲将朋友丙患有性病的事实公之于众

C. 记者甲报道了艺人丁嫖娼的事实

D. 装修工甲乘装修之际将摄像头安装在戊的卧室

答案：ABD

十九、婚姻家庭

核心法条

《民法典》第 112 条　自然人因婚姻家庭关系等产生的人身权利受法律保护。

释解分析

本条规定的是因婚姻、家庭关系等产生的人身权利。自然人因婚姻家庭关系等产生的人身权利，指的是身份权。身份权是指民事主体基于在特定的社会关系中的地位和资格而依法享有的民事权利。身份和身份权已经和历史上不平等、特权等含义完全无关。根据本条规定，自然人因婚姻家庭关系等产生的人身权利受法律保护。

法条分析

（1）如何理解条文中的“人身权利”的含义？其种类有哪些？

（2）条文中的“婚姻家庭关系”遵循的基本原则有哪些？

（3）条文中的“家庭关系”的主要内容有哪些？其核心内容是什么？

答案：（1）人身权利是指以实现人身利益的自由为内容，与权利人的人身密不可分的民事权利。人身权利包括人格权和身份权。

（2）婚姻自由、一夫一妻、男女平等；保护妇女、未成年人、老年人、残疾人的合法权益。

（3）家庭关系包括夫妻关系、父母子女关系和其他近亲属关系，其核心内容是夫妻关系。

试题范例

（单项选择题）家庭关系的核心内容是（　　）。

A. 夫妻关系　　B. 父母子女关系　　C. 祖孙关系　　D. 兄弟姐妹关系

答案：A

核心法条

《民法典》第 1051 条　有下列情形之一的，婚姻无效：

（一）重婚；

（二）有禁止结婚的亲属关系；

（三）未到法定婚龄。

释解分析

本条规定的是无效婚姻。无效婚姻是指虽已办理结婚登记但因欠缺结婚实质要件而不具有法律效力的婚姻。无效婚姻的情形有：（1）重婚。任何人不得有两个或两个以上的配偶。重婚包括法律上的重婚和事实上的重婚两种。（2）有禁止结婚的亲属关系。直系血亲或者三代以内的旁系血亲禁止结婚。（3）未到法定婚龄。确认无效婚姻必须以上述三种情形为限，未办理登记的事实婚姻、无婚姻意思的虚假婚姻、在结婚登记中弄虚作假骗取结婚证等，都不属于无效婚姻的范畴。当事人以前述三种无效婚姻以外的情形请求确认婚姻无效的，人民法院应当判决驳回当事人的诉讼请求。

对于无效婚姻，我国采用宣告无效制，且宣告婚姻无效的程序为诉讼程序，宣告婚姻无效的机关是人民法院。

人民法院宣告婚姻无效的途径有两个：(1) 根据当事人的申请。有权向人民法院请求确认婚姻无效的主体，包括婚姻当事人及利害关系人。其中，利害关系人包括：①以重婚为由的，为当事人的近亲属及基层组织；②以未到法定婚龄为由的，为未到法定婚龄者的近亲属；③以有禁止结婚的亲属关系为由的，为当事人的近亲属。当事人向人民法院请求确认婚姻无效，法定的无效婚姻情形在提起诉讼时已经消失的，人民法院不予支持。(2) 对受理的离婚案件，人民法院依职权主动审查婚姻的效力。人民法院受理离婚案件后，经审理确属无效婚姻的，应当将婚姻无效的情形告知当事人，并依法作出确认婚姻无效的判决。人民法院就同一婚姻关系分别受理了离婚和请求确认婚姻无效案件的，对于离婚案件的审理，应当待请求确认婚姻无效案件作出判决后进行。

无效婚姻自始没有法律约束力，即无效婚姻在依法被确认无效时，确定该婚姻自始不受法律保护。无效婚姻的具体法律后果表现在：(1) 身份上的后果。当事人自始不具有夫妻的权利和义务。(2) 财产上的后果。当事人同居期间所得的财产，由当事人协议处理；协议不成的，除有证据证明为当事人一方所有的以外，按共同共有处理，由人民法院根据照顾无过错方的原则判决。对重婚导致的无效婚姻的财产处理，不得侵害合法婚姻当事人的财产权益。(3) 父母子女关系的后果。当事人所生的子女，适用《民法典》关于父母子女的规定。比如，当事人双方均有抚养、教育和保护未成年子女的权利和义务；子女由一方直接抚养的，另一方应当负担一定的抚养费；一方抚养子女的，另一方享有探望子女的权利，等等。(4) 损害赔偿责任。婚姻无效的，无过错方有权请求损害赔偿。

法条分析

(1) 如何认定近亲属的禁婚范围？

(2) 如何确定法定婚龄？

(3) 有权向人民法院请求确认婚姻无效的主体有哪些？

(4) 有权宣告婚姻无效的机关是什么？

(5) 人民法院审理无效婚姻案件，是否适用调解？

答案：(1) 直系血亲或者三代以内的旁系血亲禁止结婚。

(2) 结婚年龄，男不得早于 22 周岁，女不得早于 20 周岁。

(3) 有权向人民法院就已办理结婚登记的婚姻请求确认婚姻无效的主体，包括婚姻当事人及利害关系人。其中，利害关系人包括：以重婚为由的，为当事人的近亲属及基层组织；以未到法定婚龄为由的，为未到法定婚龄者的近亲属；以有禁止结婚的亲属关系为由的，为当事人的近亲属。

(4) 有权宣告婚姻无效的机关是人民法院。

(5) 人民法院审理无效婚姻案件，对婚姻效力的审理不适用调解，应当依法作出判决。涉及财产分割和子女抚养的，可以调解。

试题范例

1. (单项选择题) 甲的外祖父和乙的父亲是亲兄弟。甲与乙属于（　　）。

A. 二代旁系血亲　　B. 三代旁系血亲

C. 四代旁系血亲　　D. 五代旁系血亲

2.（多项选择题）下列选项中，属于必然无效婚姻情形的有（　　）。

A. 表兄妹通婚　　B. 重婚

C. 患有医学上认为不应当结婚的疾病　　D. 未到法定婚龄

答案：1. C　2. ABD

核心法条

《民法典》第1054条　无效的或者被撤销的婚姻自始没有法律约束力，当事人不具有夫妻的权利和义务。同居期间所得的财产，由当事人协议处理；协议不成的，由人民法院根据照顾无过错方的原则判决。对重婚导致的无效婚姻的财产处理，不得侵害合法婚姻当事人的财产权益。当事人所生的子女，适用本法关于父母子女的规定。

婚姻无效或者被撤销的，无过错方有权请求损害赔偿。

释解分析

本条规定的是婚姻无效或者被撤销的法律后果。

法条分析

（1）婚姻无效的法定事由有哪些？

（2）婚姻可撤销的法定事由有哪些？

（3）本条中的“自始没有法律约束力”应如何理解？

（4）被确认无效或者被撤销的婚姻，当事人同居期间所得的财产，应如何认定？

（5）婚姻无效或者被撤销的，无过错方是否有权请求损害赔偿？

答案：（1）有下列情形之一的，婚姻无效：①重婚；②有禁止结婚的亲属关系；③未到法定婚龄。

（2）婚姻可撤销的情形有：①受胁迫；②一方患有重大疾病，在结婚登记前不如实告知另一方。

（3）“自始没有法律约束力”是指无效婚姻或者可撤销婚姻在依法被确认无效或者被撤销时，才确定该婚姻自始不受法律保护。

（4）被确认无效或者被撤销的婚姻，当事人同居期间所得的财产，除有证据证明为当事人一方所有的以外，按共同共有处理。

（5）有权。

试题范例

（单项选择题）甲患有艾滋病，但甲在与乙结婚前并未告知其患病之事，结婚2年后，乙才知道甲患病之事，此时甲、乙的婚姻关系的效力为（　　）。

A. 有效　　B. 无效　　C. 可撤销　　D. 效力待定

答案：C

核心法条

《民法典》第 1062 条　夫妻在婚姻关系存续期间所得的下列财产，为夫妻的共同财产，归夫妻共同所有：

（一）工资、奖金、劳务报酬；

（二）生产、经营、投资的收益；

（三）知识产权的收益；

（四）继承或者受赠的财产，但是本法第一千零六十三条第三项规定的除外；

（五）其他应当归共同所有的财产。

夫妻对共同财产，有平等的处理权。

释解分析

本条规定的是法定夫妻共同所有财产。法定夫妻共同所有财产是指夫妻在婚姻关系存续期间，一方或双方取得，依法由夫妻双方共同享有所有权的财产。

夫妻对共同财产，有平等的处理权。但是，一方未经另一方同意出售夫妻共同所有的房屋，第三人善意购买、支付合理对价并已办理不动产登记，另一方主张追回该房屋的，人民法院不予支持。夫妻一方擅自处分共同所有的房屋造成另一方损失，离婚时另一方请求赔偿损失的，人民法院应予支持。

法条分析

（1）本条第 1 款第 3 项规定的“知识产权的收益”应如何界定？

（2）本条第 1 款第 5 项规定的“其他应当归共同所有的财产”应如何认定？

（3）夫妻一方个人财产在婚后产生的收益是否应认定为夫妻共同财产？

（4）婚姻关系存续期间，夫妻一方可以提出分割夫妻共同财产的法定情形有哪些？

答案：（1）知识产权的收益是指婚姻关系存续期间，实际取得或者已经明确可以取得的财产性收益。

（2）婚姻关系存续期间，下列财产属于“其他应当归共同所有的财产”：①一方以个人财产投资取得的收益；②男女双方实际取得或者应当取得的住房补贴、住房公积金；③男女双方实际取得或者应当取得的基本养老金、破产安置补偿费。此外，夫妻一方个人财产在婚后产生的收益，除孳息和自然增值外，应认定为夫妻共同财产。由一方婚前承租、婚后用共同财产购买的房屋，登记在一方名下的，应当认定为夫妻共同财产。

（3）夫妻一方个人财产在婚后产生的收益，除孳息和自然增值外，应认定为夫妻共同财产。

（4）婚姻关系存续期间，有下列情形之一的，夫妻一方可以向人民法院请求分割共同财产：①一方有隐藏、转移、变卖、毁损、挥霍夫妻共同财产或者伪造夫妻共同债务等严重损害夫妻共同财产利益的行为；②一方负有法定扶养义务的人患重大疾病需要医治，另一方不同意支付相关医疗费用。

试题范例

1.（多项选择题）下列选项中，属于婚姻关系存续期间夫妻共同财产的是（　　）。

A. 一方专用的生活用品　　B. 稿酬所得

C. 工资所得　　D. 投资所得的收益

2.（多项选择题）下列夫或妻取得的财产中，属于婚姻关系存续期间夫妻共同财产的有（　　）。

A. 甲在沿海城市打工获得的收入　　B. 乙投资期货获得的收益

C. 丙许可他人使用其专利获取的专利费　　D. 丁因受到人身损害获得的赔偿金

答案： 1. BCD　2. ABC

核心法条

《民法典》第 1063 条　下列财产为夫妻一方的个人财产：

（一）一方的婚前财产；

（二）一方因受到人身损害获得的赔偿或者补偿；

（三）遗嘱或者赠与合同中确定只归一方的财产；

（四）一方专用的生活用品；

（五）其他应当归一方的财产。

释解分析

本条规定的是法定夫妻个人特有财产。法定夫妻个人特有财产是指在适用夫妻共同财产制的情况下，依据法律规定属于夫或者妻个人所有的财产。根据本条及司法解释的规定，下列财产为夫妻一方的个人财产：（1）一方的婚前财产。（2）一方因受到人身损害获得的赔偿或者补偿。（3）遗嘱或者赠与合同中确定只归一方的财产。（4）一方专用的生活用品。（5）其他应当归一方的财产。当事人结婚前，父母为双方购置房屋出资的，该出资应当认定为对自己子女个人的赠与，但父母明确表示赠与双方的除外。当事人结婚后，父母为双方购置房屋出资的，依照约定处理；没有约定或者约定不明确的，赠与合同中确定只归一方的，则为该方个人财产；未确定只归一方的，则归夫妻双方共同所有。军人的伤亡保险金、伤残补助金、医药生活补助费属于个人财产。夫妻一方的个人财产，不因婚姻关系的延续而转化为夫妻共同财产，但当事人另有约定的除外。

法条分析

（1）本条规定的是何种法律制度？

（2）夫或者妻婚前个人财产在婚后获得的收益和自然增值部分是否应当认定为个人财产？

（3）当事人结婚后，父母为双方购置房屋出资的，对于房屋的归属没有约定或者约定不明确的，应如何确定购置房屋出资的归属？

答案：（1）本条规定的是法定夫妻个人特有财产。

（2）夫或者妻婚前个人财产在婚后获得的收益应认定为夫妻共同财产，但财产的自然增值部分应当认定为个人财产。

（3）赠与合同中确定只归一方的，则为该方个人财产；未确定只归一方的，则归夫妻双方共同所有。

试题范例

（多项选择题）下列选项中，属于夫或者妻个人财产的有（　　）。

A. 婚前财产　　B. 专利权使用费所得

C. 住院护理费　　D. 经过 8 年的个人财产

答案：AC

核心法条

《民法典》第 1064 条　夫妻双方共同签名或者夫妻一方事后追认等共同意思表示所负的债务，以及夫妻一方在婚姻关系存续期间以个人名义为家庭日常生活需要所负的债务，属于夫妻共同债务。

夫妻一方在婚姻关系存续期间以个人名义超出家庭日常生活需要所负的债务，不属于夫妻共同债务；但是，债权人能够证明该债务用于夫妻共同生活、共同生产经营或者基于夫妻双方共同意思表示的除外。

释解分析

本条规定的是夫妻共同债务。夫妻共同债务是指在婚姻关系存续期间，夫妻一方或双方为共同生活或共同生产经营需要所负的债务。某笔债务是否属于夫妻共同债务，应从如下两个方面去考量：一是时间性。通常情况下，夫妻共同债务形成于婚姻关系存续期间，但在婚姻关系存续期间所负的债务，又并非都是夫妻共同债务。二是用途性。通常情况下，该类债务是为了用于夫妻共同生活或共同生产经营。

夫妻共同债务的认定。其一，夫妻双方共同签名或者夫妻一方事后追认等共同意思表示所负的债务，以及夫妻一方在婚姻关系存续期间以个人名义为家庭日常生活需要所负的债务，属于夫妻共同债务。夫妻一方在婚姻关系存续期间以个人名义超出家庭日常生活需要所负的债务，不属于夫妻共同债务；但是，债权人能够证明该债务用于夫妻共同生活、共同生产经营或者基于夫妻双方共同意思表示的除外。其二，债权人就一方婚前所负个人债务向债务人的配偶主张权利的，人民法院不予支持。但债权人能够证明所负债务用于婚后家庭共同生活的除外。所谓“用于婚后家庭共同生活”，主要是指夫妻日常生活开销、购买婚房、装修婚房、经营共有生意等。其三，夫妻一方与第三人串通，虚构债务，第三人主张该债务为夫妻共同债务的，人民法院不予支持。夫妻一方在从事赌博、吸毒等违法犯罪活动中所负债务，第三人主张该债务为夫妻共同债务的，人民法院不予支持。

法条分析

（1）根据本条规定概括属于夫妻共同债务的情形。

(2) 债权人就一方婚前所负个人债务向债务人的配偶主张权利的，能否得到支持？

(3) 夫妻一方与第三人串通，虚构债务，第三人主张该债务为夫妻共同债务的，能否得到支持？

(4) 夫妻一方在从事赌博、吸毒等违法犯罪活动中所负债务，第三人主张该债务为夫妻共同债务的，能否得到支持？

答案：(1) 下列债务属于夫妻共同债务：夫妻双方共同签名或者夫妻一方事后追认等共同意思表示所负的债务；夫妻一方在婚姻关系存续期间以个人名义为家庭日常生活需要所负的债务，不属于夫妻共同债务，但是，债权人能够证明该债务用于夫妻共同生活、共同生产经营或者基于夫妻双方共同意思表示的除外。

(2) 债权人就一方婚前所负个人债务向债务人的配偶主张权利的，人民法院不予支持。但债权人能够证明所负债务用于婚后家庭共同生活的除外。

(3) 夫妻一方与第三人串通，虚构债务，第三人主张该债务为夫妻共同债务的，人民法院不予支持。

(4) 夫妻一方在从事赌博、吸毒等违法犯罪活动中所负债务，第三人主张该债务为夫妻共同债务的，人民法院不予支持。

试题范例

(单项选择题) 甲、乙为夫妻，共有一套房屋登记在甲名下。乙瞒着甲向丙借款 100 万元供个人挥霍，并瞒着甲将房屋抵押给丙，并办理了抵押登记。对此，下列表述中正确的是（　　）。

A. 乙所欠债务为夫妻共同债务

B. 甲对乙所欠债务负连带清偿责任

C. 乙所欠债务属于乙个人债务，甲不负清偿责任

D. 乙将房屋抵押给丙的行为无效

答案：C

核心法条

《民法典》第 1065 条　男女双方可以约定婚姻关系存续期间所得的财产以及婚前财产归各自所有、共同所有或者部分各自所有、部分共同所有。约定应当采用书面形式。没有约定或者约定不明确的，适用本法第一千零六十二条、第一千零六十三条的规定。

夫妻对婚姻关系存续期间所得的财产以及婚前财产的约定，对双方具有法律约束力。

夫妻对婚姻关系存续期间所得的财产约定归各自所有，夫或者妻一方对外所负的债务，相对人知道该约定的，以夫或者妻一方的个人财产清偿。

释解分析

本条规定的是夫妻约定财产制。夫妻约定财产制是指夫妻以契约确定夫妻财产关系的制度。约定财产制在适用上具有优先于法定财产制的效力。夫妻财产约定的有效条件主要包括：(1) 约定的主体须为具备完全民事行为能力的夫妻双方。(2) 约定的意思表示必须自

愿、真实。(3) 约定的内容必须合法。约定的内容不得超出夫妻财产的范围，夫妻双方可以约定婚姻关系存续期间所得的财产以及婚前财产归各自所有、共同所有或者部分各自所有、部分共同所有，但不得将国家、集体或者他人的财产列入约定财产的范围。此外，约定不得违背公序良俗。(4) 约定的形式必须合法。约定应当采用书面形式。根据司法解释的规定，婚前或者婚姻关系存续期间，当事人约定将一方所有的房产赠与另一方或者共有，赠与方在赠与房产变更登记之前撤销赠与，另一方请求判令继续履行的，人民法院可以按照《民法典》第 658 条的规定处理。

法条分析

(1) 何为约定财产制?

(2) 夫妻财产约定的有效条件主要有哪些?

(3) 夫妻对财产没有约定或者约定不明确的，应如何处理?

(4) 夫妻财产约定的效力如何认定?

答案: (1) 约定财产制是指夫妻以契约确定夫妻财产关系的制度，在适用上具有优先于法定财产制的效力。

(2) 有效条件主要有：①约定的主体须为具备完全民事行为能力的夫妻双方。②约定的意思表示必须自愿、真实。③约定的内容必须合法且不违背公序良俗。④约定的形式必须合法。约定应当采用书面形式。

(3) 夫妻对财产没有约定或者约定不明确的，应当适用法定财产制。

(4) 夫妻财产约定的效力包括对内效力和对外效力，即夫妻对婚姻关系存续期间所得的财产以及婚前财产的约定，对双方具有法律约束力。夫妻对婚姻关系存续期间所得的财产约定归各自所有，夫或者妻一方对外所负的债务，相对人知道该约定的，以夫或者妻一方的个人财产清偿。

试题范例

(多项选择题) 甲、乙系夫妻，约定 8 万元存折为甲所有，12 万元房产为乙所有，其余 10 万元为二人共有。甲欠丙 50 万元债务，则下列夫妻债务清偿办法，符合《民法典》规定的是(　　)。

A. 如果丙知道该约定的，丙无权请求乙用 12 万元房产还债

B. 如果丙不知道该约定的，丙有权请求乙用 12 万元房产还债

C. 如果丙知道该约定的，乙有义务以 10 万元共有财产清偿债务

D. 如果丙不知道该约定的，丙有权请求甲、乙以其各自所有的财产和共同所有的财产清偿债务

答案: ABCD

核心法条

《民法典》第 1067 条　父母不履行抚养义务的，未成年子女或者不能独立生活的成年子女，有要求父母给付抚养费的权利。

成年子女不履行赡养义务的，缺乏劳动能力或者生活困难的父母，有要求成年子女给付赡养费的权利。

释解分析

本条规定的是抚养义务和赡养义务。第 1 款规定的是父母对未成年子女或者不能独立生活的成年子女的抚养义务。第 2 款规定的是成年子女对缺乏劳动能力或者生活困难的父母的赡养义务。

法条分析

(1) 如何理解本条第 1 款中的“不能独立生活的成年子女”?

(2) 本条第 1 款中的“抚养费”包括哪些费用?

(3) 对于正在求学的已满 18 周岁的成年子女，父母是否有继续提供抚养费和教育费的义务?

(4) 如何认定抚养费的给付期限?

答案：(1) 尚在校接受高中及其以下学历教育，或者丧失、部分丧失劳动能力等非因主观原因而无法维持正常生活的成年子女，可以认定为“不能独立生活的成年子女”。

(2) 抚养费包括子女生活费、教育费、医疗费等费用。

(3) 对于正在求学的已满 18 周岁的成年子女，父母有继续提供抚养费和教育费的义务。

(4) 抚养费的给付期限，一般至子女 18 周岁为止。16 周岁以上不满 18 周岁，以其劳动收入为主要生活来源，并能维持当地一般生活水平的，父母可以停止给付抚养费。

试题范例

(单项选择题) 认定父母是否对其成年子女尽抚养义务的法定根据是成年子女（　　）。

A. 是否具有独立生活能力　　B. 是否以自己的劳动收入为主要生活来源

C. 是否仍在接受学历教育　　D. 是否精神正常

答案：A

核心法条

《民法典》第 1076 条　夫妻双方自愿离婚的，应当签订书面离婚协议，并亲自到婚姻登记机关申请离婚登记。

离婚协议应当载明双方自愿离婚的意思表示和对子女抚养、财产以及债务处理等事项协商一致的意见。

释解分析

本条规定的是登记离婚。登记离婚是指夫妻双方自愿离婚，并就离婚的法律后果达成协议，经婚姻登记机关认可，即可解除婚姻关系的一种离婚方式。因登记离婚是依行政程序终止婚姻关系，故又称为行政离婚。

登记离婚必须符合下列条件：(1) 双方当事人必须是办理结婚登记的合法夫妻。事实婚姻、同居关系，即使当事人协议离婚，也不能以登记离婚的方式解除。(2) 双方当事人须为完全民事行为能力人。这是当事人作出真实有效的离婚意思表示的保证。(3) 双方当事人必须有离婚的合意。夫妻双方自愿离婚的，应当签订书面离婚协议，载明双方自愿离婚的意思表示。(4) 双方当事人对子女抚养、财产以及债务处理等事项达成协议。登记离婚同样会产生一系列法律后果，这些善后事项双方当事人只有全部达成一致意见，才能适用登记离婚。

法条分析

(1) 本条规定的是何种法律制度？

(2) 任何一方不愿意离婚的，可以向婚姻登记机关撤回离婚登记申请的期限为多长？

(3) 男女双方补办结婚登记的，婚姻关系的效力从何时开始计算？

(4) 未按规定办理结婚登记而以夫妻名义共同生活的男女，一方死亡，另一方以配偶身份主张享有继承权的，应如何处理？

答案：(1) 本条规定的是登记离婚。

(2) 自婚姻登记机关收到离婚登记申请之日起 30 日内，任何一方不愿意离婚的，可以向婚姻登记机关撤回离婚登记申请。

(3) 男女双方根据规定补办结婚登记的，婚姻关系的效力从双方均符合《民法典》所规定的结婚的实质要件时起算。

(4) 未按规定办理结婚登记而以夫妻名义共同生活的男女，一方死亡，另一方以配偶身份主张享有继承权，属于事实婚姻的，享有继承权，否则不享有继承权。

试题范例

1. (单项选择题) 我国《民法典》规定了离婚冷静期制度。该离婚冷静期制度规定的期间届满后双方应当亲自到婚姻登记机关申请发给离婚证；未申请的，视为撤回离婚登记申请。该离婚冷静期制度规定的期间为（　　）。

A. 10 日　　B. 15 日　　C. 30 日　　D. 60 日

2. (多项选择题) 登记离婚的条件有（　　）。

A. 双方当事人有民事行为能力

B. 双方当事人必须有真实的离婚合意

C. 双方当事人对子女抚养、财产和债务处理等事项达成协议

D. 离婚协议的内容必须合法

答案：1. C　2. BCD

核心法条

《民法典》第 1079 条　夫妻一方要求离婚的，可以由有关组织进行调解或者直接向人民法院提起离婚诉讼。

人民法院审理离婚案件，应当进行调解；如果感情确已破裂，调解无效的，应当准予离婚。

有下列情形之一，调解无效的，应当准予离婚：

（一）重婚或者与他人同居；

（二）实施家庭暴力或者虐待、遗弃家庭成员；

（三）有赌博、吸毒等恶习屡教不改；

（四）因感情不和分居满二年；

（五）其他导致夫妻感情破裂的情形。

一方被宣告失踪，另一方提起离婚诉讼的，应当准予离婚。

经人民法院判决不准离婚后，双方又分居满一年，一方再次提起离婚诉讼的，应当准予离婚。

释解分析

本条规定的是诉讼离婚。诉讼离婚是指夫妻一方向人民法院提起离婚诉讼，人民法院依法通过调解或判决而解除婚姻关系的一种离婚方式。在我国，当事人不能或者不愿意采用登记离婚的，都可以采用诉讼离婚。

夫妻一方要求离婚的，可以由有关组织进行调解。这种不经司法程序解决离婚问题，而是由有关组织进行调解的程序就是诉讼外调解。这里的“有关组织”，如所在单位、群众团体、基层调解组织。调解一般产生三种结果：一是双方经调解和好，婚姻关系继续维持；二是通过登记离婚；三是通过诉讼离婚。诉讼外调解的性质是民间性质，其并非诉讼离婚的必经程序。诉讼外调解对当事人没有法律上的约束力，即使调解和好后，当事人还可以不经调解而直接向人民法院提起离婚诉讼。

人民法院审理离婚案件，应当进行调解；如果感情确已破裂，调解无效的，应当准予离婚。据此，人民法院判决离婚需要有如下两个前提条件：(1) 调解无效。调解无效是判决离婚的程序性条件，要求人民法院在判决离婚前必须先行调解，调解是人民法院审理离婚案件的必经程序，即不经调解，一般不得作出离婚判决。但也不能久调不决，应及时作出判决。(2) 感情确已破裂。我国在离婚的实质条件上采取感情破裂主义，即感情确已破裂是判决离婚的实质性条件，也是判决离婚的唯一法定理由。所谓“感情确已破裂”，就是指夫妻感情已不复存在，已经不能期待夫妻双方有和好的可能。判断夫妻感情是否确已破裂，应当从婚姻基础、婚后感情、离婚原因、夫妻关系的现状和有无和好的可能等方面综合分析。如果夫妻感情没有破裂，也不准予离婚。

夫妻感情破裂是一个抽象的概括性标准，为加强该标准的可操作性，本条规定了认定感情破裂的具体标准。有下列情形之一，调解无效的，应当准予离婚：(1) 重婚或者与他人同居。(2) 实施家庭暴力或者虐待、遗弃家庭成员。(3) 有赌博、吸毒等恶习屡教不改。(4) 因感情不和分居满 2 年。(5) 其他导致夫妻感情破裂的情形。此外，夫以妻擅自中止妊娠侵犯其生育权为由请求损害赔偿的，人民法院不予支持；夫妻双方因是否生育发生纠纷，致使感情确已破裂，一方请求离婚的，人民法院经调解无效，应依照本条第 3 款第 5 项的规定处理。除了上述 5 项法定事由外，一方被宣告失踪，另一方提起离婚诉讼的，也应当准予离婚。

人民法院判决不准离婚后，双方又分居满 1 年，一方再次提起离婚诉讼的，这表明夫妻感情确已破裂，应当准予离婚。

法条分析

（1）如何理解第 3 款第 1 项中的“与他人同居”？

（2）如何理解第 3 款第 2 项中的“虐待”？

（3）夫以妻擅自中止妊娠侵犯其生育权为由请求损害赔偿的，人民法院应否支持？

（4）夫妻双方因是否生育发生纠纷，致使感情确已破裂，一方请求离婚的，人民法院应如何处理？

（5）对于诉讼离婚的特殊保护情形有哪些？

答案：（1）与他人同居是指有配偶者与婚外异性，不以夫妻名义，持续、稳定地共同居住。

（2）持续性、经常性的家庭暴力，可以认定为“虐待”。

（3）夫以妻擅自中止妊娠侵犯其生育权为由请求损害赔偿的，人民法院不予支持。

（4）夫妻双方因是否生育发生纠纷，致使感情确已破裂，一方请求离婚的，人民法院经调解无效，应认定为“其他导致夫妻感情破裂的情形”，准予离婚。

（5）对诉讼离婚的特殊保护有：①现役军人的配偶要求离婚，应当征得军人同意，但是军人一方有重大过错的除外。②女方在怀孕期间、分娩后 1 年内或者终止妊娠后 6 个月内，男方不得提出离婚；但是，女方提出离婚或者人民法院认为确有必要受理男方离婚请求的除外。

试题范例

1.（单项选择题）诉讼离婚的判定标准是（　　）。

A. 夫妻中一方是否“喜新厌旧”　　B. 夫妻中一方是否有赌博行为

C. 夫妻感情是否确已破裂　　D. 夫妻分居是否满 1 年

2.（单项选择题）人民法院判决不准离婚，夫妻中一方再次起诉离婚的，应当准予离婚的情形是（　　）。

A. 夫妻双方又分居满 1 年　　B. 另一方染上酗酒恶习

C. 另一方久病缠身　　D. 另一方下落不明

答案：1. C　2. A

核心法条

《民法典》第 1084 条　父母与子女间的关系，不因父母离婚而消除。离婚后，子女无论由父或者母直接抚养，仍是父母双方的子女。

离婚后，父母对于子女仍有抚养、教育、保护的权利和义务。

离婚后，不满两周岁的子女，以由母亲直接抚养为原则。已满两周岁的子女，父母双方对抚养问题协议不成的，由人民法院根据双方的具体情况，按照最有利于未成年子女的原则判决。子女已满八周岁的，应当尊重其真实意愿。

释解分析

本条规定的是离婚后的父母子女关系。第 1 款规定了离婚后父母与子女间的关系。第 2

款规定了离婚后父母对子女有抚养、教育、保护的权利和义务。第3款规定了离婚后子女抚养关系的变化。

第3款规定了子女抚养归属的基本原则：其一，关于不满2周岁的子女，以由母亲直接抚养为原则。其二，已满2周岁的子女的抚养，由父母双方协商安排，既可以随父方生活，也可以随母方生活，还可以协议双方轮流抚养子女。如果协议双方轮流抚养子女不利于子女成长，例如父母住在两个城市，轮流抚养子女需年年转学，人民法院对此不应准许。如果协商不成的，由人民法院根据双方的具体情况，按照最有利于未成年子女的原则判决。这里的“具体情况”，包括父母双方的个人素质、对子女的责任感、家庭环境、经济能力、父母与子女的感情因素等。由此可见，有利于子女身心健康，保护子女合法权益，兼顾父母双方的抚养能力和抚养条件是人民法院确定子女抚养问题的基本出发点。关于离婚抚养权的问题，应当征求8周岁以上未成年子女的意见，以体现出对未成年人的保护和尊重，实现儿童利益最大化原则。

法条分析

（1）离婚后，不满2周岁的子女，以由母亲直接抚养为原则，但母亲有哪些情形，父亲请求直接抚养的，人民法院应予支持？

（2）如何确定抚养费的给付期限？

（3）如何确定抚养费的数额？

（4）对已满2周岁的未成年子女，父母均要求直接抚养，一方有哪些情形，可予优先考虑？

（5）具有哪些情形，父母一方要求变更子女抚养关系的，人民法院应予支持？

（6）离婚后，子女由一方直接抚养的，另一方是否应负担抚养费？如何负担？

（7）具有哪些情形，子女要求有负担能力的父或者母增加抚养费的，人民法院应予支持？

答案：（1）母亲有下列情形之一，父亲请求直接抚养的，人民法院应予支持：①患有久治不愈的传染性疾病或者其他严重疾病，子女不宜与其共同生活；②有抚养条件不尽抚养义务，而父亲要求子女随其生活；③因其他原因，子女确不宜随母亲生活。

（2）抚养费的给付期限，一般至子女18周岁为止。16周岁以上不满18周岁，以其劳动收入为主要生活来源，并能维持当地一般生活水平的，父母可以停止给付抚养费。

（3）抚养费的数额，可以根据子女的实际需要、父母双方的负担能力和当地的实际生活水平确定。有固定收入的，抚养费一般可以按其月总收入的20%—30%的比例给付。负担两个以上子女抚养费的，比例可以适当提高，但一般不得超过月总收入的50%。无固定收入的，抚养费的数额可以依据当年总收入或者同行业平均收入，参照上述比例确定。有特殊情况的，可以适当提高或者降低上述比例。

（4）情形有：①已做绝育手术或者因其他原因丧失生育能力；②子女随其生活时间较长，改变生活环境对子女健康成长明显不利；③无其他子女，而另一方有其他子女；④子女随其生活，对子女成长有利，而另一方患有久治不愈的传染性疾病或者其他严重疾病，或者有其他不利于子女身心健康的情形，不宜与子女共同生活。

（5）具有下列情形之一，父母一方要求变更子女抚养关系的，人民法院应予支持：①与子女共同生活的一方因患严重疾病或者因伤残无力继续抚养子女；②与子女共同生活的一方不尽抚养义务或有虐待子女行为，或者其与子女共同生活对子女身心健康确有不利影响；③已满8周岁的子女，愿随另一方生活，该方又有抚养能力；④有其他正当理由需要变更。

(6) 离婚后，子女由一方直接抚养的，另一方应当负担部分或者全部抚养费。负担费用的多少和期限的长短，由双方协议；协议不成的，由人民法院判决。

(7) 具有下列情形之一，子女要求有负担能力的父或者母增加抚养费的，人民法院应予支持：①原定抚养费数额不足以维持当地实际生活水平；②因子女患病、上学，实际需要已超过原定数额；③有其他正当理由应当增加。

试题范例

(单项选择题) 甲、乙协议离婚，二人在离婚协议中约定：5周岁的女儿小娜由女方乙抚养，乙负担全部抚养费，甲不负担抚养费。对此，下列表述中正确的是（　　）。

A. 甲、乙双方在离婚协议中关于由乙方负担全部抚养费的约定无效

B. 若小娜入学，因花销已经超过离婚协议原定数额，小娜可以请求甲负担抚养费

C. 由于小娜由乙直接抚养，甲不能探望小娜

D. 由于离婚协议约定甲不支付抚养费，因此小娜入学后不能请求甲负担抚养费

答案：B

核心法条

《民法典》第1087条　离婚时，夫妻的共同财产由双方协议处理；协议不成的，由人民法院根据财产的具体情况，按照照顾子女、女方和无过错方权益的原则判决。

对夫或者妻在家庭土地承包经营中享有的权益等，应当依法予以保护。

释解分析

本条规定的是离婚时夫妻共同财产的处理。夫妻共同财产的分割，是指离婚时依法将夫妻共同财产划分为各自的个人财产。分割方式包括协议分割和判决分割。首先，由夫妻双方协商解决，协商不成的，由人民法院通过判决的方式分割夫妻共同财产。判决分割应当遵循如下原则：(1) 坚持男女平等原则，根据财产的具体情况判决；(2) 按照照顾子女、女方权益的原则判决；(3) 按照照顾无过错方权益的原则判决。

实践中，离婚当事人男方的土地承包经营权较少受到侵犯，而女方的土地承包经营权常常受到侵犯。因此，离婚时，对夫或者妻在家庭土地承包经营中享有的权益等，应当依法予以保护。

法条分析

(1) 离婚时夫妻财产协议分割应满足哪些条件？

(2) 离婚时判决分割应当坚持哪些原则？

(3) 在离婚时或离婚后一方实施的侵犯另一方财产共有权的哪些行为，对该方可以少分或者不分？离婚后发现侵犯夫妻财产共有权的行为的，另一方有何救济措施？采取该救济措

施的诉讼时效期间和起算时间应如何认定？

答案：（1）协议分割应满足的条件有：①协议分割是夫妻双方真实的意思表示；②协议分割的内容合法；③协议分割不损害子女的权益。

（2）判决分割应当坚持男女平等原则，坚持照顾子女和女方权益的原则，坚持照顾无过错方的原则。

（3）夫妻一方隐藏、转移、变卖、毁损、挥霍夫妻共同财产，或者伪造夫妻共同债务企图侵占另一方财产的，在离婚分割夫妻共同财产时，对该方可以少分或者不分。离婚后，另一方发现有上述行为的，可以向人民法院提起诉讼，请求再次分割夫妻共同财产。当事人依据规定向人民法院提起诉讼，请求再次分割夫妻共同财产的诉讼时效期间为 3 年，从当事人发现之日起计算。

试题范例

（多项选择题）甲与乙系夫妻，在婚姻关系存续期间，乙曾多次毁损夫妻共同财产。2022 年 4 月 5 日，甲、乙因感情破裂被判决离婚。同年 6 月 5 日，甲发现乙伪造夫妻债务 20 万元，致使甲承担了不应当承担的“债务”。对此，下列表述中不正确的是（　　）。

A. 甲、乙离婚时，对乙应当少分夫妻共同财产

B. 甲、乙离婚时，甲可以提起离婚损害赔偿

C. 甲、乙离婚后，甲可以起诉请求再次分割夫妻共同财产

D. 甲请求再次分割夫妻共同财产的诉讼时效自 2022 年 4 月 5 日起计算

答案：AC

核心法条

《民法典》第 1088 条　夫妻一方因抚育子女、照料老年人、协助另一方工作等负担较多义务的，离婚时有权向另一方请求补偿，另一方应当给予补偿。具体办法由双方协议；协议不成的，由人民法院判决。

释解分析

本条规定的是离婚时的经济补偿请求权。

法条分析

（1）本条规定的是何种法律制度？其含义是什么？

（2）本条规定的制度的成立条件有哪些？

（3）如何理解本条规定的制度价值？

答案：（1）本条规定的是经济补偿请求权。经济补偿请求权是指夫妻一方因抚育子女、照料老年人、协助另一方工作等负担较多义务的，离婚时有权向另一方请求补偿。

（2）经济补偿请求权的成立条件有：①须一方在共同生活中对家庭负担了更多的义务；②必须于离婚之时提出请求。

（3）经济补偿制度确立的意义在于肯定了家务劳动的经济价值，目的是给予对家庭负担

了较多义务的一方以物质上的补偿，以体现法律在维护当事人利益上的公正。

试题范例

（多项选择题）经济补偿请求权的适用条件包括（　　）。

A. 夫妻约定实行分别财产制

B. 对补偿有书面形式约定

C. 提出一方在共同生活中对家庭承担了更多的义务

D. 提出一方必须于离婚之时提出请求

答案：CD

核心法条

《民法典》第 1090 条　离婚时，如果一方生活困难，有负担能力的另一方应当给予适当帮助。具体办法由双方协议；协议不成的，由人民法院判决。

释解分析

本条规定的是离婚时的经济帮助请求权。

法条分析

（1）本条规定的是何种法律制度？规定该制度的意义是什么？

（2）如何理解本条中的“一方生活困难”？

（3）提出本条规定的请求权的时间要求是什么？

（4）适用该制度的前提条件是什么？

答案：（1）本条规定的是离婚时的经济帮助请求权。确立经济帮助制度的意义在于消除生活困难一方在离婚问题上的经济顾虑，使他们能够充分行使离婚自由的权利。

（2）“一方生活困难”是指依靠个人财产和离婚时分得的财产无法维持当地基本生活水平。一方离婚后没有住处的，也属于生活困难。

（3）请求帮助一方的生活困难存在于离婚时。

（4）一方请求适用经济帮助的前提是另一方有经济负担能力。

试题范例

（多项选择题）经济帮助请求权的适用条件包括（　　）。

A. 请求帮助一方确实生活困难

B. 请求帮助一方的生活困难存在于离婚时

C. 提供帮助一方有经济负担能力

D. 请求帮助一方欠有巨额债务

答案：ABC

核心法条

《民法典》第 1091 条　有下列情形之一，导致离婚的，无过错方有权请求损害赔偿：

（一）重婚；

（二）与他人同居；
（三）实施家庭暴力；
（四）虐待、遗弃家庭成员；
（五）有其他重大过错。

释解分析

本条规定的是离婚损害赔偿（请求权）。离婚损害赔偿是指因夫妻一方的法定过错行为导致离婚的，无过错方得向有过错方请求损害赔偿。离婚损害赔偿制度的意义在于保障无过错方的合法权益，维持公平正义，具有填补损害、精神抚慰、制裁过错方的功能。

离婚损害赔偿请求权的成立条件有：(1) 须一方有法定过错。法定过错情形包括：①重婚；②与他人同居；③实施家庭暴力；④虐待、遗弃家庭成员；⑤其他重大过错。(2) 须一方的法定过错导致离婚。(3) 须请求权人无法定过错。(4) 须无过错方因离婚受到损害。如果双方都有法定过错，则任何一方都不能以对方有过错为由请求离婚损害赔偿。

无过错方作为原告向人民法院提起损害赔偿请求的，必须在离婚诉讼的同时提出。在婚姻关系存续期间，当事人不起诉离婚而单独提起损害赔偿请求的，人民法院不予受理。人民法院判决不准离婚的案件，对于当事人提出的损害赔偿请求，不予支持。当事人在婚姻登记机关办理离婚登记手续后，向人民法院提出损害赔偿请求的，人民法院应当受理。但当事人在协议离婚时已经明确表示放弃该项请求的，人民法院不予支持。夫妻双方均有法定过错情形，一方或者双方向对方提出离婚损害赔偿请求的，人民法院不予支持。

法条分析

(1) 本条规定的是何种法律制度？该制度的含义是什么？
(2) 如何理解本条中的“损害赔偿”的范围？
(3) 在婚姻关系存续期间，当事人不起诉离婚而单独依据本条提起损害赔偿请求的，人民法院应如何处理？
(4) 承担本条规定的损害赔偿责任的主体是谁？
(5) 夫妻双方均有本条规定的过错情形，一方或者双方向对方提出离婚损害赔偿请求的，人民法院应否支持？
(6) 如何理解本条规定的制度价值？

答案：(1) 本条规定的是离婚损害赔偿请求权。离婚损害赔偿请求权是指因夫妻一方的法定过错行为导致离婚的，无过错方得向有过错方请求损害赔偿。

(2) 损害赔偿包括物质损害赔偿和精神损害赔偿。

(3) 在婚姻关系存续期间，当事人不起诉离婚而单独依据本条提起损害赔偿请求的，人民法院不予受理。

(4) 承担损害赔偿责任的主体，为离婚诉讼当事人中无过错方的配偶。

(5) 夫妻双方均有本条规定的过错情形，一方或者双方向对方提出离婚损害赔偿请求的，人民法院不予支持。

(6) 离婚损害赔偿制度的意义在于保障无过错方的合法权益，维护公平正义，具有填补损害、精神抚慰、制裁过错方的功能。

试题范例

（多项选择题）甲、乙系夫妻。下列情形中，乙起诉离婚，同时可以请求损害赔偿的有（　　）。

A. 甲经常虐待乙　　B. 甲与婚外异性非法同居

C. 甲伪造夫妻共同债务　　D. 甲毁损夫妻共同财产

答案：AB

二十、继承

核心法条

《民法典》第 1125 条　继承人有下列行为之一的，丧失继承权：

（一）故意杀害被继承人；

（二）为争夺遗产而杀害其他继承人；

（三）遗弃被继承人，或者虐待被继承人情节严重；

（四）伪造、篡改、隐匿或者销毁遗嘱，情节严重；

（五）以欺诈、胁迫手段迫使或者妨碍被继承人设立、变更或者撤回遗嘱，情节严重。

继承人有前款第三项至第五项行为，确有悔改表现，被继承人表示宽恕或者事后在遗嘱中将其列为继承人的，该继承人不丧失继承权。

受遗赠人有本条第一款规定行为的，丧失受遗赠权。

释解分析

本条规定的是继承权的丧失。继承权的丧失是指继承人因发生法律规定的事由失去继承被继承人遗产的资格。继承权丧失的法定事由有：（1）继承人故意杀害被继承人。继承人故意杀害被继承人的，不论是否受到刑事追究，都丧失继承权。过失致被继承人死亡的，不丧失继承权。（2）继承人为争夺遗产而杀害其他继承人。构成继承人为争夺遗产杀害其他继承人的行为，须具备以下两个条件：一是继承人杀害的对象是其他继承人；二是继承人杀害的目的是争夺遗产。（3）继承人遗弃被继承人，或者虐待被继承人情节严重。遗弃被继承人的，丧失继承权。虐待被继承人情节严重的，丧失继承权。（4）继承人伪造、篡改、隐匿或者销毁遗嘱，情节严重。继承人伪造、篡改、隐匿或者销毁遗嘱，情节严重，才丧失继承权。继承人伪造、篡改、隐匿或者销毁遗嘱，侵害了缺乏劳动能力又无生活来源的继承人的利益，并造成其生活困难的，应当认定为情节严重。（5）继承人以欺诈、胁迫手段迫使或者妨碍被继承人设立、变更或者撤回遗嘱，情节严重。妨害被继承人设立、变更或者撤回遗嘱，都导致继承人丧失继承权。

继承人有第1款第3项至第5项行为，确有悔改表现，被继承人表示宽恕或者事后在遗嘱中将其列为继承人的，该继承人不丧失继承权。受遗赠人有第1款规定行为的，丧失受遗赠权。

法条分析

（1）适用本条第1款第1项规定的情形是否区分既遂、未遂？

（2）如何认定继承人是否符合本条第1款第3项规定的“虐待被继承人情节严重”？

（3）如何认定本条第1款第4项规定的“情节严重”？

（4）受遗赠人丧失受遗赠权的，是否可以宽宥？

（5）继承权丧失的效力如何认定？

答案：（1）继承人故意杀害被继承人的，不论是既遂还是未遂，均应当确认其丧失继承权。

（2）继承人是否符合本条第1款第3项规定的“虐待被继承人情节严重”，可以从实施虐待行为的时间、手段、后果和社会影响等方面认定。

（3）继承人伪造、篡改、隐匿或者销毁遗嘱，侵害了缺乏劳动能力又无生活来源的继承人的利益，并造成其生活困难的，应当认定为“情节严重”。

（4）受遗赠人丧失受遗赠权的，不得宽宥。

（5）继承权的丧失自继承开始之时发生效力。继承权的丧失仅是继承人对于特定被继承人的继承权的丧失，仅对于特定的被继承人发生效力，对继承人的其他被继承人并不发生效力。继承人丧失继承权的，其直系晚辈血亲不得代位继承。

试题范例

（多项选择题）继承人丧失继承权的情形有（　　）。

A. 继承人遗弃被继承人的

B. 继承人因过失致使被继承人死亡的

C. 被继承人死亡时，继承人没有表示是否接受继承的

D. 继承人虐待被继承人情节严重的

答案：AD

核心法条

《民法典》第1127条第1、2款　遗产按照下列顺序继承：

（一）第一顺序：配偶、子女、父母；

（二）第二顺序：兄弟姐妹、祖父母、外祖父母。

继承开始后，由第一顺序继承人继承，第二顺序继承人不继承；没有第一顺序继承人继承的，由第二顺序继承人继承。

释解分析

这两款规定的是法定继承的继承人范围和继承顺序。

法条分析

请分析：

(1) 第 1 款中的"子女"应如何认定？

(2) 第 1 款中的"父母"应如何认定？

(3) 第 1 款中的"兄弟姐妹"应如何认定？

(4) 被收养人对养父母尽了赡养义务，同时又对生父母扶养较多的，可否继承养父母、生父母的遗产？

(5) 继子女可否继承生父母的遗产？继父母可否继承生子女的遗产？

(6) 养子女与生子女之间、养子女与养子女之间、被收养人与其亲兄弟姐妹之间可否互为继承人？

(7) 继兄弟姐妹之间互为第二顺序继承人的条件是什么？继兄弟姐妹之间相互继承了遗产的，是否还可以继承亲兄弟姐妹的遗产？

答案：(1) 子女包括婚生子女、非婚生子女、养子女和有扶养关系的继子女。

(2) 父母包括生父母、养父母和有扶养关系的继父母。

(3) 兄弟姐妹包括同父母的兄弟姐妹、同父异母或者同母异父的兄弟姐妹、养兄弟姐妹、有扶养关系的继兄弟姐妹。

(4) 被收养人对养父母尽了赡养义务，同时又对生父母扶养较多的，除可以继承养父母的遗产外，还可以分得生父母适当的遗产。

(5) 继子女继承了继父母遗产的，不影响其继承生父母的遗产。继父母继承了继子女遗产的，不影响其继承生子女的遗产。

(6) 养子女与生子女之间、养子女与养子女之间，系养兄弟姐妹，可以互为第二顺序继承人。被收养人与其亲兄弟姐妹之间的权利义务关系，因收养关系的成立而消除，不能互为第二顺序继承人。

(7) 继兄弟姐妹之间互为第二顺序继承人的条件是继兄弟姐妹之间存在扶养关系。继兄弟姐妹之间相互继承了遗产的，不影响其继承亲兄弟姐妹的遗产。

试题范例

1. (多项选择题) 王某生有三子甲、乙、丙，一女丁。丁幼年时被送给王某的好友李某作养女。丁成年后，李某因意外事故不幸去世。王某怜悯丁生活无着落，遂容留丁与其居住。某日，王某突发心肌梗塞去世，生前没有订立遗嘱。甲、乙、丙三人要求收回王某的房屋，丁则认为有权继承生父的房产。王某的遗产继承人有（　　）。

A. 甲　　B. 乙　　C. 丙　　D. 丁

2. (多项选择题) 钱某与胡某婚后生有子女甲和乙，后钱某与胡某离婚，甲、乙归胡某抚养。胡某与吴某结婚，当时甲已参加工作而乙尚未成年，乙跟随胡某与吴某居住，后胡某与吴某生下一女丙，吴某与前妻生有一子丁。钱某和吴某先后去世。对此，下列说法中正确的是（　　）。

A. 胡某、甲、乙可以继承钱某的遗产　　B. 甲和乙可以继承吴某的遗产

C. 胡某和丙可以继承吴某的遗产　　D. 乙和丁可以继承吴某的遗产

答案：1. ABC　2. CD

核心法条

《民法典》第 1128 条　被继承人的子女先于被继承人死亡的，由被继承人的子女的直系晚辈血亲代位继承。

被继承人的兄弟姐妹先于被继承人死亡的，由被继承人的兄弟姐妹的子女代位继承。

代位继承人一般只能继承被代位继承人有权继承的遗产份额。

释解分析

本条规定的是代位继承。代位继承是指被继承人的子女或兄弟姐妹先于被继承人死亡，应由被继承人的子女或兄弟姐妹继承的遗产份额，由被继承人的子女的直系晚辈血亲或兄弟姐妹的子女继承的法律制度。代位继承属于法定继承的范畴。在代位继承中，被继承人的子女或兄弟姐妹为被代位继承人，承继应继份的被继承人的子女的直系晚辈血亲或兄弟姐妹的子女为代位继承人。应继份，是指各继承人对于遗产上一切权利义务所得继承之成数或者分率。代位继承须具备如下条件：(1) 被代位继承人先于被继承人死亡。(2) 被代位继承人是被继承人的子女或兄弟姐妹。(3) 被代位继承人未丧失继承权。(4) 代位继承人是被继承人的子女的直系晚辈血亲或兄弟姐妹的子女。直系晚辈血亲的范围不受辈数的限制。

代位继承人一般只能继承被代位继承人有权继承的遗产份额。该规定涉及代位继承人的应继份额，即涉及代位继承的法律效力。在具备代位继承的条件时，即发生代位继承，代位继承人取代被代位继承人的继承地位参与继承，但代位继承人不是与同一顺序的其他继承人平均继承被继承人的遗产，而是一般只能继承被代位继承人有权继承的遗产份额。也就是说，代位继承人参加继承时，代位继承人若为数人，则不能与其他第一顺序的法定继承人一同按人均分配遗产，而只能共同继承被代位继承人有权继承的份额。

法条分析

(1) 何为代位继承？

(2) 从继承方式和血亲角度分析代位继承的适用范围。

(3) 代位继承须具备哪些条件？

(4) 代位继承的效力如何认定？

答案：(1) 代位继承是指被继承人的子女或兄弟姐妹先于被继承人死亡，应由被继承人的子女或兄弟姐妹继承的遗产份额，由被继承人的子女的直系晚辈血亲或兄弟姐妹的子女继承的法律制度。

(2) 代位继承只适用于法定继承，而不适用于遗嘱继承。代位继承既适用于直系血亲，也适用于旁系血亲。

(3) 代位继承须具备下列条件：①被代位继承人先于被继承人死亡。②被代位继承人是被继承人的子女或兄弟姐妹。③被代位继承人未丧失继承权。若被代位继承人丧失继承权，不仅本人不能参加继承，他人也不能代位继承。④代位继承人是被继承人的子女的直系晚辈血亲或兄弟姐妹的子女。

（4）具备代位继承条件的，即可发生代位继承，代位继承人取代被代位继承人的继承地位参与继承，代位继承人一般只能继承被代位继承人有权继承的遗产份额。因此，若代位继承人为数人，则只能共同继承被代位继承人有权继承的份额。

试题范例

（多项选择题）刘某生有一子一女，子女均已成家，子甲生女乙，女丙生子丁、戊。刘某一直对两外孙格外偏爱，曾多次私下表示死后把遗产赠与丁、戊。某年，丙不幸遇难，刘某在料理完丙的丧事后也死亡。经查，刘某有两处房产，股票、债券若干，总价值60万元。甲、乙、丁、戊就遗产分割发生纠纷。则（　　）。

A. 丁、戊可代位继承刘某的遗产

B. 刘某的遗产由甲全部继承

C. 甲可以继承刘某的遗产

D. 甲可以继承丙的遗产

答案：AC

核心法条

《民法典》第1129条　丧偶儿媳对公婆，丧偶女婿对岳父母，尽了主要赡养义务的，作为第一顺序继承人。

释解分析

本条规定的是丧偶儿媳和丧偶女婿的继承权。丧偶儿媳对公婆，丧偶女婿对岳父母，尽了主要赡养义务的，作为第一顺序继承人。这种规定为我国民法所独有，称得上是中国特色，受到广泛好评。儿媳或者女婿继承公婆或者岳父母的遗产，应当具备一定的条件：第一，必须存在丧偶的情形；第二，必须丧偶儿媳对公婆或者丧偶女婿对岳父母尽了主要赡养义务。只要儿媳或者女婿符合了这两个条件，其就可以作为第一顺序继承人参与继承，取得遗产，而且不论有无代位继承人代位继承，也不论是否再婚。

法条分析

（1）如何理解本条中的“尽了主要赡养义务”？

（2）丧偶儿媳尽了主要赡养义务而作为第一顺序法定继承人的，其再婚后，其子女是否享有代位继承权？

答案：（1）对被继承人生活提供了主要经济来源，或者在劳务等方面给予了主要扶助的，应当认定其尽了主要赡养义务。

（2）丧偶儿媳对公婆、丧偶女婿对岳父母，无论其是否再婚，其作为第一顺序继承人时，不影响其子女代位继承。

试题范例

1.（单项选择题）丧偶女婿可以作为第一顺序法定继承人的条件是（　　）。

A. 没有再婚

B. 尽了主要赡养义务

C. 尽了赡养义务

D. 其子女是否丧失代位继承权

2.（单项选择题）被继承人有一子一女，均于继承开始前死亡，被继承人的配偶、父母也先于被继承人死亡。其子留有子女甲、乙、丙，其女留有子丁，被继承人的儿媳戊对其尽了主要赡养义务。在被继承人没有立遗嘱的情况下，下列关于继承遗产的表述中，正确的是（　　）。

A. 甲、乙、丙、丁和戊各分得遗产的五分之一

B. 甲、乙、丙、丁共同继承遗产的二分之一，戊继承遗产的二分之一

C. 甲、乙、丙、戊共同继承遗产的二分之一，丁继承遗产的二分之一

D. 甲、乙、丙共同继承遗产的三分之一，丁和戊分别继承遗产的三分之一

答案：1. B　2. D

核心法条

《民法典》第 1133 条　自然人可以依照本法规定立遗嘱处分个人财产，并可以指定遗嘱执行人。

自然人可以立遗嘱将个人财产指定由法定继承人中的一人或者数人继承。

自然人可以立遗嘱将个人财产赠与国家、集体或者法定继承人以外的组织、个人。

自然人可以依法设立遗嘱信托。

释解分析

本条规定的是遗嘱继承、遗赠、遗嘱信托。遗嘱继承是指继承人按照被继承人生前所立的合法有效遗嘱继承被继承人遗产的法律制度。

被继承人死亡后，只有具备以下条件时，才能适用遗嘱继承：（1）须被继承人生前立有合法有效的遗嘱。被继承人生前立有遗嘱且遗嘱有效，是适用遗嘱继承的前提。（2）须没有遗赠扶养协议。遗赠扶养协议的效力优于遗嘱继承。如果被继承人生前与扶养人订有遗赠扶养协议，被继承人对同一财产又立有遗嘱，则不能优先适用遗嘱继承，而是应当先执行遗赠扶养协议。只有在没有遗赠扶养协议的情形下，遗产才可按照遗嘱继承处理。（3）须遗嘱继承人未丧失继承权，也未放弃继承权。在适用遗嘱继承时，继承人也必须具有继承权。如果遗嘱继承人因具有丧失继承权的法定事由而丧失继承权，则即使遗嘱中指定其为继承人，也不得参加遗嘱继承。另外，遗嘱继承人明确表示放弃继承的，也不可适用遗嘱继承。

遗赠是指自然人以遗嘱的方式将其个人财产赠与国家、集体或者法定继承人以外的组织、个人，并于其死后生效的民事法律行为。遗赠具备遗嘱所具有的法律特征，是单方民事法律行为、是死后生效的民事法律行为、是要式民事法律行为、是遗赠人亲自所为的民事法律行为。

继承开始后，受遗赠人应当在知道受遗赠后 60 日内，作出接受或者放弃受遗赠的表示；到期没有表示的，视为放弃受遗赠。受遗赠人故意杀害被继承人的，丧失受遗赠权。继承开始后，受遗赠人表示接受遗赠，并于遗产分割前死亡的，其接受遗赠的权利转移给他的继承人。

遗嘱信托又称为死后信托，是指通过遗嘱方式设立的信托。委托人预先以立遗嘱方式，将财产的规划内容，包括交付信托后遗产的管理、分配、运用及给付等，详订于遗嘱中，等

到遗嘱生效时，再将信托财产转移给受托人，由受托人依据信托的内容管理处分信托财产。

法条分析

（1）何为“遗嘱”？遗嘱的形式有哪些？

（2）何为“遗赠”？受遗赠人丧失受遗赠权的法定情形有哪些？

（3）不能作为遗嘱见证人的人员有哪些？

答案：（1）遗嘱是指自然人生前按照法律规定处分自己的财产及安排有关事务，并于死亡后发生法律效力的单方民事法律行为。遗嘱有自书遗嘱、代书遗嘱、打印遗嘱、录音录像遗嘱、口头遗嘱和公证遗嘱。

（2）遗赠是指自然人以遗嘱的方式将其个人财产赠与国家、集体或者法定继承人以外的组织、个人，并于其死后生效的民事法律行为。受遗赠人丧失受遗赠权的情形有：①故意杀害被继承人；②为争夺遗产而杀害其他继承人；③遗弃被继承人，或者虐待被继承人情节严重；④伪造、篡改、隐匿或者销毁遗嘱，情节严重；⑤以欺诈、胁迫手段迫使或者妨碍被继承人设立、变更或者撤回遗嘱，情节严重。

（3）下列人员不能作为遗嘱见证人：①无民事行为能力人、限制民事行为能力人以及其他不具有见证能力的人；②继承人、受遗赠人；③与继承人、受遗赠人有利害关系的人。此外，继承人、受遗赠人的债权人、债务人，共同经营的合伙人，也应当视为与继承人、受遗赠人有利害关系，不能作为遗嘱的见证人。

试题范例

（多项选择题）甲关于其遗产处理的遗嘱中，符合《民法典》规定的是（　　）。

A. 甲死后将其全部存款赠与贫困地区的居民

B. 甲将所有字画赠与挚友乙

C. 甲的宅基地由儿子丙继承

D. 甲的土地承包经营的收益由女儿丁继承

答案：ABD

核心法条

《民法典》第 1143 条　无民事行为能力人或者限制民事行为能力人所立的遗嘱无效。

遗嘱必须表示遗嘱人的真实意思，受欺诈、胁迫所立的遗嘱无效。

伪造的遗嘱无效。

遗嘱被篡改的，篡改的内容无效。

释解分析

本条规定的是遗嘱无效。遗嘱无效是指遗嘱因违反法律规定而不能发生法律效力，遗嘱人在遗嘱中的意思不能实现，不能发生遗嘱人所预期的法律后果。遗嘱无效主要有以下几种情况：（1）无民事行为能力人或者限制民事行为能力人所立的遗嘱无效。（2）遗嘱必须表示遗嘱人的真实意思，受欺诈、胁迫所立的遗嘱无效。（3）伪造的遗嘱无效。（4）遗嘱被篡改的，篡改的内容无效。此外，遗嘱人以遗嘱处分了国家、集体或者他人财产的，应当认定该部分遗嘱无效。

法条分析

（1）遗嘱有效的条件有哪些？

（2）无民事行为能力人或者限制民事行为能力人所立的遗嘱，其本人后来具有完全民事行为能力，如何认定该遗嘱的效力？

（3）遗嘱人立遗嘱时具有完全民事行为能力，后来成为无民事行为能力人或者限制民事行为能力人的，如何认定该遗嘱的效力？

（4）遗嘱人以遗嘱处分了国家、集体或者他人财产的，如何认定遗嘱的效力？

答案：（1）遗嘱有效的条件有：①立遗嘱人须有遗嘱能力；②遗嘱人须意思表示真实；③遗嘱的内容必须合法；④遗嘱的形式必须符合法律规定。

（2）遗嘱人立遗嘱时必须具有完全民事行为能力。无民事行为能力人或者限制民事行为能力人所立的遗嘱，即使其本人后来具有完全民事行为能力，仍属无效遗嘱。

（3）遗嘱人立遗嘱时具有完全民事行为能力，后来成为无民事行为能力人或者限制民事行为能力人的，不影响遗嘱的效力。

（4）遗嘱人以遗嘱处分了国家、集体或者他人财产的，应当认定该部分遗嘱无效。

试题范例

（单项选择题）甲立有一份遗嘱，22 岁时甲因患精神病被宣布为无民事行为能力人，则该遗嘱的效力为（　　）。

A. 有效　　B. 无效　　C. 效力待定　　D. 可撤销

答案：A

核心法条

《民法典》第 1152 条　继承开始后，继承人于遗产分割前死亡，并没有放弃继承的，该继承人应当继承的遗产转给其继承人，但是遗嘱另有安排的除外。

释解分析

本条规定的是转继承。转继承是指继承开始后，继承人于遗产分割前死亡，本该由该继承人继承的遗产转由其法定继承人承受。转继承应具备下列条件：（1）被转继承人于被继承人死亡后、遗产分割前死亡。这是转继承的时间条件。在被继承人死亡之前死亡，或者在遗产分割之后死亡的，均不会发生转继承的问题。继承人在被继承人死亡之前死亡，则其无法成为被继承人的继承人；而在遗产分割之后死亡的，就表示继承人实际上已经参与了遗产分割，取得了其应当继承的财产份额，那么继承人死亡后发生的就是直接继承，同样不存在转继承。（2）被转继承人未丧失继承权，也未放弃继承权。被转继承人必须存在合法有效的继承权，即其不存在《民法典》第 1125 条规定的丧失继承权的行为，且被继承人未以遗嘱的方式取消被转继承人的继承权。如果被转继承人不存在合法有效的继承权，则表示其无权继承被继承人的遗产，那么自然也就不存在转继承。同样，转继承人应为被转继承人的合法继承人。(3) 被转继承人生前未立另有安排的遗嘱。转继承不仅适用于法定继承，也适用于遗嘱继承。由于遗嘱继承是按照被继承人生前的意思发生的继承，遗嘱继承优先于法定继承适用，因此，本条规定了但书的内容，即遗嘱另有安排的除外。出于对被继承人意志的尊重，如果遗嘱中对继承人于继承开始后、遗产分割前死亡的情形下遗产由谁继承作出了安排，或者排除了由继承人的继承人即转继承人继承的情形，此时，应按照遗嘱内容确定财产的归属。

法条分析

(1) 本条规定的是何种法律制度？该制度的含义是什么？

(2) 该制度的构成条件如何认定？

(3) 继承开始后，受遗赠人表示接受遗赠，并于遗产分割前死亡的，应如何处理？

答案：(1) 本条规定的是转继承。转继承是指继承开始后，继承人于遗产分割前死亡，本该由该继承人继承的遗产转由其法定继承人承受。

(2) 转继承的构成条件有：①被转继承人于被继承人死亡后、遗产分割前死亡；②被转继承人未丧失继承权，也未放弃继承权；③被转继承人生前未立另有安排的遗嘱。

(3) 继承开始后，受遗赠人表示接受遗赠，并于遗产分割前死亡的，其接受遗赠的权利转移给他的继承人。

试题范例

(单项选择题) 甲因生病死亡，不久其子乙也在分割甲的遗产前死亡。那么下列人员中可以依照《民法典》规定继承甲的遗产的是（　　）。

A. 乙

B. 乙的儿子丙可以转继承甲的遗产

C. 乙的叔叔

D. 乙的女儿可以代位继承甲的遗产

答案：B

核心法条

《民法典》第 1158 条　自然人可以与继承人以外的组织或者个人签订遗赠扶养协议。按照协议，该组织或者个人承担该自然人生养死葬的义务，享有受遗赠的权利。

释解分析

本条规定的是遗赠扶养协议。

法条分析

(1) 何为“遗赠扶养协议”？

(2) 遗赠扶养协议的特征有哪些？

(3) 如何认定遗赠扶养协议解除的法律后果？

(4) 如何区分遗赠扶养协议和遗赠？

答案：(1) 遗赠扶养协议是指由遗赠人与扶养人签订的，由扶养人对遗赠人负生养死葬的义务，遗赠人将自己财产的部分或全部在其死后转移给扶养人所有的协议。

(2) 遗赠扶养协议的特征有：①遗赠扶养协议是双方民事法律行为。②遗赠扶养协议是有偿民事法律行为。③遗赠扶养协议双方当事人义务履行的时间具有错时性。④遗赠扶养协议具有优先于遗嘱继承和遗赠的执行效力。

(3) 继承人以外的组织或者个人与自然人签订遗赠扶养协议后，无正当理由不履行，导致协议解除的，不能享有受遗赠的权利，其支付的供养费用一般不予补偿；遗赠人无正当理由不履行，导致协议解除的，则应当偿还继承人以外的组织或者个人已支付的供养费用。

(4) 遗赠扶养协议与遗赠的区别体现在：①行为的性质不同。遗赠扶养协议是双方、双务、有偿民事法律行为；遗赠是单方、单务、无偿民事法律行为。②行为的形式不同。遗赠扶养协议采用合同形式；遗赠采用遗赠形式。③主体的范围不同。遗赠扶养协议的扶养人限于法定继承人以外的个人或者组织，不包括国家；而遗赠中的受遗赠人除法定继承人以外的个人或者组织外，还包括国家。④主体资格不同。遗赠扶养协议的遗赠人与扶养人订立协议时须均为完全民事行为能力人；而遗赠人须为完全民事行为能力人，但不要求受遗赠人为完全民事行为能力人。⑤法律效力不同。遗赠扶养协议具有优先于遗嘱继承和遗赠的执行效力；而遗嘱继承与遗赠的法律效力是相同的。

试题范例

(单项选择题) 下列关于遗赠扶养协议的效力的表述，正确的是（　）。

A. 扶养人不履行协议导致协议解除的，不能享有受遗赠的权利，但是其已经支付的供养费用应当予以适当补偿

B. 遗赠人无正当理由不履行协议导致协议解除的，应当偿还扶养人已经支付的供养费用

C. 遗赠扶养协议是与遗赠并行适用的遗产转移方式

D. 遗赠扶养协议是遗赠人死后生效的单务法律行为

答案：B

二十一、侵权责任

核心法条

《民法典》第 1165 条　行为人因过错侵害他人民事权益造成损害的，应当承担侵权责任。

依照法律规定推定行为人有过错，其不能证明自己没有过错的，应当承担侵权责任。

释解分析

本条规定的是过错责任原则。过错责任原则是指以行为人的过错作为归责根据的原

则。过错责任原则具有以下特征：（1）过错责任原则是一种主观归责原则。它以行为人的主观心理状态作为确定和追究责任的绝对标准，即“有过错有责任”“无过错无责任”。而过错一般表现为行为人主观上的故意和过失两种情形。（2）过错责任原则以行为人的过错作为责任的构成要件。侵权责任的成立必须具备法律所规定的所有要件，在适用过错责任原则的场合，行为人的主观过错是必备要件之一。（3）过错责任原则适用于一般侵权行为。侵权行为有一般侵权行为和特殊侵权行为之分。特殊侵权行为适用无过错责任原则，法律对这类侵权行为有专门规定。特殊侵权行为之外的侵权行为，就属于一般侵权行为。（4）过错责任原则对确定责任范围具有决定性作用。行为人过错的大小决定了损害赔偿责任的轻重。

过错推定是指依照法律规定推定行为人有过错，行为人不能证明自己没有过错的，应当承担侵权责任。过错推定属于过错责任原则的一部分，是过错责任原则适用中的一种特殊情形，它仍然以侵权人的过错作为确定责任的根据。因此，过错推定原则不是独立的归责原则。

过错责任原则适用于一般侵权行为，只有法律规定适用无过错责任原则的侵权行为，才不适用过错责任原则。过错推定并非普遍适用于一般侵权行为，法律对适用过错推定的侵权行为有专门的规定。所以过错推定只适用于法律规定的几种侵权行为，如堆放物倒塌、滚落或者滑落造成他人损害，堆放人不能证明自己没有过错的，应当承担侵权责任。

过错责任原则的适用方法有二：（1）谁主张谁举证，通常是由被侵权人对侵权人的过错进行举证和证明，而侵权人无须证明自己没有过错。（2）过错推定实行举证责任倒置，无须被侵权人对侵权人的过错进行举证，而是由侵权人承担证明自己没有过错的责任。如果侵权人不证明或不能证明自己不存在过错，则推定侵权人有过错。如果侵权人能够证明自己没有过错，则不承担侵权责任。在适用方法上，过错推定显然有利于被侵权人。

法条分析

（1）第 1 款规定的是何种归责原则？其含义、适用范围和基本适用方法是什么？

（2）第 2 款规定的是何种制度？其含义、适用范围和基本适用方法是什么？

答案：（1）第 1 款规定的是过错责任原则。过错责任原则是指以行为人的过错作为归责根据的原则。过错责任原则适用于一般侵权行为，只有法律规定适用无过错责任原则的侵权行为，才不适用过错责任原则。其基本适用方法是谁主张谁举证。

（2）第 2 款规定的是过错推定（原则）。过错推定是指依照法律规定推定行为人有过错，行为人不能证明自己没有过错的，应当承担侵权责任。过错推定并非普遍适用于一般侵权行为，法律对适用过错推定的侵权行为有专门的规定。所以过错推定只适用于法律规定的几种侵权行为。其基本适用方法是举证责任倒置。

试题范例

1. （单项选择题）下列情形中，适用过错推定责任原则的是（　　）。

A. 医疗事故责任　　B. 生产者应当承担的产品损害责任

C. 妨碍通行物的致害责任　　D. 林木折断的损害责任

2. （单项选择题）下列情形中，不属于一般侵权责任构成要件的是（　　）。

A. 过错　　B. 作为

C. 损害事实　　D. 行为与损害事实之间存在因果关系

答案：1. D　2. B

核心法条

《民法典》第 1166 条　行为人造成他人民事权益损害，不论行为人有无过错，法律规定应当承担侵权责任的，依照其规定。

释解分析

本条规定的是无过错责任原则。无过错责任原则适用于特殊侵权行为，法律对其有专门规定。

法条分析

（1）本条规定的是何种归责原则？其含义是什么？特征有哪些？

（2）本条规定的归责原则的适用范围如何认定？适用于哪些侵权行为？

（3）如何理解本条规定的归责原则的适用方法？

答案：（1）本条规定的是无过错责任原则。无过错责任原则是指不论行为人有无过错，只要行为人损害他人民事权益，就应依法承担民事责任的原则。无过错责任原则具有以下特征：①无过错责任原则不以行为人有过错作为责任的构成要件。在侵权责任构成要件方面，就没有了主观要件的要求。凡适用无过错责任原则的，都不考虑侵权人的过错。就是说，无论侵权人有无过错，都要承担侵权责任。②无过错责任原则的适用必须有法律的明确规定。无过错责任原则不是普遍适用于所有侵权行为，而是只适用于法律规定的几种特殊侵权行为。③无过错责任原则仍然存在免责事由。即使适用无过错责任原则，如果损害是出于受害人自身原因或是其故意造成的，也会依法免除行为人的责任。

（2）无过错责任原则适用于特殊侵权行为。其主要适用于以下侵权行为：①产品质量不合格致人损害；②机动车交通事故中机动车一方致非机动车或行人的损害；③污染环境、破坏生态致人损害；④高度危险作业致人损害；⑤饲养的动物致人损害；⑥用人者的雇员在工作中致人损害；⑦被监护人致人损害。

（3）适用无过错责任原则免除了被侵权人对侵权人过错的举证和证明责任，侵权人也不得以证明自己没有过错而主张免责。但作为侵权责任的构成要件，除主观要件不需举证外，对其他三个要件被侵权人还是要证明的，仍要证明侵权行为、损害后果以及二者之间的因果关系（因果关系推定的除外）。

试题范例

（单项选择题）下列情形中，总体上适用无过错责任原则的是（　　）。

A. 遗失高度危险物致害责任　　B. 堆放物倒塌的损害责任

C. 地下工作物的致害责任　　D. 机动车交通事故责任

答案：A

核心法条

《民法典》第 1177 条　合法权益受到侵害，情况紧迫且不能及时获得国家机关保护，不立即采取措施将使其合法权益受到难以弥补的损害的，受害人可以在保护自己合法权益的必要范围内采取扣留侵权人的财物等合理措施；但是，应当立即请求有关国家机关处理。

受害人采取的措施不当造成他人损害的，应当承担侵权责任。

释解分析

本条规定的是自助行为。

法条分析

（1）本条规定的是何种法律制度？其含义是什么？

（2）本条规定的制度的构成要件有哪些？

（3）受害人采取的救助措施不当造成他人损害的，应如何处理？

答案：（1）本条规定的是自助行为。自助行为是指权利人为保护自己的权利，在来不及请求公力救济的情况下，对义务人的财产予以扣押或者对其人身自由予以约束的行为。

（2）自助行为的构成要件有：①目的是保护自身权利；②情势紧迫来不及请求公力救济；③方法适当；④不得超过必要的限度。

（3）受害人采取的措施不当造成他人损害的，应当承担侵权责任。

试题范例

（单项选择题）甲在乙经营的酒店进餐时饮酒过度，离去时拒付餐费。乙不知甲的身份和去向。甲酒醒后回酒店欲取回遗忘的外衣，乙以甲未付餐费为由拒绝交还。乙的行为属于（　　）。

A. 侵权行为　　B. 自助行为

C. 行使不安抗辩权的行为　　D. 行使同时履行抗辩权的行为

答案：B

核心法条

《民法典》第 1183 条　侵害自然人人身权益造成严重精神损害的，被侵权人有权请求精神损害赔偿。

因故意或者重大过失侵害自然人具有人身意义的特定物造成严重精神损害的，被侵权人有权请求精神损害赔偿。

释解分析

本条规定的是精神损害赔偿。精神损害赔偿的适用条件有：（1）提起精神损害赔偿诉讼的主体限于自然人，法人和非法人组织不能提起精神损害赔偿诉讼。（2）提起精神损害赔偿诉讼的对象限于对他人人身权益造成损害，侵害财产权益不在精神损害赔偿的范围之内。非法使被监护人脱离监护，导致亲子关系或者近亲属间的亲属关系遭受严重损害的，可以主张精神损害赔偿。下列两种情形也可以主张精神损害赔偿：①非法利用、损害遗体、遗骨，或者以违反社会公共利益、社会公德的其他方式侵害遗体、遗骨。②因故意或者重大过失侵害自然人具有人身意义的特定物造成严重精神损害的。(3) 必须造成严重的精神损害才能提起精神损害赔偿诉讼。

法条分析

(1) 本条规定的是何种法律制度？该制度的含义是什么？

(2) 法人或者非法人组织以名誉权、荣誉权、名称权遭受侵害为由，向人民法院起诉请求精神损害赔偿的，应否得到支持？

(3) 死者人格利益受到侵害的，其近亲属起诉请求精神损害赔偿的，应否得到支持？

(4) 人民法院根据哪些因素确定精神损害赔偿的数额？

答案：(1) 本条规定的是精神损害赔偿。精神损害赔偿是指法律对被侵权人的精神损害所采取的以金钱赔偿为内容的一种救济措施。

(2) 精神损害赔偿适用于自然人，法人和非法人组织不得主张精神损害赔偿。法人或者非法人组织以名誉权、荣誉权、名称权遭受侵害为由，向人民法院起诉请求精神损害赔偿的，人民法院不予支持。

(3) 死者的姓名、肖像、名誉、荣誉、隐私、遗体、遗骨等受到侵害，其近亲属向人民法院提起诉讼请求精神损害赔偿的，人民法院应当依法予以支持。

(4) 人民法院确定精神损害赔偿数额的依据有：①侵权人的过错程度，但是法律另有规定的除外；②侵权行为的目的、方式、场合等具体情节；③侵权行为所造成的后果；④侵权人的获利情况；⑤侵权人承担责任的经济能力；⑥受理诉讼法院所在地的平均生活水平。

试题范例

(多项选择题) 张某因病住院，医生手术时误将一肾脏摘除。张某向人民法院起诉，请求医院赔偿治疗费用和精神损害抚慰金。人民法院审理期间，张某术后感染医治无效死亡。对此，下列表述中正确的是（　　）。

A. 医院侵犯了张某的健康权

B. 张某的继承人有权继承张某的医疗赔偿请求权

C. 张某的继承人有权继承张某的精神损害抚慰金请求权

D. 张某死后其配偶、父母和子女有权另行起诉，请求医院赔偿自己的精神损害

答案：ABCD

核心法条

《民法典》第 1186 条　受害人和行为人对损害的发生都没有过错的，依照法律的规定由双方分担损失。

释解分析

本条规定的是法定分担损失。侵权责任的承担以行为人有过错为基本构成要件，行为人

对损害发生没有过错，除法律规定承担无过错责任外，一般不承担责任。但在现实生活中，有些损害的发生行为人虽无过错，但毕竟由其引起，如果严格按照无过错即无责任的原则处理，受害人就要自担损失，这不仅有失公平，也不利于和谐人际关系的建立。因此，本条规定，受害人和行为人对损害的发生都没有过错的，依照法律的规定由双方分担损失。此为法定分担损失规则，适用该规则应以法律规定为限。

法定分担损失适用于行为人和受害人对损害的发生均无过错的情况。如果损害由受害人过错造成，应当由其自己负责；如果损害由行为人或者第三人过错造成，应当由行为人或者第三人负责；如果行为人和受害人对损害的发生都有过错，应当根据他们的过错程度和原因力分配责任。

法条分析

（1）本条规定的是何种法律制度？该制度的含义是什么？

（2）适用本条规定的条件有哪些？

（3）适用本条规定需要考虑的因素有哪些？

答案：（1）本条规定的是法定分担损失。法定分担损失是指受害人和行为人对损害的发生都没有过错的，依照法律规定由双方分担损失。

（2）适用法定分担损失规则应当同时满足下列条件：①当事人双方对损害的发生均无过错；②损害不属于适用无过错责任原则的情形。③分担损失不是必须平均分担。

（3）适用法定分担损失规则，需要综合考虑受害人的损害，双方当事人的财产状况及其他相关情况等因素，才能得出双方分担的结果。

试题范例

（多项选择题）法定分担损失主要考虑的因素包括（　　）。

A. 双方当事人的经济状况　　B. 损害事实

C. 社会舆论　　D. 社会公平观念

答案：ABCD

核心法条

《民法典》第 1188 条　无民事行为能力人、限制民事行为能力人造成他人损害的，由监护人承担侵权责任。监护人尽到监护职责的，可以减轻其侵权责任。

有财产的无民事行为能力人、限制民事行为能力人造成他人损害的，从本人财产中支付赔偿费用；不足部分，由监护人赔偿。

释解分析

本条规定的是监护人责任。监护人责任是指监护人对其所监护的被监护人造成他人损害所承担的侵权责任。监护人责任的特征有：（1）监护人责任是替代责任。行为人是被监护人，责任人是监护人。无民事行为能力人、限制民事行为能力人造成他人损害的，由监护人承担监护责任。（2）监护人责任为无过错责任。监护人承担的是无过错责任，只要被监护人的行为构成侵权行为。监护人就应当承担侵权责任。如果监护人尽到了监护职责，也只能减轻其责任，但不能免责。此外，委托他人监护的，监护人仍承担无过错责任。依据我国《民法典》规定，无民事行为能力人、限制民事行为能力人造成他人损害，监护人将监护职责委托给他人的，监护人应当承担侵权责任；受托人有过错的，承担相应的责任。（3）承担损害赔偿责任时，应优先使用被监护人的财产。有财产的无民事行为能力人、限制民事行为能力人造成他人损害的，从本人财产中支付赔偿费用；不足部分，由监护人赔偿。

法条分析

（1）监护人责任适用的归责原则是什么？属于何种侵权责任形态？

（2）有财产的无民事行为能力人、限制民事行为能力人造成他人损害的，如何承担赔偿费用？

（3）无民事行为能力人、限制民事行为能力人造成他人损害，监护人将监护职责委托给他人的，如何认定侵权责任？

答案：（1）监护人责任适用无过错责任原则；在侵权责任形态上属于替代责任。

（2）有财产的无民事行为能力人、限制民事行为能力人造成他人损害的，从本人财产中支付赔偿费用；不足部分，由监护人赔偿。

（3）无民事行为能力人、限制民事行为能力人造成他人损害，监护人将监护职责委托给他人的，监护人应当承担侵权责任；受托人有过错的，承担相应的责任。

试题范例

（单项选择题）下列关于监护人责任的说法中，不正确的是（　　）。

A. 无民事行为能力人造成他人损害，由其监护人承担责任

B. 有财产的限制民事行为能力人造成他人损害的，从本人财产中支付赔偿费用；不足部分，由监护人赔偿

C. 有财产的无民事行为能力人造成他人损害的，从本人财产中支付赔偿费用；不足部分，由监护人承担相应的补充责任

D. 无民事行为能力人或者限制民事行为能力人的父母离婚的，不影响监护责任的承担

答案：C

核心法条

《民法典》第1198条　宾馆、商场、银行、车站、机场、体育场馆、娱乐场所等经营场所、公共场所的经营者、管理者或者群众性活动的组织者，未尽到安全保障义务，造成他人损害的，应当承担侵权责任。

因第三人的行为造成他人损害的，由第三人承担侵权责任；经营者、管理者或者组织者未尽到安全保障义务的，承担相应的补充责任。经营者、管理者或者组织者承担补充责任后，可以向第三人追偿。

释解分析

本条规定的是违反安全保障义务的侵权责任。违反安全保障义务的侵权责任是指依照

法律规定或者约定负有安全保障义务的人违反安全保障义务，直接或间接地造成他人人身或者财产权益损害，应当承担损害赔偿的侵权责任。违反安全保障义务侵权责任的主要内容有：(1) 负有安全保障义务的主体是宾馆、商场、银行、车站、机场、体育场馆、娱乐场所等经营场所、公共场所的经营者、管理者或者群众性活动的组织者。(2) 此种责任中的加害行为表现为负有安全保障义务的主体违反了法定的作为义务，应当履行作为的安全保障义务而未履行，即不作为。(3) 违反安全保障义务的侵权责任适用过错责任原则。安全保障义务就其性质而言属于注意义务。未尽到适当的注意义务，即应认定为过错的存在。

违反安全保障义务的侵权责任包括两种情况：(1) 直接责任。在没有第三人的行为介入的情况下，宾馆、商场、银行、车站、机场、体育场馆、娱乐场所等经营场所、公共场所的经营者、管理者或者群众性活动的组织者，未尽到安全保障义务，造成他人损害的，应当承担直接的侵权责任。(2) 补充责任。在损害是由第三人的行为所致的情况下，由第三人承担侵权责任；经营者、管理者或者组织者未尽到安全保障义务的，承担相应的补充责任。经营者、管理者或者组织者承担补充责任后，可以向第三人追偿。

法条分析

(1) 如何理解“安全保障义务”？违反完全保障义务的类型有哪些？

(2) 如何理解本条规定适用的归责原则？

(3) 本条规定体现的侵权责任的责任形态有哪些？

(4) 因第三人的行为造成他人损害的，应如何分配侵权责任？

答案：(1) 安全保障义务是指宾馆、商场、银行、车站、机场、体育场馆、娱乐场所等经营场所、公共场所的经营者、管理者或者群众性活动的组织者，在合理限度范围内应尽的使他人免受损害的义务。违反安全保障义务包括设备、设施违反安全保障义务，服务管理违反安全保障义务和防范、制止侵权行为违反安全保障义务。

(2) 违反安全保障义务的侵权责任适用过错责任原则。

(3) 责任形态包括自己责任、替代责任和补充责任。

(4) 因第三人的行为造成他人损害的，由第三人承担侵权责任；经营者、管理者或者组织者未尽到安全保障义务的，承担相应的补充责任。经营者、管理者或者组织者承担补充责任后，可以向第三人追偿。

试题范例

(单项选择题) 在违反安全保障义务的侵权责任中，安全保障义务人应当承担相应的补充责任的情形是（　　）。

A. 甲到餐厅就餐，因餐厅地板滑腻导致甲摔倒受伤

B. 乙在商场门口躲雨时遇到歹徒抢劫

C. 丙在宾馆住宿期间，因宾馆没有完善的保安措施导致丙被外来人员殴打

D. 机场因大雾天气被关闭，致使乘客丁无法按时登机

答案：C

核心法条

《民法典》第 1203 条　因产品存在缺陷造成他人损害的，被侵权人可以向产品的生产者请求赔偿，也可以向产品的销售者请求赔偿。

产品缺陷由生产者造成的，销售者赔偿后，有权向生产者追偿。因销售者的过错使产品存在缺陷的，生产者赔偿后，有权向销售者追偿。

释解分析

本条规定的是产品责任中生产者和销售者责任及追偿。因产品存在缺陷造成他人损害的，被侵权人可以向产品的生产者请求赔偿，也可以向产品的销售者请求赔偿。生产者和销售者责任属于不真正连带责任。具体而言：第一，被侵权人对于产品生产者或者销售者均享有损害赔偿请求权，可以从中选择一个作为侵权人。对此，被侵权人享有选择权，法官应当完全尊重被侵权人的选择。在这种情况下责任人承担的责任，是中间责任而不是最终责任。第二，不论是生产者还是销售者承担中间责任，都适用无过错责任原则。这个归责原则，对生产者没有意义，因为生产者无论承担中间责任还是最终责任，都适用无过错责任。而对于销售者则不同，承担最终责任为过错责任，承担中间责任为无过错责任。在被侵权人主张销售者承担中间责任时，销售者不得以自己对产品缺陷的产生无过错进行抗辩。第三，不真正连带责任不分份额，在一般情况下，不能让生产者与销售者承担不同的份额，既不能按份承担，也不能连带承担，而只能选择其一承担。除非产品缺陷的产生是由生产者和销售者共同造成的，不过，如果是这样则成立共同侵权责任，这种情形当然是连带责任。

产品责任不真正连带责任的对内关系，就是承担中间责任的一方向应当承担最终责任的一方的追偿关系。要点是：第一，在第 2 款规定的情形，“产品缺陷由生产者造成的，销售者赔偿后，有权向生产者追偿”，是销售者对产品的产生没有过错，而产品缺陷是由生产者造成的，在被侵权人向销售者主张损害赔偿请求权使其承担了中间责任之后，销售者有权向生产者追偿。生产者应当承担最终责任，向销售者赔偿损失。第二，在第 2 款规定的情形，“因销售者的过错使产品存在缺陷的，生产者赔偿后，有权向销售者追偿”，是销售者对产品缺陷的产生有过错，即销售者因其过错造成产品缺陷，而被侵权人主张让对产品缺陷产生没有过错的生产者承担中间责任，生产者承担了中间责任之后，对销售者享有使其承担最终责任的追偿权。生产者行使该追偿权，可以向销售者追偿，请求其承担最终责任，赔偿生产者因此造成的损失。

法条分析

（1）产品责任的归责原则中适用无过错责任原则的情形有哪些？

（2）产品责任的归责原则中适用过错责任原则的情形有哪些？

（3）如何理解本条第 1 款中的“缺陷”？

（4）因产品存在缺陷造成他人损害的，被侵权人应当承担哪些侵权责任？

（5）产品投入流通后发现存在缺陷的，生产者、销售者应当采取哪些补救措施？采取补救措施不力造成损害的，应如何承担侵权责任？

答案：（1）产品责任的归责原则中承担无过错责任原则的主要情形有：①生产者和销售

者对直接责任的承担：只要因使用或消费缺陷产品而受到损害的被侵权人向该产品的生产者、销售者主张赔偿，生产者和销售者均不得以无过错抗辩，即使是无过错的销售者，也应首先承担直接责任。②生产者的最终责任。无过错的销售者向受害者承担直接责任后，得向生产者追偿，由生产者承担最终责任，生产者的最终责任属于无过错责任。如果受害者直接向生产者主张赔偿，这时适用的也是无过错责任。

（2）产品责任的归责原则中适用过错责任原则的情形有：①销售者的最终责任。由于销售者的过错使产品存在缺陷，销售者应承担最终责任。于此情形，如果销售者承担了责任，则不得再向生产者追偿；如果生产者承担了直接责任，生产者则可以通过证明缺陷是由于销售者过错所致，而向销售者追偿。②运输者、仓储者等第三人的最终责任。因运输者、仓储者等第三人的过错使产品存在缺陷，造成他人损害的，产品的生产者、销售者赔偿后，有权向第三人追偿。运输者、仓储者等第三人对这种最终责任的承担适用过错责任原则。

（3）缺陷是指产品存在危及人身、他人财产安全的不合理的危险；产品有保障人体健康和人身、财产安全的国家标准、行业标准的，是指不符合该标准。

（4）因产品缺陷危及他人人身、财产安全的，被侵权人有权请求生产者、销售者承担停止侵害、排除妨碍、消除危险等侵权责任。

（5）产品投入流通后发现存在缺陷的，生产者、销售者应当及时采取停止销售、警示、召回等补救措施；未及时采取补救措施或者补救措施不力造成损害扩大的，对扩大的损害也应当承担侵权责任。

试题范例

（单项选择题）甲从乙商场开设的定点烟花爆竹销售点购买一桶烟花，甲在除夕夜燃放该烟花时被炸伤。该烟花系丙公司生产的劣质烟花。对于甲的损害（　　）。

A. 甲有权请求乙商场、丙公司承担连带责任

B. 乙商场、丙公司构成共同侵权

C. 乙商场无过错，甲无权请求乙商场赔偿

D. 甲既可以请求乙商场赔偿，也可以请求丙公司赔偿

答案：D

核心法条

《民法典》第 1218 条　患者在诊疗活动中受到损害，医疗机构或者其医务人员有过错的，由医疗机构承担赔偿责任。

释解分析

本条规定的是医疗损害责任的归责原则和责任承担主体。医疗损害责任是指因医疗机构及其医务人员的过错致使患者在诊疗活动中受到损害，由医疗机构承担的侵权责任。医疗损害责任的构成要件有：（1）医疗机构及其医务人员具有违法的诊疗行为。如误诊、贻误治疗、不当手术、使用不合格医疗材料等。（2）患者遭受非正常的损害。一般情况下的医疗行为都具有侵袭性，但这种侵袭必须是正常医疗行为导致的正常损害。如果超出了合理范围，

就会导致非正常损害的发生。(3) 违法的诊疗行为与损害后果之间具有因果关系。(4) 医疗机构和医务人员有过错。《民法典》规定了医疗机构及其医务人员的诊疗义务、告知同意义务等，没有尽到这些义务，即存在过错。

法条分析

(1) 医疗损害责任适用何种归责原则？医疗产品损害责任适用何种归责原则？

(2) 医疗损害责任的构成要件有哪些？

(3) 如何认定医疗损害责任的主体和责任形态？

(4) 患者在诊疗活动中受到损害，推定医疗机构有过错的情形有哪些？

(5) 患者在诊疗活动中受到损害，医疗机构不承担责任的情形有哪些？

答案：(1) 医疗损害责任适用过错责任原则。医疗产品损害责任适用无过错责任原则。

(2) 医疗损害责任的构成要件有：①医疗机构及其医务人员具有违法的诊疗行为；②患者遭受非正常的损害；③违法的诊疗行为与损害后果之间具有因果关系；④医疗机构和医务人员有过错。

(3) 医疗损害责任中，医务人员是行为主体，医疗机构是责任主体。责任形态是替代责任。

(4) 患者在诊疗活动中受到损害，有下列情形之一的，推定医疗机构有过错：①违反法律、行政法规、规章以及其他有关诊疗规范的规定；②隐匿或者拒绝提供与纠纷有关的病历资料；③遗失、伪造、篡改或者违法销毁病历资料。

(5) 患者在诊疗活动中受到损害，有下列情形之一的，医疗机构不承担赔偿责任：①患者或者其近亲属不配合医疗机构进行符合诊疗规范的诊疗；②医务人员在抢救生命垂危的患者等紧急情况下已经尽到合理诊疗义务；③限于当时的医疗水平难以诊疗。

试题范例

1. (单项选择题) 甲在乙医院治疗期间，因输入不合格的血液导致氨血症，该血液是由丙血站提供给乙医院的。甲的损害（　　）。

A. 与丙血站无关，由乙医院承担赔偿责任　B. 与乙医院无关，由丙血站承担赔偿责任

C. 由乙医院与丙血站承担连带赔偿责任　　D. 由乙医院与丙血站承担按份赔偿责任

2. (多项选择题) 推定医疗机构有过错的情形有（　　）。

A. 违反法律、行政法规、规章以及其他有关诊疗规范的规定

B. 隐匿与纠纷有关的病历资料

C. 遗失、伪造、篡改或者违法销毁病历资料

D. 拒绝提供与纠纷有关的病历资料

3. (多项选择题) 医疗机构不承担赔偿责任的情形有（　　）。

A. 患者不配合医疗机构进行符合诊疗规范的诊疗

B. 医务人员在抢救生命垂危的患者等紧急情况下已经尽到合理诊疗义务

C. 患者的近亲属不配合医疗机构进行诊疗

D. 限于当时的医疗水平难以诊疗

答案：1. C　2. ABCD　3. ABD

核心法条

《民法典》第 1229 条　因污染环境、破坏生态造成他人损害的，侵权人应当承担侵权责任。

释解分析

本条规定的是环境污染和生态破坏责任。环境污染和生态破坏责任是指污染环境、破坏生态造成他人财产或者人身损害而应承担的侵权责任。环境污染和生态破坏责任适用无过错责任原则。环境污染和生态破坏责任的构成要件有：(1) 有污染环境、破坏生态的行为。该类行为一般表现为积极的作为，且行为人不得以排污符合国家规定的标准或者行为不具有违法性主张免责，即使排污没有超过批准的指标，只要造成他人人身、财产损害的，也构成污染环境、破坏生态的行为。(2) 发生损害。污染环境、破坏生态致人损害，既有财产损害，也有人身损害。(3) 污染环境、破坏生态行为与损害之间存在因果关系。我国对环境污染和生态破坏责任的因果关系规定了举证责任倒置。因污染环境、破坏生态发生纠纷，行为人应当就法律规定的不承担责任或者减轻责任的情形及其行为与损害之间不存在因果关系承担举证责任。

法条分析

(1) 环境污染和生态破坏责任适用何种归责原则？

(2) 环境污染和生态破坏责任的构成要件有哪些？

(3) 环境污染和生态破坏责任在因果关系举证上有何特点？如何举证？

(4) 如何确定环境污染和生态破坏责任的责任分配（范围）？

(5) 因第三人的过错污染环境、破坏生态的，如何认定责任主体？

答案：(1) 环境污染和生态破坏责任适用无过错责任原则。

(2) 环境污染和生态破坏责任的构成要件有：①有污染环境、破坏生态的行为；②发生损害；③污染环境、破坏生态行为与损害之间存在因果关系。

(3) 环境污染和生态破坏责任的因果关系在举证上采取因果关系推定规则，即实行举证责任倒置。因污染环境、破坏生态发生纠纷，行为人应当就法律规定的不承担责任或者减轻责任的情形及其行为与损害之间不存在因果关系承担举证责任。

(4) 两个以上侵权人污染环境、破坏生态的，承担责任的大小，根据污染物的种类、浓度、排放量，破坏生态的方式、范围、程度，以及行为对损害后果所起的作用等因素确定。

(5) 因第三人的过错污染环境、破坏生态的，被侵权人可以向侵权人请求赔偿，也可以向第三人请求赔偿。侵权人赔偿后，有权向第三人追偿。

试题范例

1. (单项选择题) 下列特殊侵权案件中，实行举证责任倒置的是（　　）。

A. 产品损害责任　　B. 环境污染和生态破坏责任

C. 医疗损害责任　　D. 饲养动物损害责任

2.（多项选择题）甲环保局进口的树种栽种在路边，该树种寄生某种蛾，使周边 30 公里内的由乙承包经营的梨树生产受到严重损害。对于乙的损害，下列表述中正确的是（　　）。

A. 本案属于生态破坏责任

B. 乙对生态破坏责任负举证责任

C. 甲环保局只要证明本人无过错，就可以免责

D. 甲环保局应当赔偿乙的损失

答案：1. B　2. AD

核心法条

《民法典》第 1236 条　从事高度危险作业造成他人损害的，应当承担侵权责任。

释解分析

本条规定的是高度危险作业致人损害责任。高度危险作业致人损害责任是指从事高空、高速、高压、易燃、剧毒及放射性等对周围的人身或者财产安全具有高度危险性的活动致人损害应当承担的侵权责任。构成高度危险作业致人损害责任，应当具备以下条件：(1) 作业本身具有高度危险性。也就是说，危险性变为现实损害的概率很大，超过了一般正常的防范意识，或者说超过了在一般条件下人们可以避免或者躲避的危险。(2) 高度危险作业即使采取安全措施并尽到了相当的注意也无法避免损害。任何一种活动都可能对周围人们的财产或人身产生一定的危险性，但高度危险作业则具有不完全受人控制或难以控制的危害性。(3) 不考虑高度危险作业人对造成损害是否有过错。

法条分析

(1) 如何理解本条中的“高度危险作业”？

(2) 从事高度危险作业造成他人损害的民事责任适用的归责原则是什么？

(3) 从事高度危险作业致人损害的责任类型有哪些？其中不得以不可抗力作为免责事由的责任有哪些？

答案：(1) 高度危险作业是指从事高空、高速、高压、易燃、剧毒及放射性等对周围的人身或者财产安全具有高度危险性的活动。

(2) 从事高度危险作业造成他人损害的民事责任适用无过错责任原则。

(3) 从事高度危险作业致人损害的责任类型及责任承担为：①民用核设施致人损害责任。②民用航空器致人损害责任。③从事高空、高压、地下挖掘活动或者使用高速轨道运输工具致人损害责任。其中，民用核设施致人损害责任和民用航空器致人损害责任不得以不可抗力作为免责事由。

试题范例

1.（多项选择题）占有或者使用高度危险物致人损害责任的免责或者减责的事由有（　　）。

A. 受害人故意　　　　　　　　　　B. 受害人重大过失

C. 不可抗力　　　　　　　　　　　D. 意外事件

2.（多项选择题）在高度危险责任中，以受害人故意作为免责事由的是（　　）。

A. 民用核设施致人损害责任

B. 民用航空器致人损害责任

C. 占有或者使用高度危险物致人损害责任

D. 从事高空、高压、地下挖掘活动或者使用高速轨道运输工具致人损害责任

答案：1. ABC　2. ABCD

核心法条

《民法典》第 1253 条　建筑物、构筑物或者其他设施及其搁置物、悬挂物发生脱落、坠落造成他人损害，所有人、管理人或者使用人不能证明自己没有过错的，应当承担侵权责任。所有人、管理人或者使用人赔偿后，有其他责任人的，有权向其他责任人追偿。

释解分析

本条规定的是建筑物等脱落、坠落的致害责任。建筑物等脱落、坠落的致害责任是指建筑物、构筑物或者其他设施及其搁置物、悬挂物因设置或保管不善而脱落、坠落等，给他人人身或财产造成损害，物件所有人、管理人或者使用人应当承担的物件损害责任。该责任适用过错推定责任原则。与《民法典》第 1252 条规定的建筑物等倒塌的致害责任不同，该责任强调致害物的“整体倒塌、塌陷”导致的损害；而本条规定的致害物是建筑物、构筑物或者其他设施及其搁置物、悬挂物，强调致害物的“脱落、坠落”，不是建筑物等的整体倒塌、塌陷。

建筑物等脱落、坠落的致害责任的责任主体是建筑物、构筑物或者其他设施及其搁置物、悬挂物的所有人、管理人或者使用人。根据本条规定，所有人、管理人或者使用人赔偿后，有其他责任人的，有权向其他责任人追偿。

法条分析

（1）建筑物、构筑物或者其他设施致人损害的责任适用的归责原则是什么？其在举证责任上有何特点？

（2）建筑物、构筑物或者其他设施致人损害的责任属于何种侵权形态？

（3）建筑物、构筑物或者其他设施致人损害的责任的免责事由有哪些？

（4）建筑物、构筑物或者其他设施所有人与搁置物、悬挂物所有人不具有同一性，建筑物、构筑物或者其他设施致人损害的，应如何确定侵权责任的主体？

答案：（1）建筑物、构筑物或者其他设施致人损害的责任适用过错推定责任原则。在举证责任上实行举证责任倒置。

（2）建筑物、构筑物或者其他设施致人损害的责任在侵权人形态上属于替代责任。

（3）建筑物、构筑物或者其他设施致人损害的责任的免责事由包括不可抗力、受害人故意和第三人过错。

（4）搁置物或者悬挂物损害责任，首先由建筑物、构筑物或者其他设施的所有人、管理人或者使用人承担赔偿责任，建筑物、构筑物或者其他设施的所有人、管理人或者使用人在承担赔偿责任之后，有权向搁置物、悬挂物的所有人、管理人或者使用人追偿。

试题范例

（多项选择题）承揽人甲为房屋所有人乙安装防盗网，因防盗网安装不牢固，后来坠落将行人丙砸伤，丙花去医疗费 3 000 余元。则下列表述中正确的是（　）。

A. 丙有权请求乙赔偿损失　　B. 乙有权请求甲承担违约责任

C. 丙有权请求甲赔偿损失　　D. 乙赔偿丙的损失后，有权向甲追偿

答案：ABD

核心法条

《民法典》第 1254 条　禁止从建筑物中抛掷物品。从建筑物中抛掷物品或者从建筑物上坠落的物品造成他人损害的，由侵权人依法承担侵权责任；经调查难以确定具体侵权人的，除能够证明自己不是侵权人的外，由可能加害的建筑物使用人给予补偿。可能加害的建筑物使用人补偿后，有权向侵权人追偿。

物业服务企业等建筑物管理人应当采取必要的安全保障措施防止前款规定情形的发生；未采取必要的安全保障措施的，应当依法承担未履行安全保障义务的侵权责任。

发生本条第一款规定的情形的，公安等机关应当依法及时调查，查清责任人。

释解分析

本条规定的是高空抛物责任。

法条分析

（1）本条规定的责任形态是什么？

（2）本条规定适用的归责原则是什么？

（3）本条规定的侵权人范围应如何确定？

（4）第 1 款规定的可能加害的建筑物使用人的责任承担方式应如何理解？

（5）第 2 款规定的物业服务企业应当承担的责任属于何种性质的责任？

答案：（1）本条规定的责任形态是替代责任。

（2）适用过错推定责任原则。

（3）侵权人就是抛掷物品的行为人，或者坠落物品的建筑物的所有人、管理人或者使用人。

（4）在特定的建筑物的使用人中，不能证明自己不是侵权人，其责任承担方式是由可能加害的建筑物使用人对受害人的损失给予补偿。

（5）物业服务企业承担的责任属于违反安全保障义务的侵权责任。

试题范例

（多项选择题）关于高空抛物责任，下列说法中正确的是（　）。

A. 从建筑物中抛掷物品或者从建筑物上坠落的物品造成他人损害的，由侵权人依法承担侵权责任

B. 从建筑物中抛掷物品或者从建筑物上坠落的物品造成他人损害的，经调查难以确定具体侵权人的，除能够证明自己不是侵权人的外，由可能加害的建筑物使用人给予补偿

C. 高空抛物责任适用无过错责任原则

D. 高空抛物责任采用因果关系倒置的举证规则

答案： AB

核心法条

《民法典》第 1258 条　在公共场所或者道路上挖掘、修缮安装地下设施等造成他人损害，施工人不能证明已经设置明显标志和采取安全措施的，应当承担侵权责任。

窨井等地下设施造成他人损害，管理人不能证明尽到管理职责的，应当承担侵权责任。

释解分析

本条规定的是地下设施的致害责任。地下设施的致害责任是指在公共场所或者道路上挖掘、修缮安装地下设施等，以及窨井等地下设施，由于其施工人或者管理人没有设置明显标志和采取安全措施或者没有尽到管理职责，造成他人人身或者财产损害，施工人或者管理人应当承担的侵权责任。地下设施的致害责任适用过错推定原则。地下设施的致害责任有地下施工致害责任和地下工作物致害责任两种。

地下施工致害责任是指在公共场所或者道路上挖掘、修缮安装地下设施等造成他人损害，施工人不能证明已经设置明显标志和采取安全措施的，应当承担的侵权责任。这里的“施工”，如挖掘道路、增设管线、修缮下水道、架设电线等活动。这里的“设置明显标志和采取安全措施”，首先要求设置的警示标志必须具有明显性，要足以引起他人对施工现场的注意，而且警示标志能够足以防止事故的发生，否则不能免责；其次，采取安全措施是指施工人采取设置警示标志以外的措施，以避免潜在的受害人接触危险。这种安全措施不仅应当针对一般的人是安全的，而且针对特殊的人群，如盲人、聋哑人、未成年人也应当是安全的。再次，施工人要保证警示标志的稳固并负责对其进行维护，使警示标志持续地存在于施工期间。施工人是否设置了明显标志和采取了安全措施，应以事故发生时的状态为准。如果施工人在施工开始时设置了明显标志和采取了安全措施，但其后这些标志和措施失灵或者被破坏，因此造成损害的，施工人仍应当承担侵权责任。最后，设置明显标志和采取安全措施这两种作为义务应当同时履行，只履行其中一项义务而未履行另一项义务的，其行为仍属于未尽法律规定的作为义务，其行为仍然具有违法性，造成损害的，仍然应当承担侵权责任。地下施工致害责任的责任主体是施工人，只要施工人在施工过程中具有过失，造成他人损害的，就应当承担侵权责任。

地下工作物致害责任是指窨井等地下设施造成他人损害，管理人不能证明尽到管理职责的，应当承担的侵权责任。窨井是指上下水道或者其他地下管线工程中，为便于检查或疏通

而设置的井状构筑物。其他设施包括地窖、水井、下水道、防空洞及其他地下坑道。地下工作物致害责任的责任主体是管理人，由于地下设施复杂，且有可能属于不同单位管理，因此，明确具体的管理人十分必要。地下设施的致害责任属于一种不作为侵权。

第 2 款规定与第 1 款规定的区别在于：第 1 款规定的地下工作物是正在施工中的地下工作物，即露天开个大口子进行施工；而第 2 款规定的窨井等地下工作物是使用中的地下工作物，工作物是隐蔽工程，而不是露天开个口子。同样都是窨井，前者是指窨井等在修缮安装过程中造成他人损害，后者是窨井等在使用中而不是修缮安装过程中造成他人损害。因此，前者是施工中“没有设置明显标志和采取安全措施”，后者是“管理人不能证明尽到管理职责”，对前后两种工作物致害责任的要求是不同的。

法条分析

（1）本条规定的责任形态是什么？

（2）第 1 款规定的是何种侵权责任？其适用的归责原则是什么？

（3）第 2 款规定的是何种侵权责任？其适用的归责原则是什么？

（4）第 1 款和第 2 款规定的责任主体需要举证证明的事项分别是什么？

（5）本条规定的责任形式的构成要件有哪些？

答案：（1）本条规定的责任形态是替代责任。

（2）第 1 款规定的是地下施工致害责任，其适用的归责原则是过错推定责任原则。

（3）第 2 款规定的是地下工作物致害责任，其适用的归责原则是过错推定责任原则。

（4）第 1 款规定的责任中，责任主体需要举证证明“已经设置明显标志和采取安全措施”；第 2 款规定的责任中，责任主体需要举证证明“尽到管理职责”。

（5）构成要件包括违法行为、损害事实、因果关系和主观过错。

试题范例

1.（单项选择题）甲携带 5 周岁的儿子乙在某市公园玩耍时，乙踩漏了建设多年的防空洞铁皮顶棚，掉进 5 米深的洞中。经查，该防空洞属于市人防办管理，施工单位是丙公司。对此，下列表述中正确的是（　　）。

A. 甲未尽监护职责，应当对乙的损害负责

B. 市人防办应当对乙的损害承担赔偿责任

C. 丙公司应当对乙的损害承担赔偿责任

D. 市人防办和丙公司对乙的损害承担连带责任

2.（多项选择题）市政公司在挖掘的坑道两侧设置了障碍物和夜间警示灯。某夜，甲酒后驾车，撞毁障碍物和夜间警示灯后逃逸。次日凌晨，乙骑自行车经过时摔入坑道受伤。对于乙的损害，下列表述中正确的是（　　）。

A. 市政公司承担损害赔偿责任　　B. 甲承担赔偿责任

C. 市政公司和甲承担连带赔偿责任　　D. 市政公司赔偿后，可以向甲追偿

答案：1. B　2. AD

中国宪法学

一、宪法基本理论

核心法条

《宪法》序言　国家的根本任务是，沿着中国特色社会主义道路，集中力量进行社会主义现代化建设。中国各族人民将继续在中国共产党领导下，在马克思列宁主义、毛泽东思想、邓小平理论、“三个代表”重要思想、科学发展观、习近平新时代中国特色社会主义思想指引下，坚持人民民主专政，坚持社会主义道路，坚持改革开放，不断完善社会主义的各项制度，发展社会主义市场经济，发展社会主义民主，健全社会主义法治，贯彻新发展理念，自力更生，艰苦奋斗，逐步实现工业、农业、国防和科学技术的现代化，推动物质文明、政治文明、精神文明、社会文明、生态文明协调发展，把我国建设成为富强民主文明和谐美丽的社会主义现代化强国，实现中华民族伟大复兴。

释解分析

上述序言部分规定了国家的根本任务和指导思想，该规定是现行宪法的主要内容和特点之一。

试题范例

（多项选择题）关于现行宪法的内容和特点，下列说法正确的是（　　）。

A. 现行宪法总结了历史的经验，规定了国家的根本任务和指导思想

B. 现行宪法发展了民主宪制，恢复完善了国家机构体系

C. 现行宪法强调加强民主与法制，保障公民的基本权利和自由

D. 现行宪法维护国家的统一和民族团结

答案：ABCD

核心法条

《宪法》序言　本宪法以法律的形式确认了中国各族人民奋斗的成果，规定了国家的根本制度和根本任务，是国家的根本法，具有最高的法律效力。

《宪法》第 5 条　中华人民共和国实行依法治国，建设社会主义法治国家。

国家维护社会主义法制的统一和尊严。

一切法律、行政法规和地方性法规都不得同宪法相抵触。

一切国家机关和武装力量、各政党和各社会团体、各企业事业组织都必须遵守宪法和法律。一切违反宪法和法律的行为，必须予以追究。

任何组织或者个人都不得有超越宪法和法律的特权。

《宪法》第 131 条　人民法院依照法律规定独立行使审判权，不受行政机关、社会团体和个人的干涉。

释解分析

上述条文规定的是法治原则。法治原则是指在宪制之下，立法、行政、司法各部门的行为都必须以宪法和法律作为行使权力的根据和界限，国家必须根据宪法和法律予以治理的宪法原则。法治原则是我国宪法确立的基本原则之一。法治原则的内容包括宪法优位、法律保留和审判独立。

试题范例

（多项选择题）法治原则在我国宪法中的体现有（　　）。

A. 我国宪法是国家的根本法，具有最高的法律效力

B. 中华人民共和国实行依法治国，建设社会主义法治国家

C. 国家维护社会主义法制的统一和尊严。一切法律、行政法规和地方性法规都不得同宪法相抵触

D. 人民法院依照法律规定独立行使审判权，不受行政机关、社会团体和个人的干涉

答案：ABCD

核心法条

《宪法》第 2 条　中华人民共和国的一切权力属于人民。

人民行使国家权力的机关是全国人民代表大会和地方各级人民代表大会。

人民依照法律规定，通过各种途径和形式，管理国家事务，管理经济和文化事业，管理社会事务。

释解分析

本条规定的是人民主权原则。人民主权原则又被称为主权在民原则，即国家的最高权力属于人民，它所要解决的是权力来源与国家合法性问题。人民主权原则是我国宪法原则之一。

试题范例

（单项选择题）下列关于我国宪法中人民主权原则的理解，正确的是（　　）。

A. “人民行使国家权力的机关是全国人民代表大会和地方各级人民代表大会”的规定体现了人民主权原则

B. 人民主权原则要求国家机构实行集体领导体制

C. 人民主权原则意味着人民通过各种途径对国家进行直接管理

D. 中华人民共和国公民享有选举权和被选举权体现了人民主权原则

答案：A

核心法条

《宪法》第 2 条第 1 款　中华人民共和国的一切权力属于人民。

《宪法》第 3 条第 2、3 款　全国人民代表大会和地方各级人民代表大会都由民主选举

产生，对人民负责，受人民监督。

国家行政机关、监察机关、审判机关、检察机关都由人民代表大会产生，对它负责，受它监督。

《宪法》第 27 条第 2 款　一切国家机关和国家工作人员必须依靠人民的支持，经常保持同人民的密切联系，倾听人民的意见和建议，接受人民的监督，努力为人民服务。

《宪法》第 41 条第 1 款　中华人民共和国公民对于任何国家机关和国家工作人员，有提出批评和建议的权利……

《宪法》第 127 条　监察委员会依照法律规定独立行使监察权，不受行政机关、社会团体和个人的干涉。

监察机关办理职务违法和职务犯罪案件，应当与审判机关、检察机关、执法部门互相配合，互相制约。

《宪法》第 140 条　人民法院、人民检察院和公安机关办理刑事案件，应当分工负责，互相配合，互相制约，以保证准确有效地执行法律。

释解分析

上述条文规定的是权力制约与监督原则。权力制约与监督原则又被称为权力制衡原则，是指国家权力机关的各部分之间相互监督、相互制约，以保障公民权利的原则，既包括了公民权利对于国家权力的制约，也包括了国家权力对于国家权力的制约。我国实行人民代表大会制度，在国家权力统一行使的基础上，国家机关分工负责，相互制约。我国宪法在以下三个方面体现了权力制约与监督原则：（1）人民对国家权力的制约监督。《宪法》规定，中华人民共和国的一切权力属于人民。全国人民代表大会和地方各级人民代表大会都由民主选举产生，对人民负责，受人民监督。一切国家机关和国家工作人员必须依靠人民的支持，经常保持同人民的密切联系，倾听人民的意见和建议，接受人民的监督，努力为人民服务。（2）公民权利对国家权力的制约监督。宪法规定了公民的基本权利，这些基本权利意味着国家对这些基本权利的行使不得干预和予以保护的义务。宪法还明确了公民对于任何国家机关和国家工作人员，有提出批评和建议的权利。（3）国家机关内部的制约监督。宪法规定了不同国家机关之间、国家机关内部不同的监督方式。《宪法》规定，国家行政机关、监察机关、审判机关、检察机关都由人民代表大会产生，对它负责，受它监督。监察委员会依照法律规定独立行使监察权，不受行政机关、社会团体和个人的干涉。监察机关办理职务违法和职务犯罪案件，应当与审判机关、检察机关、执法部门互相配合，互相制约。人民法院、人民检察院和公安机关办理刑事案件，应当分工负责，互相配合，互相制约，以保证准确有效地执行法律。

试题范例

（多项选择题）下列关于我国宪法中权力制约与监督原则的理解，正确的有（　　）。

A.“监察委员会依照法律规定独立行使监察权，不受行政机关、社会团体和个人的干涉”的规定体现了权力制约与监督原则

B. 人民法院在办理刑事案件中居于主导地位

C. 全国人民代表大会和地方各级人民代表大会都由民主直接选举产生

D. 宪法规定了公民的基本权利，这些基本权利意味着国家对这些基本权利的行使不得干预和予以保护的义务

答案：AD

核心法条

《宪法》第5条第3、4、5款　一切法律、行政法规和地方性法规都不得同宪法相抵触。

一切国家机关和武装力量、各政党和各社会团体、各企业事业组织都必须遵守宪法和法律。一切违反宪法和法律的行为，必须予以追究。

任何组织或者个人都不得有超越宪法和法律的特权。

释解分析

上述三款规定的是宪法的效力。宪法在效力上具有最高性。一方面，宪法具有最高法律效力表明，任何法律都不得同宪法相抵触，否则，该法律即为无效。在国家的整个法律体系的构建和运行中，宪法是核心和根本，法律、行政法规和地方性法规等一切普通法律规范的有效与否及其存废，都应以宪法规范为确定和取舍的依据。另一方面，宪法的最高法律效力还表现为对人的最高法律效力。一切国家机关和武装力量、各政党和各社会团体、各企业事业组织都必须遵守宪法和法律。一切违反宪法和法律的行为，必须予以追究。任何组织或者个人都不得有超越宪法和法律的特权。宪法效力的最高性体现了依宪治国的必要性。

试题范例

（多项选择题）下列关于我国宪法效力的理解，正确的是（　　）。

A. 宪法的效力高于法律、行政法规、监察法规、地方性法规、自治条例和单行条例

B. 一切国家机关和武装力量、各政党和各社会团体、各企业事业组织必须遵守宪法

C. 宪法的修改程序和普通法律相同

D. 一切违反宪法的行为，必须予以追究

答案：ABD

核心法条

《宪法》第33条第3款　国家尊重和保障人权。

释解分析

本款规定的是基本人权原则。人权是人之所以为人而应当享有的权利，不得非法限制和剥夺。基本人权是人为满足其生存需要而应当享有的那些重要权利。基本人权原则是宪法的基本原则之一。

从《共同纲领》开始，我国在历部宪法中都以专门章节的形式规定“公民的基本权利和义务”，列举公民的基本权利。1982年宪法调整了宪法章节的结构安排，将“公民的基本权利和义务”一章规定在“总纲”之后、“国家机构”的前面，突出了公民基本权利作为国家

权力来源的宪法价值。但当时并没有使用“人权”的概念。随着社会的进步和对于人权认识的加深，我国从 20 世纪 80 年代末开始认识到，人权是一个国际通行的概念和价值观，因此我国积极宣传社会主义的人权价值观，并发布了十余个中国人权白皮书，同时积极加入国际人权公约。

2004 年宪法修正案增加了“国家尊重和保障人权”的规定。这是我国宪法首次引入“人权”的概念，确立了基本人权原则，人权条款对理解宪法基本权利提供了指引。宪法修正案中增加规定“人权”，既表明了我国社会的进步和发展，也表明了我国履行所加入的国际人权公约的义务的诚意。我国宪法明确列举了公民的基本权利，但并没有穷尽所有为现代文明国家和国际公约所承认的权利类型。例如，我国《宪法》并没有规定公民的生命权、隐私权等。宪法修正案中增加规定的“人权”，实际上包括了我国宪法中没有规定的公民所应该享有的而又为我国所加入的国际人权公约所确认的基本权利。“人权”入宪是自然权利实证化的过程，为保护公民的上述基本权利提供了规范基础。

试题范例

（多项选择题）下列关于我国宪法中国家尊重和保障人权条款的理解，正确的是（　　）。

A. 1999 年宪法修正案正式载入人权保障条款

B. 人权入宪是自然权利实证化的过程

C. 人权条款对理解宪法基本权利提供了指引

D. 我国宪法明确列举了国际公约所承认的公民基本权利类型

答案：BC

核心法条

《立法法》第 11 条　下列事项只能制定法律：

（一）国家主权的事项；

（二）各级人民代表大会、人民政府、监察委员会、人民法院和人民检察院的产生、组织和职权；

（三）民族区域自治制度、特别行政区制度、基层群众自治制度；

（四）犯罪和刑罚；

（五）对公民政治权利的剥夺、限制人身自由的强制措施和处罚；

（六）税种的设立、税率的确定和税收征收管理等税收基本制度；

（七）对非国有财产的征收、征用；

（八）民事基本制度；

（九）基本经济制度以及财政、海关、金融和外贸的基本制度；

（十）诉讼制度和仲裁基本制度；

（十一）必须由全国人民代表大会及其常务委员会制定法律的其他事项。

释解分析

本条规定的是法律保留（专属立法事项）。法律保留原则的基本含义是，关于公民基本权利的限制等专属立法事项，应当由立法机关通过法律来规定，行政机关不得代为规定，行政机关实施的行政行为必须要有法律的授权，不得与法律相抵触。

在立法权限划分方面，最主要的是要明确哪些事项必须由全国人民代表大会及其常务委员会制定法律，也就是全国人民代表大会及其常务委员会的专属立法权。明确这个问题，有利于解决与国务院行政法规，与地方性法规权限的划分问题。专属立法权是指一定范围内规范社会关系的事项，只能由特定的国家机关制定法律规范的权力。对属于特定国家机关专属立法权限的事项，其他任何机关非经授权，不得进行立法；如果其他机关未经授权又认为必须立法，也只能向专属立法机关提出立法动议，而不得自行立法。《立法法》第 11 条规定了全国人大及其常委会享有 11 项专属立法权限。法律保留实质在于要求行政权的行使必须在代议机关的监督之中，没有代议机关（民意）的同意，行政权就不得行使。法律保留既体现了立法权对行政权的制约，也体现了行政权的民意基础。

试题范例

（多项选择题）下列事项中，只能制定法律的是（　　）。

A. 基层治理制度　　B. 海关基本制度　　C. 基本教育制度　　D. 仲裁基本制度

答案：BD

核心法条

《立法法》第 12 条　本法第十一条规定的事项尚未制定法律的，全国人民代表大会及其常务委员会有权作出决定，授权国务院可以根据实际需要，对其中的部分事项先制定行政法规，但是有关犯罪和刑罚、对公民政治权利的剥夺和限制人身自由的强制措施和处罚、司法制度等事项除外。

《立法法》第 13 条　授权决定应当明确授权的目的、事项、范围、期限以及被授权机关实施授权决定应当遵循的原则等。

授权的期限不得超过五年，但是授权决定另有规定的除外。

被授权机关应当在授权期限届满的六个月以前，向授权机关报告授权决定实施的情况，并提出是否需要制定有关法律的意见；需要继续授权的，可以提出相关意见，由全国人民代表大会及其常务委员会决定。

《立法法》第 14 条　授权立法事项，经过实践检验，制定法律的条件成熟时，由全国人民代表大会及其常务委员会及时制定法律。法律制定后，相应立法事项的授权终止。

《立法法》第 15 条　被授权机关应当严格按照授权决定行使被授予的权力。

被授权机关不得将被授予的权力转授给其他机关。

释解分析

上述条文规定的是授权立法。授权立法是指全国人大及其常委会对专属立法权范围内的事项作出决定，授权国务院制定行政法规的活动。只有全国人大及其常委会才能成为授权主体。对于全国人大及其常委会专属立法权范围内的部分事项，被授权主体只能是国务院。国务院可以获得授权的范围，是全国人大及其常委会专属立法权范围内尚未制定法律而又可以授权的事项，但是有关犯罪和刑罚、对公民政治权利的剥夺和限制人身自由的强制措施和处罚、司法制度等事项不能授权。《立法法》第13—15条还就授权遵循的规则、授权终止等作出了规定。

试题范例

（多项选择题）下列事项中，不能授权国务院制定行政法规的是（　　）。

A. 犯罪和刑罚　　B. 税收征收管理制度

C. 对公民政治权利的剥夺　　D. 司法制度

答案：ACD

二、宪法的制定、解释和修改

核心法条

《宪法》第62条第1项　全国人民代表大会行使下列职权：

（一）修改宪法；

…………

《宪法》第64条　宪法的修改，由全国人民代表大会常务委员会或者五分之一以上的全国人民代表大会代表提议，并由全国人民代表大会以全体代表的三分之二以上的多数通过。

法律和其他议案由全国人民代表大会以全体代表的过半数通过。

释解分析

上述条文规定的是宪法修改和修宪机关。新中国成立至今，我国一共制定了四部宪法，前面三部采用全面修改的方式，现行宪法即1982年宪法是第四部宪法，该部宪法生效以后，采用部分修改的方式。现行宪法经过了5次修改，通过了52条宪法修正案。

我国的宪法修改制度包括以下三个方面的内容：(1) 修宪机关。全国人民代表大会行使修改宪法的职权。(2) 修宪提案主体。宪法的修改，由全国人民代表大会常务委员会或者1/5以上的全国人民代表大会代表提议。(3) 修宪通过程序。修宪由全国人民代表大会以全体代表的2/3以上的多数通过。

从现行宪法的修改来看，中国共产党中央委员会的宪法修改建议对我国的宪法修改制度和宪法修改实践具有重要的意义。

我国的宪法修改程序在实践中主要存在如下问题：(1) 修宪程序不完整，只规定修宪提案权主体和通过程序，没有审议程序、公布程序等必要的内容。(2) 修宪程序与宪法制度具体运行之间存在一定的距离，修宪程序缺乏规范化。为了建设社会主义法治国家，有必要进一步完善宪法修改制度，建立规范的修宪程序。(3) 修宪频率比较高，客观上影响了宪法权威的树立。

试题范例

（单项选择题）下列关于我国宪法的修改的表述，正确的是（　　）。

A. 我国宪法修改权由全国人大常委会行使

B. 我国宪法的修改程序和普通法律相同

C. 1993 年我国首次采取修正案方式修改宪法

D. 我国宪法修改方式包括全面修改和部分修改

答案：D

核心法条

《宪法》第 67 条第 1 项　全国人民代表大会常务委员会行使下列职权：

（一）解释宪法，监督宪法的实施；

…………

释解分析

本项规定的是我国的宪法解释机关和合宪性审查机关。我国现行宪法解释体制属于立法机关解释体制。1954 年宪法和 1975 年宪法都没有对宪法解释权的归属作出规定。这种解释体制首先是由 1978 年宪法予以确认和建立的。1982 年宪法再次以根本法的形式确认了宪法解释的机关是全国人民代表大会常务委员会，这与我国的宪法体制相吻合。

宪法解释权由全国人大常委会行使，这种解释体制存在的理由是：全国人大作为最高的国家权力机关既有制宪权，也有立法权，而全国人大常委会是全国人大的组成部分，拥有解释宪法的权力，使得宪法解释具有立法性质和普遍的约束力，并使宪法解释工作成为一种经常性的行为。从一定的意义上讲，全国人大常委会比其他的国家机关更了解宪法的原意和精神，因而，这种解释体制具有一定的合理性。

我国的宪法解释体制在实际生活中还存在着一定的问题，最突出的表现就是宪法解释缺乏具体的规范化程序，因此，在我国目前还应当建立和完善一些具体的解释程序，将宪法解释进一步规范化。

试题范例

（单项选择题）关于我国的宪法解释，下列表述正确的是（　　）。

A. 我国采取立法机关解释宪法的体制

B. 国务院对宪法的解释属于非正式解释

C. 现行宪法首次确立了我国的宪法解释体制

D. 我国有权解释宪法的机关就是宪法监督机关

答案：A

核心法条

《宪法修正案》第 1 条　宪法第十一条增加规定：“国家允许私营经济在法律规定的范

围内存在和发展。私营经济是社会主义公有制经济的补充。国家保护私营经济的合法的权利和利益，对私营经济实行引导、监督和管理。”

《宪法修正案》第 2 条　宪法第十条第四款“任何组织或者个人不得侵占、买卖、出租或者以其他形式非法转让土地。”修改为：“任何组织或个人不得侵占、买卖或者以其他形式非法转让土地。土地的使用权可以依照法律的规定转让。”

释解分析

上述条文是 1988 年宪法修正案。从 1988 年起，我国开始采用宪法修正案的方式对宪法个别内容予以修改和完善。1988 年宪法修正案主要修改之处为：一是在第 11 条增加 1 款对私营经济作了规定；二是修改第 10 条第 4 款，删去了不得出租土地的规定，增加规定“土地的使用权可以依照法律的规定转让”。

试题范例

（单项选择题）下列关于我国 1988 年宪法修正案内容的表述，正确的是（　　）。

A. 明确了土地使用权可以依法转让

B. 首次规定了公民的合法的私有财产受法律保护

C. 首次确立了基本人权原则

D. 规定了中华人民共和国实行依法治国，建设社会主义法治国家

答案：A

核心法条

《宪法修正案》第 3 条　宪法序言第七自然段后两句：“今后国家的根本任务是集中力量进行社会主义现代化建设。中国各族人民将继续在中国共产党领导下，在马克思列宁主义、毛泽东思想指引下，坚持人民民主专政，坚持社会主义道路，不断完善社会主义的各项制度，发展社会主义民主，健全社会主义法制，自力更生，艰苦奋斗，逐步实现工业、农业、国防和科学技术的现代化，把我国建设成为高度文明、高度民主的社会主义国家。”修改为：“我国正处于社会主义初级阶段。国家的根本任务是，根据建设有中国特色社会主义的理论，集中力量进行社会主义现代化建设。中国各族人民将继续在中国共产党领导下，在马克思列宁主义、毛泽东思想指引下，坚持人民民主专政，坚持社会主义道路，坚持改革开放，不断完善社会主义的各项制度，发展社会主义民主，健全社会主义法制，自力更生，艰苦奋斗，逐步实现工业、农业、国防和科学技术的现代化，把我国建设成为富强、民主、文明的社会主义国家。”

《宪法修正案》第 4 条　宪法序言第十自然段末尾增加：“中国共产党领导的多党合作和政治协商制度将长期存在和发展。”

《宪法修正案》第 5 条　宪法第七条：“国营经济是社会主义全民所有制经济，是国民经济中的主导力量。国家保障国营经济的巩固和发展。”修改为：“国有经济，即社会主义全民所有制经济，是国民经济中的主导力量。国家保障国有经济的巩固和发展。”

《宪法修正案》第 6 条　宪法第八条第一款：“农村人民公社、农业生产合作社和其他

生产、供销、信用、消费等各种形式的合作经济，是社会主义劳动群众集体所有制经济。参加农村集体经济组织的劳动者，有权在法律规定的范围内经营自留地、自留山、家庭副业和饲养自留畜。”修改为：“农村中的家庭联产承包为主的责任制和生产、供销、信用、消费等各种形式的合作经济，是社会主义劳动群众集体所有制经济。参加农村集体经济组织的劳动者，有权在法律规定的范围内经营自留地、自留山、家庭副业和饲养自留畜。”

《宪法修正案》第7条　宪法第十五条：“国家在社会主义公有制基础上实行计划经济。国家通过经济计划的综合平衡和市场调节的辅助作用，保证国民经济按比例地协调发展。”“禁止任何组织或者个人扰乱社会经济秩序，破坏国家经济计划。”修改为：“国家实行社会主义市场经济。”“国家加强经济立法，完善宏观调控。”“国家依法禁止任何组织或者个人扰乱社会经济秩序。”

《宪法修正案》第8条　宪法第十六条：“国营企业在服从国家的统一领导和全面完成国家计划的前提下，在法律规定的范围内，有经营管理的自主权。”“国营企业依照法律规定，通过职工代表大会和其他形式，实行民主管理。”修改为：“国有企业在法律规定的范围内有权自主经营。”“国有企业依照法律规定，通过职工代表大会和其他形式，实行民主管理。”

《宪法修正案》第9条　宪法第十七条：“集体经济组织在接受国家计划指导和遵守有关法律的前提下，有独立进行经济活动的自主权。”“集体经济组织依照法律规定实行民主管理，由它的全体劳动者选举和罢免管理人员，决定经营管理的重大问题。”修改为：“集体经济组织在遵守有关法律的前提下，有独立进行经济活动的自主权。”“集体经济组织实行民主管理，依照法律规定选举和罢免管理人员，决定经营管理的重大问题。”

《宪法修正案》第10条　宪法第四十二条第三款：“劳动是一切有劳动能力的公民的光荣职责。国营企业和城乡集体经济组织的劳动者都应当以国家主人翁的态度对待自己的劳动。国家提倡社会主义劳动竞赛，奖励劳动模范和先进工作者。国家提倡公民从事义务劳动。”修改为：“劳动是一切有劳动能力的公民的光荣职责。国有企业和城乡集体经济组织的劳动者都应当以国家主人翁的态度对待自己的劳动。国家提倡社会主义劳动竞赛，奖励劳动模范和先进工作者。国家提倡公民从事义务劳动。”

《宪法修正案》第11条　宪法第九十八条：“省、直辖市、设区的市的人民代表大会每届任期五年。县、不设区的市、市辖区、乡、民族乡、镇的人民代表大会每届任期三年。”修改为：“省、直辖市、县、市、市辖区的人民代表大会每届任期五年。乡、民族乡、镇的人民代表大会每届任期三年。”

释解分析

上述条文是1993年宪法修正案。1993年宪法修正案主要修改之处有：（1）将“社会主义初级阶段”和“建设有中国特色社会主义的理论”及“改革开放”正式写进宪法；（2）确立“家庭联产承包为主的责任制”的法律地位，实行“社会主义市场经济”；（3）将“国营经济”改为“国有经济”；（4）规定“中国共产党领导的多党合作和政治协商制度将长期存在和发展”。

试题范例

（多项选择题）下列关于我国 1993 年宪法修正案内容的表述，正确的是（　　）。

A. 首次规定实行社会主义市场经济

B. 规定“中国共产党领导的多党合作和政治协商制度将长期存在和发展”

C. 规定推动物质文明、政治文明和精神文明建设协调发展

D. 农村集体经济组织实行家庭承包经营为基础、统分结合的双层经营体制

答案：AB

核心法条

《宪法修正案》第 12 条　宪法序言第七自然段：“中国新民主主义革命的胜利和社会主义事业的成就，都是中国共产党领导中国各族人民，在马克思列宁主义、毛泽东思想的指引下，坚持真理，修正错误，战胜许多艰难险阻而取得的。我国正处于社会主义初级阶段。国家的根本任务是，根据建设有中国特色社会主义的理论，集中力量进行社会主义现代化建设。中国各族人民将继续在中国共产党领导下，在马克思列宁主义、毛泽东思想指引下，坚持人民民主专政，坚持社会主义道路，坚持改革开放，不断完善社会主义的各项制度，发展社会主义民主，健全社会主义法制，自力更生，艰苦奋斗，逐步实现工业、农业、国防和科学技术的现代化，把我国建设成为富强、民主、文明的社会主义国家。”修改为：“中国新民主主义革命的胜利和社会主义事业的成就，是中国共产党领导中国各族人民，在马克思列宁主义、毛泽东思想的指引下，坚持真理，修正错误，战胜许多艰难险阻而取得的。我国将长期处于社会主义初级阶段。国家的根本任务是，沿着建设有中国特色社会主义的道路，集中力量进行社会主义现代化建设。中国各族人民将继续在中国共产党领导下，在马克思列宁主义、毛泽东思想、邓小平理论指引下，坚持人民民主专政，坚持社会主义道路，坚持改革开放，不断完善社会主义的各项制度，发展社会主义市场经济，发展社会主义民主，健全社会主义法制，自力更生，艰苦奋斗，逐步实现工业、农业、国防和科学技术的现代化，把我国建设成为富强、民主、文明的社会主义国家。”

《宪法修正案》第 13 条　宪法第五条增加一款，作为第一款，规定：“中华人民共和国实行依法治国，建设社会主义法治国家。”

《宪法修正案》第 14 条　宪法第六条：“中华人民共和国的社会主义经济制度的基础是生产资料的社会主义公有制，即全民所有制和劳动群众集体所有制。”“社会主义公有制消灭人剥削人的制度，实行各尽所能，按劳分配的原则。”修改为：“中华人民共和国的社会主义经济制度的基础是生产资料的社会主义公有制，即全民所有制和劳动群众集体所有制。社会主义公有制消灭人剥削人的制度，实行各尽所能、按劳分配的原则。”“国家在社会主义初级阶段，坚持公有制为主体、多种所有制经济共同发展的基本经济制度，坚持按劳分配为主体、多种分配方式并存的分配制度。”

《宪法修正案》第 15 条　宪法第八条第一款：“农村中的家庭联产承包为主的责任制和生产、供销、信用、消费等各种形式的合作经济，是社会主义劳动群众集体所有制经济。参加农村集体经济组织的劳动者，有权在法律规定的范围内经营自留地、自留山、家庭副业和饲养自留畜。”修改为：“农村集体经济组织实行家庭承包经营为基础、统分结合

的双层经营体制。农村中的生产、供销、信用、消费等各种形式的合作经济，是社会主义劳动群众集体所有制经济。参加农村集体经济组织的劳动者，有权在法律规定的范围内经营自留地、自留山、家庭副业和饲养自留畜。”

《宪法修正案》第 16 条　宪法第十一条：“在法律规定范围内的城乡劳动者个体经济，是社会主义公有制经济的补充。国家保护个体经济的合法的权利和利益。”“国家通过行政管理，指导、帮助和监督个体经济。”“国家允许私营经济在法律规定的范围内存在和发展。私营经济是社会主义公有制经济的补充。国家保护私营经济的合法的权利和利益，对私营经济实行引导、监督和管理。”修改为：“在法律规定范围内的个体经济、私营经济等非公有制经济，是社会主义市场经济的重要组成部分。”“国家保护个体经济、私营经济的合法的权利和利益。国家对个体经济、私营经济实行引导、监督和管理。”

《宪法修正案》第 17 条　宪法第二十八条：“国家维护社会秩序，镇压叛国和其他反革命的活动，制裁危害社会治安、破坏社会主义经济和其他犯罪的活动，惩办和改造犯罪分子。”修改为：“国家维护社会秩序，镇压叛国和其他危害国家安全的犯罪活动，制裁危害社会治安、破坏社会主义经济和其他犯罪的活动，惩办和改造犯罪分子。”

释解分析

上述条文是 1999 年宪法修正案。1999 年宪法修正案主要修改之处有：(1) 将邓小平理论写入《宪法》序言，与马克思列宁主义、毛泽东思想一起，成为指引我国社会主义现代化建设的旗帜。(2) 明确了“中华人民共和国实行依法治国，建设社会主义法治国家”。(3) 明确了“我国将长期处于社会主义初级阶段”，确立了我国社会主义初级阶段的基本经济制度和分配制度。即：国家在社会主义初级阶段，坚持公有制为主体、多种所有制经济共同发展的基本经济制度，坚持按劳分配为主体、多种分配方式并存的分配制度。(4) 修改了我国的农村生产经营制度。即：农村集体经济组织实行家庭承包经营为基础、统分结合的双层经营体制，以此规定取代“家庭联产承包为主的责任制”。(5) 确立了非公有制经济在社会主义市场经济中的地位。即：在法律规定范围内的个体经济、私营经济等非公有制经济，是社会主义市场经济的重要组成部分。(6) 将镇压“反革命的活动”修改为镇压“危害国家安全的犯罪活动”。

试题范例

(单项选择题) 下列关于我国 1999 年宪法修正案内容的表述，正确的是（　　）。

A. 在爱国统一战线中新增社会主义事业建设者阶层

B. 确立了非公有制经济是社会主义市场经济的重要组成部分

C. 把“三个文明”及其相互关系写入宪法

D. 国家建立健全同经济发展水平相适应的社会保障制度

答案： B

核心法条

《宪法修正案》第 18 条　宪法序言第七自然段中“在马克思列宁主义、毛泽东思想、邓小平理论指引下”修改为“在马克思列宁主义、毛泽东思想、邓小平理论和‘三个代表’重要思想指引下”，“沿着建设有中国特色社会主义的道路”修改为“沿着中国特色社会主义道路”，“逐步实现工业、农业、国防和科学技术的现代化”之后增加“推动物质文明、政治文明和精神文明协调发展”。这一自然段相应地修改为：“中国新民主主义革命的胜利和社会主义事业的成就，是中国共产党领导中国各族人民，在马克思列宁主义、毛泽东思想的指引下，坚持真理，修正错误，战胜许多艰难险阻而取得的。我国将长期处于社会主义初级阶段。国家的根本任务是，沿着中国特色社会主义道路，集中力量进行社会主义现代化建设。中国各族人民将继续在中国共产党领导下，在马克思列宁主义、毛泽东思想、邓小平理论和‘三个代表’重要思想指引下，坚持人民民主专政，坚持社会主义道路，坚持改革开放，不断完善社会主义的各项制度，发展社会主义市场经济，发展社会主义民主，健全社会主义法制，自力更生，艰苦奋斗，逐步实现工业、农业、国防和科学技术的现代化，推动物质文明、政治文明和精神文明协调发展，把我国建设成为富强、民主、文明的社会主义国家。”

《宪法修正案》第 19 条　宪法序言第十自然段第二句“在长期的革命和建设过程中，已经结成由中国共产党领导的，有各民主党派和各人民团体参加的，包括全体社会主义劳动者、拥护社会主义的爱国者和拥护祖国统一的爱国者的广泛的爱国统一战线，这个统一战线将继续巩固和发展。”修改为：“在长期的革命和建设过程中，已经结成由中国共产党领导的，有各民主党派和各人民团体参加的，包括全体社会主义劳动者、社会主义事业的建设者、拥护社会主义的爱国者和拥护祖国统一的爱国者的广泛的爱国统一战线，这个统一战线将继续巩固和发展。”

《宪法修正案》第 20 条　宪法第十条第三款“国家为了公共利益的需要，可以依照法律规定对土地实行征用。”修改为：“国家为了公共利益的需要，可以依照法律规定对土地实行征收或者征用并给予补偿。”

《宪法修正案》第 21 条　宪法第十一条第二款“国家保护个体经济、私营经济的合法的权利和利益。国家对个体经济、私营经济实行引导、监督和管理。”修改为：“国家保护个体经济、私营经济等非公有制经济的合法的权利和利益。国家鼓励、支持和引导非公有制经济的发展，并对非公有制经济依法实行监督和管理。”

《宪法修正案》第 22 条　宪法第十三条“国家保护公民的合法的收入、储蓄、房屋和其他合法财产的所有权。”“国家依照法律规定保护公民的私有财产的继承权。”修改为：“公民的合法的私有财产不受侵犯。”“国家依照法律规定保护公民的私有财产权和继承权。”“国家为了公共利益的需要，可以依照法律规定对公民的私有财产实行征收或者征用并给予补偿。”

《宪法修正案》第 23 条　宪法第十四条增加一款，作为第四款：“国家建立健全同经济发展水平相适应的社会保障制度。”

《宪法修正案》第 24 条　宪法第三十三条增加一款，作为第三款：“国家尊重和保障人权。”第三款相应地改为第四款。

《宪法修正案》第 25 条　宪法第五十九条第一款“全国人民代表大会由省、自治区、直辖市和军队选出的代表组成。各少数民族都应当有适当名额的代表。”修改为：“全国人民代表大会由省、自治区、直辖市、特别行政区和军队选出的代表组成。各少数民族都应当有适当名额的代表。”

《宪法修正案》第 26 条　宪法第六十七条全国人民代表大会常务委员会职权第二十项“（二十）决定全国或者个别省、自治区、直辖市的戒严”修改为“（二十）决定全国或者个别省、自治区、直辖市进入紧急状态”。

《宪法修正案》第 27 条　宪法第八十条“中华人民共和国主席根据全国人民代表大会的决定和全国人民代表大会常务委员会的决定，公布法律，任免国务院总理、副总理、国务委员、各部部长、各委员会主任、审计长、秘书长，授予国家的勋章和荣誉称号，发布特赦令，发布戒严令，宣布战争状态，发布动员令。”修改为：“中华人民共和国主席根据全国人民代表大会的决定和全国人民代表大会常务委员会的决定，公布法律，任免国务院总理、副总理、国务委员、各部部长、各委员会主任、审计长、秘书长，授予国家的勋章和荣誉称号，发布特赦令，宣布进入紧急状态，宣布战争状态，发布动员令。”

《宪法修正案》第 28 条　宪法第八十一条“中华人民共和国主席代表中华人民共和国，接受外国使节；根据全国人民代表大会常务委员会的决定，派遣和召回驻外全权代表，批准和废除同外国缔结的条约和重要协定。”修改为：“中华人民共和国主席代表中华人民共和国，进行国事活动，接受外国使节；根据全国人民代表大会常务委员会的决定，派遣和召回驻外全权代表，批准和废除同外国缔结的条约和重要协定。”

《宪法修正案》第 29 条　宪法第八十九条国务院职权第十六项“（十六）决定省、自治区、直辖市的范围内部分地区的戒严”修改为“（十六）依照法律规定决定省、自治区、直辖市的范围内部分地区进入紧急状态”。

《宪法修正案》第 30 条　宪法第九十八条“省、直辖市、县、市、市辖区的人民代表大会每届任期五年。乡、民族乡、镇的人民代表大会每届任期三年。”修改为：“地方各级人民代表大会每届任期五年。”

《宪法修正案》第 31 条　宪法第四章章名“国旗、国徽、首都”修改为“国旗、国歌、国徽、首都”。宪法第一百三十六条增加一款，作为第二款：“中华人民共和国国歌是《义勇军进行曲》。”

释解分析

上述条文是 2004 年宪法修正案。2004 年宪法修正案的主要内容和基本精神有：

（1）对《宪法》序言的修改，体现了与时俱进的精神。《宪法》序言是宪法的精神和灵魂所在，在宪法立法体系中统率全局、贯穿始终。我国历来重视《宪法》序言的立法建设，1993 年和 1999 年宪法修正案都对《宪法》序言进行了修改。2004 年宪法修改对序言的充实和完善主要有三个内容：①确立“三个代表”重要思想在国家政治和社会生活中的指导地位。“三个代表”就是中国共产党要始终代表中国先进生产力的发展要求，中国共产党要始终代表中国先进文化的前进方向，中国共产党要始终代表中国最广大人民的根本利益。“三个代表”重要思想写入宪法，对于凝聚党心、民心，指引全国人民坚持正确的政治方向，把握自己的前途和命运，保障改革、发展、稳定，开创中国特色社会主义事业新局面，发挥了巨大作用。②增加“三个文明”协调发展的内容，即推动物质文明、政治文明和精神文明的协调发展。把“三个文明”及其相互关系写入宪法，使“三个文明”协调发展具有法律保障。体现了我们党与时俱进的品格，也体现了指导思想的历史感和进步性，符合人类文明发展的趋势和要求，是中华民族实现伟大复兴的基础。③在爱国统一战线的表述中增加“社会主义事业的建设者”内容。

（2）对“经济制度”的修改，体现了保护“私权”的精神。“公权”和“私权”是西方政治学和法学中的概念。公权是指以国家为代表的公共管理权力和公共利益，私权则是指社会主体和公民自主发展的权利和利益。西方传统中奉行私权优于公权原则。在我国，传统理论不承认公权和私权、公法和私法的划分，认为个人利益、社会利益与国家利益应该是内在统一的，在实践上则体现出公法优于私法、公权优于私权的倾向，不重视保护公民个人和社会主体的合法权益。这次修宪，根据市场经济建设和公民权利保护的实际需要，对宪法经济制度的内容作了较大幅度的修改，与前三次宪法修正案相比，力度最大。2004 年宪法修正案对经济制度的修改主要体现在：①进一步明确国家对发展非公有制经济的方针。对非公有制经济既鼓励、支持、引导，又依法监督、管理，以促进非公有制经济健康发展。②完善对私有财产保护的规定。一是进一步明确国家对全体公民的合法的私有财产都给予保护，保护范围既包括生活资料，又包括生产资料。二是用“财产权”代替原条文中的“所有权”，在权利含义上更加准确、全面。三是我国几部现行法律根据不同情况已经作出了征收和征用的规定，在《宪法》中增加对私有财产的征收、征用制度规定，有利于正确处理私有财产保护和公共利益需要的关系，许多国家的宪法都有类似的规定。③增加建立健全社会保障制度的规定。即：国家建立健全同经济发展水平相适应的社会保障制度。这是深化经济体制改革、完善社会主义市场经济体制的重要内容。

（3）对“公民的基本权利和义务”的修改，体现了保护人权的精神。宪法修正案在《宪法》第二章“公民的基本权利和义务”头一条即第 33 条中增加一款，作为第 3 款“国家尊重和保障人权”。这样修改，主要基于两点考虑：一是尊重和保障人权是我们党和国家的一贯方针，这次把它写入宪法，可以进一步为这个方针的贯彻执行提供宪法保障。二是党的十五大、十六大都明确地提出了“尊重和保障人权”。在《宪法》中作出尊重和保障人权的宣示，体现了社会主义制度的本质要求，有利于推进我国社会主义人权事业的发展，有利于我国在国际人权事业中进行交流与合作。

（4）对“国家机构”的修改，体现了服务实践的精神。①完善全国人民代表大会组成的规定。宪法修正案在《宪法》第 59 条第 1 款关于全国人民代表大会组成的规定中增加“特别行政区”，符合全国人民代表大会组成的实际情况。②关于紧急状态的规定。宪法原来只对“戒严”作了规定，没有规定“紧急状态”。而“紧急状态”包括“戒严”又不限于“戒严”，适用范围更宽。宪法修正案将“戒严”改为“紧急状态”，既便于应对各种紧急状态，也同国际上通行的做法相一致。③关于国家主席职权的规定。修改为“中华人民共和国主席代表中华人民共和国，进行国事活动，接受外国使节”，即在国家主席的职能方面，增加规定“进行国事活动”，实际上扩大了国家主席的职权。④修改乡镇政权任期的规定。宪法修正案将乡级人大的任期由 3 年改为 5 年，各级人大任期一致，有利于协调各级经济社会发展规划、计划和人事安排。

除了上述四大部分的修改外，还有如下重要修改：

（1）宪法修正案将《宪法》第四章的章名“国旗、国徽、首都”修改为“国旗、国歌、国徽、首都”；

（2）在第 136 条（2018 年修宪后为第 141 条）中增加一款，作为第 2 款：“中华人民共和国国歌是《义勇军进行曲》。”《义勇军进行曲》承载了中华民族实现独立和发展历程，不仅体现了我们不屈不挠的民族精神，也是珍贵的民族文化遗产之一。将国歌写入宪法，有利于维护国歌的稳定性和权威性，增强全国各族人民的认同感和荣誉感。

2004 年修宪是我国宪法发展史上的重大事件，整个修宪过程和修宪内容都充分体现出务实性、人性化和国际化的特点，使得我国宪法朝着更加民主、人道、理性的方向发展，为中国宪法制度的完善奠定了良好的基础。

试题范例

（多项选择题）下列关于我国 2004 年宪法修正案内容的表述，正确的是（　　）。

A. 国家尊重和保障人权条款在 2004 年宪法修正案中予以明确

B. 增加“中国共产党领导是中国特色社会主义最本质的特征”条款

C. 在爱国统一战线的表述中增加“社会主义事业的建设者”内容

D. 新增“推动构建人类命运共同体”的内容

答案：AC

核心法条

《宪法修正案》第 32 条　宪法序言第七自然段中“在马克思列宁主义、毛泽东思想、邓小平理论和‘三个代表’重要思想指引下”修改为“在马克思列宁主义、毛泽东思想、邓小平理论、‘三个代表’重要思想、科学发展观、习近平新时代中国特色社会主义思想指引下”；“健全社会主义法制”修改为“健全社会主义法治”；在“自力更生，艰苦奋斗”前增写“贯彻新发展理念”；“推动物质文明、政治文明和精神文明协调发展，把我国建设成为富强、民主、文明的社会主义国家”修改为“推动物质文明、政治文明、精神文明、社会文明、生态文明协调发展，把我国建设成为富强民主文明和谐美丽的社会主义现代化强国，实现中华民族伟大复兴”。这一自然段相应修改为：“中国新民主主义革命的胜利和社会主义事业的成就，是中国共产党领导中国各族人民，在马克思列宁主义、毛泽东思想的指引下，坚持真理，修正错误，战胜许多艰难险阻而取得的。我国将长期处于社会主义初级阶段。国家的根本任务是，沿着中国特色社会主义道路，集中力量进行社会主义现代化建设。中国各族人民将继续在中国共产党领导下，在马克思列宁主义、毛泽东思想、邓小平理论、‘三个代表’重要思想、科学发展观、习近平新时代中国特色社会主义思想指引下，坚持人民民主专政，坚持社会主义道路，坚持改革开放，不断完善社会主义的各项制度，发展社会主义市场经济，发展社会主义民主，健全社会主义法治，贯彻新发展理念，自力更生，艰苦奋斗，逐步实现工业、农业、国防和科学技术的现代化，推动物质文明、政治文明、精神文明、社会文明、生态文明协调发展，把我国建设成为富强民主文明和谐美丽的社会主义现代化强国，实现中华民族伟大复兴。”

《宪法修正案》第 33 条　宪法序言第十自然段中“在长期的革命和建设过程中”修改为“在长期的革命、建设、改革过程中”；“包括全体社会主义劳动者、社会主义事业的建设者、拥护社会主义的爱国者和拥护祖国统一的爱国者的广泛的爱国统一战线”修改为“包括全体社会主义劳动者、社会主义事业的建设者、拥护社会主义的爱国者、拥护祖国统一和致力于中华民族伟大复兴的爱国者的广泛的爱国统一战线”。这一自然段相应修改为：“社会主义的建设事业必须依靠工人、农民和知识分子，团结一切可以团结的力量。在长期的革命、建设、改革过程中，已经结成由中国共产党领导的，有各民主党派和各人民团体参加的，包括全体社会主义劳动者、社会主义事业的建设者、拥护社会主义的爱国者、拥护祖国统一和致力于中华民族伟大复兴的爱国者的广泛的爱国统一战线，这个统一战线将继续巩固和发展。中国人民政治协商会议是有广泛代表性的统一战线组织，过去发挥了重要的历史作用，今后在国家政治生活、社会生活和对外友好活动中，在进行社会主义现代化建设、维护国家的统一和团结的斗争中，将进一步发挥它的重要作用。中国共产党领导的多党合作和政治协商制度将长期存在和发展。”

《宪法修正案》第 34 条　宪法序言第十一自然段中“平等、团结、互助的社会主义民族关系已经确立，并将继续加强。”修改为：“平等团结互助和谐的社会主义民族关系已经确立，并将继续加强。”

《宪法修正案》第 35 条　宪法序言第十二自然段中“中国革命和建设的成就是同世界人民的支持分不开的”修改为“中国革命、建设、改革的成就是同世界人民的支持分不开的”；“中国坚持独立自主的对外政策，坚持互相尊重主权和领土完整、互不侵犯、互不干涉内政、平等互利、和平共处的五项原则”后增加“坚持和平发展道路，坚持互利共赢开放战略”；“发展同各国的外交关系和经济、文化的交流”修改为“发展同各国的外交关系和经济、文化交流，推动构建人类命运共同体”。这一自然段相应修改为：“中国革命、建设、改革的成就是同世界人民的支持分不开的。中国的前途是同世界的前途紧密地联系在一起的。中国坚持独立自主的对外政策，坚持互相尊重主权和领土完整、互不侵犯、互不干涉内政、平等互利、和平共处的五项原则，坚持和平发展道路，坚持互利共赢开放战略，发展同各国的外交关系和经济、文化交流，推动构建人类命运共同体；坚持反对帝国主义、霸权主义、殖民主义，加强同世界各国人民的团结，支持被压迫民族和发展中国家争取和维护民族独立、发展民族经济的正义斗争，为维护世界和平和促进人类进步事业而努力。”

《宪法修正案》第 36 条　宪法第一条第二款“社会主义制度是中华人民共和国的根本制度。”后增写一句，内容为：“中国共产党领导是中国特色社会主义最本质的特征。”

《宪法修正案》第 37 条　宪法第三条第三款“国家行政机关、审判机关、检察机关都由人民代表大会产生，对它负责，受它监督。”修改为：“国家行政机关、监察机关、审判机关、检察机关都由人民代表大会产生，对它负责，受它监督。”

《宪法修正案》第 38 条　宪法第四条第一款中“国家保障各少数民族的合法的权利和利益，维护和发展各民族的平等、团结、互助关系。”修改为：“国家保障各少数民族的合法的权利和利益，维护和发展各民族的平等团结互助和谐关系。”

《宪法修正案》第 39 条　宪法第二十四条第二款中“国家提倡爱祖国、爱人民、爱劳动、爱科学、爱社会主义的公德”修改为“国家倡导社会主义核心价值观，提倡爱祖国、爱人民、爱劳动、爱科学、爱社会主义的公德”。这一款相应修改为：“国家倡导社会主义核心价值观，提倡爱祖国、爱人民、爱劳动、爱科学、爱社会主义的公德，在人民中进行爱国主义、集体主义和国际主义、共产主义的教育，进行辩证唯物主义和历史唯物主义的教育，反对资本主义的、封建主义的和其他的腐朽思想。”

《宪法修正案》第 40 条　宪法第二十七条增加一款，作为第三款："国家工作人员就职时应当依照法律规定公开进行宪法宣誓。"

《宪法修正案》第 41 条　宪法第六十二条"全国人民代表大会行使下列职权"中增加一项，作为第七项"(七) 选举国家监察委员会主任"，第七项至第十五项相应改为第八项至第十六项。

《宪法修正案》第 42 条　宪法第六十三条"全国人民代表大会有权罢免下列人员"中增加一项，作为第四项"（四）国家监察委员会主任"，第四项、第五项相应改为第五项、第六项。

《宪法修正案》第 43 条　宪法第六十五条第四款"全国人民代表大会常务委员会的组成人员不得担任国家行政机关、审判机关和检察机关的职务。"修改为："全国人民代表大会常务委员会的组成人员不得担任国家行政机关、监察机关、审判机关和检察机关的职务。"

《宪法修正案》第 44 条　宪法第六十七条"全国人民代表大会常务委员会行使下列职权"中第六项"（六）监督国务院、中央军事委员会、最高人民法院和最高人民检察院的工作"修改为"（六）监督国务院、中央军事委员会、国家监察委员会、最高人民法院和最高人民检察院的工作"；增加一项，作为第十一项"(十一) 根据国家监察委员会主任的提请，任免国家监察委员会副主任、委员"，第十一项至第二十一项相应改为第十二项至第二十二项。

宪法第七十条第一款中"全国人民代表大会设立民族委员会、法律委员会、财政经济委员会、教育科学文化卫生委员会、外事委员会、华侨委员会和其他需要设立的专门委员会。"修改为："全国人民代表大会设立民族委员会、宪法和法律委员会、财政经济委员会、教育科学文化卫生委员会、外事委员会、华侨委员会和其他需要设立的专门委员会。"

《宪法修正案》第 45 条　宪法第七十九条第三款"中华人民共和国主席、副主席每届任期同全国人民代表大会每届任期相同，连续任职不得超过两届。"修改为："中华人民共和国主席、副主席每届任期同全国人民代表大会每届任期相同。"

《宪法修正案》第 46 条　宪法第八十九条"国务院行使下列职权"中第六项"（六）领导和管理经济工作和城乡建设"修改为"（六）领导和管理经济工作和城乡建设、生态文明建设"；第八项"（八）领导和管理民政、公安、司法行政和监察等工作"修改为"（八）领导和管理民政、公安、司法行政等工作"。

《宪法修正案》第 47 条　宪法第一百条增加一款，作为第二款："设区的市的人民代表大会和它们的常务委员会，在不同宪法、法律、行政法规和本省、自治区的地方性法规相抵触的前提下，可以依照法律规定制定地方性法规，报本省、自治区人民代表大会常务委员会批准后施行。"

《宪法修正案》第 48 条　宪法第一百零一条第二款中"县级以上的地方各级人民代表大会选举并且有权罢免本级人民法院院长和本级人民检察院检察长。"修改为："县级以上的地方各级人民代表大会选举并且有权罢免本级监察委员会主任、本级人民法院院长和本级人民检察院检察长。"

《宪法修正案》第 49 条　宪法第一百零三条第三款"县级以上的地方各级人民代表大会常务委员会的组成人员不得担任国家行政机关、审判机关和检察机关的职务。"修改为：

"县级以上的地方各级人民代表大会常务委员会的组成人员不得担任国家行政机关、监察机关、审判机关和检察机关的职务。"

《宪法修正案》第 50 条　宪法第一百零四条中"监督本级人民政府、人民法院和人民检察院的工作"修改为"监督本级人民政府、监察委员会、人民法院和人民检察院的工作"。这一条相应修改为："县级以上的地方各级人民代表大会常务委员会讨论、决定本行政区域内各方面工作的重大事项；监督本级人民政府、监察委员会、人民法院和人民检察院的工作；撤销本级人民政府的不适当的决定和命令；撤销下一级人民代表大会的不适当的决议；依照法律规定的权限决定国家机关工作人员的任免；在本级人民代表大会闭会期间，罢免和补选上一级人民代表大会的个别代表。"

《宪法修正案》第 51 条　宪法第一百零七条第一款"县级以上地方各级人民政府依照法律规定的权限，管理本行政区域内的经济、教育、科学、文化、卫生、体育事业、城乡建设事业和财政、民政、公安、民族事务、司法行政、监察、计划生育等行政工作，发布决定和命令，任免、培训、考核和奖惩行政工作人员。"修改为："县级以上地方各级人民政府依照法律规定的权限，管理本行政区域内的经济、教育、科学、文化、卫生、体育事业、城乡建设事业和财政、民政、公安、民族事务、司法行政、计划生育等行政工作，发布决定和命令，任免、培训、考核和奖惩行政工作人员。"

《宪法修正案》第 52 条　宪法第三章"国家机构"中增加一节，作为第七节"监察委员会"；增加五条，分别作为第一百二十三条至第一百二十七条。内容如下：

第七节　监察委员会

第一百二十三条　中华人民共和国各级监察委员会是国家的监察机关。

第一百二十四条　中华人民共和国设立国家监察委员会和地方各级监察委员会。

监察委员会由下列人员组成：

主任，

副主任若干人，

委员若干人。

监察委员会主任每届任期同本级人民代表大会每届任期相同。国家监察委员会主任连续任职不得超过两届。

监察委员会的组织和职权由法律规定。

第一百二十五条　中华人民共和国国家监察委员会是最高监察机关。

国家监察委员会领导地方各级监察委员会的工作，上级监察委员会领导下级监察委员会的工作。

第一百二十六条　国家监察委员会对全国人民代表大会和全国人民代表大会常务委员会负责。地方各级监察委员会对产生它的国家权力机关和上一级监察委员会负责。

第一百二十七条　监察委员会依照法律规定独立行使监察权，不受行政机关、社会团体和个人的干涉。

监察机关办理职务违法和职务犯罪案件，应当与审判机关、检察机关、执法部门互相配合，互相制约。

第七节相应改为第八节，第一百二十三条至第一百三十八条相应改为第一百二十八条至第一百四十三条。

⚖ 释解分析

上述条文是2018年宪法修正案。2018年对《宪法》进行了第五次修改，通过了第32条到第52条共21条修正案，主要涉及《宪法》序言、贯彻党的领导、国家机构等方面的内容。

（1）对《宪法》序言的修改。①增加了“科学发展观，习近平新时代中国特色社会主义思想”的内容，宪法确立其在国家政治和社会生活中的指导地位，反映了全国各族人民的愿望，体现了党的主张和人民意志的统一，具有重大的现实意义和深远的历史意义。②创新、协调、绿色、开放、共享的新发展理念是十八大以来以习近平同志为核心的党中央推动我国经济发展实践的理论结晶，《宪法》序言中明确写入“贯彻新发展理念”，“推动物质文明、政治文明、精神文明、社会文明、生态文明协调发展，把我国建设成为富强民主文明和谐美丽的社会主义现代化强国，实现中华民族的伟大复兴。”③统一战线的范围扩大到包括“致力于中华民族伟大复兴的爱国者”。④在民族关系上，“平等团结互助和谐的社会主义民族关系已经确立，并将继续加强。”⑤充实和平外交政策的内容，增加了“坚持和平发展道路，坚持互利共赢开放战略”，提出了“构建人类命运共同体”的构想。⑥完善依法治国和宪法实施举措，将《宪法》序言中“健全社会主义法制”修改为“健全社会主义法治”。

（2）对《宪法》总纲的修改。①充实和加强中国共产党的全面领导的内容，在《宪法》第1条增加规定，“中国共产党领导是中国特色社会主义最本质的特征”。宪法从社会主义制度的本质属性角度对坚持和加强党的全面领导进行规定，有利于在全国人民中强化党的领导意识，有效地把党的领导落实到国家工作全过程和各方面，确保党和国家事业始终沿着正确方向前进。②增加倡导社会主义核心价值观的内容，《宪法》第24条第2款中“国家提倡爱祖国、爱人民、爱劳动、爱科学、爱社会主义的公德”修改为“国家倡导社会主义核心价值观，提倡爱祖国、爱人民、爱劳动、爱科学、爱社会主义的公德”。

（3）对国家机构的修改。为推进国家治理体系和治理能力的现代化，在国家机构方面进行了以下的修改：①推进合宪性审查工作，将全国人大法律委员会改名为“宪法和法律委员会”。②“中华人民共和国主席、副主席每届任期同全国人民代表大会每届任期相同，连续任职不得超过两届”，修改为“中华人民共和国主席、副主席每届任期同全国人民代表大会每届任期相同”。③增加设区的市制定地方性法规的规定。在《宪法》第100条增加一款，作为第2款：“设区的市的人民代表大会和它们的常务委员会，在不同宪法、法律、行政法规和本省、自治区的地方性法规相抵触的前提下，可以依照法律规定制定地方性法规，报本省、自治区人民代表大会常务委员会批准后施行。”④为实现反腐败对公职人员的全覆盖，在国家机构中设立“监察委员会”。在2018年通过的21条宪法修正案中，有11条和监察委员会有关。

此次宪法修改，为在国家政治和社会生活中贯彻习近平新时代中国特色社会主义思想提供了宪法保障；为全面贯彻实施宪法确立的国家根本任务、发展道路、奋斗目标提供了宪法保障；为确保党的长期执政和国家长治久安提供了宪法保障；为进一步全面推进依法治国提供了宪法保障；为支持和健全人民当家作主提供了宪法保障。

试题范例

（多项选择题）下列表述属于2018年宪法修正案内容的是（　　）。

A. 国家建立健全同经济发展水平相适应的社会保障制度

B. 中国共产党领导是中国特色社会主义最本质的特征

C. 区分了“土地征用”和“土地征收”两种不同情形，并明确了征收目的、征收程序和国家补偿的原则

D. 根据国家监察委员会主任的提请，任免国家监察委员会副主任、委员

答案：BD

三、合宪性审查和合法性审查制度

核心法条

《宪法》序言　本宪法以法律的形式确认了中国各族人民奋斗的成果，规定了国家的根本制度和根本任务，是国家的根本法，具有最高的法律效力。全国各族人民、一切国家机关和武装力量、各政党和各社会团体、各企业事业组织，都必须以宪法为根本的活动准则，并且负有维护宪法尊严、保证宪法实施的职责。

《宪法》第5条第3、5款　一切法律、行政法规和地方性法规都不得同宪法相抵触。

任何组织或者个人都不得有超越宪法和法律的特权。

《立法法》第98条　宪法具有最高的法律效力，一切法律、行政法规、地方性法规、自治条例和单行条例、规章都不得同宪法相抵触。

释解分析

上述条文规定的是合宪性审查的依据。合宪性审查的依据就是宪法是最高法，在整个法律体系中具有最高的效力，一切法律、行政法规、地方性法规、自治条例和单行条例、规章都不得同宪法相抵触。

试题范例

（单项选择题）我国合宪性审查的依据是（　　）。

A. 宪法是最高法，在整个法律体系中具有最高的效力

B. 宪法的制定和修改程序具有特殊性

C. 宪法的实施具有多层次性

D. 宪法是公民权利的保障书

答案：A

核心法条

《法规、司法解释备案审查工作办法》第 2 条　对行政法规、监察法规、地方性法规、自治州和自治县的自治条例和单行条例、经济特区法规（以下统称法规）以及最高人民法院、最高人民检察院作出的属于审判、检察工作中具体应用法律的解释（以下统称司法解释）的备案审查，适用本办法。

释解分析

本条规定的是合宪性审查的对象。合宪性审查的对象包括行政法规、监察法规、地方性法规、自治州和自治县的自治条例和单行条例、经济特区法规以及司法解释。但对于法律和规章如何进行合宪性审查，目前尚无具体规定。

试题范例

（多项选择题）我国合宪性审查的对象有（　　）。

A. 行政法规　　B. 监察法规

C. 自治条例和单行条例　　D. 司法解释

答案：ABCD

核心法条

《宪法》第 27 条第 3 款　国家工作人员就职时应当依照法律规定公开进行宪法宣誓。

释解分析

本条规定的是宪法宣誓制度。宪法是国家的根本法，是我国社会主义法律体系的基础，具有最高的法律效力。同时，宪法是社会共同体的基本规则，凝聚着基本共识和价值观。全国人大及其常委会、国务院、中央军委、国家监察委员会、最高人民法院、最高人民检察院等中央国家机构和县级以上人大及其常委会、人民政府、监察委员会、人民法院、人民检察院等县级以上地方国家机构选出或任命的国家工作人员在就任时应当公开对宪法宣誓。宪法宣誓的誓词为："我宣誓：忠于中华人民共和国宪法，维护宪法权威，履行法定职责，忠于祖国、忠于人民，恪尽职守、廉洁奉公，接受人民监督，为建设富强民主文明和谐美丽的社会主义现代化强国努力奋斗！"2018 年宪法修正案明确规定："国家工作人员就职时应当依照法律规定公开进行宪法宣誓。"这是以根本法的形式确立了宪法宣誓制度。

宪法宣誓制度的建立有利于维护宪法的最高法律地位、法律权威和法律效力，有利于激励和教育国家工作人员忠于宪法、遵守宪法、维护宪法，是我国宪法实施制度的完善和最新发展。

试题范例

（单项选择题）下列关于我国宪法宣誓制度的表述，正确的是（　　）。

A. 宪法宣誓制度为我国所首创

B. 宣誓可以分为单独宣誓和集体宣誓

C. 宣誓人包括国家工作人员和人大代表

D. 国务院各部门的宣誓仪式由国务院组织

答案：B

核心法条

《宪法》第 62 条第 2 项　全国人民代表大会行使下列职权：

…………

（二）监督宪法的实施；

…………

《宪法》第 67 条第 1 项　全国人民代表大会常务委员会行使下列职权：

（一）解释宪法，监督宪法的实施；

…………

《全国人民代表大会组织法》第 37 条第 8 项　各专门委员会的工作如下：

…………

（八）审议全国人民代表大会常务委员会交付的被认为同宪法、法律相抵触的国务院的行政法规、决定和命令，国务院各部门的命令、指示和规章，国家监察委员会的监察法规，省、自治区、直辖市和设区的市、自治州的人民代表大会及其常务委员会的地方性法规和决定、决议，省、自治区、直辖市和设区的市、自治州的人民政府的决定、命令和规章，民族自治地方的自治条例和单行条例，经济特区法规，以及最高人民法院、最高人民检察院具体应用法律问题的解释，提出意见；

…………

释解分析

上述条文规定的是合宪性审查机关。《宪法》规定了全国人大行使监督宪法实施的职权，这是沿用了 1954 年宪法和 1978 年宪法的做法。《宪法》第 67 条第 1 项还规定了全国人大常委会监督宪法的实施。这一规定为保证合宪性审查工作的经常开展提供了依据。全国人大各专门委员会具体负责合宪性审查工作。

试题范例

（单项选择题）我国的合宪性审查机关是（　　）。

A. 全国人大及其常委会　　B. 全国人大主席团

C. 国务院　　D. 最高人民法院

答案：A

核心法条

《立法法》第 98 条　宪法具有最高的法律效力，一切法律、行政法规、地方性法规、自治条例和单行条例、规章都不得同宪法相抵触。

《立法法》第99条　法律的效力高于行政法规、地方性法规、规章。

行政法规的效力高于地方性法规、规章。

《立法法》第100条　地方性法规的效力高于本级和下级地方政府规章。

省、自治区的人民政府制定的规章的效力高于本行政区域内的设区的市、自治州的人民政府制定的规章。

《立法法》第101条　自治条例和单行条例依法对法律、行政法规、地方性法规作变通规定的，在本自治地方适用自治条例和单行条例的规定。

经济特区法规根据授权对法律、行政法规、地方性法规作变通规定的，在本经济特区适用经济特区法规的规定。

《立法法》第102条　部门规章之间、部门规章与地方政府规章之间具有同等效力，在各自的权限范围内施行。

《立法法》第103条　同一机关制定的法律、行政法规、地方性法规、自治条例和单行条例、规章，特别规定与一般规定不一致的，适用特别规定；新的规定与旧的规定不一致的，适用新的规定。

《立法法》第104条　法律、行政法规、地方性法规、自治条例和单行条例、规章不溯及既往，但为了更好地保护公民、法人和其他组织的权利和利益而作的特别规定除外。

《立法法》第105条　法律之间对同一事项的新的一般规定与旧的特别规定不一致，不能确定如何适用时，由全国人民代表大会常务委员会裁决。

行政法规之间对同一事项的新的一般规定与旧的特别规定不一致，不能确定如何适用时，由国务院裁决。

《立法法》第106条　地方性法规、规章之间不一致时，由有关机关依照下列规定的权限作出裁决：

（一）同一机关制定的新的一般规定与旧的特别规定不一致时，由制定机关裁决；

（二）地方性法规与部门规章之间对同一事项的规定不一致，不能确定如何适用时，由国务院提出意见，国务院认为应当适用地方性法规的，应当决定在该地方适用地方性法规的规定；认为应当适用部门规章的，应当提请全国人民代表大会常务委员会裁决；

（三）部门规章之间、部门规章与地方政府规章之间对同一事项的规定不一致时，由国务院裁决。

根据授权制定的法规与法律规定不一致，不能确定如何适用时，由全国人民代表大会常务委员会裁决。

释解分析

上述条文规定的是规范性法律文件的适用。

试题范例

（多项选择题）根据我国宪法和法律规定，关于国务院立法权限及法规的效力与适用，下列表述正确的是（　　）。

A. 国务院有权规定行政措施，制定行政法规，发布决定和命令

B. 国务院有权改变或者撤销地方各级国家行政机关的不适当的决定和命令

C. 地方性法规与部门规章之间对同一事项的规定不一致，不能确定如何适用时，由国务院裁决

D. 部门规章之间、部门规章与地方政府规章之间对同一事项的规定不一致时，由国务院裁决

答案：ABD

核心法条

《宪法》第 62 条第 12 项　全国人民代表大会行使下列职权：

…………

（十二）改变或者撤销全国人民代表大会常务委员会不适当的决定；

…………

《宪法》第 67 条第 7、8 项　全国人民代表大会常务委员会行使下列职权：

…………

（七）撤销国务院制定的同宪法、法律相抵触的行政法规、决定和命令；

（八）撤销省、自治区、直辖市国家权力机关制定的同宪法、法律和行政法规相抵触的地方性法规和决议；

…………

《立法法》第 107 条　法律、行政法规、地方性法规、自治条例和单行条例、规章有下列情形之一的，由有关机关依照本法第一百零八条规定的权限予以改变或者撤销：

（一）超越权限的；

（二）下位法违反上位法规定的；

（三）规章之间对同一事项的规定不一致，经裁决应当改变或者撤销一方的规定的；

（四）规章的规定被认为不适当，应当予以改变或者撤销的；

（五）违背法定程序的。

《立法法》第 108 条　改变或者撤销法律、行政法规、地方性法规、自治条例和单行条例、规章的权限是：

（一）全国人民代表大会有权改变或者撤销它的常务委员会制定的不适当的法律，有权撤销全国人民代表大会常务委员会批准的违背宪法和本法第八十五条第二款规定的自治条例和单行条例；

（二）全国人民代表大会常务委员会有权撤销同宪法和法律相抵触的行政法规，有权撤销同宪法、法律和行政法规相抵触的地方性法规，有权撤销省、自治区、直辖市的人民代表大会常务委员会批准的违背宪法和本法第八十五条第二款规定的自治条例和单行条例；

（三）国务院有权改变或者撤销不适当的部门规章和地方政府规章；

（四）省、自治区、直辖市的人民代表大会有权改变或者撤销它的常务委员会制定的和批准的不适当的地方性法规；

（五）地方人民代表大会常务委员会有权撤销本级人民政府制定的不适当的规章；

（六）省、自治区的人民政府有权改变或者撤销下一级人民政府制定的不适当的规章；

（七）授权机关有权撤销被授权机关制定的超越授权范围或者违背授权目的的法规，必要时可以撤销授权。

释解分析

上述条文规定的是改变或者撤销权限。需要注意的是，改变和撤销是有区别的，改变的只是规范性文件的部分条款，撤销的是整个规范性文件。这要掌握一个区分的关键原则：两机关是否有领导关系。有领导关系的机关之间，上级可以改变，也可以撤销下级机关制定的规范性文件；无领导关系的机关之间，上级只能撤销下级机关制定的规范性文件，而不能改变。如全国人大对其常委会，省级人大对其常委会，国务院对其所属部门，国务院、省级人民政府对其下级人民政府，就可以适用“改变”和“撤销”；全国人大常委会对国务院、下级人大及其常委会，地方人大常委会对本级人民政府，授权机关对被授权机关，就只能适用“撤销”。

需要注意的是，设区的市、自治州的人大常委会制定的地方性法规，不能由同级人大改变或者撤销，只能由省级人大改变或者撤销。这是因为，设区的市、自治州的人大常委会制定的地方性法规，须报省级人大常委会批准。对于上级人大常委会批准的法规，下级人大当然无权改变或者撤销。此外，全国人大对于全国人大常委会批准的自治条例和单行条例，只能适用“撤销”而不能“改变”。

试题范例

（多项选择题）关于规范性法律文件的改变或者撤销权限，下列表述正确的是（　　）。

A. 全国人大有权改变或者撤销全国人大常委会制定的不适当的法律

B. 全国人大有权改变或者撤销全国人大常委会批准的违背宪法规定的自治条例和单行条例

C. 设区的市的人民代表大会有权改变或者撤销该市人民代表大会常务委员会制定的地方性法规

D. 国务院有权改变或者撤销不适当的部门规章和地方政府规章

答案：AD

核心法条

《立法法》第 109 条　行政法规、地方性法规、自治条例和单行条例、规章应当在公布后的三十日内依照下列规定报有关机关备案：

（一）行政法规报全国人民代表大会常务委员会备案；

（二）省、自治区、直辖市的人民代表大会及其常务委员会制定的地方性法规，报全国人民代表大会常务委员会和国务院备案；设区的市、自治州的人民代表大会及其常务委员会制定的地方性法规，由省、自治区的人民代表大会常务委员会报全国人民代表大会常务委员会和国务院备案；

（三）自治州、自治县的人民代表大会制定的自治条例和单行条例，由省、自治区、直辖市的人民代表大会常务委员会报全国人民代表大会常务委员会和国务院备案；自治条例、单行条例报送备案时，应当说明对法律、行政法规、地方性法规作出变通的情况；

（四）部门规章和地方政府规章报国务院备案；地方政府规章应当同时报本级人民代表大会常务委员会备案；设区的市、自治州的人民政府制定的规章应当同时报省、自治区的人民代表大会常务委员会和人民政府备案；

（五）根据授权制定的法规应当报授权决定规定的机关备案；经济特区法规、浦东新区法规、海南自由贸易港法规报送备案时，应当说明变通的情况。

释解分析

本条规定的是报送备案。本条规定的备案审查的范围包括行政法规、地方性法规、自治条例和单行条例、规章。

试题范例

1.（多项选择题）A省甲市是设区的市，甲市政府依法制定公布了《历史文化保护办法》。该办法的备案机关有（　　）。

A. 国务院　　B. A省人民代表大会常务委员会

C. A省人民政府　　D. 甲市人民代表大会常务委员会

2.（多项选择题）下列规范性法律文件中，可以对法律、行政法规、地方性法规作出变通的是（　　）。

A. 自治条例和单行条例　　B. 规章

C. 经济特区法规　　D. 监察法规

答案：1. ABCD　2. AC

核心法条

《立法法》第110条　国务院、中央军事委员会、国家监察委员会、最高人民法院、最高人民检察院和各省、自治区、直辖市的人民代表大会常务委员会认为行政法规、地方性法规、自治条例和单行条例同宪法或者法律相抵触，或者存在合宪性、合法性问题的，可以向全国人民代表大会常务委员会书面提出进行审查的要求，由全国人民代表大会有关的专门委员会和常务委员会工作机构进行审查、提出意见。

前款规定以外的其他国家机关和社会团体、企业事业组织以及公民认为行政法规、地方性法规、自治条例和单行条例同宪法或者法律相抵触的，可以向全国人民代表大会常务委员会书面提出进行审查的建议，由常务委员会工作机构进行审查；必要时，送有关的专门委员会进行审查、提出意见。

释解分析

本条规定的是对规范性文件的被动审查。有关主体认为行政法规、地方性法规、自治条例和单行条例同宪法或者法律相抵触，或者存在合宪性、合法性问题的，可以通过提出审查要求和提出审查建议的方式来启动审查程序。“要求权”和“建议权”是两个不同的概念。

提出审查要求的主体是国务院、中央军事委员会、国家监察委员会、最高人民法院、最高人民检察院和省级人大常委会。备案机关收到审查要求后，应当由全国人大有关的专门委员会和常委会工作机构进行审查、提出意见。专门委员会和常委会工作机构承担具体的审查义务，是行政法规、自治条例和单行条例、司法解释的审查机构。提出审查建议的主体是其他国家机关和社会团体、企业事业组织以及公民。对提出的审查建议，由常委会工作机构先进行审查；必要时，送有关的专门委员会进行审查、提出意见。

试题范例

（多项选择题）A省省会甲市人大常委会制定并公布《文化古迹保护办法》。下列有关该办法的表述，正确的是（　　）。

A. 该办法应当报A省人大常委会批准后施行

B. 该办法应当报全国人大常委会和国务院备案

C. 该办法与部委规章规定不一致，应适用部委规章

D. 公民乙认为该办法不符合宪法规定，可以向全国人大常委会提出合宪性审查建议

答案：ABD

核心法条

《立法法》第111条第1款　全国人民代表大会专门委员会、常务委员会工作机构可以对报送备案的行政法规、地方性法规、自治条例和单行条例等进行主动审查，并可以根据需要进行专项审查。

释解分析

本条规定的是对规范性文件的主动审查。全国人大常委会对规范性文件的合宪（法）性审查采取被动审查与主动审查相结合的方式。全国人民代表大会专门委员会、常务委员会工作机构在采取主动审查工作中，可以根据需要进行专项审查。主动审查对发挥全国人大常委会审查机构的主动性、维护国家的法制统一具有重要作用。

试题范例

（多项选择题）关于我国的合宪性审查制度，下列说法正确的是（　　）。

A. 我国对规范性文件的合宪性审查采取被动审查与主动审查相结合的方式

B. 我国对规范性文件的合宪性审查采取事前审查和附带性审查相结合的方式

C. 全国人民代表大会专门委员会、常务委员会工作机构在主动审查中可以根据需要进行专项审查

D. 规范性文件存在合宪性问题的，可以通过提出审查要求和提出审查建议的方式来启动审查程序

答案：ACD

核心法条

《立法法》第 112 条　全国人民代表大会专门委员会、常务委员会工作机构在审查中认为行政法规、地方性法规、自治条例和单行条例同宪法或者法律相抵触，或者存在合宪性、合法性问题的，可以向制定机关提出书面审查意见；也可以由宪法和法律委员会与有关的专门委员会、常务委员会工作机构召开联合审查会议，要求制定机关到会说明情况，再向制定机关提出书面审查意见。制定机关应当在两个月内研究提出是否修改或者废止的意见，并向全国人民代表大会宪法和法律委员会、有关的专门委员会或者常务委员会工作机构反馈。

全国人民代表大会宪法和法律委员会、有关的专门委员会、常务委员会工作机构根据前款规定，向制定机关提出审查意见，制定机关按照所提意见对行政法规、地方性法规、自治条例和单行条例进行修改或者废止的，审查终止。

全国人民代表大会宪法和法律委员会、有关的专门委员会、常务委员会工作机构经审查认为行政法规、地方性法规、自治条例和单行条例同宪法或者法律相抵触，或者存在合宪性、合法性问题需要修改或者废止，而制定机关不予修改或者废止的，应当向委员长会议提出予以撤销的议案、建议，由委员长会议决定提请常务委员会会议审议决定。

释解分析

本条规定的是合宪（法）性审查程序。对行政法规、地方性法规、自治条例和单行条例的审查程序是：(1) 提出书面审查意见。一是全国人民代表大会专门委员会、常务委员会工作机构在审查中认为行政法规、地方性法规、自治条例和单行条例同宪法或者法律相抵触，或者存在合宪性、合法性问题的，可以向制定机关提出书面审查意见。二是由宪法和法律委员会与有关的专门委员会、常务委员会工作机构召开联合审查会议，要求制定机关到会说明情况，再向制定机关提出书面审查意见。(2) 审查意见反馈。制定机关应当在 2 个月内研究提出是否修改或者废止的意见，并向全国人民代表大会宪法和法律委员会、有关的专门委员会或者常务委员会工作机构反馈。(3) 对审查的处理。①审查终止。全国人民代表大会宪法和法律委员会、有关的专门委员会、常务委员会工作机构依法向制定机关提出审查意见，制定机关按照所提意见对行政法规、地方性法规、自治条例和单行条例进行修改或者废止的，审查终止。②提出撤销议案、建议。全国人民代表大会宪法和法律委员会、有关的专门委员会、常务委员会工作机构经审查认为行政法规、地方性法规、自治条例和单行条例同宪法或者法律相抵触，或者存在合宪性、合法性问题需要修改或者废止，而制定机关不予修改或者废止的，应当向委员长会议提出予以撤销的议案、建议，由委员长会议决定提请常务委员会会议审议决定。

试题范例

（单项选择题）关于合宪（法）性审查程序，下列表述正确的是（　　）。

A. 只有规范性文件同宪法或者法律相抵触，审查机构才可以向制定机关提出书面审查意见

B. 全国人大宪法和法律委员会是进行合宪性审查的专门机关

C. 如果制定机关按照审查机关的意见对规范性文件进行修改或者废止的，审查程序终止

D. 如果制定机关没有按照审查机关的意见对规范性文件予以修改或者废止的，宪法和法律委员会、有关的专门委员会应当予以撤销

答案：C

核心法条

《立法法》第 113 条　全国人民代表大会有关的专门委员会、常务委员会工作机构应当按照规定要求，将审查情况向提出审查建议的国家机关、社会团体、企业事业组织以及公民反馈，并可以向社会公开。

释解分析

本条规定的是审查情况的反馈与公开。

试题范例

（多项选择题）关于合宪（法）性审查的反馈与公开机制，下列表述正确的是（　　）。

A. 合宪（法）性审查的反馈与公开机制妥善处理了一些明显与法律规定存在不一致问题的规范性法律文件

B. 合宪（法）性审查的反馈与公开机制能够保障审查建议人的知情权，并督促制定机关纠正违法问题

C. 审查机构应当按照规定要求，将审查情况向提出审查建议的主体反馈

D. 任何提出审查要求和建议的主体，全国人大专门委员会和常委会工作机构都应当将审查情况反馈和公开

答案：ABC

四、国家性质和政党制度

核心法条

《宪法》序言　推动物质文明、政治文明、精神文明、社会文明、生态文明协调发展……

释解分析

该序言规定的是“五个文明”的协调发展。五个文明指的是物质文明、政治文明、精神文明、社会文明、生态文明。1982 年宪法规定了物质文明和精神文明建设的内容。2004 年

宪法修正案规定了政治文明建设的内容。2018 年宪法修正案规定了社会文明和生态文明建设的内容。

物质文明是人类改造自然界的物质成果，表现为物质生产的进步和人们物质生活的改善及不断丰富。政治文明是人类在进行社会治理过程中取得的有关政治思想、政治制度和政治运作行为方面的成果，表现为政治制度设计和运行的民主化、法制化和科学化。精神文明是伴随着物质文明的产生而产生的，是社会生产实践中的精神产品。精神文明建设主要包括文化教育建设（《宪法》第 19—22 条）和思想道德建设（《宪法》第 24 条）两项内容。社会文明是社会领域的进步程度和社会建设的积极成果。生态文明是人类遵循人、自然、社会和谐发展这一客观规律而取得的物质与精神成果的总和；生态文明是以人与自然、人与人、人与社会和谐共生、良性循环、全面发展、持续繁荣为基本宗旨的社会形态。

我国的社会主义现代化建设是一个巨大的系统工程，具体来讲，就是“五个文明”的协调发展。“五个文明”协调发展是中国共产党统筹推进经济建设、政治建设、文化建设、社会建设、生态建设的“五位一体”总体布局的宪法化表达。社会主义社会应该是物质文明、政治文明、精神文明、社会文明和生态文明全面发展的社会，实现现代化的过程是包括经济、政治、文化、社会和生态发展在内的全面进步的过程。在这个过程中，生态文明是“五个文明”系统中的前提，物质文明是“五个文明”系统中的基础，政治文明是“五个文明”系统中的保障，精神文明是“五个文明”系统中的灵魂，社会文明是“五个文明”系统中的目的。强调“五个文明”共同发展、协调发展，是对人类社会发展趋势的正确回应，“五个文明”共同构成文明系统整体，协调发展，相互影响，相互制约，最终实现宪法确立的国家根本任务。

试题范例

（单项选择题）规定物质文明、政治文明、精神文明、社会文明、生态文明协调发展的宪法修正案是（　　）。

A. 1993 年宪法修正案　　B. 1999 年宪法修正案

C. 2004 年宪法修正案　　D. 2018 年宪法修正案

答案：D

核心法条

《宪法》序言　在长期的革命、建设、改革过程中，已经结成由中国共产党领导的，有各民主党派和各人民团体参加的，包括全体社会主义劳动者、社会主义事业的建设者、拥护社会主义的爱国者、拥护祖国统一和致力于中华民族伟大复兴的爱国者的广泛的爱国统一战线，这个统一战线将继续巩固和发展。

释解分析

上述序言规定的是爱国统一战线。统一战线是我国新民主主义革命和社会主义革命时期，中国共产党为取得革命和建设胜利而与各革命阶级组成的政治联盟，是我国人民民主专政的优势和特色，曾被毛泽东主席誉为中国革命胜利的“三大法宝”（统一战线、武装斗争、党的建设）之一。现阶段我国的统一战线称为爱国统一战线，它是由中国共产党领导的，有各民主党派和各人民团体参加的，包括全体社会主义劳动者、社会主义事业的建设者、拥护社会主义的爱国者、拥护祖国统一和致力于中华民族伟大复兴的爱国者的政治联盟。

现阶段爱国统一战线的特点有：(1) 以中国共产党的领导为最高原则。(2) 以政治协商为主要工作方式。(3) 以爱国主义为政治基础和界限范围。(4) 以“三大任务”(服务于现代化建设、服务于祖国统一、服务于世界和平) 为奋斗目标。(5) 以中国人民政治协商会议为组织形式。中国人民政治协商会议（简称“人民政协”或“政协”）是我国爱国统一战线的组织形式，在我国民主参政体系中居于重要地位，已经成为我国的政治特色，在国家政治运转中发挥着不可替代的作用。

试题范例

1. (单项选择题) 爱国统一战线的组织形式是（　　）。

A. 人民代表大会　B. 人民政协　C. 党委　D. 常务会议

2. (单项选择题) 在爱国统一战线构成中，属于 2018 年宪法修正案新增的是（　　）。

A. 社会主义事业的建设者　B. 致力于中华民族伟大复兴的爱国者

C. 拥护社会主义的爱国者　D. 拥护祖国统一的爱国者

答案： 1. B　2. B

核心法条

《宪法》序言　中国人民政治协商会议是有广泛代表性的统一战线组织，过去发挥了重要的历史作用，今后在国家政治生活、社会生活和对外友好活动中，在进行社会主义现代化建设、维护国家的统一和团结的斗争中，将进一步发挥它的重要作用。中国共产党领导的多党合作和政治协商制度将长期存在和发展。

释解分析

上述序言规定的是中国人民政治协商会议。中国人民政治协商会议是我国具有广泛代表性的爱国统一战线组织，是在中国共产党领导下，同各民主党派及其他爱国人士进行政治协商的机关。

中国人民政治协商会议是中国人民的爱国统一战线组织。在性质上，中国人民政治协商会议不属于国家机构体系，不是国家机关，也不同于一般的人民团体，而是爱国统一战线和多党合作的重要形式。中国人民政治协商会议的主要职能是政治协商、民主监督、参政议政。实现其职能的主要途径有：(1) 通过各种形式参与有关国家事务和地方事务重要问题的讨论；(2) 密切联系各方面人士，向党和国家机关反映各界人民群众的意见和要求，宣传和贯彻执行宪法和法律，协助党和政府贯彻各项政策，维护和巩固安定团结的政治局面；(3) 组织政协委员进行视察、参观和调查活动，向有关机关或其他组织提出建议和批评；(4) 积极开展同台湾同胞和各界人士的联系，促进祖国和平统一；(5) 调整和处理爱国统一战线各方面的关系和人民政协会议内部合作的重要事项；(6) 组织和推动政协委员的学习活动；(7) 积极开展人民外交活动，为维护世界和平作出贡献。

试题范例

（单项选择题）下列关于中国人民政治协商会议的表述，正确的是（　　）。

A. 中国人民政治协商会议是我国的最高国家权力机关

B. 中国人民政治协商会议由选民民主选举产生，对选民负责，受选民监督

C. 中国人民政治协商会议进行合宪性审查，并监督宪法的实施

D. 中国人民政治协商会议是在中国共产党领导下，同各民主党派及其他爱国人士进行政治协商的机关

答案：D

核心法条

《宪法》第 1 条第 1 款　中华人民共和国是工人阶级领导的、以工农联盟为基础的人民民主专政的社会主义国家。

释解分析

本款规定的是我国的国家性质。国家性质也称国体，或者说国家的阶级本质、政权的阶级本质，是指各个阶级在国家中的地位，具体来讲就是哪个阶级是统治阶级，哪个阶级是被统治阶级，哪个阶级是联盟的对象。国家性质是国家制度的核心，其他的一些制度，如国家结构形式、政党制度、选举制度等，都是围绕着国家性质展开的。国家性质与国家形式之间的关系是内容与形式之间的关系，国家性质反映的是本质方面的内容，而其他的制度，如政权组织形式、国家结构形式则是本质的外在反映。

我国的国家性质是人民民主专政。人民民主专政实质上是无产阶级专政。人民民主专政的阶级结构是：（1）以工人阶级为领导。以工人阶级为领导是人民民主专政的根本标志。（2）工农联盟是阶级基础。（3）知识分子是依靠力量。我国《宪法》在序言中宣布："社会主义的建设事业必须依靠工人、农民和知识分子，团结一切可以团结的力量。"《宪法》第 23 条规定："国家培养为社会主义服务的各种专业人才，扩大知识分子的队伍，创造条件，充分发挥他们在社会主义现代化建设中的作用。"（4）统一战线是人民民主专政的重要特色。人民民主专政不同于无产阶级专政的重要特点，就在于人民民主专政有一个广泛的统一战线作为它的政治基础。

试题范例

（多项选择题）国家制度包括（　　）。

A. 国体　　B. 政体　　C. 选举制度　　D. 地方制度

答案：ABCD

核心法条

《宪法》第 1 条第 2 款　社会主义制度是中华人民共和国的根本制度。中国共产党领导是中国特色社会主义最本质的特征。禁止任何组织或者个人破坏社会主义制度。

释解分析

本款规定的是我国的根本制度和社会主义最本质的特征。我国的根本制度是社会主义制度，而中国共产党领导是中国特色社会主义最本质的特征。这一规定把党的领导和社会主义制度内在统一起来，把党的执政规律和中国特色社会主义建设规律内在统一起来。我国宪法以根本法的形式反映了党带领人民进行革命、建设、改革取得的成果，反映了在历史和人民的选择中形成的党的领导地位。

试题范例

（单项选择题）关于我国的根本制度和社会主义最本质的特征，下列表述正确的是（　　）。

A. 人民代表大会制度是我国的根本制度

B. 中国共产党领导是中国特色社会主义最本质的特征

C. 我国的国家性质是无产阶级专政

D. 我国的根本经济制度是社会主义全民所有制经济

答案： B

核心法条

《宪法》第 6 条第 1 款　中华人民共和国的社会主义经济制度的基础是生产资料的社会主义公有制，即全民所有制和劳动群众集体所有制……

释解分析

上述条文规定的是我国经济制度的基础。社会主义公有制是我国经济制度的基础。全民所有制和劳动群众集体所有制是我国社会主义公有制的两种基本形式。该规定对我国社会主义经济制度的巩固和发展，对人民民主专政的国家政权的巩固和社会主义现代化建设的顺利进行，都有着重大的意义。

试题范例

（单项选择题）我国社会主义经济制度的基础是（　　）。

A. 社会主义公有制

B. 社会主义全民所有制

C. 社会主义劳动群众集体所有制

D. 社会主义市场经济体制

答案： A

核心法条

《宪法》第 6 条　……社会主义公有制消灭人剥削人的制度，实行各尽所能、按劳分配的原则。

国家在社会主义初级阶段，坚持公有制为主体、多种所有制经济共同发展的基本经济制度，坚持按劳分配为主体、多种分配方式并存的分配制度。

释解分析

上述条文规定的是分配制度。按劳分配原则是我国社会主义分配制度的基础。我国实行各尽所能、按劳分配的原则，是由生产资料的社会主义公有制决定的，是社会主义公有制的具体体现，同时，在按劳分配为主体的情况下又允许多种分配形式并存，这又是由我国社会主义初级阶段生产力发展水平和多种生产方式并存的实际状况所决定的，但最具决定性的因素是生产力发展水平。

试题范例

（单项选择题）我国社会主义分配制度的基础是（　　）。

A. 按劳分配原则　　　　B. 公有制的主体地位

C. 多种分配方式并存的分配制度　　　　D. 社会主义市场经济体制

答案：A

核心法条

《宪法》第7条　国有经济，即社会主义全民所有制经济，是国民经济中的主导力量。国家保障国有经济的巩固和发展。

释解分析

本条规定的是国有经济。国有经济是国民经济中的主导力量，是指国有经济在整个国民经济发展中起着主导作用。这是由于：（1）国有经济掌握国家经济命脉。（2）国有经济决定着我国国民经济的性质和发展水平。（3）国有经济以其在国民经济中的主导地位，影响并制约其他经济的发展。因此，国有经济是国民经济中的主导力量，是我国人民民主专政政权的物质基础，也是实现社会主义现代化的物质基础。

试题范例

（单项选择题）下列关于我国国有经济的表述，正确的是（　　）。

A. 国有经济是国民经济的重要组成部分

B. 国有经济包括社会主义全民所有制经济和劳动群众集体所有制经济

C. 国有经济影响并制约其他经济的发展

D. 国家鼓励、指导和帮助国有经济的发展

答案：C

核心法条

《宪法》第8条　农村集体经济组织实行家庭承包经营为基础、统分结合的双层经营体制。农村中的生产、供销、信用、消费等各种形式的合作经济，是社会主义劳动群众集体所有制经济。参加农村集体经济组织的劳动者，有权在法律规定的范围内经营自留地、自留山、家庭副业和饲养自留畜。

城镇中的手工业、工业、建筑业、运输业、商业、服务业等行业的各种形式的合作经济，都是社会主义劳动群众集体所有制经济。

国家保护城乡集体经济组织的合法的权利和利益，鼓励、指导和帮助集体经济的发展。

释解分析

本条规定的是劳动群众集体所有制经济。劳动群众集体所有制经济包括城镇中各种形式的合作经济和农村中多种形式的合作经济。集体经济在整个国家经济发展中占有非常重要的地位，发挥着不可替代的作用。正因为如此，国家保护城乡集体经济组织的合法的权利和利益，鼓励、指导和帮助集体经济的发展。

试题范例

（单项选择题）根据现行宪法和法律，下列关于社会主义劳动群众集体经济的表述，正确的是（　　）。

A. 社会主义集体经济就是指社会主义农村集体经济

B. 国家鼓励、支持和引导集体经济的发展

C. 社会主义农村集体经济组织实行家庭承包经营为基础、统分结合的双层经营体制

D. 城镇中的手工业、工业、建筑业、运输业、商业、服务业等行业的各种形式的合作经济不是集体经济

答案：C

核心法条

《宪法》第 9 条　矿藏、水流、森林、山岭、草原、荒地、滩涂等自然资源，都属于国家所有，即全民所有；由法律规定属于集体所有的森林和山岭、草原、荒地、滩涂除外。

国家保障自然资源的合理利用，保护珍贵的动物和植物。禁止任何组织或者个人用任何手段侵占或者破坏自然资源。

《宪法》第 10 条第 1、2、3 款　城市的土地属于国家所有。

农村和城市郊区的土地，除由法律规定属于国家所有的以外，属于集体所有；宅基地和自留地、自留山，也属于集体所有。

国家为了公共利益的需要，可以依照法律规定对土地实行征收或者征用并给予补偿。

释解分析

上述条文规定的是自然资源和土地所有权。自然资源归国家所有或者集体所有。矿藏、水流和不属于集体所有的森林、山岭、草原、荒地、滩涂等自然资源，都属于国家所有，即全民所有；城市的土地属于国家所有；国家依法征收的土地属于国家所有。农村和城市郊区的土地，如果法律规定属于国家所有的属于国家所有。此外，《香港特别行政区基本法》第

7 条规定，香港特别行政区境内的土地和自然资源属于国家所有。《澳门特别行政区基本法》第 7 条规定，澳门特别行政区境内的土地和自然资源，除在澳门特别行政区成立前已依法确认的私有土地外，属于国家所有。

法律规定属于集体所有的森林、山岭、草原、荒地、滩涂等自然资源，属于集体所有；农村和城市郊区的土地，除由法律规定属于国家所有的以外，属于集体所有；农村群众宅基地和自留地、自留山，也属于集体所有。

试题范例

（单项选择题）根据我国宪法和法律，下列关于自然资源的表述，正确的是（　　）。

A. 土地、矿藏、水流、国防资产专属国家所有

B. 国家可以依照法律或者法规对土地实行征收或者征用并给予赔偿

C. 城市郊区的土地属于农民所有

D. 山岭、草原、荒地和滩涂，可以属于集体所有

答案：D

核心法条

《宪法》第 10 条　城市的土地属于国家所有。

农村和城市郊区的土地，除由法律规定属于国家所有的以外，属于集体所有；宅基地和自留地、自留山，也属于集体所有。

国家为了公共利益的需要，可以依照法律规定对土地实行征收或者征用并给予补偿。

任何组织或者个人不得侵占、买卖或者以其他形式非法转让土地。土地的使用权可以依照法律的规定转让。

一切使用土地的组织和个人必须合理地利用土地。

释解分析

本条规定的是土地制度（土地所有权的行使和保护）。需要注意的是，根据宪法和特别行政区基本法的规定，香港特别行政区境内的土地和自然资源属于国家所有，由香港特别行政区政府负责管理、使用、开发、出租或批给个人、法人或团体使用或开发，其收入全归香港特别行政区政府支配。澳门特别行政区境内的土地和自然资源，除在澳门特别行政区成立前已依法确认的私有土地外，属于国家所有，由澳门特别行政区政府负责管理、使用、开发、出租或批给个人、法人使用或开发，其收入全部归澳门特别行政区政府支配。

试题范例

（多项选择题）根据我国宪法和法律，下列关于我国土地制度的表述，正确的是（　　）。

A. 城市的土地属于国家所有

B. 香港和澳门特别行政区境内的土地属于国家所有

C. 城市郊区的土地属于农民所有

D. 土地的使用权可以依照法律的规定转让

答案：AD

核心法条

《宪法》第11条　在法律规定范围内的个体经济、私营经济等非公有制经济，是社会主义市场经济的重要组成部分。

国家保护个体经济、私营经济等非公有制经济的合法的权利和利益。国家鼓励、支持和引导非公有制经济的发展，并对非公有制经济依法实行监督和管理。

释解分析

本条规定的是非公有制经济。我国的非公有制经济包括个体经济、私营经济以及“外商投资经济”。个体经济是城乡个体劳动者占有少量的生产资料，以自己从事生产劳动为基础的一种经济形式。私营经济是指生产资料归私人所有，存在着雇佣劳动关系的一种经济形式。“外商投资经济”是指外国的企业、经济组织和个人依据我国的法律规定，在我国投资或与我国的企业、经济组织进行经济合作而形成的涉外经济形式。“外商投资经济”包括中外合资、中外合作经营和外商独资经济。

试题范例

（单项选择题）根据我国宪法，下列关于非公有制经济的表述，正确的是（　　）。

A. 非公有制经济是社会主义市场经济的重要补充

B. 非公有制经济指的是社会主义全民所有制经济之外的经济形式

C. 非公有制经济是我国国民经济中的主导力量

D. 国家对非公有制经济依法实行监督和管理

答案：D

核心法条

《宪法》第19条　国家发展社会主义的教育事业，提高全国人民的科学文化水平。

国家举办各种学校，普及初等义务教育，发展中等教育、职业教育和高等教育，并且发展学前教育。

国家发展各种教育设施，扫除文盲，对工人、农民、国家工作人员和其他劳动者进行政治、文化、科学、技术、业务的教育，鼓励自学成才。

国家鼓励集体经济组织、国家企业事业组织和其他社会力量依照法律规定举办各种教育事业。

国家推广全国通用的普通话。

《宪法》第20条　国家发展自然科学和社会科学事业，普及科学和技术知识，奖励科学研究成果和技术发明创造。

《宪法》第21条　国家发展医疗卫生事业，发展现代医药和我国传统医药，鼓励和支持农村集体经济组织、国家企业事业组织和街道组织举办各种医疗卫生设施，开展群众性的卫生活动，保护人民健康。

国家发展体育事业，开展群众性的体育活动，增强人民体质。

《宪法》第 22 条　国家发展为人民服务、为社会主义服务的文学艺术事业、新闻广播电视事业、出版发行事业、图书馆博物馆文化馆和其他文化事业，开展群众性的文化活动。

国家保护名胜古迹、珍贵文物和其他重要历史文化遗产。

释解分析

上述条文规定的是社会主义精神文明建设中有关文化教育建设的内容。第 19 条规定的是发展社会主义教育事业。第 20 条规定的是发展社会主义科学事业。第 21 条规定的是发展社会主义卫生、体育事业。第 22 条规定的是发展社会主义文学艺术和其他文化事业。

试题范例

（单项选择题）国家举办各种学校，（　　），并且发展学前教育。

A. 普及初等教育，发展中等教育、职业教育和高等教育

B. 普及初等义务教育，发展中等教育、职业教育和高等教育

C. 普及中小学教育，发展职业教育和高等教育

D. 普及中等教育，发展职业教育和高等教育

答案：B

核心法条

《宪法》第 24 条　国家通过普及理想教育、道德教育、文化教育、纪律和法制教育，通过在城乡不同范围的群众中制定和执行各种守则、公约，加强社会主义精神文明的建设。

国家倡导社会主义核心价值观，提倡爱祖国、爱人民、爱劳动、爱科学、爱社会主义的公德，在人民中进行爱国主义、集体主义和国际主义、共产主义的教育，进行辩证唯物主义和历史唯物主义的教育，反对资本主义的、封建主义的和其他的腐朽思想。

释解分析

本条规定的是社会主义精神文明建设中有关思想道德建设的内容。

试题范例

（多项选择题）根据我国宪法，下列关于思想道德建设的表述，正确的是（　　）。

A. 国家倡导社会主义核心价值观

B. 国家提倡爱祖国、爱人民、爱劳动、爱科学、爱社会主义的公德

C. 思想道德建设是社会主义政治文明建设的重要内容

D. 国家通过在城乡不同范围的群众中制定和执行各种守则、公约，加强社会主义精神

文明的建设

答案：ABD

五、政权组织形式和国家象征

核心法条

《宪法》第 2 条　中华人民共和国的一切权力属于人民。

人民行使国家权力的机关是全国人民代表大会和地方各级人民代表大会。

人民依照法律规定，通过各种途径和形式，管理国家事务，管理经济和文化事业，管理社会事务。

释解分析

本条规定的是人民代表大会制度。我国的政权组织形式是人民代表大会制度。人民代表大会制度是马克思主义关于政权组织形式的基本理论同中国具体实际情况相结合的产物，是人民通过选举的方式，选举代表组成各级国家权力机关，由各级国家权力机关产生其他的国家机关，其他国家机关对权力机关负责，权力机关对人民负责的一种制度。国家的一切权力属于人民是人民代表大会的实质内容和权力基础。人民行使国家权力的机关是全国人民代表大会和地方各级人民代表大会，这表明，全国人民代表大会和地方各级人民代表大会通过人大代表行使国家权力，人民代表大会代表着人民的利益和意志，并接受人民的监督。人民代表大会常务委员会向本级人民代表大会负责，人民代表大会向人民负责。人民代表大会制度便于人民参加国家管理，便于集中统一行使国家权力，且能在保证中央统一领导下充分发挥地方的主动性和积极性。

与其他的代议制度相比较，人民代表大会制度具有如下五个特点：(1) 人民代表大会制度的目标是规范国家权力和保障公民权利。人民代表大会制度的核心内容是国家的一切权力属于人民。(2) 人民代表大会在国家机关体系中居最高的地位，其他机关由它产生，对它负责，受它监督。(3) 人民代表大会制度实行的是一院制。(4) 人大代表是兼职代表。(5) 在人民代表大会中设立常务委员会作为常设机关。

人民代表大会制度是我国的根本政治制度，其理由有：首先，人民代表大会制度直接全面地反映了我国的阶级本质。其次，人民代表大会制度产生于我国的革命斗争中，是其他制度赖以建立的基础。最后，人民代表大会制度反映了我国政治生活的全貌，是人民实现民主管理的最好方式。

为了保障人民通过各级人民代表大会这一基本途径实现人民当家作主的权利，必须不断地加强和完善人民代表大会制度：第一，进一步理顺党与人大的关系，完善党对人大的领导。第二，进一步完善以人民代表大会制度为基础的宪制。第三，进一步加强人大的自身建设。第四，进一步规范权力运用的具体程序。

试题范例

（单项选择题）下列关于政权组织形式的理解，正确的是（　　）。

A. 我国实行人民代表大会制度的政权组织形式

B. 政权组织形式决定国家结构形式

C. 政权组织形式是指国家各组成部分之间的纵向权力配置关系

D. 现代国家政权组织形式主要有议会君主制和共和制

答案：A

核心法条

《宪法》第 3 条　中华人民共和国的国家机构实行民主集中制的原则。

全国人民代表大会和地方各级人民代表大会都由民主选举产生，对人民负责，受人民监督。

国家行政机关、监察机关、审判机关、检察机关都由人民代表大会产生，对它负责，受它监督。

中央和地方的国家机构职权的划分，遵循在中央的统一领导下，充分发挥地方的主动性、积极性的原则。

释解分析

本条规定的是民主集中制。民主集中制是国家机构组织和活动的基本原则。人民代表大会是国家机构的组成部分，民主集中制也是人民代表大会的组织活动原则。民主集中制是指在民主基础上的集中和在法治规范下的民主的有机结合。民主集中制在人民代表大会制度中主要表现为：（1）各级国家权力机关由民主选举产生，对人民负责，受人民监督；（2）其他国家机关由人民代表大会产生，对人民代表大会负责，受人民代表大会监督；（3）在中央与地方的关系上，遵循在中央的统一领导下，充分发挥地方的主动性和积极性的原则。

试题范例

（多项选择题）关于我国人民代表大会制度，下列表述正确的是（　　）。

A. 全国和地方各级人民代表大会实行责任制的组织活动原则

B. 人民代表大会制度是我国的根本制度

C. 我国的政权组织形式是人民代表大会制度

D. 国家行政机关、监察机关、审判机关、检察机关都由人民代表大会产生，对它负责，受它监督

答案：CD

核心法条

《国旗法》第 5 条　下列场所或者机构所在地中，应当每日升挂国旗：

（一）北京天安门广场、新华门；

（二）中国共产党中央委员会，全国人民代表大会常务委员会，国务院，中央军事委员会，中国共产党中央纪律检查委员会、国家监察委员会，最高人民法院，最高人民检察院；

中国人民政治协商会议全国委员会；

（三）外交部；

（四）出境入境的机场、港口、火车站和其他边境口岸，边防海防哨所。

《国旗法》第6条　下列机构所在地应当在工作日升挂国旗：

（一）中国共产党中央各部门和地方各级委员会；

（二）国务院各部门；

（三）地方各级人民代表大会常务委员会；

（四）地方各级人民政府；

（五）中国共产党地方各级纪律检查委员会、地方各级监察委员会；

（六）地方各级人民法院和专门人民法院；

（七）地方各级人民检察院和专门人民检察院；

（八）中国人民政治协商会议地方各级委员会；

（九）各民主党派、各人民团体；

（十）中央人民政府驻香港特别行政区有关机构、中央人民政府驻澳门特别行政区有关机构。

学校除寒假、暑假和休息日外，应当每日升挂国旗。有条件的幼儿园参照学校的规定升挂国旗。

图书馆、博物馆、文化馆、美术馆、科技馆、纪念馆、展览馆、体育馆、青少年宫等公共文化体育设施应当在开放日升挂、悬挂国旗。

《国旗法》第7条　国庆节、国际劳动节、元旦、春节和国家宪法日等重要节日、纪念日，各级国家机关、各人民团体以及大型广场、公园等公共活动场所应当升挂国旗；企业事业组织，村民委员会、居民委员会，居民院（楼、小区）有条件的应当升挂国旗。

民族自治地方在民族自治地方成立纪念日和主要传统民族节日应当升挂国旗。

举行宪法宣誓仪式时，应当在宣誓场所悬挂国旗。

《国旗法》第8条　举行重大庆祝、纪念活动，大型文化、体育活动，大型展览会，可以升挂国旗。

释解分析

上述条文规定的是升挂国旗。

试题范例

（单项选择题）下列场所或者机构所在地中，应当每日升挂国旗的是（　　）。

A. 出境入境的机场、港口、火车站和其他边境口岸，边防海防哨所

B. 地方各级人民政府

C. 民族自治地方

D. 中国人民政治协商会议地方各级委员会

答案：A

核心法条

《国旗法》第 20 条　国旗及其图案不得用作商标、授予专利权的外观设计和商业广告，不得用于私人丧事活动等不适宜的情形。

释解分析

本条规定的是国旗及其图案的禁用情形。

试题范例

（多项选择题）国旗及其图案不得用作（　　）。

A. 商标

B. 授予专利权的外观设计

C. 商业广告

D. 私人丧事活动

答案：ABCD

核心法条

《国徽法》第 4 条　下列机构应当悬挂国徽：

（一）各级人民代表大会常务委员会；

（二）各级人民政府；

（三）中央军事委员会；

（四）各级监察委员会；

（五）各级人民法院和专门人民法院；

（六）各级人民检察院和专门人民检察院；

（七）外交部；

（八）国家驻外使馆、领馆和其他外交代表机构；

（九）中央人民政府驻香港特别行政区有关机构、中央人民政府驻澳门特别行政区有关机构。

国徽应当悬挂在机关正门上方正中处。

《国徽法》第 5 条　下列场所应当悬挂国徽：

（一）北京天安门城楼、人民大会堂；

（二）县级以上各级人民代表大会及其常务委员会会议厅，乡、民族乡、镇的人民代表大会会场；

（三）各级人民法院和专门人民法院的审判庭；

（四）宪法宣誓场所；

（五）出境入境口岸的适当场所。

释解分析

上述条文规定的是悬挂国徽。

试题范例

（多项选择题）下列机构或者场所中，应当悬挂国徽的有（　　）。

A. 国家驻外使馆、领馆和其他外交代表机构

B. 宪法宣誓场所

C. 居民委员会和村民委员会

D. 县级以上各级人民代表大会及其常务委员会会议厅

答案：ABD

核心法条

《国徽法》第 6 条　下列机构的印章应当刻有国徽图案：

（一）全国人民代表大会常务委员会，国务院，中央军事委员会，国家监察委员会，最高人民法院，最高人民检察院；

（二）全国人民代表大会各专门委员会和全国人民代表大会常务委员会办公厅、工作委员会，国务院各部、各委员会、各直属机构、国务院办公厅以及国务院规定应当使用刻有国徽图案印章的办事机构，中央军事委员会办公厅以及中央军事委员会规定应当使用刻有国徽图案印章的其他机构；

（三）县级以上地方各级人民代表大会常务委员会、人民政府、监察委员会、人民法院、人民检察院，专门人民法院，专门人民检察院；

（四）国家驻外使馆、领馆和其他外交代表机构。

《国徽法》第 8 条　下列文书、出版物等应当印有国徽图案：

（一）全国人民代表大会常务委员会、中华人民共和国主席和国务院颁发的荣誉证书、任命书、外交文书；

（二）中华人民共和国主席、副主席，全国人民代表大会常务委员会委员长、副委员长，国务院总理、副总理、国务委员，中央军事委员会主席、副主席，国家监察委员会主任，最高人民法院院长和最高人民检察院检察长以职务名义对外使用的信封、信笺、请柬等；

（三）全国人民代表大会常务委员会公报、国务院公报、最高人民法院公报和最高人民检察院公报的封面；

（四）国家出版的法律、法规正式版本的封面。

释解分析

上述条文规定的是刻（印）有国徽图案的法定情形。

试题范例

（多项选择题）下列文书、出版物等应当印有国徽图案的是（　　）。

A. 国务院颁发的荣誉证书
B. 中央军事委员会主席以职务名义对外使用的信封
C. 全国人民代表大会常务委员会公报
D. 国家出版的法律、法规正式版本的封面
答案：ABCD

核心法条

《国徽法》第 9 条　标示国界线的界桩、界碑和标示领海基点方位的标志碑以及其他用于显示国家主权的标志物可以使用国徽图案。

中国人民银行发行的法定货币可以使用国徽图案。

《国徽法》第 10 条　下列证件、证照可以使用国徽图案：

（一）国家机关工作人员的工作证件、执法证件等；

（二）国家机关颁发的营业执照、许可证书、批准证书、资格证书、权利证书等；

（三）居民身份证，中华人民共和国护照等法定出入境证件。

国家机关和武装力量的徽章可以将国徽图案作为核心图案。

公民在庄重的场合可以佩戴国徽徽章，表达爱国情感。

释解分析

上述条文规定的是可以使用国徽图案的情形。

试题范例

（多项选择题）根据《国徽法》的规定，可以使用国徽图案的情形有（　　）。
A. 中国人民银行发行的法定货币　　B. 标示国界线的界桩、界碑
C. 国家机关工作人员的工作证件　　D. 居民身份证
答案：ABCD

核心法条

《国徽法》第 13 条　国徽及其图案不得用于：

（一）商标、授予专利权的外观设计、商业广告；

（二）日常用品、日常生活的陈设布置；

（三）私人庆吊活动；

（四）国务院办公厅规定不得使用国徽及其图案的其他场合。

释解分析

本条规定的是国徽及其图案的禁用情形。

试题范例

（多项选择题）根据《国徽法》的规定，国徽及其图案不得用于（　　）。

A. 商业广告　　B. 发明专利

C. 日常用品的陈设布置　　D. 私人庆吊活动

答案：ACD

核心法条

《国歌法》第 4 条　在下列场合，应当奏唱国歌：

（一）全国人民代表大会会议和地方各级人民代表大会会议的开幕、闭幕；

中国人民政治协商会议全国委员会会议和地方各级委员会会议的开幕、闭幕；

（二）各政党、各人民团体的各级代表大会等；

（三）宪法宣誓仪式；

（四）升国旗仪式；

（五）各级机关举行或者组织的重大庆典、表彰、纪念仪式等；

（六）国家公祭仪式；

（七）重大外交活动；

（八）重大体育赛事；

（九）其他应当奏唱国歌的场合。

释解分析

本条规定的是奏唱国歌的法定情形。

试题范例

（多项选择题）根据《国歌法》的规定，应当奏唱国歌的场合有（　　）。

A. 宪法宣誓仪式　　B. 重大外交活动　　C. 重大体育赛事　　D. 升国旗仪式

答案：ABCD

核心法条

《国歌法》第 8 条　国歌不得用于或者变相用于商标、商业广告，不得在私人丧事活动等不适宜的场合使用，不得作为公共场所的背景音乐等。

释解分析

本条规定的是国歌的禁用情形。

试题范例

（多项选择题）根据《国歌法》的规定，国歌禁用的情形有（　　）。

A. 商业广告　　B. 发明专利

C. 商标　　D. 公共场所的背景音乐

答案：ACD

六、选举制度

核心法条

《选举法》第 3 条　全国人民代表大会的代表，省、自治区、直辖市、设区的市、自治州的人民代表大会的代表，由下一级人民代表大会选举。

不设区的市、市辖区、县、自治县、乡、民族乡、镇的人民代表大会的代表，由选民直接选举。

释解分析

本条规定的是直接选举与间接选举并用的原则。直接选举，是指由选民直接投票选举人民代表大会代表的一种选举。间接选举，是指由下一级人民代表大会选举上一级人民代表大会代表的一种选举。我国实行直接选举与间接选举并用的原则，即我国在县级以及县级以下实行直接选举，县级以上（不包括县级）实行间接选举。在原理上，直接选举是比间接选举更完善、更科学的一种选举方式，它不仅有利于选民表达自己的意愿，而且有利于代表联系选民，向选民负责和报告工作。在发展社会主义民主政治的今天，扩大直接选举的范围是我国政治体制改革的需要。

试题范例

（单项选择题）根据我国宪法和选举法，下列人大代表中，由选民直接选举的是（　　）。

A. 全国人大代表　　B. 省人大代表

C. 自治州人大代表　　D. 乡人大代表

答案：D

核心法条

《选举法》第 4 条　中华人民共和国年满十八周岁的公民，不分民族、种族、性别、职业、家庭出身、宗教信仰、教育程度、财产状况和居住期限，都有选举权和被选举权。

依照法律被剥夺政治权利的人没有选举权和被选举权。

释解分析

本条规定的是选举权的普遍性原则。选举权的普遍性，就是指一个国家内享有选举权和被选举权的人数占到了全体年满法定选举年龄的公民总数的绝大多数，从而使选举权和被选举权的享有在全国范围内达到广泛程度的原则。凡年满 18 周岁的我国公民，除被依法剥夺政治权利的人外，不分民族、种族、性别、职业、家庭出身、宗教信仰、教育程度、财产状况和居住期限，都有选举权和被选举权。据此，在我国享有选举权的基本条件有三个：一是具有中国国籍，是中华人民共和国公民；二是年满 18 周岁；三是依法享有政治权利。此外，下列人员准予行使选举权：(1) 被判处有期徒刑、拘役、管制而没有附加剥夺政治权利的人；(2) 被羁押，正在受侦查、起诉、审判，法院或检察院没有决定停止行使选举权利的人；(3) 正在取保候审或者被监视居住的人；(4) 正在受拘留处罚的人。

试题范例

(单项选择题) 根据我国宪法和法律，下列人员享有选举权和被选举权的是（　　）。

A. 精神病患者

B. 未成年人

C. 因间谍罪被判处有期徒刑的人员

D. 检察院决定停止行使选举权利的被羁押人员

答案： A

核心法条

《选举法》第 5 条　每一选民在一次选举中只有一个投票权。

释解分析

本条规定的是同票同权。同票同权即每一选民在一次选举中只有一个投票权，这是选举权的平等性原则的体现。

试题范例

(多项选择题) 根据宪法和选举法的规定，下列选项中体现选举权的平等性原则要求的有（　　）。

A. 除法律有特别规定外，选民平等地享有选举权和被选举权

B. 在一次选举中，选民平等地拥有投票权

C. 每一代表所代表的选民人数相同

D. 选民不署自己的姓名投票选举代表

答案： ABC

核心法条

《选举法》第 9 条　全国人民代表大会常务委员会主持全国人民代表大会代表的选举。省、自治区、直辖市、设区的市、自治州的人民代表大会常务委员会主持本级人民代表大会代表的选举。

不设区的市、市辖区、县、自治县、乡、民族乡、镇设立选举委员会，主持本级人民代表大会代表的选举。不设区的市、市辖区、县、自治县的选举委员会受本级人民代表大会常务委员会的领导。乡、民族乡、镇的选举委员会受不设区的市、市辖区、县、自治县

的人民代表大会常务委员会的领导。

省、自治区、直辖市、设区的市、自治州的人民代表大会常务委员会指导本行政区域内县级以下人民代表大会代表的选举工作。

释解分析

本条规定的是选举的组织机构。在实行间接选举的地方，由本级人大常委会主持本级人大代表的选举。即：全国人大常委会主持全国人大代表的选举。省、自治区、直辖市、设区的市、自治州的人大常委会主持本级人大代表的选举。在实行直接选举的地方，设立选举委员会主持本级人大代表的选举。选举委员会设主任1人，副主任若干人，委员若干人。不设区的市、市辖区、县、自治县的选举委员会受本级人大常委会的领导。乡、民族乡、镇的选举委员会受不设区的市、市辖区、县、自治县的人大常委会的领导。

试题范例

1.（单项选择题）A县B乡选举委员会的领导机构是（　　）。

A. B乡人大　　B. A县人大

C. A县人大常委会　　D. A县选举委员会

2.（单项选择题）全国人民代表大会代表的选举由（　　）主持。

A. 全国人民代表大会常务委员会代表资格审查委员会

B. 全国人民代表大会常务委员会

C. 全国人民代表大会常务委员会秘书处

D. 全国人民代表大会主席团

答案：1. C　2. B

核心法条

《选举法》第11条　选举委员会履行下列职责：

（一）划分选举本级人民代表大会代表的选区，分配各选区应选代表的名额；

（二）进行选民登记，审查选民资格，公布选民名单；受理对于选民名单不同意见的申诉，并作出决定；

（三）确定选举日期；

（四）了解核实并组织介绍代表候选人的情况；根据较多数选民的意见，确定和公布正式代表候选人名单；

（五）主持投票选举；

（六）确定选举结果是否有效，公布当选代表名单；

（七）法律规定的其他职责。

选举委员会应当及时公布选举信息。

释解分析

本条规定的是选举委员会的职责。

试题范例

（多项选择题）根据我国选举法的规定，下列选项中属于选举委员会的职责的有（　　）。

A. 联合或者单独推荐代表候选人

B. 受理对于选民名单不同意见的申诉，并作出决定

C. 根据较多数选民的意见，确定和公布正式代表候选人名单

D. 确定选举结果是否有效，公布当选代表名单

答案：BCD

核心法条

《选举法》第25条　不设区的市、市辖区、县、自治县、乡、民族乡、镇的人民代表大会的代表名额分配到选区，按选区进行选举。选区可以按居住状况划分，也可以按生产单位、事业单位、工作单位划分。

选区的大小，按照每一选区选一名至三名代表划分。

《选举法》第26条　本行政区域内各选区每一代表所代表的人口数应当大体相等。

释解分析

上述条文规定的是划分选区。选区是指以一定的人口数为基础进行直接选举，产生人民代表的区域，是选民选举产生人大代表的基本单位。

试题范例

（多项选择题）县乡两级的选区划分的依据是（　　）。

A. 居住状况　　B. 生产单位　　C. 事业单位　　D. 工作单位

答案：ABCD

核心法条

《选举法》第27条　选民登记按选区进行，经登记确认的选民资格长期有效。每次选举前对上次选民登记以后新满十八周岁的、被剥夺政治权利期满后恢复政治权利的选民，予以登记。对选民经登记后迁出原选区的，列入新迁入的选区的选民名单；对死亡的和依照法律被剥夺政治权利的人，从选民名单上除名。

精神病患者不能行使选举权利的，经选举委员会确认，不列入选民名单。

《选举法》第28条　选民名单应在选举日的二十日以前公布，实行凭选民证参加投票选举的，并应当发给选民证。

《选举法》第29条　对于公布的选民名单有不同意见的，可以在选民名单公布之日起五日内向选举委员会提出申诉。选举委员会对申诉意见，应在三日内作出处理决定。申诉

人如果对处理决定不服，可以在选举日的五日以前向人民法院起诉，人民法院应在选举日以前作出判决。人民法院的判决为最后决定。

释解分析

上述条文规定的是选民登记。选民登记是对选民的法律认可，是关系到选民是否有选举权和被选举权以及能否行使选举权的重大问题。凡年满 18 周岁、没有被剥夺政治权利的我国公民都应列入选民名单。精神病患者享有选举权利，但不能行使选举权利的，经选举委员会确认，不列入选民名单。具体操作中，采用“一次登记、长期有效”的原则，做到“不错登”“不漏登”“不重登”。

试题范例

（单项选择题）根据我国选举法的规定，下列人员列入选民名单的是（　　）。

A. 未成年人

B. 年满 18 周岁没有被剥夺政治权利的公民

C. 被剥夺政治权利的现行犯

D. 精神病患者经选举委员会确认不能行使选举权利的

答案：B

核心法条

《选举法》第 30 条　全国和地方各级人民代表大会的代表候选人，按选区或者选举单位提名产生。

各政党、各人民团体，可以联合或者单独推荐代表候选人。选民或者代表，十人以上联名，也可以推荐代表候选人。推荐者应向选举委员会或者大会主席团介绍代表候选人的情况。接受推荐的代表候选人应当向选举委员会或者大会主席团如实提供个人身份、简历等基本情况。提供的基本情况不实的，选举委员会或者大会主席团应当向选民或者代表通报。

各政党、各人民团体联合或者单独推荐的代表候选人的人数，每一选民或者代表参加联名推荐的代表候选人的人数，均不得超过本选区或者选举单位应选代表的名额。

《选举法》第 32 条　由选民直接选举人民代表大会代表的，代表候选人由各选区选民和各政党、各人民团体提名推荐。选举委员会汇总后，将代表候选人名单及代表候选人的基本情况在选举日的十五日以前公布，并交各该选区的选民小组讨论、协商，确定正式代表候选人名单。如果所提代表候选人的人数超过本法第三十一条规定的最高差额比例，由选举委员会交各该选区的选民小组讨论、协商，根据较多数选民的意见，确定正式代表候选人名单；对正式代表候选人不能形成较为一致意见的，进行预选，根据预选时得票多少的顺序，确定正式代表候选人名单。正式代表候选人名单及代表候选人的基本情况应当在选举日的七日以前公布。

县级以上的地方各级人民代表大会在选举上一级人民代表大会代表时，提名、酝酿代表候选人的时间不得少于两天。各该级人民代表大会主席团将依法提出的代表候选人名单及代表候选人的基本情况印发全体代表，由全体代表酝酿、讨论。如果所提代表候选人的人数符合本法第三十一条规定的差额比例，直接进行投票选举。如果所提代表候选人的人数超过本法第三十一条规定的最高差额比例，进行预选，根据预选时得票多少的顺序，按照本级人民代表大会的选举办法根据本法确定的具体差额比例，确定正式代表候选人名单，进行投票选举。

《选举法》第 33 条　县级以上的地方各级人民代表大会在选举上一级人民代表大会代表时，代表候选人不限于各该级人民代表大会的代表。

《选举法》第 34 条　选举委员会或者人民代表大会主席团应当向选民或者代表介绍代表候选人的情况。推荐代表候选人的政党、人民团体和选民、代表可以在选民小组或者代表小组会议上介绍所推荐的代表候选人的情况。选举委员会根据选民的要求，应当组织代表候选人与选民见面，由代表候选人介绍本人的情况，回答选民的问题。但是，在选举日必须停止代表候选人的介绍。

释解分析

上述条文规定的是代表候选人的产生。

试题范例

（多项选择题）根据我国选举法的规定，关于代表候选人的产生，下列表述正确的是（　　）。

A. 选民或者代表，10 人以上联名，可以推荐代表候选人

B. 代表候选人名单及代表候选人的基本情况在选举日的 15 日以前公布

C. 正式代表候选人名单及代表候选人的基本情况应当在选举日的 7 日以前公布

D. 在选举上一级人民代表大会代表时，代表候选人限于各该级人民代表大会的代表

答案：ABC

核心法条

《选举法》第 31 条　全国和地方各级人民代表大会代表实行差额选举，代表候选人的人数应多于应选代表的名额。

由选民直接选举人民代表大会代表的，代表候选人的人数应多于应选代表名额三分之一至一倍；由县级以上的地方各级人民代表大会选举上一级人民代表大会代表的，代表候选人的人数应多于应选代表名额五分之一至二分之一。

释解分析

本条规定的是差额选举的原则。差额选举是与等额选举相对应的一种选举方式。等额选举，是指民意机关代表或公职人员选举中候选人的人数与应选代表名额相等的选举。差额选举，则是指民意机关代表或公职人员选举中候选人的人数多于应选代表名额的选举。本条规定是我国选举制度社会主义民主性的又一表现。

试题范例

（单项选择题）在某县人大代表换届选举中，应选代表总名额为 300 人，则代表候选人的人数最多为（　　）。

A. 360 名　　B. 400 名　　C. 450 名　　D. 600 名

答案：D

核心法条

《选举法》第 37 条　在选民直接选举人民代表大会代表时，选民根据选举委员会的规定，凭身份证或者选民证领取选票。

《选举法》第 38 条　选举委员会应当根据各选区选民分布状况，按照方便选民投票的原则设立投票站，进行选举。选民居住比较集中的，可以召开选举大会，进行选举；因患有疾病等原因行动不便或者居住分散并且交通不便的选民，可以在流动票箱投票。

《选举法》第 39 条　县级以上的地方各级人民代表大会在选举上一级人民代表大会代表时，由各该级人民代表大会主席团主持。

《选举法》第 40 条　全国和地方各级人民代表大会代表的选举，一律采用无记名投票的方法。选举时应当设有秘密写票处。

选民如果是文盲或者因残疾不能写选票的，可以委托他信任的人代写。

《选举法》第 41 条　选举人对于代表候选人可以投赞成票，可以投反对票，可以另选其他任何选民，也可以弃权。

《选举法》第 42 条　选民如果在选举期间外出，经选举委员会同意，可以书面委托其他选民代为投票。每一选民接受的委托不得超过三人，并应当按照委托人的意愿代为投票。

《选举法》第 44 条　每次选举所投的票数，多于投票人数的无效，等于或者少于投票人数的有效。

每一选票所选的人数，多于规定应选代表人数的作废，等于或者少于规定应选代表人数的有效。

释解分析

上述条文规定的是投票选举。我国采取秘密投票的原则。秘密投票也称无记名投票，与记名投票相对应，是选民不署自己的姓名，亲自书写选票并投入密封票箱的一种投票方法。全国和地方各级人大代表的选举，一律采用无记名投票的方法。

在实行直接选举的地方，由选举委员会主持投票选举工作，并通过召开选举大会，设立投票站和流动票箱的方式进行投票。县级以上的地方各级人民代表大会在选举上一级人民代表大会代表时，由该级人民代表大会主席团主持。

试题范例

（单项选择题）甲外出打工不能回原籍参加镇人大代表的选举。甲的下列做法符合选举法规定的是（　　）。

A. 甲可以口头委托在原籍的朋友乙代为投票

B. 甲可以委托同时在外打工的丙代为投票

C. 甲可以书面委托原籍的同事丁按照甲的意愿代为投票

D. 甲可以经选举委员会同意由甲委托的人代为投票

答案： C

核心法条

《选举法》第45条　在选民直接选举人民代表大会代表时，选区全体选民的过半数参加投票，选举有效。代表候选人获得参加投票的选民过半数的选票时，始得当选。

县级以上的地方各级人民代表大会在选举上一级人民代表大会代表时，代表候选人获得全体代表过半数的选票时，始得当选。

获得过半数选票的代表候选人的人数超过应选代表名额时，以得票多的当选。如遇票数相等不能确定当选人时，应当就票数相等的候选人再次投票，以得票多的当选。

获得过半数选票的当选代表的人数少于应选代表的名额时，不足的名额另行选举。另行选举时，根据在第一次投票时得票多少的顺序，按照本法第三十一条规定的差额比例，确定候选人名单。如果只选一人，候选人应为二人。

依照前款规定另行选举县级和乡级的人民代表大会代表时，代表候选人以得票多的当选，但是得票数不得少于选票的三分之一；县级以上的地方各级人民代表大会在另行选举上一级人民代表大会代表时，代表候选人获得全体代表过半数的选票，始得当选。

《选举法》第46条　选举结果由选举委员会或者人民代表大会主席团根据本法确定是否有效，并予以宣布。

当选代表名单由选举委员会或者人民代表大会主席团予以公布。

释解分析

本条规定的是公布选举结果。在选民直接选举人大代表时，选区全体选民的过半数参加投票，选举有效。代表候选人获得参加投票的选民过半数的选票时，始得当选。县级以上的地方各级人大选举上一级人大代表时，代表候选人获得全体代表过半数的选票时，始得当选。选举结果由选举委员会或者人大主席团确定是否有效，并予以宣布。

试题范例

（单项选择题）某选区有选民600人，在人大代表的选举中，共有330位选民参加投票，有效票共有295张，候选人甲如果当选，则其获得的赞成票最低票数是（　　）。

A. 165　　B. 166　　C. 301　　D. 401

答案： B

核心法条

《选举法》第49条　全国和地方各级人民代表大会的代表，受选民和原选举单位的监督。选民或者选举单位都有权罢免自己选出的代表。

《选举法》第50条　对于县级的人民代表大会代表，原选区选民五十人以上联名，对于乡级的人民代表大会代表，原选区选民三十人以上联名，可以向县级的人民代表大会常务委员会书面提出罢免要求。

罢免要求应当写明罢免理由。被提出罢免的代表有权在选民会议上提出申辩意见，也可以书面提出申辩意见。

县级的人民代表大会常务委员会应当将罢免要求和被提出罢免的代表的书面申辩意见印发原选区选民。

表决罢免要求，由县级的人民代表大会常务委员会派有关负责人员主持。

《选举法》第51条　县级以上的地方各级人民代表大会举行会议的时候，主席团或者十分之一以上代表联名，可以提出对由该级人民代表大会选出的上一级人民代表大会代表的罢免案。在人民代表大会闭会期间，县级以上的地方各级人民代表大会常务委员会主任会议或者常务委员会五分之一以上组成人员联名，可以向常务委员会提出对由该级人民代表大会选出的上一级人民代表大会代表的罢免案。罢免案应当写明罢免理由。

县级以上的地方各级人民代表大会举行会议的时候，被提出罢免的代表有权在主席团会议和大会全体会议上提出申辩意见，或者书面提出申辩意见，由主席团印发会议。罢免案经会议审议后，由主席团提请全体会议表决。

县级以上的地方各级人民代表大会常务委员会举行会议的时候，被提出罢免的代表有权在主任会议和常务委员会全体会议上提出申辩意见，或者书面提出申辩意见，由主任会议印发会议。罢免案经会议审议后，由主任会议提请全体会议表决。

《选举法》第52条　罢免代表采用无记名的表决方式。

《选举法》第53条　罢免县级和乡级的人民代表大会代表，须经原选区过半数的选民通过。

罢免由县级以上的地方各级人民代表大会选出的代表，须经各该级人民代表大会过半数的代表通过；在代表大会闭会期间，须经常务委员会组成人员的过半数通过。罢免的决议，须报送上一级人民代表大会常务委员会备案、公告。

释解分析

上述条文规定的是对代表的监督和罢免。全国和地方各级人民代表大会的代表，受选民和原选举单位的监督。选民或者原选举单位都有权罢免自己选出的代表。

对于县级的人民代表大会代表，原选区选民50人以上联名，对于乡级的人民代表大会代表，原选区选民30人以上联名，可以向县级的人民代表大会常务委员会书面提出罢免要求。罢免县级和乡级的人民代表大会代表，须经原选区过半数的选民通过。

县级以上的地方各级人民代表大会举行会议的时候，主席团或者1/10以上代表联名，可以提出对由该级人民代表大会选出的上一级人民代表大会代表的罢免案。罢免由县级以上的地方各级人民代表大会选出的代表，须经各该级人民代表大会过半数的代表通过。在人民代表大会闭会期间，县级以上的地方各级人民代表大会常务委员会主任会议或者常务委员会1/5以上组成人员联名，可以向常务委员会提出对由该级人民代表大会选出的上一级人民代表大会代表的罢免案。在代表大会闭会期间，罢免案须经常务委员会组成人员的过半数通过。

试题范例

（单项选择题）提出罢免县级人大代表要求的法定人数条件是（　　）。

A. 原选区选民 100 人以上联名

B. 原选区选民 50 人以上联名

C. 原选区选民 30 人以上联名

D. 原选区选民 10 人以上联名

答案： B

核心法条

《选举法》第 55 条　全国人民代表大会代表，省、自治区、直辖市、设区的市、自治州的人民代表大会代表，可以向选举他的人民代表大会的常务委员会书面提出辞职。常务委员会接受辞职，须经常务委员会组成人员的过半数通过。接受辞职的决议，须报送上一级人民代表大会常务委员会备案、公告。

县级的人民代表大会代表可以向本级人民代表大会常务委员会书面提出辞职，乡级的人民代表大会代表可以向本级人民代表大会书面提出辞职。县级的人民代表大会常务委员会接受辞职，须经常务委员会组成人员的过半数通过。乡级的人民代表大会接受辞职，须经人民代表大会过半数的代表通过。接受辞职的，应当予以公告。

《选举法》第 56 条　县级以上的各级人民代表大会常务委员会组成人员，县级以上的各级人民代表大会的专门委员会成员，辞去代表职务的请求被接受的，其常务委员会组成人员、专门委员会成员的职务相应终止，由常务委员会予以公告。

乡、民族乡、镇的人民代表大会主席、副主席，辞去代表职务的请求被接受的，其主席、副主席的职务相应终止，由主席团予以公告。

释解分析

上述条文规定的是代表的辞职。

试题范例

（单项选择题）关于代表的辞职，下列说法正确的是（　　）。

A. 全国人大代表可以向全国人大常委会书面提出辞职

B. 省人大代表可以向选举他的人民代表大会的常务委员会书面提出辞职

C. 县级的人大代表可以向本级人民代表大会书面提出辞职

D. 乡级的人大代表可以向县级人大常委会书面提出辞职

答案： B

核心法条

《全国人民代表大会和地方各级人民代表大会代表法》第 48 条　代表有下列情形之一的，暂时停止执行代表职务，由代表资格审查委员会向本级人民代表大会常务委员会或者乡、民族乡、镇的人民代表大会报告：

（一）因刑事案件被羁押正在受侦查、起诉、审判的；

（二）被依法判处管制、拘役或者有期徒刑而没有附加剥夺政治权利，正在服刑的。

前款所列情形在代表任期内消失后，恢复其执行代表职务，但代表资格终止者除外。

《全国人民代表大会和地方各级人民代表大会代表法》第49条　代表有下列情形之一的，其代表资格终止：

（一）地方各级人民代表大会代表迁出或者调离本行政区域的；

（二）辞职被接受的；

（三）未经批准两次不出席本级人民代表大会会议的；

（四）被罢免的；

（五）丧失中华人民共和国国籍的；

（六）依照法律被剥夺政治权利的；

（七）丧失行为能力的。

释解分析

上述条文规定的是暂停执行代表职务和代表资格的终止。

试题范例

（多项选择题）下列情形，代表要终止代表资格的有（　　）。

A. 被行政拘留的

B. 未经批准一次不出席本级人大会议的

C. 被判处管制并附加剥夺政治权利的

D. 丧失行为能力的

答案：CD

七、国家结构形式和行政区划制度

核心法条

《宪法》序言　中华人民共和国是全国各族人民共同缔造的统一的多民族国家。

《宪法》第3条第4款　中央和地方的国家机构职权的划分，遵循在中央的统一领导下，充分发挥地方的主动性、积极性的原则。

《宪法》第4条第3款　各少数民族聚居的地方实行区域自治，设立自治机关，行使自治权。各民族自治地方都是中华人民共和国不可分离的部分。

释解分析

上述序言与相关条款规定的是我国单一制的国家结构形式。中国是社会主义性质的国家，在国家结构形式的问题上坚持了马克思主义关于国家结构形式的基本观点，并充分考虑到中国的实际。从新中国成立初期的《共同纲领》到现行《宪法》，都肯定了中华人民共和国是全国各族人民共同缔造的统一的多民族国家。我国实行的是单一制。

我国采取单一制的国家结构形式，是由我国政治、经济、民族发展的现实需要所决定的，也是我国历史上单一制结构形式的延续。具体来说，这些原因主要有：(1) 实行单一制是由我国民族关系的历史和各民族的居住现状所决定的，是保障各少数民族与汉族平等发展的需要。(2) 实行单一制是由我国经济发展的实际需要所决定的，也是缩小各少数民族与汉族之间经济文化发展差距的有效途径。(3) 实行单一制是由我国政治发展的基本需要所决定的，有利于国家统一和政治稳定。

试题范例

(多项选择题) 单一制的国家结构形式在我国宪法规定中的体现有（　　）。

A. 中华人民共和国是全国各族人民共同缔造的统一的多民族国家

B. 中央和地方的国家机构职权的划分，遵循在中央的统一领导下，充分发挥地方的主动性、积极性的原则

C. 少数民族聚居的地方实行区域自治，设立自治机关，行使自治权。各民族自治地方都是中华人民共和国不可分离的部分

D. 国家维护社会主义法制的统一和尊严

答案： ABC

核心法条

《宪法》第 30 条　中华人民共和国的行政区域划分如下：

(一) 全国分为省、自治区、直辖市；

(二) 省、自治区分为自治州、县、自治县、市；

(三) 县、自治县分为乡、民族乡、镇。

直辖市和较大的市分为区、县。自治州分为县、自治县、市。

自治区、自治州、自治县都是民族自治地方。

《宪法》第 62 条第 13、14 项　全国人民代表大会行使下列职权：

…………

(十三) 批准省、自治区和直辖市的建置；

(十四) 决定特别行政区的设立及其制度；

…………

《宪法》第 89 条第 15 项　国务院行使下列职权：

…………

(十五) 批准省、自治区、直辖市的区域划分，批准自治州、县、自治县、市的建置和区域划分；

…………

《宪法》第 107 条第 3 款　省、直辖市的人民政府决定乡、民族乡、镇的建置和区域划分。

释解分析

上述条文规定的是我国的行政区划制度及决定权限。行政区划是行政区域划分的简称，是国家为了进行管理，将国家的领土依据政治、经济、民族状况和地理历史条件的不同，划分为若干大小不同、层次不同的区域的一种制度。行政区划是国家结构形式的具体化。我国行政区域划分的原则有：有利于现代化建设，有利于行政管理，有利于各民族团结，有利于巩固国防，照顾到自然条件和历史状况。

我国的行政区域划分如下：全国分为省、自治区、直辖市；省、自治区分为自治州、县、自治县、市；县、自治县分为乡、民族乡、镇。直辖市和较大的市分为区、县。自治州分为县、自治县、市。自治区、自治州、自治县都是民族自治地方。国家在必要时得设立特别行政区。在特别行政区内实行的制度按照具体情况由全国人民代表大会以法律规定。各少数民族聚居的地方实行民族自治，设立自治机关。

行政区划的审批权限为：全国人民代表大会批准省、自治区和直辖市的建置，决定特别行政区的设立及其制度；国务院批准省、自治区、直辖市的区域划分，批准自治州、县、自治县、市的建置和区域划分；省、直辖市的人民政府决定乡、民族乡、镇的建置和区域划分。

综上所述，我国存在着三种不同的行政单位：普通行政地方、民族自治地方、特别行政区。除普通行政地方外，各民族自治地方和特别行政区都是我国不可分离的部分。

试题范例

（多项选择题）国务院行使的职权有（　　）。

A. 批准省的建置　　B. 批准省的区域划分

C. 批准县的建置　　D. 批准县的区域划分

答案：BCD

核心法条

《国务院行政区划管理条例》第6条　省、自治区、直辖市的设立、撤销、更名，报全国人民代表大会批准。

《国务院行政区划管理条例》第7条　下列行政区划的变更由国务院审批：

（一）省、自治区、直辖市的行政区域界线的变更，人民政府驻地的迁移，简称、排列顺序的变更；

（二）自治州、县、自治县、市、市辖区的设立、撤销、更名和隶属关系的变更以及自治州、自治县、设区的市人民政府驻地的迁移；

（三）自治州、自治县的行政区域界线的变更，县、市、市辖区的行政区域界线的重大变更；

（四）凡涉及海岸线、海岛、边疆要地、湖泊、重要资源地区及特殊情况地区的隶属关系或者行政区域界线的变更。

《国务院行政区划管理条例》第8条　县、市、市辖区的部分行政区域界线的变更，县、不设区的市、市辖区人民政府驻地的迁移，国务院授权省、自治区、直辖市人民政府审批；批准变更时，同时报送国务院备案。

《国务院行政区划管理条例》第 9 条　乡、民族乡、镇的设立、撤销、更名，行政区域界线的变更，人民政府驻地的迁移，由省、自治区、直辖市人民政府审批。

《国务院行政区划管理条例》第 10 条　依照法律、国家有关规定设立的地方人民政府的派出机关的撤销、更名、驻地迁移、管辖范围的确定和变更，由批准设立该派出机关的人民政府审批。

释解分析

上述条文规定的是行政区划变更的法律程序。

试题范例

（单项选择题）自治州、县、自治县、市、市辖区的设立、撤销、更名和隶属关系的变更由（　　）审批。

A. 全国人民代表大会　　B. 全国人大常委会

C. 国务院　　D. 省级政府

答案：C

八、民族区域自治制度

核心法条

《宪法》序言　中华人民共和国是全国各族人民共同缔造的统一的多民族国家。平等团结互助和谐的社会主义民族关系已经确立，并将继续加强。在维护民族团结的斗争中，要反对大民族主义，主要是大汉族主义，也要反对地方民族主义。国家尽一切努力，促进全国各民族的共同繁荣。

释解分析

上述序言规定的是我国社会主义民族关系和处理民族关系的根本指导思想和原则。1982 年，现行宪法规定了我国平等、团结、互助的民族关系；同时宪法确立了民族区域自治制度。宪法对民族关系的规范和民族区域自治制度的实施有力地保障了我国少数民族当家作主的权利。为适应新时代民族关系发展的新要求，2018 年宪法修正案对民族关系的内容进一步予以充实，规定“维护和发展各民族的平等团结互助和谐关系”。这一修正有利于铸牢中华民族共同体意识，加强各民族交往交融，促进各民族和睦相处、和衷共济、和谐发展。

我国宪法还规定了解决我国民族问题和处理我国民族关系的根本指导思想和原则，即：民族平等、民族团结和民族共同繁荣。各民族不分大小，先进后进，都应当完全平等。国家保障各少数民族的合法的权利和利益，注意防止和克服大民族主义，主要是大汉族主义，也要反对地方民族主义。实现民族团结，促进各民族共同繁荣。

试题范例

（多项选择题）根据我国宪法规定，关于我国社会主义民族关系和处理民族关系的根本指导思想和原则，下列表述正确的是（　　）。

A. 2018 年宪法修正案确立了我国平等、团结、互助的民族关系

B. 民族平等、民族团结和民族共同繁荣是解决我国民族问题和处理我国民族关系的根本指导思想和原则

C. 民族区域自治制度是具有我国地方制度特色的制度

D. 宪法对民族关系的规范和民族区域自治制度的实施有力地保障了我国少数民族当家作主的权利

答案： BCD

核心法条

《宪法》第 4 条第 3 款　各少数民族聚居的地方实行区域自治，设立自治机关，行使自治权。各民族自治地方都是中华人民共和国不可分离的部分。

释解分析

本款规定的是民族区域自治。民族区域自治制度是单一制下我国解决民族问题的基本制度，是中国特色社会主义政治制度的重要组成部分。所谓民族区域自治，就是在国家的统一领导下，依照宪法、民族区域自治法和其他法律的有关规定，以各少数民族聚居区为基础建立民族自治地方，设立自治机关，行使自治权。

民族区域自治的特征是：(1) 建立民族自治地方必须以宪法和法律为依据，在国家统一领导下进行，而不可各自为政、擅自设立。(2) 建立民族自治地方要以少数民族聚居地区为基础。(3) 民族区域自治的内容就是设立自治机关，行使自治权，切实保障少数民族当家作主，享有管理本民族内部事务和本地区地方事务的权利。

民族区域自治制度是适合我国国情的、正确解决我国民族问题的制度，具有巨大的优越性。民族区域自治制度的优越性体现在：(1) 民族区域自治制度体现了人民民主专政制度和民族平等原则、国家整体利益和各民族具体利益的高度结合，有利于国家的统一领导。(2) 民族区域自治制度保证了聚居的少数民族能够充分享有自治权，同时散居全国各地的少数民族的权益也能够得以保障。(3) 民族区域自治制度把行政区域和经济文化发展区域有机结合起来，能够更好地因民族制宜、因地区制宜地发展经济文化事业。(4) 有利于民族团结和各民族间的互相合作。

试题范例

（多项选择题）根据我国宪法和法律，下列关于民族区域自治的表述，正确的是（　　）。

A. 建立民族自治地方要以少数民族聚居地区为基础

B. 实行民族区域自治的地方有立法权、行政管理权、独立的司法权和终审权

C. 民族自治地方享有的自治权限高于特别行政区享有的自治权限

D. 各民族自治地方都是中华人民共和国不可分离的部分

答案：AD

核心法条

《民族区域自治法》第 2 条第 2 款　民族自治地方分为自治区、自治州、自治县。

释解分析

本款规定的是民族自治地方。民族自治地方是少数民族聚居并实行区域自治的行政区域。1947 年 5 月 1 日成立了中国共产党领导的我国第一个省一级的自治单位——内蒙古自治政府，诞生了我国第一个省级民族自治地方——内蒙古自治区。现行宪法继承了 1954 年宪法，仍然将民族自治地方确定为自治区、自治州和自治县。

在相当于乡一级的少数民族聚居区，建立民族乡。民族乡不是民族自治地方，但民族乡的人民代表大会可以依照法律规定的权限采取适合民族特点的具体措施。

试题范例

（单项选择题）不属于民族自治地方的有（　　）。

A. 自治区　　B. 自治州　　C. 自治县　　D. 民族乡

答案：D

核心法条

《宪法》第 112 条　民族自治地方的自治机关是自治区、自治州、自治县的人民代表大会和人民政府。

《宪法》第 113 条　自治区、自治州、自治县的人民代表大会中，除实行区域自治的民族的代表外，其他居住在本行政区域内的民族也应当有适当名额的代表。

自治区、自治州、自治县的人民代表大会常务委员会中应当有实行区域自治的民族的公民担任主任或者副主任。

《宪法》第 114 条　自治区主席、自治州州长、自治县县长由实行区域自治的民族的公民担任。

释解分析

上述条文规定的是民族自治地方的自治机关。民族自治地方的自治机关是指按照宪法和法律规定设立的，在民族自治地方行使相应的地方国家机关职权以及行使民族自治权的国家机关。民族自治地方的自治机关是自治区、自治州、自治县的人民代表大会和人民政府。军事机关、监察机关、司法机关不是民族自治地方的自治机关。

民族自治地方自治机关与一般地方国家机关实行同样的组织原则和领导制度。同时，民族自治地方自治机关是行使自治权的政权机关，在组成上又具有如下特点：（1）民族自治地

方的人大都是由实行区域自治的民族以及居住在本行政区域内的其他民族的公民按人口比例产生代表组成，人口特别少的其他民族，至少应有1名代表。(2) 民族自治地方的人大常委会中应当有实行区域自治的民族的公民担任主任或者副主任。(3) 自治区主席、自治州州长、自治县县长由实行区域自治的民族的公民担任。(4) 民族自治地方政府的其他组成人员和自治机关所属工作部门的干部中，应当合理配备实行区域自治的民族和其他少数民族的人员。

试题范例

(多项选择题) 下列属于民族自治地方自治机关的是（　　）。

A. 自治区人民政府　　B. 自治州人民代表大会

C. 自治县人民法院　　D. 自治县人民检察院

答案： AB

核心法条

《宪法》第115条　自治区、自治州、自治县的自治机关行使宪法第三章第五节规定的地方国家机关的职权，同时依照宪法、民族区域自治法和其他法律规定的权限行使自治权，根据本地方实际情况贯彻执行国家的法律、政策。

《宪法》第116条　民族自治地方的人民代表大会有权依照当地民族的政治、经济和文化的特点，制定自治条例和单行条例。自治区的自治条例和单行条例，报全国人民代表大会常务委员会批准后生效。自治州、自治县的自治条例和单行条例，报省或者自治区的人民代表大会常务委员会批准后生效，并报全国人民代表大会常务委员会备案。

《宪法》第117条　民族自治地方的自治机关有管理地方财政的自治权。凡是依照国家财政体制属于民族自治地方的财政收入，都应当由民族自治地方的自治机关自主地安排使用。

《宪法》第118条　民族自治地方的自治机关在国家计划的指导下，自主地安排和管理地方性的经济建设事业。

国家在民族自治地方开发资源、建设企业的时候，应当照顾民族自治地方的利益。

《宪法》第119条　民族自治地方的自治机关自主地管理本地方的教育、科学、文化、卫生、体育事业，保护和整理民族的文化遗产，发展和繁荣民族文化。

《宪法》第120条　民族自治地方的自治机关依照国家的军事制度和当地的实际需要，经国务院批准，可以组织本地方维护社会治安的公安部队。

《宪法》第121条　民族自治地方的自治机关在执行职务的时候，依照本民族自治地方自治条例的规定，使用当地通用的一种或者几种语言文字。

《宪法》第122条　国家从财政、物资、技术等方面帮助各少数民族加速发展经济建设和文化建设事业。

国家帮助民族自治地方从当地民族中大量培养各级干部、各种专业人才和技术工人。

释解分析

上述条文规定的是民族自治地方自治机关的自治权。自治权是民族区域自治制度的核心，是民族自治地方的自治机关管理本地方、本民族内部事务的自主权，该权力是由宪法明确规定的由民族自治地方享有的权力，并非“剩余权力”或“固有权力”。自治权的主要内容包括：（1）制定自治条例和单行条例。民族自治地方的人民代表大会有权依照当地民族的政治、经济和文化的特点，制定自治条例和单行条例。自治区的自治条例和单行条例，报全国人大常委会批准后生效；自治州、自治县的自治条例和单行条例，报省或者自治区的人大常委会批准后生效，并报全国人大常委会备案。（2）贯彻执行国家的法律和政策。民族自治地方的自治机关根据本地方的实际情况，贯彻执行国家的法律和政策，对于上级国家机关的决议、决定、命令和指示，如有不适合民族自治地方实际情况的，自治机关可以报经上级国家机关批准变通执行或停止执行。（3）管理地方财政。民族自治地方的自治机关有管理地方财政的自治权。凡是依照国家财政体制属于民族自治地方的财政收入，都应当由民族自治地方的自治机关自主地安排使用。（4）安排和管理地方经济建设事业的自主权。民族自治地方的自治机关可以根据本地方的特点和需要，制定经济建设的方针、政策和计划，自主地安排和管理地方性的经济建设事业。（5）管理本地方的教育、科学、文化、卫生、体育事业的自主权。民族自治地方的自治机关自主地管理本地方的教育、科学、文化、卫生、体育事业，保护和整理民族的文化遗产，发展和繁荣民族文化。（6）组织本地方维护社会治安的公安部队。民族自治地方的自治机关依照国家的军事制度和当地的实际需要，经国务院批准，可以组织本地方维护社会治安的公安部队。（7）其他方面的职权。如民族自治地方的自治机关在执行职务的时候，依照本民族自治地方自治条例的规定，使用当地通用的一种或者几种语言文字，以及宪法和民族区域自治法规定的其他方面的职权。

试题范例

1.（单项选择题）自治州、自治县的自治条例和单行条例，报省或者自治区的人民代表大会常务委员会批准后生效，并报（　　）备案。

A. 全国人民代表大会　　B. 全国人民代表大会常务委员会

C. 国务院　　D. 省或者自治区的人民政府

2.（多项选择题）下列规范性法律文件中，采取事先审查的合宪（法）性审查方式的是（　　）。

A. 行政法规

B. 省、自治区、直辖市人大制定的地方性法规

C. 设区的市、自治州的人大制定的地方性法规

D. 自治条例和单行条例

答案： 1. B　2. CD

九、特别行政区制度

核心法条

《宪法》第 31 条　国家在必要时得设立特别行政区。在特别行政区内实行的制度按照

具体情况由全国人民代表大会以法律规定。

《宪法》第 62 条第 14 项 全国人民代表大会行使下列职权：

…………

（十四）决定特别行政区的设立及其制度；

…………

释解分析

上述条文规定的是设立特别行政区制度的宪法依据。特别行政区制度是“一国两制”理论构想的具体化和法律化。“一国两制”是“一个国家，两种制度”的简称，是在统一的社会主义国家内，在中央的统一领导下，可以在局部地区因历史的原因而不实行社会主义的制度，依法保留原有的制度。“一国两制”的提出是在新的历史条件下马克思主义普遍原理同中国具体实践相结合的产物，是为解决历史遗留的香港、澳门、台湾问题，争取用和平的手段实现祖国统一大业而提出的重大方针，具有重大的理论意义和现实意义。

特别行政区是指在统一的中华人民共和国范围内，根据我国宪法和法律所设立的具有特殊的法律地位，实行特别的政治、经济制度的行政区域。特别行政区是中华人民共和国的一个不可分割的组成部分，是一级地方行政区域，直辖于中央人民政府，受中央人民政府统一管辖。

根据我国宪法规定，决定特别行政区的设立及其制度属于全国人大的职权，这为我国特别行政区的设立及其实行的具体制度提供了宪法依据。我国设立的特别行政区包括香港特别行政区和澳门特别行政区，并制定了《香港特别行政区基本法》和《澳门特别行政区基本法》。

试题范例

（单项选择题）根据我国宪法规定，设立香港和澳门特别行政区的权力属于（　　）。

A. 全国人大　　　　B. 全国人大常委会

C. 特别行政区基本法起草委员会　　　　D. 国务院

答案：A

核心法条

《香港特别行政区基本法》第 2 条 全国人民代表大会授权香港特别行政区依照本法的规定实行高度自治，享有行政管理权、立法权、独立的司法权和终审权。

《香港特别行政区基本法》第 16 条 香港特别行政区享有行政管理权，依照本法的有关规定自行处理香港特别行政区的行政事务。

《香港特别行政区基本法》第 17 条 香港特别行政区享有立法权。

香港特别行政区的立法机关制定的法律须报全国人民代表大会常务委员会备案。备案不影响该法律的生效。

全国人民代表大会常务委员会在征询其所属的香港特别行政区基本法委员会后，如认为香港特别行政区立法机关制定的任何法律不符合本法关于中央管理的事务及中央和香港特别行政区的关系的条款，可将有关法律发回，但不作修改。经全国人民代表大会常务委员会发回的法律立即失效。该法律的失效，除香港特别行政区的法律另有规定外，无溯及力。

《香港特别行政区基本法》第 19 条　香港特别行政区享有独立的司法权和终审权。

香港特别行政区法院除继续保持香港原有法律制度和原则对法院审判权所作的限制外，对香港特别行政区所有的案件均有审判权。

香港特别行政区法院对国防、外交等国家行为无管辖权。香港特别行政区法院在审理案件中遇有涉及国防、外交等国家行为的事实问题，应取得行政长官就该等问题发出的证明文件，上述文件对法院有约束力。行政长官在发出证明文件前，须取得中央人民政府的证明书。

《香港特别行政区基本法》第 106 条　香港特别行政区保持财政独立。

香港特别行政区的财政收入全部用于自身需要，不上缴中央人民政府。

中央人民政府不在香港特别行政区征税。

释解分析

上述条文规定的是香港特别行政区的高度自治权。特别行政区享有的高度自治权的内容有立法权、行政管理权、独立的司法权和终审权。此外，特别行政区财政独立、使用自己的货币，其收入全部用于自己的需要，中央人民政府不在特别行政区征税。具体而言，特别行政区享有的广泛自治权的内容有：（1）行政管理权。特别行政区依基本法的规定自行处理特别行政区的行政事务，包括经济、财政、金融、贸易、工商业、土地、航运、民航、教育、科学、文化、体育、宗教、劳工和社会服务等事项。（2）立法权。特别行政区的立法机关依据基本法的规定，有权制定适用于特别行政区的法律。特别行政区的立法机关制定的法律须报全国人大常委会备案。备案不影响该法律的生效。（3）独立的司法权和终审权。特别行政区法院独立进行审判，不受任何干涉，在特别行政区发生的案件由特别行政区法院进行审理，特别行政区终审法院享有终审权。

试题范例

（多项选择题）特别行政区享有的高度自治权的内容包括（　　）。

A. 立法权　　B. 行政管理权　　C. 独立的司法权　　D. 终审权

答案：ABCD

核心法条

《香港特别行政区基本法》第 12 条　香港特别行政区是中华人民共和国的一个享有高度自治权的地方行政区域，直辖于中央人民政府。

《香港特别行政区基本法》第 13 条　中央人民政府负责管理与香港特别行政区有关的外交事务。

中华人民共和国外交部在香港设立机构处理外交事务。

中央人民政府授权香港特别行政区依照本法自行处理有关的对外事务。

《香港特别行政区基本法》第 14 条　中央人民政府负责管理香港特别行政区的防务。

香港特别行政区政府负责维持香港特别行政区的社会治安。

中央人民政府派驻香港特别行政区负责防务的军队不干预香港特别行政区的地方事务。香港特别行政区政府在必要时，可向中央人民政府请求驻军协助维持社会治安和救助灾害。

驻军人员除须遵守全国性的法律外，还须遵守香港特别行政区的法律。

驻军费用由中央人民政府负担。

《香港特别行政区基本法》第 15 条　中央人民政府依照本法第四章的规定任命香港特别行政区行政长官和行政机关的主要官员。

《香港特别行政区基本法》第 18 条　在香港特别行政区实行的法律为本法以及本法第八条规定的香港原有法律和香港特别行政区立法机关制定的法律。

全国性法律除列于本法附件三者外，不在香港特别行政区实施。凡列于本法附件三之法律，由香港特别行政区在当地公布或立法实施。

全国人民代表大会常务委员会在征询其所属的香港特别行政区基本法委员会和香港特别行政区政府的意见后，可对列于本法附件三的法律作出增减，任何列入附件三的法律，限于有关国防、外交和其他按本法规定不属于香港特别行政区自治范围的法律。

全国人民代表大会常务委员会决定宣布战争状态或因香港特别行政区内发生香港特别行政区政府不能控制的危及国家统一或安全的动乱而决定香港特别行政区进入紧急状态，中央人民政府可发布命令将有关全国性法律在香港特别行政区实施。

《香港特别行政区基本法》第 20 条　香港特别行政区可享有全国人民代表大会和全国人民代表大会常务委员会及中央人民政府授予的其他权力。

释解分析

上述条文规定的是香港特别行政区的法律地位。确定特别行政区的法律地位，主要是明确特别行政区与中央人民政府的关系。二者的关系为：特别行政区的设立以及所实行的制度由全国人大以法律来规定，特别行政区是中华人民共和国的一个享有高度自治权的地方行政区域，直辖于中央人民政府，中央人民政府与特别行政区的关系是单一制国家结构形式内中央与地方之间的关系。特别行政区享有高度的自治权，但不享有主权，也不是一个独立的政治实体，其法律地位相当于省、自治区、直辖市。

要明确特别行政区的法律地位，还应当解决特别行政区与中央人民政府之间的权力划分。中央对特别行政区行使的权力有：(1) 中央人民政府负责管理与特别行政区有关的外交事务。(2) 中央人民政府负责管理特别行政区的防务。(3) 中央人民政府任命特别行政区行政长官和行政机关的主要官员。(4) 全国人大常委会决定特别行政区进入紧急状态。(5) 全国人大常委会享有对特别行政区基本法的解释权。(6) 全国人大对特别行政区基本法享有修改权。

试题范例

(多项选择题) 下列选项中，属于中央人民政府对特别行政区行使的权力的有（　　）。

A. 决定特别行政区进入紧急状态
B. 修改特别行政区基本法
C. 解释特别行政区基本法
D. 享有对特别行政区法院受理案件的终审权

答案：ABC

核心法条

《香港特别行政区基本法》第 43 条　香港特别行政区行政长官是香港特别行政区的首长，代表香港特别行政区。

香港特别行政区行政长官依照本法的规定对中央人民政府和香港特别行政区负责。

《香港特别行政区基本法》第 44 条　香港特别行政区行政长官由年满四十周岁，在香港通常居住连续满二十年并在外国无居留权的香港特别行政区永久性居民中的中国公民担任。

《香港特别行政区基本法》第 45 条　香港特别行政区行政长官在当地通过选举或协商产生，由中央人民政府任命。

行政长官的产生办法根据香港特别行政区的实际情况和循序渐进的原则而规定，最终达至由一个有广泛代表性的提名委员会按民主程序提名后普选产生的目标。

行政长官产生的具体办法由附件一《香港特别行政区行政长官的产生办法》规定。

《香港特别行政区基本法》第 46 条　香港特别行政区行政长官任期五年，可连任一次。

《香港特别行政区基本法附件一香港特别行政区行政长官的产生办法》一、行政长官由一个具有广泛代表性、符合香港特别行政区实际情况、体现社会整体利益的选举委员会根据本法选出，由中央人民政府任命。

释解分析

上述条文规定的是香港特别行政区行政长官。关于香港特别行政区行政长官的产生，需要注意：（1）香港特别行政区行政长官任职条件中有“在外国无居留权”的要求，但《澳门特别行政区基本法》无此项规定。（2）《香港特别行政区基本法》第 45 条规定和《香港特别行政区基本法附件一香港特别行政区行政长官的产生办法》规定存在差异。根据《香港特别行政区基本法附件一香港特别行政区行政长官的产生办法》的规定，行政长官的产生条件中并无“协商”任命条件。

试题范例

（单项选择题）下列关于香港特别行政区行政长官的表述，正确的是（　　）。
A. 行政长官须年满 45 周岁
B. 行政长官由立法会任命
C. 行政长官由在香港通常居住连续满 20 年并在外国无居留权的香港特别行政区永久性居民中的中国公民担任

D. 行政长官任期 5 年，可连任两次

答案：C

核心法条

《香港特别行政区基本法》第 49 条　香港特别行政区行政长官如认为立法会通过的法案不符合香港特别行政区的整体利益，可在三个月内将法案发回立法会重议，立法会如以不少于全体议员三分之二多数再次通过原案，行政长官必须在一个月内签署公布或按本法第五十条的规定处理。

《香港特别行政区基本法》第 50 条　香港特别行政区行政长官如拒绝签署立法会再次通过的法案或立法会拒绝通过政府提出的财政预算案或其他重要法案，经协商仍不能取得一致意见，行政长官可解散立法会。

行政长官在解散立法会前，须征询行政会议的意见。行政长官在其一任任期内只能解散立法会一次。

《香港特别行政区基本法》第 52 条　香港特别行政区行政长官如有下列情况之一者必须辞职：

（一）因严重疾病或其他原因无力履行职务；

（二）因两次拒绝签署立法会通过的法案而解散立法会，重选的立法会仍以全体议员三分之二多数通过所争议的原案，而行政长官仍拒绝签署；

（三）因立法会拒绝通过财政预算案或其他重要法案而解散立法会，重选的立法会继续拒绝通过所争议的原案。

《香港特别行政区基本法》第 73 条第 9 项　香港特别行政区立法会行使下列职权：

…………

（九）如立法会全体议员的四分之一联合动议，指控行政长官有严重违法或渎职行为而不辞职，经立法会通过进行调查，立法会可委托终审法院首席法官负责组成独立的调查委员会，并担任主席。调查委员会负责进行调查，并向立法会提出报告。如该调查委员会认为有足够证据构成上述指控，立法会以全体议员三分之二多数通过，可提出弹劾案，报请中央人民政府决定。

…………

《香港特别行政区基本法》第 74 条　香港特别行政区立法会议员根据本法规定并依照法定程序提出法律草案，凡不涉及公共开支或政治体制或政府运作者，可由立法会议员个别或联名提出。凡涉及政府政策者，在提出前必须得到行政长官的书面同意。

释解分析

上述条文规定的是行政与立法的相互制衡机制。

行政对立法的制衡机制体现在：(1) 行政长官可以拒绝签署立法会通过的法案，并可在 3 个月内将法案发回立法会重新审议。(2) 如果行政长官拒绝签署立法会再次通过的法案，或者立法会拒绝通过政府提出的财政预算案或者其他重要法案，经协商仍不能取得一致意见，行政长官可解散立法会，但在其任期内只能解散立法会一次。(3) 立法会议员所提出的法律草案，凡涉及政府政策者，在提出前必须得到行政长官的书面同意。

立法会对行政长官的制衡机制体现在：(1) 行政长官发回重新审议的法案，如获得立法会以不少于全体议员 2/3 多数再次通过，行政长官必须在 1 个月内签署公布，否则行政长官可解散立法会。(2) 在以下两种情况下，立法会可迫使行政长官辞职：一是行政长官因两次拒绝签署立法会通过的法案而解散立法会，重新选举的立法会仍以全体议员 2/3 多数通过所争议的原案，而行政长官仍拒绝签署；二是行政长官因立法会拒绝通过财政预算案或者其他重要法案而解散立法会，重新选举的立法会继续拒绝通过所争议的原案。(3) 如果行政长官有严重的违法或者渎职行为，经法定程序，立法会可提出弹劾案，报中央人民政府决定。

试题范例

1. (单项选择题) 根据特别行政区基本法规定，下列选项体现了行政对立法制衡的是 (　　)。

A. 特别行政区行政会议或行政会的成员由行政长官委任

B. 特别行政区行政长官发回重新审议的法案，如获得立法会以不少于全体议员 2/3 多数再次通过，行政长官必须在 1 个月内签署公布，否则行政长官可解散立法会

C. 特别行政区立法会议员所提出的法律草案，凡涉及政府政策者，在提出前必须得到行政长官的书面同意

D. 特别行政区行政长官如不采纳行政会议或行政会多数成员的意见，应将具体理由记录在案

2. (多项选择题) 根据《香港特别行政区基本法》的规定，行政与立法之间存在制衡。这些制衡体现在 (　　)。

A. 行政长官可以拒绝签署立法会通过的法案，并可在 3 个月内将法案发回立法会重新审议

B. 如果行政长官拒绝签署立法会再次通过的法案，经协商仍不能取得一致意见，行政长官可在任期内解散立法会三次

C. 立法会议员所提出的法律草案，凡涉及政府政策者，在提出前必须得到行政长官的书面同意

D. 行政长官在解散立法会前，须征询行政会议的意见

3. (多项选择题) 根据《香港特别行政区基本法》的规定，行政长官必须辞职的情形有 (　　)。

A. 行政长官有严重的违法或者渎职行为，经法定程序，立法会提出弹劾案

B. 行政长官因两次拒绝签署立法会通过的法案而解散立法会，重新选举的立法会仍以全体议员 2/3 多数通过所争议的原案，而行政长官仍拒绝签署

C. 行政长官因严重疾病或其他原因无力履行职务

D. 行政长官因立法会拒绝通过财政预算案或者其他重要法案而解散立法会，重新选举的立法会继续拒绝通过所争议的原案

答案： 1. C　2. ACD　3. BCD

核心法条

《香港特别行政区基本法》第 54 条　香港特别行政区行政会议是协助行政长官决策的机构。

《香港特别行政区基本法》第 55 条　香港特别行政区行政会议的成员由行政长官从行政机关的主要官员、立法会议员和社会人士中委任，其任免由行政长官决定。行政会议成员的任期应不超过委任他的行政长官的任期。

香港特别行政区行政会议成员由在外国无居留权的香港特别行政区永久性居民中的中国公民担任。

行政长官认为必要时可邀请有关人士列席会议。

《香港特别行政区基本法》第 56 条　香港特别行政区行政会议由行政长官主持。

行政长官在作出重要决策、向立法会提交法案、制定附属法规和解散立法会前，须征询行政会议的意见，但人事任免、纪律制裁和紧急情况下采取的措施除外。

行政长官如不采纳行政会议多数成员的意见，应将具体理由记录在案。

释解分析

上述条文规定的是行政会议（澳门特别行政区称为“行政会”）。行政会议是协助行政长官决策的机构。行政会议的成员由行政长官从行政机关的主要官员、立法会议员和社会人士中委任，其任免由行政长官决定。行政会议成员由在外国无居留权的香港特别行政区永久性居民中的中国公民担任。

行政长官在作出重要决策、向立法会提交法案、制定附属法规和解散立法会前，须征询行政会议的意见，但人事任免、纪律制裁和紧急情况下采取的措施除外。行政长官如不采纳行政会议多数成员的意见，应将具体理由记录在案。行政长官在作出重要决策、向立法会提交法案、制定附属法规和解散立法会前，须征询行政会议的意见，这体现了行政与立法之间的相互配合关系。

试题范例

（多项选择题）根据《香港特别行政区基本法》的规定，下列关于行政会议的表述，正确的是（　　）。

A. 香港特别行政区行政会议是协助行政长官决策的机构

B. 行政长官在作出重要决策、实施人事任免、制定附属法规和解散立法会前，须征询行政会议的意见

C. 行政会议成员由在香港通常居住连续满 20 年并在外国无居留权的香港特别行政区永久性居民中的中国公民担任

D. 行政会议的成员任免由行政长官决定

答案：AD

核心法条

《香港特别行政区基本法》第 59 条　香港特别行政区政府是香港特别行政区行政机关。

《香港特别行政区基本法》第 60 条　香港特别行政区政府的首长是香港特别行政区行政长官。

香港特别行政区政府设政务司、财政司、律政司和各局、处、署。

《香港特别行政区基本法》第 61 条　香港特别行政区的主要官员由在香港通常居住连续满十五年并在外国无居留权的香港特别行政区永久性居民中的中国公民担任。

《香港特别行政区基本法》第 62 条　香港特别行政区政府行使下列职权：

（一）制定并执行政策；

（二）管理各项行政事务；

（三）办理本法规定的中央人民政府授权的对外事务；

（四）编制并提出财政预算、决算；

（五）拟定并提出法案、议案、附属法规；

（六）委派官员列席立法会并代表政府发言。

释解分析

上述条文规定的是香港特别行政区的行政机关。特别行政区政府是特别行政区的行政机关，对立法会负责。政府的首长是行政长官；政府设政务司、财政司、律政司和各局、处、署。行政机关的主要官员由行政长官提名报中央人民政府任命。主要官员由在香港或澳门通常居住连续满 15 年并在外国无居留权（《澳门特别行政区基本法》没有将在外国无居留权作为任职条件的限制）的特别行政区永久性居民中的中国公民担任。行政机关主要行使的职权有：制定并执行政策，管理各项行政事务，办理基本法规定的中央人民政府授权的对外事务，编制并提出财政预算、决算，拟定并提出法案、议案、附属法规，委派官员列席立法会并代表政府发言。

试题范例

（单项选择题）下列关于香港特别行政区行政机关的表述，正确的是（　　）。

A. 特别行政区政府是特别行政区的行政机关，对全国人大及其常委会负责

B. 特别行政区政府设政务司、财政司、律政司和各局、处、署

C. 特别行政区主要官员由在香港通常居住连续满 15 年的特别行政区永久性居民中的中国公民担任

D. 特别行政区行政机关制定法案、议案和附属法规

答案： B

核心法条

《香港特别行政区基本法》第 66 条　香港特别行政区立法会是香港特别行政区的立法

机关。

《香港特别行政区基本法》第 67 条　香港特别行政区立法会由在外国无居留权的香港特别行政区永久性居民中的中国公民组成。但非中国籍的香港特别行政区永久性居民和在外国有居留权的香港特别行政区永久性居民也可以当选为香港特别行政区立法会议员，其所占比例不得超过立法会全体议员的百分之二十。

《香港特别行政区基本法》第 69 条　香港特别行政区立法会除第一届任期为两年外，每届任期四年。

释解分析

上述条文规定的是香港特别行政区的立法机关。香港特别行政区立法会是香港特别行政区的立法机关。立法会享有广泛的权力，包括立法权、财政权、监督权和任免权。

试题范例

（多项选择题）下列关于香港特别行政区的立法机关的表述，正确的是（　　）。

A. 立法会是香港特别行政区的立法机关

B. 非中国籍的香港特别行政区永久性居民不能当选为香港特别行政区立法会议员

C. 立法会每届任期 5 年

D. 立法会主席由年满 40 周岁，在香港通常居住连续满 20 年并在外国无居留权的香港特别行政区永久性居民中的中国公民担任

答案：AD

核心法条

《香港特别行政区基本法》第 80 条　香港特别行政区各级法院是香港特别行政区的司法机关，行使香港特别行政区的审判权。

《香港特别行政区基本法》第 81 条　香港特别行政区设立终审法院、高等法院、区域法院、裁判署法庭和其他专门法庭。高等法院设上诉法庭和原讼法庭。

原在香港实行的司法体制，除因设立香港特别行政区终审法院而产生变化外，予以保留。

《香港特别行政区基本法》第 82 条　香港特别行政区的终审权属于香港特别行政区终审法院。终审法院可根据需要邀请其他普通法适用地区的法官参加审判。

《香港特别行政区基本法》第 90 条第 1 款　香港特别行政区终审法院和高等法院的首席法官，应由在外国无居留权的香港特别行政区永久性居民中的中国公民担任。

《澳门特别行政区基本法》第 84 条　澳门特别行政区设立初级法院、中级法院和终审法院。

澳门特别行政区终审权属于澳门特别行政区终审法院。

澳门特别行政区法院的组织、职权和运作由法律规定。

《澳门特别行政区基本法》第 86 条　澳门特别行政区设立行政法院。行政法院是管辖

行政诉讼和税务诉讼的法院。不服行政法院裁决者，可向中级法院上诉。

《澳门特别行政区基本法》第 88 条　澳门特别行政区各级法院的院长由行政长官从法官中选任。

终审法院院长由澳门特别行政区永久性居民中的中国公民担任。

终审法院院长的任命和免职须报全国人民代表大会常务委员会备案。

《澳门特别行政区基本法》第 90 条　澳门特别行政区检察院独立行使法律赋予的检察职能，不受任何干涉。

澳门特别行政区检察长由澳门特别行政区永久性居民中的中国公民担任，由行政长官提名，报中央人民政府任命。

检察官经检察长提名，由行政长官任命。

检察院的组织、职权和运作由法律规定。

释解分析

上述条文规定的是香港和澳门特别行政区的司法机关。特别行政区坚持司法独立原则。特别行政区享有独立的司法权和终审权。特别行政区法院独立进行审判，不受任何干涉，司法人员履行审判职责的行为不受法律追究。各级法院是特别行政区的司法机关，行使特别行政区的审判权。

香港特别行政区设立终审法院、高等法院、区域法院、裁判署法庭和其他专门法庭。香港特别行政区没有单独的检察机关，其检察职能属于政府下设的律政司，属于行政机关。香港特别行政区终审法院和高等法院的首席法官，应由在外国无居留权的香港特别行政区永久性居民中的中国公民担任。行政长官在根据独立委员会推荐而任命他们时，须征得立法会同意，并报全国人大常委会备案。

澳门特别行政区设立初级法院（包括行政法院）、中级法院和终审法院，初级法院还可根据需要设立若干专门法庭。行政法院是管辖行政诉讼和税务诉讼的法院，不服行政法院裁决者，可向中级法院上诉。终审法院是澳门特别行政区的最高法院，行使澳门特别行政区终审权。澳门属于大陆法系，设有独立的检察机关，属于司法机关。澳门特别行政区各级法院的院长由行政长官从法官中选任。终审法院院长由澳门特别行政区永久性居民中的中国公民担任。澳门特别行政区检察院独立行使法律赋予的检察职能，不受任何干涉。澳门特别行政区检察长由澳门特别行政区永久性居民中的中国公民担任，由行政长官提名，报中央人民政府任命。检察官经检察长提名，由行政长官任命。

试题范例

1.（单项选择题）澳门特别行政区受理税务诉讼的司法机关是（　　）。

A. 初级法院　　B. 中级法院　　C. 终审法院　　D. 行政法院

2.（多项选择题）下列选项中，属于香港特别行政区司法机关的是（　　）。

A. 律政司　　B. 裁判署法庭　　C. 终审法院　　D. 行政法院

答案： 1. D　2. BC

十、基层群众自治制度

核心法条

《宪法》第 111 条　城市和农村按居民居住地区设立的居民委员会或者村民委员会是基层群众性自治组织。居民委员会、村民委员会的主任、副主任和委员由居民选举。居民委员会、村民委员会同基层政权的相互关系由法律规定。

居民委员会、村民委员会设人民调解、治安保卫、公共卫生等委员会，办理本居住地区的公共事务和公益事业，调解民间纠纷，协助维护社会治安，并且向人民政府反映群众的意见、要求和提出建议。

释解分析

本条规定的是基层群众性自治组织。基层群众性自治组织是指依据法律规定，以城乡居民（村民）一定的居住地为基础设立，并由居民（村民）选举产生的成员组成的，实行自我管理、自我教育、自我服务的社会组织。基层群众性自治组织包括居民委员会和村民委员会。在性质上，基层群众性自治组织不是一级政权机关，而是以自我管理、自我教育、自我服务为组织活动原则的社会组织。

试题范例

（单项选择题）根据我国宪法和法律，下列关于我国基层群众性自治组织的说法，正确的是（　　）。

A. 基层群众性自治组织是我国的基层政权机关

B. 基层群众性自治组织是自我管理、自我教育、自我服务的社会组织

C. 基层群众性自治组织最能体现我国地方制度的特色

D. 基层群众性自治组织包括居民委员会、村民委员会和街道办事处

答案：B

核心法条

《城市居民委员会组织法》第 2 条　居民委员会是居民自我管理、自我教育、自我服务的基层群众性自治组织。

不设区的市、市辖区的人民政府或者它的派出机关对居民委员会的工作给予指导、支持和帮助。居民委员会协助不设区的市、市辖区的人民政府或者它的派出机关开展工作。

释解分析

本条规定的是居民委员会的性质。居民委员会不是一级政权机关，也不是政府派出机

关，而是居民自我管理、自我教育、自我服务的基层群众性自治组织，居民委员会向居民会议负责并报告工作。不设区的市、市辖区的人民政府或者它的派出机关对居民委员会的工作给予指导、支持和帮助，但不能干扰居民委员会的工作。居民委员会协助不设区的市、市辖区的人民政府或者它的派出机关开展工作。

试题范例

（多项选择题）根据我国宪法和法律，下列关于居民委员会与人民政府之间关系的表述，正确的是（　　）。

A. 居民委员会是政府派出机关

B. 不设区的市、市辖区的人民政府对居民委员会的工作给予指导、支持和帮助

C. 市、市辖区的人民政府的有关部门，可以对居民委员会有关的下属委员会进行领导

D. 居民委员会协助不设区的市、市辖区的人民政府开展工作

答案： BD

核心法条

《城市居民委员会组织法》第 3 条　居民委员会的任务：

（一）宣传宪法、法律、法规和国家的政策，维护居民的合法权益，教育居民履行依法应尽的义务，爱护公共财产，开展多种形式的社会主义精神文明建设活动；

（二）办理本居住地区居民的公共事务和公益事业；

（三）调解民间纠纷；

（四）协助维护社会治安；

（五）协助人民政府或者它的派出机关做好与居民利益有关的公共卫生、计划生育、优抚救济、青少年教育等项工作；

（六）向人民政府或者它的派出机关反映居民的意见、要求和提出建议。

释解分析

本条规定的是居民委员会的任务。

试题范例

（多项选择题）根据《城市居民委员会组织法》的规定，下列选项中，属于居民委员会的任务的有（　　）。

A. 办理本居住地区居民的公共事务和公益事业

B. 调解民间纠纷

C. 协助维护社会治安

D. 向人民政府或者它的派出机关反映居民的意见、要求和提出建议

答案： ABCD

核心法条

《城市居民委员会组织法》第 6 条　居民委员会根据居民居住状况，按照便于居民自治的原则，一般在一百户至七百户的范围内设立。

居民委员会的设立、撤销、规模调整，由不设区的市、市辖区的人民政府决定。

《城市居民委员会组织法》第 13 条　居民委员会根据需要设人民调解、治安保卫、公共卫生等委员会。居民委员会成员可以兼任下属的委员会的成员。居民较少的居民委员会可以不设下属的委员会，由居民委员会的成员分工负责有关工作。

《城市居民委员会组织法》第 14 条　居民委员会可以分设若干居民小组，小组长由居民小组推选。

释解分析

上述条文规定的是居民委员会的设立。

试题范例

（多项选择题）根据宪法和法律规定，下列关于城市居民委员会的表述，正确的是（　　）。

A. 居民委员会根据居民居住状况，按照便于居民自治的原则设立

B. 居民委员会的设立、撤销、规模调整，由居民会议决定

C. 居民委员会根据需要设人民调解、治安保卫、公共卫生等委员会

D. 居民委员会可以分设若干居民小组，小组长由居民小组推选

答案：ACD

核心法条

《城市居民委员会组织法》第 7 条　居民委员会由主任、副主任和委员共五至九人组成。多民族居住地区，居民委员会中应当有人数较少的民族的成员。

《城市居民委员会组织法》第 8 条　居民委员会主任、副主任和委员，由本居住地区全体有选举权的居民或者由每户派代表选举产生；根据居民意见，也可以由每个居民小组选举代表二至三人选举产生。居民委员会每届任期五年，其成员可以连选连任。

年满十八周岁的本居住地区居民，不分民族、种族、性别、职业、家庭出身、宗教信仰、教育程度、财产状况、居住期限，都有选举权和被选举权；但是，依照法律被剥夺政治权利的人除外。

释解分析

上述条文规定的是居民委员会的组成和任期。

试题范例

（单项选择题）根据宪法和法律，下列关于居民委员会的表述，正确的是（　　）。

A. 居民委员会由主任、副主任和委员共3至7人组成

B. 居民委员会每届任期5年，其成员可以连选连任

C. 居民委员会的组成人员应由每个居民小组选举产生

D. 居民委员会制定居民公约

答案：B

核心法条

《村民委员会组织法》第2条第1、3款　村民委员会是村民自我管理、自我教育、自我服务的基层群众性自治组织，实行民主选举、民主决策、民主管理、民主监督。

村民委员会向村民会议、村民代表会议负责并报告工作。

《村民委员会组织法》第5条　乡、民族乡、镇的人民政府对村民委员会的工作给予指导、支持和帮助，但是不得干预依法属于村民自治范围内的事项。

村民委员会协助乡、民族乡、镇的人民政府开展工作。

《村民委员会组织法》第6条　村民委员会由主任、副主任和委员共三至七人组成。

村民委员会成员中，应当有妇女成员，多民族村民居住的村应当有人数较少的民族的成员。

对村民委员会成员，根据工作情况，给予适当补贴。

《村民委员会组织法》第11条　村民委员会主任、副主任和委员，由村民直接选举产生。任何组织或者个人不得指定、委派或者撤换村民委员会成员。

村民委员会每届任期五年，届满应当及时举行换届选举。村民委员会成员可以连选连任。

释解分析

上述条文规定的是村民委员会的性质、组成、任期。村民委员会不是政府的派出机关，也不是下属部门，更不是一级地方政权。

试题范例

1.（单项选择题）根据《村民委员会组织法》的规定，村民委员会向（　　）负责并报告工作。

A. 不设区的市、市辖区的人民政府

B. 村民会议、村民代表会议

C. 乡、镇的人民政府

D. 村集体经济组织、村民小组会议

2.（多项选择题）根据宪法和法律的规定，下列关于村民委员会的表述，正确的是（　　）。

A. 村民委员会是村民自我管理、自我教育、自我服务的基层群众性自治组织

B. 乡、民族乡、镇的人民政府对村民委员会的工作给予领导、支持

C. 村民委员会由主任、副主任和委员共5至9人组成

D. 村民委员会每届任期5年，村民委员会成员可以连选连任

答案：1. B　2. AD

核心法条

《村民委员会组织法》第2条第2款　村民委员会办理本村的公共事务和公益事业，调解民间纠纷，协助维护社会治安，向人民政府反映村民的意见、要求和提出建议。

《村民委员会组织法》第5条第2款　村民委员会协助乡、民族乡、镇的人民政府开展工作。

《村民委员会组织法》第8条　村民委员会应当支持和组织村民依法发展各种形式的合作经济和其他经济，承担本村生产的服务和协调工作，促进农村生产建设和经济发展。

村民委员会依照法律规定，管理本村属于村农民集体所有的土地和其他财产，引导村民合理利用自然资源，保护和改善生态环境。

村民委员会应当尊重并支持集体经济组织依法独立进行经济活动的自主权，维护以家庭承包经营为基础、统分结合的双层经营体制，保障集体经济组织和村民、承包经营户、联户或者合伙的合法财产权和其他合法权益。

《村民委员会组织法》第9条　村民委员会应当宣传宪法、法律、法规和国家的政策，教育和推动村民履行法律规定的义务、爱护公共财产，维护村民的合法权益，发展文化教育，普及科技知识，促进男女平等，做好计划生育工作，促进村与村之间的团结、互助，开展多种形式的社会主义精神文明建设活动。

村民委员会应当支持服务性、公益性、互助性社会组织依法开展活动，推动农村社区建设。

多民族村民居住的村，村民委员会应当教育和引导各民族村民增进团结、互相尊重、互相帮助。

《村民委员会组织法》第30条第1、4款　村民委员会实行村务公开制度。

村民委员会应当保证所公布事项的真实性，并接受村民的查询。

释解分析

上述条文规定的是村民委员会的任务。村民委员会的任务有：(1) 宣传宪法、法律、法规和国家的政策，教育和推动村民履行法律规定的义务、爱护公共财产，维护村民的合法权益，发展文化教育，普及科技知识，促进男女平等，做好计划生育工作，促进村与村之间的团结、互助，开展多种形式的社会主义精神文明建设活动。(2) 办理本村的公共事务、公益事业，调解民间纠纷，协助维护社会治安，向人民政府反映村民的意见、要求和提出建议。(3) 协助乡、民族乡、镇的人民政府开展工作。(4) 支持和组织村民依法发展各种形式的合作经济和其他经济，承担本村生产的服务和协调工作，促进农村生产建设和经济发展。(5) 尊重并支持集体经济组织依法独立进行经济活动的自主权，维护以家庭承包经营为基础、统分结合的双层经营体制，保障集体经济组织和村民、承包经营户、联户或者合伙的合法财产权和其他合法权益。(6) 依照法律规定，管理本村属于村农民集体所有的土地和其他财产，引导村民合理利用自然资源，保护和改善生态环境。(7) 多民族村民居住的村，村民

委员会应当教育和引导各民族村民增进团结、互相尊重、互相帮助。(8) 村民委员会实行村务公开，应当保证所公布事项的真实性，并接受村民的查询。

试题范例

(多项选择题) 根据《村民委员会组织法》的规定，下列选项中，属于村民委员会的任务的有（　　）。

A. 协助乡、民族乡、镇的人民政府开展工作

B. 实行村务公开，应当保证所公布事项的真实性，并接受村民的查询

C. 宣传宪法、法律、法规和国家的政策，教育和推动村民履行法律规定的义务、爱护公共财产

D. 维护以家庭承包经营为基础、统分结合的双层经营体制

答案：ABCD

核心法条

《村民委员会组织法》第 3 条　村民委员会根据村民居住状况、人口多少，按照便于群众自治，有利于经济发展和社会管理的原则设立。

村民委员会的设立、撤销、范围调整，由乡、民族乡、镇的人民政府提出，经村民会议讨论同意，报县级人民政府批准。

村民委员会可以根据村民居住状况、集体土地所有权关系等分设若干村民小组。

《村民委员会组织法》第 7 条　村民委员会根据需要设人民调解、治安保卫、公共卫生与计划生育等委员会。村民委员会成员可以兼任下属委员会的成员。人口少的村的村民委员会可以不设下属委员会，由村民委员会成员分工负责人民调解、治安保卫、公共卫生与计划生育等工作。

释解分析

上述条文规定的是村民委员会的设立。

试题范例

(多项选择题) 根据宪法和法律的规定，关于村民委员会的设立，下列表述正确的是（　　）。

A. 设立村民委员会应遵循便于群众自治，有利于经济发展和社会管理的原则

B. 村民委员会可以根据村民居住状况、集体土地所有权关系等分设若干村民小组

C. 村民委员会根据需要设人民调解、治安保卫、公共卫生与计划生育等委员会

D. 村民委员会成员不得兼任下属委员会的成员

答案：ABC

核心法条

《村民委员会组织法》第 12 条　村民委员会的选举，由村民选举委员会主持。

村民选举委员会由主任和委员组成，由村民会议、村民代表会议或者各村民小组会议推选产生。

村民选举委员会成员被提名为村民委员会成员候选人，应当退出村民选举委员会。

村民选举委员会成员退出村民选举委员会或者因其他原因出缺的，按照原推选结果依次递补，也可以另行推选。

《村民委员会组织法》第 13 条　年满十八周岁的村民，不分民族、种族、性别、职业、家庭出身、宗教信仰、教育程度、财产状况、居住期限，都有选举权和被选举权；但是，依照法律被剥夺政治权利的人除外。

村民委员会选举前，应当对下列人员进行登记，列入参加选举的村民名单：

（一）户籍在本村并且在本村居住的村民；

（二）户籍在本村，不在本村居住，本人表示参加选举的村民；

（三）户籍不在本村，在本村居住一年以上，本人申请参加选举，并且经村民会议或者村民代表会议同意参加选举的公民。

已在户籍所在村或者居住村登记参加选举的村民，不得再参加其他地方村民委员会的选举。

《村民委员会组织法》第 14 条　登记参加选举的村民名单应当在选举日的二十日前由村民选举委员会公布。

对登记参加选举的村民名单有异议的，应当自名单公布之日起五日内向村民选举委员会申诉，村民选举委员会应当自收到申诉之日起三日内作出处理决定，并公布处理结果。

《村民委员会组织法》第 15 条第 1、2 款　选举村民委员会，由登记参加选举的村民直接提名候选人。村民提名候选人，应当从全体村民利益出发，推荐奉公守法、品行良好、公道正派、热心公益、具有一定文化水平和工作能力的村民为候选人。候选人的名额应当多于应选名额。村民选举委员会应当组织候选人与村民见面，由候选人介绍履行职责的设想，回答村民提出的问题。

选举村民委员会，有登记参加选举的村民过半数投票，选举有效；候选人获得参加投票的村民过半数的选票，始得当选。当选人数不足应选名额的，不足的名额另行选举。另行选举的，第一次投票未当选的人员得票多的为候选人，候选人以得票多的当选，但是所得票数不得少于已投选票总数的三分之一。

释解分析

上述条文规定的是村民委员会的选举。

试题范例

（单项选择题）张某为 A 村村民，下列事项中，张某可以向村民选举委员会申诉的是（　　）。

A. 甲以贿选手段当选村民委员会成员

B. 将村民乙登记列入参加选举的村民名单

C. 村民选举委员会违反法定程序进行村民委员会选举

D. 村民选举委员会组成人员不合法

答案： B

核心法条

《村民委员会组织法》第 21 条　村民会议由本村十八周岁以上的村民组成。

村民会议由村民委员会召集。有十分之一以上的村民或者三分之一以上的村民代表提议，应当召集村民会议。召集村民会议，应当提前十天通知村民。

《村民委员会组织法》第 22 条　召开村民会议，应当有本村十八周岁以上村民的过半数，或者本村三分之二以上的户的代表参加，村民会议所作决定应当经到会人员的过半数通过。法律对召开村民会议及作出决定另有规定的，依照其规定。

召开村民会议，根据需要可以邀请驻本村的企业、事业单位和群众组织派代表列席。

《村民委员会组织法》第 23 条　村民会议审议村民委员会的年度工作报告，评议村民委员会成员的工作；有权撤销或者变更村民委员会不适当的决定；有权撤销或者变更村民代表会议不适当的决定。

村民会议可以授权村民代表会议审议村民委员会的年度工作报告，评议村民委员会成员的工作，撤销或者变更村民委员会不适当的决定。

《村民委员会组织法》第 24 条　涉及村民利益的下列事项，经村民会议讨论决定方可办理：

（一）本村享受误工补贴的人员及补贴标准；

（二）从村集体经济所得收益的使用；

（三）本村公益事业的兴办和筹资筹劳方案及建设承包方案；

（四）土地承包经营方案；

（五）村集体经济项目的立项、承包方案；

（六）宅基地的使用方案；

（七）征地补偿费的使用、分配方案；

（八）以借贷、租赁或者其他方式处分村集体财产；

（九）村民会议认为应当由村民会议讨论决定的涉及村民利益的其他事项。

村民会议可以授权村民代表会议讨论决定前款规定的事项。

法律对讨论决定村集体经济组织财产和成员权益的事项另有规定的，依照其规定。

《村民委员会组织法》第 27 条第 1 款　村民会议可以制定和修改村民自治章程、村规民约，并报乡、民族乡、镇的人民政府备案。

释解分析

上述条文规定的是村民会议。

试题范例

（多项选择题）根据《村民委员会组织法》的规定，下列事项经村民会议讨论决定方可办理的有（　　）。

A. 从村集体经济所得收益的使用　　　　B. 土地承包经营方案

C. 村集体经济项目的立项、承包方案　　D. 征地补偿费的使用、分配方案

答案：ABCD

核心法条

《村民委员会组织法》第 25 条　人数较多或者居住分散的村，可以设立村民代表会议，讨论决定村民会议授权的事项。村民代表会议由村民委员会成员和村民代表组成，村民代表应当占村民代表会议组成人员的五分之四以上，妇女村民代表应当占村民代表会议组成人员的三分之一以上。

村民代表由村民按每五户至十五户推选一人，或者由各村民小组推选若干人。村民代表的任期与村民委员会的任期相同。村民代表可以连选连任。

村民代表应当向其推选户或者村民小组负责，接受村民监督。

《村民委员会组织法》第 26 条　村民代表会议由村民委员会召集。村民代表会议每季度召开一次。有五分之一以上的村民代表提议，应当召集村民代表会议。

村民代表会议有三分之二以上的组成人员参加方可召开，所作决定应当经到会人员的过半数同意。

释解分析

上述条文规定的是村民代表会议。

试题范例

（多项选择题）根据《村民委员会组织法》的规定，关于村民代表会议，下列说法正确的是（　　）。

A. 村民代表会议由村民委员会成员和村民代表组成

B. 村民代表由村民按每 5 户至 15 户推选一人，或者由各村民小组推选若干人

C. 村民代表会议每年召开一次

D. 村民代表会议由村民委员会召集

答案：ABD

核心法条

《村民委员会组织法》第 30 条第 1 款　村民委员会实行村务公开制度。

《村民委员会组织法》第 31 条　村民委员会不及时公布应当公布的事项或者公布的事项不真实的，村民有权向乡、民族乡、镇的人民政府或者县级人民政府及其有关主管部门反映，有关人民政府或者主管部门应当负责调查核实，责令依法公布；经查证确有违法行为的，有关人员应当依法承担责任。

《村民委员会组织法》第 32 条　村应当建立村务监督委员会或者其他形式的村务监督机构，负责村民民主理财，监督村务公开等制度的落实，其成员由村民会议或者村民代表会议在村民中推选产生，其中应有具备财会、管理知识的人员。村民委员会成员及其近亲

属不得担任村务监督机构成员。村务监督机构成员向村民会议和村民代表会议负责，可以列席村民委员会会议。

释解分析

上述条文规定的是对村民委员会的监督。

试题范例

（多项选择题）关于村庄治理，下列有关说法正确的是（　　）。

A. 村民代表应当向其推选户或者村民小组负责，接受村民监督

B. 村务监督机构成员向村民委员会负责，可以列席村民委员会会议

C. 村民委员会工作移交由村民选举委员会主持，由乡、民族乡、镇的人民政府监督

D. 村民会议有权撤销或者变更村民委员会不适当的决定；有权撤销或者变更村民代表会议不适当的决定

答案：ACD

十一、公民的基本权利和义务

核心法条

《宪法》第 4 条第 1 款　中华人民共和国各民族一律平等。国家保障各少数民族的合法的权利和利益，维护和发展各民族的平等团结互助和谐关系。禁止对任何民族的歧视和压迫，禁止破坏民族团结和制造民族分裂的行为。

《宪法》第 5 条第 5 款　任何组织或者个人都不得有超越宪法和法律的特权。

《宪法》第 33 条第 2、4 款　中华人民共和国公民在法律面前一律平等。

任何公民享有宪法和法律规定的权利，同时必须履行宪法和法律规定的义务。

《宪法》第 34 条　中华人民共和国年满十八周岁的公民，不分民族、种族、性别、职业、家庭出身、宗教信仰、教育程度、财产状况、居住期限，都有选举权和被选举权；但是依照法律被剥夺政治权利的人除外。

《宪法》第 36 条第 2 款　任何国家机关、社会团体和个人不得强制公民信仰宗教或者不信仰宗教，不得歧视信仰宗教的公民和不信仰宗教的公民。

《宪法》第 48 条　中华人民共和国妇女在政治的、经济的、文化的、社会的和家庭的生活等各方面享有同男子平等的权利。

国家保护妇女的权利和利益，实行男女同工同酬，培养和选拔妇女干部。

释解分析

上述条文规定的是平等权。平等权既是我国公民的一项基本权利，也是我国宪法的基本

原则。保护公民的平等权是宪法的要求。平等权作为我国公民的基本权利，具有如下含义：(1) 平等权的主体是全体公民，它意味着全体公民法律地位的平等。(2) 平等权是公民的基本权利，是国家的基本义务。公民有权利要求国家给予平等保护，国家有义务无差别地保护每一个公民的平等地位。国家不得剥夺公民的平等权，也不能允许其他组织和个人侵害公民的平等权。(3) 平等权意味着公民平等地享有权利履行义务。平等不能和特权并存，平等也不允许歧视现象存在。(4) 平等权是贯穿于公民其他权利的一项权利，它通过其他权利，如男女平等、民族平等、受教育权平等而具体化。

我国宪法规定的平等权条款分为一般平等权条款和具体平等权条款。《宪法》第 5 条第 5 款、第 33 条第 2 款和第 4 款属于一般平等权条款。《宪法》第 4 条第 1 款（民族平等权）、第 34 条（选举平等权）、第 36 条第 2 款（宗教信仰平等权）、第 48 条（男女平等权）属于具体平等权条款。除了上述具体平等权条款外，还有其他有关平等权的规定，典型的是平等就业权和平等（受）教育权。

我国宪法确立了平等权，但平等权并不意味着对所有公民采取无差别的待遇，只要存在进行差别对待的合理理由，就应当承认这种差别，这就是合理差别。合理差别并不违反平等权的要求。需要注意的是，平等权禁止的是不合理差别，即宪法意义上的差别有合理差别与不合理差别，平等权的相对性要求禁止不合理差别，而合理差别具有合宪性。例如，我国《宪法》对全国人大代表的言论免责权作了特殊规定，这一权利是人大代表基于其取得的代表资格而享有的，不具有代表资格的公民不能享有。在这里，平等权的价值表现在人大代表在言论免责权行使方面的平等。公民之间权利方面的某些特殊规定是一种合理的差别，不能认为是一种特权。再如，某些平等权例外条件的规定，主要有规定公务员政治行为的界限与范围，其言论自由、结社自由权受限制；人大代表不受逮捕的规定；军人及其家属的社会优待权；妇女权益的特殊保护等，都属于合理差别，并不违反宪法规定的平等权条款。如果不承认现实生活中存在的合理差别，仅仅以平等理念处理各种宪法问题，有可能导致平均主义，混淆平等与自由的界限。当然，那些不具有宪法上正当理由的违反平等权的不合理差别，是违反宪法规定的。

判断政府的措施是合理差别还是违反平等保护的歧视性做法的标准有：(1) 政府进行差别对待的目的必须是实现正当的而且是重大的利益。(2) 这种差别对待必须是实现其所宣称的正当目的的合理的乃至是必不可少的手段。(3) 政府负有举证责任。

合理差别有以下几种具体类型：(1) 由于年龄的差异所采取的责任、权利等方面的合理差别。例如，我国《宪法》规定年满 18 周岁的公民才拥有选举权和被选举权，就属于这种类型。(2) 依据人的生理差异所采取的合理差别。例如，对于女性的孕期实施特殊保护就符合合理差别。(3) 依据民族的差异所采取的合理差别。例如，我国法律对于少数民族在政治、经济、文化等领域实行的优待措施，如自治州州长由实行区域自治的民族的公民担任。下列两种具体类型也属于合理差别：(1) 依据经济上的能力以及所得的差异所采取的纳税负担上的轻重的合理差别。例如，国家对于收入过高者实行高额累进税率，以调解贫富差距。(2) 对从事特定职业的权利主体的特殊义务的加重和特定权利的限制等采取的合理差别。例如，高校招聘教师要求具有博士学位。

试题范例

（多项选择题）我国宪法从诸多方面确立了公民的平等权。下列对平等及平等权的理解，正确的是（　　）。

A. 平等权反对一切差别对待

B. 平等权既是一项宪法原则，也是一项公民的基本权利

C. 平等权反对隐性歧视

D. 男女平等体现了具体平等权的要求

答案：BCD

核心法条

《宪法》第 13 条　公民的合法的私有财产不受侵犯。

国家依照法律规定保护公民的私有财产权和继承权。

国家为了公共利益的需要，可以依照法律规定对公民的私有财产实行征收或者征用并给予补偿。

释解分析

本条规定的是私有财产权。私有财产权属于宪法上的一种基本权利，与其他宪法上的基本权利一样，都是公民针对国家而享有的一种权利，即公民所享有的、国家权力不能进行不法侵害的一种权利，直接反映了公民和国家权力之间在宪法秩序中的关系；而民法的私有财产权则主要属于公民对抗公民，私人对抗私人之间的财产关系。此外，民法有关私有财产权的规定是对宪法中财产权保护内容的具体化和法律化的实现。

2004 年宪法修正案建立了对私有财产保护的规范体系。我国现行宪法关于私有财产权的规定有如下特点：（1）其规定于宪法“总纲”而不是于“公民的基本权利和义务”部分。（2）与对公共财产的保护相比，在措辞上存在差别，即社会主义的公共财产神圣不可侵犯。（3）强调受保护的财产必须是合法的。

国家在征收或者征用公民私有财产时必须要满足公共利益、正当程序和公平补偿三个条件，才能满足合宪性的要求。如果政府的行政立法并没有剥夺公民的财产所有权，但是对公民财产权构成了实质性的侵害，造成财产价值实质性的减损，被称为管制性征收。

个人在自由行使财产权的同时，应当使其财产有助于社会公共福利的实现。这是基于维护社会正义的目的对财产权进行的一定限缩。财产权负有社会义务的制度安排背后往往有比较强烈的福利国家和社会主义的观念基础。

试题范例

（多项选择题）根据我国宪法和法律，下列关于私有财产权的表述，错误的有（　　）。

A. 公民的私有财产神圣不可侵犯

B. 国家为了政治需要，可以对公民的私有财产实行征收并给予赔偿

C. 我国宪法对私有财产保护规定于“公民的基本权利和义务”一章中

D. 公民合法的私有财产不得进行管制性征收

答案：ABCD

核心法条

《宪法》第 14 条第 4 款　国家建立健全同经济发展水平相适应的社会保障制度。

释解分析

本款规定的是国家建立健全社会保障制度。社会保障权是一项基本人权。作为复合概念，社会保障权是指社会成员为了维护人的有尊严的生活而向国家要求给付的权利。社会保障权有广义和狭义之分。狭义的社会保障权属于社会弱势群体的权利，重点在于社会救助、国家对年老体弱者的物质帮助等权利；广义的社会保障权属于一般性的权利，只要是符合条件的公民都可以无条件享有，权能领域范围比较广，涉及医疗、养老、保险、基本住房等基本生活领域。

2004 年宪法修正案增加了“国家建立健全同经济发展水平相适应的社会保障制度”的条款，这一规定体现了以人为本，经济与社会协调发展的基本思想。社会保障制度包括社会保险、社会救济、社会福利、优抚安置等各项制度。社会保障制度的建立与健全对于公民物质帮助等社会经济权利的实现具有重大意义。因此，2004 年宪法修正案之后，广义的社会保障权已经成为我国宪法所承认的一项基本权利。

社会保障权包括退休人员的生活保障权、物质帮助权等方面的内容。

试题范例

（单项选择题）根据我国宪法，下列关于社会保障权和我国社会保障制度的表述，正确的是（　　）。

A. 2018 年宪法修正案增加了“国家建立健全同经济发展水平相适应的社会保障制度”的条款

B. 社会保障权是一项基本人权，也是复合性权利

C. 我国宪法规定的社会保障权包括休息权、退休人员的生活保障权、物质帮助权等方面的内容

D. 社会保障权只有在社会主义国家才成为公民的基本权利

答案：B

核心法条

《宪法》第 33 条第 1 款　凡具有中华人民共和国国籍的人都是中华人民共和国公民。

《国籍法》第 3 条　中华人民共和国不承认中国公民具有双重国籍。

《国籍法》第 4 条　父母双方或一方为中国公民，本人出生在中国，具有中国国籍。

《国籍法》第 5 条　父母双方或一方为中国公民，本人出生在外国，具有中国国籍；但父母双方或一方为中国公民并定居在外国，本人出生时即具有外国国籍的，不具有中国

国籍。

《国籍法》第 6 条　父母无国籍或国籍不明，定居在中国，本人出生在中国，具有中国国籍。

《国籍法》第 7 条　外国人或无国籍人，愿意遵守中国宪法和法律，并具有下列条件之一的，可以经申请批准加入中国国籍：

（一）中国人的近亲属；

（二）定居在中国的；

（三）有其它正当理由。

《国籍法》第 8 条　申请加入中国国籍获得批准的，即取得中国国籍；被批准加入中国国籍的，不得再保留外国国籍。

《国籍法》第 9 条　定居外国的中国公民，自愿加入或取得外国国籍的，即自动丧失中国国籍。

《国籍法》第 10 条　中国公民具有下列条件之一的，可以经申请批准退出中国国籍：

（一）外国人的近亲属；

（二）定居在外国的；

（三）有其它正当理由。

《国籍法》第 11 条　申请退出中国国籍获得批准的，即丧失中国国籍。

《国籍法》第 12 条　国家工作人员和现役军人，不得退出中国国籍。

《国籍法》第 13 条　曾有过中国国籍的外国人，具有正当理由，可以申请恢复中国国籍；被批准恢复中国国籍的，不得再保留外国国籍。

释解分析

上述条文规定的是中国公民和国籍。公民是指具有某个国家国籍的自然人。任何自然人要成为中国公民，除应具有中国国籍外，没有其他资格要求。国籍是指一个人隶属于某个国家的法律上的身份。一个人具有某个国家的国籍，就被认为是该国的公民，就享有该国宪法和法律规定的权利并应向该国履行宪法和法律规定的义务。国籍的取得有出生国籍和继有国籍之分。出生国籍有血统主义和出生地主义。血统主义即确定国籍时以一个人出生时父母的国籍为准。出生地主义即确定国籍时以一个人的出生地所属国家为标准。在出生国籍上，我国采取以血统主义为主、出生地主义为辅的原则。继有国籍是指通过加入而取得国籍。外国人或无国籍人，愿意遵守中国宪法和法律，并具有下列条件之一的，可以经申请批准加入中国国籍：（1）中国人的近亲属；（2）定居在中国的；（3）有其他正当理由。我国不承认双重国籍，加入中国国籍的，不得再保留外国国籍。国家工作人员和现役军人，不得退出中国国籍。

试题范例

1.（单项选择题）公民与人民相比，（　　）。

A. 公民与人民的范围相同　　B. 公民的范围比人民的范围大

C. 公民的范围比人民的范围小　　D. 公民的范围不包括人民

2.（单项选择题）根据我国宪法和国籍法，下列关于国籍的表述，正确的有（　　）。

A. 中国公民李某在美国旅游期间生下文某，文某具有中国国籍

B. 张某出生在中国，其父亲是中国人，母亲是德国人，张某具有中国国籍

C. 王某为我国现役军人，其可以退出中国国籍后加入美国国籍

D. 钱某加入了澳大利亚国籍，其可以保留中国国籍

3.（多项选择题）外国人或无国籍人，愿意遵守中国宪法和法律，并具有下列（　　）条件之一的，可以经申请批准加入中国国籍。

A. 中国人的近亲属　　B. 定居在中国的

C. 有其他正当理由　　D. 享有在中国政治避难的权利

答案：1. B　2. B　3. ABC

核心法条

《宪法》第 33 条第 3 款　国家尊重和保障人权。

释解分析

本款规定的是国家尊重和保障人权。人权是一个政治概念，是指人作为人应该享有的权利，其最初的含义包括人们追求生活、财产、自由和幸福的权利。人权的概念起源于资产阶级启蒙思想家的“天赋人权”学说。人类历史上最早确认人权的宪法性文件是 1776 年美国的《独立宣言》，之后，人权就成为世界各国立宪的核心内容和根本准则。随着人类社会的发展，人权经历了一个由公民权利和政治权利到社会经济文化权利，从个人权利到集体权利，从国内人权到国际人权这样一个内容不断丰富，主体日渐广泛和权利普世化的过程。2004 年人权入宪，为国家设立了尊重和保障人权的义务。

试题范例

（单项选择题）我国宪法规定：“国家尊重和保障人权。”下列对此规定的理解，正确的是（　　）。

A. 2018 年宪法修正案使人权入宪，为国家设立了尊重和保障人权的义务

B. 最早确认人权的宪法性文件是法国的《人权宣言》

C. 公民权是人权的法律化和具体化，而人权是公民权的政治基础

D. 人权和公民权是等同概念

答案：C

核心法条

《宪法》第 34 条　中华人民共和国年满十八周岁的公民，不分民族、种族、性别、职业、家庭出身、宗教信仰、教育程度、财产状况、居住期限，都有选举权和被选举权；但是依照法律被剥夺政治权利的人除外。

释解分析

本条规定的是选举权利。选举权与被选举权就是指公民享有选举与被选举为国家权力机

关的代表或其他国家机关公职人员的权利。它包含三个方面的内容：（1）公民有权按照自己的意愿选举人民代表。（2）公民有被选举为人民代表的权利。（3）公民有权依照法律监督被选出的人民代表和其他国家机关公职人员，对其中不称职者有权罢免。

我国《宪法》和《选举法》对公民行使选举权的原则、程序等都作了详细的规定，从法律上保障了公民的选举权与被选举权的实现。

试题范例

（多项选择题）我国宪法明确规定，我国公民享有选举权和被选举权。下列关于选举权和被选举权的理解，正确的是（　　）。

A. 选举权和被选举权体现了平等权的要求

B. 选举权和被选举权属于我国公民享有的政治权利和自由

C. 年满 18 周岁的我国公民都享有选举权和被选举权

D. 享有选举权和被选举权是公民享有基本权利的基础

答案：AB

核心法条

《宪法》第 35 条　中华人民共和国公民有言论、出版、集会、结社、游行、示威的自由。

释解分析

本条规定的是言论、出版、集会、结社、游行、示威的自由。言论自由是指公民通过口头等形式表达其意见和观点的自由。它是公民政治权利最重要的内容之一。从表现形式上来看，广义的言论自由还包括借助于新闻、出版、著作、绘画、摄影、雕塑、影视、广播、戏剧、短信、微信等手段来展现自己的意见和观点的自由。言论自由为世界各国宪法和国际人权公约所普遍承认。新中国成立以来，从《共同纲领》到以后的 1954 年宪法、1975 年宪法、1978 年宪法、1982 年宪法，都将言论自由作为公民的一项权利写入宪法之中。但言论自由在行使时也会受到一定程度的限制，这具体表现在：（1）公民在行使言论自由时不得侵害他人的隐私权和名誉权，否则可能构成民事侵权。（2）淫秽言论会受到限制或者禁止。（3）煽动仇恨和挑衅言论会受到约束或者限制。目前各国对言论自由的限制方式包括预防制和追惩制。

出版自由是言论自由的扩充表现，是广义的言论自由。它主要是指在宪法和法律规定的范围内，公民有通过出版物系统地表达自己的意见和思想的权利。它的主要媒介物是书籍、报纸、传单、广播、电视、网络等。出版自由一般地说是较为系统的、成书面形式的意见。我国从《共同纲领》到历部《宪法》，都有专门的条文确认公民出版自由的权利。我国宪法规定的出版自由细化在《出版管理条例》中。该条例从法律渊源上来说，属于行政法规。根据一般宪法理论，对公民政治权利的限制和规范必须要由法律规定。

集会、游行、示威是公民的政治权利，最初源于请愿权。我国从 1954 年制定宪法以来，四部宪法都明确规定中华人民共和国公民有集会、游行、示威的自由。《集会游行示威法》

对我国公民的集会、游行、示威自由作了全面规定。集会是指聚集于露天公共场所，发表意见、表示意愿的活动。游行是指在公共道路、露天公共场所列队行进、表达共同意愿的活动。示威是指在露天公共场所或者公共道路上以集会、游行、静坐等方式，表达要求、抗议或者支持、声援等共同意愿的活动。集会、游行、示威的特征有：(1) 集会、游行、示威是指在露天公共场所或公共道路所举行的活动。(2) 集会、游行、示威是由公民举行的活动。国家或者根据国家决定举行的庆祝、纪念等活动和政党、社会团体、企业事业组织依照法律、章程举行的集会，不属于《集会游行示威法》的调整范围。(3) 集会、游行、示威是为了表达某种意愿。一般的娱乐性活动不属于集会、游行、示威的范畴。

世界各国对集会、游行、示威的限制方式主要有如下三种：(1) 登记制（申报制），即仅须在集会、游行、示威前向有关机关报告，无须经其批准。(2) 批准制（许可制），即集会、游行、示威须向有关机关申请并获得批准（或许可）方能举行。(3) 追惩制，即在集会、游行、示威前不受任何国家机关的干涉，只在集会、游行、示威中有违法行为时，才依法予以惩罚。我国《集会游行示威法》对公民集会、游行、示威的申请和许可，集会、游行、示威的目的、口号、方式、人数、时间、地点等方面都作了一些规定。根据以上规定可知，我国对集会、游行、示威实行批准制（或称为许可制）。

结社自由是指公民为了一定的宗旨而依照法律规定的手续组织成某种社会团体的自由。结社可分为以营利为目的的结社和不以营利为目的的结社。以营利为目的的结社如成立公司等，通常由民法、商法等予以调整。不以营利为目的的结社又可分为政治性结社和非政治性结社。政治性结社如组织政党和社会政治团体等，非政治性结社如组织宗教、学术、文化艺术、慈善行业、娱乐团体等。结社自由是具有双重属性的基本权利。该权利一方面保障个人可以自由组织、加入或者不加入社团，另一方面也保障社团本身的自主性活动。也就是说，结社自由权具有集体自由权的特征，确保社团持续运作的能力。这种集体自由的特征主要是强调社团内部运作的自主性，而不涉及社团的外部行为。社团的外部行为则属于有关其他自由权的问题。

我国宪法规定了结社自由。1998 年 10 月，国务院发布了《社会团体登记管理条例》(并于 2016 年进行了修订)。该条例在总则中明文规定，社会团体是指中国公民自愿组成，为实现会员共同意愿，按照其章程开展活动的非营利性社会组织。该条例还规定国家保护社会团体依照法律、法规及其章程开展活动，任何组织和个人不得非法干涉。根据该条例的规定，我国的社会团体的成立实行核准登记制度。在监督管理上，由登记管理机关（民政部门）对社会团体实施年度检查。

试题范例

（多项选择题）下列关于言论自由的表述，正确的是（　　）。

A. 言论自由属于人身自由的重要内容

B. 规制言论自由的方式主要有预防制和追惩制

C. 通过漫画方式展示意见和观点不是言论自由的表达方式

D. 言论自由为世界各国宪法和国际人权公约所普遍承认

答案： BD

核心法条

《宪法》第 36 条　中华人民共和国公民有宗教信仰自由。

任何国家机关、社会团体和个人不得强制公民信仰宗教或者不信仰宗教，不得歧视信仰宗教的公民和不信仰宗教的公民。

国家保护正常的宗教活动。任何人不得利用宗教进行破坏社会秩序、损害公民身体健康、妨碍国家教育制度的活动。

宗教团体和宗教事务不受外国势力的支配。

释解分析

本条规定的是宗教信仰自由。宗教信仰自由是指公民个人可以在社会中选择其宗教信仰和公开参加其信仰的宗教的仪式或者选择不信仰任何宗教而不必担心受迫害或歧视的自由。通俗地讲，每个公民既有信仰宗教的自由，也有不信仰宗教的自由；有信仰这种宗教的自由，也有信仰那种宗教的自由；在同一宗教里面，有信仰这个教派的自由，也有信仰那个教派的自由；有过去信教而现在不信教的自由，也有过去不信教而现在信教的自由。宗教信仰自由是公民个人的权利，信仰与不信仰宗教由公民个人选择，任何国家机关、社会团体和个人都不得强制公民信仰宗教或者不信仰宗教，不得歧视信仰宗教的公民和不信仰宗教的公民。

宗教信仰自由的内容包括以下三个方面：(1) 信仰的自由。国家不得禁止公民信仰某种宗教，也不得鼓励公民信仰某种宗教。(2) 参加宗教仪式的自由。国家不得强迫公民履行某种宗教仪式或禁止、限制公民履行某种宗教仪式。(3) 组成宗教社团的自由。公民有设立并参加某种宗教社团的自由。国家既不得限制、也不得强制或鼓励公民参加某种宗教社团或宗教社团活动。

本条规定了宗教信仰自由，同时又规定了其界限。这是我国宪法基于特定历史经验并在当今特定时代背景之下对公民宗教信仰自由所规定的界限。

试题范例

(多项选择题) 任何（　　）不得强制公民信仰宗教或者不信仰宗教，不得歧视信仰宗教的公民和不信仰宗教的公民。

A. 国家机关　　B. 社会团体　　C. 个人　　D. 企事业单位

答案：ABC

核心法条

《宪法》第 37 条　中华人民共和国公民的人身自由不受侵犯。

任何公民，非经人民检察院批准或者决定或者人民法院决定，并由公安机关执行，不受逮捕。

禁止非法拘禁和以其他方法非法剥夺或者限制公民的人身自由，禁止非法搜查公民的身体。

释解分析

本条规定的是公民的人身自由不受侵犯。人身自由是指与主体人身不可分离的宪法规定的基本权利。人身自由权是公民参加各种社会活动、参加国家政治生活和享受其他权利自由的先决条件，也是公民最基本、最起码的权利，是其他一切权利和自由的基础。从广义上讲，人身自由包括：公民的人身自由不受侵犯，公民的人格尊严不受侵犯，公民的住宅不受侵犯，公民的通信自由和通信秘密受法律保护。从狭义上讲，人身自由不包括公民的人格尊严不受侵犯，公民的住宅不受侵犯，公民的通信自由和通信秘密受法律保护。公民的人身和行动不受任何非法搜查、拘禁、逮捕、剥夺、限制和侵害。

本条规定确立了公民人身自由的宪法地位，使之成为基本权利体系的基石。

试题范例

（单项选择题）根据我国宪法规定，下列情形没有侵犯公民人身自由的是（　　）。

A. 某超市对顾客身体进行搜查

B. 某检察院批准逮捕张某，公安机关依据签发的逮捕令对张某执行逮捕

C. 某监察委员会对公民文某采取留置调查措施

D. 某省政府制定对吸毒人员实施强制隔离措施的实施办法

答案： B

核心法条

《宪法》第 38 条　中华人民共和国公民的人格尊严不受侵犯。禁止用任何方法对公民进行侮辱、诽谤和诬告陷害。

释解分析

本条规定的是公民的人格尊严不受侵犯。人格尊严是指与人身有密切联系的名誉、姓名、肖像等不容侵犯的权利。人格尊严是公民作为权利主体维护其尊严的重要方面。人格权是 20 世纪以来各国普遍重视的一项基本权利。随着社会文明程度的逐步提高，各国通过立法与司法实践，不断地扩展了人格权的内容和范围。人格权是我国现行《宪法》的内容之一。我国的民事立法和刑事立法又进一步将人格权的保护具体化。我国刑法规定了对犯有侮辱罪、诽谤罪和诬告陷害罪的处罚，我国民法典规定了侵犯公民生命权、健康权、姓名权等的民事责任。不过，出于维护社会公共利益的需要而对隐私权的报道或揭发不构成对宪法基本权利的侵犯。

试题范例

1.（多项选择题）中华人民共和国公民的人格尊严不受侵犯。禁止用任何方法对公民进行（　　）。

A. 侮辱　　B. 诽谤　　C. 诬告陷害　　D. 诬蔑

2.（多项选择题）根据我国宪法，下列情形侵犯了公民的人格尊严的是（　　）。

A. 某地方政府门卫强令信访人员脱裤检查

B. 某市一中学在卫生间安装摄像头

C. 某报报道了某市副市长甲因嫖娼而被公安机关当场抓获的新闻

D. 某国家工作人员甲对公民乙大肆进行侮辱

答案： 1. ABC　2. ABD

核心法条

《宪法》第 39 条　中华人民共和国公民的住宅不受侵犯。禁止非法搜查或者非法侵入公民的住宅。

释解分析

本条规定的是公民的住宅不受侵犯。公民的住宅不受侵犯又称为住宅权，是指公民居住、生活以及保存私人财产的场所不受非法侵入和搜查。住宅权保护的核心法益是居住安全和生活安宁。住宅是公民的起居生活之处，是公民个人的私密空间，也是公民借以进行各种社会活动不可缺少的条件。本条专门规定了住宅不受侵犯的问题。我国《刑法》则规定了对于非法侵入或搜查公民住宅的刑事犯罪予以严惩。

试题范例

（多项选择题）关于《宪法》对人身自由的规定，下列选项正确的是（　　）。

A. 禁止用任何方法对公民进行侮辱、诽谤和诬告陷害

B. 在诉讼过程中，为了搜集证据，法院可以对公民的电话进行监听

C. 禁止非法搜查公民的身体

D. 禁止非法搜查或者非法侵入公民的住宅

答案： ACD

核心法条

《宪法》第 40 条　中华人民共和国公民的通信自由和通信秘密受法律的保护。除因国家安全或者追查刑事犯罪的需要，由公安机关或者检察机关依照法律规定的程序对通信进行检查外，任何组织或者个人不得以任何理由侵犯公民的通信自由和通信秘密。

释解分析

本条规定的是公民的通信自由和通信秘密受法律保护。通信自由是指公民有根据自己的意愿自由进行通信不受他人干涉的自由。通信秘密是指公民通信的内容受国家法律保护，任何人不得非法私拆、毁弃、偷阅他人的信件。公民的通信包括书信、电话、电报、电子邮件等进行通信的各种手段。它涉及公民的个人生活、思想活动、社会交流等切身利益。因此，保障公民的通信自由和通信秘密不受非法侵犯，是公民一项不可缺少的基本自由。我国历部宪法都肯定了公民的这一自由权利。我国的《刑法》《刑事诉讼法》《邮政法》等都对此作了相应的规定。

根据法律规定，扣押和检查公民的通信必须遵守以下规定：（1）只有公安机关、国家安全机关和检察机关才有权依照法律规定的程序扣押和检查公民的邮件、电报、电子邮件。（2）扣押和检查公民的通信只有两种原因：一是国家安全的需要，二是追查刑事犯罪的需要。（3）对于扣押的邮件、电报、电子邮件等，经查明不影响国家安全或与犯罪无关，应立即通知邮电部门或网络服务单位。（4）需扣押的邮件、电报、电子邮件等，应由人民检察院、国家安全机关或公安机关通知邮电部门或网络服务单位。

试题范例

（多项选择题）根据我国宪法，下列选项中，公民的基本权利受到侵犯的有（　　）。

A. 公安机关就某刑事案件要求电信部门提供公民甲的通信记录

B. 某县法院在审理一起民事案件过程中，为查明案件事实，对当事人乙的信件进行检查

C. 某县公安局因刘某在网络上批评该县征地过程中存在的违法行为，进入刘某的电子邮箱进行查看

D. 为调查某起腐败案件，某市监察委员会对与该案件有关的公民李某的电话和微信记录进行查阅

答案：BCD

核心法条

《宪法》第41条　中华人民共和国公民对于任何国家机关和国家工作人员，有提出批评和建议的权利；对于任何国家机关和国家工作人员的违法失职行为，有向有关国家机关提出申诉、控告或者检举的权利，但是不得捏造或者歪曲事实进行诬告陷害。

对于公民的申诉、控告或者检举，有关国家机关必须查清事实，负责处理。任何人不得压制和打击报复。

由于国家机关和国家工作人员侵犯公民权利而受到损失的人，有依照法律规定取得赔偿的权利。

释解分析

本条规定的是监督权（诉愿权）。监督权是指公民依照宪法规定而享有的提出诉求或者进行监督的权利，包括批评、建议、申诉、控告、检举权和国家赔偿请求权。批评、建议、申诉、控告、检举是公民依法行使言论自由权利，对国家机关及其工作人员予以监督的行为。公民行使这一权利受到宪法和法律的保护。

批评权是指公民对国家机关和国家工作人员在工作中的缺点和错误，有提出批评意见的权利。建议权是指公民对国家机关和国家工作人员的工作提出合理的、建设性的意见的权利。申诉权是指公民对国家机关作出的决定不服，可向有关国家机关提出请求，要求重新处理的权利。控告权是指公民对违法失职的国家机关及其工作人员的侵权行为提出指控，请求有关机关对违法失职者给予制裁的权利。检举权是指公民对国家机关工作人员违法失职行为向有关机关进行检举的权利。国家赔偿请求权是指国家机关和国家机关工作人员违法行使职

权侵犯公民合法权益造成损害时，受害人有取得国家赔偿的权利。按照《国家赔偿法》，我国公民取得赔偿分为两种情况：一是行政赔偿，二是刑事赔偿。行政赔偿的范围包括行政机关及其工作人员在行使行政职权时侵犯公民人身权和财产权的情形；刑事赔偿的范围则包括行使侦查、检察、审判职权的机关以及看守所、监狱管理机关及其工作人员在行使职权时侵犯公民人身权和财产权的情形。

试题范例

（单项选择题）公民对国家机关作出的决定不服，可向有关国家机关提出请求，要求重新处理的权利是（　　）。

A. 控告权　　B. 检举权　　C. 建议权　　D. 申诉权

答案：D

核心法条

《宪法》第 42 条　中华人民共和国公民有劳动的权利和义务。

国家通过各种途径，创造劳动就业条件，加强劳动保护，改善劳动条件，并在发展生产的基础上，提高劳动报酬和福利待遇。

劳动是一切有劳动能力的公民的光荣职责。国有企业和城乡集体经济组织的劳动者都应当以国家主人翁的态度对待自己的劳动。国家提倡社会主义劳动竞赛，奖励劳动模范和先进工作者。国家提倡公民从事义务劳动。

国家对就业前的公民进行必要的劳动就业训练。

释解分析

本条规定的是劳动权。劳动权是指有劳动能力的公民，有获得工作和取得劳动报酬的权利。劳动权具有自由权与社会权的综合性质。我国公民有劳动的权利和义务，劳动既是权利，也是义务。

试题范例

（单项选择题）下列关于劳动权的表述，不正确的是（　　）。

A. 劳动权具有自由权与社会权的综合性质

B. 劳动既是权利，也是义务

C. 劳动权具有平等性

D. 取得报酬权是劳动权的核心内容

答案：D

核心法条

《宪法》第 43 条　中华人民共和国劳动者有休息的权利。

国家发展劳动者休息和休养的设施，规定职工的工作时间和休假制度。

释解分析

本条规定的是休息权。休息权是指劳动者在享受劳动权的过程中，有为保护身体健康，提高劳动效率，根据法律和制度的有关规定而享有的休息和休养的权利。劳动者的休息权和劳动者的劳动权密切相关，休息权是劳动权的必要补充。

在我国，为了保障劳动者的休息权，国家规定 8 小时工作制，在一些特殊部门，如某些化工单位实行 6 小时工作制。国家还规定了休假制度以实现劳动者的休息权。休假制度是指劳动者根据国家和企事业单位的有关规定所享有的暂离生产岗位进行休息和度假，同时继续领取这一阶段的工资的制度。它包括每周 2 天的休息日，国家规定的节假日，职工根据规定享有的探亲假期以及职工到休养所、疗养院、避暑胜地和其他休息地点作较长时间的休养等。

试题范例

（单项选择题）根据我国宪法，关于休息权，下列说法正确的是（　　）。

A. 休息权附属于劳动权，是劳动权的必要补充

B. 我国公民享有我国宪法规定的休息权

C. 休息既是权利，也是义务，具有双重属性

D. 休息权是退休人员获得国家和社会保障的权利

答案：A

核心法条

《宪法》第 44 条　国家依照法律规定实行企业事业组织的职工和国家机关工作人员的退休制度。退休人员的生活受到国家和社会的保障。

释解分析

本条规定的是退休人员的生活保障权。国家实行离退休制度，对离退休职工和国家机关工作人员的生活作妥善的安排。目前，我国已颁布了一系列法律、法规，对退休的年龄、条件和退休后的工资待遇、生活待遇作了详细规定。这些规定使我国宪法规定的退休制度得到了具体切实的贯彻落实。

试题范例

（多项选择题）根据我国现行宪法规定，下列选项中，实行退休制度的是（　　）。

A. 企事业组织的职工　　B. 国家机关工作人员

C. 农村承包经营户　　D. 个体工商户

答案：AB

核心法条

《宪法》第 45 条第 1 款　中华人民共和国公民在年老、疾病或者丧失劳动能力的情况

下，有从国家和社会获得物质帮助的权利。国家发展为公民享受这些权利所需要的社会保险、社会救济和医疗卫生事业。

释解分析

本款规定的是物质帮助权。物质帮助权是公民因失去劳动能力或者暂时失去劳动能力而不能获得必要的物质生活资料时有从国家和社会获得生活保障，享受集体福利的一种权利。

试题范例

（多项选择题）根据我国宪法规定，有权从国家和社会获得物质帮助的主体有（　　）。

A. 年老的公民　　B. 患有疾病的公民

C. 丧失劳动能力的公民　　D. 盲、聋、哑的公民

答案：ABC

核心法条

《宪法》第 46 条　中华人民共和国公民有受教育的权利和义务。

国家培养青年、少年、儿童在品德、智力、体质等方面全面发展。

释解分析

本款规定的是受教育权。受教育权是指公民接受文化、科学、品德等方面教育训练的权利。教育的主要形式有学校教育、社会教育、自学等，内容包括初等教育、中等教育、职业教育、高等教育以及学龄前教育等。

受教育和劳动一样，既是公民的权利，也是公民的义务。作为宪法规定的一项义务，它是指适龄儿童有接受初等教育的义务，成年劳动者有接受适当形式的政治、文化、科学、技术、业务教育的义务，就业前的公民有接受劳动就业训练的义务等。接受教育是每个公民的责任。

试题范例

（多项选择题）张某（16 周岁）是中国公民，根据我国《宪法》的规定，下列公民的基本权利其有权享有的是（　　）。

A. 言论自由　　B. 出版自由　　C. 物质帮助权　　D. 受教育权

答案：ABD

核心法条

《宪法》第 47 条　中华人民共和国公民有进行科学研究、文学艺术创作和其他文化活动的自由。国家对于从事教育、科学、技术、文学、艺术和其他文化事业的公民的有益于人民的创造性工作，给以鼓励和帮助。

释解分析

本条规定的是科学研究自由、文艺创作自由和其他文化活动的自由。科学研究自由是指公民有权通过各种方式从事各种科学研究工作，同时也意味着公民有权在科学工作中自由地探讨问题、发表意见，对各种科学问题和各种学派持有自己的见解。

文化艺术活动自由是指公民有权按照自己的意愿和兴趣从事各项文艺活动，有权按照自己的特点发展自己文化艺术的风格。

试题范例

（单项选择题）根据我国宪法，下列关于文化权利的理解，不正确的是（　　）。

A. 对于从事基因重组的研究的控制不符合我国宪法的要求

B. 我国公民有从事科学研究的权利

C. 公民有权自由地从事文艺创作活动并发表成果

D. 观赏文化艺术珍品和欣赏文艺作品的活动属于从事文化活动的权利范围

答案：A

核心法条

《宪法》第45条第2、3款　国家和社会保障残废军人的生活，抚恤烈士家属，优待军人家属。

国家和社会帮助安排盲、聋、哑和其他有残疾的公民的劳动、生活和教育。

《宪法》第48条　中华人民共和国妇女在政治的、经济的、文化的、社会的和家庭的生活等各方面享有同男子平等的权利。

国家保护妇女的权利和利益，实行男女同工同酬，培养和选拔妇女干部。

《宪法》第49条第1款　婚姻、家庭、母亲和儿童受国家的保护。

《宪法》第50条　中华人民共和国保护华侨的正当的权利和利益，保护归侨和侨眷的合法的权利和利益。

释解分析

上述条文规定的是特定群体的权利。特定群体的权利是指处于特殊法律地位或具有特殊情况的公民所享有的权利。这些权利一般是国家考虑该群体的特殊性而对其进行的特殊保障，主要包括以下类型：（1）保障妇女的权利。（2）保护婚姻、家庭、母亲、儿童和老人。（3）保障残疾人的权利。（4）保障残废军人和烈士军属的权利。（5）保护华侨、归侨、侨眷的权益。

试题范例

（多项选择题）我国宪法规定了特定群体的权利。下列选项中，属于特定群体的是（　　）。

A. 妇女　　B. 残疾人

C. 残废军人和烈士军属　　D. 华侨、归侨、侨眷

答案：ABCD

核心法条

《宪法》第 52 条　中华人民共和国公民有维护国家统一和全国各民族团结的义务。

《宪法》第 53 条　中华人民共和国公民必须遵守宪法和法律，保守国家秘密，爱护公共财产，遵守劳动纪律，遵守公共秩序，尊重社会公德。

《宪法》第 54 条　中华人民共和国公民有维护祖国的安全、荣誉和利益的义务，不得有危害祖国的安全、荣誉和利益的行为。

《宪法》第 55 条　保卫祖国、抵抗侵略是中华人民共和国每一个公民的神圣职责。

依照法律服兵役和参加民兵组织是中华人民共和国公民的光荣义务。

《宪法》第 56 条　中华人民共和国公民有依照法律纳税的义务。

释解分析

上述条文规定的是我国公民的基本义务。我国公民的基本义务有五项：(1) 维护国家统一和民族团结。(2) 遵守宪法和法律。该义务包括如下六项内容：①公民必须遵守宪法和法律。②公民必须保守国家秘密。③公民必须爱护公共财产。④公民必须遵守劳动纪律。⑤公民必须遵守公共秩序。⑥公民必须尊重社会公德。(3) 维护祖国安全、荣誉和利益。(4) 依法服兵役和参加民兵组织。(5) 依法纳税。需要注意的是，对于税收制度，应当遵循法律保留原则。

试题范例

(多项选择题) 根据我国宪法，下列选项中，属于我国公民的基本义务的是（　　）。

A. 不得侵犯他人人身自由　　B. 遵守公共秩序、尊重社会公德

C. 参加民兵组织　　D. 依法纳税

答案：BCD

核心法条

《宪法》第 42 条第 1 款　中华人民共和国公民有劳动的权利和义务。

《宪法》第 46 条第 1 款　中华人民共和国公民有受教育的权利和义务。

《宪法》第 49 条第 2、3 款　夫妻双方有实行计划生育的义务。

父母有抚养教育未成年子女的义务，成年子女有赡养扶助父母的义务。

释解分析

上述条文规定的是专门基本义务之外的其他基本义务。除了我国《宪法》第 52—56 条专门规定的五项义务外，我国公民的基本义务还包括在基本权利条文中规定的五项义务：(1) 劳动的义务。(2) 受教育的义务。(3) 夫妻有实行计划生育的义务。(4) 父母有抚养教育未成年子女的义务。(5) 成年子女有赡养扶助父母的义务。

试题范例

（多项选择题）（　　）受国家的保护。夫妻双方有实行计划生育的义务。父母有抚养教育未成年子女的义务，成年子女有赡养扶助父母的义务。

A. 婚姻　　B. 家庭　　C. 母亲　　D. 儿童

答案：ABCD

核心法条

《兵役法》第3条　中华人民共和国实行以志愿兵役为主体的志愿兵役与义务兵役相结合的兵役制度。

《兵役法》第5条　中华人民共和国公民，不分民族、种族、职业、家庭出身、宗教信仰和教育程度，都有义务依照本法的规定服兵役。

有严重生理缺陷或者严重残疾不适合服兵役的公民，免服兵役。

依照法律被剥夺政治权利的公民，不得服兵役。

释解分析

上述条文规定的是我国的兵役制度和我国公民的服兵役的义务。依法服兵役和参加民兵组织是我国宪法规定的公民的基本义务，为了落实该义务，《兵役法》对此作了具体规定。我国实行以志愿兵役为主体的志愿兵役与义务兵役相结合的兵役制度。凡年满18周岁的我国公民，不分民族、种族、职业、家庭出身、宗教信仰和教育程度，都有义务依法服兵役。但是下列两种情况除外：（1）有严重生理缺陷或者严重残疾不适合服兵役的公民，免服兵役。（2）依照法律被剥夺政治权利的公民，不得服兵役。

试题范例

（单项选择题）根据我国宪法和兵役法，关于依法服兵役义务，下列表述正确的是（　　）。

A. 依法服兵役和参加民兵组织是我国公民的基本义务

B. 我国实行义务兵和合同兵相结合的兵役制度

C. 正在服刑的罪犯可以服兵役

D. 正在患病的人免服兵役

答案：A

十二、中国国家机构组织和活动的主要原则

核心法条

《宪法》第3条第1、4款　中华人民共和国的国家机构实行民主集中制的原则。

中央和地方的国家机构职权的划分，遵循在中央的统一领导下，充分发挥地方的主动性、积极性的原则。

《宪法》第5条第4款　一切国家机关和武装力量、各政党和各社会团体、各企业事业组织都必须遵守宪法和法律。一切违反宪法和法律的行为，必须予以追究。

《宪法》第27条第1、2款　一切国家机关实行精简的原则，实行工作责任制，实行工作人员的培训和考核制度，不断提高工作质量和工作效率，反对官僚主义。

一切国家机关和国家工作人员必须依靠人民的支持，经常保持同人民的密切联系，倾听人民的意见和建议，接受人民的监督，努力为人民服务。

释解分析

上述条文规定的是中国国家机构组织和活动的主要原则，即民主集中制原则、法治原则和责任制原则。民主集中制是社会主义国家政权组织和活动的基本原则。民主集中制是一种民主与集中相结合的制度，是在民主基础上的集中和在法治规范下的民主的结合。根据这一原则的要求，我国的国家权力必须集中由代表人民意志的、由民主选举产生的人大统一行使；各个国家机关之间不是分权关系，而是为实现国家管理任务进行的工作分工关系；各个国家机关依据宪法的具体规定，在人大及其常委会的统一领导和监督下，行使各自职责范围内的权力。民治集中制是与我国国情相适应的国家机构的基本原则。实行民治集中制，既防止了权力过分集中，又避免了不必要的牵制，保证了国家机关工作的有效进行。具体来说，我国国家机关贯彻民主集中制原则主要表现为：(1) 在意志代表方面，人大由民主选举产生，对人民负责，受人民监督；由人大代表人民的最高意志，制定法律，决定国家的重大问题。(2) 在权限划分方面，国家行政机关、国家监察机关、国家审判机关、国家检察机关、国家军事机关等由人大选举或决定产生，对它负责，受它监督；各机关在其宪法权限内处理属于各自职权范围内的国家事务。(3) 在中央和地方的权力关系方面，遵循在中央统一领导下，充分发挥地方积极性、主动性的原则，但必须坚持中央的集中统一领导。(4) 在国家机关内部关系方面，人大及其常委会实行集体领导体制，而行政机关和军事机关则都实行首长个人负责制。(5) 在具体工作方面，任何一个国家机关，具体决策过程都必须遵循民主集中制的原则，既不能出现“一言堂”的情况，更不能出现互相推诿的情况。

法治原则要求国家机关在其组织和活动中都要依法办事，不因领导人的改变而改变，不因领导人的看法和注意力的改变而改变。法治原则的主要表现有：(1) 国家机关的设立和活动都有法可依，任何国家机关及其附属机构的存在都必须符合宪法和法律的规定。(2) 国家机关作出决定、命令、裁判等工作的程序必须符合法律的要求，符合法律规范。(3) 任何违反宪法和法律的国家机关的行为，必须予以纠正。

责任制原则是指国家机关及其工作人员，对其决定、行使职权、履行职责所产生的结果，都必须承担责任。国家机关体系的责任制具体体现为：(1) 人大向人民负责，每一个代表都要受原选区选民或选举单位的监督，原选区选民或原选举单位可罢免自己所选出的代表；国家行政机关、国家监察机关、国家审判机关、国家检察机关和国家军事机关则向人大及其常委会负责。(2) 按照国家机关的不同性质，责任制分为集体负责制和个人负责制两种形式。集体负责制是指机关的全体组成人员和领导成员在重大问题的决策或决定上权利平等，全体成员集体讨论，并按照少数服从多数的原则作出决定，集体承担责任。人大及其常委会、人民法院、人民检察院等都实行集体领导、集体负责的责任制度。个人负责制是指在决策问题上由首长个人作出决定并承担相应责任的决策形式。行政机关、军事机关都实行这种集体讨论、个人决定和个人负责的责任制度。

试题范例

（多项选择题）中央和地方的国家机构职权的划分，遵循在中央的统一领导下，充分发挥地方的（　　）的原则。

A. 主动性　　B. 积极性　　C. 自主性　　D. 能动性

答案：AB

核心法条

《宪法》第 1 条第 2 款　社会主义制度是中华人民共和国的根本制度。中国共产党领导是中国特色社会主义最本质的特征。禁止任何组织或者个人破坏社会主义制度。

《宪法》第 4 条　中华人民共和国各民族一律平等。国家保障各少数民族的合法的权利和利益，维护和发展各民族的平等团结互助和谐关系。禁止对任何民族的歧视和压迫，禁止破坏民族团结和制造民族分裂的行为。

国家根据各少数民族的特点和需要，帮助各少数民族地区加速经济和文化的发展。

各少数民族聚居的地方实行区域自治，设立自治机关，行使自治权。各民族自治地方都是中华人民共和国不可分离的部分。

各民族都有使用和发展自己的语言文字的自由，都有保持或者改革自己的风俗习惯的自由。

《宪法》第 27 条第 1 款　一切国家机关实行精简的原则，实行工作责任制，实行工作人员的培训和考核制度，不断提高工作质量和工作效率，反对官僚主义。

释解分析

上述条文规定的是中国国家机构的组织和活动原则，即党的领导原则、民族平等和民族团结的原则、效率原则和联系群众原则。国家机构坚持党的领导是实现党对国家领导的最重要的途径。党对国家事务的领导，作为一条不可动摇的政治原则，已被载入宪法序言之中，我国《宪法》第 1 条也明确规定，中国共产党领导是中国特色社会主义最本质的特征。党对国家事务的领导是通过党对国家机构的领导来实现的。放弃这种领导，就谈不上执政地位、领导地位。国家权力机关、行政机关、监察机关、审判机关、检察机关和军事机关必须接受党的领导。党对国家机构的领导，并不是党组织代替国家机关行使权力。党对国家机构的领导并非上级对下级的行政领导，而是政治领导、组织领导和思想领导。

民族平等和民族团结的原则是我国宪法确立的原则。民族平等、民族团结和各民族共同繁荣是解决我国民族问题和处理我国民族关系的根本指导思想和原则，是我国宪法的基本精神之一，体现着各少数民族人民在社会主义祖国中享有完全平等的权利。我国民族政策的基本内容有：（1）中华人民共和国各民族一律平等。（2）国家根据各少数民族的特点和需要，帮助各少数民族地区加速经济和文化的发展。(3) 各少数民族聚居的地方实行区域自治，设立自治机关，行使自治权。各民族自治地方都是中华人民共和国不可分离的部分。(4) 各民族都有使用和发展自己的语言文字的自由，都有保持或者改革自己的风俗习惯的自由。

精简和效率是我国国家机关组织和活动的指导原则和行动准则。该原则的基本要求是：(1) 依法设定机构。(2) 实行工作责任制。(3) 简政放权。(4) 严格执行公务员制度。

实行联系群众原则是由我国的国家性质所决定的，是国家机关实现其职能的必然要求。这一原则的具体要求是：(1) 一切国家机关及其工作人员必须树立人民利益高于一切的观念，全心全意为人民服务，向人民负责，反对任何特权思想。(2) 国家机关应当通过多种渠道和形式广泛吸收人民群众参与国家事务的管理，以保证绝对依照人民的意志处理国家事务。(3) 国家机关及其工作人员必须坚持“从群众中来，到群众中去”的工作方法，注重调查研究，克服官僚主义。(4) 有关国家机关对公民提出的申诉、控告、检举，必须查清事实，负责处理，任何单位和个人不得压制和打击报复，以确保公民享有的民主监督权的充分实现。

试题范例

(多项选择题) 根据我国宪法，下列选项中，属于我国国家机构组织和活动的原则的有(　　)。

A. 联系群众原则　　B. 法治原则

C. 责任制原则　　D. 民族平等和民族团结的原则

答案：ABCD

十三、全国人民代表大会和全国人民代表大会常务委员会

核心法条

《宪法》第 57 条　中华人民共和国全国人民代表大会是最高国家权力机关。它的常设机关是全国人民代表大会常务委员会。

《宪法》第 58 条　全国人民代表大会和全国人民代表大会常务委员会行使国家立法权。

《宪法》第 69 条　全国人民代表大会常务委员会对全国人民代表大会负责并报告工作。

释解分析

上述条文规定的是全国人大及其常委会的性质和地位。全国人大是最高国家权力机关，又是国家的立法机关。它在整个国家机关体系中居于最高地位。最高国家权力机关意味着它是国家权力的最高体现者，集中代表全国各族人民的意志和利益，行使国家的立法权和决定国家生活中的其他重大问题。其他任何国家机关都不能超越于全国人大之上，也不能与它并

列。全国人大及其常委会通过的法律和决议，其他国家机关都必须遵照执行。

全国人大常委会是全国人大的常设机关，也是行使国家立法权的机关。它隶属于全国人大，必须服从全国人大的领导和监督，向全国人大负责并报告工作。全国人大常委会是在全国人大闭会期间行使国家权力，履行经常性的立法权、监督权的机关。

试题范例

（多项选择题）根据我国宪法，关于全国人大及其常委会，下列表述正确的是（　　）。

A. 全国人大是最高国家权力机关，是国家的立法机关

B. 全国人大常委会是全国人大的常设机关，也是行使国家立法权的机关

C. 全国人大有权改变或者撤销国务院制定的同宪法、法律相抵触的行政法规、决定和命令

D. 全国人大及其常委会通过的法律和决议，其他国家机关都必须遵照执行

答案：ABD

核心法条

《宪法》第 59 条　全国人民代表大会由省、自治区、直辖市、特别行政区和军队选出的代表组成。各少数民族都应当有适当名额的代表。

全国人民代表大会代表的选举由全国人民代表大会常务委员会主持。

全国人民代表大会代表名额和代表产生办法由法律规定。

《宪法》第 60 条　全国人民代表大会每届任期五年。

全国人民代表大会任期届满的两个月以前，全国人民代表大会常务委员会必须完成下届全国人民代表大会代表的选举。如果遇到不能进行选举的非常情况，由全国人民代表大会常务委员会以全体组成人员的三分之二以上的多数通过，可以推迟选举，延长本届全国人民代表大会的任期。在非常情况结束后一年内，必须完成下届全国人民代表大会代表的选举。

释解分析

上述条文规定的是全国人大的组成和任期。全国人民代表大会由省、自治区、直辖市、特别行政区和军队选出的代表组成。这表明：我国实行地域代表制和职业代表制相结合、以地域代表制为主的代表机关组成方式。全国人大代表以间接方式由各省、自治区、直辖市人大和军队选举产生。全国人民代表大会代表的名额不超过 3 000 名，由全国人大常委会确定各选举单位代表名额比例的分配。全国人民代表大会每届任期 5 年。

试题范例

1.（单项选择题）各少数民族都应当有（　　）的代表参加全国人民代表大会。

A. 一名　　B. 适当名额　　C. 至少一名　　D. 一定名额

2.（多项选择题）全国人民代表大会由（　　）和军队选出的代表组成。

A. 省　　B. 自治区　　C. 直辖市　　D. 特别行政区

答案：1. B　2. ABCD

核心法条

《宪法》第 61 条　全国人民代表大会会议每年举行一次，由全国人民代表大会常务委员会召集。如果全国人民代表大会常务委员会认为必要，或者有五分之一以上的全国人民代表大会代表提议，可以临时召集全国人民代表大会会议。

全国人民代表大会举行会议的时候，选举主席团主持会议。

《全国人民代表大会组织法》第 11 条　全国人民代表大会每次会议举行预备会议，选举本次会议的主席团和秘书长，通过本次会议的议程和其他准备事项的决定。

《全国人民代表大会组织法》第 12 条　主席团主持全国人民代表大会会议。

主席团推选常务主席若干人，召集并主持主席团会议。

主席团推选主席团成员若干人分别担任每次大会全体会议的执行主席，并指定其中一人担任全体会议主持人。

《全国人民代表大会议事规则》第 3 条　全国人民代表大会会议由全国人民代表大会常务委员会召集。每届全国人民代表大会第一次会议，在本届全国人民代表大会代表选举完成后的两个月内，由上届全国人民代表大会常务委员会召集。

《全国人民代表大会议事规则》第 4 条　全国人民代表大会会议有三分之二以上的代表出席，始得举行。

《全国人民代表大会议事规则》第 6 条第 1 款　全国人民代表大会常务委员会在全国人民代表大会会议举行的一个月前，将开会日期和建议会议讨论的主要事项通知代表，并将准备提请会议审议的法律草案发给代表。

《全国人民代表大会议事规则》第 9 条　主席团主持全国人民代表大会会议。

主席团的决定，由主席团全体成员的过半数通过。

《全国人民代表大会议事规则》第 16 条　国务院的组成人员，中央军事委员会的组成人员，国家监察委员会主任，最高人民法院院长和最高人民检察院检察长，列席全国人民代表大会会议；其他有关机关、团体的负责人，经全国人民代表大会常务委员会决定，可以列席全国人民代表大会会议。

释解分析

上述条文规定的是全国人大的会议制度。全国人大的工作方式是举行会议。

试题范例

（单项选择题）关于全国人民代表大会的会议制度，下列说法正确的是（　　）。

A. 全国人大会议由全国人大主席团召集并主持

B. 全国人大会议有三分之二以上的代表出席，始得举行

C. 国务院、中央军委和国家监察委员会的组成人员应当列席全国人大会议

D. 只有五分之一以上的全国人大代表提议，才可以临时召集全国人大会议

答案：B

核心法条

《宪法》第62条　全国人民代表大会行使下列职权：

（一）修改宪法；

（二）监督宪法的实施；

（三）制定和修改刑事、民事、国家机构的和其他的基本法律；

（四）选举中华人民共和国主席、副主席；

（五）根据中华人民共和国主席的提名，决定国务院总理的人选；根据国务院总理的提名，决定国务院副总理、国务委员、各部部长、各委员会主任、审计长、秘书长的人选；

（六）选举中央军事委员会主席；根据中央军事委员会主席的提名，决定中央军事委员会其他组成人员的人选；

（七）选举国家监察委员会主任；

（八）选举最高人民法院院长；

（九）选举最高人民检察院检察长；

（十）审查和批准国民经济和社会发展计划和计划执行情况的报告；

（十一）审查和批准国家的预算和预算执行情况的报告；

（十二）改变或者撤销全国人民代表大会常务委员会不适当的决定；

（十三）批准省、自治区和直辖市的建置；

（十四）决定特别行政区的设立及其制度；

（十五）决定战争和和平的问题；

（十六）应当由最高国家权力机关行使的其他职权。

《宪法》第63条　全国人民代表大会有权罢免下列人员：

（一）中华人民共和国主席、副主席；

（二）国务院总理、副总理、国务委员、各部部长、各委员会主任、审计长、秘书长；

（三）中央军事委员会主席和中央军事委员会其他组成人员；

（四）国家监察委员会主任；

（五）最高人民法院院长；

（六）最高人民检察院检察长。

《宪法》第64条　宪法的修改，由全国人民代表大会常务委员会或者五分之一以上的全国人民代表大会代表提议，并由全国人民代表大会以全体代表的三分之二以上的多数通过。

法律和其他议案由全国人民代表大会以全体代表的过半数通过。

《全国人民代表大会组织法》第18条　全国人民代表大会常务委员会委员长、副委员长、秘书长、委员的人选，中华人民共和国主席、副主席的人选，中央军事委员会主席的人选，国家监察委员会主任的人选，最高人民法院院长和最高人民检察院检察长的人选，由主席团提名，经各代表团酝酿协商后，再由主席团根据多数代表的意见确定正式候选人名单。

《全国人民代表大会组织法》第19条　国务院总理和国务院其他组成人员的人选、中央军事委员会除主席以外的其他组成人员的人选，依照宪法的有关规定提名。

《全国人民代表大会组织法》第20条　全国人民代表大会主席团、三个以上的代表团或者十分之一以上的代表，可以提出对全国人民代表大会常务委员会的组成人员，中华人民共和国主席、副主席，国务院和中央军事委员会的组成人员，国家监察委员会主任，最高人民法院院长和最高人民检察院检察长的罢免案，由主席团提请大会审议。

释解分析

上述条文规定的是全国人大的职权。全国人大的职权有：（1）修宪权与合宪性审查权：修改宪法，监督宪法的实施。宪法的修改，由全国人民代表大会常务委员会或者 1/5 以上的全国人民代表大会代表提议，并由全国人民代表大会以全体代表的 2/3 以上的多数通过。到目前为止，我国对 1982 年宪法已经进行了 5 次修改，通过了 52 条宪法修正案。全国人大是进行宪法监督的最高机关，其主要内容有两个方面：①监督各项法律、行政法规、地方性法规以及各种规章是否符合宪法的原则和条文规定。②监督一切国家机关、武装力量、各政党和社会团体、各企业事业组织的行为是否违反宪法。（2）立法权：制定和修改基本法律。全国人民代表大会制定和修改刑事、民事、国家机构的和其他的基本法律。全国人大常委会在全国人大闭会期间可以修改基本法律（特别行政区基本法除外），但有如下两个限制：①修改不能与基本法律的基本原则相抵触；②只能进行部分的修改和补充。（3）任免权：选举、决定和罢免国家领导人。全国人大选举全国人大常委会委员长、副委员长、秘书长和委员；选举中华人民共和国主席、副主席；根据中华人民共和国主席的提名，决定国务院总理的人选；根据国务院总理的提名，决定国务院副总理、国务委员、各部部长、各委员会主任、审计长、秘书长的人选；选举中央军事委员会主席；根据中央军事委员会主席的提名，决定中央军事委员会其他组成人员（副主席、委员）的人选；选举国家监察委员会主任；选举最高人民法院院长；选举最高人民检察院检察长。根据全国人大组织法的规定，全国人民代表大会常务委员会委员长、副委员长、秘书长、委员的人选，中华人民共和国主席、副主席的人选，中央军事委员会主席的人选，国家监察委员会主任的人选，最高人民法院院长和最高人民检察院检察长的人选，由主席团提名，经各代表团酝酿协商后，再由主席团根据多数代表的意见确定正式候选人名单。全国人民代表大会主席团、3 个以上的代表团或者 1/10 以上的代表，可以提出对全国人民代表大会常务委员会的组成人员，中华人民共和国主席、副主席，国务院和中央军事委员会的组成人员，国家监察委员会主任，最高人民法院院长和最高人民检察院检察长的罢免案，由主席团提请大会审议，并经全体代表过半数同意后，予以罢免。（4）决定权：决定国家重大问题。全国人大有权审查和批准国民经济和社会发展计划和计划执行情况的报告；审查和批准国家的预算和预算执行情况的报告；批准省、自治区和直辖市的建置；决定特别行政区的设立及其制度；决定战争和和平的问题。（5）最高监督权。全国人大有权监督由它产生的其他国家机关的工作，这些国家机关都要向全国人大负责，并报告工作。具体来说，全国人大听取并通过全国人大常委会的工作报告，有权改变或撤销后者不适当的决定；听取、建议修改和通过国务院的工作报告；听取最高人民法院、最高人民检察院的工作报告；中央军委主席、国家监察委员会也要向全国人大及其常委会负责。需要注意的是，中央军委主席向全国人大及其常委会负责，但不报告工作。（6）其他职权。全国人大有权行使应当由最高国家权力机关行使的其他职权。这一弹性条款为全国人大处理难以预料的新问题、重大的紧急问题提供了宪法依据。

试题范例

1.（多项选择题）下列国家领导人人选中，由主席团确定正式候选人名单并经全国人民代表大会选举产生的有（　　）。

A. 国务院总理　　B. 国家监察委员会主任

C. 最高人民法院院长　　D. 国家副主席

2.（多项选择题）根据我国宪法规定，下列说法正确的是（　　）。

A. 农村和城市郊区的土地，除由法律规定属于国家所有的以外，属于集体所有

B. 任何公民须经由人民检察院批准才可逮捕

C. 一般情况下，全国人民代表大会任期届满的两个月以前，全国人民代表大会常务委员会必须完成下届全国人民代表大会代表的选举

D. 全国人民代表大会有权批准省、自治区和直辖市的建置

答案：1. BCD　2. ACD

核心法条

《全国人民代表大会组织法》第 16 条　全国人民代表大会主席团，全国人民代表大会常务委员会，全国人民代表大会各专门委员会，国务院，中央军事委员会，国家监察委员会，最高人民法院，最高人民检察院，可以向全国人民代表大会提出属于全国人民代表大会职权范围内的议案。

《全国人民代表大会组织法》第 17 条　一个代表团或者三十名以上的代表联名，可以向全国人民代表大会提出属于全国人民代表大会职权范围内的议案。

释解分析

上述条文规定的是提出议案。

试题范例

（多项选择题）根据我国宪法和法律，下列关于全国人大主席团的表述，正确的是（　　）。

A. 主席团的决定，由主席团全体成员的 2/3 以上多数通过

B. 主席团有权罢免全国人大常委会、国务院和中央军委的组成人员

C. 主席团推选常务主席若干人，召集并主持主席团会议

D. 主席团可以向全国人民代表大会提出属于全国人民代表大会职权范围内的议案

答案：CD

核心法条

《全国人民代表大会议事规则》第 23 条　主席团，全国人民代表大会常务委员会，全国人民代表大会各专门委员会，国务院，中央军事委员会，国家监察委员会，最高人民法

院，最高人民检察院，可以向全国人民代表大会提出属于全国人民代表大会职权范围内的议案，由主席团决定列入会议议程。

一个代表团或者三十名以上的代表联名，可以向全国人民代表大会提出属于全国人民代表大会职权范围内的议案，由主席团决定是否列入会议议程，或者先交有关的专门委员会审议、提出是否列入会议议程的意见，再决定是否列入会议议程，并将主席团通过的关于议案处理意见的报告印发会议。专门委员会审议的时候，可以邀请提案人列席会议、发表意见。

代表联名或者代表团提出的议案，可以在全国人民代表大会会议举行前提出。

释解分析

本条规定的是审议议案。对国家机关提出的议案，由主席团决定是否列入会议议程；对代表团和代表提出的议案，则由主席团审议决定是否列入会议议程，或者先交有关的专门委员会审议、提出是否列入会议议程的意见，再决定是否列入会议议程。

试题范例

（单项选择题）根据我国宪法和法律，下列提案权主体提出的议案，由主席团审议决定是否列入会议议程，或者先交有关的专门委员会审议、提出是否列入会议议程的意见，再决定是否列入会议议程的是（　　）。

A. 全国人大常委会提出的议案

B. 国家监察委员会提出的议案

C. 最高人民法院提出的议案

D. 一个代表团或者 30 名以上的代表联名提出的议案

答案：D

核心法条

《全国人民代表大会议事规则》第 59 条　大会全体会议表决议案，由全体代表的过半数通过。

宪法的修改，由全体代表的三分之二以上的多数通过。

表决结果由会议主持人当场宣布。

会议表决时，代表可以表示赞成，可以表示反对，也可以表示弃权。

《全国人民代表大会议事规则》第 60 条第 1、2 款　会议表决议案采用无记名按表决器方式。如表决器系统在使用中发生故障，采用举手方式。

宪法的修改，采用无记名投票方式表决。

释解分析

上述条文规定的是表决通过议案。议案经审议后，由主席团决定提交大会表决，并由主席团决定采用无记名投票方式或者举手表决方式或其他方式通过。宪法规定，宪法修正案由全国人民代表大会以全体代表的 2/3 以上的多数通过；法律和其他议案由全国人民代表大会以全体代表的过半数通过。

试题范例

（单项选择题）根据我国宪法和法律，全国人大会议表决宪法修正案的表决方式是（　　）。

A. 无记名投票　　B. 举手表决　　C. 口头表决　　D. 线上表决

答案：A

核心法条

《全国人民代表大会议事规则》第 63 条　全国人民代表大会通过的宪法修正案，以全国人民代表大会公告予以公布。

《全国人民代表大会议事规则》第 64 条　全国人民代表大会通过的法律，由中华人民共和国主席签署主席令予以公布。

释解分析

上述条文规定的是公布法律。

试题范例

（单项选择题）根据我国宪法和法律，宪法修正案的公布方式为（　　）。

A. 以全国人民代表大会公告予以公布

B. 由中华人民共和国主席签署主席令予以公布

C. 以全国人民代表大会决议予以公布

D. 由全国人大常委会以决议予以公布

答案：A

核心法条

《宪法》第 65 条　全国人民代表大会常务委员会由下列人员组成：

委员长，

副委员长若干人，

秘书长，

委员若干人。

全国人民代表大会常务委员会组成人员中，应当有适当名额的少数民族代表。

全国人民代表大会选举并有权罢免全国人民代表大会常务委员会的组成人员。

全国人民代表大会常务委员会的组成人员不得担任国家行政机关、监察机关、审判机关和检察机关的职务。

《宪法》第 66 条　全国人民代表大会常务委员会每届任期同全国人民代表大会每届任

期相同，它行使职权到下届全国人民代表大会选出新的常务委员会为止。

委员长、副委员长连续任职不得超过两届。

释解分析

上述条文规定的是全国人大常委会的组成和任期。全国人大常委会在每届全国人民代表大会第一次会议时，由全国人大主席团从本届的代表中提名，经各代表团酝酿协商后，再由主席团根据多数代表的意见，确定正式候选人名单，然后交付全体代表进行差额选举，组成全国人大常委会。

全国人民代表大会常务委员会由下列人员组成：委员长，副委员长若干人，秘书长，委员若干人。全国人民代表大会常务委员会组成人员中，应当有适当名额的少数民族代表。全国人民代表大会常务委员会的组成人员不得担任国家行政机关、监察机关、审判机关和检察机关的职务。

全国人大常委会的任期与全国人大相同，即 5 年。组成人员得连选连任，但委员长、副委员长连续任职不得超过两届。

试题范例

（多项选择题）下列选项中，属于全国人大常委会的组成人员的是（　　）。

A. 委员长　　B. 副委员长若干人　　C. 秘书长　　D. 委员若干人

答案：ABCD

核心法条

《宪法》第 67 条　全国人民代表大会常务委员会行使下列职权：

（一）解释宪法，监督宪法的实施；

（二）制定和修改除应当由全国人民代表大会制定的法律以外的其他法律；

（三）在全国人民代表大会闭会期间，对全国人民代表大会制定的法律进行部分补充和修改，但是不得同该法律的基本原则相抵触；

（四）解释法律；

（五）在全国人民代表大会闭会期间，审查和批准国民经济和社会发展计划、国家预算在执行过程中所必须作的部分调整方案；

（六）监督国务院、中央军事委员会、国家监察委员会、最高人民法院和最高人民检察院的工作；

（七）撤销国务院制定的同宪法、法律相抵触的行政法规、决定和命令；

（八）撤销省、自治区、直辖市国家权力机关制定的同宪法、法律和行政法规相抵触的地方性法规和决议；

（九）在全国人民代表大会闭会期间，根据国务院总理的提名，决定部长、委员会主任、审计长、秘书长的人选；

（十）在全国人民代表大会闭会期间，根据中央军事委员会主席的提名，决定中央军事委员会其他组成人员的人选；

（十一）根据国家监察委员会主任的提请，任免国家监察委员会副主任、委员；

（十二）根据最高人民法院院长的提请，任免最高人民法院副院长、审判员、审判委员会委员和军事法院院长；

（十三）根据最高人民检察院检察长的提请，任免最高人民检察院副检察长、检察员、检察委员会委员和军事检察院检察长，并且批准省、自治区、直辖市的人民检察院检察长的任免；

（十四）决定驻外全权代表的任免；

（十五）决定同外国缔结的条约和重要协定的批准和废除；

（十六）规定军人和外交人员的衔级制度和其他专门衔级制度；

（十七）规定和决定授予国家的勋章和荣誉称号；

（十八）决定特赦；

（十九）在全国人民代表大会闭会期间，如果遇到国家遭受武装侵犯或者必须履行国际间共同防止侵略的条约的情况，决定战争状态的宣布；

（二十）决定全国总动员或者局部动员；

（二十一）决定全国或者个别省、自治区、直辖市进入紧急状态；

（二十二）全国人民代表大会授予的其他职权。

《全国人民代表大会组织法》第 31 条 常务委员会在全国人民代表大会闭会期间，根据国务院总理的提名，可以决定国务院其他组成人员的任免；根据中央军事委员会主席的提名，可以决定中央军事委员会其他组成人员的任免。

《全国人民代表大会组织法》第 32 条 常务委员会在全国人民代表大会闭会期间，根据委员长会议、国务院总理的提请，可以决定撤销国务院其他个别组成人员的职务；根据中央军事委员会主席的提请，可以决定撤销中央军事委员会其他个别组成人员的职务。

释解分析

本条规定的是全国人大常委会的职权。全国人大常委会的职权有：（1）宪法解释权和宪法监督权。全国人大常委会有权对宪法进行解释，有权监督宪法的实施。全国人大常委会有权撤销国务院制定的同宪法、法律相抵触的行政法规、决定和命令；有权撤销省、自治区、直辖市的人大和人大常委会制定的同宪法、法律和行政法规相抵触的地方性法规和决议。（2）立法权和法律解释权。全国人大常委会在宪法规定的范围内行使立法权，有权制定和修改除应当由全国人大制定的法律以外的其他法律。在全国人大闭会期间，全国人大常委会还可以对全国人大制定的法律进行部分补充和修改，但是不得同该法律的基本原则相抵触。全国人大常委会还有权解释法律，不仅可以解释由它自己制定的法律，还可以解释由全国人大制定的法律，因为全国人大常委会是全国人大的常设机关，了解全国人大的立法意图，能够作出准确的解释。法律有以下情况之一的，由全国人大常委会解释：①法律的规定需要进一步明确具体含义的；②法律制定后出现新的情况，需要明确适用法律依据的。国务院、中央军事委员会、国家监察委员会、最高人民法院、最高人民检察院、全国人大各专门委员会以及省、自治区、直辖市的人民代表大会常务委员会可以向全国人大常委会提出法律解释要求。全国人民代表大会常务委员会的法律解释同法律具有同等效力。(3) 国家重大事项的决定权。在全国人大闭会期间，全国人大常委会有对下列国家重大事项的决定权：对国民经济和社会发展计划以及国家预算部分调整方案的审批权；决定批准或废除同外国缔结的条约和重要协定；决定驻外全权代表的任免；规定军人和外交人员的衔级制度和其他专门衔级制度，规定和决定授予国家的勋章和荣誉称号；决定特赦；遇到国家遭受武装侵犯或者必须履行国际间共同防止侵略的条约的情况，有权决定宣布战争状态；决定全国总动员或者局部动员；决定全国或者个别省、自治区和直辖市进入紧急状态。(4) 任免权。在全国人大闭会期间，全国人大常委会有任免权：根据国务院总理的提名，决定部长、委员会主任、审计长、秘书长的人选；根据中央军委主席的提名，决定中央军委其他组成人员的人选；根据国家监察委员会主任的提请，任免国家监察委员会副主任、委员；根据最高人民法院院长的提请，任免最高人民法院副院长、审判员、审判委员会委员和军事法院院长；根据最高人民检察院检察长的提请，任免最高人民检察院副检察长、检察员、检察委员会委员和军事检察院检察长，并且批准省、自治区、直辖市的人民检察院检察长的任免。(5) 监督权。全国人大常委会对其他由全国人大产生的中央国家机关都有权进行监督，主要有如下三种方式：①在全国人大常委会会议期间，常委会组成人员 10 人以上联名，可以向常务委员会书面提出对国务院以及国务院各部门、国家监察委员会、最高人民法院、最高人民检察院的质询案；②国务院、国家监察委员会、最高人民法院、最高人民检察院在全国人大常委会会议上，围绕本单位职权范围内的事务向全国人大常委会做工作汇报；③全国人大常委会开展对法律实施工作进行执法检查。(6) 其他职权。由于全国人大常委会是全国人大的常设机关，所以，与全国人大的职权范围不同，它没有宪法上自己的弹性权力。在宪法列明的职权之外，常委会的其他职权必须经全国人大授权方能享有；在授权范围内，全国人大常委会可以作出有法律约束力的决定。

试题范例

1.（多项选择题）下列选项中，属于全国人大常委会的职权的是（　　）。

A. 解释宪法，监督宪法的实施

B. 批准省、自治区和直辖市的建置

C. 废除同外国缔结的条约和重要协定

D. 审批国民经济和社会发展计划以及国家预算部分调整方案

2.（多项选择题）下列人员中，既可以由全国人大也可以由全国人大常委会产生的是（　　）。

A. 国家监察委员会副主任　　B. 中央军委副主席

C. 最高人民检察院副检察长　　D. 全国人大专门委员会部分委员

答案：1. ACD　2. BD

核心法条

《宪法》第 68 条　全国人民代表大会常务委员会委员长主持全国人民代表大会常务委员会的工作，召集全国人民代表大会常务委员会会议。副委员长、秘书长协助委员长工作。

委员长、副委员长、秘书长组成委员长会议，处理全国人民代表大会常务委员会的重要日常工作。

释解分析

本条规定的是全国人大常委会的会议制度。全国人大常委会的工作方式是举行会议。会议有如下两种形式：一是由常委会全体组成人员组成的全体会议。二是处理全国人大常委会重要的日常工作的委员长会议。全国人大常委会全体会议，一般每两个月举行一次，由委员长召集并主持。有特殊需要的时候可以临时召集会议。常委会全体会议须有常委会全体组成人员过半数出席才能举行。在全国人大常委会举行会议的时候，国务院、中央军事委员会、国家监察委员会、最高人民法院、最高人民检察院的负责人列席会议；各省、自治区、直辖市的人大常委会派主任或者副主任一人列席会议；必要时可以邀请有关全国人大代表列席会议。

试题范例

（多项选择题）根据我国宪法和法律，全国人大常委会委员长会议的组成人员有（　　）。

A. 全国人大常委会委员长　　B. 全国人大常委会副委员长

C. 全国人大常委会秘书长　　D. 全国人大常委会委员

答案：ABC

核心法条

《全国人民代表大会组织法》第 29 条　委员长会议，全国人民代表大会各专门委员会，国务院，中央军事委员会，国家监察委员会，最高人民法院，最高人民检察院，常务委员会组成人员十人以上联名，可以向常务委员会提出属于常务委员会职权范围内的议案。

《全国人民代表大会常务委员会议事规则》第 18 条　委员长会议可以向常务委员会提出属于常务委员会职权范围内的议案，由常务委员会会议审议。

国务院，中央军事委员会，国家监察委员会，最高人民法院，最高人民检察院，全国人民代表大会各专门委员会，可以向常务委员会提出属于常务委员会职权范围内的议案，由委员长会议决定列入常务委员会会议议程，或者先交有关的专门委员会审议、提出报告，再决定列入常务委员会会议议程。

常务委员会组成人员十人以上联名，可以向常务委员会提出属于常务委员会职权范围内的议案，由委员长会议决定是否列入常务委员会会议议程，或者先交有关的专门委员会审议、提出是否列入会议议程的意见，再决定是否列入常务委员会会议议程；不列入常务委员会会议议程的，应当向常务委员会会议报告或者向提案人说明。

《全国人民代表大会常务委员会议事规则》第 45 条第 1 款　表决议案由常务委员会全体组成人员的过半数通过。

释解分析

上述条文规定的是全国人大常委会的工作程序。全国人大常委会在举行会议、审议及通过法律案和其他议案、选举和罢免各国家机构领导人时，均须遵守以下四个程序：(1) 提出议案。全国人大常委会会议期间，委员长会议、全国人大各专门委员会、国务院、中央军事委员会、国家监察委员会、最高人民法院、最高人民检察院以及常委会组成人员 10 人以上联名，可以向常委会提出属于常委会职权范围内的议案。(2) 审议议案。国家机关提出的议案，由委员长会议决定列入常委会会议议程，或者先交有关的专门委员会审议、提出报告，再决定列入常委会会议议程；常委会组成人员提出的议案，由委员长会议决定是否列入常委会会议议程，或者先交有关的专门委员会审议、提出是否列入会议议程的意见，再决定是否列入常委会会议议程。(3) 表决通过议案。议案经审议后，由常委会会议表决通过。表决议案由常委会全体组成人员的过半数通过。(4) 决定公布。

试题范例

(多项选择题) 既可以向全国人大，也可以向全国人大常委会提出法律案的主体有（　　）。

A. 国务院　　B. 中央军事委员会

C. 全国人民代表大会各专门委员会　　D. 30 名以上全国人大代表联名

答案：ABD

核心法条

《宪法》第 70 条　全国人民代表大会设立民族委员会、宪法和法律委员会、财政经济委员会、教育科学文化卫生委员会、外事委员会、华侨委员会和其他需要设立的专门委员会。在全国人民代表大会闭会期间，各专门委员会受全国人民代表大会常务委员会的领导。

各专门委员会在全国人民代表大会和全国人民代表大会常务委员会领导下，研究、审议和拟订有关议案。

《全国人民代表大会组织法》第 34 条　全国人民代表大会设立民族委员会、宪法和法律委员会、监察和司法委员会、财政经济委员会、教育科学文化卫生委员会、外事委员会、华侨委员会、环境与资源保护委员会、农业与农村委员会、社会建设委员会和全国人民代表大会认为需要设立的其他专门委员会。各专门委员会受全国人民代表大会领导；在全国人民代表大会闭会期间，受全国人民代表大会常务委员会领导。

各专门委员会由主任委员、副主任委员若干人和委员若干人组成。

各专门委员会的主任委员、副主任委员和委员的人选由主席团在代表中提名，全国人民代表大会会议表决通过。在大会闭会期间，全国人民代表大会常务委员会可以任免专门委员会的副主任委员和委员，由委员长会议提名，常务委员会会议表决通过。

《全国人民代表大会组织法》第 35 条　各专门委员会每届任期同全国人民代表大会每届任期相同，履行职责到下届全国人民代表大会产生新的专门委员会为止。

《全国人民代表大会组织法》第 36 条　各专门委员会主任委员主持委员会会议和委员会的工作。副主任委员协助主任委员工作。

各专门委员会可以根据工作需要，任命专家若干人为顾问；顾问可以列席专门委员会会议，发表意见。

顾问由全国人民代表大会常务委员会任免。

《全国人民代表大会组织法》第 37 条　各专门委员会的工作如下：

（一）审议全国人民代表大会主席团或者全国人民代表大会常务委员会交付的议案；

（二）向全国人民代表大会主席团或者全国人民代表大会常务委员会提出属于全国人民代表大会或者全国人民代表大会常务委员会职权范围内同本委员会有关的议案，组织起草法律草案和其他议案草案；

（三）承担全国人民代表大会常务委员会听取和审议专项工作报告有关具体工作；

（四）承担全国人民代表大会常务委员会执法检查的具体组织实施工作；

（五）承担全国人民代表大会常务委员会专题询问有关具体工作；

（六）按照全国人民代表大会常务委员会工作安排，听取国务院有关部门和国家监察委员会、最高人民法院、最高人民检察院的专题汇报，提出建议；

（七）对属于全国人民代表大会或者全国人民代表大会常务委员会职权范围内同本委员会有关的问题，进行调查研究，提出建议；

（八）审议全国人民代表大会常务委员会交付的被认为同宪法、法律相抵触的国务院的行政法规、决定和命令，国务院各部门的命令、指示和规章，国家监察委员会的监察法规，省、自治区、直辖市和设区的市、自治州的人民代表大会及其常务委员会的地方性法规和决定、决议，省、自治区、直辖市和设区的市、自治州的人民政府的决定、命令和规章，民族自治地方的自治条例和单行条例，经济特区法规，以及最高人民法院、最高人民检察院具体应用法律问题的解释，提出意见；

（九）审议全国人民代表大会主席团或者全国人民代表大会常务委员会交付的质询案，听取受质询机关对质询案的答复，必要的时候向全国人民代表大会主席团或者全国人民代表大会常务委员会提出报告；

（十）研究办理代表建议、批评和意见，负责有关建议、批评和意见的督促办理工作；

（十一）按照全国人民代表大会常务委员会的安排开展对外交往；

（十二）全国人民代表大会及其常务委员会交办的其他工作。

释解分析

上述条文规定的是全国人大专门委员会的性质、组成、任期、领导体制及其任务。

性质。全国人大设立民族委员会、宪法和法律委员会、监察和司法委员会、财政经济委员会、教育科学文化卫生委员会、外事委员会、华侨委员会、环境与资源保护委员会、农业与农村委员会、社会建设委员会和全国人大认为需要设立的其他专门委员会。专门委员会是常设性机构，各专门委员会受全国人民代表大会领导；在全国人民代表大会闭会期间，受全国人民代表大会常务委员会领导。各专门委员会不是独立的行使职权的国家机关，对外不能发号施令，它只是帮助全国人大及其常委会研究、审议和拟订有关议案的按专业分工设立的辅助性机构。

组成。各专门委员会由主任委员、副主任委员若干人和委员若干人组成。各专门委员会的主任委员、副主任委员和委员的人选由主席团在代表中提名，全国人民代表大会会议表决通过。在大会闭会期间，全国人民代表大会常务委员会可以任免专门委员会的副主任委员和委员，由委员长会议提名，常务委员会会议表决通过。

任期。各专门委员会每届任期同全国人民代表大会每届任期相同，履行职责到下届全国人民代表大会产生新的专门委员会为止。各专门委员会主任委员主持委员会会议和委员会的工作。副主任委员协助主任委员工作。各专门委员会可以根据工作需要，任命专家若干人为顾问；顾问可以列席专门委员会会议，发表意见，但无表决权。顾问由全国人民代表大会常务委员会任免。

任务。关于专门委员会的任务，具体见《全国人民代表大会组织法》第 37 条之规定。

试题范例

（单项选择题）下列关于专门委员会的表述，正确的有（　　）。

A. 全国人大各专门委员会可以根据工作需要，任命专家若干人为顾问；顾问可以列席专门委员会会议，发表意见，参与表决

B. 全国人民代表大会常务委员会可以任免专门委员会的组成人员

C. 全国人大各专门委员会是全国人大的专门性工作机构

D. 全国人大设有监察和司法委员会、特定问题的调查委员会等专门委员会

答案：C

核心法条

《宪法》第 71 条　全国人民代表大会和全国人民代表大会常务委员会认为必要的时候，可以组织关于特定问题的调查委员会，并且根据调查委员会的报告，作出相应的决议。

调查委员会进行调查的时候，一切有关的国家机关、社会团体和公民都有义务向它提供必要的材料。

《全国人民代表大会议事规则》第 51 条　全国人民代表大会认为必要的时候，可以组织关于特定问题的调查委员会。

《全国人民代表大会议事规则》第 52 条　主席团、三个以上的代表团或者十分之一以上的代表联名，可以提议组织关于特定问题的调查委员会，由主席团提请大会全体会议决定。

调查委员会由主任委员、副主任委员若干人和委员若干人组成，由主席团在代表中提名，提请大会全体会议通过。调查委员会可以聘请专家参加调查工作。

《全国人民代表大会议事规则》第 53 条　调查委员会进行调查的时候，一切有关的国家机关、社会团体和公民都有义务如实向它提供必要的材料。提供材料的公民要求调查委员会对材料来源保密的，调查委员会应当予以保密。

调查委员会在调查过程中，可以不公布调查的情况和材料。

《全国人民代表大会议事规则》第 54 条　调查委员会应当向全国人民代表大会提出调查报告。全国人民代表大会根据调查委员会的报告，可以作出相应的决议。

全国人民代表大会可以授权全国人民代表大会常务委员会在全国人民代表大会闭会期间，听取调查委员会的调查报告，并可以作出相应的决议，报全国人民代表大会下次会议备案。

释解分析

上述条文规定的是关于特定问题的调查委员会。全国人大及其常委会认为必要的时候，可以组织关于特定问题的调查委员会。调查委员会的组成人员必须是全国人大代表，其产生办法与专门委员会委员的产生办法类似。调查委员会是临时性委员会，无一定任期，关于特定问题的调查任务一经完成，该委员会即予撤销。

试题范例

（多项选择题）根据宪法和法律，关于特定问题的调查委员会，下列说法正确的有（　　）。

A. 全国人大及其常委会认为必要的时候，可以组织关于特定问题的调查委员会

B. 调查委员会由主任委员、副主任委员若干人和委员若干人组成，由主席团决定人选

C. 主席团、3 个以上的代表团或者 1/10 以上的代表联名，可以提议组织关于特定问题的调查委员会

D. 全国人民代表大会根据调查委员会的报告，可以作出相应的决议

答案：ACD

核心法条

《宪法》第 73 条　全国人民代表大会代表在全国人民代表大会开会期间，全国人民代表大会常务委员会组成人员在常务委员会开会期间，有权依照法律规定的程序提出对国务院或者国务院各部、各委员会的质询案。受质询的机关必须负责答复。

《全国人民代表大会组织法》第 21 条　全国人民代表大会会议期间，一个代表团或者三十名以上的代表联名，可以书面提出对国务院以及国务院各部门、国家监察委员会、最高人民法院、最高人民检察院的质询案。

《全国人民代表大会组织法》第 30 条　常务委员会会议期间，常务委员会组成人员十人以上联名，可以向常务委员会书面提出对国务院以及国务院各部门、国家监察委员会、最高人民法院、最高人民检察院的质询案。

释解分析

上述条文规定的是质询案。

试题范例

（多项选择题）根据我国宪法和法律，接受质询的主体是（　　）。

A. 国务院以及国务院各部门　　B. 国家监察委员会

C. 最高人民法院　　D. 最高人民检察院

答案：ABCD

核心法条

《宪法》第 74 条　全国人民代表大会代表，非经全国人民代表大会会议主席团许可，在全国人民代表大会闭会期间非经全国人民代表大会常务委员会许可，不受逮捕或者刑事审判。

《全国人民代表大会组织法》第 49 条　全国人民代表大会代表非经全国人民代表大会主席团许可，在全国人民代表大会闭会期间非经全国人民代表大会常务委员会许可，不受逮捕或者刑事审判。

全国人民代表大会代表如果因为是现行犯被拘留，执行拘留的公安机关应当立即向全国人民代表大会主席团或者全国人民代表大会常务委员会报告。

释解分析

上述条文规定的是全国人大代表的人身保护权。

试题范例

（多项选择题）根据我国宪法和法律，关于全国人大代表，下列表述正确的是（　　）。

A. 全国人大代表可依法提议组织关于特定问题的调查委员会

B. 罢免全国人大代表须经全国人大常委会组成人员的过半数通过

C. 全国人大代表可对主席团提名的国家领导机构的负责人名单提出意见

D. 全国人大代表如果因为是现行犯被拘留，执行拘留的公安机关应取得全国人民代表大会主席团或者全国人民代表大会常务委员会许可

答案：AC

核心法条

《宪法》第 75 条　全国人民代表大会代表在全国人民代表大会各种会议上的发言和表决，不受法律追究。

释解分析

本条规定的是全国人大代表的言论免责权。

试题范例

（多项选择题）根据我国宪法和法律，关于全国人大代表，下列表述正确的是（　　）。

A. 全国人大代表在各种会议上的发言和表决，不受法律追究

B. 全国人大代表不受刑事审判

C. 全国人大代表在全国人大会议期间可以提出质询案

D. 全国人大代表可以依法联名提出议案

答案：CD

核心法条

《全国人民代表大会和地方各级人民代表大会代表法》第3条　代表享有下列权利：

（一）出席本级人民代表大会会议，参加审议各项议案、报告和其他议题，发表意见；

（二）依法联名提出议案、质询案、罢免案等；

（三）提出对各方面工作的建议、批评和意见；

（四）参加本级人民代表大会的各项选举；

（五）参加本级人民代表大会的各项表决；

（六）获得依法执行代表职务所需的信息和各项保障；

（七）法律规定的其他权利。

《全国人民代表大会和地方各级人民代表大会代表法》第4条　代表应当履行下列义务：

（一）模范地遵守宪法和法律，保守国家秘密，在自己参加的生产、工作和社会活动中，协助宪法和法律的实施；

（二）按时出席本级人民代表大会会议，认真审议各项议案、报告和其他议题，发表意见，做好会议期间的各项工作；

（三）积极参加统一组织的视察、专题调研、执法检查等履职活动；

（四）加强履职学习和调查研究，不断提高执行代表职务的能力；

（五）与原选区选民或者原选举单位和人民群众保持密切联系，听取和反映他们的意见和要求，努力为人民服务；

（六）自觉遵守社会公德，廉洁自律，公道正派，勤勉尽责；

（七）法律规定的其他义务。

释解分析

上述两条分别规定的是全国和地方各级人大代表的权利和义务。

试题范例

（多项选择题）根据我国宪法和法律，全国人大代表享有的权利有（　　）。

A. 根据法律规定的程序提出议案、建议和意见

B. 依照法律规定的程序提出质询案

C. 依法提出罢免案

D. 出席全国人大会议，发表意见，参与表决

答案：ABCD

十四、国家主席、国务院、中央军事委员会

核心法条

《宪法》第79条　中华人民共和国主席、副主席由全国人民代表大会选举。

有选举权和被选举权的年满四十五周岁的中华人民共和国公民可以被选为中华人民共和国主席、副主席。

中华人民共和国主席、副主席每届任期同全国人民代表大会每届任期相同。

释解分析

本条规定的是国家主席的产生和任期。国家主席由全国人大选举产生。国家主席、副主席的人选，由主席团提名，经各代表团酝酿协商后，再由主席团根据多数代表的意见确定正式候选人名单，最后由主席团把确定的候选人名单交付大会表决，由大会选举产生国家主席和副主席。

国家主席、副主席的任职基本条件有：(1) 必须是有选举权和被选举权的中华人民共和国公民；(2) 必须年满 45 周岁。

国家主席、副主席每届任期同全国人大每届任期相同，都是 5 年。国家主席、副主席可以由全国人大罢免。

试题范例

(多项选择题) 根据我国宪法的规定，关于国家主席、副主席，下列表述正确的是(　　)。

A. 国家主席、副主席的人选，由全国人大主席团提名

B. 有选举权和被选举权的年满 50 周岁的中华人民共和国公民可以被选为国家主席、副主席

C. 国家主席、副主席连续任职不能超过两届

D. 国家主席、副主席每届任期同全国人大每届任期相同，都是 5 年

答案：AD

核心法条

《宪法》第 80 条　中华人民共和国主席根据全国人民代表大会的决定和全国人民代表大会常务委员会的决定，公布法律，任免国务院总理、副总理、国务委员、各部部长、各委员会主任、审计长、秘书长，授予国家的勋章和荣誉称号，发布特赦令，宣布进入紧急状态，宣布战争状态，发布动员令。

《宪法》第 81 条　中华人民共和国主席代表中华人民共和国，进行国事活动，接受外国使节；根据全国人民代表大会常务委员会的决定，派遣和召回驻外全权代表，批准和废除同外国缔结的条约和重要协定。

释解分析

上述条文规定的是国家主席的职权。我国国家主席没有个人决策权，他的职权要同全国人大及其常委会的职权结合起来行使。由于国家主席的职权必须与全国人大及其常委会的职权结合行使，因此，国家主席既不向全国人大及其常委会负责，也不报告工作。国家主席行

使职权时，主要采取国家主席令的形式。

国家主席的职权主要有如下四个方面：(1) 公布法律、发布命令权。法律在全国人大或全国人大常委会正式通过后，由国家主席予以颁布施行。国家主席根据全国人大或者全国人大常委会的决定，发布特赦令、紧急状态令、动员令、宣布战争状态等。(2) 任免权。国家主席根据全国人大或全国人大常委会的决定，任免国务院总理、副总理、国务委员、各部部长、各委员会主任、审计长、秘书长。根据全国人大常委会的决定，国家主席派遣和召回驻外全权代表。(3) 外交权。国家主席对外代表国家，进行国事活动，接受外国使节，根据全国人大常委会的决定，批准和废除同外国缔结的条约和重要协定。(4) 荣典权。根据全国人大及全国人大常委会的决定，国家主席代表国家向那些对国家有重大功勋的人或单位授予国家的勋章和荣誉称号。

试题范例

(单项选择题) 根据我国宪法的规定，下列属于国家主席职权的是（　　）。

A. 决定战争状态的宣布

B. 决定同外国缔结的条约和重要协定的批准和废除

C. 派遣和召回驻外全权代表

D. 决定特赦

答案：C

核心法条

《宪法》第 84 条　中华人民共和国主席缺位的时候，由副主席继任主席的职位。

中华人民共和国副主席缺位的时候，由全国人民代表大会补选。

中华人民共和国主席、副主席都缺位的时候，由全国人民代表大会补选；在补选以前，由全国人民代表大会常务委员会委员长暂时代理主席职位。

释解分析

本条规定的是国家主席、副主席的缺位和补选。

试题范例

(单项选择题) 根据现行宪法规定，国家主席缺位时，应当（　　）。

A. 由副主席暂时代理主席职位

B. 由全国人大补选

C. 由全国人大常委会委员长暂时代理主席职位

D. 由副主席继任

答案：D

核心法条

《宪法》第 85 条　中华人民共和国国务院，即中央人民政府，是最高国家权力机关的执行机关，是最高国家行政机关。

《宪法》第 92 条　国务院对全国人民代表大会负责并报告工作；在全国人民代表大会闭会期间，对全国人民代表大会常务委员会负责并报告工作。

释解分析

上述条文规定的是国务院的性质和地位。国务院即中央人民政府，是最高国家权力机关的执行机关，是最高国家行政机关。执行机关和行政机关表明了国务院的性质，即国务院是通过在全国范围内组织一系列的行政管理活动，执行全国人大及其常委会各项决议的最高国家行政机关。

国务院在全国行政机关系统中居最高地位，它统一领导地方各级人民政府的工作，统一领导和管理国务院各部委的工作。由于国务院是由最高国家权力机关产生的，必须对全国人大及其常委会负责并报告工作，因此，相对于最高国家权力机关来说，国务院处于从属地位。

试题范例

（单项选择题）根据我国宪法的规定，下列关于国务院的表述，不正确的是（　　）。

A. 国务院是最高国家权力机关的执行机关

B. 国务院是最高国家行政机关

C. 国务院对全国人大及其常委会负责并报告工作

D. 国务院总理由国家主席任命

答案：D

核心法条

《宪法》第 86 条　国务院由下列人员组成：

总理，

副总理若干人，

国务委员若干人，

各部部长，

各委员会主任，

审计长，

秘书长。

国务院实行总理负责制。各部、各委员会实行部长、主任负责制。

国务院的组织由法律规定。

《宪法》第 88 条　总理领导国务院的工作。副总理、国务委员协助总理工作。

总理、副总理、国务委员、秘书长组成国务院常务会议。

总理召集和主持国务院常务会议和国务院全体会议。

释解分析

上述条文规定的是国务院的组成和领导体制。国务院由总理、副总理若干人、国务委员若干人、各部部长、各委员会主任、审计长、秘书长组成。国务院总理人选根据国家主席的提名，由全国人大决定；副总理、国务委员、各部部长、各委员会主任、审计长和秘书长的人选，根据国务院总理的提名，由全国人大决定；在全国人大闭会期间，根据国务院总理的提名，由全国人大常委会决定部长、委员会主任、审计长、秘书长的人选。组成人员的人选决定以后，由国家主席负责宣布。

国务院实行总理负责制，各部、各委员会实行部长、主任负责制。总理负责制是指国务院总理对他主管的工作负全部责任，与此相联系，他对自己主管的工作有完全决定权。具体内容是：(1) 由总理提名组成国务院，总理有向全国人大及其常委会提出任免国务院其他组成人员的议案的权力。(2) 总理领导国务院的工作，副总理、国务委员协助总理工作，其他组成人员都在总理领导下工作，向总理负责。(3) 总理召集和主持国务院常务会议和国务院全体会议，对于所议事项总理有最后决定权，并对决定的后果承担全部责任。(4) 国务院发布的行政法规、决定和命令、向全国人大及其常委会提出的议案、任免国务院有关人员的决定，都由总理签署。

试题范例

(单项选择题) 根据我国宪法的规定，下列关于国务院的组成和领导体制的表述，正确的是（　　）。

A. 国务院总理人选根据国家主席的提名，由全国人大决定

B. 国务院实行集体负责制的领导体制

C. 全国人大常委会决定国务院组成人员的人选

D. 国务院制定的行政法规须报全国人大常委会批准施行

答案：A

核心法条

《宪法》第 87 条　国务院每届任期同全国人民代表大会每届任期相同。

总理、副总理、国务委员连续任职不得超过两届。

释解分析

本条规定的是国务院的任期。

试题范例

(多项选择题) 根据我国宪法的规定，连续任职不得超过两届的国家领导人有（　　）。

A. 全国人大常委会委员长、副委员长　　B. 国家主席、副主席

C. 国务院总理、副总理、国务委员　　D. 国家监察委员会主任

答案：ACD

核心法条

《宪法》第 89 条　国务院行使下列职权：

（一）根据宪法和法律，规定行政措施，制定行政法规，发布决定和命令；

（二）向全国人民代表大会或者全国人民代表大会常务委员会提出议案；

（三）规定各部和各委员会的任务和职责，统一领导各部和各委员会的工作，并且领导不属于各部和各委员会的全国性的行政工作；

（四）统一领导全国地方各级国家行政机关的工作，规定中央和省、自治区、直辖市的国家行政机关的职权的具体划分；

（五）编制和执行国民经济和社会发展计划和国家预算；

（六）领导和管理经济工作和城乡建设、生态文明建设；

（七）领导和管理教育、科学、文化、卫生、体育和计划生育工作；

（八）领导和管理民政、公安、司法行政等工作；

（九）管理对外事务，同外国缔结条约和协定；

（十）领导和管理国防建设事业；

（十一）领导和管理民族事务，保障少数民族的平等权利和民族自治地方的自治权利；

（十二）保护华侨的正当的权利和利益，保护归侨和侨眷的合法的权利和利益；

（十三）改变或者撤销各部、各委员会发布的不适当的命令、指示和规章；

（十四）改变或者撤销地方各级国家行政机关的不适当的决定和命令；

（十五）批准省、自治区、直辖市的区域划分，批准自治州、县、自治县、市的建置和区域划分；

（十六）依照法律规定决定省、自治区、直辖市的范围内部分地区进入紧急状态；

（十七）审定行政机构的编制，依照法律规定任免、培训、考核和奖惩行政人员；

（十八）全国人民代表大会和全国人民代表大会常务委员会授予的其他职权。

释解分析

本条规定的是国务院的职权。国务院的职权有如下几个方面：（1）法规制定权。法规制定权包括规定行政措施、制定行政法规、发布决定和命令的权力。（2）提案权。国务院是具体管理和组织经济建设和社会生活的最高行政机关，有责任向最高国家权力机关提出有关的法律草案、计划和报告以及计划和报告的执行情况等，在最高国家权力机关审议批准后，使之成为指导社会生活和经济建设的法律文件。国务院的计划、报告都必须在全国人大及其常委会会议上以议案的形式提出，主要包括五个方面：①国民经济和社会发展计划和计划执行情况；②国家预算和预算的执行情况；③必须由全国人大常委会批准和废除的同外国缔结的条约和协定；④国务院组成人员中必须由全国人大或者全国人大常委会决定任免的人选；⑤在国务院职权范围内的其他必须由全国人大或者全国人大常委会审议或决定的事项。（3）领导权。领导权包括对所属部委和地方各级行政机关的领导权和监督权。国务院有权改变或者撤销地方各级国家行政机关的不适当的决定和命令，有权改变或者撤销各部、各委员会发布的不适当的命令、指示和规章。国务院所属各部委和地方各级行政机关必须接受国务院的统一领导和监督。（4）管理权。管理权包括对国防、民族、民政、公安、司法行政、文教、经济、卫生、体育、华侨、外交等各项行政工作的领导和管理权。(5) 任免权。国务院有权依法任免国家行政机关的领导人员。(6) 行政区域划分权。国务院有权批准省、自治区、直辖市的区域划分，批准自治州、县、自治县、市的建置和区域划分。(7) 紧急状态决定权。国务院有权决定省、自治区、直辖市的范围内部分地区进入紧急状态。(8) 其他职权。其他职权主要是指最高国家权力机关通过明确的决议，以法律形式授予国务院以上述列举权力之外的职权。

试题范例

(单项选择题) 根据宪法的规定，下列关于国务院的表述，正确的是（　　）。

A. 国务院有权决定个别省、自治区、直辖市进入紧急状态

B. 国务院由总理、副总理、国务委员、秘书长组成

C. 国务院常务会议由总理、副总理、国务委员组成

D. 国务院有权改变或者撤销地方各级国家行政机关的不适当的决定和命令

答案：D

核心法条

《宪法》第 91 条　国务院设立审计机关，对国务院各部门和地方各级政府的财政收支，对国家的财政金融机构和企业事业组织的财务收支，进行审计监督。

审计机关在国务院总理领导下，依照法律规定独立行使审计监督权，不受其他行政机关、社会团体和个人的干涉。

释解分析

本条规定的是国务院审计机关。国务院审计署是国家最高审计机关，同时也是国务院的组成部门。审计署在国务院的领导下，主管全国的审计工作，对国务院负责并报告工作。国务院审计署在国务院总理领导下工作，依法独立行使审计监督权，不受其他行政机关、社会团体和个人的干涉，但要受到人大的监督。

地方各级审计机关实行双重领导体制，在本级行政首长和上一级审计机关的领导下，负责本行政区域内的审计工作，对本级人民政府和上一级审计机关负责并报告工作。

试题范例

(多项选择题) 国务院审计机关对国务院各部门和地方各级政府的财政收支，对国家的（　　）的财务收支，进行审计监督。

A. 财政金融机构　　B. 企业事业组织　　C. 公共服务机构　　D. 社会组织

答案：AB

核心法条

《国务院组织法》第 8 条　国务院各部、各委员会的设立、撤销或者合并，经总理提出，由全国人民代表大会决定；在全国人民代表大会闭会期间，由全国人民代表大会常务委员会决定。

释解分析

本条规定的是国务院各部、各委员会的设立、撤销或者合并的决定权。

试题范例

（单项选择题）国务院××部被撤销，有权作出该决定的机关是（　　）。

A. 国务院　　B. 全国人大或全国人大常委会

C. 国务院编制委员会　　D. 国务院常务会议

答案： B

核心法条

《宪法》第 93 条　中华人民共和国中央军事委员会领导全国武装力量。

中央军事委员会由下列人员组成：

主席，

副主席若干人，

委员若干人。

中央军事委员会实行主席负责制。

中央军事委员会每届任期同全国人民代表大会每届任期相同。

《宪法》第 94 条　中央军事委员会主席对全国人民代表大会和全国人民代表大会常务委员会负责。

释解分析

上述条文规定的是中央军事委员会。中央军委是国家的最高军事领导机关，中央军委领导的全国武装力量由中国人民解放军现役部队和预备役部队、中国人民武装警察部队、民兵组成。中央军委是我国国家机构的重要组成部分。

中央军事委员会由下列人员组成：主席，副主席若干人，委员若干人。中央军委主席的人选由全国人大主席团提名，经全国人大各代表团酝酿协商后，再由主席团根据多数代表的意见，确定正式候选人名单，然后由全国人大选举产生。全国人大选举时，采用无记名投票的方式，以获得全体代表过半数的选票当选。根据中央军委主席的提名，全国人大决定中央军委其他组成人员的人选。全国人大有权罢免中央军委主席和中央军委其他组成人员。在全国人大闭会期间，全国人大常委会根据中央军委主席的提名，决定中央军委其他组成人员的人选。

中央军委每届任期同全国人大每届任期相同，即 5 年，但没有届数限制。

中央军委实行主席负责制，其具体内容是：（1）中央军委主席向全国人大及其常委会负责，但不报告工作。中央军委在中央国家机关体系中处于从属于最高国家权力机关的法律地位。（2）中央军委副主席和委员均由中央军委主席提名。（3）中央军委的有关重大问题要经委员会集体讨论，但是中央军委主席有决定权。中央军委其他组成人员必须接受中央军委主席的领导，中央军委发布的军令等须由中央军委主席签署方有法律效力。

试题范例

（单项选择题）关于中央军事委员会，下列表述正确的是（　　）。

A. 中央军事委员会实行集体负责制

B. 中央军事委员会每届任期同全国人大相同

C. 中央军事委员会向全国人大及其常委会负责并报告工作

D. 中央军事委员会副主席由全国人大选举产生

答案：B

十五、监察委员会、人民法院和人民检察院

核心法条

《宪法》第 123 条　中华人民共和国各级监察委员会是国家的监察机关。

《宪法》第 124 条　中华人民共和国设立国家监察委员会和地方各级监察委员会。

监察委员会由下列人员组成：

主任，

副主任若干人，

委员若干人。

监察委员会主任每届任期同本级人民代表大会每届任期相同。国家监察委员会主任连续任职不得超过两届。

监察委员会的组织和职权由法律规定。

《宪法》第 125 条　中华人民共和国国家监察委员会是最高监察机关。

国家监察委员会领导地方各级监察委员会的工作，上级监察委员会领导下级监察委员会的工作。

《宪法》第 126 条　国家监察委员会对全国人民代表大会和全国人民代表大会常务委员会负责。地方各级监察委员会对产生它的国家权力机关和上一级监察委员会负责。

释解分析

上述条文规定的是监察委员会的性质、地位、组成、任期和领导体制。各级监察委员会是国家的监察机关，是行使国家监察职能的专责机关，依法对所有行使公权力的公职人员进行监察，调查职务违法和职务犯罪，开展廉政建设和反腐败工作，维护宪法和法律的尊严。

国家监察委员会由全国人大产生，对全国人大及其常委会负责，并接受其监督。地方各级监察委员会由本级人大产生，对本级人大及其常委会和上一级监察委员会负责，并接受其监督。

中华人民共和国设立国家监察委员会和地方各级监察委员会。监察委员会由下列人员组

成：主任，副主任若干人，委员若干人。国家监察委员会主任由全国人民代表大会选举产生，国家监察委员会副主任、委员由国家监察委员会主任提请全国人大常委会任免。

监察委员会主任每届任期同本级人民代表大会每届任期相同。国家监察委员会主任连续任职不得超过两届。

中华人民共和国国家监察委员会是最高监察机关。国家监察委员会领导地方各级监察委员会的工作，上级监察委员会领导下级监察委员会的工作。省、自治区、直辖市、自治州、县、自治县、市、市辖区设立监察委员会。

试题范例

（多项选择题）根据我国宪法和法律，下列关于监察委员会的表述，正确的是（　　）。

A. 各级监察委员会是我国法律监督机关

B. 国家监察委员会由全国人大产生，对全国人大及其常委会负责

C. 国家监察委员会主任连续任职不得超过两届

D. 监察委员会由主任和副主任若干人组成

答案：BC

核心法条

《宪法》第127条　监察委员会依照法律规定独立行使监察权，不受行政机关、社会团体和个人的干涉。

监察机关办理职务违法和职务犯罪案件，应当与审判机关、检察机关、执法部门互相配合，互相制约。

释解分析

本条规定的是监察委员会和人民法院、人民检察院、执法部门的关系。

试题范例

（多项选择题）根据宪法和法律，监察机关办理职务违法和职务犯罪案件，应当与审判机关、检察机关、执法部门（　　）。

A. 分工负责　B. 互相配合　C. 互相制约　D. 互相制衡

答案：BC

核心法条

《监察法》第11条　监察委员会依照本法和有关法律规定履行监督、调查、处置职责：

（一）对公职人员开展廉政教育，对其依法履职、秉公用权、廉洁从政从业以及道德操守情况进行监督检查；

（二）对涉嫌贪污贿赂、滥用职权、玩忽职守、权力寻租、利益输送、徇私舞弊以及浪费国家资财等职务违法和职务犯罪进行调查；

（三）对违法的公职人员依法作出政务处分决定；对履行职责不力、失职失责的领导人员进行问责；对涉嫌职务犯罪的，将调查结果移送人民检察院依法审查、提起公诉；向监察对象所在单位提出监察建议。

《监察法》第 15 条　监察机关对下列公职人员和有关人员进行监察：

（一）中国共产党机关、人民代表大会及其常务委员会机关、人民政府、监察委员会、人民法院、人民检察院、中国人民政治协商会议各级委员会机关、民主党派机关和工商业联合会机关的公务员，以及参照《中华人民共和国公务员法》管理的人员；

（二）法律、法规授权或者受国家机关依法委托管理公共事务的组织中从事公务的人员；

（三）国有企业管理人员；

（四）公办的教育、科研、文化、医疗卫生、体育等单位中从事管理的人员；

（五）基层群众性自治组织中从事管理的人员；

（六）其他依法履行公职的人员。

《监察法》第 45 条　监察机关根据监督、调查结果，依法作出如下处置：

（一）对有职务违法行为但情节较轻的公职人员，按照管理权限，直接或者委托有关机关、人员，进行谈话提醒、批评教育、责令检查，或者予以诫勉；

（二）对违法的公职人员依照法定程序作出警告、记过、记大过、降级、撤职、开除等政务处分决定；

（三）对不履行或者不正确履行职责负有责任的领导人员，按照管理权限对其直接作出问责决定，或者向有权作出问责决定的机关提出问责建议；

（四）对涉嫌职务犯罪的，监察机关经调查认为犯罪事实清楚，证据确实、充分的，制作起诉意见书，连同案卷材料、证据一并移送人民检察院依法审查、提起公诉；

（五）对监察对象所在单位廉政建设和履行职责存在的问题等提出监察建议。

监察机关经调查，对没有证据证明被调查人存在违法犯罪行为的，应当撤销案件，并通知被调查人所在单位。

《监察法》第 53 条　各级监察委员会应当接受本级人民代表大会及其常务委员会的监督。

各级人民代表大会常务委员会听取和审议本级监察委员会的专项工作报告，组织执法检查。

县级以上各级人民代表大会及其常务委员会举行会议时，人民代表大会代表或者常务委员会组成人员可以依照法律规定的程序，就监察工作中的有关问题提出询问或者质询。

释解分析

上述条文规定的是监察委员会的职责、监察对象、监察处置、各级人大及其常委会与监察委员会的关系。

试题范例

1.（多项选择题）根据我国宪法和法律，下列选项中，监察机关有权进行监察的有（　　）。

A. 民主党派机关的公务员

B. 法律、法规授权的组织中从事公务的人员

C. 国有企业管理人员

D. 基层群众性自治组织中从事管理的人员

2.（多项选择题）根据我国宪法和法律，关于各级人大及其常委会与监察机关的关系，下列表述正确的是（　　）。

A. 各级监察委员会应当接受本级人民代表大会及其常务委员会的监督

B. 各级人民代表大会常务委员会听取和审议本级监察委员会的专项工作报告，组织执法检查

C. 国家监察委员会对全国人民代表大会和全国人民代表大会常务委员会负责

D. 地方各级监察委员会对产生它的国家权力机关和同级人民政府负责

答案： 1. ABCD　2. ABC

核心法条

《宪法》第 128 条　中华人民共和国人民法院是国家的审判机关。

《人民法院组织法》第 2 条　人民法院是国家的审判机关。

人民法院通过审判刑事案件、民事案件、行政案件以及法律规定的其他案件，惩罚犯罪，保障无罪的人不受刑事追究，解决民事、行政纠纷，保护个人和组织的合法权益，监督行政机关依法行使职权，维护国家安全和社会秩序，维护社会公平正义，维护国家法制统一、尊严和权威，保障中国特色社会主义建设的顺利进行。

释解分析

上述条文规定的是人民法院的性质和任务。人民法院是国家的审判机关，是适用法律的专门机关，独立行使国家审判权。人民法院根据法律规定受理并处理具体案件，依据事实和法律作出判断，保障法律的实施，维护法律尊严，实现打击敌人、惩罚犯罪、保护人民、调解纠纷的国家职能。

试题范例

（单项选择题）根据我国宪法和法律，下列表述属于人民法院的任务的是（　　）。

A. 惩罚犯罪，保障无罪的人不受刑事追究，解决民事、行政纠纷，保护个人和组织的合法权益，监督行政机关依法行使职权

B. 调查职务违法和职务犯罪，开展廉政建设和反腐败工作，维护宪法和法律的尊严

C. 追诉犯罪，维护国家安全和社会秩序，维护个人和组织的合法权益，维护国家利益和社会公共利益，保障法律正确实施

D. 统一领导全国地方各级国家行政机关的工作，规定中央和省、自治区、直辖市的国家行政机关的职权的具体划分

答案： A

核心法条

《宪法》第 129 条　中华人民共和国设立最高人民法院、地方各级人民法院和军事法院等专门人民法院。

最高人民法院院长每届任期同全国人民代表大会每届任期相同，连续任职不得超过两届。

人民法院的组织由法律规定。

《人民法院组织法》第 12 条　人民法院分为：

（一）最高人民法院；

（二）地方各级人民法院；

（三）专门人民法院。

《人民法院组织法》第 13 条　地方各级人民法院分为高级人民法院、中级人民法院和基层人民法院。

《人民法院组织法》第 15 条　专门人民法院包括军事法院和海事法院、知识产权法院、金融法院等。

专门人民法院的设置、组织、职权和法官任免，由全国人民代表大会常务委员会规定。

《人民法院组织法》第 19 条　最高人民法院可以设巡回法庭，审理最高人民法院依法确定的案件。

巡回法庭是最高人民法院的组成部分。巡回法庭的判决和裁定即最高人民法院的判决和裁定。

释解分析

上述条文规定的是人民法院的组织系统和任期。

试题范例

（单项选择题）金融法院的设置、组织、职权和法官任免，有权作出规定的机关是（　　）。

A. 全国人大　　B. 全国人大常委会

C. 国务院　　D. 最高人民法院

答案：B

核心法条

《人民法院组织法》第 10 条　最高人民法院是最高审判机关。

最高人民法院监督地方各级人民法院和专门人民法院的审判工作，上级人民法院监督下级人民法院的审判工作。

《人民法院组织法》第 16 条　最高人民法院审理下列案件：

（一）法律规定由其管辖的和其认为应当由自己管辖的第一审案件；

（二）对高级人民法院判决和裁定的上诉、抗诉案件；

（三）按照全国人民代表大会常务委员会的规定提起的上诉、抗诉案件；

（四）按照审判监督程序提起的再审案件；
（五）高级人民法院报请核准的死刑案件。
《人民法院组织法》第 17 条　死刑除依法由最高人民法院判决的以外，应当报请最高人民法院核准。
《人民法院组织法》第 18 条　最高人民法院可以对属于审判工作中具体应用法律的问题进行解释。
最高人民法院可以发布指导性案例。

释解分析

上述条文规定的是最高人民法院的职权。最高人民法院是国家的最高审判机关，所作的判决和裁定都是终审的判决和裁定。最高人民法院主要行使以下职权：(1) 监督地方各级人民法院和专门人民法院的审判工作；(2) 法律规定由其管辖的和其认为应当由自己管辖的第一审案件；(3) 对高级人民法院判决和裁定的上诉、抗诉案件；(4) 按照全国人民代表大会常务委员会的规定提起的上诉、抗诉案件；(5) 按照审判监督程序提起的再审案件；(6) 高级人民法院报请核准的死刑案件，死刑除依法由最高人民法院判决的以外，应当报请最高人民法院核准；(7) 最高人民法院可以对属于审判工作中具体应用法律的问题进行解释。最高人民法院可以发布指导性案例。

试题范例

（多项选择题）根据我国宪法和法律，关于最高人民法院，下列说法正确的是（　　）。
A. 最高人民法院监督地方各级人民法院和专门人民法院的审判工作
B. 最高人民法院可以发布指导性案例
C. 最高人民法院可以进行法律解释
D. 最高人民法院审理按照全国人民代表大会常务委员会的规定提起的上诉、抗诉案件

答案：ABD

核心法条

《人民法院组织法》第 21 条　高级人民法院审理下列案件：
（一）法律规定由其管辖的第一审案件；
（二）下级人民法院报请审理的第一审案件；
（三）最高人民法院指定管辖的第一审案件；
（四）对中级人民法院判决和裁定的上诉、抗诉案件；
（五）按照审判监督程序提起的再审案件；
（六）中级人民法院报请复核的死刑案件。
《人民法院组织法》第 23 条　中级人民法院审理下列案件：
（一）法律规定由其管辖的第一审案件；
（二）基层人民法院报请审理的第一审案件；

（三）上级人民法院指定管辖的第一审案件；
（四）对基层人民法院判决和裁定的上诉、抗诉案件；
（五）按照审判监督程序提起的再审案件。

《人民法院组织法》第 25 条　基层人民法院审理第一审案件，法律另有规定的除外。

基层人民法院对人民调解委员会的调解工作进行业务指导。

释解分析

上述条文规定的是各级人民法院的职权。

试题范例

（多项选择题）根据我国法律规定，关于人民法院的职权，下列表述正确的是（　　）。

A. 基层人民法院审理第一审案件，法律另有规定的除外

B. 中级人民法院对人民调解委员会的调解工作进行业务指导

C. 高级人民法院审理中级人民法院报请复核的死刑案件

D. 最高人民法院所作的判决和裁定都是终审的判决和裁定

答案：ACD

核心法条

《宪法》第 130 条　人民法院审理案件，除法律规定的特别情况外，一律公开进行。被告人有权获得辩护。

《宪法》第 131 条　人民法院依照法律规定独立行使审判权，不受行政机关、社会团体和个人的干涉。

《宪法》第 139 条　各民族公民都有用本民族语言文字进行诉讼的权利。人民法院和人民检察院对于不通晓当地通用的语言文字的诉讼参与人，应当为他们翻译。

在少数民族聚居或者多民族共同居住的地区，应当用当地通用的语言进行审理；起诉书、判决书、布告和其他文书应当根据实际需要使用当地通用的一种或者几种文字。

《人民法院组织法》第 4 条　人民法院依照法律规定独立行使审判权，不受行政机关、社会团体和个人的干涉。

《人民法院组织法》第 5 条　人民法院审判案件在适用法律上一律平等，不允许任何组织和个人有超越法律的特权，禁止任何形式的歧视。

释解分析

上述条文规定的是人民法院的工作原则。人民法院的工作原则有：（1）依法独立审判原则。人民法院依照法律规定独立行使审判权，不受行政机关、社会团体和个人的干涉。①这一原则要求人民法院在审判工作中要以事实为根据、以法律为准绳，独立进行审判，实事求是地对案件作出公正判决和裁定，不受行政机关、社会团体和个人的干涉。人民法院在办理各种案件的活动中，只服从法律，严格依法办事，在职权范围内的活动必须独立进行。

②依法独立审判原则，是社会主义法治的一项重要原则。审判工作贯彻这一原则有利于保证国家审判权的统一行使，保证国家法律统一执行，保证审判工作正常进行，保证案件正确判决。人民法院独立审判，并不是不受任何监督。人民法院要向同级人大及其常委会负责并报告工作，受其监督。人民检察院是法律监督机关，人民法院的审判活动要接受人民检察院依法进行的监督。人民法院独立审判还应接受人民群众的监督。(2) 审判案件在适用法律上一律平等原则。人民法院审判案件在适用法律上一律平等，禁止任何形式的歧视。审判案件在适用法律上一律平等原则要求：①人民法院对一切公民都必须一律平等对待，一切公民的合法权益，都要依法予以保护，任何公民的违法犯罪行为，都要依法予以追究。②在适用法律上不能有任何歧视，对公民一律平等对待，不能因公民的家庭出身、地位高低、政治倾向等非法定条件而对公民有不公正的待遇。③在对待法人或其他组织方面，不论组织规模大小、企业性质、何人经营、主办单位等情况如何，都应平等地保护其合法权益、追究其违法责任。(3) 被告人有权获得辩护原则。被告人有权获得辩护，是宪法和有关法律规定的一项重要的司法原则和制度，是国家赋予被告人保护自己合法权益的一种重要诉讼权利。在刑事诉讼中，被告人和他的辩护人有权根据事实和法律，提出证明被告人无罪、罪轻或者免除、减轻刑事处罚的材料和意见，以维护被告人的合法权益。有关法律规定了被告人行使辩护权利的具体制度，必要时人民法院应当为被告人指定承担法律援助义务的律师担任被告人的辩护人。实行辩护制度，有助于人民法院全面客观地认定案件事实，正确适用法律，公正判决或裁定案件以及避免错案冤案的发生。(4) 使用本民族语言文字进行诉讼原则。各民族公民都有用本民族语言文字进行诉讼的权利。对于不通晓当地通用的语言文字的诉讼参与人，人民法院应当为他们翻译。在少数民族聚居或者多民族共同居住的地区，人民法院应当用当地通用的语言进行审理，用当地通用的文字发布判决书、布告和其他文件。我国是统一的多民族国家，各民族公民都有用本民族语言文字进行诉讼的权利，这是民族平等原则在诉讼制度方面的具体体现。宪法和法律这一规定，是确保各民族公民平等地享有诉讼的权利和地位，反对民族歧视，维护民族平等和加强民族团结的重要法律保障。贯彻这一原则，有利于人民法院审理案件，有利于当事人行使诉讼权利和履行诉讼义务，有利于人民法院的判决、裁定的执行以及人民法院对人民群众进行法制教育。(5) 公开审判。公开审判是指人民法院对受理的案件公开审理和公开宣判。通过公开审理，使当事人充分行使法律规定的诉讼权利，对证据互相质证，明辨是非，便于审判人员查清事实。人民法院审理案件，除法律规定的特殊情况外，一律公开进行。根据《人民法院组织法》以及相关诉讼法的规定，审理案件，除涉及国家秘密、个人隐私和未成年人犯罪案件以外，应当公开进行。刑事诉讼法、民事诉讼法及行政诉讼法都分别对各类案件作出了具体规定，保证公开审判原则的切实贯彻。公开审判是人民法院各项诉讼制度和原则的中心环节。公开审判，可以把人民法院的审判活动直接置于当事人及人民群众的监督之下，有助于增强审判人员的责任感，改进审判作风，严格依法办事，从而保证审判质量，防止冤假错案的发生。公开审判还可以使旁听群众受到深刻的法制教育，对犯罪分子起到威慑作用，达到减少犯罪的效果。

试题范例

(多项选择题) 在少数民族聚居或者多民族共同居住的地区，应当用当地通用的语言进行审理，(　　) 应当根据实际需要使用当地通用的一种或者几种文字。

A. 起诉书　　B. 判决书　　C. 布告　　D. 其他文书

答案：ABCD

核心法条

《宪法》第 132 条　最高人民法院是最高审判机关。

最高人民法院监督地方各级人民法院和专门人民法院的审判工作，上级人民法院监督下级人民法院的审判工作。

《宪法》第 133 条　最高人民法院对全国人民代表大会和全国人民代表大会常务委员会负责。地方各级人民法院对产生它的国家权力机关负责。

《人民法院组织法》第 9 条　最高人民法院对全国人民代表大会及其常务委员会负责并报告工作。地方各级人民法院对本级人民代表大会及其常务委员会负责并报告工作。

各级人民代表大会及其常务委员会对本级人民法院的工作实施监督。

《人民法院组织法》第 10 条　最高人民法院是最高审判机关。

最高人民法院监督地方各级人民法院和专门人民法院的审判工作，上级人民法院监督下级人民法院的审判工作。

释解分析

上述条文规定的是人民法院的领导体制。最高人民法院对全国人大及其常委会负责并报告工作。地方各级人民法院对本级人大及其常委会负责并报告工作。最高人民法院监督地方各级人民法院和专门人民法院的审判工作。这种监督主要表现在：(1) 对高级人民法院和专门人民法院的判决和裁定的上诉案件和最高人民检察院按审判监督程序提出的抗诉案件进行审判。(2) 对下级人民法院已经生效的判决、裁定发现确有错误的，按审判监督程序提审或指令下级人民法院再审。(3) 核准死刑案件。(4) 通过检查案件、考核工作，对下级人民法院进行监督。

上级人民法院监督下级人民法院的审判工作主要表现在：(1) 上级人民法院有权审判下级人民法院移送的第一审案件。(2) 审判对下级人民法院的判决和裁定不服上诉和抗诉的案件。(3) 对下级人民法院已经发生法律效力的判决和裁定，如果发现确有错误，有权提审或指令下级人民法院再审。(4) 对管辖权有争议的下级人民法院受理的案件，指定受理法院。(5) 通过检查案件、考核工作，对下级人民法院进行监督。

试题范例

(多项选择题) 我国最高人民法院要向最高国家权力机关负责，其表现是（　）。

A. 向全国人大及其常委会报告工作　　B. 必要时请全国人大常委会解释法律

C. 接受全国人大及其常委会的质询　　D. 接受全国人大常委会对未决个案的监督

答案：ABC

核心法条

《人民法院组织法》第 8 条　人民法院实行司法责任制，建立健全权责统一的司法权力运行机制。

《人民法院组织法》第 29 条　人民法院审理案件，由合议庭或者法官一人独任审理。

合议庭和法官独任审理的案件范围由法律规定。

《人民法院组织法》第 36 条第 1 款　各级人民法院设审判委员会。审判委员会由院长、副院长和若干资深法官组成，成员应当为单数。

《人民法院组织法》第 37 条　审判委员会履行下列职能：

（一）总结审判工作经验；

（二）讨论决定重大、疑难、复杂案件的法律适用；

（三）讨论决定本院已经发生法律效力的判决、裁定、调解书是否应当再审；

（四）讨论决定其他有关审判工作的重大问题。

最高人民法院对属于审判工作中具体应用法律的问题进行解释，应当由审判委员会全体会议讨论通过；发布指导性案例，可以由审判委员会专业委员会会议讨论通过。

《人民法院组织法》第 39 条　合议庭认为案件需要提交审判委员会讨论决定的，由审判长提出申请，院长批准。

审判委员会讨论案件，合议庭对其汇报的事实负责，审判委员会委员对本人发表的意见和表决负责。审判委员会的决定，合议庭应当执行。

审判委员会讨论案件的决定及其理由应当在裁判文书中公开，法律规定不公开的除外。

释解分析

上述条文规定的是人民法院的基本制度中的司法责任制、合议制度和审判委员会制度。此外，诉讼法中规定的回避制度、两审终审制和审判监督制度也是人民法院的基本制度。(1) 司法责任制度。人民法院实行司法责任制，建立健全权责统一的司法权力运行机制。(2) 合议制度。人民法院审理案件，由合议庭或者法官一人独任审理。在我国，绝大多数案件以合议庭形式审判，合议庭审判是我国人民法院审理案件的基本组织形式。人民法院审判第一审案件，由审判员组成合议庭或者由审判员和人民陪审员组成合议庭进行，简单的民事案件、轻微的刑事案件和法律另有规定的案件可以由审判员一人独任审判。人民法院审判上诉和抗诉案件由审判员组成合议庭进行。合议庭由法官组成，或者由法官和人民陪审员组成，成员为三人以上单数。合议庭由一名法官担任审判长。院长或者庭长参加审理案件时，由自己担任审判长。审判长主持庭审、组织评议案件，评议案件时与合议庭其他成员权利平等。合议庭评议案件应当按照多数人的意见作出决定，少数人的意见应当记入笔录。评议案件笔录由合议庭全体组成人员签名。合议庭或者法官独任审理案件形成的裁判文书，经合议庭组成人员或者独任法官签署，由人民法院发布。合议庭审理案件，法官对案件的事实认定和法律适用负责；法官独任审理案件，独任法官对案件的事实认定和法律适用负责。合议庭评议案件采取少数服从多数原则，体现了民主集中制原则，保证案件能够充分讨论、提高质量。对于疑难、重大案件由合议庭提请院长提交本院审判委员会讨论决定。(3) 回避制度。在审判阶段，回避制度是指人民法院受理的案件如果与审判人员有利害关系或其他关系，应当回避。这是为了保护当事人合法权益，保证公正审判，防止审判人员主观偏向的诉讼制度。(4) 两审终审制。人民法院审判案件实行两审终审制。两审终审制是指一个案件经过两级人民法院的审判，即告终结的制度。地方各级人民法院审理第一审案件所作的判决和裁定，如果当事人不服，可以在法定期限内向上一级人民法院提出上诉；人民检察院对所提起公诉的刑事案件，如果认为第一审判决或裁定有错误，在法定期限内可以向上一级人民法院提出抗诉。上一级人民法院对上诉、抗诉案件，按照第二审程序进行审理后所作的判决或裁定是终审的判决或裁定，发生法律效力。如果在上诉期限内，当事人不上诉，人民检察院不抗诉，第一审判决或裁定就发生法律效力。根据我国法律规定，死刑案件，不论是否经过两审判处死刑的案件，都必须经最高人民法院核准，判决方能生效。此外，根据法律规定，最高人民法院审理的第一审案件所作的判决或裁定以及基层人民法院按照民事诉讼法特别程序审理的选民资格案件、宣告失踪案件、宣告死亡案件、认定公民无行为能力案件、认定公民限制行为能力案件和认定财产无主案件、确认调解协议案件和实现担保物权案件实行一审终审制。两审终审制是我国多年司法经验的总结，既可以使第一审的错误的或不当的判决和裁定在发生法律效力前得到及时的纠正，保证案件的正确处理；又可以便于群众进行诉讼，避免因审级过多，而引起诉讼的拖延，节省人力、财力和时间。(5) 审判监督制度。审判监督制度是指人民法院对已经发生法律效力的判决和裁定，发现确有错误，依法重新进行审判的一种特殊审判工作制度。有权提起审判监督程序的主体是：①各级人民法院院长对本院已经发生法律效力的判决和裁定，如果发现认定事实上或者适用法律上有错误，必须提交审判委员会处理。②最高人民法院对各级人民法院已经发生法律效力的判决和裁定，上级人民法院对下级人民法院已经发生法律效力的判决和裁定，如果发现确有错误，有权提审或者指令下级人民法院再审。③最高人民检察院对各级人民法院已经发生法律效力的判决和裁定，上级人民检察院对下级人民法院已经发生法律效力的判决和裁定，如果发现确有错误，有权按审判监督程序提出抗诉。确立审判监督制度，是我国审判工作中实事求是、有错必纠、对人民高度负责的精神的体现，通过审判监督制度，纠正错误的判决和裁定，能够保护公民和组织的合法权益，纠正冤假错案，有利于社会的稳定。(6) 审判委员会制度。审判委员会既是各级人民法院内部设立的审判工作组织，又是人民法院进行审判工作的一种制度，该制度对保证办案质量和实现国家审判职能有重大作用。1) 审判委员会的任务。审判委员会的任务主要有四项：①总结审判工作经验；②讨论决定重大、疑难、复杂案件的法律适用；③讨论决定本院已经发生法律效力的判决、裁定、调解书是否应当再审；④讨论决定其他有关审判工作的重大问题。2) 审判委员会的职权。①最高人民法院对属于审判工作中具体应用法律的问题进行解释，应当由审判委员会全体会议讨论通过；发布指导性案例，可以由审判委员会专业委员会会议讨论通过。②合议庭认为案件需要提交审判委员会讨论决定的，由审判长提出申请，院长批准。审判委员会讨论案件，合议庭对其汇报的事实负责，审判委员会委员对本人发表的意见和表决负责。审判委员会的决定，合议庭应当执行。审判委员会讨论案件的决定及其理由应当在裁判文书中公开，法律规定不公开的除外。

试题范例

（多项选择题）根据我国宪法和法律，下列选项中，属于人民法院的基本制度的是（　　）。

A. 司法责任制　　B. 两审终审制

C. 被告人有权获得辩护　　D. 审判监督制度

答案： ABD

核心法条

《宪法》第 134 条　中华人民共和国人民检察院是国家的法律监督机关。

《人民检察院组织法》第 2 条　人民检察院是国家的法律监督机关。

人民检察院通过行使检察权，追诉犯罪，维护国家安全和社会秩序，维护个人和组织的合法权益，维护国家利益和社会公共利益，保障法律正确实施，维护社会公平正义，维护国家法制统一、尊严和权威，保障中国特色社会主义建设的顺利进行。

释解分析

上述条文规定的是人民检察院的性质和任务。人民检察院是国家的法律监督机关。法律监督，又称为检察监督，是通过人民检察院行使检察权，对国家机关及其工作人员和公民是否遵守法律进行监督，保障法律正确实施。

试题范例

（单项选择题）根据我国宪法和法律，人民检察院在性质上属于（　　）。

A. 审判机关　　B. 法律监督机关　　C. 抗诉机关　　D. 监察机关

答案：B

核心法条

《宪法》第 135 条　中华人民共和国设立最高人民检察院、地方各级人民检察院和军事检察院等专门人民检察院。

最高人民检察院检察长每届任期同全国人民代表大会每届任期相同，连续任职不得超过两届。

人民检察院的组织由法律规定。

《人民检察院组织法》第 12 条　人民检察院分为：

（一）最高人民检察院；

（二）地方各级人民检察院；

（三）军事检察院等专门人民检察院。

《人民检察院组织法》第 13 条　地方各级人民检察院分为：

（一）省级人民检察院，包括省、自治区、直辖市人民检察院；

（二）设区的市级人民检察院，包括省、自治区辖市人民检察院，自治州人民检察院，省、自治区、直辖市人民检察院分院；

（三）基层人民检察院，包括县、自治县、不设区的市、市辖区人民检察院。

《人民检察院组织法》第 15 条　专门人民检察院的设置、组织、职权和检察官任免，由全国人民代表大会常务委员会规定。

《人民检察院组织法》第 16 条　省级人民检察院和设区的市级人民检察院根据检察工作需要，经最高人民检察院和省级有关部门同意，并提请本级人民代表大会常务委员会批准，可以在辖区内特定区域设立人民检察院，作为派出机构。

释解分析

上述条文规定的是人民检察院的组织系统。人民检察院的组织系统由最高人民检察院、地方各级人民检察院和军事检察院等专门人民检察院构成。

最高人民检察院是国家的最高检察机关，领导地方各级人民检察院和专门人民检察院的工作。最高人民检察院对最高人民法院的死刑复核活动实行监督；对报请核准追诉的案件进行审查，决定是否追诉。最高人民检察院可以对属于检察工作中具体应用法律的问题进行解释。最高人民检察院可以发布指导性案例。

地方各级人民检察院分为：(1) 省级人民检察院，包括省、自治区、直辖市人民检察院；(2) 设区的市级人民检察院，包括省、自治区辖市人民检察院，自治州人民检察院，省、自治区、直辖市人民检察院分院；(3) 基层人民检察院，包括县、自治县、不设区的市、市辖区人民检察院。省级人民检察院和设区的市级人民检察院根据检察工作需要，经最高人民检察院和省级有关部门同意，并提请本级人民代表大会常务委员会批准，可以在辖区内特定区域设立人民检察院，作为派出机构。

专门人民检察院是在最高人民检察院领导下，在特定的组织系统内设定的检察机关。专门人民检察院主要有军事检察院等。专门人民检察院的设置、组织、职权和检察官任免，由全国人民代表大会常务委员会规定。

试题范例

(多项选择题) 根据我国宪法和法律，关于最高人民检察院，下列表述正确的是(　　)。

A. 最高人民检察院领导地方各级人民检察院和专门人民检察院的工作

B. 在辖区内特定区域设立人民检察院，作为派出机构，须经最高人民检察院同意

C. 最高人民检察院检察长、副检察长由全国人大选举产生

D. 最高人民检察院可以发布指导性案例

答案：ABD

核心法条

《人民检察院组织法》第 20 条　人民检察院行使下列职权：

(一) 依照法律规定对有关刑事案件行使侦查权；

(二) 对刑事案件进行审查，批准或者决定是否逮捕犯罪嫌疑人；

(三) 对刑事案件进行审查，决定是否提起公诉，对决定提起公诉的案件支持公诉；

(四) 依照法律规定提起公益诉讼；

(五) 对诉讼活动实行法律监督；

(六) 对判决、裁定等生效法律文书的执行工作实行法律监督；

(七) 对监狱、看守所的执法活动实行法律监督；

(八) 法律规定的其他职权。

释解分析

本条规定的是人民检察院的职权。

试题范例

（多项选择题）根据我国宪法和法律，下列属于人民检察院的职权的是（　　）。

A. 调查职务违法和职务犯罪，开展廉政建设和反腐败工作

B. 对刑事案件进行审查，批准或者决定是否逮捕犯罪嫌疑人

C. 依照法律规定提起公益诉讼

D. 对判决、裁定等生效法律文书的执行工作实行法律监督

答案：BCD

核心法条

《宪法》第 136 条　人民检察院依照法律规定独立行使检察权，不受行政机关、社会团体和个人的干涉。

《宪法》第 139 条　各民族公民都有用本民族语言文字进行诉讼的权利。人民法院和人民检察院对于不通晓当地通用的语言文字的诉讼参与人，应当为他们翻译。

在少数民族聚居或者多民族共同居住的地区，应当用当地通用的语言进行审理；起诉书、判决书、布告和其他文书应当根据实际需要使用当地通用的一种或者几种文字。

《人民检察院组织法》第 5 条　人民检察院行使检察权在适用法律上一律平等，不允许任何组织和个人有超越法律的特权，禁止任何形式的歧视。

《人民检察院组织法》第 6 条　人民检察院坚持司法公正，以事实为根据，以法律为准绳，遵守法定程序，尊重和保障人权。

《人民检察院组织法》第 7 条　人民检察院实行司法公开，法律另有规定的除外。

《人民检察院组织法》第 8 条　人民检察院实行司法责任制，建立健全权责统一的司法权力运行机制。

释解分析

上述条文规定的是人民检察院的工作原则。人民检察院的工作原则有：（1）依法独立行使检察权原则。人民检察院依照法律规定独立行使检察权，不受行政机关、社会团体和个人的干涉。（2）行使检察权在适用法律上一律平等原则。人民检察院行使检察权在适用法律上一律平等，不允许任何组织和个人有超越法律的特权，禁止任何形式的歧视。（3）司法公正原则。人民检察院坚持司法公正，以事实为根据，以法律为准绳，遵守法定程序，尊重和保障人权。（4）司法公开原则。人民检察院实行司法公开，法律另有规定的除外。（5）司法责任制原则。人民检察院实行司法责任制，建立健全权责统一的司法权力运行机制。（6）公民使用本民族语言文字进行诉讼原则。人民检察院在办理案件过程中，对于不通晓当地通用的语言文字的诉讼参与人，应当为他们翻译。在少数民族聚居或者多民族共同居住的地区，应当用当地通用的语言进行审理；应当根据实际需要使用当地通用的一种或者几种文字制作起

诉书或者其他法律文书。

试题范例

（多项选择题）根据我国宪法和法律，下列选项中，属于人民检察院的工作原则的有（ ）。

A. 依法独立行使检察权原则　　B. 司法公开原则

C. 司法责任制原则　　D. 司法公正原则

答案：ABCD

核心法条

《宪法》第 137 条　最高人民检察院是最高检察机关。

最高人民检察院领导地方各级人民检察院和专门人民检察院的工作，上级人民检察院领导下级人民检察院的工作。

《宪法》第 138 条　最高人民检察院对全国人民代表大会和全国人民代表大会常务委员会负责。地方各级人民检察院对产生它的国家权力机关和上级人民检察院负责。

《人民检察院组织法》第 9 条　最高人民检察院对全国人民代表大会及其常务委员会负责并报告工作。地方各级人民检察院对本级人民代表大会及其常务委员会负责并报告工作。

各级人民代表大会及其常务委员会对本级人民检察院的工作实施监督。

《人民检察院组织法》第 10 条　最高人民检察院是最高检察机关。

最高人民检察院领导地方各级人民检察院和专门人民检察院的工作，上级人民检察院领导下级人民检察院的工作。

释解分析

上述条文规定的是人民检察院的领导体制。人民检察院的领导体制实行双重从属制，即：（1）最高人民检察院领导地方各级人民检察院和专门人民检察院的工作，上级人民检察院领导下级人民检察院的工作。（2）最高人民检察院对全国人大及其常委会负责并报告工作，地方各级人民检察院对本级人大及其常委会负责并报告工作。（3）地方各级人民检察院检察长的任免，须报上一级人民检察院检察长提请本级人民代表大会常务委员会批准。

国家权力机关和人民检察院的关系体现为：（1）最高人民检察院检察长由全国人民代表大会选举和罢免，副检察长、检察委员会委员和检察员由检察长提请全国人民代表大会常务委员会任免；全国人大及其常委会审议最高人民检察院的工作报告，对最高人民检察院进行各种形式的监督等。（2）地方各级人民检察院检察长由本级人民代表大会选举和罢免，副检察长、检察委员会委员和检察员由检察长提请本级人民代表大会常务委员会任免；地方各级人大及其常委会审议同级人民检察院的工作报告，对检察院的工作进行各种形式的监督等。

上级人民检察院对下级人民检察院的领导主要表现为：（1）主要组成人员的任免。地方各级人民检察院检察长由本级人民代表大会选举和罢免，副检察长、检察委员会委员和检察员由检察长提请本级人民代表大会常务委员会任免。地方各级人民检察院检察长的任免，须报上一级人民检察院检察长提请本级人民代表大会常务委员会批准。省、自治区、直辖市人民检察院分院检察长、副检察长、检察委员会委员和检察员，由省、自治区、直辖市人民检察院检察长提请本级人民代表大会常务委员会任免。全国人民代表大会常务委员会和省、自治区、直辖市人民代表大会常务委员会根据本级人民检察院检察长的建议，可以撤换下级人民检察院检察长、副检察长和检察委员会委员。（2）业务领导。上级人民检察院对下级人民检察院行使下列职权：①认为下级人民检察院的决定错误的，指令下级人民检察院纠正，或者依法撤销、变更；②可以对下级人民检察院管辖的案件指定管辖；③可以办理下级人民检察院管辖的案件；④可以统一调用辖区的检察人员办理案件。下级人民检察院应当执行上级人民检察院的决定；有不同意见的，可以在执行的同时向上级人民检察院报告。

人民检察院内部的领导关系是：人民检察院检察长领导本院检察工作，管理本院行政事务。人民检察院副检察长协助检察长工作。检察官在检察长领导下开展工作，重大办案事项由检察长决定。检察长可以将部分职权委托检察官行使，可以授权检察官签发法律文书。各级人民检察院设检察委员会。检察委员会由检察长、副检察长和若干资深检察官组成，成员应当为单数。检察委员会履行下列职责：（1）总结检察工作经验；（2）讨论决定重大、疑难、复杂案件；（3）讨论决定其他有关检察工作的重大问题。地方各级人民检察院的检察长不同意本院检察委员会多数人的意见，属于办理案件的，可以报请上一级人民检察院决定；属于重大事项的，可以报请上一级人民检察院或者本级人民代表大会常务委员会决定。

试题范例

（多项选择题）根据我国宪法和法律，下列关于人民检察院领导体制的表述，正确的是（　　）。

A. 地方各级人民检察院检察长的任免，须报上一级人民检察院检察长提请本级人民代表大会常务委员会批准

B. 上级人民检察院可以对下级人民检察院管辖的案件指定管辖

C. 各级人民检察院设检察委员会

D. 地方各级人民检察院检察长的任免须由上一级检察院检察长批准

答案：ABC

核心法条

《宪法》第 140 条　人民法院、人民检察院和公安机关办理刑事案件，应当分工负责，互相配合，互相制约，以保证准确有效地执行法律。

释解分析

本条规定的是人民法院、人民检察院和公安机关的关系。人民法院、人民检察院和公安机关的关系可以概括为分工负责、互相配合、互相制约。

人民法院、人民检察院和公安机关的分工负责主要表现在：除当事人自诉案件外，公安机关负责对刑事案件的侦查、拘留、执行逮捕、预审。人民检察院负责检察、批准逮捕、检察机关直接受理的案件的侦查、提起公诉。人民法院负责审判。刑事诉讼法对三机关各自的工作分

工作出详细的规定，各司其职、各尽职责，避免互相推诿扯皮或争夺管辖权。

人民法院、人民检察院和公安机关的互相配合主要表现在：每一机关的工作依法完成后移交下一个环节的工作机关时，都能依法顺利接收并开始新环节的工作。每一个机关在工作上需要另一机关协助时，能依法在职权范围内协助。互相配合表明三机关虽然职责不同，但目的和任务是一致的，适用的法律和执行的政策是一致的。三机关在办理刑事案件时，既不能互相对立，又必须坚持原则，严格依照法律，密切配合，以切实保证惩罚犯罪，保障公民的合法权益。

人民法院、人民检察院和公安机关的互相制约主要表现在：三机关通过各自的工作发现另外机关的工作问题，可提出建议要求其纠正：通过下一阶段的工作审查前一阶段工作是否存在问题，并作出相应的处理。具体表现在：(1) 公安机关在侦查过程中，需要逮捕犯罪嫌疑人时要经过人民检察院审查批准，对不予批准的，公安机关认为有错误的，可以要求复议以及向上级人民检察院要求复核。(2) 人民检察院对公安机关侦查终结移送起诉的案件，进行审查，决定是否起诉。犯罪事实不清、证据不足的，可以退回公安机关补充侦查或自行侦查。在办理案件中发现公安机关有违法情况，应当通知公安机关予以纠正。公安机关对人民检察院的决定认为有错误的，可以要求复议，以及要求上一级检察机关复核。(3) 人民法院对人民检察院提起公诉的案件，经审判，根据具体情况和法律作出有罪、无罪的判决。人民检察院认为判决有错误的，可以提出抗诉。对发生法律效力的判决，人民检察院认为有错误的，可以依照审判监督程序通过抗诉引起再审。通过互相制约，可以纠正错误，避免冤假错案，避免放纵犯罪。

分工负责、互相配合和互相制约三者密切相关，只有分工负责，才能互相配合，互相制约；只有互相制约才能保证办案质量。实行分工负责、互相配合、互相制约，才能发挥三机关的整体功能，防止主观片面和滥用权力，保证准确有效地适用法律，以及保护公民的合法权益。

试题范例

（单项选择题）人民法院、人民检察院和公安机关办理（　　），应当分工负责，互相配合，互相制约，以保证准确有效地执行法律。

A. 民事案件　　B. 刑事案件　　C. 行政案件　　D. 治安案件

答案： B

十六、地方各级人民代表大会和地方各级人民政府

核心法条

《宪法》第 96 条第 1 款　地方各级人民代表大会是地方国家权力机关。

《宪法》第 97 条第 1 款　省、直辖市、设区的市的人民代表大会代表由下一级的人民代表大会选举；县、不设区的市、市辖区、乡、民族乡、镇的人民代表大会代表由选民直接选举。

《宪法》第 98 条　地方各级人民代表大会每届任期五年。

释解分析

上述条文规定的是地方各级人民代表大会的性质、地位、组成和任期。地方各级人民代表大会是指省、自治区、直辖市、自治州、市、县、市辖区、乡、民族乡、镇的人民代表大会。它们是本行政区域内的国家权力机关，它们同全国人民代表大会一起构成中国国家权力机关体系。

地方各级人民代表大会由人民选举的代表组成。县、自治县、不设区的市、市辖区、乡、民族乡、镇的人民代表大会的代表由选民直接选举产生；省、自治区、直辖市、自治州、设区的市的人民代表大会的代表由下级人民代表大会选举产生。地方各级人民代表大会每届任期 5 年。

试题范例

（单项选择题）根据我国宪法和法律，关于地方各级人民代表大会，下列表述正确的是（　　）。

A. 地方各级人民代表大会是本行政区域内的国家权力机关

B. 地方各级人民代表大会的代表由选民直接选举产生

C. 地方各级人民代表大会的代表由下级人民代表大会选举产生

D. 地方各级人民代表大会每届任期 3 年

答案：A

核心法条

《地方各级人民代表大会和地方各级人民政府组织法》第 10 条　省、自治区、直辖市的人民代表大会根据本行政区域的具体情况和实际需要，在不同宪法、法律、行政法规相抵触的前提下，可以制定和颁布地方性法规，报全国人民代表大会常务委员会和国务院备案。

设区的市、自治州的人民代表大会根据本行政区域的具体情况和实际需要，在不同宪法、法律、行政法规和本省、自治区的地方性法规相抵触的前提下，可以依照法律规定的权限制定地方性法规，报省、自治区的人民代表大会常务委员会批准后施行，并由省、自治区的人民代表大会常务委员会报全国人民代表大会常务委员会和国务院备案。

省、自治区、直辖市以及设区的市、自治州的人民代表大会根据区域协调发展的需要，可以开展协同立法。

《地方各级人民代表大会和地方各级人民政府组织法》第 49 条　省、自治区、直辖市的人民代表大会常务委员会在本级人民代表大会闭会期间，根据本行政区域的具体情况和实际需要，在不同宪法、法律、行政法规相抵触的前提下，可以制定和颁布地方性法规，报全国人民代表大会常务委员会和国务院备案。

设区的市、自治州的人民代表大会常务委员会在本级人民代表大会闭会期间，根据本行政区域的具体情况和实际需要，在不同宪法、法律、行政法规和本省、自治区的地方性法规相抵触的前提下，可以依照法律规定的权限制定地方性法规，报省、自治区的人民代表大会常务委员会批准后施行，并由省、自治区的人民代表大会常务委员会报全国人民代表大会常务委员会和国务院备案。

省、自治区、直辖市以及设区的市、自治州的人民代表大会常务委员会根据区域协调发展的需要，可以开展协同立法。

释解分析

本条规定的是地方性法规的制定权。

试题范例

（单项选择题）根据宪法和法律，关于地方性法规的制定权，下列表述正确的是（　　）。

A. 地方各级人大及其常委会有权制定地方性法规

B. 设区的市的人大及其常委会制定的地方性法规报全国人大常委会批准后施行

C. 设区的市的人大及其常委会可以对城乡建设与管理、环境保护、历史文化保护、自然资源利用等方面的事项制定地方性法规

D. 省、自治区的人大常委会对报请批准的地方性法规，应当对其合法性进行审查

答案：D

核心法条

《地方各级人民代表大会和地方各级人民政府组织法》第 14 条第 1、4 款　地方各级人民代表大会会议每年至少举行一次。乡、民族乡、镇的人民代表大会会议一般每年举行两次。会议召开的日期由本级人民代表大会常务委员会或者乡、民族乡、镇的人民代表大会主席团决定，并予以公布。

地方各级人民代表大会会议有三分之二以上的代表出席，始得举行。

《地方各级人民代表大会和地方各级人民政府组织法》第 15 条　县级以上的地方各级人民代表大会会议由本级人民代表大会常务委员会召集。

《地方各级人民代表大会和地方各级人民政府组织法》第 17 条第 3 款　县级以上的地方各级人民代表大会举行会议的时候，由主席团主持会议。

《地方各级人民代表大会和地方各级人民政府组织法》第 20 条　地方各级人民代表大会每届第一次会议，在本届人民代表大会代表选举完成后的两个月内，由上届本级人民代表大会常务委员会或者乡、民族乡、镇的上次人民代表大会主席团召集。

《地方各级人民代表大会和地方各级人民政府组织法》第 21 条　县级以上的地方各级人民政府组成人员和监察委员会主任、人民法院院长、人民检察院检察长，乡级的人民政府领导人员，列席本级人民代表大会会议；县级以上的其他有关机关、团体负责人，经本级人民代表大会常务委员会决定，可以列席本级人民代表大会会议。

《地方各级人民代表大会和地方各级人民政府组织法》第 22 条第 1、2 款　地方各级人民代表大会举行会议的时候，主席团、常务委员会、各专门委员会、本级人民政府，可以向本级人民代表大会提出属于本级人民代表大会职权范围内的议案，由主席团决定提交人民代表大会会议审议，或者并交有关的专门委员会审议、提出报告，再由主席团审议决定提交大会表决。

县级以上的地方各级人民代表大会代表十人以上联名，乡、民族乡、镇的人民代表大会代表五人以上联名，可以向本级人民代表大会提出属于本级人民代表大会职权范围内的议案，由主席团决定是否列入大会议程，或者先交有关的专门委员会审议，提出是否列入大会议程的意见，再由主席团决定是否列入大会议程。

《地方各级人民代表大会和地方各级人民政府组织法》第 25 条　地方各级人民代表大会进行选举和通过决议，以全体代表的过半数通过。

释解分析

上述条文规定的是地方各级人民代表大会的会议制度。地方各级人民代表大会的工作方式主要是举行会议。

试题范例

（单项选择题）根据我国地方组织法，下列关于地方各级人民代表大会的表述，正确的有（　　）。

A. 设区的市的人民代表大会会议每年至少举行一次

B. 地方各级人大代表 10 人以上联名可以提出属于本级人大职权范围内的议案

C. 地方各级人民代表大会会议有过半数的代表出席，始得举行

D. 县级以上的其他有关机关、团体负责人应当列席本级人民代表大会会议

答案：A

核心法条

《地方各级人民代表大会和地方各级人民政府组织法》第 24 条第 1 款　地方各级人民代表大会举行会议的时候，代表十人以上联名可以书面提出对本级人民政府和它所属各工作部门以及监察委员会、人民法院、人民检察院的质询案。质询案必须写明质询对象、质询的问题和内容。

《地方各级人民代表大会和地方各级人民政府组织法》第 53 条第 1 款　在常务委员会会议期间，省、自治区、直辖市、自治州、设区的市的人民代表大会常务委员会组成人员五人以上联名，县级的人民代表大会常务委员会组成人员三人以上联名，可以向常务委员会书面提出对本级人民政府及其工作部门、监察委员会、人民法院、人民检察院的质询案。质询案必须写明质询对象、质询的问题和内容。

释解分析

上述条文规定的是质询案。

试题范例

（多项选择题）地方各级人民代表大会举行会议的时候，代表 10 人以上联名可以书面提出质询案。下列机关应当接受质询的有（　　）。

A. 本级人民政府及其所属工作部门　　　B. 本级监察委员会
C. 本级人民法院　　　　　　　　　　　D. 本级人民检察院

答案： ABCD

核心法条

《地方各级人民代表大会和地方各级人民政府组织法》第33条　省、自治区、直辖市、自治州、设区的市的人民代表大会根据需要，可以设法制委员会、财政经济委员会、教育科学文化卫生委员会、环境与资源保护委员会、社会建设委员会和其他需要设立的专门委员会；县、自治县、不设区的市、市辖区的人民代表大会根据需要，可以设法制委员会、财政经济委员会等专门委员会。

各专门委员会受本级人民代表大会领导；在大会闭会期间，受本级人民代表大会常务委员会领导。

《地方各级人民代表大会和地方各级人民政府组织法》第34条　各专门委员会的主任委员、副主任委员和委员的人选，由主席团在代表中提名，大会通过。在大会闭会期间，常务委员会可以任免专门委员会的个别副主任委员和部分委员，由主任会议提名，常务委员会会议通过。

各专门委员会每届任期同本级人民代表大会每届任期相同，履行职责到下届人民代表大会产生新的专门委员会为止。

释解分析

上述条文规定的是专门委员会。

试题范例

（多项选择题）根据宪法和法律的规定，下列表述正确的是（　　）。

A. 县级以上的地方各级人民代表大会常务委员会由主任、副主任若干人、秘书长、委员若干人组成

B. 县级以上的地方各级人民代表大会根据需要，可以设法制委员会、财政经济委员会等专门委员会

C. 县级以上的地方各级人民代表大会可以组织关于特定问题的调查委员会

D. 县级以上的地方各级人民代表大会会议由本级人民代表大会常务委员会召集并主持

答案： BC

核心法条

《地方各级人民代表大会和地方各级人民政府组织法》第36条　县级以上的地方各级人民代表大会可以组织关于特定问题的调查委员会。

主席团或者十分之一以上代表书面联名，可以向本级人民代表大会提议组织关于特定问题的调查委员会，由主席团提请全体会议决定。

调查委员会由主任委员、副主任委员和委员组成，由主席团在代表中提名，提请全体

会议通过。

调查委员会应当向本级人民代表大会提出调查报告。人民代表大会根据调查委员会的报告，可以作出相应的决议。人民代表大会可以授权它的常务委员会听取调查委员会的调查报告，常务委员会可以作出相应的决议，报人民代表大会下次会议备案。

《地方各级人民代表大会和地方各级人民政府组织法》第 58 条　主任会议或者五分之一以上的常务委员会组成人员书面联名，可以向本级人民代表大会常务委员会提议组织关于特定问题的调查委员会，由全体会议决定。

调查委员会由主任委员、副主任委员和委员组成，由主任会议在常务委员会组成人员和其他代表中提名，提请全体会议通过。

调查委员会应当向本级人民代表大会常务委员会提出调查报告。常务委员会根据调查委员会的报告，可以作出相应的决议。

释解分析

上述条文规定的是关于特定问题的调查委员会。

试题范例

（多项选择题）关于特定问题的调查委员会，下列说法正确的是（　　）。

A. 关于特定问题的调查委员会在性质上属于临时性委员会

B. 地方各级人民代表大会可以组织关于特定问题的调查委员会

C. 关于特定问题的调查委员会有权审议本级人民代表大会主席团或者常务委员会交付的议案

D. 主席团或者 1/10 以上代表书面联名，可以向本级人民代表大会提议组织关于特定问题的调查委员会

答案：AD

核心法条

《地方各级人民代表大会和地方各级人民政府组织法》第 40 条　县级以上的地方各级人民代表大会代表，非经本级人民代表大会主席团许可，在大会闭会期间，非经本级人民代表大会常务委员会许可，不受逮捕或者刑事审判。如果因为是现行犯被拘留，执行拘留的公安机关应当立即向该级人民代表大会主席团或者常务委员会报告。

释解分析

本条规定的是县级以上地方各级人大代表的人身特别保护权。

试题范例

（单项选择题）2021 年 9 月，市人大代表甲涉嫌走私毒品犯罪，市公安机关拟对其实施逮捕。对此，下列做法中正确的是（　　）。

A. 市公安机关经市政府决定后可实施逮捕

B. 市公安机关经市人民检察院批准后可实施逮捕

C. 市公安机关经市监察委员会批准后可实施逮捕

D. 非经市人大常委会许可，公安机关不得实施逮捕

答案：D

核心法条

《宪法》第 96 条第 2 款　县级以上的地方各级人民代表大会设立常务委员会。

《宪法》第 103 条　县级以上的地方各级人民代表大会常务委员会由主任、副主任若干人和委员若干人组成，对本级人民代表大会负责并报告工作。

县级以上的地方各级人民代表大会选举并有权罢免本级人民代表大会常务委员会的组成人员。

县级以上的地方各级人民代表大会常务委员会的组成人员不得担任国家行政机关、监察机关、审判机关和检察机关的职务。

《地方各级人民代表大会和地方各级人民政府组织法》第 46 条　省、自治区、直辖市、自治州、县、自治县、市、市辖区的人民代表大会设立常务委员会，对本级人民代表大会负责并报告工作。

《地方各级人民代表大会和地方各级人民政府组织法》第 47 条第 1、2、3 款　省、自治区、直辖市、自治州、设区的市的人民代表大会常务委员会由本级人民代表大会在代表中选举主任、副主任若干人、秘书长、委员若干人组成。

县、自治县、不设区的市、市辖区的人民代表大会常务委员会由本级人民代表大会在代表中选举主任、副主任若干人和委员若干人组成。

常务委员会的组成人员不得担任国家行政机关、监察机关、审判机关和检察机关的职务；如果担任上述职务，必须向常务委员会辞去常务委员会的职务。

《地方各级人民代表大会和地方各级人民政府组织法》第 48 条　县级以上的地方各级人民代表大会常务委员会每届任期同本级人民代表大会每届任期相同，它行使职权到下届本级人民代表大会选出新的常务委员会为止。

释解分析

上述条文规定的是县级以上的地方各级人大常委会的性质、地位、组成和任期。县级以上的地方各级人民代表大会常务委员会是本级人民代表大会闭会期间行使地方国家权力的机关，是本级国家权力机关的组成部分，它从属于本级人民代表大会，对本级人民代表大会负责并报告工作。

省、自治区、直辖市、自治州、设区的市的人大常委会由主任、副主任若干人、秘书长、委员若干人组成，由本级人大在代表中选举产生。县、自治县、不设区的市、市辖区的人大常委会由主任、副主任若干人、委员若干人组成，由本级人大在代表中选举产生。常务委员会的组成人员不得担任国家行政机关、监察机关、审判机关和检察机关的职务；如果担任上述职务，必须向常委会辞去常委会的职务。县级以上的地方各级人民代表大会常务委员

会每届任期5年。

试题范例

（单项选择题）根据我国地方组织法的规定，下列关于地方各级人大常委会的表述，正确的是（　　）。

A. 常务委员会的组成人员不得担任国家行政机关、军事机关、审判机关和检察机关的职务

B. 县级以上的地方各级人民代表大会常务委员会对本级人民代表大会负责并报告工作

C. 县级以上的地方各级人大常委会由主任、副主任若干人、秘书长组成

D. 县级以上的地方各级人大常委会有权制定地方性法规

答案： B

核心法条

《地方各级人民代表大会和地方各级人民政府组织法》第51条　常务委员会会议由主任召集并主持，每两个月至少举行一次。遇有特殊需要时，可以临时召集常务委员会会议。主任可以委托副主任主持会议。

县级以上的地方各级人民政府、监察委员会、人民法院、人民检察院的负责人，列席本级人民代表大会常务委员会会议。

常务委员会会议有常务委员会全体组成人员过半数出席，始得举行。

常务委员会的决议，由常务委员会以全体组成人员的过半数通过。

释解分析

本条规定的是县级以上的地方各级人大常委会的会议制度。

试题范例

（多项选择题）根据我国地方组织法的规定，下列关于县级以上地方各级人大常委会的表述，正确的是（　　）。

A. 常务委员会会议由主任召集并主持，每两个月至少举行一次

B. 县级以上的地方各级人民政府、监察委员会、人民法院、人民检察院的负责人，列席本级人民代表大会常务委员会会议

C. 常务委员会会议有常务委员会全体组成人员三分之二以上多数出席，始得举行

D. 地方各级人民代表大会常务委员会的决议需全体组成人员的过半数通过

答案： ABD

核心法条

《宪法》第105条　地方各级人民政府是地方各级国家权力机关的执行机关，是地方各级国家行政机关。

地方各级人民政府实行省长、市长、县长、区长、乡长、镇长负责制。

《宪法》第 106 条　地方各级人民政府每届任期同本级人民代表大会每届任期相同。

《地方各级人民代表大会和地方各级人民政府组织法》第 69 条　地方各级人民政府对本级人民代表大会和上一级国家行政机关负责并报告工作。县级以上的地方各级人民政府在本级人民代表大会闭会期间，对本级人民代表大会常务委员会负责并报告工作。

全国地方各级人民政府都是国务院统一领导下的国家行政机关，都服从国务院。

地方各级人民政府实行重大事项请示报告制度。

《地方各级人民代表大会和地方各级人民政府组织法》第 70 条　省、自治区、直辖市、自治州、设区的市的人民政府分别由省长、副省长，自治区主席、副主席，市长、副市长，州长、副州长和秘书长、厅长、局长、委员会主任等组成。

县、自治县、不设区的市、市辖区的人民政府分别由县长、副县长，市长、副市长，区长、副区长和局长、科长等组成。

乡、民族乡的人民政府设乡长、副乡长。民族乡的乡长由建立民族乡的少数民族公民担任。镇人民政府设镇长、副镇长。

《地方各级人民代表大会和地方各级人民政府组织法》第 71 条　新的一届人民政府领导人员依法选举产生后，应当在两个月内提请本级人民代表大会常务委员会任命人民政府秘书长、厅长、局长、委员会主任、科长。

《地方各级人民代表大会和地方各级人民政府组织法》第 72 条　地方各级人民政府每届任期五年。

《地方各级人民代表大会和地方各级人民政府组织法》第 77 条　地方各级人民政府分别实行省长、自治区主席、市长、州长、县长、区长、乡长、镇长负责制。

省长、自治区主席、市长、州长、县长、区长、乡长、镇长分别主持地方各级人民政府的工作。

释解分析

上述条文规定的是地方各级人民政府的性质、地位、组成、任期和领导体制。地方各级人民政府是地方各级国家权力机关的执行机关，是地方各级国家行政机关。地方各级人民政府都是国务院统一领导下的国家行政机关。地方各级人民政府由同级人民代表大会产生，对同级人民代表大会负责并报告工作。

省、自治区、直辖市、自治州、设区的市的人民政府分别由省长、副省长，自治区主席、副主席，市长、副市长，州长、副州长和秘书长、厅长、局长、委员会主任等组成。县、自治县、不设区的市、市辖区的人民政府分别由县长、副县长，市长、副市长，区长、副区长和局长、科长等组成。民族自治地方，即自治区、自治州、自治县的人民政府的主席、州长、县长由实行区域自治的民族的公民担任。

地方各级人民政府每届任期同本级人民代表大会每届任期相同，均为 5 年。

地方各级人民政府分别实行省长、自治区主席、市长、州长、县长、区长、乡长、镇长负责制，即实行行政首长负责制。由行政首长主持和负责地方各级人民政府的行政工作，以保证行政工作的效率。

试题范例

（多项选择题）根据我国地方组织法的规定，下列关于地方各级人民政府的表述，正确的是（　　）。

A. 自治区实行自治区主席负责制

B. 地方各级人民政府有权制定政府规章

C. 地方各级人民政府是地方各级国家权力机关的执行机关

D. 地方各级人民政府每届任期为 5 年

答案：ACD

核心法条

《地方各级人民代表大会和地方各级人民政府组织法》第 73 条　县级以上的地方各级人民政府行使下列职权：

（一）执行本级人民代表大会及其常务委员会的决议，以及上级国家行政机关的决定和命令，规定行政措施，发布决定和命令；

（二）领导所属各工作部门和下级人民政府的工作；

（三）改变或者撤销所属各工作部门的不适当的命令、指示和下级人民政府的不适当的决定、命令；

（四）依照法律的规定任免、培训、考核和奖惩国家行政机关工作人员；

（五）编制和执行国民经济和社会发展规划纲要、计划和预算，管理本行政区域内的经济、教育、科学、文化、卫生、体育、城乡建设等事业和生态环境保护、自然资源、财政、民政、社会保障、公安、民族事务、司法行政、人口与计划生育等行政工作；

（六）保护社会主义的全民所有的财产和劳动群众集体所有的财产，保护公民私人所有的合法财产，维护社会秩序，保障公民的人身权利、民主权利和其他权利；

（七）履行国有资产管理职责；

（八）保护各种经济组织的合法权益；

（九）铸牢中华民族共同体意识，促进各民族广泛交往交流交融，保障少数民族的合法权利和利益，保障少数民族保持或者改革自己的风俗习惯的自由，帮助本行政区域内的民族自治地方依照宪法和法律实行区域自治，帮助各少数民族发展政治、经济和文化的建设事业；

（十）保障宪法和法律赋予妇女的男女平等、同工同酬和婚姻自由等各项权利；

（十一）办理上级国家行政机关交办的其他事项。

释解分析

本条规定的是县级以上的地方各级人民政府的职权。

试题范例

（多项选择题）根据我国地方组织法的规定，下列属于县级以上的地方各级人民政府的职权的是（　　）。

A. 领导所属各工作部门和下级人民政府的工作

B. 改变或者撤销所属各工作部门的不适当的命令、指示

C. 履行国有资产管理职责

D. 保护各种经济组织的合法权益

答案：ABCD

核心法条

《地方各级人民代表大会和地方各级人民政府组织法》第 79 条　地方各级人民政府根据工作需要和优化协同高效以及精干的原则，设立必要的工作部门。

县级以上的地方各级人民政府设立审计机关。地方各级审计机关依照法律规定独立行使审计监督权，对本级人民政府和上一级审计机关负责。

省、自治区、直辖市的人民政府的厅、局、委员会等工作部门和自治州、县、自治县、市、市辖区的人民政府的局、科等工作部门的设立、增加、减少或者合并，按照规定程序报请批准，并报本级人民代表大会常务委员会备案。

释解分析

本条规定的是县级以上的地方各级人民政府的审计机关和地方各级人民政府的工作部门的设立、增加、减少或者合并。

试题范例

（单项选择题）根据有关法律规定，关于地方各级人民政府工作部门的设立，下列表述正确的是（　　）。

A. 县人民政府设立审计机关

B. 县人民政府工作部门的设立、增加、减少或者合并由县人大批准，并报上一级人民政府备案

C. 县人民政府在必要时，经上级人民政府批准，可以设立若干区公所作为派出机关

D. 县人民政府有权制定地方政府规章

答案：A

核心法条

《地方各级人民代表大会和地方各级人民政府组织法》第 85 条　省、自治区的人民政府在必要的时候，经国务院批准，可以设立若干派出机关。

县、自治县的人民政府在必要的时候，经省、自治区、直辖市的人民政府批准，可以设立若干区公所，作为它的派出机关。

市辖区、不设区的市的人民政府，经上一级人民政府批准，可以设立若干街道办事处，作为它的派出机关。

释解分析

本条规定的是县级以上的地方各级人民政府的派出机关。根据法律、法规和规章的授权，派出机关也可以自己的名义进行行政管理。

试题范例

（多项选择题）下列选项中，属于地方各级人民政府设立的派出机关的有（　　）。

A. 行政公署　　B. 街道办事处　　C. 区公所　　D. 社区委员会

答案： ABC